U0216105

吉林人民出版社

简体字本二十六史

元史

卷一一一——卷一五七

（四）

〔明〕 宋　濂等　撰

余大钧　标点

元史卷一一
表第五下

三公表二

顺帝		太师	太傅	太保
癸酉	元统元年	燕铁木儿	撒敦	
甲戌	二年	伯颜	撒敦	燕不邻
		伯颜		定住
乙亥	至元元年	伯颜	撒敦	

丙子	二年	伯颜	完者帖木儿	定住	
丁丑	三年	伯颜		马札儿台	定住
戊寅	四年	伯颜			马札儿台
己卯	五年	伯颜			马札儿台
庚辰	六年	伯颜	塔失海牙		探马赤
辛巳	至正元年	马札儿台			
壬午	二年	马札儿台			
癸未	三年	马札儿台			
甲申	四年	马札儿台			
乙酉	五年	马札儿台			伯撒里
丙戌	六年	马札儿台			伯撒里
丁亥	七年	马札儿台			别儿怯不花

干支	年				
戊子	八年			脱脱	
己丑	九年			脱脱	
庚寅	十年			脱脱	
辛卯	十一年	阿鲁图		脱脱	
壬辰	十二年				脱脱
癸巳	十三年				脱脱
甲午	十四年	伯撒里		汪家奴	脱脱
乙未	十五年	定住		众家奴	汪家奴
丙申	十六年	伯撒里		众家奴	汪家奴
丁酉	十七年	定住		众家奴	汪家奴
戊戌	十八年	定住	搠思监	众家奴	汪家奴
己亥	十九年	定住	搠思监		汪家奴
庚子	二十年		搠思监		汪家奴

		太平		太平	
辛丑	二十一年	汪家奴	老章	搠思监	
壬寅	二十二年	汪家奴	老章	搠思监	
癸卯	二十三年	汪家奴	老章		
甲辰	二十四年			孛罗帖木儿	
乙巳	二十五年	伯撒里	扩廓帖木儿	秃坚帖木儿	
丙午	二十六年	伯撒里	扩廓帖木儿		
丁未	二十七年			也速	
戊申	二十八年		扩廓帖木儿	也速	

元史卷一一二
表第六上

宰相年表

宰相者，上承天下，下统百司，治体系焉。元初，将相大臣，年月疏阔，简牍未详者则阙之。中统建元以来，宰执之官，其拜罢岁月之可考者，列而书之。作《宰相年表》。

	中书令	右丞相	左丞相	平章政事	右丞	左丞	参知政事
太祖皇帝							
丙寅 元年							
丁卯 二年							

戊辰 三年	己巳 四年	庚午 五年	辛未 六年	壬申 七年	癸酉 八年	甲戌 九年	乙亥 十年	丙子 十一年	丁丑 十二年	戊寅 十三年	己卯 十四年	庚辰 十五年	辛巳 十六年	壬午 十七年

癸未 十八年	甲申 十九年	乙酉 二十年	丙戌 二十一年	丁亥 二十二年	戊子	太宗皇帝	己丑 元年	庚寅 二年	辛卯 三年	壬辰 四年	癸巳 五年	甲午 六年	乙未 七年	丙申 八年

丁酉 九年	戊戌 十年	己亥 十一年	庚子 十二年	辛丑 十三年	壬寅	癸卯	甲辰	乙巳	定宗皇帝	丙午 元年	丁未 二年	戊申 三年	己酉	庚戌

	中书令	右丞相	左丞相	平章政事	右丞	左丞	参知政事
宪宗皇帝							
辛亥 元年							
壬子 二年							
癸丑 三年							
甲寅 四年							
乙卯 五年							
丙辰 六年							
丁巳 七年							
戊午 八年							
己未 九年							
世祖皇帝							
庚申 中统元年 是年置丞相一员。		祃祃		王文统 赵璧			张启元

	商挺 杨果	张文谦	张	塔察儿 王文统 赛典赤 廉希宪	忽鲁不花 耶律铸	不花 史天泽
辛酉 二年	商挺 杨果	张文谦	张	塔察儿 王文统 赛典赤 廉希宪	忽鲁不花 耶律铸	不花 史天泽
壬戌 三年	商挺 杨果	阇阇 张文谦	粘合 张	塔察儿 王文统 赛典赤 廉希宪	忽鲁不花 耶律铸	不花 史天泽
癸亥 四年	商挺 杨果	阇阇 张文谦 姚枢	粘合 六月升左丞张	塔察儿 六月升左丞相。王文统 赵璧 赛典赤 廉希宪	忽鲁不花 六月。塔察儿代。耶律铸	不花 六月。线真代。史天泽

年						
甲子 至元元年	商挺 杨果	张文谦	张 阿里别	赛典赤 廉希宪	塔察儿 耶律铸	线真 史天泽
乙丑 二年　是年置丞相五员。	商挺 王	姚枢	张 阿里别	赵璧 廉希宪 阿合马 赛合丁		安童 忽都蔡儿 史天泽 耶律铸 伯颜
丙寅 三年　是年置丞相五员。	王 商挺	张	阿里别	廉希宪 宋子贞		安童 忽都蔡儿 史天泽 耶律铸 伯颜
丁卯 四年	阿里别 张惠	廉希宪	伯颜	忽都蔡儿 耶律铸	史天泽	安童
戊辰 五年	阿里别	廉希宪	伯颜	忽都蔡儿	史天泽	安童

己巳六年	庚午七年	辛未八年	壬申九年
安童	安童 中书省。	安童 中书省。	安童
史天泽	忽都察儿 耶律铸	忽都察儿 耶律铸	忽都察儿
耶律铸	阿合马 张易 尚书省。	阿合马 张易 尚书省。	哈伯 张易
伯颜	伯颜 赵	伯颜 赵	赵
廉希宪	廉希宪 许衡	廉希宪 许衡	
张惠	阿里别 张惠	阿里别 张惠 张惠 李 麦术督丁	李 麦术督丁
己巳六年	庚午七年 是年置尚书省,惟设平章政事以下员。	辛未八年 是年置尚书省,十二月罢。	壬申九年

年						
癸酉 十年	安童	忽都察儿	哈伯 阿合马 张易	赵	张	李 麦术督丁
甲戌 十一年	安童	忽都察儿	哈伯 阿合马 张易	赵	张	李 麦术督丁
乙亥 十二年	安童	忽都察儿	哈伯 阿合马 张易	赵	张	李 麦术督丁
丙子 十三年		忽都察儿	哈伯 阿合马 赵			郝祯
丁丑 十四年		忽都察儿	哈伯 阿合马	张		郝祯
戊寅 十五年			哈伯	张		耿仁

年						
己卯十六年			阿里 阿合马			郝祯 耿仁
庚辰十七年			阿合马 哈伯	张		郝祯 耿仁
辛巳十八年			阿合马 哈伯	张	耿仁 郝祯	阿里
壬午十九年	瓮吉剌觯 正月至三月。 和礼霍孙 四月至十二月。	阿合马 耶律铸	阿合马	扎珊 张 麦术督丁	耿仁 郝祯 张阿亦伯	阿里 张鹏举
癸未二十年	和礼霍孙	耶律铸	扎珊	麦术督丁		张鹏举 温迪罕

年						
甲申二十一年	和礼霍孙	耶律铸	扎珊	麦术督丁		张鹏举 温迪罕
乙酉二十二年	安童		阿必失哈忽都鲁	卢世荣	史	撒的迷失 廉
丙戌二十三年	安童		薛阇干	麦术督丁	也速䚟儿	杨 郭 廉
丁亥二十四年 是年置尚书省，设官如七年制。	安童 中书省		薛阇干 麦术督丁 桑哥 帖木儿 尚书省。		阿鲁浑萨理 叶李	杨 不颜里海牙 马绍 忻都
戊子二十五年 是年置尚书	安童 中书省。		伯答儿 麦术督丁	崔		何

年						
省，始增丞相一员。	桑哥 尚书省。		帖木儿 阿鲁浑萨理	叶李	马绍	张住哥 忻都 夹谷
己丑二十六年 是年置尚书省。	安童 中书省。 桑哥 尚书省。		伯答儿 麦术督丁	崔	忻都	张吉甫 张住哥 何 夹谷
庚寅二十七年 是年置尚书省。	安童 中书省。 桑哥 尚书省。		伯答儿 麦术督丁 帖木儿 阿鲁浑萨理	崔 叶李	马绍	张吉甫 张住哥 何 夹谷十一月 燕真忽都鲁鲁代
辛卯二十八年	完泽		不忽木	何荣祖	马绍	贺胜

年						
是年置尚书省，正月至五月罢。	中书省。桑哥 尚书省。	咱喜鲁丁 帖木儿 阿鲁浑萨理	阿鲁浑萨理 叶李 忻都	马绍	何 燕真勿忽都鲁	杜
壬辰二十九年	完泽	帖可 剌真 麦术督丁 商议省事。 不忽木 咱喜鲁丁	何荣祖 商议省事。 阿里	马绍	梁暗都剌	杜
癸巳三十年	完泽	赛典赤 帖可 麦术督丁 商议省事。 剌真	何荣祖 商议省事。 阿里	张	梁暗都剌	杜

年					
甲午三十一年	完泽	不忽木　哨喜鲁丁 塞典赤　帖可　剌真　麦术督丁　不忽木	何荣祖　商议省事　阿里　张　十一月创增	梁暗都剌	杜　何
成宗皇帝 乙未元贞元年	宗泽	塞典赤　帖可　剌真　麦术督丁　不忽木	何荣祖　阿里　张九思	梁暗都剌　杨	阿老瓦丁　三月改除　何
丙申二年	完泽	伯颜　帖可	张九思　阿里	梁暗都剌　杨	吕

		何	吕		何
		三月至十二月。	张	杨	正月至五月。
			六月至		
剌真	何	梁暗都剌	张		吕
不忽木	三月至十二	正月至三月。辛	杨		张
段那海	月。	八都马	八都马辛		正月至六月。
三月至十二		四月至闰十二月	正月至六月。		
月。	阿里	正月至三月。张九思	梁暗都剌		
	赛典赤	梁暗都剌	正月至三月。张九思		
	段那海	四月至闰十二月。	赛典赤		
	帖可	赛典赤	段那海		
	剌真	段那海	帖可		
	也先帖木儿	帖可			
	四月至十二	剌真			
	月。				

	完泽		完泽
丁酉 大德元年		戊戌 二年	

	完泽	哈剌哈孙		八都马辛	月古不花	迷儿火者
己亥三年	完泽	哈剌哈孙	刺真 也先帖木儿 正月一月。 梁暗都剌 四月至十二月。 正月至二月。 赛典赤 帖可 刺真 正月至七月。 段那海 梁暗都剌	杨 八都马辛	月古不花 五月至十二月。	迷儿火者 三月至十二月。 正月一月。 张斯立
庚子四年	完泽	哈剌哈孙	赛典赤 段那海 梁俺都剌	八都马辛 杨	月古不花 吕	迷儿火者 张斯立 哈剌蛮子

年						
辛丑五年	完泽	哈剌哈孙	赛典赤　段那海　梁俺都剌　阿鲁浑萨理　阿鲁浑萨理 八月至十二月。	八都马辛　杨	吕　月古不花	迷儿火者　张斯立　哈剌蛮子
壬寅六年	完泽	哈剌哈孙	赛典赤　阿鲁浑萨理 正月至七月。　段那海　梁暗都剌	八都马辛　杨 正月至三月。	月古不花　吕 正月至八月。	迷儿火者 正月至七月。　哈剌蛮子 正月至七月。　张斯立
癸卯七年	完泽 正月至四月。	阿忽台 八月至十二月。	赛典赤 正月至二月。	八都马辛 正月一月。	月古不花 正月一月。	哈剌蛮子 正月一月。

朵儛	尚文	洪双叔	阿老瓦丁		哈剌哈孙
正月至七月。 送儿火者 正月一月。 张 正月一月。 董 四月至十二月。	三月至十二月。	四月至十二月。	三月至十二月。 段那海 正月一月。 阿鲁浑萨理 正月一月。 梁暗都剌 正月一月。 木八剌沙 三月至十二月。		九月至十二月。
朵儛 送儿火者	尚文 火失海牙	洪双叔 正月一月。	阿老瓦丁 正月至九月。	阿忽台	哈剌哈孙

甲辰 八年

伯颜
十月至十二月。
帖可阿里
十月至十二月。

塔思不花
二月至十二月。
八都马辛
十一月至十二月。

十一月一月。

十月至十二月。董
正月一月。赵
二月至九月。张
十月至十二月。

脱欢
正月至六月。
迷儿火者
正月至八月。张

尚文
正月至七月。

长寿
正月至八月。八都马辛
正月至七月。

伯颜阿里
正月至七月。八都马辛
八月至十二月。

阿忽台

哈剌哈孙

乙巳九年

丙午 十年	哈剌哈孙	阿忽台	叚那海 九月至十二月。	哈剌蛮子	章闾 四月至十二月。	也先伯 三月至十二月。	正月至十月。
			帖可 三月至十二月。		迷儿火者 正月至闰正月。		
			阿散 三月至十二月。		杜 三月至十二月。		
			伯颜 正月至闰正月。				
			叚那海 正月至闰正月。				

也先伯 正月至八月。 刘 正月至三月。 撒剌儿 六月至九月。 子璋 十一月至十二月。 乌伯都剌	杜 正月至三月。 章闾 正月至三月。 阿都赤 正月至七月。 阿里伯 五月至十二月。 斡罗思	哈剌蛮子 正月至二月。 孛罗帖木儿 九月至十二月。 孛罗答失 八月至十二月。 王 八月一月。 刘	八都马辛 彻里 二月至十月。 帖可 正月至二月。 阿散 正月至八月。 教化 八月至十二月。 八都马辛 正月至二月。 床兀儿	阿忽台 正月至二月。 又八月至十二月。	哈剌哈孙 正月至八月。	丁未 十一年

钦察　九月至十二月。

七月至十二月。

郝　十一月至十二月。

抄儿赤　十一月至十二月。

塔海　六月至十二月。

六月至十二月。

五月至十二月。

塔失海牙　八月至十二月。

脱脱　八月至九月。

法忽鲁丁　八月至九月。

别不花　八月至九月。

阿沙不花　五月至十二月。

乞台普济	答剌海	脱脱	塔失海牙	学罗帖木儿	尚文	乌伯都剌
六月至十二月。	正月至三月。	闰十一月至十二月。	床兀儿		八月至十二月。	正月至十一月。
	塔思不花	乞台普济	正月至三月。	刘	忽都不丁	郝
明里不花	九月至十二月。	二月至十一月。	乞台普济	十二月一月。	八月至十二月。	十月至十一月。
六月至十二月。	乞台普济		正月至二月。	学罗答失	郝	于
	闰十一月至		教化	正月至十一月	刘	正月至九月。

武宗皇帝

戊申　至大元年

伯都		扎忽儿觯	
闰十一月至十二月。	正月至十月。	闰十一月至十二月。月。	正月一月。
高防	何		阿沙不花
闰十一月至十二月。	十月至十一月。		右丞相行平章政事,二月至十二月至十二月
	乌伯都剌		阿散
	闰十一月至十二月。		四月至六月。
			脱脱木儿
			四月至十二月月。
			赤因帖木儿
			闰十一月至十二月。

十二月。

己酉 二年	蔡乃	脱脱	塔思不花 乞台普济		扎忽儿觯	郝	伯都
	闰十一月至十二月。	九月至十二月。	中书省。	哈失海牙 三月至十月。	刘 正月至十二月。	正月至十一月。	正月至十月。
				阿散 三月至十月。		乌伯都剌 正月至十二月。	高昉
				赤因帖木儿 九月至十二月。		脱脱 九月至十二月。	
				蔡乃 八月至十二月。			

	乞台普济	脱脱	三宝奴	保八	忙哥帖木儿	王黑
是年,罢尚书省。	八月至十二月。尚书省。		八月至九月。 伯颜 十一月至十二月。 乐实 八月至十二月。	八月至十二月。	八月至十二月。	八月至十二月。 郝彬 八月至十二月。

	塔思不花	脱脱	赤因帖木儿 阿散 察乃	伯都	忽都不丁	帖里脱欢
三年 庚戌	中书省。			正月一月。 忽都不丁 七月至十一月。	正月至六月。 斡只 八月至十一月。	贾 正月至十二月。 回回

是年置尚书省，明年正月罢。	脱脱 尚书省。	三宝奴	乐实 伯颜	保八	忙哥帖木儿	八月至十二月。 王累 郝彬
辛亥 四年	帖木迭儿	脱脱 正月一月。	察乃 赤因帖木儿 李孟 二月至十二月。 完泽 二月至八月。 阿散 十二月一月。	忽都不丁 正月至三月。 乌伯都剌 四月至八月。	斡只 正月一月。 李 二月至十二月。	帖里脱欢 正月至八月。 贾 正月至八月。
仁宗皇帝						

年份	帖木迭儿	阿散		乌伯都剌	李	蔡孚
壬子 皇庆元年		阿散 九月至十二月。			李 正月至二月。八剌脱因 三月至十二月。	蔡孚 正月至九月。阿卜海牙 十月至十二月。贾 正月至三月，又九月至十二月。许师敬 九月至十二月。
癸丑 二年	帖木迭儿 正月一月。	阿散	章闾 张珪	乌伯都剌 正月至五月。	八剌脱因 正月至五月。	许师敬 阿卜海牙 正月至五月。

秃忽鲁 正月至十二月。		正月至五月 乌伯都剌 六月至十二月。	八剌脱因 六月至十二月。	阿卜海牙 六月至十二月。	正月至五月 秃鲁花帖木儿 六月至七月。 薛 九月至十二月。	赵世延
甲寅 延祐元年						
帖木迭儿	阿散	章闾 正月至十月。 乌伯都剌 正月至八月。 李孟	八剌脱因 正月至十一月。 拜住 十二月一月。 拜住	阿卜海牙	曹	赵世延
乙卯 二年						

丙辰三年	帖木迭儿	阿散	乌伯都剌 李孟 伯帖木儿 六月至十二月。 拜住 六月至十二月。	拜住 正月至五月。 阿里海牙 六月至八月。	阿卜海牙 六月至八月。 王毅 六月至八月。 王 十月至十二月。	郭 正月至五月。 不花 六月至十二月。 曹 正月至七月。 乞塔 九月至十二月。	正月至九月。郭 十一月一月。
丁巳四年	帖木迭儿	阿散	伯帖木儿	阿卜海牙	王毅	乞塔	

正月至五月。焕住 六月至十二月。

高防 正月至五月。张 六月一月。王 七月至十二月。

正月至五月。高防 六月至十二月。

正月至五月。乞塔 六月至十二月。

正月至七月。赤因帖木儿 六月至十二月。拜住 正月至五月。阿里海牙 六月至十二月。李孟 正月至六月。王毅 八月至十二月。

正月至六月。伯答沙 九月至十二月。

年	伯答沙	阿散	乌伯都剌			
戊午五年	伯答沙	阿散	赤因帖木儿 正月至四月。阿里海牙 亦列赤 十月至十二月。乌伯都剌 王毅	乞塔 正月至四月。亦列赤 六月至九月。高昉 十月至十二月。	高昉 正月至九月。焕住 十月至十二月。	焕住 正月至九月。王 正月至四月。敬俨 五月至十二月。燕只哥 十月至十二月。
己未六年	伯答沙	阿散	乌伯都剌 阿里海牙 王毅	高昉	焕住	敬俨 正月至八月。燕只哥

	庚申 七年						
	伯答沙 正月一月。 帖木迭儿 二月至十二月。	阿散 正月至四月。 拜住 六月至十二月。	答失海牙 六月至十二月。 乃剌忽 六月至七月。 帖木儿脱 六月至十二月。	亦列赤 正月至十一月。	高昉 正月至二月。 木八剌 三月至十二月。	焕住 正月一月。 张思明 三月至十二月。	钦察 正月至五月。 张思明 只儿哈郎 六月至十二月。 速速	正月至九月。 张思明 闰八月至十二月。 钦察 十月至十二月。

六月至十二
月。

月。

拜住

五月一月。

乌伯都剌

正月一月。

廉米只儿海
牙

十一月至十
二月。

亦列赤

正月一月。

阿里海牙

正月至二月。

秃满迭儿

正月至二月。

英宗皇帝　辛酉至治元年	帖木迭儿	拜住	赫驴 三月至四月。赵 三月至七月。	廉米只儿海牙　帖木儿脱 正月至十月。塔失海牙 正月至八月。只儿哈郎 七月至十二月。	只儿哈郎	张思明	速速　薛 五月至十二月。
壬戌二年	帖木迭儿	拜住		廉米只儿海牙	只儿哈郎	张思明	速速

马剌 王居仁	速速 正月至八月。善僧 九月至十二	只儿哈郎 正月至十月。乃马解 十月至十二 赤因帖木儿 十月一月。	拜住 正月至八月。	癸亥 三年
薛 正月至二月。 王居仁 闰五月至十二月。	薛 牙 正月至十一月。 钦察 五月至十二月。 只儿哈郎 正月至五月。 买驴 四月至十二月。 钦察	正月至十月。 正月至八月。拜住 十一月至十二月。		

泰定皇帝　甲子 泰定元年	旭迈杰	倒剌沙	张珪	倒剌沙	乃蛮䚟	善僧	马剌
		二月至十二月。	正月至二月。 张珪 乃蛮䚟 二月至十二月。 秃满迭儿 五月至十二月。	正月一月。 乌伯都剌 钦察 正月至二月。	正月一月。 普僧 二月至十二月。	正月一月。 泼皮 六月至十二月。	正月至四月。 王居仁 正月至二月。 杨庭玉 三月至十二月。 朵朵 五月至十二月。

	旭迈杰 正月至八月。 塔失帖木儿 十二月一月。	倒剌沙	秃满迭儿 乌伯都剌 乃蛮觯 张珪 正月至二月。 善僧 五月至十二 月。	善僧 正月至二月。 波皮 三月至十二 月。	波皮 正月至二月。 许师敬 四月至十二 月。	朵朵 杨庭玉 正月至二月。 冯不花 五月至十二 月。			乙丑 二年
		倒剌沙	秃满迭儿 乃蛮觯 正月至二月。 乌伯都剌	波皮 正月至五月。 许师敬 十月至十二 月。	许师敬 正月至二月。 朵朵 十一月至十 二月。	朵朵 正月至十月。 史惟良 十一月至十 二月。			丙寅 三年
			塔失帖木儿 正月至二月。						

	丁卯 四年	文宗皇帝 天历元年（戊辰）
	冯不花	张友谅
	冯不花　史惟良 正月至九月。　王士熙 十一月至十二月。	史惟良
	朵朵	
	许师敬 正月至十月。　赵世延 十月至十一月。	赵世延
	秃满迭儿　蔡乃　乌伯都剌　伯颜察儿	塔失海牙
	蔡乃 三月至十二月。　普僧。正月至十月。　伯颜察儿 十二月一十一月。	别不花
	塔失帖木儿　阇剌沙	燕铁木儿

九月至十一月。	十月至十二月。	月鲁帖木儿 十月至十一月。
回回 九月至十一月。	月鲁不花 十一月至十二月。	
九月至十月。		
速速 九月至十月。	阔阔台 九月至十二月。	
明里董阿 九月至十二月。	钦察台 十月至十二月。	敬俨 十月至十二月。

己巳二年	燕铁木儿	别不花	阔阔台 月。	彻里帖木儿	月鲁帖木儿	赵世安
		帖木儿不花 正月至八月。	正月至八月。 明里董阿	正月至五月。 阔儿吉思	正月至八月。 赵世安	正月。 左吉
			正月至四月。 敬俨	四月至八月。 朵儿只	十月至十二月。	正月至五月。 王结
			正月。 王毅	八月至十一月。 撒迪		正月至八月。 阿荣
			正月至八月。 彻里帖木儿			八月至十二月。
			五月至八月。 哈八儿秃			
			五月至八月。 阿儿思兰海牙			

庚午 至顺元年	燕铁木儿	伯颜	九月至十二月。	撒迪	史惟良	蔡文渊
		二月。	朵儿只 十一月。		赵世安 二月。	正月至五月。
			赵世延 十一月。		张友谅	和尚
			钦察台			正月至闰七月。
			钦察台			
			阿儿思兰			张友谅
			海牙 三月。			五月至九月。
			赵世延			
			正月至闰七月。			

脱亦纳				脱亦纳
姚庸				正月。
				姚庸
				燕帖木儿
		张友谅		耿焕
		撒迪		
阿里海牙		钦察台		
朵儿只		阿里海牙		
正月至二月。		亦列赤		
亦列赤		伯撒里		
		秃儿哈帖		
		木儿		
	燕铁木儿			
辛未 二年				

元史卷一一三
表第六下

宰相年表二

順帝

	中书令	右丞相	左丞相	平章政事	右丞	左丞	参知政事
癸酉		燕铁木儿 伯颜	撒敦	钦察歹 脱别歹 阿里海牙 撒迪	阔儿吉思 辛罗	史惟良 王结	忽都海牙 高履亨
元统元年							

		伯颜	撒敦		孛罗	王结	忽都海牙
甲戌	二年	伯颜	撒敦	阿昔儿 阔儿吉思 脱别歹 阿里海牙 正月除河南丞相。 撒迪	孛罗	王结	忽都海牙 许有壬 十月由侍御史除。
乙亥	至元元年	伯颜 七月初二日命独相。	撒敦 唐其势 六月伏诛。	阿息儿 阔儿吉思 脱别歹 定住 九月初七日由枢密知院除为头平章。 阿昔儿	孛罗 七月升平章。 巩卜班 十月。	王结 耿焕 十一月。	普化 四月由南台中丞除。 纳麟 七月由南台中丞除。

许有壬

阔儿吉思
七月迁知院。

撒迪
七月初一日
由中丞除第
二平章,十月
为御史大夫。

彻里帖木儿
字罗
七月初四日
替阔里吉思。

阿吉剌
十一月由知
院除。

塔失海牙

年					
二年 丙子	伯颜	定住 塔失海牙 帖木儿不花 亨罗 阿吉剌	巩卜班	王懋德	纳麟 许有壬
三年 丁丑	伯颜	定住 二月卒于位。 塔失海牙 亨罗 阿吉剌	巩卜班	王懋德	纳麟 许有壬
四年 戊寅	伯颜	探马赤 哈八儿秃 亨罗 阿吉剌 只儿瓦歹	巩卜班	王懋德	纳麟 傅岩起

干支	年					
己卯	五年	伯颜		哈八儿秃 李罗 阿吉剌 三月出为辽阳平章。 只儿瓦歹 后罢为承旨。	巩卜班 三月出为甘肃平章。	纳麟 傅岩起
庚辰	六年	伯颜 二月黜为河南左丞相。 马札儿台 三月拜,十月罢。 脱脱 十月。	铁木儿不花 十月。	李罗 沙剌班 汪家奴 四月由枢密同知为平章, 十月除枢密知院。	铁木儿塔识 傅岩起	纳麟 四月除枢密同知。 阿鲁 傅岩起 二月升左丞 许有壬

年	①	②	③	④	⑤	⑥
辛巳 至正元年	脱脱	铁木儿不花	别儿怯不花 十二月除江浙左丞相。 脱欢 也先帖木儿 铁木儿塔识	铁木儿塔识 四月升平章。 阿鲁	许有壬	阿鲁 四月升右丞。 定住 许有壬 四月升左丞。 吴忽都都花
壬午 二年	脱脱		也先帖木儿 铁木儿塔识 也灭怯歹 三月由如院除第四平章	太平 六月。	许有壬	定住 吴忽都都花
癸未 三年	脱脱	也先帖木儿 铁木儿塔识 也灭怯歹 纳麟	别儿怯不花 十二月。	太平	许有壬 正月辞。	定住 吴忽都都花 伯颜 韩元善

干支	年						
甲申	四年	脱脱 五月辞位。 阿鲁图 五月。	别儿怯不花	正月薨。 铁木儿塔识 三月。 太平 纳麟 三月由河南 平章除。 伯颜 纳哈赤	太平 二月升平章。 伯颜 二月至八月。 升平章。 九月。 达识帖睦迩 九月。	吴忽都不花 姚庸 三月由集贤 大学士除,九 月为承旨。 董守简 九月由中丞 除。	十月由枢密 金院除。 伯颜 二月升右丞。 蒯思监 二月。 韩元善 赵德寿 正月由兵部 尚书除。
乙酉	五年	阿鲁图	别儿怯不花	铁木儿塔识 七月为御史 大夫。 纳哈赤 后罢为承旨。	达识帖睦迩 九月罢为为承 旨。 蒯思监	董守简 后正中丞。 蒯思监	蒯思监 九月升右丞。 朵儿只班 前资正院使。 韩元善

	七年 丁亥					六年 丙戌
阿鲁图	别儿怯不花	铁木儿塔识	朵儿只班 后除辽阳平章。	吕思诚	朵儿只班 答儿麻 七月。 琐南班 吕思诚 四月升左丞。 魏中立 琐南班	阿鲁图
	别儿怯不花 铁木儿塔识	巩卜班 纳麟 教化 帖木哥			大平 十月为御史大夫。 巩卜班 七月。 纳麟 伯颜	
				吕思诚	十月除司农 大卿。 吕思诚 十月。	

	福寿 孔思立	吕思诚	忽都不花	教化 定住	太平	朵儿只
	二月升右丞。 道童 三月。 福寿 六月。 魏中立 孔思立 七月。		后迁中丞。 定住 四月由承旨 除。 脱欢 七月。 忽都不花 十月。	四月升左丞 相。 太平 六月至十二 月。升左丞 相。 教化 定住 帖木哥 朵朵 韩加讷 十二月除大 夫。	九月薨于位。 朵儿只 九月由大夫 拜。 太平 十二月。	正月初九日。 朵儿只 四月十八再 命,五月薨。 朵儿只 十二月。
戊子	八年					

己丑	九年	朵儿只 七月罢为国王。 脱脱 闰七月复相。	太平 七月罢为承旨。	柏颜 韩加讷 太不花 钦察台 忽都不花 定住	后以疾辞。 韩加讷 太不花 忽都不花	秃满迭儿 闰七月除四川右丞。 搠思监	吕思诚 后迁中丞。 韩元善 四月。	撒马笃 玉枢虎儿吐华 闰七月。 秦从德
庚寅	十年	脱脱		柏颜 太不花 定住 搠思监 正月。		玉枢虎儿吐华 正月。	韩元善	脱列 韩镛

	干支		脱脱	普化	玉枢虎儿吐华	韩元普	脱列
十一年	辛卯		脱脱	大不花 定住 搠思监 普化 朵儿只班	玉枢虎儿吐华	韩元普	脱列 韩镛 松寿 分省济宁。乌古孙良桢 十二月。
十二年	壬辰		脱脱 二月总兵,八月出师,十一月还朝。	定住 搠思监 普化 忽都海牙 月鲁不花 正月由宣政院使除。	玉枢虎儿吐华 哈麻 八月添设。	韩元普 八月卒。贾鲁 二月添设。	帖里帖穆尔 十一月出为丞。江浙添设右丞。乌古孙良桢 悟良哈台 三月添设。杜秉彝

十三年（癸巳）	十月添设。 蛮子 正月由侍御除。 杜秉彝 正月代乌古孙良桢。	乌古孙良桢 正月。	哈麻 正月代玉枢虎儿吐华为正。 悟良哈台 正月代哈麻，四月为正。	定住 搠思监 普化 忽都海牙 答失八都鲁	脱脱
十四年（甲午）	蛮子 臧卜 九月由将作院使除。 杜秉彝	乌古孙良桢 吕思诚 十二月由湖广左丞召为添设。	悟良哈台 桑哥失理 十二月由中政使除添设。	定住 十二月升左丞相。 搠思监 普化 月赤察儿	定住 脱脱 九月总兵出征，十二月诏削官爵，淮南安置。

十五年 乙未	汪家奴	定住	搠思监	悟良哈台	许有壬	臧卜
	二月。	四月拜右丞相。	正月出为陕西平章,九月复入中书。	正月除河南平章。	九月为集贤大学士。	实理门
	定住	哈麻	哈麻	蛮子	吕思诚	李稷
	十一月辞,以太保就第治病。		四月升左丞相。	九月除中政院使。	乌古孙良桢	成遵
			达识帖睦迩八月除江浙	拜住九月代蛮子。	杜秉彝	月伦失不花
				酥楽		陈敬伯
						分省彰德。

九月由知院除。哈麻十二月。锁南班十二月。

年						
十六年 丙申	别怯木儿 完者不花 答兰 李稷 成遵	吕思诚 十月除大司农卿。乌古孙良桢 成遵	斡莱 帖里帖木尔 桑哥失里 悟良哈台 实理门 搠思监 二月除大夫。	由枢密同知代拜住。臧卜 左丞相。纽的该 桑哥失理 项南班 帖里帖木儿 黑厮 拜住	哈麻 二月黜墨。搠思监 四月。	定住 正月辞不允，复命。
十七年 丁酉	完者帖木儿 十一月除宣	乌古孙良桢 成遵	别帖木儿 完者帖木儿 三月除大夫。成遵		大平 五月。	搠思监 五月。

斡栾	八都麻失里	李献	燕只不花
悟良哈台 斡栾 藏卜 十一月分省大原。 老的沙 完不花 答兰 十一月。	七月由中丞除。 野仙普化 九月。 失列门 分省济宁。 八都麻失里	九月除中丞。 李献 十一月由中丞除。 丞除。	政同知。 俺普 七月。 卜颜帖木尔 十一月。 哈剌那海 十一月。 崔敬 十一月。 陈敬伯 十一月。 李稷 贾鲁 分省济宁。

十八年 戊戌	撤思监	太平	斡栾	八都麻失里	李献	燕只不花
			斡栾	八都麻失里	李献	燕只不花

秃鲁	正月除翰林	六月升平章。	完不花	纽的该	定住	
三月由治书	学士。	完者帖木儿	老的沙		太不花	
除。	成遵	塔失帖木儿	脱脱帖木儿			
忙哥帖木儿	失你不花	成遵	燕古思			
孛罗帖木儿			也先不花			
安童			庄嘉			
普颜不花			八都麻失里			
十月由经略						
使。						
马某火者						
十一月除荣						
福司使。						
琐住						
崔敬						
孛罗帖木儿	成遵	塔失帖木儿	翰来	太平		己亥 十九年

庚子	二十年			搠思监 三月。	太平 二月罢为太 保。		完不花 帖里帖木儿西 九月除陕西 左丞相。 朵儿只班 庄嘉 也先不花 八都麻失里	不花		伯颜 忙哥帖木儿 脱火赤 分省太原。 王时 二月由详定 使除。 赵中
							老的沙 二月由大夫 入中书,后复 为大夫。 斡栾 完不花 完者帖木儿	不花 分省太原。	陈敬伯	也先不花 七十 王时 分省太原。 危素 丁好礼

哈剌章 七十 达礼麻失里 袁换 不颜 危素	也先不花 陈敬伯	也先不花	达识帖木儿 绊住马 失列门		
			斡栄 失列门 佛家奴 达识帖木儿 定住 九月出为陕西平章。答兰 分省大原。		二十一年 辛丑
达礼麻失里 伯颜帖木儿 哈剌那海	王也速迭儿 七十 剌马乞剌	也先不花	斡栄 扩廓帖木儿 失列门		
			撤思监 三月。		二十二年 壬寅

	脱木儿 分省大原。 危素	分省大原。		伯颜帖木儿 札剌儿台 危素 马良 七月。		
			七十 袁焕			
	也先不花					
	爱不花 佛家奴 十二月为大夫。 塔失帖木儿 绊住马 孛罗帖木儿	爱不花 分省大原。 完不花 普化 绊住马 咬住 完不花 孛罗帖木儿				
撤思监						
二十三年						
癸卯						

干支	年	搠思监	也速	琐住	不花帖木儿	帖木儿	八都哥
甲辰	二十四年	搠思监 四月贬岭北。 孛罗帖木儿 八月。	也速 孛罗帖木儿 七月。	琐住 秃坚帖木儿 七月除大夫。 山僧 佛家奴 老的沙	不花帖木儿 脱脱木儿	帖木儿	八都哥 危素 五月除承旨。 王时 李士瞻 李国凤
乙巳	二十五年	孛罗帖木儿 七月伏诛。 伯撒里 九月二十七。	孛罗帖木儿 扩廓帖木儿	扩廓帖木儿 山僧 老的沙 三月除右大夫。 扩廓帖木儿 秃坚帖木儿 失列门 沙蓝答里 十月升为大	不花帖木儿 十月升平章。 孛罗 曲木 答儿麻失里 脱脱木儿	帖木儿 袁焕 八月除河南 右丞。 王时 哈刺章 张晋	明安帖木儿 定住 八都儿 达识帖木儿 黎安道 帖林沙

平章。

上都马

帖古思不花

别帖木儿

三月除左大

夫。

秃鲁

脱脱

匡福

庆童

塔失帖木儿

洪宝宝

揑烈秃

不花帖木儿

忽怜台

			金那海		
帖林沙 亦老温 陈祖仁 董幼安 李国凤 王朵罗歹	袁焕 李国凤 八月升。	月鲁帖木儿 帖林沙 七十 札剌尔台	失列门 不花帖木儿 月鲁帖木儿 七十 蛮子 札剌尔台	扩廓帖木儿 总兵河南。 沙蓝答里 正月。	伯撒里
哈海 完者帖木儿 朵儿只 孙景益 阿剌不花 尹炳文 盖元鲁 董守训	定住 八月升右丞。 董幼安 张守礼 刘益 孙景益 分省河东。	帖林沙 陈敬伯 八月升平章。 定住	札剌儿 七十 俺普 七月除大宗 正札鲁火赤。 臧家奴 月鲁帖木儿 伯颜帖木儿	帖里帖木儿 八月除为添 设。 扩廓帖木儿 总兵、十月罢 为河南王。 沙蓝答里 九月分省大	完者帖木儿 五月至八月 除知院。 也速 八月拜相,总 兵分省山东。

二十六年　丙午

二十七年　丁未

十月由岭北参议升。

胡泼

普颜不花

陕思丁

铁古思帖木儿

分省保定。

庄家

法都都忽剌

供给山东。

哈剌章　　　　　　　同,十一月裁。

十一月为夹平章,分省大同。

蛮子

完者帖木儿

不颜帖木儿

哈剌那海

分省河东。

陈敬伯

李兑彝

火里赤

板筑儿

丁好礼

帖林沙

二十八年				
戊申	也速	失列门 庆童	哈剌章 臧家奴 月鲁帖木儿 伯颜帖木儿 完者帖木儿 燕赤不花 魏赛因不花 李思齐 俺普 颂住	定住 火里忽答
			忽林台 陈秉直 杨诚 貊高 关保	董幼安 张守礼 孙景益
				哈海 张裕 郭庸

元史卷一一四
列传第一

后妃一

太祖光献翼圣皇后
太宗昭慈皇后
定宗钦淑皇后
宪宗贞节皇后
世祖昭睿顺圣皇后
南必皇后
成宗贞慈静懿皇后
卜鲁罕皇后
武宗宣慈惠圣皇后
速哥失里皇后
仁宗庄懿慈圣皇后
英宗庄靖懿圣皇后
泰定帝八不罕皇后
明宗贞裕徽圣皇后
八不沙皇后

文宗卜答失里皇后
宁宗答里也忒迷失皇后
顺帝答纳失里皇后
伯颜忽都皇后　　完者忽都皇后

　　太祖光献翼圣皇后,名旭真,弘吉剌氏,特薛禅之女也。特薛禅与子按陈从太祖征伐有功,赐号国舅,封王爵,以统其部族。有旨:"生女为后,生男尚公主,世世不绝。"世祖至元二年十二月,追谥光献翼圣皇后。册文曰:

　　　　尊祖宗,致诚孝,实王政之攸先;法天地,建鸿名,亦母仪之克称。肆先虔于太室,庸昭示于后昆。体兹至公,节以大惠。钦惟光献皇后,宅心渊静,禀德柔嘉。当圣神创业之初,有夙夜求贤之助。功施社稷,垂慈训于景襄;庆衍宫闱,流徽音于庄圣。协赞龙飞之运,永诒燕翼之谋。惟周人著称《思齐》,亦推本兴王之迹;在汉世始谥光烈,盖笃申追远之情。是用稽迪旧章,增崇遗美。谨遣摄太尉某,奉玉册、玉宝,加上尊谥曰光献翼圣皇后。伏惟淑灵降格,典礼备膺,于亿万年,茂隆丕祚。

升祔太祖庙。其余后妃有四斡耳朵四十余人,不记氏族,其名悉见于《表》。后皆仿此。

　　太宗昭慈皇后,名脱列哥那,乃马真氏,生定宗。岁辛丑十一月,太宗崩,后称制摄国者五年。丙午,会诸王百官,议立定宗。朝政多出于后。至元二年崩,追谥昭慈皇后,升祔太宗庙。

　　定宗钦淑皇后,名斡兀立海迷失。定宗崩,后抱子失列门垂帘听政者六月。至元二年,追谥钦淑皇后。

宪宗贞节皇后，名忽都台，弘吉剌氏，特薛禅孙忙哥陈之女也。
蚤崩。后妹也速儿继为妃。至元二年，追谥贞节皇后，升祔宪宗庙。

世祖昭睿顺圣皇后，名察必，弘吉剌氏，济宁忠武王按陈之女
也。生裕宗。中统初，立为皇后。至元十年三月，授册宝，上尊号贞
懿昭圣顺天睿文光应皇后。

一日，四怯薛官奏割京城外近地牧马，帝既允，方以图进，后至
帝前，将谏，先阳责太保刘秉忠曰：“汝汉人聪明者，言则帝听，汝何
为不谏。向初到定都时，若以地牧马则可，今军醢俱分业已定，夺之
可乎？”帝默然，命寝其事。

后尝于太府监支缯帛表里各一，帝谓后曰：“此军国所需，非私
家物，后何可得支？”后自是率宫人亲执女工，拘诸旧弓弦练之，缉
为绸以为衣，其韧密比绫绮。宣徽院羊臑皮置不用，后取之合缝为
地毯。其勤俭有节而无弃物，类如此。

十三年，平宋，幼主朝于上都。大宴，众人皆欢甚，唯后不乐。帝
曰：“我今平江南，自此不用兵甲，众人皆喜，尔独不乐，何耶？”后跪
奏曰：“妾闻自古无千岁之国，毋使吾子孙及此则幸矣。”帝以宋府
库故物各聚置殿庭上，召后视之，后偏视即去。帝遣宦者追问后，欲
何所取。后曰：“宋人贮蓄以遗其子孙，子孙不能守，而归于我，我何
忍取一物耶！”时宋太后全氏至京，不习北方风土，后为奏令回江
南，帝不允，至三奏，帝乃答曰：“尔妇人无远虑，若使之南还，或浮
言一动，即废其家，非所以爱之也。苟能爱之，时加存恤，使之便安
可也。”后退，益厚待之。

胡帽旧无前檐。帝因射日色炫目，以语后，后即益前檐。帝大
喜，遂命为式。又制一衣，前有裳无衽，后长倍于前，亦无领袖，缀以
两襻，名曰比甲，以便弓马，时皆仿之。后性明敏，达于事机，国家初
政，左右匡正，当时与有力焉。

十四年二月崩。三十一年，成宗即位，五月，追谥昭睿顺圣皇
后，其册文曰：

奉先思孝，臣子之至情；节惠勿名，古今之大典。惟殷娥有明德之号，而周任著《思齐》之称。爰考旧章，式崇尊谥。恭惟先皇后，厚德载物，正位承天。隆内治于公宫，纲大伦于天下。曩事龙潜之邸，及乘虎变之秋。鄂渚班师，洞识事机之会，上都践祚，居多辅佐之谋。先物之明，独断于衷，进贤之志，允叶于上。左右我圣祖，建帝王之极功；抚育我前人，嗣社稷之重托。臣下之勤劳灼见，生民之疾苦周知。俪宸极二十年，垂慈范千万世。惟全美圣而益圣，宜显册书而屡书。不胜惓惓恳恳之诚，敬展尊尊亲亲之义，以扬盛烈，以对耿光。谨遣某官某奉玉册、玉宝，上尊谥曰昭睿顺圣皇后。钦惟淑灵在天，明鉴逮下。增辉炜管，茂扬徽懿之音；合飨太宫，益衍寿昌之福。

升祔世祖庙。

　　南必皇后，弘吉剌氏，纳陈孙仙童之女也。至元二十年，纳为皇后，继守正宫。时世祖春秋高，颇预政，相臣常不得见帝，辄因后奏事焉。有子一人，名铁蔑赤。

　　成宗贞慈静懿皇后，名失怜答里，弘吉剌氏，斡罗陈之女也。大德三年十月，立为后。生皇子德寿，早薨。武宗至大三年十月，追尊谥贞慈静懿皇后，其册文曰：

宗祧定位，象天地之有阴阳；今古同符，通幽明以行典礼。哀荣斯备，孝敬兼陈。恭惟先元妃弘吉剌氏，庆毓仙源，德昭彤史。春宫主馈，共瞻采翟之辉；椒掖正名，莫际飞龙之会。惟贞协在中之美，而慈推成物之仁。静既合夫坤元，懿益彰于壸则，虽小星之逮下，岂众曜之敢齐。嗣服云初，追怀曷已。是用究成先志，式阐徽称。谨遣某官某，上尊谥曰贞慈静懿皇后，升祔于成宗皇帝殿室。伏惟淑灵，永伸配侑，介以景福，佑我无疆。

　　卜鲁罕皇后，伯岳吾氏，驸马脱里思之女。元贞初，立为皇后。

大德三年十月,授册宝。成宗多疾,后居中用事,信任相哈剌哈孙,大德之政,人称平允,皆后处决。京师创建万宁寺,中塑秘密佛像,其形丑怪,后以手帕蒙覆其面,寻传旨毁之。省院台臣奏上尊号,帝不允。车驾幸上都,后方自奏请。帝曰:“我病日久,国家大事多废不举,尚宁理此等事耶!”事遂寝。大德十年,后尝谋贬顺宗妃答吉与其子仁宗往怀州。明年,成宗崩。时武宗在北边,恐其归,必报前怨。后乃命取安西王阿难答失里来京师,谋立之。仁宗自怀州入清宫禁,既诛安西王,并构后以私通事,出居东安州。

武宗宣慈惠圣皇后,名真哥,弘吉剌氏,脱怜子进不剌之女。至大三年四月,册为皇后,其文曰:

乾为天,坤为地,四时由是以相成。日宗阳,月宗阴,万象以之而并著。后职有关于世教,先猷具载于邦彝。惟慈旨之亲承,亦金言之允若。咨尔皇后弘吉剌氏,睿聪淑哲,端懿诚庄。宝婺分辉,源天潢之自出;缨徽迪庆,系统组以相仍。后逸

皇庆二年,立长秋寺,掌皇后宫政,秩三品。泰定四年十一月崩,上尊谥曰宣慈惠圣皇后,升祔武宗庙。

速哥失里皇后,按陈哈儿只之女,真哥皇后之从妹也。

妃二人:亦乞烈氏,奴兀伦公主之女,实生明宗,天历二年追谥仁献章圣皇后;唐兀氏,生文宗,天历二年追谥文献昭圣皇后。

仁宗庄懿慈圣皇后,名阿纳失失里,弘吉剌氏,生英宗。皇庆二年三月,册为皇后,上册宝,遣官祭告天地于南郊及太庙。改典内院为中政院,秩正二品。英宗即位,上尊号皇太后,其册文曰:

坤承乾德,所以著两仪之称;母统父尊,所以崇一体之号。故因亲而立爱,宜考礼以正名。恭惟圣母,温慈惠和,淑哲端懿。上以奉宗祐之重,下以叙伦纪之常。恢王化于二《南》,嗣徽音于三母。辅佐先考,忧勤警戒之虑深;拥佑眇躬,抚育提携

之恩至。迨于今日,绍我丕基。规摹一出于慈闱,付托益彰于祖训。致天下之养以为乐,未足尽于孝心,极域中之大以为尊,庶可称其懿美。式遵贵贵之义,用罄亲亲之情。谨遣某官某奉册,上尊号曰皇太后。伏惟周宗绵绵,长信穆穆,备《洛书》之锡福,粲坤极之仪天。启佑后人,永锡胤祚。

明日,受百官贺于兴圣宫。

至治二年崩,上谥庄懿慈圣皇后,其册文曰:

致孝所以扬亲,易名所以表行。矧为天下母而养弗逮,履天子位而报则丰。曷胜孺慕之心,必尽钦崇之礼。钦惟先皇太后,夙明壶则,克嗣徽音。辅佐先朝,有恭俭节用之实;诞育眇质,有劬劳顾复之恩。九族咸育于仁,四海仰遵其化。昊天不吊,景命靡融。怆圣善之长违,念风猷之未泯。是用揄扬于彤史,正宜敷绎于宝慈。爰据彝经,追严徽号。谨遣摄太尉某官某奉玉册、玉宝,上尊号曰庄懿慈圣皇后。伏惟淑灵如在,合飨太宫。鉴格孔昭,膺兹钜典。阴相丕祚,亿万斯年。

升祔仁宗庙。

英宗庄静懿圣皇后,名速哥八剌,亦启烈氏,昌国公主益里海涯女也。至治元年,册为皇后。泰定四年六月崩,谥曰庄静懿圣皇后。

泰定帝八不罕皇后,弘吉剌氏,按陈孙斡留察儿之女。泰定元年,册为皇后。

妃二人:一曰必罕,一曰速哥答里,皆弘吉剌氏,兖王买住罕之女也。文宗天历初,俱安置东安州。

明宗贞裕徽圣皇后,名迈来迪,生顺帝而崩。文宗立,谥贞裕徽圣皇后。

八不沙皇后，成宗甥寿宁公主之女也。侍明宗潜邸，生宁宗。天历二年，立宁徽寺，掌明宗皇后宫事，以钞万锭、币帛二千匹，供后宫费用。十一月，后请为明宗资冥福，命帝师率诸僧作佛事七日于大天源延圣寺，道士建醮于玉虚、天宝、太乙、万寿四宫，及武当、龙虎二山。至顺元年，敕有司供明宗后宫币帛二百匹。是年四月崩。

文宗卜答失里皇后，弘吉剌氏，父驸马鲁王琱阿不剌，母鲁国公主桑哥吉剌。文宗居建业，后亦在行。天历元年，文宗即位，立为皇后。二年，授册宝。十一月，后以银五万两，助建大承天护圣寺。至顺元年，以籍没张珪家田四百顷，赐护圣寺为永业。后与宦者拜住谋杀明宗后八不沙。

三年八月，文宗崩于上都，后导扬末命，申帝初志，遂立明宗次子懿璘质班，是为宁宗。十一月奉玉册玉宝，尊皇后为皇太后。十二月，御兴圣殿受朝贺。宁宗崩，大臣请立太子燕贴古思，后曰："天位至重，吾子尚幼，明宗长子妥欢贴睦尔在广西，今十三岁矣，理当立之。"于是奉旨迎至京师，以明年六月即位，是为顺帝。元统元年，尊为太皇太后，仍称制临朝。至元六年六月，诏去尊号，安置东安州，寻崩。

宁宗答里也忒迷失皇后，弘吉剌氏。至顺三年十月，立为后。至正二十八年崩，升祔宁宗庙。

顺帝答纳失里皇后，钦察氏，太师太平王燕铁木儿之女。至顺四年，立为后。元统二年，授册宝，其册文曰：

天之元统二气，配莫厚于坤仪；月之道循右行，明同贞于乾曜。若昔帝王之宅后，居多辅相之世勋。盖选德于亢宗，亦畴庸于先正。造周资任，姒之化，兴汉表马、邓之功。咨尔皇后钦察氏，雍肃惠慈，谦裕静淑。乃祖乃父，夙坚翼亮之心；于国于家，实获修齐之助。朕缵丕图之初载，亲承太后之睿谟。眷

我元臣,简兹硕媛。相严禋而率典,奉慈极以愉颜。用彰祎翟
之华,式著旗常之旧。令摄太尉某官授以玉册宝章,命尔为皇
后。备成嘉礼、宏贲大猷。於戏!嵩高生贤,予笃怀于良佐;
《关雎》正始,尔勉嗣于徽音。永锡寿康,昭示悠久。

三年,后兄御史大夫唐其势以谋逆诛,弟塔剌海走匿后宫,后
以衣蔽之,因迁后出宫,丞相伯颜鸩后于开平民舍。

伯颜忽都皇后,弘吉剌氏,宣慈惠圣皇后真哥侄毓德王孛罗贴
木儿之女也。至元三年三月,立为皇后。其册文曰:

帝王之道,齐其家而天下平;风教所基,正乎位而人伦厚。
爰择配以承宗事,若稽古以率典常。咨尔弘吉剌氏淑哲温恭,
齐庄贞一。属选贤于中壸,躬受命于慈闱。勖帅来嫔,蹈榘仪
之有度;动容中礼,谨夙夜以无违。兹表式于宫庭,宜推崇其位
号。乃蠲吉旦,庸举彝章。遣摄太尉某持节授以玉册宝章,命
尔为皇后。於戏!乾施坤承,克顺成于四序;日明月俪,久照临
于万方。朕欲跻世于乂安,尔其助予之德化。共御亨嘉之运,
益延昌炽之期。勉尔徽音,聿修内治。

生皇子真金,二岁而殀。

后性节俭,不妒忌,动以礼法自持。第三皇后奇氏素有宠,居兴
圣西宫,帝希幸东内。后左右以为言,后无几微怨望意。从帝时巡
上京,次中道,帝遣内官传旨,欲临幸,后辞曰:“暮夜非至尊往来之
时。”内官往复者三,竟拒不纳,帝益贤之。帝尝问后:“中政院所支
钱粮,皆传汝旨,汝还记之否?”后对曰:“妾当用则支。关防出入,必
已选人司之,妾岂能尽记耶?”居坤德殿,终日端坐,未尝妄逾户阃。
至正二十五年八月崩,年四十二。奇氏后见其所遗衣服弊坏,大笑
曰:“正宫皇后,何至服此等衣耶!”其朴素可知。逾月,皇太子自冀
宁归,哭之甚哀。

完者忽都皇后奇氏,高丽人,生皇太子爱猷识理达腊。家微,用

后贵,三世皆追封王爵。初,徽政院使秃满迭儿进为宫女,主供茗饮,以事顺帝。后性颖黠,日见宠幸。后答纳失里皇后方骄妒,数箠辱之。答纳失里既遇害,帝欲立之,丞相伯颜争不可。伯颜罢相,沙剌班遂请立为第二皇后,居兴圣宫,改徽政院为资正院。

后无事,则取《女孝经》、史书,访问历代皇后之有贤行者为法。四方贡献,或有珍味,辄先遣使荐太庙,然后敢食。至正十八年,京城大饥,后命官为粥食之。又出金银粟帛命资正院使朴不花于京都十一门置冢,葬死者遗骼十余万,复命僧建水陆大会度之。时帝颇怠于于政治,后与皇太子爱猷识理达腊遽谋内禅,遣朴不花谕意丞相太平,太平不答。复召太平至宫,举酒赐之,自申前请,太平依违而已,由是后与太子衔之。而帝亦知后意,怒而疏之,两月不见。朴不花因后而宠幸,既被劾黜,后讽御史大夫佛家奴为之辩明。佛家奴乃谋再劾朴不花,后知之,反嗾御史劾佛家奴,谪居潮河。

初,奇氏之族在高丽者,怙势骄横,高丽王怒,尽杀之。二十三年,后谓皇太子曰:"汝何不为我复仇耶?"遂立高丽王族人留京师者为王,以奇族之子三宝奴为元子。遣同知枢密院事崔帖木儿为丞相,用兵一万,并招倭兵,共往纳之。过鸭绿水,伏兵四起,乃大败,余十七骑而还,后大惭。

二十四年七月,孛罗帖木儿称兵犯阙,皇太子出奔冀宁,下令讨孛罗帖木儿。孛罗帖木儿怒,嗾监察御史武起宗言后外挠国政,奏帝宜迁后出于外,帝不答。二十五年三月,遂矫制幽于诸色总管府,令其党姚伯颜不花守之。四月庚寅,孛罗帖木儿逼后还宫,取印章,伪为后书召太子。后仍回幽所,后又数纳美女于孛罗帖木儿,至百日,始还宫。及孛罗帖木儿死,召皇太子还京师,后传旨令廓扩帖木儿以兵拥皇太子入城,欲胁帝禅位。廓扩帖木儿知其意,至京城三十里外,即遣军还营,皇太子复衔之。事见《扩廓帖木儿传》。

会伯颜忽都皇后崩,十二月,中书省臣奏言,后宜正位中宫,帝不答。又奏改资正院为崇政院,而中政院亦兼主之,帝乃授之册宝,其册文曰:

坤以承乾元，人道莫先于夫妇；后以母天下，王化实始于家邦。典礼之常，古今攸重。咨尔肃良合氏，笃生名族，来事朕躬。儆戒相成，每勤于夙夜；恭俭率下，多历于岁年。既发祥元子于储闱，复流庆孙枝于甲观。眷若中宫之位，允宜淑配之贤。宗戚大臣，况金言而敷请；掖庭诸御，咸倾望以推尊。乃屡逊辞，尤可嘉尚。今遣摄太尉某持节授以玉册、玉宝，命尔为皇后。於戏！慎修壶政，益勉尔辅佐之心，昭嗣徽音，同保我延洪之福。其钦宠命，以衍寿祺。

二十八年，从帝北奔。

元史卷一一五
列传第二

睿宗　裕宗　显宗　顺宗

睿宗景襄皇帝,讳拖雷,太祖第四子,太宗母弟也。方太祖崩时,太宗留霍博之地,国事无所属,拖雷实身任之。闻燕京盗贼白昼剽掠富民财物,吏不能禁,遂遣塔察、吾图撒合里往穷治之,杀十有六人,盗始屏息。

己丑夏,太宗还京。八月,即位。明年庚寅秋,太宗伐金,命拖雷帅师以从,破天城堡,拔蒲城县,闻金平章合达、参政蒲阿守西边,遂渡河,攻凤翔。会前兵战不利,从太宗援之,合达乃退。辛卯春,破洛阳、河中诸城。

太宗还官山,大会诸侯王,谓曰:“人言耗国家者,实由寇敌。今金未殄,实我敌也。诸君宁无计乎?”拖雷进曰:“臣有愚计,非众可闻。”太宗屏左右,亟临问之,其言秘,人莫知也。凤翔既下,有降人李昌国者,言:“金主迁汴,所恃者黄河、潼关之险尔。若出宝鸡,入汉中,不一月可达唐、邓。金人闻之,宁不谓我师从天而下乎。”拖雷然之,言于太宗。太宗大喜,语诸王、大臣曰:“昔太祖尝有志此举,今拖雷能言之,真赛因也。”赛因,犹华言大好云。遂大发兵。

太宗以中军自碗子城南下,渡河,由洛阳进;斡陈那颜以左军由济南进;而拖雷总右军自凤翔渡渭水,过宝鸡,入小潼关,涉宋人之境,沿汉水而下。期以明年春,俱会于汴。遣搠不罕诣宋假道,且约合兵。宋杀使者,拖雷大怒曰:“彼昔遣苟梦玉来通好,遽自食言背盟乎!"乃分兵攻宋诸城堡,长驱入汉中,进袭四川,陷阆州,过南部而还。遂由金取房,前锋三千人破金兵十余万于武当山,趋均州。乘骑浮渡汉水,遣夒曲涅率千骑驰白太宗。太宗方诣汉水,将分兵应之,会夒曲涅至,即遣慰谕拖雷,亟合兵焉。

拖雷既渡汉,金大将合达设伏二十余万于邓州之西,据隘待之。时拖雷兵不满四万,及得谍报,乃悉留辎重,轻骑以进。十二月丙子,及金人战于禹山,佯北以诱之,金人不动。拖雷举火夜行,金合达闻其且至,退保邓州,攻之,三日不下。遂将而北,以三千骑命札剌等率之为殿。明旦,大雾迷道,为金人所袭,杀伤相当。拖雷以札剌失律,罢之,而以野里知给歹代焉。未几,败金军。

壬辰春,合达等知拖雷已北,合步骑十五万蹑其后。拖雷按兵,遣其将忽都忽等诱之,日且暮,令军中曰:"毋令彼得休息,宜夜鼓噪以扰之。"太宗时亦渡河遣亲王口温不花等将万余骑来会。天大雨雪,金人僵冻无人色,几不能军,拖雷即欲击之,诸将请俟太宗至破之未晚。拖雷曰:"机不可失,彼脱入城,未易图也。况大敌在前,敢以遗君父乎。"遂奋击于三峰山,大破之,追奔数十里,流血被道,资仗委积,金之精锐尽于此矣。余众迸走睢州,伏兵起,又败之。合达走钧州,仅遗数百骑。蒲阿走汴,至望京桥,复禽获之。太宗寻至,按行战地,顾谓拖雷曰:"微汝,不能致此捷也。"诸侯王进曰:"诚如圣谕,然拖雷之功,著在社稷。"盖又指其定册云尔。拖雷从容对曰:"臣何功之有,此天之威,皇帝之福也。"闻者服其不伐。从太宗攻钧州,拔之,获合达。攻许州,又拔之,遂从太宗收定河南诸郡。四月,由半渡入真定,过中都,出北口,住夏于官山。

五月,太宗不豫。六月,疾甚。拖雷祷于天地,请以身代之,又取巫觋被除衅涤之水,饮焉。居数日,太宗疾愈,拖雷从之北还,至阿剌合的思之地,遇疾而薨,寿四十有阙。妃怯烈氏。子十一人,长宪宗,次四则世祖也,宪宗立,追谥曰英武皇帝,庙号睿宗。二年,合祭昊天后土,以太祖、睿宗配享。世祖至元二年,改谥景襄皇帝。

裕宗文惠明孝皇帝,讳真金,世祖嫡子也。母昭睿顺圣皇后,弘吉烈氏。少从姚枢、窦默受《孝经》,及终卷,世祖大悦,设食飨枢等。

中统三年,封燕王,守中书令。丞相史天倪入启事,王曰:"我幼,未尝习祖宗典则,闲于政体,一旦当大任,惟汝耆德赖焉。"复谕赞善王恂曰:"省臣所启,等国事也。尔宜入与闻之。"四年,兼判枢密院事。

至元初,省臣奏请王署敕,每月必再至中书。于是王将入中书,乳母进新衣,笑却之曰:"吾何事美观也。"尝从幸宜兴,世祖违豫,忧形于色,夕不能寐。闻母皇后暴得风疾,即悲泣,衣不及带而行。

七年秋,受诏巡抚称海,至冬还京。间谓诸王札剌忽及从官伯颜等曰:"吾属适有兹暇,宜各悉乃心,慎言所守,俾吾闻之。"于是撒里蛮曰:"太祖有训:欲治身,先治心;欲责人,先责己。"伯颜曰:"皇上有训:欺罔盗窃,人之至恶。一为欺罔,则后虽出善言,人终弗信。一为盗窃,则事虽未觉,心常惴惴,若捕者将至。"札剌忽曰:"我祖有训:长者梢,深者底。盖言贵有终给,长必极其梢,深必究其底,不可中辍也。"王曰:"皇上有训,毋持大心。大心一持,事即隳败。吾观孔子之语,即与圣训合也。"至王恂陈说尤多,事见恂传。

十年二月,立为皇太子,仍兼中书令,判枢密院事。受玉册:

> 皇帝若曰:咨尔皇太子真金,仰惟太祖皇帝遗训,嫡子中有克嗣服继统者,豫选定之。是用立太宗英文皇帝,以绍隆丕构。自时厥后,为不显立冢嫡,遂启争端。朕上遵祖宗宏规,下协昆弟佥同之议,乃从燕邸,即立尔为皇太子,积有日矣。比者,儒臣敷奏,国家定立储嗣,宜有册命,此典礼也。今遣摄太尉、左丞相伯颜持节授尔玉册金宝。於戏!圣武燕谋,尔其承奉。昆弟宗亲,尔其和协。使仁孝显于躬行,抑可谓不负所托矣。尚其戒哉,勿替朕命。

九月丙戌,诏立宫师府,设官属三十有八员。起处士杨恭懿于京兆。

太子尝有疾,世祖临幸,亲和药以赐之。遣侍臣李众驰祀岳渎名山川,太子戒其所至郡邑,毋烦吏迎送重扰民也。诏以侍卫亲军万人益隶东宫，太子命王庆端、董士亨选其骁勇者，教以兵法，时阅试焉。太子服绫裕，为瀋所渍，命侍臣重加染治，侍臣请织绫更制之。太子曰："吾欲织百端，非难也。顾是物未敝，岂宜弃之。"东宫香殿成，工请凿石为池，如曲水流觞故事。太子曰："古有肉林酒池，尔欲吾效之耶！"不许，每与诸王近臣习射之暇，辄讲论经典，若《资治通鉴》、《贞观政要》，王恂、许衡所述辽金帝王行事要略，下至武经等书，从容片言之间，苟有允惬，未尝不为之洒然改容，时侍经幄者，如王恂、白栋，皆朝夕不出东宫，而待制李谦、太常宋衢尤加咨访，盖无间也。

十八年正月，昭睿顺圣皇后崩，太子自猎所奔赴，勺饮不入口者终日，设庐帐居之。命宋衢择可备顾问者，衢以郭祐、何玮、徐琰、马绍、杨居宽、何荣祖、杨仁风等为言。太子曰："是数人者，尽为我致之，宜自近者始。"遂召玮于易州、琰于东平。赞善王恂卒，太子闻之嗟悼，赙钞二千五百缗，一日，顾谓左右曰："王赞善当言必言，未尝顾惜，随事规正，良多裨补，今鲜有其匹也。"时阿合马擅国重柄，太子恶其奸恶，未尝少假颜色。盗知阿合马所畏惮者，独太子尔。因为伪太子夜入京城，召而杀之。及和礼霍孙入相，太子曰："阿合马死于盗手，汝任中书，诚有便国利民者，毋惮更张。苟或沮挠，我当力持之。"

中书启以何玮参议省事，徐琰为左司郎中。玮、琰入见，太子谕之曰："汝等学孔子之道，今始得行，宜尽平生所学，力行之。"辟杨仁风于潞州、马绍于东平，复辟杨恭懿置省中议事，以卫辉总管董文用练达官政，与恭懿同置省中。按察副使王恽进《承华事略》：一曰广孝，二曰立爱，三曰端本，四曰进学，五曰择术，六曰谨习，七曰听政，八曰达聪，九曰抚军，十曰明分，十一曰崇儒，十二曰亲贤，十三曰去邪，十四曰纳诲，十五曰几谏，十六曰从谏，十七曰推恩，十八曰尚俭，十九曰戒逸，二十曰审官。太子闻汉成帝不绝驰道，唐肃宗改绛纱袍为朱明服，大喜曰："使吾行之，亦当若此。"及说邢峙止齐太子食邪蒿，顾宫臣曰："菜名邪蒿，未必果邪也。虽食之岂遽使人不正邪？”张九思对曰：“古人设戒，义固当尔。”

诏割江西龙兴路为太子分地，太子谓左右曰：“安得治民如邢州张耕者乎！诚使之往治，俾江南诸郡取法，民必安集。”于是召宋衢大选署守长。江西行省以岁课羡余钞四十七万缗献，太子怒曰：“朝廷令汝等安治百姓，百姓安，钱粮何患不足，百姓不安，钱粮虽多，安能自奉乎。”尽却之。阿里以民官兼课司，请岁附输羊三百，太子以其越例，罢之。参政刘思敬遣其弟思恭以新民百六十户来献，太子问民所从来，对曰：“思敬征重庆时所俘获者。”太子蹙然曰：“归语汝兄，此属宜随所在放遣为民，毋重失人心。”乌蒙宣抚司进马，逾岁献之额，即谕之曰：“去岁尝俾勿多进马，恐道路所经，数劳吾民也。自今其勿复然。”

二十年春，辟刘因于保定，因以疾辞，固辟之，乃至，拜右赞善大夫，以吏部郎中夹谷之奇为左赞善大夫。是时，已立国子学，李栋、宋衢、李谦皆以东宫僚友，继典教事。至是，命因专领之，而以衢等仍备咨访。尝曰：“吾闻金章宗时，有司论太学生廪费太多，章宗谓养出一范文正公，所偿顾岂少哉。其言甚善。”会因复以疾乞去，二十二年，以长史耶律有尚为国子司业。中庶子伯必以其子阿八赤入见，谕令入学，伯必即令其子入蒙古学。逾年又见，太子问读何书，其子以蒙古书对，太子曰：“我命汝学汉人文字耳，其亟入胄监。”

遣使辟宋工部侍郎倪坚于开元，既至，访以古今成败得失，坚对言：“三代得天下以仁，其失也以不仁。汉、唐之亡也，以外戚阉竖。宋之亡也，以奸党权臣。”太子嘉纳，赐酒，日昃乃罢。谕德李谦、夹谷之奇尝进言曰：“殿下睿性夙成，阅理久熟，方遵圣训参决庶务。如视膳问安之礼，固无待于赞谕。至于军民之利病，政令之得失，事关朝廷，责在台院，有非宫臣所宜言者，独有澄原固本，保守成业，殿下所当留心，臣等不容缄口者也。敬陈十事：曰正心，曰睦亲，曰崇俭，曰亲贤，曰几谏，曰戢兵，曰尚文，曰定律，曰正名，曰革敝。”其论正心有云：“太子之心，天下之本也。太子心正，则天心有所属，人心有所系矣。唐太宗尝言，人主一心，攻之者众，或以勇力，或以辨口，或以谄谀，或以奸诈，或以嗜欲，辐凑攻之，各求自售。人主少懈，而受其一，则其害有不可胜言者。殿下至尊之储贰，人求自售者亦不为少，须常唤醒此心，不使为物欲所挠，则宗社生灵之福。固本澄原，莫此为切。"论睦亲，以"宗亲为王室之藩屏，人主之所自卫者也。大分既定，尊卑悬殊，必恩意俯逮，然后得尽其欢心。宗亲之欢心得，则远近之欢心得矣"。其论正名、革敝，尤切中时政。

太子在中书日久，明于听断，四方州郡科徵、挽漕、造作、和市，有系民休戚者，闻之，即日奏罢。右丞卢世荣以言利进，太子意深非之。尝曰："财非天降，安得岁取赢乎。恐生民膏血，竭于此也。岂惟害民，实国之大蠹。"其后世荣果坐罪。桑哥素主世荣，闻太子有言，讫箝口不敢救。

至元以来，天下臻于太平，人材辈出，太子优礼遇之，在师友之列者，非朝廷名德，则布衣节行之士，德意未尝少衰。宋衟目疾，赐钞千五百缗。王磐告老而归，官其婿于东平，以终养。孔洙自江南入觐，则责张九思学圣人之道，不知有圣人之后。其大雅不群，本于天性，中外归心焉。

于是世祖春秋高，江南行台监察御史言事者请禅位于太子，太子闻之，惧。台臣寝其奏，不敢遽闻，而小人以台臣隐匿，乘间发之。世祖怒甚，太子愈益惧，未几，遂薨，寿四十有三。成宗即位，追谥曰文惠明孝皇帝，庙号裕宗，祔于太庙。

显宗光圣仁孝皇帝，讳甘麻剌，裕宗长子也。母曰徽仁裕圣皇后，弘吉剌氏。甘麻剌少育于祖母昭睿顺圣皇后，日侍世祖，未尝离左右，畏慎不妄言，言必无隐。

至元中，奉旨镇北边，叛王岳木忽儿等闻其至，望风请降。既而都阿、察八儿诸王遣使求和，边境以宁。尝出征驻金山，会大雪，拥火坐帐内，欢甚，顾谓左右曰："今日风雪如是，吾与卿处犹有寒色，彼从士亦人耳，腰弓矢、荷刃周庐之外，其苦可知。"遂命赍人大为肉糜，亲尝而遍赐之。抚循部曲之暇，则命也灭坚以国语讲《通鉴》。戒其近侍太不花曰："朝廷以藩屏寄我，事有不逮，正在汝辈辅助。其或依势作威，不用我命，轻者论遣，大者奏闻耳，宜各慎之。使百姓安业，主上无北顾之忧，则予与卿等亦乐处于此，乃所以报国家也。"

二十六年，世祖以其居边日久，特命猎于柳林之地。率众至漷州，恐廪膳不均，令左右司之，分给从士，仍饬其众曰："汝等饮食既足，若复侵渔百姓，是汝自取罪谪，无悔。"众皆如约，民赖以安。北还，觐世祖于上京，世祖劳之曰："汝在柳林，民不知扰，朕实嘉焉。"明年冬，封梁王，授以金印，出镇云南。过中山，又明年春过怀、孟，从卒马驼之属不下千百计，所至未尝横取于民。

二十九年，改封晋王，移镇北边，统领太祖四大斡耳朵及军马、达达国土，更铸晋王金印授之。中书省臣言于世祖曰："诸王皆置傅，今晋王守太祖肇基之地，视诸王宜有加，请置内史。"世祖从之，遂以北安王傅秃归、梁王傅木八刺沙、云南行省平章赛阳并为内史。明年，置内史府。又明年，世祖崩，晋王闻讣奔赴上都。诸王、大臣咸在，晋王曰："昔皇祖命我镇抚北方，以卫社稷，久历边事，愿服厥职。母弟铁木耳仁孝，宜嗣大统。"于是成宗即帝位，而晋王复归藩邸。

元贞元年，塔塔儿部年谷不熟，檄宣徽院赈之。又答答刺民饥，请朝廷赈之。诏赐王钞千万贯，及银帛有差。皇太后复以云南所贡金器，遣朵年来赐。是岁冬，奉诏以知枢密院事札散、同知徽政院事阿里罕为内史。大德二年，诏给秫米五百石。五年，成宗以边士贫乏，分给钞一千万贯。

六年正月乙巳，王薨，年四十。

王天性仁厚，御下有恩。元贞初，藩邸属官审伯年老。请以其子代之。内史言于王，王曰："惟天子所命。"其自守如此，故尤为朝廷所重。然崇尚浮屠，命僧作佛事，岁耗财不可胜计。

子三人：曰也孙帖木儿，曰松山，曰迭里哥儿不花。

王薨后十年，仁宗即位，谥王献武。又十一年，英宗遇弑，也孙帖木儿以嗣晋王即皇帝位，追尊曰光圣仁孝皇帝，庙号显宗，祔享太室。又六年，文宗即位，乃毁其庙室。

顺宗昭圣衍孝皇帝，讳答剌麻八剌，裕宗第二子也。母曰徽仁裕圣皇后，弘吉剌氏。至元初，裕宗为燕王，答剌麻八剌生于燕邸。明年，诏裕宗居潮河。八月，召至京师。凡乘舆巡幸及岁时朝贺，未尝不侍裕宗以行。稍长，世祖赐女侍郭氏，其后乃纳弘吉剌氏为妃。二十二年，裕宗薨，答剌麻八剌以皇孙钟爱，两宫优其出阁之礼。

二十八年，始诏出镇怀州，以侍卫都指挥使梭都、尚书王倚从行。至赵州，从卒有伐民桑枣者，民遮诉于道，答剌麻八剌怒，杖从卒以惩众，遣王倚入奏，世祖大悦。未至，以疾召还。明年春，世祖北幸，留治疾京师，越两月而薨，年二十有九。

子三人：长曰阿木哥，封魏王，郭出也；妃所生者曰海山，是为武宗；曰爱育拔力八达，是为仁宗。

大德十一年秋，武宗即位，追谥曰昭圣衍孝皇帝，庙号顺宗，祔享太庙。

元史卷一一六

列传第三

后妃二

睿宗显懿庄圣皇后

裕宗徽仁裕皇后

显宗宣懿淑圣皇后

顺宗昭献元圣皇后

　　睿宗显懿庄圣皇后名唆鲁贴尼,怯烈氏,生子宪宗、世祖,相继为帝。至元二年,追上尊谥庄圣皇后,升祔睿宗庙。至大二年十二月,加谥显懿庄圣皇后。三年十月,又上玉册,其文曰:

　　　祖功宗德,称谏于天。内则阃仪,受成于庙。行之大者名必显,恩之隆者报则丰。上以增佐定之光,下以伸通追之孝。钦惟庄圣皇后英明溥博,圣善柔嘉。尊俪景襄,阴教纯被。逮事光献,妇职勤修。勋聿著于承天,祥两占于梦日,迹圣绪洪源之有渐,知深仁厚泽之无垠。玄符肇自涂山,顾前徽之未称;苍箓兴于文母,岂后嗣之能忘。是用参考彝经,丕扬景铄。敷绎宝慈之谊,形容青史之规。谨遣摄太尉某奉玉册、玉宝,加上尊谥曰显懿庄圣皇后。伏惟睿灵,昭垂鉴格。礼严闳宫,乐歌夷则。亿万斯年,承休无斁。

　　裕宗徽仁裕圣皇后伯蓝也怯赤,一名阔阔真,弘吉剌氏,生顺宗、成宗。

　　先是,世祖出田猎,道渴,至一帐房,见一女子缉驼茸,世祖从觅马湩。女子曰:"马湩有之,但我父母诸兄皆不在,我女子难以与汝。"世祖欲去之。女子又曰:"我独居此,汝自来自去,于理不宜。我父母即归,姑待之。"须臾果归。出马湩饮世祖。世祖既去,叹息曰:"得此等女子为人家妇,岂不美耶!"后与诸臣谋择太子妃。世祖俱不允。有一老臣尝知向者之言,知其未许嫁,言于世祖。世祖大喜,纳为太子妃。

　　后性孝谨,善事中宫,世祖每称之为贤德媳妇。侍昭睿顺圣皇后,不离左右,至溷厕所用纸,亦以面擦,令柔软以进。一日,裕宗有病,世祖往视,见床上设织金卧褥。世祖愠而语之曰:"我尝以汝为贤,何乃若此耶?"后跪答曰:"常时不曾敢用,今为太子病,恐有湿气,因用之。"即时彻去。

　　世祖崩,成宗至上都,诸王毕会。先是,御史中丞崔彧得玉玺于木华黎国王曾孙世德家,其文曰"受命于天、既寿永昌",上之于后,至是,后手授成宗。即皇帝位,尊后为皇太后,册文曰:

　　　　自家而国,治道必有所先;立爱惟亲,君德莫先于孝。况恩深于鞠我,而礼重于正名。历代以来,令仪可考。人子之职所在,天下之母宜尊。恭惟圣母,圣善本乎天资,静专法乎地道。上以奉宗祐之重,下以叙伦纪之常。助我前人,守《卷耳》忧勤之志;保予冲子,成《思齐》雍肃之风。肆神器之有归,知孙谋之素定。畀付虽由于历数,规摹一出于庭闱。是用率吁众心,章明钜度,不胜拳拳大愿。谨奉册宝,上尊称曰皇太后。伏惟长信穆穆,周宗绵绵。备《洛书》之锡福,粲慈极之仪天。瑶图宝运,于万斯年。

命设官属,置徽政院。后院官有受献浙西田七百顷,籍于位下,太后曰:"我寡居妇人,衣食自有余,况江南率土,皆国家所有,我曷敢私之。"即命中书省尽易院官之受献者。后之弟欲因后求官,后语之曰："若欲求官耶？汝自为之，勿以累我也。"其后，弟果被黜，人皆服后之先见。

大德四年二月崩，祔葬先陵，谥曰裕圣皇后，升祔裕宗庙。至大三年十月又追尊谥曰徽仁裕圣皇后。

显宗宣懿淑圣皇后，名普颜怯里迷失，弘吉剌氏，显宗居晋邸，纳为元妃，生泰定帝。泰定元年，追尊宣懿淑圣皇后，其册文曰：

> 祗缵皇图，方弘仁孝之化；追崇圣母，永怀鞠育之恩。匪建鸿名，畴彰厚德。钦惟皇妣晋王妃弘吉剌氏，淑侔周姒，贤迈虞嫔。俪我先王，恪守肇基之地；昭其懿范，益恢正始之风。顺坤道以承乾，炯月辉以溯日。阴功久积，衍圣绪于无疆；神器攸归，知庆源之有自。仰徽音之如在，慨至养之莫加。聿选休辰，爰修缛典。谨遣摄太尉某奉玉册、玉宝，上尊谥曰宣懿淑圣皇后。太惟淑灵在上，式垂鉴临，合享太宫，永锡繁祉。

升祔皇考显宗庙。天历初，复祧显宗庙祀。

顺宗昭献元圣皇后名答己，弘吉剌氏，按陈孙浑都帖木儿之女。裕宗居燕邸及潮河，顺宗俱在侍，稍长，世祖赐女侍郭氏，后乃纳后为妃，生武宗及仁宗。

大德九年，成宗不豫，卜鲁罕皇后秉政，遣仁宗母子出居怀州。十年十二月，后至怀州。十一年正月，成宗崩。时武宗总兵北边，左丞相答剌罕哈剌哈孙阴遣使报仁宗，与后奔还京师。后与仁宗入内哭，复出居旧邸，朝夕入奠。即遣使迎武宗还，以五月即位。

先是，太后以两太子星命付阴阳家推算，问所宜立，对曰："重光大荒落有灾，旃蒙作噩长久。"重光为武宗生年，旃蒙为仁宗生年。太后颇惑其言，遣近臣朵耳谕旨武宗曰："汝兄弟二人，皆我所出，岂有亲疏。阴阳家言，运祚修短，不容不思也。"武宗闻之默然，进康里脱脱里而言曰："我捍北边十年，又胤次居长，太后以星命为言，茫昧难信。使我设施合于天心民望，虽一日之短，亦足垂名万世。何可以阴阳家言，而乖祖宗之托哉！"脱脱以闻，太后愕然曰："修短之说，虽出术家，吾为太子远虑，所以深爱太子也。太子既如是言，今当速来耳。"详见《康里脱脱传》中。

五月，武宗既立，即日尊太后于为皇太后。立仁宗为皇太子。三宫协和。十一月，帝朝太后于隆福宫，上皇太后玉册、玉宝。至大元年三月，帝为太后建兴圣宫，给钞五万定、丝二万斤。二年正月，太后幸五台山作佛事，诏高丽王璋从之。四月，立兴圣宫江淮财赋总管府，以司太后钱粮。三年二月，以上皇太后尊号，告祀南郊。四月，以兴圣宫鹰坊等户四千，分处辽阳，建万户府统之。十月戊申，帝率皇太子、诸王、群臣朝兴圣宫，上皇太后尊册宝曰仪天兴圣慈仁昭懿寿元皇太后。庚戌，后恭谢太庙，以皇太后受尊号，诏赦天下。四年，仁宗即位。延祐二年三月，帝率诸王百官奉玉册、玉宝，加上皇太后尊号曰仪天兴圣慈仁昭懿寿元全德泰宁福庆皇太后。

延祐七年，英宗即位。十二月，上尊号太皇太后，册文云：

王政之先，无以加孝；人伦之本，莫大尊亲。肆予临御之初，首举推崇之典。恭惟太皇太后陛下，仁施溥博，明烛幽微。爰自居渊潜之宫，已有母天下之望。方武宗之北狩，适成庙之宾天。旋克振于乾纲，谅再安于宗祏。虽有在躬之历数，实司创业之艰难。仪式表于慈闱，动协谋于先帝。莫究补天之妙，允如扶日之升。位履至尊，两翼成于圣子；嗣登大宝，复拥佑于眇躬。刓德迈涂山，功高文母，是宜加于四字，式益衍于徽称。谨奉玉册、玉宝，加上尊号曰仪天兴圣慈仁昭懿寿元全德泰宁福庆徽文崇佑太皇太后。於戏！兹虽涉于强名，庶庸申于善颂。九州四海，养未足于孝心；万岁千秋，愿永膺于寿祉。

丙辰，太后御大明殿，受朝贺。戊辰，告太庙。太后见明宗少时有英气，而英宗稍柔懦，诸群小以立明宗必不利于己，遂拥立英宗。及既即位，太后来贺，英宗即毅然见于色，后退而悔曰："我不拟养此儿耶！"遂饮恨成疾，至治三年二月崩，升祔顺宗庙配食。

后性聪慧，历佐三朝，教宫中侍女皆执治女功，亲操井臼。然不事检饬,自正位东朝,淫恣益甚,内则黑驴母亦烈失八用事,外则幸臣失烈门、纽邻及时宰迭木帖儿相率为奸,以至箠辱平章张珪等,浊乱朝政,无所不至。及英宗立,群倖伏诛,而后势焰顿息焉。

元史卷一一七
列传第四

别里古台　术赤　秃剌
牙忽都　宽彻普化
帖木儿不花

宗王别里古台者,烈祖之第五子,太祖之季弟也。天性纯厚,明敏多智略,不喜华饰,躯干魁伟,勇力绝人。幼从太祖平诸部落,掌从马。国法:常以腹心,遇败则牵从马。其子孙最多,居处近太祖行在所,南接按只台营地。尝从太祖宴诸部族,或潜图害别里古台,以刀斫其臂,伤甚。帝大怒,欲索而诛之。别里古台曰:"今将举大事于天下,其可以臣故而生畔隙哉!且臣虽伤甚,幸不至死,请勿治。"帝尤贤之。当创业之初,征取诸国,王未尝不在军中,摧锋陷阵,不避艰险。帝尝曰:"有别里古台之力,哈撒儿之射,此朕之所以取天下也。"其见称如此。尝立为国相,又长扎鲁火赤,别授之印。赐以蒙古百姓三千户,及广宁路、恩州二城户一万一千六百三,以为分地;又以斡难、怯鲁之地建营以居。江南平,加赐信州路及铅山州二城户一万八千。王薨。子曰罕秃忽,曰也速不花,曰口温不花。

罕秃忽,性刚猛,知兵。从宪宗征伐,多立战功,及攻钓鱼山而还,道由河南,招来流亡百余户,悉以入籍。

罕秃忽子曰霍历极,以疾废,不能军,世祖俾居于恩,以统其藩人。至大三年,霍历极薨,子塔出嗣。塔出,性温厚,谦恭好学,通经史,能抚恤其民云。

也速不花子曰爪都,中统三年,始以推戴功,封广宁王。至元十三年,赐银印。

口温不花,领兵河南,屡建大功,子曰灭里吉台、瓮吉剌台。

术赤者,太祖长子也。国初,以亲王分封西北,其地极远,去京师数万里,驿骑急行二百余日,方达京师。以故其地郡邑风俗皆莫得而详焉。

术赤薨,子拔都嗣。拔都薨,弟撒里答嗣。撒里答薨,弟忙哥帖木儿嗣。忙哥帖木儿薨。弟脱脱忙哥嗣。脱脱忙哥薨,弟脱脱嗣。脱脱薨,弟伯忽嗣。伯忽薨,弟月即别嗣。至元二年,月即别遣使来求分地岁赐,以赈给军站,京师元无所领府治。三年,中书请置总管府,给正三品印。至大元年,月即别薨,子札尼别嗣。其位下旧赐平阳晋州、永州分地,岁赋中统钞二千四百锭,自至元五年己卯岁始给之。

秃剌,太祖次子察合台四世孙也。少以勇力闻。大德十一年春,成宗崩,左丞相阿忽台等潜谋立安西王阿难答,而推皇后伯岳吾氏称制,中外汹汹。仁宗归自怀孟,引秃剌入内,缚阿忽台等以出,诛之,大事遂定。武宗即位,第功,封越王,锡金印,以绍兴路为其分地。

秃剌居常怏怏,有怨望意。至大元年秋,武宗幸凉亭,将御舟,秃剌前止之。帝曰:"尔何如? 朕欲登舟。"秃剌曰:"人有常言:一箭中麋,毋曰自能;百兔未得,未可遽止。"此盖国俗侪辈相靳之语,而秃剌言之,武宗由是衔焉。既而大宴万岁山,秃剌醉起,解其腰带掷诸地,嗔目谓帝曰:"尔与我者,止此尔!"帝益疑其有异志。二年春,命楚王牙忽都、丞相脱脱、平章赤因铁木儿鞫之,辞服,遂伏诛。

子西安王阿剌忒纳失里,天历初以推戴功,进封豫王。

牙忽都，祖父拨绰，睿宗庶子也。拨绰之母曰马一实，乃马真氏。拨绰骁勇善骑射，宪宗命大将军，北征钦察有功，赐号拔都。岁丁巳，分土诸侯王，赐蠡州三千三百四十七户，为其食邑。拨绰娶察浑灭儿乞氏，生薛必烈杰儿。薛必烈杰儿娶弘吉剌氏，生牙忽都。

牙忽都年十三，世祖命袭其祖父统军。至元十二年，从北安王北征。十三年，失列吉叛，遣人诱胁之，牙忽都不从，事王益忠谨。八鲁浑拔都儿、粘闒与海都通，相率引去，王遣牙忽都将兵追之，擒八鲁浑等以献。未几，失吉列、约木忽儿、脱帖木儿等反，以兵攻王。脱帖木儿生致牙忽都，使失列吉拘系之。牙忽都与王亲臣那台等谋逃归，事觉，那台等被杀，复系牙忽都，困辱备至。十四年，兀鲁兀台、伯颜帅师讨叛，失列吉、约木忽儿迎战，牙忽都潜结赤斤帖木儿、秃秃哈乱其阵。失列吉军乱，因得脱走。见帝，须发尽白。帝闵之，赏赉甚厚。至元十八年，加封耒阳州五千三百四十七户。二十一年，命与秃秃哈同讨海都，牙忽都先进，逻得谍人，知其虚实，直前冲敌阵，破其精兵，海都败走，得所俘掠军民而还。朵儿朵哈上其功，诏赐钞币、铠甲、弓矢。其后，北安王驻帖木儿河。乃颜、也不坚有异图，也不坚引兵趋怯绿怜河大帐。王遣阔阔出、秃秃哈率众追之。那怀之民扰攘不知所从。牙忽都将三百骑，进至阿赤怯地。会王帐下逊笃思部兵逃去，牙忽都谕之使还。时怯必秃忽儿霍台诱蒙古军二万从乃颜，牙忽都知之，夜袭其河上军，突入帐中，遇忽都灭儿坚几获之，间道逸去。

二十七年，海都入寇。时朵儿朵哈方居守大帐，诏遣牙忽都同力备御。军未战而溃，牙忽都妻孥辎重驻不思哈剌岭上，悉为药木忽儿、明理帖木儿所掠。牙忽都与其子脱列帖木儿相失，独与十三骑奔还。世祖抚慰嘉叹，赐爵镇远王，涂金银印，以弘吉剌氏女赐之，资装特厚。复命纳里忽、彻彻不花往锡命其部属同时被剽掠者，以故相桑哥家财分赐之，仍各赐白金五十两、珠子一酒卮，钞币称是。又命牙忽都居北安王第二帐。王薨，帝命掌大帐，固辞。

成宗立，命牙忽都常侍左右。武宗抚兵漠北，请以子脱列帖木儿从。大德五年，海都、笃哇合军入寇，脱列帖木儿将兵千人拥护，先后力战，功多，在军十年。

成宗崩，安西王阿难答与明理帖木儿窥望神器。牙忽都曰："世祖皇帝之嫡孙在，神器所当属。安西藩王也，入继非制。"武宗即位，以其父子劳效忠勤，益厚遇之，进封楚王，赐金印，置王傅，以驸马都尉都剌哈之女弟弘吉烈氏为楚王妃，又以叛王察八儿亲属赐之。脱列帖木儿袭封镇远王。

至大三年，察八儿来归，宗亲皆会。牙忽都进曰："太祖皇帝削平四方，惟南土未定，列圣嗣位，未遑统一。世祖皇帝混一四海，顾惟宗室诸王，弗克同堂而燕。今陛下洪福齐天，拔都罕之裔首已附顺，叛王察八儿举族来归，人民境土，悉为一家。地大物众，有可恃者焉，有不可恃者焉。昔我太祖有训，世祖涌之，臣与有闻，治乱国者，宜以法齐之，所以辨上下，定民志。今请有以整饬之，则人将有所劝惩，惟陛下鉴之。"帝嘉纳其言。

牙忽都薨，仁宗命脱列帖木儿嗣楚王。延祐中，明宗西出，脱列帖木儿坐累徙西番，没入其家赀之半。明宗即位，制曰："脱列帖木儿何罪，其转徙籍没，岂不以我故耶。其复故号，人民赀帑悉归之。"脱列帖木儿薨，子八都儿立。八都儿薨，有子三人：曰燕帖木儿，曰速哥帖木儿，曰朵罗不花。燕帖木儿嗣，时年十有二，妃弘吉剌氏，哈只儿驸马之女孙，速哥失里皇后之从妹也。

宽彻普化，世祖之孙，镇南王脱欢子也。泰定三年，封威顺王，镇武昌，赐金印，拨付怯薛丹五百名，又自募至一千名。设王傅官属。湖广行省供亿钱粮衣装，岁支米三万石，钱三万二千锭，又日给王子诸妃饮膳。文宗天历初，赐宽彻普化金银各五十两、币三十匹，仍镇湖广，而宽彻普化纵怯薛等官侵夺民利，民颇患苦之。至元五年，太师伯颜矫制召赴京，贬之。及脱脱为相，始明其无辜，命复还镇。至正二年，湖北廉访司纠言，宽彻普化恃以宗室，恣行不法。不报。

十一年，徐寿辉为乱，起蕲、黄，宽彻普化与其子别帖木儿、答帖木儿引兵至金刚台，寿辉部将倪文俊败之，执别帖木儿。十二年，寿辉伪将邹普胜陷武昌，宽彻普化与湖广行省平章和尚弃城走，诏追夺宽彻普化印，而诛和尚。十三年，湖广行省参知政事阿鲁辉克复武昌及汉阳。宽彻普化复率领王子并本部怯薛丹，屡讨贼立功。十四年，诏宽彻普化复镇武昌，还其印。

十六年，命宽彻普化与宣让王帖木儿不花以兵镇遏怀庆，各赐黄金一锭、白金五锭、币帛九匹、钞二十锭。未几，复还武昌，命其子报恩奴、接待奴、佛家奴以大船四十余只水陆并进，至沔阳攻徐寿辉伪将倪文俊，且载妃妾以行。兵至汉川县鸡鸣汊，水浅船阁不能行，文俊以火筏尽焚其船，接待奴、佛家奴皆遇害，而报恩奴自死，妃妾皆陷，宽彻普化走陕西。

二十五年，侯伯颜答失奉宽彻普化自云南经蜀转战而去，至成州，欲之京师，李思齐以取蜀为名，扼不令行，俾屯田于成州以没。

其子曰和尚者，封义王，侍从顺帝左右，多著劳效，帝出入，常与俱。至正二十四年，孛罗帖木儿称兵犯阙，遂为中书右丞相，总握国柄，恣为淫虐。和尚心忿其无君，数为帝言之。受密旨，与儒士徐士本谋，交结勇士上都马、金那海、伯颜达儿、帖古思不花、火你忽都、洪宝宝、黄哈剌八秃、龙从云，阴图刺孛罗帖木儿。帝期以事济，放鸽铃为号，徐士本掌之。明年七月，孛罗帖木儿入奏事，行至延春阁李树下，伯颜达儿自众中奋出，斫孛罗帖木儿，中其脑，上都马等竞前斫死之。详见《孛罗帖木儿传》。

二十八年，顺帝将北奔，诏淮王帖木儿不花监国，而以和尚佐之，及京城将破，即先遁，不知所之。

帖木儿不花，世祖孙，镇南王脱欢第四子也。初，世祖第九子脱欢以讨安南无成功，终身不许见，遂封镇南王，出镇扬州。脱欢薨，子老章袭封镇南王。老章薨，弟脱不花袭封镇南王。脱不花薨，子孛罗不花幼，帖木儿不化乃嗣为镇南王。

文宗天历初,赐帖木儿不花黄金五十两、白金五十两、币三十匹。二年,孛罗不花已长,帖木儿不花请以其位复还孛罗不花,朝廷以其让而不居也,改封宣让王,赐金印,移镇于庐州。

顺帝至元元年,拨庐州、饶州牧地一百顷赐之。二年,赐市宅钱四千锭,命其王府官,凡班次,列于有司之右。五年,伯颜擅权,矫制贬帖木儿不花及威顺王宽彻普化。至脱脱为相,始言于帝,明此两王者皆无辜,诏令复还镇。

至正十二年,庐州境内贼起,淮西廉访使陈思谦言于帖木儿不花曰:“王以帝室之胄,镇抚淮甸,岂宜坐视,且府中官属及怯薛丹人等,数甚多,必有可使摧锋陷阵者,惟王图之。”帖木儿不花大悟其言,曰:“此吾责也。”即命以所部兵及诸王乞塔歹等,分道击贼,擒其渠帅,庐州境内皆平。帝闻之,赐金带、银钞,以赏其功。十六年,命帖木儿不花与宽彻普化以兵镇遏怀庆路,赐金、银各一锭,币帛九匹,钞二十锭。既而汝、颍之寇南渡淮,帖木儿不花复以便宜,调匀陕屯军拒之。及庐州不守,乃挈身北归,留京师。二十七年,进封淮王,赐金印,设王傅等官。

二十八年,大明兵逼京师,顺帝北奔,诏以帖木儿不花监国,而拜庆童中书左丞相辅之。俄而城破,帖木儿不花死之,年八十三。

元史卷一一八
列传第五

特薛禅　孛秃
阿剌兀思剔吉忽里 阔里吉思

特薛禅,姓孛思忽儿,弘吉剌氏,世居朔漠。本名特,因从太祖起兵有功,赐名薛禅,故兼称曰特薛禅。女曰孛儿台,太祖光献翼圣皇后。

子曰按陈,从太祖征伐,凡三十二战,平西夏,断潼关道,取回纥寻斯干城,皆与有功。岁丁亥,赐号国舅按陈那颜。壬辰,赐银印。封河西王,以统其国族。丁酉,赐钱二十万缗,有旨:"弘吉剌氏生女世以为后,生男世尚公主,每岁四时孟月,听读所赐旨,世世不绝。"又赐所俘获军民五千二百,仍授万户以领之。按陈薨,葬官人山。元贞元年二月,追封济宁王,谥忠武;妻哈真,追封济宁王妃。

子斡陈,岁戊戌授万户,尚睿宗女也速不花公主。斡陈薨,葬不海韩。

弟纳陈,岁丁巳袭万户,奉旨伐宋,攻钓鱼山。又从世祖南涉淮甸,下大清口,获船百余艘。又率兵平山东济、兖、单等州。及阿里不哥叛,中统二年与诸王北伐,以其子哈海、脱欢、斡罗陈等十人自从,至于莽来,由失木鲁与阿里不哥之党八儿哈八儿思等战,追北至孛罗克秃,复战,自旦及夕,斩首万级,僵尸被野。薨,葬末怀秃。斡罗陈袭万户,尚完泽公主。完泽公主薨,继尚襄加真公主。至元十四年薨,葬拓剌里。无子。

弟曰帖木儿，至元十八年袭万户。二十四年，乃颜叛，从帝亲征，以功封济宁郡王，赐白伞盖以宠之。二十五年，诸王哈丹秃鲁干叛，与诸王及统兵官玉速帖木儿等率兵讨之，由龟剌儿河与哈丹等遇，转战至恼木连河，歼其众。帝赐名按察儿秃那颜，以旌其功。薨，葬末怀秃。

子二人：长曰琱阿不剌，次曰桑哥不剌，皆幼。至元二十七年，以其弟蛮子台袭万户，亦尚襄加真公主。成宗即位，封皇姑鲁国大长公主，以金印封蛮子台为济宁王。奉旨率本部兵讨叛王海都、笃哇，既与之遇，方约战，行伍未定，单骑突入阵中，往复数四，敌兵大扰，一战遂大捷。时武宗在藩邸，统大军以镇朔方，有旨令蛮子台总领蒙古军民官，辅武守莽来，以遏北方。襄加真公主薨，继尚裕宗女喃哥不剌公主。蛮子台薨，年五十有二。

大德十一年三月，按答儿长子琱阿不剌袭万户，尚祥哥剌吉公主，六月，封大长公主，赐琱阿不剌金印，加封鲁王。至大二年，赐平江稻田一千五百顷。皇庆间，加封皇姊大长公主。天历间，加号皇姑徽文懿福真寿大长公主。至大三年，琱阿不剌薨。葬末怀秃。

阿里嘉室利，琱阿不剌嫡子也。至大三年，甫八岁，袭万户。四年七月，袭封鲁王，尚朵儿只班公主。元统元年，阿里嘉失利薨。至顺间，封朵只班号肃雍贤宁公主。

桑哥不剌者，鲁王琱阿不剌之弟，阿里嘉室利之叔也。自幼奉世皇旨，养于斡可珍公主所，是为不只儿驸马，后袭统其本部民四百户。成宗时，奉旨尚普纳公主；至顺间，封郓安大长公主，授桑哥不剌金印，封郓安王，职千户。元统元年，授万户。二年三月，加封郓安公主号皇姑大长公主；加封桑哥不剌鲁王。以疾薨，年六十一。此皆以驸马袭封王爵者也。

唆儿火都者，亦按陈之子，以从征功，在太祖朝遥授左丞相，为千户，仍赐以涂金银章，及金银字海青圆符五、驿马券六。其子曰阿哈驸马，当宪宗朝尝率兵破徐州，以功受赏黄金一锭、白金十锭及银鞍勒，仍命袭父官。至世祖时，有诏“弘吉剌万户所受驿券、圆符皆仍其旧,凡唆儿火都所受者,宜皆收之",而唆儿火都之诸孙若孛罗沙、伯颜、蛮子、添寿不花、大都不花、掌吉等,及阿哈千户之孙曰也速达儿与按陈之弟名册者,在太祖世授官本藩蒙古军站千户。册之子曰哈儿哈孙,以平金功,赐号拔都儿。哈儿哈孙之孙曰都罗儿,至元四年,授光禄大夫,以银章封懿国公。

有脱怜者,亦按陈之裔孙也,世祖授本藩千户,仍赐驿券、圆符各四,令以兵守朔土之怯鲁连。二十四年,从族父按答儿秃征叛王乃颜有功,亦赐号拔都儿。脱怜卒,子进不剌嗣。进不剌卒,子买住罕嗣。买住罕尚拜答沙公主。卒,弟孛罗帖木儿嗣,以金章封毓德王。孛罗帖木儿薨,买住罕孙阿失袭千户。

有名丑汉者,按陈次子必哥之裔孙,尚台忽鲁都公主。仁宗朝,封安远王,以兵守莽来。

有答儿罕者,亦特薛禅之裔孙也,以从军功,世祖亦赐以拔都儿之号,加赐黄金一铤。其子曰不只儿,从征乃颜,禽其党金家奴,帝赏以金带。其后有曰伯奢者,即其孙也。

又按陈之孙纳合,尚太宗唆儿哈罕公主。火忽之孙不只儿,尚斡可真公主。又特薛禅诸孙有名脱罗禾者,尚不鲁罕公主,继尚阔阔伦公主。此皆尚公主为驸马者也。

凡其女之为后者,自光献翼圣皇后以降,宪宗贞节皇后讳忽台,及后妹也速儿,皆按陈从孙忙哥陈之女。世祖昭睿顺圣皇后讳察必,济宁忠武王按陈之女;其讳帖古伦者,按陈孙脱怜之女;讳喃必册继守正宫者,纳陈孙仙童之女也。成宗贞慈静懿皇后讳实怜答里,斡罗陈之女。顺宗昭献元圣皇后讳答吉,大德十一年十一月,武宗册上皇太后,至大三年十月,加上尊号曰仪天兴圣慈仁昭懿寿元皇太后,仁宗延祐二年,加上尊号曰仪天兴圣慈仁昭懿寿元全德泰宁福庆皇太后,延祐七年,又加徽文崇祐四字,尊号太皇太后,则按陈孙浑都帖木儿之女。武宗宣慈惠圣皇后讳真哥,脱怜子进不剌之女;其讳速哥失里者,按陈从孙哈儿只之女。泰定皇后讳八不罕,按陈孙斡留察儿之女;其讳必罕、讳速哥答里者,皆脱怜孙买住罕之女。文宗皇后讳不答失里,琱阿不剌鲁王之女。此则弘吉剌氏之为后者也。

初,弘吉剌氏族居于苦列儿温都儿、斤、迭烈木儿、也里古纳河之地。岁甲戌,太祖在迭蔑可儿时,有旨分赐按陈及其弟火忽、册等农土,农土犹言经界也。若曰"是苦烈儿温都儿、斤,以与按陈及哈撒儿为农土"。申谕按陈曰:"可木儿温都儿、答儿脑儿、迭蔑可儿等地,汝则居之。"谕册曰:"阿剌忽马乞迤东、蒜吉纳秃山、木儿速拓、哈海斡连直至阿只儿哈温都、哈老哥鲁等地,汝则居之。当以胡卢忽儿河北为邻,按赤台为界。"又谕火忽曰:"哈老温迤东,涂河、潢河之间,火儿赤纳庆州之地,与亦乞列思为邻,汝则居之。"又谕按陈之子唆鲁火都曰:"以汝父子能输忠于国,可木儿温都儿迤东,络马河至于赤山,涂河迤南与国民为邻,汝则居之。"

至至元七年,斡罗陈万户及其妃囊加真公主请于朝曰:"本藩所受农土,在上都东北三百里答儿海子,实本藩驻夏之地,可建城邑以居。"帝从之。遂名其城为应昌府。二十二年,改为应昌路。元贞元年,济宁王蛮子台亦尚囊加真公主,复与公主请于帝,以应昌路东七百里驻冬之地创建城邑,复从之。大德元年,名其城为全宁路。

弘吉剌之分邑,得任其陪臣为达鲁花赤者,有济宁路及济、兖、单三州,钜野、郓城、金乡、虞城、砀山、丰县、肥城、任城、鱼台、沛县、单父、嘉祥、磁阳、宁阳、曲阜、泗水一十六县。此丙申岁之所赐也。至元六年,升古济州为济宁府,十八年始升为路,而济、兖、单三州隶焉。又汀州路长汀、宁化、清流、武平、上杭、连城六县,此至元十三年之所赐也。又有永平路滦州、庐龙、迁安、抚宁、昌黎、石城、乐亭六县,此至大元年之所赐也。若平江稻田一千五百顷,则至大二年所赐也。其应昌、全宁等路则自达鲁花赤、总管以下诸官属,皆得专任其陪臣,而王人不与焉。

此外,复有王傅府,自王傅六人而下,其群属有钱粮、人匠、鹰房、军民、军站、营田、稻田、烟粉千户、总管、提举等官,以署计者四十余,以员计者七百余,此可得而稽考者也。其五户丝、金钞之数:则丙申岁所赐济宁路之三万户,至元十八年所赐汀州路之四万户,丝以斤计者,岁二千二百有奇;钞以锭计者,岁一千六百有奇。此则所谓岁赐者也。

孛秃,亦乞列思氏,善骑射。太祖尝潜遣术儿彻丹出使,至也儿古纳河。孛秃知其为帝所遣,值日暮,因留止宿,杀羊以享之。术儿彻丹马疲乏,复假以良马。及还,孛秃待之有加。术儿彻丹具以白帝,帝大喜,许妻以皇妹帖木伦。孛秃宗族乃不坚歹等诣太祖,因致言曰:"臣闻威德所加,若云开见日、春风解冻,喜不自胜。"帝问:"孛秃挈畜几何?"也不坚歹对曰:"有马三十匹,请以马之半为聘礼。"帝怒曰:"婚姻而论财,殆若商贾矣。昔人有言,同心实难,朕方欲取天下,汝亦乞列思之民,从孛秃效忠于我可也,何以财为!"竟以皇妹妻之。

既而札赤剌歹札木哈、脱也等以兵三万入寇。孛秃闻之,遣波栾歹、磨里秃秃来告,乃与哈剌里、札剌兀、塔儿哈泥等讨脱也等,掠其辎重,降其民。乃蛮叛,帝召孛秃以兵至,大战败之。

皇妹薨,复妻以皇女火臣别吉,而命哈儿八台之子也可忽林图带弓矢为之侍。哈儿八台曰:"吾儿岂能为人臣仆,宁死不为也。"帝令孛秃与之敌,哈儿八台令月列等拒战于碗图河。孛秃直前擒月列,刺杀也可忽林图,哈儿八台走渡拙赤河,又擒之,尽杀其众。

从太师国王木华黎略地辽东、西,以功封冠、懿二州。从征西夏,病薨。赠推忠宣力佐命功臣、太师、开府仪同三司、驸马都尉、上柱国,进封昌王,谥忠武。子锁儿哈袭爵。

锁儿哈,事太宗。与木华黎取嘉州,降其民,遣伯秃儿哈拙赤碣来献捷,帝曰:"若父宣力国家,朕昔见之。今锁儿哈克光前烈。"赐以金锦、金带、七宝鞍,召至中都,以疾薨。锁儿哈娶皇子斡赤女安秃公主,生女是为宪宗皇后。

子札忽儿臣,从定宗出讨万奴有功,太宗命亲王安赤台以女也
孙真公主妻之。薨,赠推诚靖宣佐运赞治功臣、太师、开府仪同三
司、驸马都尉、上柱国,袭封昌王,谥忠靖。

札忽儿臣有子二人:长月列台,娶皇子赛因主卜女哈答罕公
主,生脱列台,与乃颜战,有功。次忽怜。

忽怜,尚宪宗女伯牙鲁罕公主。后脱黑帖木儿叛,世祖命忽怜
与失列及等讨之,大战终日,脱黑帖木儿败走,帝嘉之,复令尚宪宗
孙女不兰奚公主。宋平,封以广州。乃颜、声剌哈儿叛,世祖亲征,
薛彻坚等与哈剌罕屡战,帝召忽怜至,值薛彻坚等战于程火失温之
地,哈答罕众甚盛,忽怜以兵二百迎敌,败之。哈答罕等走度猱河,
还其巢穴。逾年夏,帝命忽怜复征之。至曲列儿、塔兀儿二河之间,
大战,其众皆度塔兀河遁去。余百人逃匿山谷,忽怜即率兵二百徒
步追之。薛彻坚止之曰:“彼亡命者,安得徒行。”忽怜不听,往杀其
众。薛彻坚以闻,赐金一铤、银五铤。又逾年,复往征之,与哈答罕
遇于兀剌河。忽怜夜率千人潜入其军,尽杀之。帝赐钞五万贯、金
一铤、银十铤。忽怜薨,赠效忠保德辅运佐理功臣、太师、开府仪同
三司、驸马都尉、上柱国,追封昌王,谥忠宣。

子阿失,事成宗。笃哇叛于海都,帝遣晋王甘麻剌并武宗帅师
讨之。大德五年,战哈剌答山,阿失射笃哇中其膝,擒杀甚多,笃哇
号哭而遁;武宗赐之衣。成宗加赐珠衣,封为昌王,置王府官属。仁
宗朝,复赐以宁昌县税入。阿失尚成宗女亦里哈牙公主,复尚宪宗
曾孙女买的公主,阿失薨,子八剌失里袭封昌王

忽怜从弟不花,尚世祖女兀鲁真公主,其弟锁郎哈娶皇子忙哥
剌女奴兀伦公主,生女,是为武宗仁献章圣皇后,实生明宗。

阿剌兀思剔吉忽里,汪古部人,系出沙陀雁门之后。远祖卜国,
世为部长。金源氏堑山为界,以限南北,阿剌兀思剔吉忽里以一军
守其冲要。

时西北有国曰乃蛮,其主太阳可汗遣使来约,欲相亲附,以同据朔方。部众有欲从之者,阿剌兀思剔吉忽里弗从,乃执其使,奉酒六尊,以其谋来告太祖。时朔方未有酒,太祖饮三爵而止,曰:"是物少则发性,多则乱性。"使还,酬以马五百、羊一千,遂约同攻太阳可汗。阿剌兀思剔吉忽里先期而至。既平乃蛮,从下中原,复为向导,南出界垣。太祖留阿剌兀思剔吉忽里归镇本部,为其部众昔之异议者所杀,长子不颜昔班并死之。

其妻阿里黑携幼子孛要合与侄镇国逃难,夜遁至界垣,告守者,縋城以登,因避地云中。太祖既定云中,购求得之,赐与甚厚,乃追封阿剌兀思剔吉忽里为高唐王,阿里黑为高唐王妃,以其子孛要合尚幼,先封其侄镇国为北平王。镇国薨,子聂古台袭爵,尚睿宗女独木干公主,略地江淮,薨于军,赐兴州民千余户,给其葬。

孛要合幼从攻西域,还封北平王,尚阿剌海别吉公主。公主明睿有智略,车驾征伐四出,尝使留守,军国大政,谘禀而后行,师出无内顾之忧,公主之力居多。孛要合未有子,公主为进姬妾,以广嗣续,生三子:曰君不花,曰爱不花,曰拙里不花。公主视之,皆如己出。孛要合薨,追封高唐王,谥武毅。后加赠宣忠协力翊卫果毅功臣、太傅、仪同三司、上柱国、驸马都尉,追封赵王。公主阿剌海别吉追封皇祖姑齐国大长公主,加封赵国。

子君不花,尚定宗长女叶里迷失公主。

爱不花,尚世祖季女月烈公主。中统初,总兵讨阿里不哥,败阔不花于按檀火尔欢之地。三年。围李璮于济南,独当一面。事平,又从征西北,败叛王之党撒里蛮子孔古烈。爱不花卒。子阔里吉思。

阔里吉思,性勇毅,习武事,尤笃于儒术,筑万卷堂于私第,日与诸儒讨论经史,性理、阴阳、术数,靡不该贯。尚忽答的迷失公主,继尚爱牙失里公主。宗王也不干叛,率精骑千余,昼夜兼行,旬日追及之。时方暑,将战,北风大起,左右请待之,阔里吉思曰:"当暑得风,天赞我也。"策马赴战,骑士随之,大杀其众,也不干以数骑遁去。阔里吉思身中三矢,断其发。凯还,诏赐黄金三斤、白金千五百斤。

成宗即位,封高唐王。西北不安,请于帝愿往平之,再三请,帝乃许。及行,且誓言:"若不平定西北,吾马首不南。"大德元年夏,遇敌于伯牙思之地,众谓当俟大军毕至,与战未晚,阔里吉思曰:"大丈夫报国,而待人耶!"即整众鼓躁以进,大败之,擒其将卒百数以献。诏赐世祖所服貂裘、宝鞍,及缯锦七百、介胄、戈戟、弓矢等物。

二年秋,诸王将帅共议防边,咸曰:"敌往岁不冬出,且可休兵于境。"阔里吉思曰:"不然,今秋候骑来者甚少,所谓鸷鸟将击,必匿其形,备不可缓也。"众不以为然,阔里吉思独严兵以待之。是冬,敌兵果大至,三战三克,阔里思乘胜逐北,深入险地,后骑不继,马踬陷敌,遂为所执。敌诱使降,惟正言不屈,又欲以女妻之,阔里吉思毅然曰:"我帝婿也,非帝后面命,而再娶可乎!"敌不敢逼。帝尝遣其家臣阿昔思特使敌境,见于人众中,阔里吉思一见辄问两宫安否,次问嗣子何如,言未毕,左右即引其去。明日,遣使者还,不复再见,竟不屈死焉。九年,追封高唐忠宪王,加赠推忠宣力崇文守正亮节保德功臣、太师、开府仪同三司、上柱国、驸马都尉,追封赵王。公主忽答的迷失追封齐国长公主,爱牙失里封齐国公主,并加封赵国。

子术安幼,诏以弟木忽难袭高唐王。木忽难才识英伟,谨守成业,抚民御众,境内乂安。痛其兄死节,遣使如京师,表请恤典,又请翰林承旨阎复铭诸石。教养术安过于己子,命家臣之谨厚者掌其兄之珍服秘玩,待术安成立,悉以付之。至大二年,木忽难加封赵王,即以让术安。三年,术安袭赵王,尚晋王女阿剌的纳八剌公主。一日,召王傅脱欢、司马阿昔思谓曰:"先王旅殡卜罗,荒远之地,神灵将何依,吾痛心欲无生,若请于上,得归葬先茔,瞑目无憾矣。"二人言之知枢密院事也里吉尼以闻,帝嗟悼久之,曰:"术安孝子也。"即赐阿昔思黄金一瓶,得脱欢之子失忽都鲁、王傅木忽难之子阿鲁忽都、断事官也先等一十九人,乘驿以往,复赐从者钞五百贯。淇阳王月赤察儿、丞相脱禾出八都鲁差兵五百人，护其行至殡所，奠告启视，尸体如生，遂得归葬。

元史卷一一九
列传第六

木华黎　孛鲁　塔思　速浑察　脱脱　乃燕

霸突鲁　塔塔儿台　　**博尔术**　玉昔帖木儿

博尔忽　塔察勺

　　木华黎,札剌儿氏,世居阿难水东。

　　父孔温窟哇,以戚里故在太祖麾下,从平篾里吉。征乃蛮部,数立功。后乃蛮又叛,太祖与六骑走,中道乏食,擒水际骆驼杀之,燔以啖太祖。追骑垂及,而太祖马毙,五骑相顾骇愕,孔温窟哇以所乘马济太祖,身当追骑,死之。太祖获免。

　　有子五人,木华黎其第三子也。生时有白气出帐中,神巫异之,曰:"此非常儿也。"及长,沉毅多智略,猿臂善射,挽弓二石强。与博尔术、博尔忽、赤老温事太祖,俱以忠勇称,号掇里班曲律,犹华言四杰也。

　　太祖军尝失利,会大雪,失牙帐所在,夜卧草泽中。木华黎与博尔术张裘毡,立雪中,障蔽太祖,达旦竟不移足。一日,太祖从三十余骑行溪谷间,顾谓曰:"此中或遇寇,当奈何?"对曰:"请以身当之。"既而,寇果自林间突出,矢下如雨,木华黎引弓射之,三发中三人,其酋呼曰:"尔为谁?"曰:"木华黎也。"徐解马鞍持之,捍卫太祖以出,寇遂引去。

　　克烈王可汗与乃蛮部仇战,求援于太祖。太祖遣木华黎及博尔术等救之，尽杀乃蛮之众于按台之下，获甲仗、马牛而还。既而，王可汗谋袭太祖，其下拔台知之，密告太祖。太祖遣木华黎选精骑夜斫其营，王可汗走死，诸部大人闻风款附。

岁丙寅，太祖即皇帝位，首命木华黎、博尔术为左右万户。从容谓曰："国内平定，汝等之力居多。我与汝犹车之有辕，身之有臂也。汝等切宜体此，勿替初心。"

金之降者，皆言共主璟杀戮宗亲，荒淫日恣。帝曰："朕出师有名矣。"辛未，从伐金，薄宣德，遂克德兴。壬申，攻云中、九原诸郡，拔之，进围抚州。金兵号四十万，阵野狐岭北。木华黎曰："彼众我寡，弗致死力战，未易破也。"率敢死士，策马横戈，大呼陷阵，帝麾诸军并进，大败金兵，追至浍河，僵尸百里。癸酉，攻居庸关，壁坚不得入，遣别将阇别统兵趋紫荆口，金左监军高琪引兵来拒，不战而溃，遂拔涿州。因分兵攻下益都、滨、棣诸城，遂次霸州，史天倪、萧勃迭率众来降，并奏为万户。

甲戌，从围燕，金主请和，北还。命统诸军征辽东，次高州，卢琮、金朴以城降。乙亥，裨将萧也先以计平定东京。进攻北京，金守将银青率众二十万拒花道逆战，败之，斩首八万余级。城中食尽，契丹军斩关来降，进军逼之，其下杀银青，推寅答虎为帅，遂举城降。木华黎怒其降缓欲坑之，萧也先曰："北京为辽西重镇，既降而坑之，后岂有降者乎？"从之，奏寅答虎留守北京，以吾也而权兵马都元帅镇之。遣高德玉、刘蒲速窝儿招谕兴中府，同知兀里卜不从，杀蒲速窝儿，德玉走免。未几，吏民杀兀里卜，推土豪石天应为帅，举城降，奏为兴中尹、兵马都提控。

锦州张鲸聚众十余万，杀节度使，称临海郡王，至是来降。诏木华黎以鲸总北京十提控兵，从掇忽阑南征未附州郡。木华黎密察鲸有反侧意，请以萧也先监其军。至平州，鲸称疾逗留，复谋遁去，监军萧也先执送行在，诛之。鲸弟致愤其兄被诛，据锦州叛，略平、栾、瑞、利、义、懿、广宁等州。木华黎率蒙古不花等军数万讨之，州郡多杀致所署长吏降。进逼红罗山，主将杜秀降，奏为锦州节度使。

丙子，致陷兴中府。七月，进兵临兴中。先遣吾也而等攻溜石山，谕之曰："今吾若急攻，贼必遣兵来援，我断其归路，致可擒也。"又遣蒙古不花屯永德县东候之。致果遣鲸子东平将骑兵八千、步卒三万，授溜石。蒙古不花引兵趋之，驰报，木华黎夜半引兵疾驰，遇于神水县东，夹击之。分麾下兵之半，下马步战。选善射者数千，令曰："贼步兵无甲，疾射之！"乃麾骑兵齐进，大败之，斩东平及士卒万二千八百余级。拔开义县，进围锦州。致遣张太平、高益出战，又败之，斩首三千余级，溺死者不可胜数。围守月余，致愤将校不努力，杀败将二十余人。高益惧，缚致出降，伏诛。广宁刘琰、懿州田禾尚降，木华黎曰："此叛寇，存之无以惩后。"除工匠优伶外，悉屠之。拔苏、复、海三州，斩完颜众家奴。咸平宣抚蒲鲜等率众十余万，遁入海岛。

丁丑八月，诏封太师、国王、都行省承制行事，赐誓券、黄金印曰："子孙传国，世世不绝。"分弘吉刺、亦乞烈思、兀鲁兀、忙兀等十军，及吾也而契丹、蕃、汉等军，并属麾下。且谕曰："太行之北，朕自经略，太行以南，卿其勉之。"赐大驾所建九斿大旗，仍谕诸将曰："木华黎建此旗以出号令，如朕亲临也。"乃建行省于云、燕，以图中原。遂自燕南攻遂城及蠡州诸城，拔之。冬，破大名府，遂东定益都、淄、登、莱、潍、密等州。戊寅，自西京由太和岭入河东，攻太原、忻、代、泽、潞、汾、霍等州，悉降之。遂徇平阳，金守臣弃城遁，以前锋拓拔按察儿统蒙古军镇之拒金兵，以义州监军李廷植之弟守忠权河东南路帅府事。己卯，以萧特末儿等出云、朔、攻降岢岚火山军。以谷里夹打为元帅达鲁花赤，攻拔石、隰州，击绛州，克之。

庚辰，复由燕徇赵，至满城。武仙举真定来降。权知河北西路兵马事史天倪进言曰："今中原粗定，而所过犹纵兵抄掠，非王者吊民之意也"木华黎曰："善。"下令禁无剽掠，所获老稚，悉遣还田里，军中肃然，吏民大悦。兵至滏阳，金邢州节度使武贵迎降，进攻天平寨，破之。遣蒙古不花分兵略定河北卫、怀、孟州，入济南。严实籍所隶相、魏、磁、洺、恩、博、滑、浚等州户三十万，诣军门降。

时金兵屯黄陵冈。号二十万,遣步兵二万袭济南。木华黎以轻兵五百击走之。遂会大军,薄黄陵冈。金兵阵河南岸,示以死战。木华黎曰:"此不可用长兵,当以短兵取胜。"令骑下马,引满齐发,亦下马督战,果大败之,溺死者众。进攻楚丘。楚丘城小而固,四面皆水,令诸军以草木填堑,直抵城下,严实率所部先登,拔之。攻下单州,围东平,以实权山东西路行省,戒之曰:"东平粮尽,必弃城走,汝伺其去,即入城安辑之,勿苦郡县,以败事也。"留梭鲁忽秃以蒙古军三千屯守之。辛巳四月,东平粮尽,金行省忙古奔汴,梭鲁忽秃邀击之,斩七千余级,忙古引数百骑遁去。实入城,建行省,抚其民。

先是,郡王带孙攻洛不下,至是遣石天应拔之。五月,还军野狐岭。宋涟水忠义统辖石珪来降,以为济、兖单三州都总管,予绣衣玉带,劳之曰:"汝不惮跋涉数千里,慕义而来,寻当列奏,赐汝高爵,尔其勉之。"京东安抚使张琳皆来降,以琳行山东东路益都沧、景、滨、棣等州都元帅府事。郑遵亦以枣乡、蓿县降,升为完州,以遵为节度使,行元帅府事。

秋八月,从驻青冢,监国公主遣使来劳,大犒将士。由东胜渡河,西夏国李王请以兵五万属焉。冬十月,复由云中历太和寨,入葭州,金将王公佐遁,以石天应权行台兵马都元帅。进取绥德,破马蹄寨,距延安三十里止舍。金行省完颜合达出兵三万阵于城东,蒙古不花以骑三千觇之,驰报曰:"彼见吾兵少,有轻敌心,明日合战,当佯败可以伏兵取胜也。"从之。夜半以大军衔枚齐进,伏于城东十五里两谷间。明日,蒙古不花进兵,望见金兵,即弃鼓旗走,金兵果追之,伏发,鼓声震天地,万矢齐下,金兵大败,斩七千级,获马八百。合达走保延安,围之旬日,不下,乃南徇洛川,克鄜州。

北京权帅石天应擒送金骁将张铁枪,木华黎责其不降,厉声答曰:"我受金朝厚恩二十余年,今事至此,有死而已!"木华黎义之,欲解其缚,诸将怒其不屈,竟杀之。遂降坊州,大犒士卒。闻金复取隰州,以轩成为经略使,于是复由丹州渡河围隰,克之。留合丑统蒙古军镇石,隰间,以田雄权元帅府事。

壬午秋七月，令蒙古不花引兵出秦陇，以张声势。视山川险夷，大兵道云中，攻下孟州四蹄寨，迁其民于州。拔晋阳义和寨，进克三清岩，入霍邑山堡，迁其人于赵城县，薄青龙堡，金平阳公胡天祚拒守，裨将蒲察定住、监军王和开壁降，迁天祚于平阳。

八月，有星昼见，隐士乔静真曰：“今观天象，未可征进。”木华黎曰：“主上命我平定中原，今河北虽平，而河南、秦、巩未下，若因天象而不进兵，天下何时而定耶？且违君命，得为忠乎！”

冬十月，过晋至绛，拔荣州胡瓶堡，所至望风归附，河中久为金有，至是复来归。木华黎召石天应谓曰：“蒲为河东要害，我择守者，非君不可。”乃以天应权河东南北路、陕右、关西行台，平阳李守忠、太原攸哈剌拔都、隰州田雄，并受节制。

命天应造浮梁以济归师，乃渡河拔同州，下蒲城，径趋长安。金京兆行省完颜合达拥兵二十万固守，不下。乃分麾下兀胡乃、太不花兵六千屯守之。遣按赤将兵三千断潼关，遂西击凤翔，月余不下，谓诸将曰：“吾奉命专征，不数年取辽西、辽东、山东、河北，不劳余力；前攻天平、延东，今攻凤翔皆不下，岂吾命将尽耶！”乃驻兵渭水南，遣蒙古不花南越牛岭关，徇宋凤州而还。

时中条山贼侯七等聚众十余万，伺大兵既西，谋袭河中。石天应遣别将吴权府引兵五百夜出东门，伏两谷间，戒之曰：“候贼过半，急击之，我出其前，尔攻其后，可克之。”吴权府醉酒失期，天应战死，城陷，贼烧毁庐舍，杀掠人民，还走中条，先锋元帅按察儿邀击，败之，斩数万级，侯七复遁去。木华黎以天应子斡可领袭其众。

癸未春，师还，浮梁未成，顾诸将曰：“桥未毕工，安可坐待乎！”复攻下河西堡寨十余。三月，渡河还闻喜县，疾笃，召其弟带孙曰：“我为国家助成大业，擐甲执锐垂四十年，东征西讨，无复遗恨，第恨汴京未下耳！汝其勉之。”薨，年五十四。厥后太祖亲攻凤翔，谓诸将曰：“使木华黎在，朕不亲至此矣！”

至治无年，诏封孔温窟哇推忠效节保大佐运功臣、太师、开府仪同三司、上柱国、鲁国王，谥忠宣；木华黎体仁开国辅世佐命功臣、太师、开府仪同三司、上柱国、鲁国王,谥忠武。子孛鲁嗣。

　　孛鲁,沈毅魁杰,宽厚爱人,通诸国语,善骑射,年二十七,入朝行在所。时太祖在西域,夏国主李王阴结外援,蓄异图,密诏孛鲁讨之。甲申秋九月,攻银州,克之,斩首数万级,获生口、马驼牛羊数十万,俘监府塔海,命都元帅蒙古不华将兵守其要害而还。

　　乙酉春,复朝行在所。同知真定府事武仙叛,杀都元帅史天倪,胁居民遁于双门寨。仙弟质于军中,挈家逃归,遣撒寒追及于紫金关,斩之,命天倪弟天泽代领帅府事。

　　丙戌夏,诏讨功臣户口为食邑,曰十投下,孛鲁居其首。宋将李全陷益都,执元帅张琳送楚州。秋九月,郡王带孙率兵围全于益都。冬十二月,孛鲁引兵入齐,先遣李喜孙招谕全,全欲降,部将田世荣等不从,杀喜孙。丁亥春三月,全突围欲走,邀击大败之,斩首七千余级,自相蹂践溺死不可胜计。夏四月,城中食尽,全降。诸将皆曰:"全势穷出降,非心服也,今若不诛,后必为患。"孛鲁曰:"不然,诛一人易耳。山东未降者尚多,全素得人心,杀之不足以立威,徒失民望。"表闻,诏孛鲁便宜处之。乃以全为山东淮南楚州行省,郑衍德、田世荣副之,郡县闻风款附,山东悉平。

　　时滕州尚为金守,诸将或言炎暑未可进攻,孛鲁曰:"主上亲督大军,平定西域数年,未闻当暑不战,我等安敢自逸乎!"遂促进兵。金兵出战,败之,斩三千余级,其余老幼开门出降,以州属石天禄。俾先锋元帅萧乃台统蒙古军屯济、兖,课课不花以兵三千屯潍、沂、莒,以备宋。千户按札统大军驻河北,备金。

　　九月,师还,至燕,猎于昌平,民持牛酒以献,却之。及还,赐馆人银数百两。闻太祖崩,趋赴北庭,哀毁遘疾。戊子夏五月薨,年三十二。

　　至治元年,诏封纯诚开济保德辅运功臣、太师、开府仪同三司、上柱国、鲁国公,谥忠定。

　　子七人:长塔思,次速浑察,次霸都鲁,次伯亦难,次野蔑干,次野不干,次阿里乞失。

塔思,一名查剌温,幼与常儿异,英才大略,绰有祖风。木华里
常曰:“成吾志必此儿也。”及长,每语必先忠孝,曰:“大丈夫受天子
厚恩,当效死行阵间,以图报称,安能委靡苟且目前,以隳先世勋业
哉!”年十八袭爵,遂至云中。

庚寅秋九月,叛将武仙围潞州,太宗命塔思救之,仙闻之,退军
十余里。大兵未至,塔思率十余骑觇贼形势,仙恐有伏,不敢犯。塔
思曰:“日暮矣,待明旦击之。”是夜五鼓,金将移剌蒲瓦来袭,我师
与战不利,退守沁南。贼还攻潞州,城陷,主将任存死之。

冬十月,帝亲征,遣万户因只吉台与塔思复取潞州,仙夜遁,邀
击之,斩首七千余级,以任存侄代领其众。十一月,帝攻凤翔,命塔
思守潼关以备金兵。河中自石天应死,复为金有。辛卯,帝亲攻拔
之,金元帅完颜火燎遁,塔思追斩之。

壬辰春,睿宗与金兵相拒于汝、汉间,金步骑二十万,帝命塔思
与亲王按赤台、口温不花合军先进渡河,以为声授。至三峰山,与睿
宗兵合,金兵成列,将战,会大雪,分兵四出,塔思冒矢石先挫其锋,
诸军继进,大败金兵,擒移剌蒲瓦,完颜合达单骑走钧州,追斩之,
遂拔钧州。三月,帝北还,诏塔思与忽都虎统兵,略定河南,诸郡皆
降,惟汴京、归德、蔡州未下。塔思遣使请曰:“臣之祖父,佐兴大业,
累著勋伐。臣袭世爵,曾无寸效,去岁复失利上党,罪当万死,愿分
攻汴城一隅,以报陛下,”帝壮其言,命卜之,不利,乃止。

癸巳秋九月,从定宗于潜邸东征,擒金咸平宣抚完颜万奴于辽
东。万奴自乙亥岁率众保东海,至是平之。

甲午秋七月,朝行在所。时诸王大会,帝顾塔思曰:“先皇帝肇
开大业,垂四十年。今中原、西夏、高丽、回鹘诸国皆已臣附,惟东南
一隅,尚阻声教。朕欲躬行天讨,卿等以为何如?”群臣未对,塔思对
曰:“臣家累世受恩,图报万一,正在今日,臣虽驽钝,愿仗天威,扫
清淮、浙,何劳大驾亲临不测之地哉!。帝悦曰:“塔思虽年少,英风

美绩，简在朕心，终能成我家大事矣。"赐黄金甲、玻璃带及良弓二十，命与王子曲出总军南征。乙未冬，拔枣阳。曲出别徇襄、邓，塔思引兵攻郢。郢濒汉江，城坚兵精，且多战舰。塔思命造木筏，遣汶上达鲁花赤刘拔都儿将死士五百，乘筏进击，引骑兵沿岸迎射，大破之，溺死者过半，余皆走郢，壁坚，不能下，俘生口、马牛数万而还。

丙申冬十月，复出邓州，遂至蕲、黄。蕲州遣使献金帛、牛酒犒师，请曰："宋小国也，进贡大朝有年矣。惟王以生灵为念。"乃舍之。遂进拔符镇、六安县焦家寨。

丁酉秋九月，由八柳渡河，入汴京。守臣刘甫置酒大庆殿。塔思曰："此故金主所居，我人臣也，不可处此。"遂宴于甫家。冬十月。复与口温不花攻光州，主将黄舜卿降。口温不花别略黄州。塔思攻大苏山，斩首数千级，获生口、牛马以千数。戊戌春正月，至安庆府，官民皆遁于江东。至北峡关，宋汪统制率兵三千降，迁之尉氏。三月，朝行在所。秋九月，帝宴群臣于行宫，塔思大醉。帝语侍臣曰："塔思神已逝矣，其能久乎。"冬十二月，还云中。己亥春三月，薨，年二十八。

子硕笃儿幼，弟速浑察袭。硕笃儿既长，诏别赐民三千户为食邑，得建国王旗帜，降五品印一、七品印二，付其家臣，置官属如列侯故事。硕笃儿薨，子忽都华袭。忽都华薨，子忽都帖木儿袭。忽都帖木儿薨，子宝哥袭。宝哥薨，子道童袭。

速浑察，性严厉，赏罚明信，人莫敢犯。与兄塔思从太宗攻凤翔有功。将兵抵潼关，与金人战屡捷。既灭金，皇子阔出攻宋枣阳，入郢，速浑察皆与焉。

岁己亥，塔思薨，速浑察袭爵，即上京之西阿儿查秃置营，总中都行省蒙古、汉军。凡他行省监镇事，必先白之，定其可否，而后上闻。帝尝遣使至，见其威容凛然，倜傥有奇气，所部军士纪纲整肃，还朝以告。帝曰："真木华黎家儿也。"他国使有至者，每见皆仓皇失次，不能措辞，必慰抚良久，始得尽其所欲言。左右或谏曰："诸王百司既莫敢越，而复示之以威，使人怖畏，何不少加宽恕以待之。"速浑察曰："尔言诚是也，然时有不同，宽猛各有所宜施。天下初附，民心未安，万一守者自纵，事变忽起，悔之晚矣。"寻薨。延祐三年，赠宣忠同德翊运功臣、太师、开府仪同三司、上柱国，追封为东平郡王，谥忠宣。

子四人：曰忽林池，袭王爵；曰乃燕；曰相威；曰撒蛮。相威自有传。

乃燕，性谦和，好学，以贤能称。速浑察既薨，宪宗择于诸子，命乃燕袭爵。乃燕力辞曰："臣有兄忽林池当袭。"帝曰："朕知之，然柔弱不能胜。"忽林池亦固让，乃燕顿首涕泣力辞，不得命，既而曰："若然则王爵必不敢受，愿代臣兄行军国之事。"于是忽林池袭为国王，事无巨细，必与乃燕谋议，剖决精当，无所拥滞。

世祖在潜藩，常与论事。乃燕敷陈大义，又明习典故。世祖谓左右曰："乃燕，后必可大用。"因号之曰薛禅，犹华言大贤也。乃燕虽居显要，而小心谨畏，每诲群从子弟曰："先世从太祖皇帝出入矢石间，被坚执锐，斩将搴旗，勤劳四十余年，遂成功名。以故一家蒙恩深厚，可谓极矣。慎勿骄惰，以堕先王之名，尔曹戒之"病卒。世祖闻之，为之悲悼。至正八年，赠中奉大夫、辽阳等处行中书省参知政事、护军，追封鲁郡公。子二人，曰硕德，曰伯颜察儿。

硕德，通敏有干才。世祖即位，入宿卫，典朝仪，后同知通政院事。尝言辽东斡拙、吉烈灭二种民数为寇，宜遣近臣谕之。帝方难其人，金曰："惟硕德元勋世胄，可使。"帝深然之，以问硕德。对曰："先臣从太祖皇帝定天下，不辞险艰，以立勋业。陛下不以臣年少愚戆，愿请行。"帝大喜，赐御衣，锡燕以行。硕德至，集诸万户陈兵冲要，诘其渠魁诛之，胁从者皆降。帝大悦，赏赉有差。后从征乃颜及使西域，屡建殊勋。卒，赠推忠宣惠宁远功臣，谥忠敏，加赠资善大夫、岭北等处行中书省右丞、上护军，追封鲁郡公。

霸突鲁,从世祖征伐,为先锋元帅,累立战功。世祖在潜邸,从容语霸突鲁曰:"今天下稍定,我欲劝主上驻跸回鹘,以休兵息民,何如?"对曰:"幽燕之地,龙蟠虎踞,形势雄伟,南控江淮,北连朔漠。且天子必居中以受四方朝觐。大王果欲经营天下,驻跸之所,非燕不可。"世祖怃然曰:"非卿言,我几失之。"

己未秋,命霸突鲁率诸军由蔡伐宋,且移檄谕宋沿边诸将,遂与世祖兵合而南,五战皆捷,遂渡大江,傅于鄂。会宪宗崩于蜀,阿里不哥构乱和林,世祖北还,留霸突鲁总军务,以待命。世祖至开平,即位,还定都于燕。尝曰:"朕居此以临天下,霸突鲁之力也。"师还,中统二年卒于军。大德八年,追赠推诚宣力翊卫功臣、太师、开府仪同三司、上柱国、东平王,谥武靖。夫人帖木伦,昭睿顺圣皇后同母兄也。

子四人:长安童,次定童,次霸都虎台;他姬子曰和童,袭国王。安童别有传。

塔塔儿台,孔温窟哇第三子带孙郡王之后。父曰忙哥,从宪宗征伐,累立战功。岁己未,攻合州。会宪宗崩,塔塔儿台护灵驾赴北。会阿里不哥叛,拘留数日,逃归,追骑执以北还,将杀之,亲王阿速台、玉龙塔思曰:"塔塔儿台乃太师国王之裔,不可杀也。"遂获免。至元元年,从阿速台来归,世祖嘉之,授怀远大将军,佩金虎符,世袭东平达鲁花赤。命宿卫士四十人,给驿送之官所。莅官一纪,镇静不扰,郓人赖之以安。卒年四十二,子四人。

只必,幼嗜读书,习翰墨。至元十四年监东平,官少中大夫,多善政,以清白称。尝出家藏书二千余卷,置东平庙学,使学徒讲肄之。寻授嘉议大夫、江南湖北道提刑按察使,改浙西。大德四年入觐,赐金段十匹。明年春卒,年五十一。子三人,皆早丧。自只必除按察使,弟秃不申嗣其职。

秃不申,性淳靖,喜怒不形,知民疾苦,而能以善道之。早尝致祷，即雨，岁饥，请于朝，发廪以赈之。睦同僚，兴学校。加太中大夫。士民刻石，纪其政绩云。卒年五十一。子五人：长不老赤，次塔实脱因，次阿鲁灰，次完者不花，次留住马。皆以次嗣为东平达鲁花赤。

　　脱脱。祖嗣国王速浑察，沈深有智略，尝奉命征讨，所向克捷。父撒蛮，幼颖异，自襁褓时，世祖抚育之若子。尝挟之南征，同舟济大江，虑其有失，系之御榻。及长，常侍左右，帝尝诏之曰："男女异路，古制也，况掖庭乎。礼不可不肃，汝其司之。"既而近臣孛罗衔命遽出，行失其次。撒蛮怒其违礼，执而囚之别室。帝怪其久不至，询知其故，命释其罪。撒蛮因进曰："令自陛下出，陛下乃自违之，何以责臣下乎？"帝曰："卿言诚是也。"由是有意大任之。会以疾卒，不果，年仅一十有七。

　　脱脱幼既失怙，其母孛罗海笃意教之，孜孜若恐不及。稍长，直宿卫，世祖复亲诲导，尤以嗜酒为戒。既冠，仪观甚伟。喜与儒士语，每闻一善言善行，若获拱璧，终身识之，不忘。

　　至元二十四年，从征乃颜。帝驻骅于山巅，旌旗蔽野。鼓未作，候者报有隙可乘，脱脱即擐甲率家奴数十人疾驰击之。众皆披靡不敢前。帝望见之，大加嗟赏，遣使者劳之，且召还曰："卿勿轻进，此寇易擒也。"视其刀已折，马已中箭矣。帝顾谓近臣曰："撒蛮不幸早死，脱脱幼，朕抚而教之，常恐其不立，今能如此，撒蛮可谓有子矣。"遂亲解佩刀及所乘马赐之。由是深加器重，得预闻机密之事。

　　其后哈丹复为乱，成宗时在潜邸，督师往征之。脱脱引众率先跃马蹴之，其众大溃。脱脱马陷于淖泥中，哈丹兵复进挑战，脱脱弟阿老瓦丁奋戈冲击，遂大败之。

　　成宗即位，其宠顾为尤笃，常侍禁闼，出入惟谨，退语家人曰："我昔亲承先帝训，饬令毋嗜饮，今未能绝也。岂有为人，知过而不能改者乎！自今以往，家人有以酒至吾前者，即痛惩之。"帝闻之，喜曰："扎刺儿台如脱脱者无几，今能刚制于酒，真可大用矣。"即拜资德大夫、上都留守、通政院使、虎贲卫亲军都指挥使，政令严肃，克修其职。

三年，朝议以江浙行省地大人众，非世臣有重望者，不足以镇之。进拜荣禄大夫、江浙等处行中书省平章政事，有旨，命中书祖道都门外以饯之。始至，严饬左右，毋预公家事，且戒其掾属曰："仆从有私嘱者慎勿听。若军民诸事，有关于利害者，则言之。当言而不言，尔之责也；言而不听，我之咎也。"闻者为之悚慄。

时朱清、张瑄以海运之故，致位参知政事，恃其势位，多行不法。恐事觉，以黄金五十两、珠三囊赂脱脱，求蔽其罪。脱脱大怒，系之有司，遣使者以闻。帝喜曰："脱脱我家老臣之子孙，其志固宜与众人殊。"赐内府黄金五十两，命回使宠赍之。有豪民白昼杀人者，脱脱立命有司按法诛之，自是豪猾屏息，民赖以安。帝以浙民相安之久，未及召还，大德十一年，卒于位，年四十四。子朵儿只，别有传。

博尔术，阿儿剌氏。始祖孛端察儿，以才武雄朔方。父纳忽阿儿阑，与烈祖神元皇帝接境，敦睦邻好。博尔术志意沉雄，善战知兵，事太祖于潜邸，共履难危，义均同气，征伐四出，无往不从。时诸部未宁，博尔术每警夜，帝寝必安枕。寓直于内，语及政要，或至达旦。君臣之契，犹鱼水也。

初，要儿斤部卒盗牧马，博尔术与往追之，时年十三，知众寡不敌，乃出奇从旁夹击之，盗舍所掠去。及战于大赤兀里，两军相接，下令殊死战，跬步勿退，博尔术系马于腰，跽而引满，分寸不离故处，太祖嘉其勇胆。又尝溃围于怯列，太祖失马，博尔术拥帝累骑而驰，顿止中野。会天雨雪，失牙帐所在，卧草泽中，与木华黎张毡裘以蔽帝，通夕植立，足迹不移，及旦，雪深数尺，遂免于难。蔑里期之战，亦以风雪迷阵，再入敌中，求太祖不见，急趋辎重，则帝已还卧憩车中，闻博尔术至，曰："此天赞我也。"

丙寅岁，太祖即皇帝位，君臣之分益密，尝从容谓博尔术及木华黎曰："今国内平定，多汝等之力，我之与汝犹车之有辕，身之有臂，汝等宜体此勿替。"遂以博尔术及木华黎为左右万户，各以其属翊卫，位在诸将上。

皇子察哈歹出镇西域，有旨从博尔术受教。博尔术教以人生经涉险阻，必获善地，所过无轻舍止。太祖谓皇子曰："朕之教汝，亦不逾是。"未几，赐广平路户一万七千三百有奇为分地。以老病薨，太祖痛悼之。大德五年，赠推忠协谋佐运功臣、太师、开府仪同三司，追封广平王，谥武忠。

子孛栾台，袭爵万户，赠推诚宣力保顺功臣、太师、开府仪同三司，追封广平王，谥忠定。孙玉昔帖木儿。

玉昔帖木儿，世祖时尝宠以不名，赐号月吕鲁那演，犹华言能官也。弱冠袭爵，统按台部众，器量宏达，莫测其际。世祖闻其贤，驿召赴阙，见其风骨庞厚，解御服银貂赐之。时重太官内膳之选，特命领其事。侍宴内殿，玉昔帖木儿起行酒，诏诸王妃皆为答礼。

至元十二年，拜御史大夫。时江南既定，益封功臣后，遂赐全州清湘县户为分地。其在中台，务振宏纲，弗亲细故。兴利之臣欲授金旧制，并宪司入漕府；当政者又请以郡府之吏，互照宪司检底。玉昔帖木儿曰："风宪所以戢奸，若是，有伤监临之体。"其议乃沮。遇事廷辩，吐辞鲠直，世祖每为之霁威。

至元二十四年，宗王乃颜叛东鄙，世祖躬行天讨，命总戎者先之。世祖至半道，玉昔帖木儿已退敌，僵尸覆野，数旬之间，三战三捷，获乃颜以献。诏选乘舆橐驼百蹄劳之。谢曰："天威所临，犹风偃草，臣何力之有。"世祖还，留玉昔帖木儿剿其余党，乃执其酋金家奴以献，戮其同恶数人于军前。

明年，乃颜之遗孽哈丹秃鲁干复叛，再命出师，两与之遇，皆败之，追及两河，其众大衄，遂遁。时已盛冬，声言俟春方进，乃倍道兼行过黑龙江，捣其巢穴，杀戮殆尽，哈丹秃鲁干莫知所终，夷其城，抚其民而还。诏赐内府七宝冠带以旌之，加太傅、开府仪同三司。申命御边杭海。二十九年，加录军国重事、知枢密院事。宗王帅臣咸禀命焉。特赐步辇入内。位望之崇，廷臣无出其右。三十年，成宗以皇孙抚军北边，玉昔帖木儿辅行，请授皇孙以储闱旧玺，诏从之。

三十一年，世祖崩，皇孙南还。宗室诸王会于上都。定策之际，玉昔帖木儿起谓晋王甘麻剌曰："宫车晏驾，已逾三月，神器不可久虚，宗祧不可乏主。畴昔储闱符玺既有所归，王为宗盟之长，奚俟而不言。"甘麻剌遽曰："皇帝践祚，愿北面事之。"于是宗亲大臣合辞劝进，玉昔帖木儿复坐，曰："大事已定，吾死且无憾。"皇孙遂即位。进秩太师，赐以尚方玉带宝服，还镇北边。

元贞元年冬，议边事入朝，两宫锡宴，如家人礼。赐其妻秃忽鲁宴服，及他珍宝。十一月，以疾薨。大德五年，诏赠宣忠同德弼亮功臣，依前太师、开府仪同三司、录军国重事、御史大夫，追封广平王，谥曰贞宪。

子三人：木剌忽，仍袭爵为万户；次脱怜；次脱脱哈为御史大夫。

博尔忽，许兀慎氏，事太祖为第一千户，殁于敌。子脱欢袭职，从宪宗四征不庭，有拓地功。子失里门，镇徼外，从征六诏等城，亦殁于兵。

子月赤察儿，性仁厚勤俭，事母以孝闻。资貌英伟，望之如神。世祖雅闻其贤，且闵其父之死，年十六召见。帝见其容止端重，奏对详明，喜而谓曰："失烈门有子矣。"即命领四怯薛太官。至元十七年，长一怯薛。明年诏曰："月赤察儿，秉心忠实，执事敬慎，知无不言，言无不尽，晓畅朝章，言辄称旨，不可以其年少，而弗升其官。可代线真为宣徽使。"

二十六年，帝讨叛者于杭海，众皆阵，月赤察儿奏曰："丞相安童、伯颜，御史大夫月吕禄，皆已受命征战，三人者臣不可以后之。今劲贼逆命，敢御天戈，惟陛下怜臣，使臣一战。"帝曰："乃祖博尔忽，佐我太祖，无征不在，无战不克，其功大矣，卿以为安童辈与尔家同功一体，各立战功，自耻不逮。然亲属橐鞬，恭卫朝夕，尔功非小,何必身践行伍,手事斩馘,乃快尔心耶!"

二十七年,桑哥既立尚书省,杀异己者,箝天下口,以刑爵为货。既而纪纲大紊。尚书平章政事也速答儿,太官属也,潜以其事白月赤察儿,请奏劾之。桑哥伏诛,帝曰:"月赤察儿口伐大奸,发其蒙蔽。"乃以没入桑哥黄金四百两、白金三千五百两,及水田、水硙、别墅赏其清疆。

桑哥既败,帝以湖广行省西连番洞诸蛮,南接交趾岛夷,延袤数千里,其间土沃人稠,畬丁、溪子善惊好斗,思得贤方伯往抚安之。月赤察儿举哈剌哈孙答剌罕以为行省平章政事,凡八年,威德交孚,洽于海外;入为丞相,天下称贤。世以月赤察儿为知人。

二十八年,都水使者请凿渠西导白浮诸水,经都城中,东入潞河,则江淮之舟既达广济渠,可直泊于都城之汇。帝亟欲其成,又不欲役其细民,敕四怯薛人及诸府人专其役,度其高深,画地分赋之,刻日使毕工。月赤察儿率其属,著役者服,操畚锸,即所赋以倡,趋者云集,依刻而渠成,赐名曰通惠河,公私便之。帝语近臣曰:"是渠,非月赤察儿身率众手,成不速也。"

成宗即位,制曰:"月赤察儿,尽其诚力,深其谋议,抒忠于国,流惠于人,可加开府仪同三司、太保、录军国重事、枢密、宣徽使。"大德四年,拜太师。

初,金山南北,叛王海都、笃娃据之,不奉正朔垂五十年,时入为寇。尝命亲王统左右部宗王诸帅,屯列大军,备其冲突。五年,朝议北师少怠,纪律不严,命月赤察儿副晋王以督之。是年,海都、笃娃入寇。大军分为五队,月赤察儿将其一。锋既交,颇不利。月赤察儿怒,被甲持矛,身先陷阵,一军随之,出敌之背,五军合击,大败之。海都、笃娃遁去,月赤察儿亦罢兵归镇。厥后笃娃来请臣附。时武宗亦在军,月赤察儿遣使诣武宗及诸王将帅议,曰:"笃娃请降,为我大利,固当待命于上,然征返再阅月,必失事机。事机一失,为国大患,人民困于转输,将士疲于讨伐,无有已时矣。笃娃之妻,我弟马兀合剌之妹也,宜遣使报之,许其臣附。"众议皆以为允。既遣,始以事闻，帝曰："月赤察儿深识机宜。"既而马兀合剌复命，由是叛人稍稍来归。

十年冬，叛王灭里铁木儿等屯于金山，武宗帅师出其不意，先逾金山，月赤察儿以诸军继征，压之以威，啖之以利，灭里铁木儿乃降。其部人惊溃，月赤察儿遣秃满铁木儿、察忽将万人深入，其部人亦降。察八儿者海都长子也，海都死，嗣领其众，至是掩取其部人，凡两部十余万口。至大元年，月赤察儿遣使奏曰："诸王秃苦灭本怀携贰，而察八儿游兵近境，叛党素无悛心，倘合谋致死，则垂成之功顾为国患。臣以为昔者笃娃先众请和，虽死，宜遣使安抚其子款彻，使不我异。又诸部既已归明，我之牧地不足，宜处诸降人于金山之阳，吾军屯田金山之北，军食既饶，又成重戍，就彼有谋，吾已捣其腹心矣。"奏入，帝曰："是谋甚善，卿宜移军阿答罕三撒海地。"月赤察儿既移军，察八儿、秃苦灭果欲奔款彻，不见纳。去留无所，遂相率来降。于是北边始宁。帝诏月赤察儿曰：

> 卿之先世，佐我祖宗，常为大将，攻城战野，功烈甚著。卿乃国之元老，宣忠底绩，靖谧中外。朕入继大统，卿之谋猷居多。今立和林等处行中书省，以卿为右丞相，依前太师、录军国重事，特封淇阳王，佩黄金印。宗藩将领，实瞻卿麾进退。其益懋乃德，悉乃心力，毋替所服。

四年，月赤察儿入朝，帝宴于大明殿，眷礼优渥。寻以疾薨于第。诏赠宣忠安远佐运弼亮功臣，谥忠武。

塔察儿，一名俦盏，居官山。伯祖父博尔忽，从太祖起朔方，直宿卫为火儿赤。火儿赤者，佩櫜鞬侍左右者也。由是子孙世其职。博尔忽从太祖平诸国，宣力为多，当时与木华黎等俱以功号四杰。搭察儿，其从孙也，骁勇善战，幼直宿卫。

太祖平燕，睿宗监国，闻燕京盗贼恣意残杀，直指富庶之家，载运其物，有司不能禁。乃遣塔察儿、耶律楚材穷治其党，诛首恶十有六人，由是巨盗屏迹。

太宗伐金，塔察儿从师，授行省兵马都元帅，分宿卫与诸王军士俾统之，下河东诸州郡，济河破潼关，取陕、洛。辛卯，从围河中府，拔之。壬辰，从渡白坡，时睿宗已自西和州入兴元，由武关出唐、邓，太宗以睿宗与金兵相持久，乃遣使约期，会兵合进。即诏发诸军至钧州，连日大雪，睿宗与金人战于三峰山，大破之。诏塔察儿等进围汴城。金主即以兄子曹王讹可为质，太宗与睿宗还河北。塔察儿复与金兵战于南薰门，癸巳，金主迁蔡州，塔察儿复帅师围蔡。甲午，灭金，遂留镇抚中原，分兵屯大河之上，以遏宋兵。丙申，破宋光、息诸州，事闻于朝，以息州军民三千户赐之。戊戌卒。

子别里虎艀嗣为火儿赤。宪宗即位，岁壬子，袭父职，总管四万户蒙古、汉军，攻宋两淮，悉定边地。戊午，会师围宋襄阳，逼樊城，力战死之。

次曰宋都艀，至元七年，赐金虎符，袭蒙古军万户。八年，悉兵再攻襄阳，围樊城，进战鄂、岳、汉阳、江陵、归、峡诸州，皆有功。十二年，加昭毅大将军，受诏为隆兴出征都元帅，与李恒等长驱，而宋人莫当其锋，战胜攻取，望风迎降，尽平江西十一城，又徇岭南、广东。宋亡，还师，未及论功卒。

元史卷一二○
列传第七

察罕 <small>亦力撒合　立智理威</small>
札八儿火者　术赤台　镇海
肖乃台 <small>抹兀答儿　兀鲁台</small> 吾也而
曷思麦里

　　察罕,初名益德,唐兀乌密氏。父曲也怯律,为夏臣。其妾方怀察罕,不容于嫡母,以配掌羊群者及里木。察罕稍长,其母以告,且曰:"嫡母已有弟矣。"

　　察罕武勇过人,幼牧羊于野,植杖于地,脱帽置杖端,跪拜歌舞。太祖出猎,见而问之。察罕对曰:"独行则帽在上而尊,二人行则年长者尊,今独行,故致敬于帽。且闻有大官至,先习礼仪耳。"帝异之,乃挈以归,语光献皇后曰:"今日出猎得佳儿,可善视之。"命给事内廷。及长,赐姓蒙古,妻以宫人弘吉剌氏。尝行困,脱靴藉草而寝。鹗鸣其旁,心恶之,掷靴击之,有蛇自靴中坠。归,以其事闻。帝曰:"是禽人所恶者,在尔则为喜神,宜戒子孙勿杀其类。"

　　从帝略云中、桑乾。金将定薛拥重兵守野狐岭,帝遣察罕觇虚实,还言彼马足轻动,不足畏也。帝命鼓行而前,遂破其军。围白楼七日,拔之,以功为御帐前首千户。从帝征西域字哈里、薛迷思干二城。回回国主札剌丁拒守铁门关,兵不得进。察罕先驱开道,斩其将，余众悉降。又从攻西夏，破肃州。师次甘州，察罕父曲也怯律居守城中，察罕射书招之，且求见其弟，时弟年十三，命登城于高处见之。且遣使谕城中，使早降。其副阿绰等三十六人合谋，杀曲也怯律父子，并杀使者，并力拒守。城破，帝欲尽坑之，察罕言百姓无辜，止罪三十六人。进攻灵州，夏人以十万众赴援，帝亲与战，大败之。还次六盘，夏主坚守中兴，帝遣察罕入城，谕以祸福。众方议降，会帝崩，诸将擒夏主杀之，复议屠中兴，察罕力谏止之，驰入，安集遗民。

太宗即位，从略河南。北还清水答兰答八之地，赐马三百、珠衣、金带、鞍勒。皇子阔出、忽都秃伐宋，命察罕为斥候。又从亲王口温不花南伐，岁乙未，克枣阳及光化军。未几，召口温不花赴行左，以全军付察罕。丁酉，复与口温不花进克光州。戊戌，授马步军都元帅，率诸翼军攻拔天长县及滁、寿、泗等州。定宗即位，赐黑貂裘一、镔刀十，命拓江淮地。

宪宗即位，召见，累赐金五十两、珠衣一、金绮二匹，以都元帅兼领尚书省事，赐汴梁、归德、河南、怀、孟、曹、濮、太原三千余户为食邑，及诸处草地，合一万四千五百余顷，户二万余。未几，复召，赐金四百五十两，金绮、弓矢等物。乙卯卒。赠推忠开济翊运功臣、开府仪同三司、上柱国，追封河南王，谥武宣。子十人，长木花里。

木花里事宪宗，直宿卫，从攻钓鱼山，以功授四斡耳朵怯怜口千户，赐金币及黄金马鞍勒。世祖即位，赐金五十两、珠二串。至元四年，攻宋，自江陵略地回，至安阳滩，宋兵扼其归路，木花里奋击败之。都元帅阿术坠马，宋军追及之，木花里挟之上马鏖战，退宋兵，由是得免。特赐银二百五十两，佩金虎符。为蒙古军万户。复攻襄樊有功，卒于军。赠推诚宣力功臣、荣禄大夫、平章政事、柱国，追封梁国公，谥武毅。从孙亦力撒合。

亦力撒合。祖曲也怯祖，太祖时，得召见，属皇子察哈台为扎鲁火赤。父阿波古，事诸王阿鲁忽，居西域。至元十年，择贵族子备宿卫,召亦力撒合至阙下,以为速古儿赤,掌服御事,甚见亲幸,有大政,时以访之,称之曰秀才而不名。

尝奉使河西还,奏诸王只必帖木儿用官太滥,帝嘉之。擢河东提刑按察使,逐平阳路达鲁花赤泰不花。召还,赐黄金百两、银五百两,以旌其直。进南台中丞。帝出内中宝刀赐之曰:“以镇外台。”时丞相阿合马之子忽辛为江浙行省平章政事,恃势贪秽,亦力撒合发其奸,得赃钞八十一万锭,奏而诛之。并劾江淮释教总摄杨辇真加诸不法事,诸道竦动。

二十一年,改北京宣慰使。诸王乃颜镇辽东,亦力撒合察其有异志,必反,密请备之。二十三年,罢宣慰司,立辽阳行省,以亦力撒合为参知政事。已而乃颜果反,帝自将征之。时诸军皆会,亦力撒合掌运粮储,军供无乏。东方平,帝嘉其先见,且饷运有劳,加左丞。二十七年,命尚诸王算吉女,亲为资装以送之,并赠玉带一。改四川行省左丞。二十九年,再赐玉带一。

元贞元年,成宗即位,入朝,卒。弟立智理威。

立智理威,为裕宗东宫必阇赤,典文书。至元十八年,蜀初定,帝闵其地久受兵,百姓伤残,择近臣抚安之,以立智理威为嘉定路达鲁花赤,时方以辟田、均赋、弭盗、息讼诸事课守令,立智理威奉诏甚谨,民安之,使者交荐其能。会盗起云南,号数十万,声言欲寇成都。立智理威驰入告急,言辞恳切,继以泣涕。大臣疑其不然,帝曰:“云南朕所经理,未可忽也。”乃推食以劳之。又语立智理威曰:“南人生长乱离,岂不厌兵畏祸耶?御之乖方,保之不以其道,故为乱耳。其归以朕意告诸将,叛则讨之,服则舍之,毋多杀以伤生意,则人必定矣。”立智理威至蜀,宣布上旨。

俄召为泉府卿,后迁刑部尚书。有小吏诬告漕臣刘献盗仓粟,宰相桑哥方事聚敛,众阿其意,锻炼枉服。立智理威曰:“刑部天下持平,今辇毂之下,漕臣以冤死,何以正四方乎?”即以实闻。以是忤丞相,出为江东道宣慰使。在官务兴学,诸生有俊秀者,拔而用之,为政严明，豪民猾吏，缩手不敢犯，然亦无所刑戮而治。

元贞二年，迁四川行省参知政事。蜀有妇人杀夫者，系治数十人，加以箠楚，卒不得其实，立智理威至，尽按得之。

大德三年，以参知政事为湖南宣慰使，继改荆湖。荆湖多弊政，而公田为甚。部内实无田，随民所输租取之，户无大小，皆出公田租，虽水旱不免。立智理威问民所不便凡十数事上于朝，而言公田尤切。朝议遣使理之。会有诏，凡官无公田者，始随俸给之，民力少苏。

七年，再迁四川行省参知政事。八年，进左丞。云南王入朝，所在以驿骑纵猎。立智理威曰：“驿骑所以传命令，事非有急，且不得驰，况猎乎！”王惮，为之止猎。蜀人饥，亲劝分以赈之，所活甚众。有死无葬者，则以己钱买地使葬。且修宽政以抚其民，部内以治。

十年，入朝，帝以白金对衣赐之，加资德大夫、湖广行省左丞。湖广岁织币上供，以省臣领工作，遣使买丝他郡，多为奸利，工官又为刻剥，故匠户日贫，造币益恶。立智理威不遣使，令工视贾人有藏丝者择买之，工不告病，岁省费数万贯。他郡推用之，皆便。

至大三年，以疾卒于官，年五十七。初赠资德大夫、陕西行省右丞、上护军、宁夏郡公，谥忠惠。再赠推诚亮节崇德赞治功臣、荣禄大夫、中书平章政事、柱国、秦国公。

子二人：长买讷，翰林学士承旨；次韩嘉讷，御史大夫。孙达理麻，内府宰相。

札八儿火者，赛夷人。赛夷，西域部之族长也，因以为氏。火者，其官称也。札八儿长身美髯，方瞳广颡，雄勇善骑射。初谒太祖于军中，一见异之。太祖与克烈汪罕有隙。一夕，汪罕潜兵来，仓卒不为备，众军大溃。太祖遽引去，从行者仅十九人，札八儿与焉。至班朱尼河，馈粮俱尽，荒远无所得食。会一野马北来，诸王哈札儿射之，殪。遂刳革为釜，出火于石，汲河水煮而啖之。太祖举手仰天而誓曰：“使我克定大业，当与诸人同甘苦，苟渝此言，有如河水。”将士莫不感泣。

　　汪罕既灭，西域诸部次第亦平。乃遣札八儿使金，金不为礼而归。金人恃居庸之塞，冶铁锢关门，布铁蒺藜百余里，守以精锐。札八儿既还报，太祖遂进师，距关百里不能前，召札八儿问计。对曰："从此而北黑树林中有间道，骑行可一人。臣向尝过之。若勒兵衔枚以出，终夕可至。"太祖乃令札八儿轻骑前导。日暮入谷，黎明，诸军已在平地，疾趋南口，金鼓之声若自天下，金人犹睡未知也。比惊起，已莫能支吾，锋镝所及，流血被野。关既破，中都大震。已而金人迁汴。太祖览中都山川形势，顾谓左右近臣曰："朕之所以至此者，札八儿之功为多。"又谓札八儿曰："汝引弓射之，随箭所落，悉畀汝为己地。"乘舆北归，留札八儿与诸将守中都。授黄河以北、铁门以南天下都达鲁花赤，赐养老一百户，并四王府为居第。

　　札八儿每战，被重甲舞槊，陷阵驰突如飞。尝乘骆驼以战，众莫能当。有丘真人者，有道之士也，隐居昆仑山中。太祖闻其名，命札八儿往聘之。丘语札八儿曰："我尝识公。"札八儿曰："我亦尝见真人。"他日偶坐，问札八儿曰："公欲极一身贵显乎？欲子孙蕃衍乎？"札八儿曰："百岁之后，富贵何在？子孙无恙，以承宗祀足矣。"丘曰："闻命矣。"后果如所愿云，卒年一百一十八。赠推忠佐命功臣、太傅、开府仪同三司、上柱国，追封凉国公，谥武定。二子：阿里罕，明里察。

　　阿里罕早从札八儿出入行阵，勇而善谋。宪宗伐蜀，为天下质子兵马都元帅。生哈只，终湖南宣慰使，赠推诚保德功臣、金紫光禄大夫、司徒，追封凉国公，谥安惠。生陕西行省平章政事养安、太府监丞阿思兰、太仆寺丞补孛。养安生阿蓝实，太仆寺卿。

　　明里察，赠开府仪同三司、上柱国，追封凉国公，谥康懿。生户部尚书亦不剌金、陕西行省参知政事哈剌。

　　术赤台，兀鲁兀台氏。

　　其先剌真八都，以材武雄诸部。生子曰兀鲁兀台，曰忙兀，与扎刺儿、弘吉剌、亦乞列思等五人。当开创之先，协赞大业。厥后太祖即位，命其子孙各因其名为氏，号五投下。朔方既定，举六十五人为千夫长，兀鲁兀台之孙曰术赤台，其一也。

术赤台有胆略，善骑射，勇冠一时。初，怯列王可汗之子鲜昆有智勇，诸部畏之。怯列亦哈剌哈真沙陀等帅众来侵，兵战不利。近臣忽因答儿等驰告太祖曰："事急矣，群下忠勇无逾术赤台者，宜急遣之拒敌。"从之。术赤台承命，单骑陷阵，射杀鲜昆，降其大将失列门等，遂并有怯列之地。乃蛮、灭儿乞台合兵来侵，诸部有阴附之者，不虞太祖领兵卒至，诸部溃去，乘胜败之，术赤台俘其主扎哈坚普及二女以归，诸部悉平，与扎哈坚普盟而归之。未几，乃蛮复叛，术赤台以计袭扎哈坚普，杀之，遂平其国。

术赤台始从征怯列亦，自罕哈启行，历班真海子，间关万里，每遇战阵，必为先锋。帝尝谕之曰："朕之望汝，如高山前日影也。"赐嫔御木八哈别吉、引者思百，俾统兀鲁兀四千人，世世无替。

子怯台，材武过人，自太宗及世祖，历事四朝，以劳封德清郡王，赐金印。丙申，赐德州户二万为食邑。至元十八年，增食邑二千户，肇庆路、连州、德州洎属邑俱隶焉。怯台薨，子端真拔都儿袭爵为郡王。太宗时与亦剌哈台战，胜。帝即以亦剌哈妻赐之。

世祖之征阿里不哥也，怯台子哈答与忽都忽跪而自献于前曰："臣父祖幸在先朝当军旅征伐之寄，屡立战功。今王师北征，臣等幸少壮，愿如父祖以力战自效。"既得请，于是战于石木温都之地。诸王哈丹、驸马腊真与兀鲁、忙兀居右，诸王塔察儿及太丑台居左，合必赤将中军。兵始交，获其将合丹斩之，外剌之军遂败衄。又战于失烈延塔兀之地，当帝前混战，至日晡胜之。帝赐以黄金，将佐吏卒行赏各有差。李璮叛，帝遣哈必赤及兀里羊哈台阔阔出往讨之，哈答与兀鲁纳儿台亦在行。璮平，与有功焉。

哈答子脱欢，亦尝从诸王彻彻都讨只儿火台，获之。又尝破失烈吉、要不忽儿于野孙漠连。及征乃颜，脱欢弟庆童亦在军，虽病犹力战。

怯台二子：曰端真，曰哈答。哈答三子：曰脱欢，曰亦邻只班，曰庆童。脱欢二子，曰塔失帖木儿，曰朵来。塔失帖木儿一子，曰匣剌不花。自怯台而下凡九人，皆封郡王云。

镇海，怯烈台氏。初以军伍长从太祖同饮班朱尼河水。与诸王、百官大会兀难河。上太祖尊号曰成吉思皇帝。岁庚午，从太祖征乃蛮有功，赐良马一。壬申，从攻曲出诸国，赐珍珠旗，佩金虎符，为阇里必。从攻塔塔儿、钦察、唐兀、只温、契丹、女直、河西诸国，所俘生口万计，悉以上献，赐御用服器白金等物。命屯田于阿鲁欢，立镇海城戍守之。

壬申，从太祖谋定汉地，师次隆兴，与金将忽察虎战，夭中臆间，裹疮而出者复数四，军声为之大振。既破燕，太祖命于城中环射四箭，凡箭所至园池邸舍之处，悉以赐之。寻拜中书右丞相。

己丑，太宗即位，扈从至西京，攻河中、河南、均州。癸巳，攻蔡州。以功赐恩州一千户。先是，收天下童男童女及工匠，置局弘州。既而得西域织金绮纹工三百余户，及汴京织毛褐工三百户，皆分隶弘州，命镇海世掌焉。定宗即位，以镇海为先朝旧臣，仍拜中书右丞相。薨，年八十四。

子十人，勃古思继食其封邑。从世祖征花马大理，率兵千人，结浮桥于金沙江以济师。中统初，论功授益州等路宣抚使，赐金虎符、玉带。三年，改东平路副达鲁花赤，讨平叛寇。寻迁济南等路宣慰。至元二年，迁南京路达鲁花赤。四年，讨平蕲县叛民。以病乞谢事，物授保定路达鲁花赤，赐钱一万贯，归老于家，卒年八十一。

肖乃台，秃伯怯烈氏，以忠勇侍太祖。时木华黎、博儿术既立为左右万户，帝从容谓肖乃台曰："汝愿属谁麾下为我宣力？"对曰："愿属木华黎。"即日命佩金符，领蒙古军，从太师国王为先锋。

兵至河北，史天泽之父率老幼数千诣军门降。国王丞制，授天泽兄天倪河北西路都元帅，领真定。乙酉，天泽送母还白霫，副帅武仙杀天倪，以真定叛。经历王缙追天泽至燕，请摄主帅。遣监军李伯祐诣国王军前言状，且请授兵。国王命肖乃台率精甲三千，与天泽合兵进围中山。仙遣其将葛铁枪来援，肖乃台撤围迎之，遇诸新乐，奋击败之。会日暮，阻水为营。肖乃台料其气索必宵遁，乘胜复进击，大败之，擒铁枪。中山守将亦宵遁，遂克中山，取无极，拔赵州。仙弃真定，奔西山抱犊寨。肖乃台与天泽入城，抚定其民。未几，仙潜结水军为内应，夜开南门纳仙，复据其城。肖乃台仓卒以步兵七十逾城奔藁城。迟明，部曲稍来集，兵威复振，袭取真定。仙弃城遁。将士怒民之反覆，驱万人出，将屠之。肖乃台曰："金氏慕国威信，傒我来苏，此民为贼所驱胁，有何罪焉？若不胜一朝之忿，非惟自屈其力，且坚他城不降之心。"乃皆释之。

初，仙之叛也，其弟质国王军中，闻之遁去。肖乃台遣弟撒寒追及于紫荆关，斩之，俘其妻子而还。乃整兵前进，下太原，略太行，拔长胜寨，斩仙守将卢治中，围仙于双门寨，仙遁去。引兵出太行山东，遇宋将彭义斌，与战，败之，追至火炎山，破其营，擒义斌斩之。至大明，守将苏元帅以城降，遂引兵临东平，败安抚王立刚于阳谷，围东平。立刚走涟水，金守将弃城遁，他将邀击败之，遂定东平。又与蒙古不花徇河北、怀、孟、卫，从国王定益都。

壬辰，度河，略汴京，徇睢州，遇金将完颜庆山奴，与战，败之，追斩庆山奴。金主入蔡，诸军围之。肖乃台、史天泽攻城北面，汝水阻其前，结筏潜渡，血战连日。金亡，朝廷以肖乃台功多，命并将史氏三万户军以图南征，赐东平户三百，俾食其赋，命严实为治第宅，分拨牧马草地，日膳供二羊及衣粮等。以老病卒于东平，归葬漠北。子七人，抹兀答儿、兀鲁台知名。

抹兀答儿，岁戊戌，从国王忽林赤行省于襄阳，略地两淮。己未，从渡江，攻鄂州，以功赏银五十两。中统元年，追阿兰答儿、浑都海，预有战功。二年，从北征，败阿里不哥于失木秃之地。三年，又与李璮战，有功。国王忽林赤上其功，奉旨赏银五十两，授提举本投下诸色匠户达鲁花赤。卒。子四人，火你赤，江南行台御史大夫。

兀鲁台，中统三年，从石高山奉旨拘集探马赤军，授本军千户。至元八年，授武略将军，佩银符。十年，攻樊城有功，换金符，武德将军。十一年，渡江有功，赏银三百两，改武节将军。十二年四月，军至建安，卒于军。

子脱落合察儿袭职，从参政阿剌罕攻独松关有功，升宣武将军。寻命管领侍卫军。枢密院录其渡江以来累次战功，十八年，升怀远大将军。二十年，江西行省命讨武宁叛贼董琦，平之，改授虎符、江州万户府达鲁花赤。二十四年，移镇潮州，值贼张文惠、罗半天等啸聚江西，行枢密院檄讨之，领兵破贼寨，斩贼首罗大老、李尊长等，获其伪银印三。卒于军。

吾也而，珊竹氏，状貌甚伟，腰大十围。父曰图鲁华察，以武勇称。太祖五年，吾也而与折不那演克金东京，有功。九年，从太师木华黎取北京，领兵为先驱，下之。捷闻，授金紫光禄大夫、北京总管都元帅。留抚其人，绥怀有方，自京以南，相继来降。

时金将挞鲁，以惠州渔河口为隘，有众数万。图复北疆。吾也而以锐兵千人击摧其锋，杀数千人，获其旗鼓羊马，斩挞鲁于军中。有赵守玉者，据兴州，吾也而讨平之。十一年，张致以锦州叛，又攻破之。木华黎大喜，以马十匹、甲五事，赏其功。十二年，兴州监军重儿以兵叛，吾也而往征之，贼军射杀所乘马，军士愤怒，奋戈冲击，大破贼军。

十五年，从征山东，大战东平，驰赴陷阵，生挟二将以还。木华黎壮之，以功上闻。十六年，从征延安，矢中右股，力战破之。俄又取葭、鄜二州，擒金枭将金铁枪以献。十七年，克凤翔及所属州郡。十八年，从帝亲征河西，明年下之。诏赐吾也而马五匹、甲一事。二十年，从木华黎围益都。越二年，下三十余城。

太宗元年，入觐。命与撒里答火儿赤征辽东，下之。三年，又与撒里答征高丽，下受、开、龙、宣、泰、葭等十余城。高丽惧，请和。吾也而谕之曰："若能以子为质，当休兵。"十三年，遣其子绰从吾也而来朝。帝大悦，厚加赐予，俾充北京、东京、广宁、盖州、平州、泰州、开元府七路征行兵马都元帅，佩虎符。

宪宗元年，召问东夷事，对曰："臣虽老，倘藉威灵，指麾三军，敌国犹可克，况东夷小丑乎？"帝壮其言，问饮酒几何？对曰"唯所赐"。时有一驸马都尉在侧，素以酒称，命与之角饮，帝大笑，赐锦衣名马。俄谢病归。七年，复来朝，帝悯其老，谓曰："自太祖时效劳至今者，独卿无恙。"赐赉甚厚，以都元帅授其中子阿海。八年，秋九月辛亥，夜中，星陨帐前，光数丈，有声。吾也而曰："吾死矣。"明日卒。年九十六。

子四人，雪礼最有名，太宗时授北京等路达鲁花赤，至元六年，改授昭勇大将军、河间路总管。

曷思麦里，西域谷则斡儿朵人。初为西辽阔儿罕近侍，后为谷则斡儿朵所属可散八思哈长官。太祖西征，曷思麦里率可散等城酋长迎降，大将哲伯以闻。帝命曷思麦里从哲伯为先锋，攻乃蛮，克之，斩其主曲出律。哲伯令曷思麦里持曲出律首往徇其地，若可失哈儿、押儿牵、斡端诸城，皆望风降附。

又从征你沙不儿城，谕下之。帝亲征至薛迷思干，与其主扎剌丁合战于月亦心揭赤之地，败之。追袭扎剌丁等于阿剌黑城，战于秃马温山，又败之。追至憨颜城西寨，又败之。扎剌丁逃入于海。曷思麦里收其珍宝以还。取玉儿谷、德痕两城。继而憨颜城亦下。

帝遣使趣哲伯疾驰以讨钦察。命曷思麦里招谕曲儿忒、失儿湾沙等城，悉降。至谷儿只部及阿速部，以兵拒敌，皆战败而降。又招降黑林城，进击斡罗思于铁儿山，克之，获其国主密只思腊，哲伯命曷思麦里献诸术赤太子，诛之。寻征康里，至孛子八里城，与其主霍脱思罕战，又败其军，进至钦察亦平之。军还，哲伯卒。

会帝亲征河西，曷思麦里持所获珍宝及七宝伞迎见于阿剌思不剌思，帝顾群臣曰："哲伯常称曷思麦里之功，其躯干虽小，而声闻甚大。"就以所进金宝，命随其力所胜，悉赐之。仍命与薛彻兀儿为必阇赤。未几，曷思麦里奏，往者尝招安到士卒，留亦八里城，宜令扈从征河西，许之，命常居左右。至也吉里海牙，又讨平失的儿威。

从太祖征汴，至怀孟，令领奥鲁事。帝由白坡渡黄河，会睿宗兵攻金将合达，败之，回驻金莲川。壬辰，授怀孟州达鲁花赤，佩金符。癸巳，金将强元帅围怀州，曷思麦里率其众及昔里吉思、锁剌海等力战，金兵退。又遣蒲察寒奴、乞失烈札鲁招谕金总帅范真率其麾下军民万余人来降。

己亥六月，帝以曷思麦里从军西域，宣力居多，命其长子捏只必袭为怀孟达鲁花赤，次子密里吉袭为必阇赤，令曷里麦里为扎鲁火赤，归西域。大帅察罕、行省帖木迭儿奏留之，帝允其请。庚子，进怀孟河南二十八处都达鲁花赤，所隶州郡不从命者，制令籍其家。乙卯五月卒。

子密里吉复为怀孟达鲁花赤。中统三年，从攻淮西，与宋战死。

元史卷一二一
列传第八

速不台 兀良合台　按竺迩
畏答儿 博罗欢　伯都　抄思 别的因

速不台，蒙古兀良合人。

其先世猎于斡难河上，遇敦必乃皇帝，因相结纳，至太祖时，已五世矣。捏里必者生孛忽都，众目为折里麻。折里麻者，汉言有谋略人也。三世孙合赤温，生哈班。哈班二子，长忽鲁浑，次速不台，俱骁勇善骑射。太祖在班朱尼河时，哈班尝驱群羊以进，遇盗，被执。忽鲁浑与速不台继至，以枪刺之，人马皆倒，余党逸去，遂免父难，羊得达于行在所。忽鲁浑以百户从帝与乃蛮部主战于长城之南，忽鲁浑射却之，其众奔阔赤檀山而溃。

速不台以质子事帝，为百户。岁壬申，攻金桓州，先登，拔其城。帝命赐金帛一车。灭里吉部强盛不附。丙子，帝会诸将于秃兀剌河之黑林，问：“谁能为我征灭里吉者？”速不台请行，帝壮而许之。乃选裨将阿里出领百人先行，觇其虚实。速不台继进。速不台戒阿里出曰：“汝止宿必载婴儿具以行，去则遗之，使若挈家而逃者。”灭里吉见之，果以为逃者，遂不为备，己卯，大军至蟾河，与灭里吉遇，一战而获其二将，尽降其众。其部主霍都奔钦察，速不台追之，与钦察战于玉峪，败之。

壬午，帝征回回国，其主灭里委国而去。命速不台与只别追之，及于灰里河，只别战不利，速不台驻军河东，戒其众人爇三炬以张军势，其王夜遁。复命统兵万人由不罕川必里罕城追之，凡所经历皆无水之地。既度川，先发千人为游骑，继以大军昼夜兼行。比至，灭里逃入海，不月余，病死，尽获其所弃珍宝以献。帝曰："速不台枕干血战，为我家宣劳，朕甚嘉之。"赐以大珠、银罂。

癸未，速不台上奏，请讨钦察。许之。遂引兵绕宽定吉思海，展转至太和岭，凿石开道，出其不意。至则遇其酋长玉里吉及塔塔哈儿方聚于不租河，纵兵奋击，其众溃走。矢及玉里吉之子，逃于林间，其奴来告而执之，余众悉降，遂收其境。又至阿里吉河，与斡罗思部大、小密赤思老遇，一战降之，略阿速部而还。钦察之奴来告其主者，速不台纵为民。还，以闻。帝曰："奴不忠其主，肯忠他人乎？"遂戮之。又奏以灭里吉、乃蛮、怯烈、杭斤、钦察诸部千户，通立一军，从之。略也迷里霍只部，获马万匹以献。

帝欲征河西，以速不台比年在外，恐父母思之，遣令归省。速不台奏，愿从西征。帝命度大碛以往。丙戌，攻下撒里畏吾、特勒、赤闵等部，及德顺、镇戎、兰、会、洮、河诸州，得牝马五千匹，悉献于朝。丁亥，闻太祖崩，乃还。

己丑，太宗即位，以秃灭干公主妻之。从攻潼关，军失利，帝责之。睿宗时在藩邸，言兵家胜负不常，请令立功自效。遂命引兵从睿宗经理河南，道出牛头关，遇金将合达帅步骑数十万待战。睿宗问以方略，速不台曰："城居之人不耐劳苦，数挑以劳之，战乃可胜也。"师集三峰山，金兵围之数匝。会风雪大作，其士卒僵仆，师乘之，杀戮殆尽，自是金军不能复振。壬辰夏，睿宗还驻官山，留速不台统诸道兵围汴。癸巳。金主渡河北走，追败之于黄龙冈，斩首万余级。金主复南走归德府，未几，复走蔡州。汴降，俘其后妃及宝器以献，进围蔡州。甲午，蔡州破，金主自焚死。时汴梁受兵日久，岁饥人相食，速不台下令纵其民北渡以就食。

乙未，太宗命诸王拔都西征八赤蛮，且曰："闻八赤蛮有胆勇，速不台亦有胆勇，可以胜之。"遂命为先锋，与八赤蛮战，继又令统大军，遂虏八赤蛮妻、子于宽田吉思海。八赤蛮闻速不台至，大惧，逃入海中。

辛丑，太宗命诸王拔都等讨兀鲁思部主也烈班，为其所败，围秃里思哥城，不克。拔都奏遣速不台督战，速不台选哈必赤军怯怜口等五十人赴之，一战获也烈班。进攻秃里思哥城，三日克之，尽取兀鲁思所部而还。经哈呞里山，攻马札儿部主怯怜。速不台为先锋，与诸王拔都、吁里兀、昔班、哈丹五道分进。众曰："怯怜军势盛，未可轻进。"速不台出奇计，诱其军至潻宁河。诸王军于上流，水浅，马可涉，中复有桥。下流水深，速不台欲结筏潜渡，绕出敌后。未渡，诸王先涉河与战。拔都军争桥，反为所乘，没甲士三十人，并亡其麾下将八哈秃。既渡，诸王以敌尚众，欲要速不台还，徐图之。速不台曰："王欲归自归，我不至秃纳河马茶城，不还也。"及驰至马茶城，诸王亦至，遂攻拔之而还。诸王来会，拔都曰："潻宁河战时，速不台救迟，杀我八哈秃。"速不台曰："诸王惟知上流水浅，且有桥，遂渡而与战，不知我于下流，结筏未成，今但言我迟，当思其故。"于是拔都亦悟。后大会，饮以马乳及蒲萄酒。言征怯怜时事，曰："当时所获皆速不台功也。"

壬寅，太宗崩。癸卯，诸王大会，拔都欲不往。速不台曰："大王于族属为兄，安得不往？"甲辰，遂会于也只里河。

丙午，定宗即位，既朝会，还家于秃剌河上。戊申卒，年七十三。赠效忠宣力佐命功臣、开府仪同三司、上柱国，追封河南王，谥忠定。子兀良合台。

兀良合台，初事太祖。时宪宗为皇孙，尚幼，以兀良合台世为功臣家，使护育之。宪宗在潜邸，遂分掌宿卫。岁乙巳，领兵从定宗征女真国，破万奴于辽东。继从诸王拔都征钦察、兀鲁思、阿、孛烈儿诸部。丙午，又从拔都讨孛烈儿乃、捏迷思部，平之。

己酉，定宗崩。拔都与宗室大臣议立宪宗，事久未决。四月，诸王大会，定宗皇后问所宜立，皆惶惑，莫敢对。兀良合台对曰："此议已先定矣，不可复变。"拔都曰："兀良合台言是也。"议遂定。

　　宪宗即位之明年,世祖以皇弟总兵讨西南夷乌蛮、白蛮、鬼蛮诸国,以兀良合台总督军事。其鬼蛮,即赤秃哥国也。癸丑秋,大军自旦当岭入云南境。摩些二部酋长唆火脱因、塔里马来迎降,遂至金沙江。兀良合台分兵入察罕章,盖白蛮也。所在寨栅,以次攻下之。独阿塔剌所居半空和寨,依山枕江,牢不可拔。使人觇之,言当先绝其汲道。兀良合台率精锐立炮攻之。阿塔剌遣人来拒,兀良合台遣其子阿术迎击之,寨兵退走。遂并其弟阿叔城俱拔之。进师取龙首关,翊世祖入大理国城。

　　甲寅秋,复分兵取附都善阐,转攻合剌章水城,屠之。合剌章,盖乌蛮也。前次罗部府,大酋高升集诸部兵拒战,大破之于溇可浪山下,遂进至乌蛮所都押赤城。城际滇池,三面皆水,既险且坚,选骁勇以炮摧其北门,纵火攻之,皆不克。乃大震鼓钲,进而作,作而止,使不知所为,如是者七日,伺其困乏,夜五鼓,遣其子阿术潜师跃入,乱斫之,遂大溃。至昆泽,擒其国王段智兴及其渠帅马合剌昔以献。余众依阻山谷者,分命裨将也里、脱伯、押真掩其右,合台护尉掩其左,约三日卷而内向。及围合,与阿术引善射者二百骑,期以三日,四面进击。兀良合台陷阵鏖战,又攻纤寨,拔之。至乾德哥城,兀良合台病,委军事于阿术。环城立炮,以草填堑,众军始集,阿术已率所部搏战城上,城遂破。

　　乙卯,攻不花合因、阿合阿因等城,阿术先登,取其三城。又攻赤秃哥山寨,阿术缘岭而战,遂拔之。乘胜击破鲁斯国塔浑城,又取忽兰城。鲁鲁斯国大惧,请降。阿伯国有兵四万,不降。阿术攻之,入其城,举国请降。复攻阿鲁山寨,进攻阿鲁城,克之。乃搜捕未降者,遇赤秃哥军于合打台山,追赴临崖,尽杀之。自出师至此,凡二年,平大理五城八府四郡,泊乌、白等蛮三十七部。兵威所加,无不款附。

　　丙辰,征白蛮国、波丽国,阿术生擒其骁将,献俘阙下。诏以便宜取道,与铁哥带儿兵合,遂出乌蒙,趋泸江,划秃剌蛮三城,却宋将张都统兵三万,夺其船二百艘于马湖江,斩获不可胜计。遂通道于嘉定、重庆,抵合州,济蜀江,与铁哥带儿会。

丁巳,以云南平,遣使献捷于朝,且请依汉故事,以西南夷悉为郡县,从之。赐其军银五千两、彩币二万四千匹,授银印,加大元帅。还镇大理,遂经六盘山至临洮府,与大营合。月余,复西征乌蛮。

秋九月,遣使招降交趾,不报。冬十月,进兵压境。其国主陈日煚,隔江列象骑、步卒甚盛。兀良合台分军为三队济江,彻彻都从下流先济,大师居中,驸马怀都与阿术在后。仍授彻彻都方略曰:"汝军既济,勿与之战,彼必来逆我,驸马随断其后,汝伺便夺其船。蛮若溃走,至江无船,必为我擒矣。"师既登岸,即纵与战,彻彻都违命,蛮虽大败,得驾舟逸去。兀良合台怒曰:"先锋违我节度,军有常刑。"彻彻都惧,饮药死。兀良合台入交趾,为久驻计,军令严肃,秋毫无犯。越七日。日煚请内附,于是置酒大飨军士。还军押赤城。

戊午,引兵入宋境,其地炎瘴,军士皆病,遇敌少却,亡军士四人。阿术还战,擒其卒十二人,其援复至,阿术以三十骑,阿马秃继以五十骑击走之。时兀良合台亦病,将旋师,阿术战马五十匹,夜为秃剌蛮所掠,入告兀良合台曰:"吾马尽为盗掠去,将何以行?"即分军搜访,知有三寨藏马山颠。阿术亲率将士攀崖而上,破其诸寨,生擒贼酋,尽得前后所盗马千七百匹,乃屠押赤城。

宪宗遣使谕旨,约明年正月会军长沙,乃率四王骑兵三千,蛮、僰万人,破横山寨,辟老苍关,徇宋内地。宋陈兵六万以俟。遣阿术与四王潜自间道冲其中坚,大败之,尽杀其众。乘胜击逐,蹴贵州,蹂象州,入静江府,连破辰、沅二州,直抵潭州城下。潭州出兵二十万,断我归路。兀良合台遣阿术与大纳、玉龙帖木儿军其前,而自与四王军其后,夹击破之。兵自入敌境,转斗千里,未尝败北。大小十三战,杀宋兵四十余万,擒其将大小三人。其州又遣兵来攻,追至门濠,掩溺殆尽,乃不敢复出。壁城下月余。时世祖已渡江驻鄂州,遣也里蒙古领兵二千人来援,且加劳问。遂自鄂州之浒黄洲北渡,与大军合。

庚申,世祖即位。夏四月,兀良合台至上都。后十二年卒,年七十二。子阿术自有传。

按竺迩，雍古氏。其先居云中塞上，父黠公为金群牧使。岁辛未，驱所牧马来归太祖，终其官。

按竺迩幼鞠于外祖术要甲家，讹言为赵家，因姓赵氏。年十四，隶皇子察合台部。尝从大猎，射获数麋，有二虎突出，射之皆死。由是以善射名，皇子深器爱之。

甲戌，太祖西征寻思干、阿里麻里等国，以功为千户。丁亥，从征积石州，先登，拔其城。围河州，斩首四十级。破临洮，攻德顺，斩首百余级。攻巩昌，驻兵秦州。

太宗即位，尊察合台为皇兄，以按竺迩为元帅。戊子，镇删丹州，自敦煌置驿抵玉关，通西域，从定关陇。辛卯，从围凤翔，按竺迩分兵攻西南隅，城上礧石乱下，选死士先登，拔其城，斩金将刘兴哥。分兵攻西和州，宋将强俊领众数万，坚壁清野，以老我师。按竺迩率死士骂城下，挑战。俊怒，悉众出阵，按竺迩佯走，俊追之，因以奇兵夺其城。伏兵要其归，转战数十里，斩首数千级，擒俊。余众退保仇池，进击拔之，从拔平凉。庆阳、邠、原、宁皆降。泾州复叛，杀守将郭元恕，众议屠之。按竺迩但诛首恶，师还原州，降民弃老幼，夜亡走。众曰："此必反也，宜诛之以警其余。"按竺迩曰："此辈惧吾驱之北徙耳。"遣人谕之曰："汝等若走，以军法治罪，父母妻子并诛矣，汝归，保无他。明年草青，具牛酒迎师于此州。"民皆复归。豪民陈苟集数千人潜新寨诸洞，众议以火攻之。按竺迩曰："招谕不出，攻之未晚。"遂偕数骑抵寨，纵马解弓矢，召苟遥语，折矢与为誓。苟即相呼罗拜，谢更生之恩，皆降。

金人守潼关，攻之，战于扇车回，不克。睿宗分兵由山南入金境，按竺迩为先锋，趣散关。宋人已烧绝栈道，复由两当县出鱼关，军沔州。宋制置使桂如渊守兴元。按竺迩假道于如渊曰："宋仇金久矣，何不从我兵锋，一洗国耻。今欲假道南郑，由金、洋达唐、邓，会大兵以灭金，岂独为吾之利？亦宋之利也。"如渊度我军压境，势不徒还,遂遣人导我师由武休关东抵邓州,西破小关,金人大骇,谓我军自天而下。其平章完颜合达、枢密使移剌蒲阿帅十七都尉,兵数十万,相拒于邓。我师不与战,直趣钧州,与亲王按赤台等兵合,阵三峰山下。会天大雪,金兵成列。按竺迩先率所部精兵,迎击于前,诸军乘之,金师败绩。癸巳,金主奔蔡。十二月,从围蔡。甲午,金亡。

初,金将郭斌自凤翔突围出,保金、兰、定、会四州。至是命按竺迩往取之,围斌于会州。食尽将走,败之于城门。兵入城巷战,死伤甚众。斌手剑驱其妻子聚一室,焚之。已而自投火中。有女奴自火中抱儿出,泣授人曰:“将军尽忠,忍使绝嗣,此其儿也,幸哀而收之。”言毕,复赴火死。按竺迩闻之恻然,命保其孤。遂定四州。金将汪世显守巩州,皇子阔端围之,未下。遣按竺迩等往招之,世显率众来降。皇兄嘉其材勇,赏赉甚厚,赐名拔都,拜征行大元帅。

丙申,大军伐蜀,皇子出大散关,分兵令宗王穆直等出阴平郡,期会于成都。按竺迩领炮手兵为先锋,破宕昌,残阶州。攻文州,守将刘禄,数月不下。谍知城中无井,乃夺其汲道,率勇士梯城先登,杀守陴者数十人,遂拔其城,禄死之。因招徕吐蕃酋长勘陀孟迦等十族,皆赐以银符。略定龙州。遂与大散军合,进克城都。师还,而成都复叛。

丁酉,按竺迩言于宗王曰:“陇州县方平,人心犹贰,西汉阳当陇、蜀之冲,宋及吐蕃利于入寇,宜得良将以镇之。”宗王曰:“安反侧,制寇贼,此上策也,然无以易汝。”遂分蒙古千户五人,隶麾下以往。按竺迩命侯和尚南戍沔州之石门,术鲁西戍阶州之两水,谨斥堠,严巡逻,西南诸州不敢犯之。

戊戌,从元帅塔海率诸翼兵伐蜀,克隆庆。己亥,攻重庆。庚子,图万州。宋人将舟师数百艘逆流迎战。按竺迩顺流率劲兵,乘巨筏,浮革舟于其间,弓弩两射,宋人不能敌,败诸夔门。辛丑,伐西川,破二十余城。成都守将田显开北门以纳师。宋制置使陈隆之出奔,追获之,缚至汉州,令诱降守将王夔。夔不降,进兵攻之。夔夜驱火牛,突围出奔,遂斩隆之。壬寅,会大军破遂宁、泸、叙等州。癸亥,破资州。庚戌,按竺迩安辑泾、邠二州。宋制置使余玠攻兴元,文州降将王德新乘隙自阶州叛,执扈、牛二镇将,领众千余走江油。宪宗召按竺迩还旧镇。按竺迩遣将直捣江油,夺扈、牛以归。

中统元年,世祖即位,亲王有异谋者,其将阿蓝答儿、浑都海图据关陇。时按竺迩以老,委军于其子。帝遣宗王哈丹、哈必赤、阿曷马西讨。按竺迩曰:“今内难方殷,浸乱关陇,岂臣子安卧之时耶?吾虽老,尚能破贼。”遂引兵出删丹之耀碑谷,从阿曷马,与之合战。会大风,昼晦,战至晡,大败之,斩馘无算。按竺迩与总帅汪良臣获阿蓝答儿、浑都海等。捷闻,帝锡玺书褒美,赐弓矢锦衣。四年,卒,年六十九。延祐元年,赠推忠佐运功臣、太保、仪同三司、上柱国,封秦国公,谥武宣。

子十人,彻理、国宝最知名。

彻理袭职为元帅。丁巳,从父攻泸州,降宋将刘整。宋将姚德壁云顶山,戊午,大军围之。彻理率部兵由水门先登,破其壁,德降。后以病废,卒。

国宝一名黑梓,少击剑学书,倜傥好义,有谋略。父为元帅,军务悉以委之,故所至多捷。从攻重庆,降宋都统张实,并掠合州以归。

中统元年,从攻阿蓝答儿有功。阿蓝答儿叛将火都据吐蕃之点西岭。国宝摄帅事,讨之,欲速战。国宝曰:“此穷寇也,宜少缓,以计破之。”遂以精兵袭其后。火都欲西走,国宝据险要之。挑战则敛兵自固。相持两月,潜兵出其不意,擒杀之。捷闻,赐弓矢、金绮。

初,按竺迩之告老,制命彻理袭征行元帅。彻理以病不视事。国宝乃谓诸弟曰:“昔我先人,耀兵西陲,大功既集,关陇虽宁,而西戎未靖,此吾辈立功之秋也。”乃遣谢鼎与弟国能,持金帛说降吐蕃,酋长勘陀孟迦从国宝入觐。国宝奏曰:“文州山川险厄,控庸蜀,拒吐蕃,宜城文州,屯兵镇之。”从之,授国宝三品印,为蒙古、汉军元帅,兼文州吐蕃万户府达鲁花赤,与勘陀孟迦皆赐金符。

　　时扶州诸羌未附，国宝宣上威德，于是呵哩禅波哩揭诸酋长皆归款，从国宝入觐。国宝图山川形势以献，招授呵哩禅波哩揭为万户，赐金虎符，诸酋长为千户，皆赐金符。赐国宝金币。国宝治文州有善政。至元四年卒。延祐元年，赠推城佐理功臣、光禄大夫、平章政事、柱国，封梁国公，谥忠定。

　　子世荣、世延。

　　初，国宝将卒，以世荣幼，命弟国安袭其职。国安既袭蒙古汉军元帅，兼文州吐蕃万户府达鲁花赤，后以其兄国宝安边功，赐金虎符，进昭勇大将军。十五年，讨叛王吐鲁于六盘，获之，请解职授世荣。帝曰："人争而汝让，可以敦薄俗。"录其六盘功，进昭毅大将军、招讨使。

　　世荣，袭怀远大将军、蒙古汉军元帅，兼文州吐蕃万户府达鲁花赤。后以功进安远大将军、吐蕃宣慰使议事都元帅，佩三珠虎符。

　　世延，中书平章政事。

　　畏答儿，忙兀人。其先剌真八都儿，有二子，次名忙兀儿，始别为忙兀氏。畏答儿其六世孙也。与兄畏翼俱事太祖。时大畴强盛，畏翼率其属归之，畏答儿力止之，不听，追之，又不肯还，畏答儿乃还事太祖。太祖曰："汝兄既去，汝独留此何为？"畏答儿无以自明，取矢折而誓曰："所不终事主者，有如此矢。"太祖察其诚，更名为薛禅，约为按达。薛禅者，聪明之谓也；按达者，定交不易之谓也。

　　太祖与克烈王罕对阵于哈剌真，师少不敌。帝命兀鲁一军先发，其将术彻台，横鞭马鬣不应。畏答儿奋然曰："我犹凿也，诸君斧也，凿非斧不入，我请先入，诸军继之，万一不还，有三黄头儿在，唯上念之。"遂先出陷阵，大败之，至晡时，犹追逐不已，敕使止之，乃还。脑中流矢，创甚，帝亲傅以善药，留处帐中，月余卒，帝深惜之。

　　及王罕灭，帝以其将只里吉实抗畏答儿，乃分只里吉实民百户隶其子，且使世世岁赐不绝。仍令收完忙兀人民之散亡者。太宗思其功，复以北方万户封其子忙哥为郡王。岁丙申，忽都忽大料汉民，分城邑以封功臣,授忙哥泰安州民万户。帝讶其少,忽都忽对曰:"臣今差次,惟视旧数多寡,忙哥旧才八百户。"帝曰:"不然,畏答儿封户虽少,战功则多,其增封为二万户,与十功臣同为诸侯者,封户皆异其籍。"兀鲁争曰:"忙哥旧兵不及臣之半,今封顾多于臣。"帝曰:"汝忘而先横鞭马鬣时耶?"兀鲁遂不敢言。

忙哥卒,孙只里瓦觯、乞答觯,曾孙忽都忽、兀乃忽里、哈赤,俱袭封为郡王。

博罗欢,畏答儿幼子醮木曷之孙,琐鲁火都之子也。时诸侯王及十功臣各有断事官,博欢年十六,为本部断事官,从世祖讨阿里不哥,数有功,帝喜而赐马四十匹,金币称之。

中统三年,李璮叛,命帅忙兀一军围济南,分兵掠益都、莱州,悉平之。诏录燕南狱,讞决明允,赐衣一袭。皇子云南王爱哥赤为其省臣宝合丁毒死,事觉,中书择可治其狱者四人,奏上,皆不称旨。丞相线真以博罗欢闻,帝可其奏。博罗欢辞曰:"臣不敢爱死,第年少不知书,恐误事耳。"帝乃以吏部尚书别帖木儿辅其行。未至云南,宝合丁密以金六簏迎馈,祈勿究其事。博罗欢虑其握兵徼外,拒之恐致变。阳诺曰:"吾橐不能容,可且持归,待我取之。"博罗欢至,则竟其狱,诛毒王者,而归其金于省。陛见,帝顾谓线真曰:"卿举得其人矣。"赐黄金五十两,诏忙兀事无大小,悉统于博罗欢。授昭勇大将军、右卫亲军都指挥使,大都则专右卫,上都则兼三卫。

会伐宋,授金吾卫上将军、中书右丞。诏分大军为二,右军受伯颜、阿术节度,左军受博罗欢节度。俄兼淮东都元帅,罢山东经略司,而以其军悉隶焉。遂军于下邳,召将佐谋曰:"清河城小而固,与昭信、淮安、泗州为掎角,猝未易拔。海州、东海、石秋,远在数百里之外,必不严备。吾顿大兵为疑兵,以轻骑倍道袭之,其守将可擒也。"师至,三城果皆下,清河亦降。宋主以国内附,而淮东诸城犹为之守。诏博罗欢进军,拔淮安南堡,战白马湖及宝应,掠高邮,自西小河入漕河,援湾头,断通、泰援兵,遂下扬州,淮东平。益封桂阳、德庆二万一千户。

十四年，讨叛臣只里斡台于德昌，平之。赐玉带文绮，与博罗同署枢密院事，拜中书右丞，行省北京。未几，召还。

时江南新附，尚多反侧，诏募民能从大军进讨者，使自为一军，听节度于其长，而毋役于他军，制命符节，皆与正同。会博罗欢寝疾，乃附枢密董文忠奏曰：“今疆土寖广，胜兵百万，指挥可集，何假此无藉之徒。彼一践南土，则掠人货财，俘人妻孥，仇怨益滋，而叛者将愈众矣。”奏上，召舆疾赐坐，与语，帝大悟，遂可其奏。而常德入诉唐兀一军残暴其境内，敕斩以徇。凡所募军皆罢。

十六年，以哈剌斯、博罗思、斡罗罕诸部不相统，命博罗欢监之。十八年，以中书右丞行省甘肃。二十年，拜御史大夫，行御史台事，以疾归。

诸王乃颜叛，帝将亲征。博罗欢谏曰：“昔太祖分封东诸侯，其地与户，臣皆知之，以二十为率，乃颜得其九，忙兀、兀鲁、扎剌儿、弘吉剌、亦其烈思五诸侯得其十一，惟征五诸侯兵，自足当之，何至上烦乘舆哉？臣疾且愈，请事东征。”帝乃赐铠甲弓矢鞍勒，命督五诸侯兵，与乃颜战，败之。其党塔不带以兵来拒，会久雨，军乏食，诸将欲退，博罗欢曰：“今两阵相对，岂容先动。”俄塔不带引兵退。博罗欢以其师乘之，转战二日，射中三矢，大破之，斩其驸马忽伦。适太师月鲁那演大军来会，遂平乃颜，擒塔不带。既而其党哈丹复叛，诏与诸侯王乃马带讨之。哈丹游骑猝至，博罗欢从三骑返走，抵绝涧，可二丈许，追骑垂及，博罗欢策其马一跃而过，三从骑皆没，人以为有神助云。哈丹死。斩其子老的于阵。往返凡四岁。凯旋，浮哈丹二妃以献，敕以一赐乃马带，一赐博罗欢。陈其金银器于延春阁，上召诸侯王将帅分赐之。博罗欢辞，帝曰：“卿可谓能让。”乃赐金银器五百两以旌之。

河南宣慰改行中书省，拜平章政事，有诏括马毋及勋臣之家。博罗欢曰：“吾马成群，所治地方三千里，不先出马，何以为吏民之倡。”乃先入善马十有八。汴南诸州莽为巨浸，博罗欢躬行决口，督有司缮完之。

三十一年，成宗立，迁陕西行中书省平章政事。未行，留镇河南。入朝，请以泰安州所入五户丝四千斤，易内库缯帛，分给忙兀一军。帝为敕递车送军中，赐以银百五十两。陛辞，帝谕之曰："卿今白须，世祖德言，实多闻之，宜加慎护。"因以世祖所佩弓矢鞶带赐之。有顷，近臣奏："伐宋时，右军分属伯颜、阿术，左军分属博罗欢。今伯颜、阿术皆受分地，而博罗欢未及，惟帝裁之。"帝曰："何久不言，岂彼耻自请耶？"乃益封高邮五百户。

大德元年，叛王药木忽儿、兀鲁速不花来归。博罗欢闻之，遣使驰奏曰："诸王之叛，皆由其父，此辈幼弱，无所与知。今兹来归，宜弃其前恶，以劝未至。"帝深以为然，赐金鞍勒，命以平章政事行省湖广。会并福建行省入江浙，拜光禄大夫、上柱国、江浙等处中书省平章政事。居岁余，卒，年六十三。

博罗欢勇有智略，战常以身先之，所获财物悉与将士，故得其死力。平居常以国事为忧，闻变即请行，至终其事乃止。其忠义盖天性然也。累赠推忠宣力赞运功臣、太师、开府仪同三司、上柱国，加封奉安王，谥武穆。

子浑都、伯都、野先帖木儿、博罗。浑都，山东宣慰使，遥授中书平章政事。野先帖木儿，河南江北等处行中书省左丞相。卒官开府仪同三司、翰林学士承旨。博罗，陕西等处行中书省平章政事。野先帖木儿子：尼摩星吉，袭郡王；亦思剌瓦性吉，中政使。

伯都幼颖异，不以家世自矜，长嗜书史。大德五年，擢江东道廉访副使，拜江南行台侍御史。未几，召入佥枢密院事，领舍儿别赤。至大二年，出为江南行台御史中丞，迁陕西行台御史大夫。

延祐元年，拜甘肃行省平章政事。时米价腾涌，陆挽一石，费二百缗，乃为经画计，所省至四百余万缗，自是诸仓俱充溢。甘州气寒地瘠，少稔岁。民饥，则发粟赈之，春阙种，则贷之。于是兵饷既足，民食亦给。诏赐名鹰、甲胄、弓矢及钞五千缗以劳焉。四年移江浙行省平章政事,入为太子宾客。上书陈古先圣王正心修身之道,帝嘉纳之。迁江南行台御史大夫。皇太后谓东宫官不宜使外,止其行。遂以疾辞去,寓居高邮。

英宗即位,复命为江南行台御史大夫。陛见,以疾固辞。帝慰谕久之,命以平章之禄归养于家,复赐钞十万缗。所服药须空青,诏遣使江南访求之。伯都辞谢曰:"臣曩膺重寄,深惧弗称,今已病废,况敢叨滥厚禄以受重赐乎?"并以所给平章政事禄归有司。

泰定元年,还京师,卒。朝廷知其贫,赙钞二万五千贯。御史台奏赙三万五千贯,仍还所辞禄,妻弘吉剌氏弗受,曰:"始伯都仕于朝,不敢虚受廪禄。今殁矣,苟受是禄,非其意也。"卒辞之。子笃尔只,将作院判官。

抄思,乃蛮部人。又号曰答禄。其先泰阳,为乃蛮部主。祖曲书律。父敞温。太祖举兵讨不庭,曲书律失其部落,敞温奔契丹卒。抄思尚幼,与其母跋涉间行,归太祖,奉中宫旨侍宫掖。

抄思年二十五,即从征伐,破代、石二州,不避矢石,每先登焉。雁门之战屡捷。会太宗命睿宗平金,抄思执锐以从,与金兵战,所向无前。壬辰,兵次钧州,金兵垒于三峰山,抄思察其营壁不坚,夜领精骑袭之,金兵惊扰,遂乘击之,拔三峰山。睿宗以抄思功闻于朝,有旨以汤阴县黄招抚等一百一十七户赐之。抄思力辞不受,复赐以男女五十口,宅一区,黄金鞶带、酒壶杯盂各一。辞弗许,乃受之。制授万户,与内侍胡都虎、留乞金起西京等处军人征行及镇守随州。招集民户,每千人以官一员领之。丁酉秋七月,奉旨调军,得西京、大名、滨、棣、怀、孟、真定、河间、邢、洺、磁、威、新、卫、保等府州四千六十余人,统之。后移镇颍,以疾归大名。岁戊申正月卒,年四十四。子别的因。

别的因在襁褓时,父抄思方领兵平金,与其祖母康里氏在三皇后宫庭。戊申,父抄思卒,母张氏迎别的因以归。祖母康里氏卒。张尝从容训之曰:"人有三成人,知畏惧成人,知羞耻成人,知艰难成人。否则禽兽而已。"别的因受教唯谨。

甲寅,世祖以宗王镇黑水,有旨谕察罕那颜,命别的因袭抄思职,为副万户,镇守随、颍等处。丙辰冬十有二月,世祖复谕征镇军士悉听别的因等号令。别的因身长七尺余,肩丰多力,善刀舞,尤精骑射,士卒咸畏服之。

明年,庚申,世祖即位,委任尤专。癸亥正月,召赴行在所。冬十一月,谒见世祖于行在所,世祖赐金符,以别的因为寿颍二州屯田府达鲁花赤。时二州地多荒芜,有虎食民妻,其夫来告,别的因默然良久,曰:"此易治耳。"乃立槛设机,缚羔羊槛中以诱虎。夜半,虎果至,机发,虎堕槛中,因取射之,虎遂死。自是虎害顿息。

至元十三年,授明威将军、信阳府达鲁花赤,佩金符。时信阳亦多虎,别的因至,未久,一日以马褐置鞍上出猎,命左右燔山,虎出走,别的因以褐掷虎,虎搏褐,据地而吼,别的因旋马视虎射之,虎立死。

十六年,进宣威将军、常德路副达鲁花赤,会同知李明秀作乱,别的因请以单骑往招之,直抵贼垒,贼轻之,不设备。别的因谕以朝廷恩德,使为自新计,明秀素畏服,遂与俱来。别的因闻于朝,明秀伏诛,贼遂平。

三十一年,进怀远大将军,迁池州路达鲁花赤。之官,道经颍上。颍近荆山,有野豕时出害民禾稼,民莫能制。闻别的因至,迎拜境上,告以其故。别的因曰:"毋虑也。"遂至荆山,以狼牙箭射之,豕走数里。大德十三年,进昭勇大将军、台州路达鲁花赤。卒,年八十一。

子不花,金岭南广西道肃政廉访司事;文圭,有隐德,赠秘书监著作郎;延寿,汤阴县达鲁花赤。孙守恭,曾孙与权,皆读书登进士科,人多称之。

元史卷一二二
列传第九

巴而术阿而忒的斤
铁迈赤　忽都铁木禄　塔海　　按札儿
雪不台　俺木海　　昔里钤部
槊直腯鲁华　　昔里吉思
哈散纳

巴而术阿而忒的斤亦都护，亦都护者，高昌国主号也。

先世居畏兀儿之地，有和林山，二水出焉，曰秃忽剌，曰薛灵哥。一夕，有神光降于树，在两河之间，人即其所而候之，树乃生瘿，若怀妊状，自是光常见。越九月又十日而树瘿裂，得婴儿者五，土人收养之。其最稚者曰不可罕。既壮，遂能有其民人土田，而为之君长。传三十余君，是为玉伦的斤，数与唐人相攻战，久之议和亲，以息民罢兵。于是唐以金莲公主妻的斤之子葛励的斤，居和林别力跛力答，言妇所居山也。又有山曰天哥里于答哈，言天灵山也。南有石山曰胡力答哈，言福山也。唐使与相地者至其国，曰："和林之盛强，以有此山也。盍坏其山，以弱其国。"乃告诸的斤曰："既为婚姻，将有求于尔，其与之乎？福山之石，于上国无所用，而唐人愿见。"的斤遂与之石，大不能动，唐人以烈火焚之，沃以酽醋，其石碎，乃辇而去。国中鸟兽为之悲号。后七日，玉伦的斤卒，灾异屡见，民弗安居,传位者又数亡;乃迁于交州。交州即火州也。统别失八里之地,北至阿术河,南接酒泉,东至兀敦、甲石哈,西临西蕃,居是者凡百七十余载,而至巴而术阿而忒的斤,臣于契丹。

岁己巳,闻太祖兴朔方,遂杀契丹所置监国等官,欲来附。未行,帝遣使使其国。亦都护大喜,即遣使入奏曰:"臣闻皇帝威德,即弃契丹旧好,方将通诚,不自意天使降临下国,自今而后,愿率部众为臣仆。"是时帝征太阳可汗,射其子脱脱杀之。脱脱之子火都、赤剌温、马札儿、秃薛干四人,以不能归全尸,遂取其头涉也儿的石河,将奔亦都护,先遣使往,亦都护杀之。四人者至,与大战于檐河。亦都护遣其国相来报,帝复遣使还谕亦都护,遂以金宝入贡。

辛未,朝帝于怯绿连河,奏曰:"陛下若恩顾臣,使臣得与陛下四子之末,庶几竭其犬马之力。"帝感其言,使尚公主也立安敦,且得序于诸子。与者必那演征罕勉力、锁潭、回回诸国,将部曲万人以先。纪律严明,所向克捷。又从帝征你沙卜里,征河西,皆有大功。既卒,而次子玉古伦赤的斤嗣。

玉古伦赤的斤卒,子马木剌的斤嗣。将探马军万人,从宪宗伐宋合州,攻钓鱼山有功,还火州卒。

至元三年,世祖命其子火赤哈儿的斤嗣为亦都护。海都、帖木迭儿之乱,畏兀儿之民遭乱解散,于是有旨命亦都护收而抚之,其民人在宗王近戚之境者,悉遣还其部,畏兀儿之众复辑。

十二年,都哇、卜思巴等率兵二十万围火州,声言曰:"阿只吉、奥鲁只诸王以三十万之众,犹不能抗我而自溃,尔敢以孤城当吾锋乎?"亦都护曰:"吾闻忠臣不事二主。吾生以此城为家,死以此城为墓,终不能从尔也。"受围凡六月,不解。都哇以书系矢射城中曰:"我亦太祖皇帝诸孙,何以不附我?且尔祖尝尚公主矣。尔能以女与我,我则休兵,不然则急攻尔。"其民相与言曰:"城中食且尽,力已困,都哇攻不止,则相与俱亡矣。"亦都护曰:"吾岂惜一女而不以救民命乎!然吾终不能与之相见。"以其女也立亦黑迷失别吉,厚载以茵,引绳缒城下而与之,都哇解去。其后入朝,帝嘉其功,锡以重赏,妻以公主曰巴巴哈儿,定宗之女也。又赐钞十万锭以赈其民。还镇火州,屯于州南哈密力之地,兵力尚寡,北方军忽至其地,大战力尽,遂死之。

子纽林的斤,尚幼,诣阙请兵北征,以复父仇。帝壮其志,赐金币巨万,妻以公主曰不鲁罕,太宗之孙女也。公主薨,又尚其妹曰八卜叉。有旨师出河西,俟北征诸军齐发,遂留永昌。会吐蕃脱思麻作乱,诏以荣禄大夫平章政事,领本部探马等军万人镇吐蕃宣慰司。威德明信,贼用敛迹,其民赖以安。武宗召还,嗣为亦都护,赐之金印,复署其部押西护司之官。仁宗始稽故实,封为高昌王,别以金印赐之,设王傅之官。其王印行诸内郡,亦都护印行诸畏兀儿之境。八卜叉公主薨,复尚公主曰兀剌真,安西王之女也。领兵火州,复立畏兀儿城池。延祐五年薨。子二人,长曰帖木儿补化,次曰篯吉,皆八卜叉公主所生也。

帖木儿补化,大德中,尚公主曰朵儿只思蛮,阔端太子孙女也。至大中,从父入觐,备宿卫。又事皇太后于东朝,拜中奉大夫,领大都护事。又以资善大夫出为巩昌等处都总帅达鲁花赤。奔父丧于永昌,请以王爵让其叔父钦察台,叔父力辞,乃嗣为亦都护高昌王。

至治中,领甘肃诸军,仍治其部。泰定中召还,与威顺王宽彻不花、宣靖王买奴、靖安王阔不花分镇襄阳。俄拜开府仪同三司、湖广行省平章政事。文宗召至京师,佐平大难。时湖广左丞有以忌嫉害政者,诏命诛之。帖木儿补化乃为申请曰:"是诚有罪,然不至死。"人服其雅量。天历元年,拜开府仪同三司、上柱国、录军国重事、知枢密院事。明年正月,以旧官勋封拜中书左丞相。三月,加太子詹事;十月,拜御史大夫。其弟篯吉乃以让嗣为亦都护高昌王。

铁迈赤,合鲁氏。善骑射,初事忽兰皇后帐前,尝命为捆马官,从太祖定西夏。又从皇子阔出、忽都、行省铁木答儿定河南,累有战功。

宪宗之伐宋也,世祖以皇弟受命攻鄂。大驾征西川,遣元帅兀良哈台自交趾捣宋，与诸军合。岁己未，皇弟驻兵鄂渚，闻兀良哈台由广西至长沙，遣铁迈赤将练卒千人、铁骑三千迎兀良哈台于岳州。兀良哈台得援，抵江夏，北涉黄州，铁迈赤与有力焉。

世祖即位，命从征叛王于失木土之地，劳绩益著。至元七年，授蒙古诸万户府奥鲁总管。十九年以疾卒。子八人，虎都铁木禄最显。

虎都铁木禄好读书，与学士大夫游，字之曰汉卿。仁宗尝顾左右曰：“虎都铁木禄字汉卿，汉名卿不让也，汝等以汉卿名之宜矣。”其母姓刘氏，故人又称之曰刘汉卿云。

至元十一年，从丞相伯颜渡江。既取宋，遣视宋故宫室，护帑藏。谕下明、越等州。从平章奥鲁入觐，授忠显校尉总把，再转昭信校尉。二十二年，授奉训大夫、荆湖占城等处行中书省理问官。时行省之名曰荆湖占城，曰荆湖。曰湖广，凡三改。理问一日以军事入奏，敷陈辨白有指趣，世祖大悦，若曰：“辞简意明，令人乐于听受，昔以其兄阿里警敏捷给，令侍左右，斯人顾不胜耶？”敕都护脱因纳志之。

平章政事程鹏飞建议征日本，奏汉卿为征东省郎中。帝顾脱因纳，若曰：“鹏飞南士也，犹知其能。姑听之，候还，朕自录任。”征东省罢，徵汉卿还。丞相阿里海牙以湖广行省机密事重，舍汉卿无可用者，遣郎中岳洛也奴奏留，从之。

二十一年，从皇子镇南王征交趾。比还鄂时，权臣方擅威福，遂退处于家。二十八年，诏太傅、右丞相顺德王答剌罕擒权奸于鄂。答剌罕遂拜湖广行中书省平章政事，询旧人知方面之务者，众荐汉卿，遣使即南阳家居驿致武昌，奏事京师，帝嘉之，擢给事中。居再岁，提刑按察司改肃政廉访司，台臣奏授奉议大夫、广西海北道副使，陛辞，留之仍旧职。既而湖广行省平章政事刘杰奏伐交趾，造战船五百于广东，帝曰：“此重事也，须才干臣乃济用。”以汉卿督匠南方，敕曰：“汝还，当显汝于众。”因顿首谢。事既集，帝崩，迁福建行省郎中，朝列大夫、汉阳监府，中顺大夫、湖南宣慰副使。

峒酋岑雄叛,奉诏开谕,顽犷贴服。改太中大夫、河南行中书省郎中,通议大夫、同金枢密院事,拜礼部尚书。大臣奏核实江南民田,汉卿奉诏使江西,以田额旧定,重扰民不便,置不问。止奏茶、漕置局十有七所,以七品印章敕授局官五十一员,增中统课缗五十万。转正议大夫、兵部尚书。未几命为中奉大夫、荆湖北道宣慰使,已命复留之。

延祐三年,大臣以浙东倭奴商舶贸易致乱,奏遣汉卿宣慰闽、浙,抚戢兵民,海陆为之静谧云,从子塔海。

塔海,汉卿兄之子也。世祖时,从土土哈充哈剌赤。至元二十四年,扈驾征乃颜。二十六年,入觐,帝命充宝儿赤,扈驾至和林,赐只孙冠服。大德四年,授中书直省舍人。迁中书客省副使。武宗即位,赐中统钞五百锭,以旌其能。寻进和林行省理问所官,改通政金院。历和宁路总管,改汴梁。

先是,朝廷令民自实田土,有司绳以峻法,民多虚报以塞命,其后差税无所于徵,民多逃窜流移者。塔海以其弊言于朝。由是省民间虚粮二十二万,民赖以安。后改任庐州,时有飞蝗北来,民患之,塔海祷于天,蝗乃引去,亦有堕水死者,人皆以为异。民乏食,开廪减直,俾民籴之,所活甚众。

天历元年冬十月,枢密院臣奏以塔海充枢密金院,守潼关及河中府。帝遣人驰赐白金、钞、币,宣授金书区密院事。未几西军犯南阳,督诸卫兵往平之。至其地,首率勇士与帖木哥等战,摧其前锋将,夺其旗鼓,西军败走。赐三珠虎符,进大都督,累官资善大夫。

按扎儿,拓跋氏,尝扈从太祖南征。岁丙子,复从定诸部有功,命领蒙古军为前锋,时木华黎暨博尔术为左右万户长,各以其属为翊卫。太祖命木华黎为太师国王都行省承制行事,兵临燕、辽、营、青、齐、鲁、赵、韩、魏,皆下。

岁己卯,河中府降,兵北还,以按扎儿领前锋总帅,仍统所部兵屯平阳以备金，摄国王事。时金将乞石烈氏拥兵数为边患，然畏按扎儿威名，不敢轻犯其境。岁壬午，元帅石天应守河中府，屯中条山，金候将军率昆弟兵十余万夜袭河中，天应遣偏裨吴权府率五百兵出东门，伏两谷关，谕之曰："俟其半过，即翼击之，俾腹背受敌，即成禽矣。"吴醉，敌至，声援弗继，城遂陷，天应死焉，遂燔其城，屠其民。将趋中条，按扎儿进兵击之，斩首数万级，逃免者仅十数。

岁癸未春，至闻喜县西下马村，木华黎卒，诏以子孛鲁袭其爵，时平阳重地，令按扎儿居守。岁庚寅，孛鲁由云中围纬州，金将武仙恐，退保潞东十余里原上，孛鲁驰至沁南，未立鼓，乞石烈引兵袭其后，孛鲁战失利，辎重人口皆陷没，按扎儿妻奴丹氏亦被获，拘于大梁。金主闻按扎儿威名，召奴丹氏见，奴丹氏色庄言正，不为动。金主因谓之曰："今纵尔还，能偕尔夫来，当厚赏尔。"奴丹氏佯诺之，遂得还。太宗闻而义之，召见，褒赉甚厚，遂诏预其夫前锋事。

帝率从弟按只吉歹、口温不花大王、皇弟四太子，暨国王孛鲁征潞州、凤翔。至钧州三峰山，金将完颜合达引兵十五万来战，俘其同金移剌不花等，悉诛之。明年壬辰春，三月，帝班师北还，命偕都元帅唆伯台围汴。城中识按扎儿旗帜，惧曰："其妻犹勇且义，况其夫乎。"

岁甲午，金亡，诏封功臣，赐平阳户六百一十有四、驱户三十、猎户四。未几，以疾卒。子忙汉、拙赤哥。

至元十五年，忙汉为管军千户。二十四年，从征乃颜。二十六年，从征海都。二十七年，宣授蒙古侍卫亲军千户，佩金符。元贞元年，有旨命领探马赤军。偕哈伯元帅从宗王出伯西征，改授昭信校尉、右都威卫千户。大德元年，召还。至大四年卒。子乃蛮袭。

拙赤哥入宿卫，从世祖征鄂汉，以功赐白金。至元三年，从征李璮，战死之。子阔阔术为御史台都事。至元三十一年，国王速浑察之子拾得既没，其家有故玺，王将鬻之，命阔阔术以示中丞崔彧、御史杨桓，辩其文曰："受命于天，既寿永昌。"盖秦玺也。或请献之徽仁裕圣皇后，后以钞二千五百贯赐拾得家，金织文段二赐阔阔术。

成宗即位，近臣以其事闻，授阔阔术汉中廉访金事，仕至湖南廉访使。

雪不台，蒙古部兀良罕氏。远祖捏里弼生孛忽都，雄勇有智略。曾孙合饬温生哈班、哈不里，哈班生二子：长虎鲁浑，次雪不台。

太祖初建兴都于班朱泥河，今龙居河也。哈班驱群羊入贡，遇盗见执，雪不台及兄虎鲁浑随至，刺盗杀之，众溃去，哈班得以羊进帝所，由是父子兄弟以义勇称。虎鲁浑以百夫长西征，破乃蛮，立战功。

雪不台以质子袭职，七年，攻桓州，先登，下其城，赐金币凡一车。十一年，战灭里吉众于蟾河，追其部长玉峪，大破之，遂有其地。寻从征回鹘，其主弃国去，雪不台率众追之，回鹘竟走死。其帑藏之积尽入内府，赐宝珠一银罂。十八年，讨定钦察，鏖战斡罗思大、小密赤思老，降之，奏灭里吉、乃蛮、怯烈、斤、钦察部千户通立一军。十九年，献马万匹。二十一年，取驳里畏吾、特勤、赤悯等部，德顺、镇戎、兰、会、洮等州，献牝马三千匹。

太宗二年，大举伐金，渡河而南，睿宗以太弟将兵渡汉水而北，会河南之三峰山。金大臣合鞑鞑诸将步骑数十万待战，雪不台从睿宗出牛头关，谋曰："城邑兵野战不利，易破耳。"师集三峰，金围之数匝，将士颇惧。俄而风雪大作，金卒僵踣，士气遂奋，敌众尽殪。河南诸州以次降破。四年夏，雪不台总诸道兵攻汴，金义宗走卫州，又走归德，又走蔡州。癸巳秋，汴将以城降，其冬攻蔡。六年春，金亡。雪不台以汴民饥，纵使渡河就食，民德之。

是年诏宗王拔都西征，雪不台为先锋，战大捷。十三年，讨兀鲁思部主野力班，擒之。攻马刺部，与其酋怯怜战潨宁河，遣偏师由下流掎其城，拔之。是时，北庭、西域、河南北、关陇皆底定，雪不台功力居多。

初，太祖征西夏，悯其久于行间，敕还省觐。雪不台对曰："君劳臣佚，情所未安。"帝壮而听之。又金帅合达见获，以不屈死，犹问雪不台安在，请一识之。雪不台出谓曰："汝须臾人耳，识我何为？"曰："人臣亦各为其主，卿勇盖诸将，天生英豪，其偶然邪。吾见卿甘心瞑目矣。"

定宗三年卒于笃列河之地，年七十有三。至大元年，赠效忠宣力佐命功臣、开府仪同三司、上柱国、河南王，谥忠定。

唵木海，蒙古八剌忽觯氏，与父孛合出俱事太祖，征伐有功。帝尝问攻城略地，兵仗何先，对曰："攻城以炮石为先，力重而能及远故也。"帝悦，即命为炮手。岁甲戌，太师国王木华黎南伐，帝谕之曰："唵木海言，攻城用炮之策甚善，汝能任之，何城不破。"即授金符，使为随路炮手达鲁花赤。唵木海选五百余人教习之，后定诸国，多赖其力。

太宗即位，留为近侍，以讲武艺。岁壬辰，从攻河南有功。壬子，宪宗特授虎符，升都元帅。癸丑，从宗王旭烈兀征剌里西番、斜巨山、桃里寺、河西诸部，悉下之。卒。

子忒木台儿以从战功授金符，袭炮手总管。至元十年，修立正阳东西二城，置炮二百余座，与宋人战，却之。十三年，从丞相伯颜伐宋，驻军临安之皋亭山，同忙古歹等八人，率甲三百入宋宫，取传国宝。宋太后请解兵延见内殿，期明日奉宝乞降，至期，果遣贾余庆等奉宝至军前。以功授行省断事官，复令其子忽都答儿袭炮手总管。十四年，进昭勇大将军炮手万户，佩元降虎符，镇平江之常熟。有叛民拥众自号太尉者，行省会诸军讨之，与忽都答儿父子自为一军，奋戈陷阵，斩贼酋戴太尉，擒朱太尉，帝嘉其功。十五年，兼平江路达鲁花赤，寻迁徽州、湖州，卒。忽都答儿后升炮手万户，改授达鲁花赤，卒。

昔里钤部，唐兀人，昔里氏。钤部亦云甘卜，音相近而互用也。太祖时，西夏既臣服，大军西征，复怀贰心。帝闻之，旋师致讨。命钤部同忽都铁穆儿招谕沙州，州将伪降，以牛酒犒师，而设伏兵以待之。首帅至，伏发马踬，钤部以所乘马与首帅使奔，自乘所踬马而殿后，击败之。他日，帝闻曰："卿临死地，而易马与人，何也？"钤部对曰："小臣阵死，不足重轻，首帅乃陛下器使宿将，不可失也。"帝以为忠。进兵围肃州，守者乃钤部之兄，惧城破害及其家，先以为请。帝怒城久不下，有旨尽屠之，惟听钤部求其亲族家人于死所，于是得免死者百有六户，归其田业。

岁乙未，定宗、宪宗皆以亲王与速卜带征西域，明年启行，钤部亦在中。又明年，至宽田吉思海，钤部从诸王拔都征斡罗斯，至也里替城，大战七日，拔之。乙亥冬十有一月，至阿速灭怯思城，负固久不下。明年春正月，钤部率敢死士十人，躡云梯先登，俘十一人，大呼曰："城破矣！"众蚁附而上，遂拔之。赐西马、西锦，锡名拔都。明年班师，授钤部千户，赐只孙为四时宴服，寻迁断事官。

丙午，定宗即位，进秩大名达鲁花赤。宪宗以卜只儿来莅行台，命钤部同署，既又别锡虎符，出监大名。已未，世祖南征，供给军饷，未尝乏绝。以疾舆归，卒于家，年六十九。子爱鲁。

爱鲁袭为大名路达鲁花赤。至元五年，从云南征金齿诸部。蛮兵万人绝缥甸道，击之，斩首千余级，诸部震服。六年，再入，定其租赋，平火不麻等二十四寨，得七驯象以还。

七年，改中庆路达鲁花赤，兼管爨僰军。十年，平章赛典赤行省云南，令爱鲁疆理永昌，增田为多。十一年，阅中庆版籍，得隐户万余，四千户即其地屯田。十三年，诏开乌蒙道，帅师至玉连等州，所过城寨，未附者尽击下之，水陆皆置驿传，由是大为赛典赤信任。十四年，忙部、也可不薛叛，以兵二千讨平之，迁广南西道左右两江宣抚使，兼招讨使。十六年，迁云南诸路宣慰使、副都元帅。十七年，复立云南行省，拜参知政事。十八年，乌蒙罗佐山、白水江蛮杀万户阿忽以叛，复讨平之。

十九年，召诣阙，进左丞。也可不薛复叛，诏与西川都元帅也速答儿、湖南行省脱里察会师进讨，禽也可不薛送京师，仁普诸酋长皆降,得户四千。诸王相吾儿帅诸将征缅,爱鲁供馈饷,无乏绝。二十二年,乌蒙阿谋杀宣抚使以叛,与右丞拜答儿往征之,拜答儿以爱鲁习知其山川道里,令诸军悉听指授,分道进击,生擒阿蒙以归。

二十四年,进右丞。朝廷立尚书省,复改行尚书右丞。镇南王征交趾,诏爱鲁将兵六千人从之。自罗罗至交趾境,交趾将昭文王以兵四万守木兀门,爱鲁与战破之,擒其将黎石、何英。比三月,大小一十八战,乃至其王城,与诸军会战又二十余合,功为多。二十五年,感瘴疠卒。赠平章政事,谥毅敏。

子教化,中书平章政事,请于朝,赠其其祖昔里钤部太师,谥贞献,加赠爱鲁太师,追封魏国公,改谥忠节。

槊直腯鲁华,蒙古克烈氏。初,以其部人二百,从太祖征乃蛮、西夏有功,命将万人,为太师国王木华黎前锋。下金桓州,得其监马几百万匹,分属诸军,军势大振。岁辛未,破辽东、西诸州,唯东京未下,获金使,遣往谕之。槊直腯鲁华曰:“东京,金旧都,备严而守固,攻之未易下,以计破之可也。请易服与其使偕往说之,彼将不疑,俟其门开,继以大军赴之,则可克矣。”卒如其计。徇地河北,攻大名,小大数十战,城垂陷,中流矢而卒。武宗时,赠太傅,追封卫国公,谥武敏。

子撒吉思卜华,嗣将其军。太宗元年己丑,锡金符,安辑河北、山东诸州。先是真定同知武仙攻灭都元帅史天倪家,其弟天泽击仙走,复真定。以天泽为真定、河间、济南、东平、大名五路万户。庚寅,命撒吉思卜华佩金虎符,以总师行省监其军。

金宣宗之徙都于汴也,立河平军于新卫以自固,恃为北门。撒吉思卜华数攻之,不拔。壬申正月,太宗自白波济河而南,睿宗由峭石滩涉汉而北。撒吉思卜华集西都水之舟,渡自河阴。至郑,郑守马伯坚降。及金义宗势力穷蹙出奔,帝命撒吉思卜华追蹑之,会其节度斜捻阿卜弃卫入汴,撒吉思卜华遂据而有之。十二月,义宗自黄陵冈济河,谋复卫。撒吉思卜华与其将白撒战白公庙五日夜,俘斩万计。余众尽溃。义宗窜归德。撒吉思卜华追蹑其后，薄北门而军。左右皆水，其舟师日至。癸巳四月，其将官奴夜来斫营，腹背受敌，撒吉思卜华与一军皆没。

嗣国王塔思承制，以其弟明安答儿领其行营，寻有旨以为蒙古汉军万户。明安答儿善骑射，从征淮安，因粮于敌，未尝匮乏，军士免负担之劳，咸乐为用。癸丑，宪宗遣从昔烈门太子南伐，死于钧州。五子，长脂虎，幼普阑溪。

脂虎从世祖北征叛王，挺戈出入其阵，帝壮之，赐号拔都，赏白金四百五十两。及平李璮之乱，亦有战功。

普阑溪，光禄大夫、徽政使。

金亡。命大臣忽都虎料民分封功臣，撒吉思卜华妻杨氏自陈曰：“吾舅及夫皆死国事，而独尔见遗。”事闻，帝曰：“彼家再世死难，宜赐新卫民二百户。”撒吉思卜华赠太师，谥忠武。明安答儿赠太保，谥武毅，爵皆卫国公。

昔儿吉思，幼从太祖征回回、河西诸国，俱有战功。太宗时，从睿宗西征，师次京兆府，会亦来哈𤫩率诸部兵作乱，昔儿吉思挺身斫贼阵，下马搏战，贼众莫不披靡，俄失所乘马，步走至睿宗军中。贼退，睿宗嘉其勤劳，妻以侍女唆火台。世祖尤爱之，军旅田猎，未尝不在左右。初，昔儿吉思之妻为皇子乳母，于是皇太后待以家人之礼，得同饮白马湩。时朝廷旧典，白马湩非宗戚贵胄不得饮也。

昔儿吉思子塔出，为宝儿赤、送只翰耳朵千户。

塔出子千家奴、撒里蛮。

千家奴从征乃颜，力战而死，帝命籍乃颜人口、财物以赐之。

撒里蛮年十六，从世祖讨阿里不哥，战于失门秃，有功，赐号拔都儿，赏赉尤厚，授光禄少卿，仍袭为送只翰耳朵千户，改同金宣徽院，进金院事。以管军千户，从征乃颜有功，赏金盏二、金五十两，复入为同知宣徽院事。成宗时，拜宣徽使，加大司徒，卒。

子帖木迭儿袭为送只翰耳朵千户，累迁宣徽院使，遥授左丞相。

　　哈散纳，怯烈亦氏。太祖时从征王罕有功，命同饮班朱尼河之水，且曰："与我共饮此水者，世为我用。"后管领阿儿浑军，从太祖征西域，下薛迷则干、不花剌等城。至太宗时，乃命领阿儿浑军，并回回人匠三千户驻于荨麻林。寻授平阳、太原两路达鲁花赤，兼管诸色人匠，后以疾卒。

　　子揑古伯袭，从宪宗攻钓鱼山，有功，以疾卒。子撒的迷失袭。

　　撒的迷失卒，子木八剌袭，充贵赤千户，迁西域亲军副都指挥使，大德元年卒。

　　弟秃满答袭，秃满答卒，子哈剌章袭。

元史卷一二三
列传第一〇

布智儿　　召烈台抄兀儿
阔阔不花　　拜延八都鲁
阿术鲁　　绍古儿
阿剌瓦而思　　抄儿
也蒲甘卜　　赵阿哥潘
纯只海　　苫彻拔都儿
怯怯里　　塔不已儿
直脱儿　　月里麻思
捏古剌　　阿儿思兰
哈八儿秃　　艾貌

　　布智儿,蒙古脱脱里台氏。父纽儿杰,身长八尺,有勇力,善骑射,能造弓矢。尝道逢太祖前驱骑士别那颜,邀与俱见太祖,视其所挟弓矢甚佳,问谁为造者,对曰:“臣自为之。”适有野凫翔于前,射之,获其二,并以二矢献而退。别那颜随之,至所居,布智儿出见,别那颜奇之,许以女妻之,父子遂俱事太祖。尝从征讨,赐纽儿杰拔都名。从征回回、斡罗思等国,每临阵,布智儿奋身力战。射中数矢,太祖亲视之,令人拔其矢,血流满体,闷仆几绝。太祖命取一牛,剖其腹,纳布智儿于牛腹,浸热血中,移时遂苏。纽儿杰卒,宪宗以布智儿为大都行天下诸路也可扎鲁忽赤,印造宝钞。赐七宝金带燕衣十袭,又赐蔚州、定安为食邑。

布智儿卒,有子四人。

长好礼,事世祖,备宿卫。会丞相伯颜伐宋,奏好礼督水军攻襄樊,从渡江入临安,以功授昭毅大将军、水军翼万户府达鲁花赤。

别帖木儿,吏部尚书。

补儿答思,云南宣慰使。

不兰奚,袭父职,为水军翼万户招讨使,镇守江阴,移通州。子完者不花,辽阳省理问。

召烈台抄兀儿,初事太祖,时有哈剌赤、散只儿、朵鲁班、塔塔儿、弘吉剌、亦乞烈思等,居坚河之滨忽兰也儿吉之地,谋奉扎木合为帝,将不利于太祖。抄兀儿知其谋,驰以告太祖,遂以兵收海剌儿阿带亦儿浑之地,尽诛扎木合等。惟弘吉剌入降。太祖赐以答剌罕之名。

其子那真,事世祖,为也可扎鲁花赤。

那真殁,子伴撒袭其职。

伴撒卒,子火鲁忽台袭。致和元年八月,执倒剌沙起军之使察罕不花,并其金字圆牌以献。天历元年十一月,帝赐金带,仍复其职。尝奏言:"有犯法者治之,当自贵人始;穷乏不给者救之,当自下始。如此则可得众心矣。"其言良切于事弊云。

阔阔不花者,按摊脱脱里氏,为人魁岸,有膂力,以善射知名。

岁庚寅,太祖命太师木华黎伐金,分探马赤为五部,各置将一人,阔阔不花为五部前锋都元帅,所向莫能支。然不嗜杀,惟欲以威信怀附,故所至无残破。略定滨、棣诸州,俘获焦林诸处民四百余,但籍其姓名,遣归乡里。徇益都,守将降,得其财物马畜,悉以分赐士卒。

岁壬辰,从太宗渡河,攻汴梁、归德,分兵渡淮,攻寿州,守将无降意,射书城中谕之,城中人感泣,以彩舆奉金公主开门送款,阔阔不花下令军中,辄入城虏掠者死,城中贴然。公主,义宗之姑也。

岁丙申,太宗命五部将分镇中原,阔阔不花镇益都、济南,按察儿镇平阳、太原,孛罗镇真定,肖乃台镇大名,怯烈台镇东平,括其民匠,得七十二万户,以三千户赐五部将。阔阔不花分户六百,立官治其赋,得荐置长吏,岁从官给其所得五户丝,以疾卒官。

子黄头代领探马赤为元帅,从丞相伯颜取宋道死。子东哥马袭其职,累迁右都威卫千户,卒。

拜延八都鲁,蒙古扎剌台氏,幼事太祖,赐名八都鲁。岁乙未,太宗命领扎剌军一千六百人,与塔海甘卜同征关西,有功。

癸丑,宪宗命与阿脱、总帅汪世显创立利州城。甲寅,领兵紫金山,破宋军鹿角寨,夺其军饷器械。丁巳,从都元帅纽邻城成都,及领兵围云顶山,下其城。帝亲征,元帅纽邻既进兵,涉马湖江,留拜延八都鲁镇成都,降属县诸城,得其民,悉抚安之,赐黄金五十两、衣九袭。诸王哈丹、朵欢、脱脱等征大理还,命拜延八都鲁领兵迎之。道过新津寨,与宋潘都统遇,战败之,杀获甚众。中统二年,元帅纽邻上其功,授蒙古奥鲁官。

子外貌台,孙兀浑察。至元六年,拜延八都鲁告老,兀浑察代其军,从行省也速答儿征诸国有功。十六年,从大军征斡端,又有功,赏银五十两,二十一年,诸王术伯命兀浑察往乞失哈里之地为游击军。时敌军二千余,兀浑察以勇士五十人与战,擒其将也班胡火者以献。王壮之,以其功闻,赏银六百两、钞四千五百贯,授蒙古军万户,赐三珠虎符。三十年,以疾卒。次子袭授曲先塔林左副元帅,寻卒。弟塔海忽都袭,升镇国上将军都元帅,改授四川蒙古副都万户。

至治二年,以疾退。子孛罗帖木儿袭。

阿术鲁,蒙古氏。太祖时,命同饮班朱尼河之水,扈驾亲征有功,命领兵收附辽东女直,还,赏金甲、珠衣、宝带,他物称是。复命总兵征西夏,与敌兵大战于合剌合察儿之地。西夏势蹙,其主惧,乞降,执之以献,太宗杀之,赐以所籍赀产。继领兵收附信安,下金二十余城。其后告老,诸王塔察儿命其子不花代领其军。

绍古儿,麦里吉台氏。事太祖,命同饮班朱尼河之水,扈从亲征。已而从破信安,略地河西,赐金虎符,授洺磁等路都达鲁花赤。领军出征,复从伐金,破河南。太宗命领济南、大名、信安等处军马,复从国王答石出征。岁辛亥,卒。

子拜都袭。拜都卒,子忽都虎袭,移睢州。从世祖渡江,攻鄂,还镇恩州。中统三年,从征李璮有功,寻命修立邳州城,领兵镇两淮。十一年,从丞相伯颜渡江,有战功。又从参政董文炳沿海出征,还,镇嘉兴,行安抚事。十二年加昭勇大将军,职如故。十四年,授嘉兴路总管府达鲁花赤,寻升镇国上将军、黄州路宣慰使,寻罢黄州宣慰司,复旧任。十六年,改授浙西道宣慰使,加招讨使,仍镇国上将军,奉诏征占城,以其国降表、贡物入见,帝嘉之,厚加赏赉。二十四年,从征交趾,明年还师,授邳州万户府万户。三十年,没于军。

阿剌瓦而思,回鹘八瓦耳氏,仕其国为千夫长。太祖征西域,驻跸八瓦耳之地,阿剌瓦而思率其部曲来降。从帝亲征,既破瀚海军,又攻轮台、高昌、于阗、寻斯干等,靡战不克,没于军。

子阿剌瓦丁,从世祖北征有功,至元二十九年卒,寿一百二岁。

子赡思丁,有子五人:长乌马儿,陈州达鲁花赤;次不别;隆镇卫都指挥使;次忻都,监察御史;次阿合马,拱卫直司都指挥使;次阿散不别,骁勇善骑射,历事成宗、武宗、仁宗,数被宠遇,计前后所赐楮币余四十万缗,他物称是,积官荣禄大夫,三珠虎符。

　　子斡都蛮袭职。致和元年八月，自上都逃来，丞相燕帖木儿任为裨将，率壮士百人，围灭里贴木儿等于陀罗台驿，擒之以献，特赐衣一袭，及秃秃马失甲、金束带各一，白金一百两，钞二百锭。天历元年九月，充行院同金。十月，从击忽剌台、马扎罕等军于卢沟桥，败之，追至紫荆关，多所俘获，招降安童所将军一千五百人，复以功受上赏。二年，进枢金院。三年，以隆卫都指挥使兼领拱卫司。

　　抄儿，别速氏。世居汴梁阳武县，从太祖收附诸国有功。又从征金，没于阵。

　　子抄海，从征河南、山东，复没于阵。

　　子别帖，将其父军，从攻鄂州，以功赏银帛衣甲等，继从太子忽哥赤西征大理国，复没于阵。

　　子阿必察。至元五年，授武略将军、蒙古千户，赐金符，从围襄樊，复渡江，夺阳罗堡岸口，以功赏白金，进宣武将军、蒙古军总管，管领左右手两万户军。既下广德，从平章阿里海牙征海外国，率死士鼓战船进，夺岸口，擒勇士赵安等，以功赏银帛。十六年，命管领蒙古侍卫军，以疾卒于军。

　　也蒲甘卜，唐兀氏。岁辛巳，率众归太祖，隶蒙古军籍。奉旨同所管河西人，从木华黎出征，以疾卒。

　　子昂吉儿袭领其军，征诸国有功。至元六年，授金符千户，从征蕲、黄、安庆等处。九年，易虎符，升信阳万户，从平章阿术南征，又有功，历淮西道宣慰使、参知政事、都元帅、庐州蒙古汉军万户府达鲁花赤、行省左丞相、尚书左丞，积官龙虎卫上将军。

　　二十一年，携其子昂阿秃入见。世祖命昂阿秃充速古儿赤。二十四年，随驾征乃颜有功，奉旨代其父职。二十六年，授庐州蒙古汉军万户府达鲁花赤。大德六年，领兵讨宋隆济等，以功受上赏。还镇庐州，以私财筑室一百二十余间，以居军士之贫者，省台以其事闻，特命升其秩，以金束带赐之。泰定四年卒。昂阿秃之弟暗普，由速古儿赤授金符、唐兀秃鲁花千户,后改授海北海南道廉访使。

赵阿哥潘,土波思乌思臧掇族氏。始附宋,赐姓赵氏。世居临洮。

祖巴命,富甲诸羌。父阿哥昌,貌甚伟,有力兼人,金贞祐中,以军功至熙河节度使。金亡,保莲花山,以其众来归。皇子阔端之镇西土也,承制以阿哥昌为叠州安抚使。时兵兴,城无居人,至则招逃亡立城垒,课耕桑以安辑之,年八十卒于官。

阿哥潘事亲以孝闻,从伐蜀,与宋都统制曹友闻屡战,胜负略相当,以破大安功最,授同知临洮府事。斩朝天关,乘嘉陵江至阆州,获蜀船三百艘。攻利州,生得其刘太尉,战败宋师于潼川。宋制置使刘雄飞进攻青居山,阿哥潘击之,宵溃,四川大震。进逼成都,略嘉定,平峨眉太平寨,擒其将陈侍郎、田太尉,余众悉降。大小五十余战,皆先陷阵,皇子赐以金甲、银器。

岁壬子,世祖以皇弟南征大理,道出临洮,见而奇之,命摄元帅,城益昌。时宋兵屯两川,堡栅相望,矢石交击,历五年而城始完。宪宗出蜀,以阿哥潘为选锋,攻西安,下之,赐金符,授临洮府元帅。帝驻钓鱼山,合州守将王坚夜来斫营,阿哥潘率壮士逆战,手杀数十百人,坚遂引去。明日陛见,帝喜曰:"有臣如此,朕复何忧。"赐黄金五十两,名曰拔都。

中统建元,诏还镇临洮。岁饥,发私廪以赈贫乏。给民农种粟二千余石,芜菁子百石,人赖不饥。郡当孔道,传置旁午,有司敝于供给。阿哥潘以私马百匹充驿骑,羊千口代民输。帝闻而嘉之,诏京兆行省酬其直。阿哥潘曰:"我岂以私惠而邀公赏耶。"卒不受。以军事赴青居山,道为宋兵所邀,遂死于敌。

阿哥潘好畜良马,常千蹄,岁择其上骥五驷贡于朝,子孙遵之不替。先是,勋臣子孙为祖父请谥者,帝每靳之,至是敕大臣以美谥谥之,谥曰桓勇。

子重喜,始给侍皇子阔端,为亲卫。癸丑,从世祖征哈剌章,数有功。中统元年,浑都海反,从总帅汪良臣引兵至拔沙河纳火石地逆战,以功授征行元帅。四年,从讨忽都、达吉、散竹台等,克之,制必帖木儿王承制,使袭父职为元帅。入觐,赐金虎符,为临洮府达鲁花赤。

时解军职而转民官者,例纳所佩符。有旨:"赵氏世世勤劳,其金符勿拘常例,使终佩之。"重喜在郡,邵农兴学,省刑敦教,以善治闻。请致仕不许,诏其长子官卓斯结袭为达鲁花赤。升重喜巩昌二十四处宣慰使。卒,谥桓襄。

官卓斯结性靖退,辞官闲处二十余年。仁宗闻其名,召不起。子德寿,云南左丞。

纯只海,散术台氏。弱冠宿卫太祖帐下,从征西域诸国有功。岁癸巳,太宗命佩金虎符,充益都行省军民达鲁花赤,从大帅太出破徐州,擒金帅国用安。丁酉,以益都为皇太子分土,迁京兆行省都鲁花赤。至怀,值大疫,士卒困惫,有旨以本部兵就镇怀孟。未几,代察罕总军河南,寻复怀孟。

己亥,同僚王荣潜畜异志,欲杀纯只海,伏甲絷之,断其两足跟,以帛缄纯只海口,置佛祠中。纯只海妻喜礼伯伦闻之,率其众攻荣家夺出之,纯只海裹疮从二子驰旁郡,请兵讨荣,杀之。朝廷遣使以荣妻孥赀产赐纯只海家,且尽驱怀民万余口郭外,将戮之。纯只海力争曰:"为恶者止荣一人耳,其民何罪。若果尽诛,徒守空城何为。苟朝廷罪使者以不杀,吾请以身当之。"使者还奏,帝是其言,民赖不死。纯只海给荣妻孥券,放为民,遂以其宅为官廨,秋毫无所取。郡人德之。既入觐,太宗以纯只海先朝旧臣,功绩昭著,赐第一区于和林,寻以疾卒。剌葬山陵之侧。

皇庆初,赠推忠宣力功臣、金紫光禄大夫、上柱国、温国公,谥忠襄。仍敕词臣刘敏中制文树碑于怀,以旌其功云。子昂阿剌嗣。

苫彻拔都儿,钦察人。初事太宗,掌牧马。从攻凤翔,战潼关,皆有功。后从大将速不台攻汴京，金人列木栅于河南，苦彻拔都儿率死士往拔之，赐良马十匹。师还，金将高都尉率众邀于中路，苦彻拔都儿迎击斩其首以归，赐白金五十两、币四匹。从攻蔡州，前锋答答儿与金将战，金将揕其须，苦彻拔都儿进斫金将，乃得脱。蔡州破，金守将佩虎符立城上。苦彻拔都儿以铁椎击杀之，取虎符以献。帝嘉其能，命从皇子攻枣阳。继从宗王口温不花攻光州，一日五战，光州下。赐黄金五十两、白金酒器一事、马三十匹。百户爱不怯赤自以临阵不勇，乞苦彻拔都儿自代，遂升百户。从攻滁州，与宋兵大战，至暮，宋兵败走西山，苦彻拔都儿与千户忽孙追杀之。

岁己未，世祖伐宋，募能先绝江者，苦彻拔都儿首应命，率众逼南岸。诏苦彻拔都儿与脱欢领兵百人同宋使谕鄂州使降，抵城下，鄂守将杀使者以军来袭，苦彻拔都儿与之遇，奋击大破之。复赐黄金五十两。

中统三年，授蔡州蒙古汉军万户。冬，宋人犯西平。苦彻拔都儿逐北逾淮，获其生口甚众。至元二年秋，由安庆入庐州，闻宋兵至，亟设伏于竹林，击杀之。四年秋九月，元帅阿术军襄阳安阳滩。宋兵据渡口，苦彻拔都儿击破其众。五年，从阿术围襄阳，击夺宋将夏贵米舟。阿术入汉江，以其有战功，俾与扎剌儿引军南略，获八十人。十年八月，略地淮东。十一年，遣招鄂州。十二年，遣招滁州，诛王安抚。改武略将军、管军千户。五月，伏兵大江北岸，击宋军，败走之。十三年，复略地淮东，获其总管二人以献。迁滁州总管府达鲁花赤。宋都统姜才率军取粮高邮。苦彻拔都儿从史万户夺其马及粮橐二万，淮东平，入朝。十四年，从讨叛人只里瓦丁于怀剌合都，改宣武将军、滁州路总管府达鲁花赤。

十七年，率其子脱欢、孙麻兀入见。奏曰："臣老矣，幸主上怜之。"帝命以脱欢为宣武将军、管军总管，佩金符；麻兀为滁州路总管府达鲁花赤。其后脱欢以征倭功授明威将军、滁州万户府达鲁花赤，升昭勇大将军、征行军万户府达鲁花赤，佩三珠虎符。又以征爪哇功升昭毅大将军、镇守无为滁州万户府达鲁花赤。次子锁住，袭其职。

怯怯里，斡耳那氏。太宗七年南伐，以千户从阔端攻安丰、寿州。又从诸王塔察儿率蒙古军二千攻荆山，破之。赐马二匹。与万户纳麟以兵守沂、郯，略涟、海，又从元帅怀都攻襄阳。卒。

子相兀速袭父职。率本部兵从丞相阿术攻襄樊，又从塔出筑正阳堡。泸军乘舰来窥壁垒，相兀速率征骑逆之，夹淮水而军，射死者甚众。至元十一年，赐金符，授武略将军。明年，从御史大夫博罗罕平涟、海。秋九月，从丞相伯颜渡淮，率兵一千骑攻淮安南门，破之。又从元帅博罗罕筑湾头堡。万户纳儿麟卧疾，令相兀速权领蒙古、女直、汉人三万户。夏五月，宋扬州都统姜才引兵来侵，相兀速率本部兵逆战有功。又从丞相阿术袭制置使李庭芝及姜才于泰州，皆杀之。十四年，加宣武将军、管军总管。十八年，为蒙古侍卫亲军总管。二十三年，改千户。三十年，升蒙古侍卫亲军副指挥使司事，易金虎符，加显武将军。

子捏古麟。元贞元年为蒙古侍卫亲军百户。大德六年，袭父职，佩金虎符，授宣武将军。延祐四年，升左翊蒙古侍卫亲军都指挥使，仍所佩符，进怀远大将军。

塔不已儿，束吕乣氏。太宗时以招讨使将兵出征，破信安、河南，以功授金虎符、征行万户。岁甲寅，以疾卒。

子脱察剌袭职。岁己未，率兵渡江，破十字寨。命其子重喜从行。重喜率先引弓，射中敌兵，又多杀获。既而与敌兵战于洋隘口，夺战舰一，流矢中左足，勇气愈倍。时世祖驻跸洋隘口北，亲劳之曰：“汝年幼能宣力如是，深可嘉尚。然继今尤当勉之。”

及脱察剌卒，以重喜袭职。中统三年，从征李璮有功。四年，以兵镇莒州。至元二年，奉旨初筑十字路城，以备守御。重喜率兵南巡，为游击军。四年，从抄不花出征，至泗州北古城。时蔡千户为敌兵所围，重喜奋战，救而出之。五年，入觐。帝嘉其功。赐白金、纳失失段及金鞍弓矢等。十年，修正阳城。明年，宋兵围正阳，从战败之。十二年，从下连、海诸城，俄奉旨率五千人从出征，道过衡阳店，与宋将李提辖等战，大败之，杀掠几尽，遂驻兵瓜洲。十三年夏六月，宋都统姜才领诸军来围城堡，败之。秋七月，从兵袭击李庭芝等于泰州。十四年，进昭勇大将军、婺州路总管府达鲁花赤，佩已降虎符。未几卒。

子庆孙袭职，初授宣武将军、管军总管，镇守安乐州。十六年，移戍镇江府。十八年，还镇通州。二十年，进明威将军。二十二年，移镇十字路。二十四年，领诸翼军镇太湖，教习水战。二十九年，从征爪哇，升昭勇大将军、征行上万户。将行，有旨留之。皇庆二年卒。子孛兰奚袭。

直脱儿，蒙古氏，父阿察儿，事太祖，为博儿赤。直脱儿从太宗征钦察、康里、回回等部有功。四年，收河南、关西诸路，得民户四万余，以属庄圣皇太后为脂粉丝线颜色户。八年，建织染七局于涿州。明年，改涿州路，以直脱儿为达鲁花赤。卒。

子哈兰术袭，佩虎符。李璮叛，世祖命领诸万户为监战达鲁花赤以讨之。有功，授解万户翼监战领军。迁益都路蒙古万户，监战密州，没于军。

从子忽剌出袭职，授昭勇大将军。至元十一年，攻宋六安军，有功。行中书书省命，领诸军战舰冲宋军，宋军败，有旨褒赏。九月，师次安庆。忽剌出及参政董文炳领山东诸军顺流东下，至丁家洲，遇宋臣夏贵、孙虎臣等，战江中，宋军大败，擒其将校三十七人、军五千余、船四十艘。十二年三月，与宋军战朱金沙，复有功。七月，复与宋军战焦山江中。时丞相阿术等督战，忽剌出与董文炳身冒矢石，沿流鏖战八十余里。忽剌出身被数伤，裹创力战，遂胜之。九月，宋臣张殿帅攻夺吕城仓、丹阳县，忽剌出与万户怀都往救，生擒之。十月，下常州，从丞相伯颜略苏、湖、秀州，至长桥，遇宋军，又败之。

十三年，正月，师至杭州，丞相伯颜命忽剌出守浙江亭及宋北门。五月，扬州军劫扬子桥，仅败之。六月，败真州军。七月，追李庭芝至通海口，降扬州及高邮、宝应、真州、滁州等城，江南平。加昭毅大将军，职如故。寻迁湖州路达鲁花赤。十四年，进镇国上将军、淮东宣慰使。已而屯守上都。十五年授嘉议大夫、行御史台中丞。十九年，进资善大夫、福建行省左丞。黄华叛，平之。二十年，授江淮行省左丞。二十三年，迁右丞。三月，进荣禄大夫、江浙行省平章政事。六月，卒。

月里麻思，乃马氏。岁丁丑太宗命与断事官忽都那同署。岁戊戌，又同阿术鲁拔都儿充达鲁花赤，破南宿州。

岁辛丑，使宋议和。从行者七十余人，月里麻思语之曰："吾与汝等奉命南下，楚人多诈，倘遇害当死焉，毋辱君命。"已而驰抵淮上，宋将以兵胁之，曰："尔命在我，生死顷刻间耳。若能降，官爵可立致。不然，必不汝贷。"月里麻思曰："吾持节南来以通国好，反诱我以不义，有死而已。"言辞慷慨不少屈。宋将知其不可逼，乃囚之长沙飞虎寨三十六年而死。

世祖深悼之，诏复其家，以子忽都哈思为答速罕，日给粮食其家人。忽都哈思自陈于帝曰："臣愿为国效死，为父雪耻。"帝嘉纳之，授以上均州监战万户。十八年，以招讨使将兵征日本，死于敌。

捏古剌，在宪宗朝，与也里牙阿速三十人来归。后从征钓鱼山，讨李璮，皆有功。

子阿塔赤，世祖时围襄阳，下江南，败失列及，征乃颜，皆以功受赏。后事成宗、武宗，为札撒兀孙。仁宗时，历官至左阿速卫千户。卒，

子教化，初为速古儿赤，继袭父职。必里阿秃叛，奉旨往平之，凯还，赐衣一袭。天历元年八月，从丞相燕帖木儿战居庸北，有功。九月，进拱卫直都指挥使。寻迁章佩卿。

子者燕不花，初事仁宗为速古儿赤。英宗时为进酒宝儿赤。天

历元年,迎文宗于河南,赐白银、彩段,命为温都赤。九月,往居庸关料敌,道逢二军谓探马赤诸军曰:"今北兵且至,其避之。"者燕不花恐摇众心,即拔所佩刀斩之。授兵部郎中。招集阿速军四百余人。十月,进兵部尚书,授双珠虎符,领军六百人迎敌通州。会丞相燕帖木儿至檀子山,与秃满迭儿战,败之。迁大司农丞。

阿儿思兰,阿速氏。初,宪宗以兵围阿儿思兰之城,阿儿思兰偕其子阿散真迎谒军门。帝赐手诏,命专领阿速人,且留其军之半,余悉还之,俾镇其境内。以阿散真置左右。道遇阔儿哥叛军,阿散真力战死之。帝遣使裹尸还葬之。阿儿思兰言于帝曰:"臣长子死,不能为国效力,今以次子捏古来献之陛下,愿用之。"

捏古来至,帝命从兀良哈台征哈剌章,有功,兀良哈台赏以白金名马。从伐宋,中流矢而死。

子忽儿都答,充管军百户。世祖命从不罗那颜使哈儿马某之地,以疾卒。

子忽都贴木儿,武宗潜邸时从征海都,以功赏白金。至大元年,授宣武将军、左卫阿速亲军副都指挥使。四年,卒。

哈八儿秃,薛亦氏。宪宗时,从攻钓鱼山有功。还,又从亲王塔察儿北征,充千户所都镇抚。从千户脱伦伐宋,没于阵。

子察罕,从塔察儿攻樊城西门,领扬州等处游击军与宋兵战,有功。至元十一年,从忽都帖木儿攻江陵东南城堡,又从阿剌罕败宋兵于阳逻堡之南。阿剌罕选为本万户府副镇抚。十二年,分隶脱脱总管出广德游击军,与宋兵战,败之,赐以白金酒器。又从攻独松、千秋、拨出等关,及诸山寨,其降民悉绥抚之,赐白金一百两。

十三年,中书省檄为瑞安县达鲁花赤。始至,招集逃移民十万余户。十四年,升忠显校尉、管军总把,并领新附军五百人,从宣慰唐兀台战于司空山,有功,命以其职兼都镇抚。俄选充侍卫亲军。十六年,授银符、忠武校尉、管军总把。二十四年,赐金符,授承信校

尉、蒙古卫军屯田千户。二十五年,进武义将军、本所达鲁花赤。二
十七年,升左翼屯田万户府副万户。大德五年卒,子太纳袭。

艾貌拔都,康里氏。初从雪不台那演征钦察,攻河西城,收西
关,破河南;继从定宗略地阿奴,皆有功。又从四太子南伐,命充怯
怜口阿答赤孛可孙。又从兵渡江攻鄂,以疾卒于军。

子也速台儿,从讨阿蓝答、浑都海,征李璮,伐宋,累功授管军
总把。至元十四年,从攻福建兴化,招古田等处民五千余户,以功升
武略将军、千户,赐金符。又招手号新军二千五百余人,升宣武将
军、总管,赐虎符。有旨征日本。也速台儿愿效力,赐以弓矢,进怀
远大将军、万户。二十年,授泰州万户府达鲁花赤。二十三年,迁昭
勇大将军、钦察亲军都指挥使。二十四年,从征乃颜有功。明年卒。
后赠金吾卫上将军,追封成武郡公,谥显敏。

元史卷一二四
列传第一一

塔本 阿里乞失帖木儿　阿台　迭里威失

锁咬儿哈的迷失　哈剌亦哈赤北鲁

阿邻帖木儿　塔塔统阿

岳璘帖木儿　李桢　速哥

忙哥撒儿 伯答沙畏　孟速思

塔本，伊吾庐人。人以其好扬人善，称之曰扬公。父宋五设托陀。托陀者，其国主所赐号，犹华言国老也。

塔本初从太祖讨诸部，屡阢艰危。复从围燕，征辽西，下平滦、白霫诸城。军士有妄杀人者，塔本戒之曰："国之本，民也。杀人得地，何益于国。且杀无罪以坚敌心，非上意。"太祖闻而喜之，赐金虎符，俾镇抚白霫诸郡，号行省都元帅，管内得承制除县吏，死囚得专决。

久之，徙治兴平。兴平兵火伤残，民惨无生意。塔本召父老问所苦，为除之，薄赋敛，役有时。民大悦，乃相与告教，无违约束，归者四集。塔本始至，户止七百，不一二年，乃至万户。出己马以宽驿人；贷廉吏银，其子钱不能偿者，焚其券。农不克耕，亦与之牛，比岁告稔，民用以饶。庚寅，诏益中山、平定、平原隶行省。甲午，盗李仙、赵小哥等作乱，塔本止诛首恶，宥其诖误。

癸卯立春日，宴群僚，归而疾作，遂卒。是夕星陨，隐隐有声。遗命葬以纸衣瓦棺。赠推诚定远佐运功臣、太师、开府仪同三司、上柱国。追封营国公，谥忠武。子阿里乞失铁木儿。

阿里乞失帖木儿，嗣父职，为兴平等处行省都元帅。其为治一遵先政，兴学养士，轻刑薄徭，虽同僚不敢私役一民。从大军伐高丽有功。岁丙辰卒。赠宣忠辅义功臣、荣禄大夫、平章政事、柱国，追封营国公，谥武襄。子阿台。

阿台，当袭父职，适罢行省为平滦路总管府，丁巳，宪宗命阿台为平滦路达鲁花赤。始至，请蠲银、盐、酒等税课八分之一，细民不征。

世祖即位，来朝，赐金虎符。诸侯王道出平滦，供给费银七千五百两，户部不即偿，阿台自陈上前，尽取偿以归，置甲乙籍，籍民丁力，民甚便之。至元十年，进阶怀远大将军。岁饥，发粟赈民，或持不可，阿台曰："朝廷不允，愿以家粟偿官。"于是全活甚众。僚属始至，阿台必遗之盐、米、羊畜、什器，曰："非有他也。欲其不剥民耳。"姻族穷者，月有常给；民有丧不能葬者，与之棺椁、布帛、资粮。滦为孤竹故国，乃庙祀伯夷、叔齐，以励风俗。

二十一年，进昭武大将军。二十四年，乃颜叛，献马五百匹佐军，太祖大喜。已而得乃颜银瓮，亟以赐之。二十五年入朝，以疾卒。赐宣力功臣、资德大夫、中书右丞、上护军，追封永平郡公，谥忠亮。子迭里威失。

迭里威失，少好读书，成宗时入宿卫，授河西廉访司佥事，拜监察御史，迁淮西廉访副使，召为中书左司员外郎，改枢密院参议，升判官。

延祐四年，授翰林侍讲学士，出为河间路总管。属岁饥，出俸金及官库所积赈之，活数十万人。河间当水陆要冲，四方供亿皆取给焉，迭里威失立法调遣，民便之。复建言增置便习弓马尉一人，益逻兵之数，于是盗贼屏息。陵州群凶为官民害，悉收系死狱中。后升辽阳行省参知政事。子锁咬儿哈的迷失。

锁咬儿哈的迷失，年十二，宿卫英宗潜邸，掌服御诸物。英宗即位，拜监察御史。至治元年春，诏起大刹于京西寿安山，锁咬儿哈的迷失与御史观音保、成珪、李谦亨上章极谏，以为东作方始，而兴大役，以耗财病民，非所以祈福也。且岁在辛酉，不宜兴筑。

初，司徒刘夔妄献浙右民田，冒出内帑钞六百万贯，丞相帖木迭儿取分其半，监察御史发其奸，由是疾忌台谏。至是，帖木迭儿之子琐南为治书侍御史，密奏曰："彼宿卫旧臣，闻事有不便，弗即入白，今讪上以扬己之直，大不敬。"帝乃杀锁咬儿哈的迷失与观音保，杖珪、谦亨，黥之，窜诸遐裔。

泰定初，赠锁咬儿哈的迷失资德大夫、御史中丞、上护军，追封永平郡公，谥贞愍。赐其妻子钞五百贯、良田千亩，仍诏树碑神道。

哈剌亦哈赤北鲁，畏兀人也。性聪敏，习事。国王月仙帖木儿亦都护闻其名，自唆里迷国徵为断事官。月仙帖木儿卒，子八儿出阿儿忒亦都护年幼，西辽主鞠儿可汗遣使据其国，且召哈剌亦哈赤北鲁，至则以为诸子师。八儿出阿儿忒闻太祖明圣，乃杀西辽使，更遣阿怜帖木儿都督等四人使西辽。阿怜帖木儿都督者，哈剌亦哈赤北鲁婿也。具语以其故，于是与其子月朵失野讷驰归太祖，一见大悦，即令诸皇子受学焉。仍令月朵失野讷以质子入宿卫。

从帝西征。至别失八里东独山，见城空无人，帝问："此何城也？"对曰："独山城。往岁大饥，民皆流移之它所。然此地当北来要冲，宜耕种以为备。臣昔在唆里迷国时，有户六十，愿移居此。"帝曰："善。"遣月朵失野讷佩金符往取之，父子皆留居焉。后六年，太祖西征还，见田野垦辟，民物繁庶，大悦。问哈剌亦哈赤北鲁，则已死矣。乃赐月朵失野讷都督印章，兼独山城达鲁花赤。

月朵失野讷卒,子乞赤宋忽儿,在太宗时袭爵,赐号答刺罕。子四人:曰塔塔儿,曰忽栈;曰火儿思蛮,曰月儿思蛮。

世祖命火儿思蛮从雪雪的斤镇云南。

月儿思蛮事宪宗,袭父爵,兼领僧人。后因军帅札忽儿台据别失八里,尽室徙居平凉。与其子阿的迷失帖木儿入觐,世祖诏入宿卫为必阇赤,命从安西王忙哥刺出镇六盘。安西王薨,其子阿难答嗣。成宗即位,遣使入朝,因奏:“阿的迷失帖木儿父子,本先帝旧臣,来事先王,服勤二十余年矣。若终老王府,非所以尽其才也,愿以归陛下用之。”成宗可其奏,授阿的迷失帖木儿汝州达鲁花赤,积官秘书太监。卒。子阿邻帖木儿。

阿邻帖木儿,善国书,多闻识,历事累朝,繇翰林待制累迁荣禄大夫、翰林学士承旨。

英宗时,以旧学日侍左右。陈说祖宗以来及古先哲王嘉言善行。翻译诸经,纪录故实,总治诸王、驸马、番国朝会之事。

天历初,北迎明宗入正大统,一见欢甚,顾左右曰:“此朕师也。”天历三年,进光禄大夫、知经筵事。

子曰沙剌班,曰秃忽鲁,曰六十,曰咱纳禄。沙剌班,累拜中书平章政事、大司徒、宣政院使。

塔塔统阿,畏兀人也。性聪慧,善言论,深通本国文字。乃蛮大扬可汗尊之为傅,掌其金印及钱谷。太祖西征,乃蛮国亡,塔塔统阿怀印逃去。俄就擒。帝诘之曰:“大扬人民疆土,悉归于我矣,汝负印何之?”对曰:“臣职也,将以死守,欲求故主授之耳。安敢有他!”帝曰:“忠孝人也!”问是印何用,对曰:“出纳钱谷,委任人材,一切事皆用之,以为信验耳。”帝善之,命居左右。是后凡有制旨,始用印章,仍命掌之。帝曰:“汝深知本国文字乎?”塔塔统阿悉以所蕴对,称旨,遂命教太子、诸王以畏兀字书国言。

太宗即位,命司内府玉玺金帛。命其妻吾和利氏为皇子哈刺察儿乳母，时加赐予。塔塔统阿召诸子谕之曰："上以汝母鞠育太子，赐予甚厚，汝等岂宜有之，当先供太子用，有余则可分受。"帝闻之，顾侍臣曰："塔塔统阿以朕所赐先供太子，其廉介可知矣。"由是数加礼遇。以疾卒。至大三年，赠中奉大夫，追封雁门郡公。子四人：长玉笏迷失，次力浑迷失，次速罗海，次笃绵。

玉笏迷失，少有勇略，浑都海叛于三盘，时玉笏迷失守护皇孙脱脱营垒，率其众与浑都海战，败之。追至只必勒，适遇阿蓝答儿与之合兵，复战，玉笏迷失死之。

力浑迷失，有膂力，尝猎于野，与众相失，遇盗三人，欲夺其衣，力浑迷失搏之尽仆，遂缚以还。帝召见，选力士与之角，无与敌者，帝壮之，赐金，令备宿卫。

速罗海，袭父职，仍命司内府玉玺金帛。

笃绵，旧事皇子哈剌察儿，世祖即位，从其母入见，欲官之，以无功辞，命统宿卫。奉使辽东。卒，封雁门郡公。子阿必实哈，陕西行省平章政事。

岳璘帖穆尔，回鹘人，畏兀国相暾欲谷之裔也。

其兄仳理伽普华，年十六，袭国相、答剌罕。时西契丹方强，威制畏兀，命太师僧少监来临其国，骄恣用权，奢淫自奉。畏兀王患之，谋于仳理伽普华曰："计将安出?"对曰："能杀少监，挈吾众归大蒙古国，彼且震骇矣。"遂率众围少监斩之。以功，加号仳理杰忽底，进授明别吉，妻号赫思迭林。左右有疾其功者，谮于其王曰："少监珥珠，先王宝也，仳理伽普华匿之，盍急索勿失。"其王怒，索宝甚急。仳理伽普华度无以自明，乃亡附太祖，赐以金虎符、狮纽银印、金螭椅一、衣金直孙，校尉四人，仍食二十三郡。继又赐银五万两。以弟岳璘帖穆尔为质。仳理伽普华以疾卒。

岳璘帖穆尔从太祖征讨，多战功。皇弟斡真求师傅，帝命岳璘帖穆尔往，训导诸王子以孝弟敦睦、仁厚不杀为先，帝闻而嘉之。

从平河南，徙鄚县民万余户入乐安。俄授河南等处军民都达鲁花赤，佩金虎符，并赐宫女四人。所得上方赏赉，悉辇归故郡，以散亲旧。且盛陈汉官仪卫以激厉之，国人羡慕。道出河西，所过榛莽，或时乏水，为之凿井置埭，居民使客相庆称便。

太祖即位，以中原多盗，选充大断事官。从斡真出镇顺天等路，布德化，宽征徭，盗遁奸革，州郡清宁。寻复监河南等处军民。年六十七，卒于保定。后赠宣力保德功臣、山东宣慰使，谥庄简。子哈剌普华，见《忠义传》。

李桢，字干臣。其先，西夏国族子也。金末，桢以经童中选。既长，入为质子，以文学得近侍，太宗嘉之，赐名玉出干必阇赤。从皇子阔出伐金，帝命之曰："凡军中事，须访桢以行。"及下河南诸郡，阔出遣桢偕吉登哥往唐、邓二州数民实，兵余岁凶，流散十八九。桢至，赈恤饥寒，归者如市。

十年，从大将察罕下淮甸。桢以功佩金符，授军前行中书省左右司郎中。桢奏寻访天下儒士，令所在优赡之。十三年，师围寿春，天雨不止，桢言于察罕曰："顿师城下，暑雨疫作，将有不利。且城久拒命，破必屠之，则生灵何辜。请退舍数里，身往招之。"从之。桢遂单骑入敌垒，晓以利害，明日，与其将二人率众来降。以功赐银五千两。

桢表言："襄阳乃吴、蜀之要冲，宋之喉襟，得之则可为他日取宋之基本。"定宗嘉其言。庚戌，赐虎符，授襄阳军马万户。丙辰，宪宗命桢率师巡哨襄樊。戊午，帝亲征，召桢同议事。秋九月，卒于合州，年五十九。

速哥，蒙古怯烈氏，世传李唐外族。父怀都，事太祖，尝从饮班术居河水。

速哥为人，外若质直，而内实沉勇有谋，雅为太宗所知。命使金，因俾觇其虚实，语之曰："即不还，子孙无忧不富贵也。"速哥顿首曰："臣死，职耳。奉陛下威命以行，可无虑也。"帝悦，赐所常御马。至河，金人闭之舟中，七日始登南岸，又三旬乃达汴。及见金主，曰：“天子念尔土地日狭，民力日疲，故遣我致命，尔能共修岁币，通好不绝，则转祸为福矣。”谒者令下拜，速哥曰：“我大国使，为尔屈乎！”金主壮之，取金卮饮之酒曰：“归语汝主，必欲加兵，敢率精锐以相周旋，岁币非所闻也。”速哥饮毕，即怀金卮以出。速哥虽佯为不智，而默识其地理阨塞、城郭人民之强弱。既复命，备以虚实告；且以所怀金卮献。帝喜曰：“我得金于汝手中矣。”复以赐之。始下令徵兵南伐，兵至河北岸，方舟欲渡，金军阵于河南，帝令仪卫导速哥居中行，亲率偏师乘阵西策马沙河。会睿宗军亦由襄、邓至，两军夹攻之。及金亡，诏赐金护驾士五人，曰：“此以旌汝为使之不辱也。”昔使过崞州，崞人盗杀其良马，至是，兼以崞民赐之。

岁乙未，帝从容谓速哥曰：“我将官汝，西域、中源、惟汝择之。”速哥再拜曰：“幸甚！臣意中原为便。”帝曰：“西山之境，八达以北，汝其主之。汝于城中构大楼，居其上，使人皆仰望汝，汝俯而谕之，顾不伟乎？”乃以为山西大达鲁花赤。

受命方出，有回回六人讼事不实，将抵罪，遇诸途，急止监者曰：“姑缓其刑，当入奏。”复见帝曰：“此六人者，名著西域，徒以小罪尽诛之，恐非所以怀远人也。愿以赐臣，臣得困辱之，使自悔悟迁善，为他日用，杀之无益也。”帝意解，召六人谓之曰：“生汝者速哥也，其竭力事之。”至云中，皆释之。后有至大官者。其宽大爱人多类此。卒年六十二。赠推忠翊运同德功臣、太师、开府仪同三司、上柱国。追封宣宁王，谥忠襄。

子六人：早长罕，曰玉吕忽都，曰撒合里都，曰忽兰，曰忽都儿不花，曰不花。长罕、玉吕忽都、撒合里都，皆从兀鲁赤太子出征，以战功显。

忽兰之母以后戚故，得袭职。钼强植弱，均役平刑，阖郡赖以安辑。乙未之抄户籍也，前赐崞人已入官籍，更赐山西户三百，西方多盗，郡县捕不得，则法当计所失物直倍偿，郡县苦之。有甄军判者，率群盗往来阜平、曲阳间，杀人浑源界而夺之财。县以失捕当偿，忽兰曰:"此大盗也,县岂能制哉!"即遣千人捕甄杀之,剿捕其余党,其害乃除。

忽兰性纯笃,然酷好佛,尝施千金修龙宫寺,建金轮大会,供僧万人。卒年四十二。赠太保、金紫光禄大夫、上柱国,追封云国公,谥康忠。

子天德于思,颖悟过人,世祖闻其贤,令袭父爵,养母完颜氏以孝闻。自中山北来,适有边衅,天德于思督造兵甲,抚循其民,无有宁息,形容尽瘁。帝闻而嘉之,赐驯豹、名鹰,使得纵猎禁地。当时眷顾最号优渥。卒年三十九。赠太傅、仪同三司、上柱国,追封云国公,谥显毅。子孙世多显贵云。

忙哥撒儿,察哈札剌儿氏。曾祖赤老温恺赤,祖搠阿,父那海,并事烈祖。及太祖嗣位,年尚幼,所部多叛亡,搠阿独不去。皇弟槊只哈撒儿阴摘之去,亦谢不从。搠阿精骑射,帝甚爱之,号为默尔杰,华言善射之尤者也。帝尝与贼遇,将战,有二飞鸶至,帝命搠阿射之。请曰:"射其雄乎?抑雌者乎?"帝曰:"雄者。"搠阿一发坠其雄。贼望见,惊曰:"是善射若此,飞鸟且不能逃,况人乎!"不战而去。

从征乃蛮,敌率锐兵鼓而进,搠阿按兵屹不动,敌止。俄复鼓而进,搠阿亦不动,敌卒疑畏不敢前。世祖征蔑里吉,兵溃,搠阿与其弟左右力战以卫帝,会兀良罕哲里马来援,敌乃引退。

那海事太祖,备历艰险,未尝形于言,帝嘉其忠,且念其世勋,诏封怀、洛阳百七十五户。

忙哥撒儿事睿宗,恭谨过其父。尝从攻凤翔,首立奇功。定宗升为断事官,刚明能举职。

宪宗在藩,深知其人。从征斡罗思、阿剌、钦察诸部,常身先诸将,及以所俘宝玉颁诸将,则退然一无所取。宪宗由是益重之,使治藩邸之分民。间出游猎,则长其军士,动如纪律。虽太后及诸嫔御小有过失,知无不言,以故邸中人咸敬惮之。乃以为断事官之长,其位在三公之上,犹汉之大将军也。

既拜命,出帐殿外,歆橐坐熊席,其僚列坐左右者四十人。忙哥撒儿问曰:"主上以我长此官,诸公其为我言,当以何道守官?"众皆默然。又问之,有夏人和斡居下坐,进曰:"夫札鲁忽赤之道,犹宰之刲羊也,解肩者不使伤其脊,在持平而已。"忙哥撒儿闻之,即起入帐内。众不知所为,皆咎和斡失言。既入,乃为帝言和斡之言善。帝召和斡,命之步,曰:"是可用之才也。"和斡由是知名。

定宗崩,宗王八都罕大会宗亲,议立宪宗。畏兀八剌曰:"失烈门,皇孙也。宜立,且先帝尝言其可以君天下。"诸大臣皆莫敢言。忙哥撒儿独曰:"汝言诚是,然先皇后立定宗时,汝何不言耶? 八都罕固亦遵先帝遗言也。有异议者,吾请斩之。"众乃不敢异,八都罕乃奉宪宗立之。

宪宗之幼也,太宗甚重之。一日行幸,天大风,入帐殿,命宪宗坐膝下,抚其首曰:"是可以君天下。"他日,用狞按豹,皇孙失烈门尚幼,曰:"以狞按豹,则犊将安所养。"太宗以为有仁心,又曰:"是可以君天下。"其后太宗崩,六皇后摄政,竟立定宗。故至是,二人各举以为言云。

宪宗既立,察哈台之子及按赤台等谋作乱,刳车辕,藏兵其中以入,辕折兵见,克薛杰见之,上变。忙哥撒儿即发兵迎之。按赤台不虞事遽觉,仓卒不能战,遂悉就擒。宪宗亲简其有罪者,付之鞠治。忙哥撒儿悉诛之。帝以其奉法不阿,委任益专。有当刑者,辄以法刑之,乃入奏,帝无不报可。帝或卧未起,忙哥撒儿入奏事。至帐前,扣箭房,帝问何言,即可其奏,以所御大帐行扇赐之。其见亲宠如此。

癸丑冬,病酒而卒。帝以忙哥撒儿当国时,多所诛戮,及是,咸腾谤言,乃为诏谕其子,略曰:

汝高祖赤老温恺赤,暨汝祖搠阿,事我成吉思皇帝,皆著劳绩,惟朕皇祖实褒嘉之。汝父忙哥撒儿,自其幼时,事我太宗,朝夕忠勤,罔有过咎。从我皇考,经营四方。迨事皇妣及朕兄弟，亦罔有过咎。暨朕讨定斡罗思、阿速、稳儿别里钦察之域，济大川，造方舟，伐山通道，攻城野战，功多于诸将。俘厥宝玉，大赍诸将，则退然无欲得之心。惟朕言是用，修我邦宪，治我菑田，辑我国家，罔不咸义。惟厥忠，虽其私亲，与朕嫔御，小有过咎，一是无有比私。故朕皇姒，追朕昆弟，无不嘉赖。朝之老臣、宿卫耆旧，无不严畏。录其勤劳，命为札鲁忽赤，治朕皇考受民，布昭大公，以辨狱慎民，爰作朕股肱耳目，众无谇言，朕听以安。

自时厥后，察哈台阿哈之孙，太宗之裔定宗、阔出之子，及其民人，越有他志。赖天之灵，时则有克薛杰者，以告于朕。汝父肃将大旅，以遏乱略，按赤台等谋是用溃，悉就拘执。朕取有罪者，使辨治之，汝父体朕之公，其刑其宥，克比于法。又使治也速、不里狱，亦克比于法。

惟尔脱欢、脱儿赤：自朕用汝父，用法不阿，兄弟亲姻，咸丽于宪。今众罔不怨，曰："尔亦有死耶"，若有慊志。人则虽死，朕将宠之如生。肆朕训汝，尔克明时朕言，如是而有福，不如是而有祸。惟天惟君，能祸福人；惟天惟君，是敬是畏。立身正直，制行贞洁，是汝之福；反是勿思也。能用朕言，则不坠汝父之道，人亦不能间汝矣；不用朕言，则人将仇汝，伺汝，间汝。怨汝父者，必曰："汝亦与我夷矣"，汝则殆哉。汝于朕言，弗慎绎之，汝则有咎，克慎绎之，人将敬汝畏汝，无间伺汝，无慢汝怨汝者矣。

又，而母而妇，有谗欺巧佞构乱之言，慎勿听之，则尽善矣。

至顺四年，追封忙哥撒儿为兖国公。子四人：长脱欢，次脱儿赤，次也先帖木尔，次帖木儿不花。脱欢为万户，无子。脱儿赤子明礼帖木儿，累官翰林学士承旨，从征乃颜有功。明礼帖木儿子咬住，咬住子也先，延徽寺卿。也先帖木儿子曰哈剌合孙。帖木儿不花子曰塔术纳，曰哈里哈孙，曰伯答沙。

伯答沙幼入宿卫，为宝儿赤。历事成宗、武宗，由光禄少卿擢同知宣徽院事，升银青光禄大夫、宣徽院使，遥授左丞相。武宗崩，护梓宫葬于北，守山陵三年，乃还。

仁宗即位，眷顾益厚。延祐二年，拜中书右丞相。时承平日久，朝廷清明，君臣端拱庙堂之上，而百姓乂安于下，一时号称极治。

仁宗崩，帖木迭儿执政，改授集贤大学士，仍开府仪同三司、录军国重事。未几，以大宗正札鲁忽赤出镇北方，亦以清静为治，边民按堵。

泰定间还朝，加太保。及倒剌沙构兵上都，兵溃，伯答沙奉玺绂来上，文宗嘉之。拜太傅，仍为札鲁忽赤。至顺三年薨。

伯答沙为人清慎宽厚，号称长者。其殁也，贫无以为敛，人皆叹其廉。诏赠推忠佐理正德秉义功臣、开府仪同三司、太师、上柱国，追封威平王。

三子：长马马的斤，次泼皮，次八郎。八郎期而孤，其母乞咬契氏，二十而寡，守节不他适。八郎后为大宗正府札鲁忽赤，能继其先。有成立者，母氏之教也。

孟速思，畏兀人，世居别失八里，古北庭都护之地。幼有奇质，年十五，尽通本国书。太祖闻之，召至阙下，一见大悦，曰："此儿目中有火，它日可大用。"以授睿宗，使视显懿庄圣皇后分邑岁赋。复事世祖于潜藩，日见亲用。

宪宗崩，孟速思言于世祖曰："神器不可久旷，太祖嫡孙，唯王最长且贤，宜即皇帝位。"诸王塔察儿、也孙哥、合丹等，咸是其言。世祖即位，眷顾益重。南征时，与近臣不只儿为断事官。及诸王阿里不哥叛，相拒漠北，不只儿有二心，孟速思知之，奏徙之于中都，亲监护以往。帝以为忠，数命收召豪俊，凡所引荐，皆极其选。诏与安童并拜丞相，固辞。帝语安童及丞相伯颜、御史大夫月鲁那演等曰："贤哉孟速思，求之彼族，诚为罕也。"

　　孟速思为人刚严谨信。早居帷幄，谋议世莫得闻。至元四年卒，年六十二。帝尤哀悼，特谥敏惠。武宗朝，赠推忠同德佐理功臣、太师、开府仪同三司、上柱国，追封武都王，改谥智敏。子九人，多至大官。

元史卷一二五
列传第一二

赛典赤赡思丁 _{纳速剌丁　忽辛}
布鲁海牙　高智耀 _睿　铁哥

赛典赤赡思**丁**，一名乌马儿，回回人，别庵伯尔之裔。其国言赛典赤，犹华言贵族也。太祖西征，赡思丁率千骑以文豹白鹘迎降，命入宿卫，从征伐，以赛典赤呼之而不名。

太宗即位，授丰、靖、云内三州都达鲁花赤；改太原、平阳二路达鲁花赤；入为燕京断事官。宪宗即位，命同塔剌浑行六部事，迁燕京路总管，多惠政，擢采访使。帝伐蜀，赛典赤主馈饷，供亿未尝阙乏。

世祖即位，立十路宣抚司，擢燕京宣抚使。中统二年，拜中书平章政事，皆降制奖谕。至元元年，置陕西五路西蜀四川行中书省，出为平章政事。莅官三年，增户九千五百六十五、军一万二千二百五十五、钞六千二百二十五锭、屯田粮九万七千二十一石，撙节和买钞三百三十一锭。中书以闻，诏赏银五千两，仍命陕西五路四川行院大小官属并听节制。

七年，分镇四川，宋将昝万寿拥强兵守嘉定，与赛典赤军对垒，一以诚意待之，不为侵掠，万寿心服。未几，赛典赤召还，万寿请置酒为好，左右皆难之，赛典赤竟往不疑。酒至，左右复言未可饮。赛典赤笑曰："若等何见之小耶。昝将军能毒我，其能尽毒我朝之人乎。"万寿叹服。八年，有旨，大军见围襄阳，各道宜进兵以牵制之。

于是赛典赤偕郑鼎率兵水陆并进,至嘉定,获宋将二人,顺流纵筏,断其浮桥,获战舰二十八艘。寻命行省事于兴元,专给粮饷。

十一年,帝谓赛典赤曰:"云南朕尝亲临,比因委任失宜,使远人不安,欲选谨厚者抚治之,无如卿者。"赛典赤拜受命,退朝,即访求知云南地理者,画其山川、城郭、驿舍、军屯、夷险远近为图以进,帝大悦,遂拜平章政事,行省云南,赐钞五十万缗、金宝无算。

时宗王脱忽鲁方镇云南,惑于左右之言,以赛典赤至,必夺其权,具甲兵以为备。赛典赤闻之,乃遣其子纳速剌丁先至王所,请曰:"天子以云南守者非人,致诸国背叛,故命臣来安集之,且戒以至境即加抚循,今未敢专,愿王遣一人来共议。"王闻,遽骂其下曰:"吾几为汝辈所误。"明日,亲臣撒满、位哈乃等至,赛典赤问以何礼见,对曰:"吾等与纳速剌丁偕来,视犹兄弟也,请用子礼见。"皆以名马为贽,拜跪甚恭,观者大骇。乃设宴陈所赐金宝饮器,酒罢,尽以与之,二人大喜过望。明日来谢。语之曰:"二君虽为宗王亲臣,未有名爵,不可以议国事,欲各授君行省断事官,以未见王,未敢擅授。"令一人还,先禀王,王大悦。由是政令一听赛典赤所为。

十二年,奏:"云南诸夷未附者尚多,今拟宣慰司兼行元帅府事,并听行省节制。"又奏:"哈剌章、云南壤地均也,而州县皆以万户、千户主之,宜改置令长。"并从之。十三年,以所改云南郡县上闻。云南俗无礼仪,男女往往自相配偶,亲死则火之,不为丧祭。无粳稻桑麻,子弟不知读书。赛典赤教之拜跪之节,婚姻行媒,死者为之棺椁奠祭,教民播种,为陂池以备水旱,创建孔子庙、明伦堂,购经史,授学田,由是文风稍兴。云南民以贝代钱,是时初行钞法,民不便之,赛典赤为闻于朝,许仍其俗。又患山路险远,盗贼出没,为行者病,相地置镇,每镇设土酋吏一人、百夫长一人,往来者或值劫掠,则罪及之。

有土吏数辈,怨赛典赤不已,用至京师诬其专僭数事。帝顾侍臣曰:"赛典赤忧国爱民,朕洞知之,此辈何敢诬告!"即命械送赛典赤处治之。既至,脱其械,且谕之曰:"若曹不知上以便宜命我,故诉我专僭,我今不汝罪,且命汝以官,能竭忠自赎乎?"皆叩头拜谢曰:"某有死罪,平章既生之而又官之,誓以死报。"

交趾叛服不常,湖广省发兵屡征不利,赛典赤遣人谕以逆顺祸福,且约为兄弟。交趾王大喜,亲至云南,赛典赤又郊迎,待以宾礼,遂乞永为藩臣。

萝槃甸叛,往征之,有忧色,从者问故,赛典赤曰:"吾非忧出征也,忧汝曹冒锋镝,不幸以无辜而死;又忧汝曹劫虏平民,使不聊生,及民叛,则又从而征之耳。"师次萝槃城,三日不降,诸将请攻之,赛典赤不可,遣使以理谕之。萝槃主曰:"谨奉命。"越三日又不降,诸将奋勇请进兵,赛典赤又不可,俄而将卒有乘城进攻者,赛典赤大怒,遽鸣金止之,召万户叱责之曰:"天子命我安抚云南,未尝命以杀戮也。无主将命而擅攻,于军法当诛。"命左右缚之,诸将叩首,请俟城下之日从事。萝槃主闻之曰:"平章宽仁如此,吾拒命不祥。"乃举国出降。将卒亦释不诛。由是西南诸夷翕然款附。夷酋每来见,例有所献纳,赛典赤悉分赐从官,或以给贫民,秋毫无所私;为酒食劳酋长,制衣冠袜履,易其卉服草履。酋皆感悦。

赛典赤居云南六年,至元十六年卒,年六十九,百姓巷哭,葬鄯阐北门。交趾王遣使者十二人,齐经为文致祭,其辞有"生我育我,慈父慈母"之语,使者号泣震野。帝思赛典赤之功,诏云南省臣尽守赛典赤成规,不得辄改。大德元年,赠守仁佐运安远济美功臣、太师、开府仪同三司、上柱国、咸阳王,谥忠惠。

子五人:长纳速剌丁;次哈散,广东道宣慰使都元帅;次忽辛;次苫速丁兀默里,建昌路总管;次马速忽,云南诸路行中书省平章政事。

纳速剌丁,累官中奉大夫、云南路宣慰使都元帅。至元十六年,迁帅大理,以军抵金齿、蒲、骠、曲蜡、缅国,招安夷寨三百,籍户十二万二百,定租赋,置邮传,立卫兵,归以驯象十二入贡,有旨赏金五十两、衣二袭,麾下士赏银有差。

会其父赡思丁殁，云南省臣于诸夷失抚绥之方，世祖忧之，近臣以纳速丁为言。十七年，授资德大夫、云南行中书省左丞，寻升右丞。建言三事：其一谓云南省规措所造金薄贸易病民，宜罢；其一谓云南有省，有宣慰司，又有都元帅府，近宣慰司已奏罢，而元帅府尚存，臣谓行省既兼领军民，则元帅府亦在所当罢；其一谓云南官员子弟入质，臣谓达官子弟当遣，余宜罢。奏可。

二十一年，进荣禄大夫、平章政事。奏减合剌章冗官，岁省俸金九百余两；屯田课程专人掌之，岁得五千两。三十二年，以合剌章蒙古军千人，从皇太子脱欢征交趾，论功赏银二千两。二十八年，进拜陕西行省平章政事。二十九年，以疾卒。赠推诚佐理协德功臣、太师、开府仪同三司、上柱国、中书左丞相，封延安王。

子十二人：伯颜，中书平章政事；乌马儿，江浙行省平章政事；劄法儿，荆湖宣慰使；忽先，云南行省平章政事；沙的，云南行省左丞；阿容，太常礼仪院使；伯颜察儿，中书平章政事，佩金虎符，赠太师、开府仪同三司、上柱国、中书左丞相、奉元王，谥忠宪。

忽辛，至元初以世臣子备宿卫，世祖善其应对。至元十四年，授兵部郎中。明年，出为河南等路宣慰司同知。河南多强盗，往往群聚山林，劫杀行路，官军收捕失利，忽辛以招安自任，遣士豪持檄谕之。未几，贼二人来自归，忽辛赐之冠巾，且谕之曰："汝昔为贼，今既自归，即良民矣。"俾侍左右，出入房闼无间，悉放还，令遍谕其党。数日后，招集其为首者十辈来，身长各七尺余，罗拜庭下，顾视异常，众悉惊怖失措。忽辛命吏籍其姓名为民，俾随侍左右，夜则令卧户外，时呼而饮食之，各得其欢心。群盗闻之，相继款附。

二十一年，授云南诸路转运使。明年，转陕西道。又明年，授燕南河北道宣慰司同知，寻除南京总管，三十年，授两浙盐运使。大德九年，进江东道宣慰使，改陕西行台御史中丞，再改云南行省右丞。

既至，条具诸不便事言于宗王，请更张之，王不可，忽辛与左丞刘正驰还京师，有旨令宗王协力施行。由是一切病民之政，悉革而新之。豪民规避徭役，往往投充王府宿卫，有司不胜供给，忽辛按朝廷元额所无者，悉籍为民，去其宿卫三分之二。马龙州酋谋叛，阴与外贼通，持所受宣敕纳贼以示信，事觉，宗王为左右所蔽，将释不问，忽辛与刘正反覆研鞫，反状尽得，竟斩之。军粮支给，地理远近不同，吏夤缘为奸，忽辛籍军户姓名及仓廪处所，为更番支给，吏奸始除。

先是，赡思丁为云南平章时，建孔子庙为学校，拨田五顷，以供祭祀教养。赡思丁卒，田为大德寺所有，忽辛按庙学旧籍夺归之。乃复下诸郡邑遍立庙学，选文学之士为之教官，文风大兴。王府畜马繁多，悉纵之郊，败民禾稼，而牧人又在民家宿食，室无宁居。忽辛度地置草场，构屋数十间，使为牧所，民得以安。

广南酋沙奴素强悍，宋时尝赐以金印，云南诸部悉平，独此梗化。忽辛遣使诱致，待之以礼，留数月不遣，酋请还，忽辛曰："汝欲还，可纳印来。"酋不得已，赍印以纳，忽辛置酒宴劳，讽令偕印入觐，帝大悦。

大德五年，缅国主负固不臣，忽辛遣人谕之曰："我老赛典赤平章子也，惟先训是遵，凡官府于汝国所不便事，当一切为汝更之。"缅国主闻之，遂与使者偕来，献白象一，且曰："此象古来所未有，今圣德所致，敢效方物。"既入，帝赐缅国主以世子之号。乌蛮等租赋，岁发军徵索乃集，忽辛以利害榜谕诸蛮，不遣一卒，而租赋咸足。俄有为飞语及符谶以惑宗王者，忽辛引刘正密为奏驰报，朝廷遣使临问，凡造言之徒悉诛之，忽辛偕使者还觐。

大德八年，出为四川行省左丞，改江浙行省。至大元年，拜荣禄大夫、江西行省平章政事。明年，以母老谢职归养。又明年正月卒。天历元年，赠守德宣惠敏政功臣、上柱国、雍国公，谥忠简。子二人：伯杭，中庆路达鲁花赤；曲列，湖南道宣慰使。

布鲁海牙，畏吾人也。祖牙儿八海牙，父吉台海牙，俱以功为其国世臣。布鲁海牙幼孤，依舅氏家就学，未几，即善其国书，尤精骑射。年十八，随其主内附，充宿卫。

太祖西征，布鲁海牙扈从，不避劳苦，帝嘉其勤，赐以羊马毡帐，又以居里可汗女石抹氏配之。太祖崩，诸王来会，选使燕京总理财币。使还，庄圣太后闻其廉谨，以名求之于太宗，凡中宫军民匠户之在燕京、中山者，悉命统之，又赐以中山店舍园田、民户二十，授真定路达鲁花赤。

辛卯，拜燕南诸路廉访使，佩金虎府，赐民户十。未几，授断事官，使职如故。时断事官得专生杀，多倚势作威，而布鲁海牙小心谨密，慎于用刑。有民误殴人死，吏论以重法，其子号泣请代死，布鲁海牙戒吏，使擒于市，惧则杀之。既而不惧，乃曰："误殴人死，情有可宥，子而能孝，义无可诛。"遂并释之，使出银以资葬埋，且呼死者家谕之，其人悦从。

是时法制未定，奴有罪者，主得专杀。布鲁海牙知其非法而不能救，尝出金赎死者数十人。征讨之际，隶军籍者，惮于行役，往往募人代之，又军中多逃归者，朝廷下制：募代者杖百，逃归者死。命布鲁海牙与断事官卜只儿按顺天等路，及至州县，得募人代者万一千户，逃者十二人。然募者闻命将下，已潜遣家人易代募者。布鲁海牙闻之，叹曰："募者已惧罪往易，逃者因单弱思归，情皆可矜，吾可不伸理耶。"遂奏其状，皆得轻减。有丁多产富而家人不往，及未至役所而即逃者，则曰："此而不杀，何以戒后！"有窃妓逃者，吏论当死，布鲁海牙曰："败乱纲常，罪固宜死；此妓也，岂可例论！"命杖之。其执法平允类如此。

世祖即位，择信臣宣抚十道，命布鲁海牙使真定。真定富民出钱贷人者，不逾时倍取其息，布鲁海牙正其罪，使偿者息如本而止，后定为令。中统钞法行，以金银为本，本至，乃降新钞。时庄圣太后已命取真定金银，由是真定无本，钞不可得。布鲁海牙遣幕僚邢泽往谓平章王文统曰："昔奉太后旨，金银悉送至上京，真定南北要冲之地，居民商贾甚多，今旧钞既罢，新钞不降，何以为政。且以金银为本，岂若以民为本。又太后之取金帛，以赏推戴之功也，其为本不亦大乎!"文统不能夺,立降钞五千锭,民赖以便。俄迁顺德等路宣慰使,佩金虎符。来朝,帝命坐,慰劳之,赐以海东青鹘。至元二年秋卒,年六十九。

布鲁海牙性孝友,造大宅于燕京,自畏吾国迎母来居,事之,得禄不入私室。幼时叔父阿里普海牙欺之,尽有其产,及贵显,筑室宅旁,迎阿里普海牙居之,弟益特思海牙以宿憾为言,常慰谕之,终无间言。帝尝赐以太府绫绢五千匹,丝絮相等,弟求四之一纳其国赋,尽与之,无吝色。初布鲁海牙拜廉使,命下之日,子希宪适生,喜曰:"吾闻古以官为姓,天其以廉为吾宗之姓乎!"故子孙皆姓廉氏。后或奏廉氏仕进者多,宜稍汰去,世祖曰:"布鲁海牙功多,子孙亦朕所知,非汝当预。"大德初,赠仪同三司、大司徒,追封魏国公,谥孝懿。

子希闵、希宪、希恕、希尹、希颜、希愿、希鲁、希贡、希中、希括,孙五十三人,登显仕者代有之,希宪自有传。

高智耀,河西人,世仕夏国。曾祖逸,大都督府尹;祖良惠,右丞相。智耀登本国进士第,夏亡,隐贺兰山。太宗访求河西故家子孙之贤者,众以智耀对,召见将用之,遽辞归。

皇子阔端镇西凉,儒者皆隶役,智耀谒藩邸,言儒者给复已久,一旦与厮养同役,非便,请除之。皇子从其言,欲奏官之,不就。宪宗即位,智耀入见,言:"儒者所学尧、舜、禹、汤、文、武之道,自古有国家者,用之则治,不用则否,养成其材,将以资其用也。宜蠲免徭役以教育之。"帝问:"儒家何如巫医?"对曰:"儒以纲常治天下,岂方技所得比。"帝曰:"善。前此未有以是告朕者。"诏复海内儒士徭役,无有所与。

世祖在潜邸已闻其贤,及即位,召见,又力言儒术有补治道,反覆辩论,辞累千百。帝异其言,铸印授之,命凡免役儒户,皆从之给公文为左验。时淮、蜀士遭俘虏者,皆没为奴,智耀奏言:"以儒为驱,古无有也。陛下方以古道为治,宜除之,以风厉天下。"帝然之,即拜翰林学士,命循行郡县区别之,得数千人。贵臣或言其诡滥,帝诘之,对曰:"士,譬则金也,金色有浅深,谓之非金不可,才艺有浅深,谓之非士亦不可。"帝悦,更宠赉之。智耀又言:"国初庶政草创,纲纪未张,宜仿前代,置御史台以纠肃官常。"至元五年立御史台,用其议也。

擢西夏中兴等路提刑按察使。会西北藩王遣使入朝,谓:"本朝旧俗与汉法异,今留汉地,建都邑城郭,仪文制度,遵用汉法,其故何如?"帝求报聘之使以析其问,智耀入见,请行,帝问所答,画一敷对,称旨,即日遣就道。至上京,病卒,帝为之震悼。后赠崇文赞治功臣、金紫光禄大夫、司徒、柱国,追封宁国公,谥文忠。子睿。

睿,资禀直亮,智耀之北使也,携之以行。及卒,帝问其子安在,近臣以睿见,时年十六,授符宝郎,出入禁闼,恭谨详雅。久之,授唐兀卫指挥副使,历翰林待制、礼部侍郎。

除嘉兴路总管,境内有宿盗,白昼掠民财,捕者积十数辈莫敢近。睿下令,不旬日,生擒之,一郡以宁。擢江东道提刑按察使,部内草窃陆梁,声言围宣城,郡将怯懦,城门不开。睿召责之曰:"寇势方炽,官先示弱,民何所凭。"即命密治兵卫,而洞开城门,听民出入贸易自便。既而寇以有备,不敢进,遂讨平之。除同金行枢密院事,迁浙西道肃政廉访使。盐官州民。有连结党与,持郡邑短长,其目曰十老,吏莫敢问,睿悉按以法,阖境快之。拜江南行台侍御史,进御史中丞,除淮东道肃政廉访使。盗窃真州库钞三万缗,有司大索,追逮平民数百人,吏因为奸利,睿躬自详谳而得其情,即纵遣之。未几,果得真盗,复拜南台御史中丞,务持大体,有儒者之风焉。

延祐元年卒,年六十有六。累赠推忠佐理功臣、太傅、开府仪同三司、上柱国,追封宁国公,谥贞简。

子纳麟,官至太尉、江南诸道行御史台大夫。

铁哥,姓伽乃氏,迦叶弥儿人。迦叶弥儿者,西域筑乾国也。

　　父斡脱赤与叔父那摩俱学浮屠氏。斡脱赤兄弟相谓曰："世道扰攘,吾国将亡,东北有天子气,盍往归之。"乃偕入见,太宗礼遇之。定宗师事那摩,以斡脱赤佩金符,奉使省民瘼。宪宗尊那摩为国师,授玉印,总天下释教。斡脱赤亦贵用事,领迦叶弥儿万户,奏曰:"迦叶弥儿西陲小国,尚未臣服,请往谕之。"诏偕近侍以往。其国主不从,怒而杀之,帝为发兵诛国主。元贞元年封代国公,谥忠遂。

　　斡脱赤之殁,铁哥甫四岁,性颖悟,不为嬉戏。从那摩入见,帝问谁氏子,对曰:"兄斡脱赤子也。"帝方食鸡,辍以赐铁哥,铁哥捧而不食,帝问之,对曰:"将以遗母。"帝奇之,加赐一鸡。世祖即位,幸香山永安寺,见书畏吾字于壁,问谁所书,僧对曰:"国师兄子铁哥书也。"帝召见,爱其容仪秀丽,语音清亮,命隶丞相孛罗备宿卫。

　　先是,世祖事宪宗甚亲爱,后以谗稍疏,国师导世祖宜加敬慎,遂友爱如初。至是,帝将用铁哥,曰:"吾以酬国师也。"于是铁哥年十七,诏择贵家女妻之,辞曰:"臣母汉人,每欲求汉人女为妇,臣不敢伤母心。"乃为娶冉氏女。久之,命掌饔膳汤药,日益亲密。

　　至元十六年,铁哥奏曰:"武臣佩符,古制也。今长民者亦佩符,请省之,以彰武职。"从之。十七年,进正议大夫、尚膳监。帝尝谕之曰:"朕闻父饮药,子先尝之,君饮药,臣先尝之。今卿典朕膳,凡饮食汤药,宜先尝之。"又曰:"朕以宿卫士隶卿,其可任使者,疏其才能,朕将用之。"诏赐第于大明宫之左,留守段圭言:"逼木局,不便。"帝曰:"俾居近禁闼,以便召使。木局稍隘,又何害焉。"

　　高州人言,州境多野兽害稼,愿捕以充贡。铁哥曰:"捕兽充贡,徒济其私耳,且扰民,不可听。"从之。十九年,迁同知宣徽院事,领尚膳监。有食尚食余饼者,帝察知之,怒。铁哥曰:"失饼之罪在臣,食者何与焉。"内府食用圆米,铁哥奏曰:"计粳米一石,仅得圆米四斗,请自今非御用,止给常米。"帝皆善之。进中奉大夫、司农寺达鲁花赤。从猎百眘儿之地,猎人亦不剌金射兔,误中名驼,驼死,帝怒,命诛之。铁哥曰:"杀人偿畜,刑太重。"帝惊曰:"误耶,史官必书。"

亟释之。庾人有盗凿粳米者，罪当死。铁哥谏曰："臣鞫庾人，其母病，盗粳欲食母耳，请贷之。"牧人有盗割驼峰者，将诛之。铁哥曰："生割驼峰，诚忍人也。然杀之，恐乖陛下仁恕心。"诏皆免死。

二十二年，进正奉大夫，奏："司农寺宜升为大司农司，秩二品，使天下知朝廷重农之意。"制可。进资善大夫、司农。时司农供膳，有司多扰民，铁哥奏曰："屯田则备诸物，立供膳司甚便。"从之。桓州饥民鬻子女以为食，铁哥奏以官帑赎之。

二十四年，从征乃颜，至撒儿都之地，叛王塔不台率兵奄至。铁哥奏曰："昔李广一将耳，尚能以疑退敌，况陛下万乘之威乎？今彼众我寡，不得地利，当设疑以退之。"于是帝张曲盖，据胡床，铁哥从容进酒。塔不台按兵觇伺，惧有伏，遂引去。帝以金章宗玉带赐之。

二十九年，进荣禄大夫、中书平章政事。以病足，听舆轿入殿门。帝尝忆北征事，不能悉记，铁哥条举甚详，帝悦，以金束带赐之。初，诏遣宋新附民种葡萄于野马川晃火儿不剌之地，既献其实，铁哥以北方多寒，奏岁赐衣服，从之。

成宗即位，以铁哥先朝旧臣，赐银一千两、钞十万贯。他日，又赐以玛瑙碗，谓铁哥曰："此器先皇所用，朕今赐卿，以卿久侍先皇故也。"大德元年，加光禄大夫。三年，乞解机务，从之。仍授平章政事、议中书省事。时诸王朝见，未有知典故者，帝曰："惟铁哥知之，俾专其事，凡廪饩金帛之数，皆遵世祖制诏，自今怀诸王之礼，悉命铁哥掌之。"

七年，复拜中书平章政事。平滦大水，铁哥奏曰："散财聚民，古之道也。今平滦水灾，不加赈恤，民不聊生矣！"从之。十年，丁母忧，诏夺情起复。辽王脱脱入朝，从者执兵入大明宫，铁哥劾止之，王惧谢。从幸晋山，饥民相望，铁哥辄发廪赈之，既乃陈疏自劾，帝称善不已。

武宗即位，赐金一百两，加金紫光禄大夫，遥授中书右丞相。有诉宁远王阔阔出有逆谋者，命诛之。铁哥知其诬，廷辨之，由是得释，徙高丽。二年，领度支院。寻赐江州稻田五千亩。

仁宗皇庆元年，授开府仪同三司、太傅、录军国重事。乃进奏：世祖子惟宁远王在，宜赐还。从之。二年，奉命诣万安寺祀世祖，感疾归，皇太后令内臣问疾，铁哥附奏曰："臣死无日，愿太后辅陛下布惟新之政，社稷之福也。"是年薨，赐赗礼加厚，敕有司治丧事，赠太师、开府仪同三司、上柱国，追封秦国公，谥忠穆。加赠推诚守正佐理翊戴功臣，封延安王，改谥忠献。

子六人：忽察，淮东宣慰使；平安奴，太平路达鲁花赤；也识哥，同知山东宣慰司事；虎里台，同知真定总管府事；亦可麻，同知都护府事；重喜，隆禧院副使。孙八人，伯颜，中书平章政事；余多居宿卫。

元史卷一二六
列传第一三

安童 兀都带　廉希宪 睿

安童，木华黎四世孙，霸突鲁长子也。中统初，世祖追录元勋，召入长宿卫，年方十三，位在百僚上。母弘吉剌氏，昭睿皇后之姊，通籍禁中。世祖一日见之，问及安童，对曰："安童虽幼，公辅器也。"世祖曰："何以知之。"对曰："每退朝必与老成人语，未尝狎一年少，是以知之。"世祖悦。

四年，执阿里不哥党千余，将置之法，安童侍侧，帝语之曰："朕欲置此属于死地，何如？"对曰："人各为其主，陛下甫定大难，遽以私憾杀人，将何以怀服未附。"帝惊曰："卿年少，何从得老成语，此言正与朕意合。"由是深重之。

至元二年秋八月，拜光禄大夫、中书右丞相，增食邑至四千户。辞曰："今三方虽定，江南未附，臣以年少，谬膺重任，恐四方有轻朝廷心。"帝动容有间曰："朕思之熟矣，无以逾卿。"冬十月，召许衡至，传旨令衡入省议事，衡以疾辞，安童即亲候其馆，与语良久，既还，念之不释者累日。三年，帝谕衡曰："安童尚幼，未更事，善辅导之。汝有嘉谟，当先告之以达朕，朕将择焉。"衡对曰："安童聪敏，且有执守，告以古人所言，悉能领解，臣不敢不尽心。但虑中有人间之，则难行，外用势力纳人其中，则难行。臣入省之日浅，所见如此。"四年三月，安童奏："内外官须用老成人，宜令儒臣姚枢等入省议事。"帝曰："此辈虽闲，犹当优养，其令入省议事。"

五年，廷臣密议立尚书省，以阿合马领之，乃先奏以安童宜位三公。事下诸儒议，商挺倡言曰："安童，国之柱石，若为三公，是崇以虚名而实夺之权也，甚不可。"众曰然，事遂罢。七年四月，奏曰："臣近言：'尚书省、枢密院各令奏事，并如常制，其大政令，从臣等议定，然后上闻。'既得旨矣，今尚书一切径奏，似违前旨。"帝曰："岂阿合马以朕颇信用之，故尔专权耶。不与卿议，非是。"敕如前旨。

八年，陕西省臣也速迭儿建言，比因饥馑，盗贼滋横，若不显戮一二，无以示惩。敕中书详议，安童奏曰："强、窃均死，恐非所宜，罪至死者，宜仍旧待报。"从之。

十年春三月，奏以玉册、玉宝上皇后弘吉剌氏，以玉册、金宝立燕王为皇太子，兼中书令，判枢密院事。冬十月，帝谕安童及伯颜等曰："近史天泽、姚枢纂定《新格》，朕已亲览，皆可行之典，汝等亦当一一留心参考，岂无一二可增减者。"各令纪录促议行之。时天下待报死囚五十人，安童奏其中十三人因斗殴杀人，余无可疑。于是诏以所奏十三人免死从军。十一年，奏阿合马蠹国害民数事；又奏各部与大都路官多非才，乞加黜汰。从之。

十二年七月，诏以行中书省枢密院事，从太子北平王出镇极边，在边十年。二十一年三月，从王归，待罪阙下，帝即召见慰劳之，顿首谢曰："臣奉使无状，有累圣德。"遂留寝殿，语至四鼓乃出。冬十一月，和礼霍孙罢，复拜中书右丞相，加金紫光禄大夫。二十二年，右丞卢世荣败，诏与诸儒条其所用人及所为事，悉罢之。

二十三年夏，中书奏拟漕司诸官姓名，帝曰："如平章、右丞等，朕当亲择，余皆卿等职也。"安童奏曰："比闻圣意欲倚近侍为耳目，臣猥承任使，若所行非法，从其举奏，罪之轻重，惟陛下裁处。今近臣乃伺隙援引非类，曰某居某官、某居某职，以所署奏目付中书施行。臣谓铨选之法，自有定制，其尤无事例者，臣常废格不行，虑其党有短臣者，幸陛下详察。"帝曰："卿言是也。今后若此者勿行，其妄奏者，即入言之。"奏徵前吏部尚书李昶，不起；复奏赐田十顷。

二十四年，宗王乃颜叛，世祖亲讨平之。宗室诖误者，命安童按问，多所平反。尝退朝，自左掖门出，诸免罪者争迎谢，或执辔扶上马，安童毅然不顾。有乘间言于帝曰："诸王虽有罪，皆帝室近亲也，丞相虽尊，人臣也，何悖慢如此！"帝良久曰："汝等小人，岂知安童所为，特辱之使改过耳。"

是岁，复立尚书省，安童切谏曰："臣力不能回天，乞不用桑哥，别相贤者，犹或不至虐民误国。"不听。二十五年，见天下大权尽归尚书，屡求退，不许。二十八年，罢相，仍领宿卫事。

三十年春正月，以疾薨于京师乐安里第，年四十九。雨木冰三日，世祖震悼曰："人言丞相病，朕固弗信，果丧予良弼。"诏大臣监护丧事。大德七年，成宗制赠推忠同德翊运功臣、太师、开府仪同三司、上柱国、东平忠宪王。碑曰开国元勋命世大臣之碑。子兀都带。

兀都带器度宏远，世祖时袭长宿卫。父安童殁，凡赙赗之物，一无所受，以素车朴马归葬只兰秃先茔。事母以孝闻。成宗即位，拜银青荣禄大夫、大司徒，领太常寺事。为请谥尚郊，摄太尉，奉册上尊号、庙号、皇后尊号。常侍掖庭，赞画大政，帝及中宫咸以家人礼待之。

大德六年正月薨，年三十一。至大二年，制赠输诚保德翊运功臣、太师、开府仪同三司、上柱国、东平王，谥忠简。子拜住，自有传。

廉希宪，字善甫，布鲁海牙子也。幼魁伟，举止异凡儿。九岁，家奴四人盗五马逃去，既获，时于法当死，父怒，将付有司，希宪泣谏止之，俱得免死。又尝侍母居中山，有二奴醉出恶言，希宪曰："是以我为幼也。"即送系府狱，杖之。皆奇其有识。世祖为皇弟，希宪年十九，得入侍，见其容止议论，恩宠殊绝。希宪笃好经史，手不释卷。一日，方读《孟子》，闻召，急怀以进。世祖问其说，遂以性善义利仁暴之旨为对，世祖嘉之，目曰廉孟子，由是知名。尝与近臣校射世祖前，希宪腰插三矢，有欲取以射者，希宪曰："汝以我为不能耶？

但吾弓力稍弱耳。"左右授以劲弓,三发连中。众惊服曰:"真文武材也。"

岁甲寅,世祖以京兆分地命希宪为宣抚使。京兆控制陇蜀,诸王贵藩分布左右,民杂羌戎,尤号难治。希宪讲求民病,抑强扶弱。暇日从名儒若许衡、姚枢辈谘访治道,首请用衡提举京兆学校,教育人材,为根本计。国制,为士者无隶奴籍,京兆多豪强,废令不行。希宪至,悉令著籍为儒。有民妻与卜者厌诅其夫,杀之,狱成,僚佐皆言方大旱,卜者宜减死,希宪议当伏法,已而大雨立应。

初,世祖受命宪宗,经理河南关右,居数岁,谗者谓王府人多专擅不法,至是,命阿蓝答儿、刘太平检核所部,用酷吏分领其事,大开告讦。希宪曰:"宣抚司事由己出,有罪固当独任,僚属何预。"及事竟,卒无获罪者。己未,宪宗驻跸合州,世祖渡江取鄂州,命希宪入籍府库。希宪引儒生百余,拜伏军门,因言:"今王师渡江,凡军中俘获士人,宜官购遣还,以广异恩。"世祖嘉纳之。还者五百余人。

宪宗崩,讣音至,希宪启曰:"殿下太祖嫡孙,先皇母弟,前征云南,克期抚定,及今南伐,率先渡江,天道可知。且殿下收召才杰,悉从人望,子惠黎庶,率土归心。今先皇奄弃万国,神器无主,愿速还京,正大位以安天下。"世祖然之,且命希宪先行,审察事变。对曰:"刘太平、霍鲁海在关右,浑都海在六盘,征南诸军散处秦、蜀,太平要结诸将,其性险诈,素畏殿下英武,倘倚关中形胜,设有异谋,渐不可制,宜遣赵良弼往觇人情事宜。"从之。阿里不哥构乱北边,遣脱忽思发兵河朔,大肆凶暴。真定名士李槃尝奉庄圣太后命侍阿里不哥讲读,脱忽思怒槃不附己,械之,希宪访槃于狱,言于世祖而释之。世祖命希宪赐膳于宗王塔察儿,希宪即以己意白王,宜首建翊戴之谋,王然之,许以身任其事。归启其言,世祖曰:"若此重事,卿何不惧之甚耶!"

庚申,至开平,宗室诸王劝进,谦让未允,希宪复以天时人事进言。且曰:"阿里不哥于殿下为母弟,居守朔方,专制有年,或觊望神器,事不可测,宜早定大计。"世祖然之。明日即位,建元中统。希宪上言："高丽王子倎久留京师，今闻其父死，宜立为王，遣还国，以恩结之。"又言："鄂兵未还，宜遣使与宋讲好，敕诸军北归。"帝皆从之。

赵良弼还自关右，奏刘太平、霍鲁海反状，皆如希宪言。初分汉地为十道，乃并京兆、四川为一道，以希宪为宣抚使。太平、霍鲁海闻之，乘驿急入京兆，密谋为变。后三日，希宪至，宣布诏旨，遣使安谕六盘。未几，断事官阔阔出遣使来告：浑都海已反，杀所遣使者朵罗台，遣人谕其党密里火者于成都、乞台不花于青居，使各以兵来援，又多与蒙古军奥鲁官兀奴忽等金帛，尽起新军，且约太平、霍鲁海同日俱发。希宪得报，召僚属谓曰："上新即位，责任吾等，正为今日。不早为之计，殆将无及。"遣万户刘黑马、京兆治中高鹏霄、华州尹史广，掩捕太平、霍鲁海及其党，获之，尽得其奸谋，悉置于狱。复遣刘黑马诛密里火者，总帅汪惟正诛乞台不花，具以驿闻。时关中无兵备，命汪惟良将秦、巩诸军进六盘，惟良以未得上旨为辞，希宪即解所佩虎符银印授之曰："此皆身承密旨，君但办吾事，制符已飞奏矣。"又付银一万五千两，以充功赏，出库币制军衣，惟良感激，遂行。又发蜀卒更戍，及在家余丁，推节制诸军蒙古官八春将之，谓之曰："君所将之众，未经训练，六盘兵精，勿与争锋，但张声势，使不得东，则大事济矣。"会有诏敕至，希宪命绞太平等于狱，尸于通衢，方出迎诏，人心遂安。乃遣使自劾停敕行刑、徵调诸军、擅以惟良为帅等罪。帝深善之，曰："经所谓行权，此其是也。"别赐金虎符，使节制诸军，且诏曰："朕委卿以方面之权，事当从宜，毋拘常制，坐失事机。"

西川将纽邻奥鲁官，将举兵应浑都海，八春获之，系其党五十余人于乾州狱，送二人至京兆，请并杀之。二人自分必死，希宪谓僚佐曰："浑都海不能乘势东来，保无他虑。今众志未一，犹怀反侧，彼军见其将校执囚，或别生心，为害不细。今因其惧死，并加宽释，使之感恩效力，就发此军余丁，往隶八春，上策也。"初，八春既执诸校，其军疑惧，骇乱四出，莫可禁遏，及知诸校获全，纽邻奥鲁官得释，大喜过望。切谕其属出兵效力，人人感悦，八春亦释然开悟，果得精骑数千，将与俱西。

诏以希宪为中书右丞，行秦蜀省事。浑都海闻京兆有备，遂西渡河，趋甘州，阿蓝答儿复自和林提兵与之合，分结陇、蜀诸将，又使纽邻兄宿敦为书招纽邻，于是成都帅百家奴，兴元忙古台，青居汪惟正、钦察，俱遣使言，人心危疑，事不可测。希宪遣使深谕戒之，两川诸将素惮希宪威名，按堵从命。浑都海、阿蓝答儿合军而东，诸将失利，河右大震，西土亲王执毕帖木儿辎重皆空，就食秦雍。朝议欲弃两川，退守兴元，希宪力言不可，乃止。会亲王合丹及汪惟良、八春等合兵复战西凉，大败之，俘斩略尽，得二叛首以送，枭之京兆市。事闻，帝大嘉之曰："希宪真男子也。"进拜平章政事，赐宅一区。时希宪年三十矣。

希宪奏：四川降民，皆散处山谷，宜申敕军吏，禁止俘掠，违者，千户以下与犯人同罪。又禁诸人无贩易生口。由是四川遂安，降者益众。又罢解盐户所摘军，及京兆诸处无籍户之戍灵州屯田者，以宽民力。钦察获宋臣张炳震、王政二人，俱以母老，愿赐矜放，希宪皆遣之还。因为书与宋四川制置余玠，谕以天道人事，玠得书愧感自守，不敢复轻动。巩昌帅府言，镇戎州有谋为叛者，连引四百余人，希宪详推之，惟诛首恶五人。宋将刘整以泸州降，尽系前归宋者数百人待报。希宪奏释之，且致书宰臣，待整以恩，当得其死力；整后首建取襄阳之策，果立勋效。宋将家属之在北者，希宪岁给其粮，仕于宋者，子弟得越界省其亲，人皆感之。

李璮反山东，事连王文统，平章赵璧素忌希宪勋名，因言文统由张易、希宪荐引，遂至大用，且关中形胜之地，希宪得民心，有商挺、赵良弼为之辅，此事宜关圣虑。帝曰："希宪自幼事朕，朕知其心，挺、良弼皆正士，何虑焉。"蜀降人费正寅以私怨潜希宪因李璮叛，亦修城治兵，潜畜异志，帝因惑之，命中书右丞南合代希宪行省，且覆视所告事，卒无实状。诏希宪还京师，陛见，言曰："方关陕叛乱，川蜀未宁，事急星火，臣随宜行事，不谋佐贰，如寅所言，罪止在臣，臣请逮系有司。"帝抚御床曰："当时之言，天知之，朕知之，卿果何罪！"慰谕良久。进拜中书平章政事。

一日夜半，召希宪入禁中，从容道藩邸时事，因及赵璧所言。希宪曰："昔攻鄂时，贾似道作木栅环城，一夕而成，陛下顾扈从诸臣曰'吾安得如似道者用之'。刘秉忠、张易进曰'山东王文统，才智士也，今为李璮幕僚'。诏问臣，臣对'亦闻之，实未尝识其人也'。"帝曰："朕亦记此。"

希宪在中书，振举纲维，综劾名实，汰逐冗滥，裁抑侥幸，兴利除害，事无不便，当时翕然称治，典章文物，粲然可考。又建言："国家自开创已来，凡纳土及始命之臣，咸令世守，至今将六十年，子孙皆奴视部下，都邑长吏，皆其皂隶僮使，前古所无，宜更张之，使考课黜陟。"始议行迁转法。

至元元年，丁母忧，率亲族行古丧礼，勺饮不入口者三日，恸则呕血，不能起，寝卧草土，庐于墓傍，宰执以忧制未定，欲极力起之，相与诣庐，闻号痛声，竟不忍言。未几，有诏夺情起复，希宪虽不敢违旨，然出则素服从事，入必缞绖。及丧父，亦如之。

奸臣阿合马领左右部，专总财赋，会其党相攻击，帝命中书推覆，众畏其权，莫敢问。希宪穷治其事，以状闻，杖阿合马，罢所领归有司。

帝谕希宪曰："吏废法而贪，民失业而逃，工不给用，财不赡费，先朝患此久矣。自卿等为相，朕无此忧。"对曰："陛下圣犹尧、舜，臣等未能以皋陶、稷、契之道，赞辅治化，以致太平，怀愧多矣。今日小治，未足多也。"因论及魏征，对曰："忠臣良臣，何代无之，顾人主用不用尔。"有内侍传旨入朝堂，言某事当尔，希宪曰："此阉宦预政之渐，不可启也。"遂入奏，杖之。

言者讼丞相史天泽，亲党布列中外，威权日盛，渐不可制。诏罢天泽政事，使待鞫问。希宪进曰："天泽事陛下久，知天泽深者，无如陛下。始自潜藩，多经任使，将兵牧民，悉有治效。陛下知其可付大事，用为辅相，小人一旦有言，陛下当熟察其心迹，果有肆横不臣者乎？今日信臣，故臣得预此旨，他日有讼臣者，臣亦遭疑矣。臣等备员政府，陛下之疑信若此，何敢自保。天泽既罢，亦当罢臣。"帝良久曰："卿且退，朕思之。"明日，帝召希宪谕曰："昨思之，天泽无对讼者。"事遂解。

又有讼四川帅钦察者，帝敕中书急遣使诛之。明日，希宪覆奏，帝怒曰："尚尔迟回耶！"对曰："钦察大帅，以一小人言被诛，民心必骇，收系至此，与讼者廷对，然后明其罪于天下为宜。"诏遣能者按问，其后事竟无实，钦察得免。

希宪每奏议帝前，论事激切，无少回惜。帝曰："卿昔事朕王府，多所容受，今为天子臣，乃尔木强耶？"希宪对曰："王府事轻，天下事重，一或面从，天下将受其害，臣非不自爱也。"

方士请炼大丹，敕中书给所需，希宪具以秦、汉故事奏，且曰："尧、舜得寿，不因大丹也。"帝曰"然"，遂却之。时方尊礼国师，帝命希宪受戒，对曰："臣受孔子戒矣。"帝曰："孔子亦有戒耶？"对曰："为臣当忠，为子当孝，孔子之戒，如是而已。"

五年，始建御史台，继设各道提刑按察司。时阿合马专总财利，乃曰："庶务责成诸路，钱谷付之转运，今绳治之如此，事何由办。"希宪曰："立台察，古制也，内则弹劾奸邪，外则察视非常，访求民瘼，裨益国政，无大于此。若去之，使上下专恣贪暴，事岂可集耶！"阿合马不能对。

七年，诏释京师系囚。西域人匿赞马丁，用事先朝，资累钜万，为怨家所告，系大都狱，既释之矣，时希宪在告，实不预其事。是秋，车驾还自上都，怨家诉于帝，希宪取堂判补署之曰："天威莫测，岂可幸其独不署以苟免耶。"希宪入见，以诏书为言，帝曰："诏释囚耳，岂有诏释匿赞马丁耶？"对曰："不释匿赞马丁，臣等亦未闻有此诏。"帝怒曰："汝等号称读书，临事乃尔，宜得何罪？"对曰："臣等忝为宰相，有罪当罢退。"帝曰："但从汝言。"即与左丞相耶律铸同罢。一日，帝问侍臣，希宪居家何为，侍臣以读书对。帝曰："读书固朕所教，然读之而不肯用，多读何为。"意责其罢政而不复求进也。阿合马因谗之曰："希宪日与妻子宴乐尔。"帝变色曰："希宪清贫，何从宴设。"希宪尝有疾，帝遣医三人诊视，医言须用沙糖作饮，时最艰得，家人求于外，阿合马与之二斤，且致密意。希宪却之曰："使此物果能活人，吾终不以奸人所与求活也。"帝闻而遣赐之。

嗣国王头辇哥行省镇辽阳，有言其扰民不便者。十一年，诏起希宪为北京行省平章政事。将行，肩舆入辞，赐坐，帝曰："昔在先朝，卿深识事机，每以帝道启朕，及鄂汉班师，屡陈天命，朕心不忘，丞相卿实宜为，顾退托耳。辽雪户不下数万，诸王、国婿分地所在，彼皆素知卿能，故命卿往镇，体朕此意。"辽东多亲王，使者传令旨，官吏立听，希宪至，始革正之。

有西域人自称驸马，营于城外，系富民，诬其祖父尝贷息钱，索偿甚急，民诉之行省，希宪命收捕之。其人怒，乘马入省堂，坐榻上，希宪命捽下跪，而问之曰："法无私狱，汝何人，敢擅系民？"令械系之。其人惶惧求哀，国王亦为之请，乃稍宽，令待对，举营夜遁。俄诏国王归国，希宪独行省事。朝廷降钞买马六千五百，希宪遣买于东州，得羡余马千三百。希宪曰："上之则若自炫。"即与他郡之不及者，以其直还官。长公主及国婿入朝，纵猎郊原，扰民为甚，希宪面谕国婿，欲入奏之。国婿惊愕，入语公主，公主出，饮希宪酒曰："从者扰民，吾不知也。请以钞万五千贯还敛民之直，幸勿遣使者。"自是贵人过者，皆莫敢纵。

十二年，右丞阿里海牙下江陵，图地形上于朝，请命重臣开大府镇之。帝急召希宪还，使行省荆南，赐坐，谕曰："荆南入我版籍，欲使新附者感恩、未来者向化，宋知我朝有臣如此，亦足以降其心。南土卑湿，于卿非宜，今以大事付托，度卿不辞。"赐田以养居者，马五十以给从者。希宪曰："臣每惧才识浅近，不能胜负大任，何敢辞疾。然敢辞新赐。"复有诏，令希宪承制授三品以下官。

希宪冒暑疾驱以进。至镇，阿里海牙率其属郊迎，望拜尘中，荆人大骇。即日禁剽夺，通商贩，兴利除害，兵民按堵。首录宋故宣抚、制置二司幕僚能任事者，以备采访，仍择二十余人，随材授职。左右难之。希宪曰："今皆国家臣子也,何用致疑。"时宋故官礼谒大府,必广致珍玩,希宪拒之,且语之曰:"汝等身仍故官,或不次迁擢,当念圣恩,尽力报效。今所馈者,若皆己物,我取之为非义;一或系官,事同盗窃;若敛于民,不为无罪。宜戒慎之。"皆感激谢去。令凡俘获之人,敢杀者,以故杀平民论。为军士所虏,病而弃之者,许人收养;病愈,故主不得复有。立契券质卖妻子者,重其罪,仍没入其直。先时,江陵城外蓄水捍御,希宪命决之,得良田数万亩,以为贫民之业。发沙市仓粟之不入官籍者二十万斛,以赈公安之饥。大纲既举,乃曰:"教不可缓也。"遂大兴学,选教官,置经籍,旦日亲诣讲舍,以厉诸生。

西南溪洞,及思、播田、杨二氏,重庆制置赵定应,俱越境请降。事闻,帝曰:"先朝非用兵不可得地,今希宪能令数千百里外越境纳土,其治化可见也。"关吏得江陵人私书不敢发,上之,枢密臣发之帝前,其中有曰:"归附之初,人不聊生。皇帝遣廉相出镇荆南,岂惟人渐德化,昆虫草木,咸被泽矣。"帝曰:"希宪不嗜杀人,故能尔也。"

希宪疾久不愈,十四年春,近臣董文忠言:"江陵湿热,如希宪病何?"即召希宪还,江陵民号泣遮道留之不得,相与画像建祠。希宪还,囊橐萧然,琴书自随而已。帝知其贫,特赐白金五千两、钞万贯。

五月,至上都,太常卿田忠良来问疾,希宪谓曰:"上都,圣上龙飞之地,天下视为根本。近闻龙冈遗火,延烧民居,此常事耳,慎勿令妄谈地理者惑动上意。"未几,果有数辈以徙置都邑事奏,枢密副使张易、中书左丞张文谦与之廷辨,力言不可,帝不悦。明日,召忠良质其事,忠良以希宪语对,帝曰:"希宪病甚,犹虑及此耶。"其议遂止。

诏徵扬州名医王仲明视希宪疾,既至,希宪服其药,能杖而起,帝喜谓希宪曰:"卿得良医,疾向愈矣。"对曰:"医持善药以疗臣疾,苟能戒慎,则诚如圣谕;设或肆惰,良医何益。"盖以医讽谏也。

会议立门下省，帝曰："侍中非希宪不可。"遣中使谕旨曰："鞍马之任，不以劳卿，坐而论道，时至省中，事有必须执奏，肩舆以入可也。"希宪附奏曰："臣疾何足恤。输忠效力，生平所愿。"皇太子亦遣人谕旨曰："上命卿领门下省，无惮群小，吾为卿除之。"竟为阿合马所沮。

十六年春，赐钞万贯，诏复入中书，希宪称疾笃。皇太子遣侍臣问疾，因问治道，希宪曰："君天下在用人，用君子则治，用小人则乱。臣病虽剧，委之于天。所甚忧者，大奸专政，群小阿附，误国害民，病之大者。殿下宜开圣意，急为屏除，不然，日就沉痼，不可药矣。"戒其子曰："丈夫见义勇为，祸福无预于己，谓皋、夔、契、伊、傅、周、召为不可及，是自弃也。天下事苟无牵制，三代可复也。"又曰："汝读《狄梁公传》乎？梁公有大节，为不肖子所坠，汝辈宜慎之！"

十七年十一月十九夜，有大星陨于正寝之旁，流光照地，久之方灭。是夕，希宪卒，年五十。大德八年，赠忠清粹德功臣、太傅、开府仪同三司，追封魏国公，谥文正。加赠推忠佐理翊运功臣、太师、开府仪同三司、上柱国、恒阳王，谥如故。

子六人：孚，金辽阳等处行中书事；恪，台州路总管；恂，中书平章政事；忱，邵武路总管；恒，御史中丞；惇，江西等处行中书省参知政事。从弟希贤。

希贤字达甫，一名中都海牙。伯父布鲁海牙尝曰：是儿刚果，当大吾家。"年二十余，与从兄希宪同侍世祖，出入禁中，小心慎密。

至元初，北部王拘杀使者，世祖选使往谕之，廷臣推希贤。至则布上意，辞旨条畅，王悔谢，为设宴，赠貂裘一袭、白金一笏。还奏，帝喜，赐以御膳。寻进中议大夫、兵部尚书。

左丞相伯颜伐宋，既渡江，至元十二年春，授希贤礼部尚书，佩金虎符，与工部侍郎严忠范、秘书丞柴紫芝持国书使宋。三月丙戌，至广德军独松关，守关者不知为使，袭而杀之。张濡以为己功，受赏,知广德军。明年宋亡,获张濡杀之,诏遣使护希贤丧归,后复籍濡家赀付其家。希贤死时,年二十九。

元史卷一二七
列传第一四

伯　颜

伯颜，蒙古八邻部人。曾祖述律哥图，事太祖，为八邻部左千户。祖阿剌，袭父职，兼断事官，平忽禅有功，得食其地。父晓古台世其官，从宗王旭烈兀开西域。伯颜长于西域。

至元初，旭烈兀遣入奏事，世祖见其貌伟，听其言厉，曰："非诸侯王臣也，其留事朕。"与谋国事，恒出廷臣右，世祖益贤之，敕以中书右丞相安童女弟妻之，若曰"为伯颜妇，不惭尔氏矣。"二年七月，拜光禄大夫、中书左丞相。诸曹白事，有难决者，徐以一二语决之。众服曰："真宰辅也。"四年，改中书右丞。七年，迁同知枢密院事。十年春，持节奉玉册立燕王真金为皇太子。

十一年，大举伐宋，与史天泽并拜中书左丞相，行省荆湖。时荆湖、淮西各建行省，天泽言，号令不一，或致败事。诏改淮西行省为行枢密院。天泽又以病，表请专任伯颜，乃以伯颜领河南等路行中书省，所属并听节制。秋七月，陛辞，世祖谕之曰："昔曹彬以不嗜杀平江南，汝其体朕心，为吾曹彬可也。"

九月甲戌朔，会师于襄阳，分军为三道并进。丙戌，伯颜与平章阿术，由中道，循汉江趋郢州。万户武秀为前锋，遇水泺，霖雨水溢，无舟不能涉。伯颜曰："吾且飞渡大江，而惮此潢潦耶！"乃召一壮士，负甲仗，骑而前导，麾诸军毕济。癸巳，次盐山，距郢州二十里。郢州在汉水北，以石为城，宋人又于汉水南筑新郢，横铁绳，锁战舰,密树椿木水中。下流黄家湾堡,亦设守御之具,堡之西有沟,南通藤湖,至江仅数里。乃遣总管李庭、刘国杰攻黄家湾堡,拔之,破竹席地,荡舟由藤湖入汉江。诸将请曰:"郢城,我之喉襟,不取,恐为后患。"伯颜曰:"用兵缓急,我则知之。攻城,下策也,大军之出,岂为此一城哉。"遂舍郢,顺流下。伯颜、阿术殿后,不满百骑。十月戊午,行大泽中,郢将赵文义、范兴以骑二千来袭,伯颜、阿术未及介胄,亟还军迎击之,伯颜手杀文义,擒范兴杀之,其士卒死者五百人,生获数十人。

甲子,次沙洋。乙丑,命断事官杨仁风招之,不应。复使一俘持黄榜、檄文,传赵文义首,入城,招其守将王虎臣、王大用。虎臣等斩俘,焚黄榜。裨将傅益以水军十七人来降,虎臣等又斩其军之欲降者。伯颜复命吕文焕招之,又不应。日暮,风大起,伯颜命顺风掣金汁炮,焚其庐舍,烟焰涨天,城遂破。万户忙古歹生擒虎臣、大用等四人,余悉屠之。丙寅,次新城,令万户帖木儿、史弼列沙洋所馘于城下,射黄榜、檄文于城中以招之。其守将边居谊,邀吕文焕与语。丁卯,文焕至城下,飞矢中右臂,奔还。戊辰,其总制黄顺逾城出降,即授招讨使,佩以金符,令呼城上军,其部曲即缒城下,居谊邀入城,悉斩之。己巳,其副都统制任宁亦降,居谊终不出,乃令总管李庭攻破其外堡,诸军蚁附而登,拔之。余众三千,犹力战而死,居谊举家自焚。遂并诛王虎臣、王大用等四人。

十一月丙戌,次复州,知州翟贵以城降。诸将请点视其仓库军籍,遣官镇抚,伯颜不听,谕诸将不得入城,违者以军法论。阿术使右丞阿里海牙来言渡江之期,伯颜不答。明日又来,又不答。阿术乃自来,伯颜曰:"此大事也,主上以付吾二人,可使余人知吾实乎?"潜刻期而去。乙未,军次蔡店。丁酉,往观汉口形势,宋淮西制置使夏贵等,以战舰万艘,分据要害,都统王达守阳逻堡,荆湖宣抚朱祀孙以游击军扼中流,兵不得进。千户马福建言,沦河口可通沙芜入江,伯颜使舰沙芜口,夏贵亦以精兵守之。乃围汉阳军,声言由汉口渡江,贵果移兵援汉阳。

十二月丙午，军次汉口。辛亥，诸将自汉口开坝，引船入沦河，先遣万户阿剌罕以兵拒沙芜口，逼近武矶，巡视阳罗城堡，径趋沙芜，遂入大江。壬子，伯颜战舰万计，相踵而至，以数千艘泊于沦河湾口，屯布蒙古、汉军数十万骑于江北。诸将言："沙芜南岸，彼战船在焉，可攻而取。"伯颜曰："吾亦知其可必取，虑汝辈贪小功，失大事；一举渡江，收其全功可也。"遂令修攻具，进军阳罗堡。癸丑，遣人招之，不应。甲寅，再遣人招之，其将土皆曰："我辈受宋厚恩，戮力死战，此其时也。安有叛逆归降之理。备吾甲兵，决之今日，我宋天下，犹赌博孤注，输赢在此一掷尔。"伯颜麾诸将攻之，三日不克。有术者来言："天道南行，金、木相犯，若二星交过，则江可渡。"伯颜却之，使勿言。乃密谋于阿术曰："彼谓我必拔此堡，方能渡江。此堡甚坚，攻之徒劳。汝今以铁骑三千，泛舟直趋上流，为捣虚之计，诘旦渡江袭南岸。已过，则速遣人报我。"乙卯，分遣右丞阿里海牙督万户张弘范、忽失海牙、折的迷失等，先以步骑攻阳罗堡，夏贵来援。遂俾阿术出其不意，率万户晏彻儿、忙古歹、史格、贾文备四翼军，溯流西上四十里，对青山矶而泊。是夜，雪大作，遥见南岸多露沙洲，阿术登舟，指示诸将，令径趋是洲，载马后随。万户史格一军先渡，为其都统程鹏飞所却。阿术横身荡决，血战中流，擒其将高邦显等，死者无算，鹏飞被七创，败走，得船千余艘，遂得南岸。阿术与镇抚何玮等数十人，攀岸步斗，开而复合者数四，南军阻水，不得相薄，遂起浮桥，成列而渡。阿里海牙继遣张荣实、解汝楫等四翼军，舳舻相衔，直抵夏贵。贵引麾下军数千先遁，诸军乘之，斩溺不可数计，追至鄂州东门而还。丙辰，阿术遣使来报，伯颜大喜，挥诸将急攻破阳罗堡，斩王达。宋军大溃，数十万众，死伤几尽。夏贵仅以身免，走至白虎山。诸将谓贵大将，不可使逸去，请追之。伯颜曰："阳罗之捷，吾欲遣使前告宋人，而贵走代吾使，不必追也。"丁巳，伯颜登武矶山，大江南北，皆我军也，诸将称贺，伯颜辞谢之。

阿术还渡江，议兵所向，或欲先取蕲、黄，阿术曰："若赴下流，退无所据，先取鄂、汉，虽迟旬日，可为万全计。"伯颜从之。己未，师次鄂州,遣吕文焕、杨仁风等谕之曰:"汝国所恃者,江、淮而已,今我大兵飞渡长江,如履平地,汝辈何不速降。"鄂恃汉阳,将战,乃焚其战舰三千艘,火照城中,两城大恐。庚申,知鄂州张晏然、知汉阳军王仪、知德安府来兴国,皆以城降,程鹏飞以其军降,壬戌,定新附官品级,撤宋兵,分隶诸将。先是,边民戍卒陷入宋境者,悉纵遣之。丁卯,遣万户也的哥、总管忽都歹,入奏渡江之捷。分命阿剌罕先锋黄头,取寿昌粮四十万斛,以充军饷。留右丞阿里海牙等,以兵四万,分省于鄂,规取荆湖。己巳,伯颜与阿术以大军水陆东下,俾阿术先据黄州。

十二年春正月癸酉朔,至黄州。甲戌,沿江制置副使、知黄州陈奕降,伯颜承制授奕沿江大都督。奕遣书至涟水招其子岩,岩降。遣吕文焕、陈奕以书招蕲州安抚使管景模,复遣阿术以舟师造其城下。癸未,伯颜至蕲州,景模出降,即承制授以淮西宣抚使,留万户带塔儿守之。阿术复以舟师先趋江州,兵部尚书吕师夔在江州,与知州钱真孙遣人来迎降。丙戌,伯颜至江州,即以师夔为江州守。师夔设宴庚公楼,选宋宗室女二人,盛饰以献,伯颜怒曰:"吾奉圣天子明命,兴仁义之师,问罪于宋,岂以女色移吾志乎。"斥遣之。知南康军叶阊来降,殿前都指挥使、知安庆府范文虎亦奉书纳款,阿术遂率舟师造安庆,文虎出降。伯颜至湖口,遣千户宁玉系浮桥以渡,风迅水驶,桥不能成,乃祷于大孤山神,有顷,风息桥成,大军毕渡。

二月壬寅朔,伯颜至安庆,承制授文虎两浙大都督,文虎以其从子友信知安庆府事,命万户乔珪戍之。丁未,次池州,都统制张林以城降;戊申,通判权州事赵昂发与其妻自经死,伯颜入城,见而怜之,令具衣衾葬焉。

宋宰臣贾似道遣宋京致书,请还已降州郡,约贡岁币。伯颜遣武略将军囊加歹同其介阮思聪报命,止京以待,且使谓似道曰:"未渡江,议和入贡则可,今沿江诸郡皆内附,欲和,则当来面议也。"囊加歹还,乃释宋京。

庚申,发池州,壬戌,次丁家洲。贾似道都督诸路军马十三万,号百万，步军指挥使孙虎臣为前锋，淮西制置使夏贵以战舰二千五百艘横亘江中，似道将后军。伯颜命左右翼万户率骑兵夹江而进，炮声震百里。宋军阵动，贵先遁，以扁舟掠似道船，呼曰："彼众我寡，势不支矣。"似道闻之，仓皇失措，遽鸣金收军，军溃。众军大呼曰："宋军败矣。"诸战舰居后者，阿术促骑召之，挺身登舟，手柁冲敌船。舳舻相荡，乍分乍合。阿术以小旗麾何玮、李庭等并舟深入，伯颜命步骑左右掎之，追杀百五十余里，溺死无算，得船二千余艘，及其军资器仗、图籍符印。似道东走扬州，贵走庐州，虎臣走泰州。

甲子，攻太平州。丁卯，知州孟之缙及知无为军刘权、知镇巢军曹旺、知和州王喜，俱以城降。庚午，师次建康之龙湾，大赉将士。

三月癸酉，宋沿江制置赵溍遁，溍兄淮起兵溧阳，就执而死。都统徐王荣、翁福等以城降，命招讨使唆都守之。知镇江府洪起畏遁，总管石祖忠以城降。知宁国府赵与可遁，知饶州唐震死，而江东诸郡皆下。淮西滁州诸郡亦相继降。

丙子，国信使廉希贤至建康，传旨令诸将各守营垒，毋得妄有侵掠。希贤与严忠范等奉命使宋，请兵自卫，伯颜曰："行人以言不以兵，兵多，徒为累使事。"希贤固请，与之。丙戌，至独松岭，果为宋人所杀。

庚寅，伯颜遣左右司员外郎石天麟诣阙奏事，世祖大悦，悉可其奏。伯颜以行中书省驻建康，阿塔海、董文炳以行枢密院驻镇江，阿术别奉诏攻扬州。江东岁饥，民大疫，伯颜随赈救之，民赖以安。

宋人遣都统洪模移书徐王荣等，言杀使之事太皇太后及嗣君实不知，皆边将之罪，当按诛之，愿输币，请罢兵通好。伯颜曰："彼为谲诈之计，以视我之虚实。当择人以同往，观其事体，宣布威德，令彼速降。"乃命议事官张羽等持王荣答书，至平江驿，宋人又杀之。

四月乙丑，有诏以时暑方炽，不利行师，俟秋再举。伯颜奏曰："宋人之据江海，如兽保险，今已扼其吭，少纵之则逸而逝矣。"世祖语使者曰："将在军，不从中制，兵法也。宜从丞相言。"

五月丁亥，复命奉御爱先传旨，召伯颜赴阙，以阿剌罕为参政，留治省事。伯颜至镇江，会诸将计事，令各还镇，乃渡江北行，入见于上都。七月癸未，进中书右丞相，让功于阿术，遂以阿术为左丞相。

八月癸卯，受命还行省，付以诏书，俾谕宋主。乃取道益都，行视沂州等军垒，调淮东都元帅孛鲁欢、副都元帅阿里伯，以所部兵溯淮而进。九月戊寅，会师淮安城下，遣新附官孙嗣武叩城大呼，又射书城中，谕守将使降，皆不应。庚辰，招讨别里迷失拒北城西门，伯颜与孛鲁欢、阿里伯视临南城堡，挥诸将长驱而登，拔之，溃兵欲奔大城，追袭至城门，斩首数百级，遂平其南堡。丙戌，次宝应军。戊子，次高邮。十月庚戌，围扬州。召诸将指授方略，留孛鲁欢、阿里伯守湾头新堡，众军南行。壬戌，至镇江，罢行院，以阿塔海、董文炳同署事。

十一月乙亥，伯颜分军为三道，期会于临安。参政阿剌罕等为右军，以步骑自建康出四安，趋独松岭；参政董文炳等为左军，以舟师自江阴循海趋澉浦、华亭；伯颜及右丞阿塔海由中道，节制诸军，水陆并进。

壬午，伯颜军至常州。先是常州守王宗洙遁，通判王虎臣以城降，其都统制刘师勇与张彦、王安节等复拒之，推姚訔为守，固拒数月不下。伯颜遣人至城下，射书城中招谕：勿以已降复叛为疑，勿以拒敌我师为惧。皆不应。乃亲督帐前军临南城，又多建火炮，张弓弩，昼夜攻之。浙西制置文天祥遣尹玉、麻士龙来援，皆战死。甲申，伯颜叱帐前军先登，竖赤旗城上，诸军见而大呼曰：“丞相登矣。”师毕登。宋兵大溃，拔之，屠其城，姚訔及通判陈炤等死之，生获王安节，斩之，刘师勇变服单骑奔平江，诸将请追之，伯颜曰：“勿追，师勇所过，城守者胆落矣。”以行省都事马恕为常州尹。

遣蒙古军都元帅阇里帖木儿、万户怀都，先据无锡州，万户忙古歹、晏彻儿巡太湖，遣监战亦乞里歹、招讨使唆都、宣抚使游显，会阇里帖木儿先趋平江。

庚寅，遣降人游介实，奉诏书副本使于宋，仍以书谕宋大臣。十二月辛丑，次无锡，宋将作监柳岳等奉其国主及太皇太后书，并宋之大臣与伯颜书来见，垂泣而言曰："太皇太后年高，嗣君幼冲，且在衰绖中。自古礼不伐丧，望哀恕班师，敢不每年进奉修好。今日事至此者，皆奸臣贾似道失信误国耳。"伯颜曰："主上即位之初，奉国书修好，汝国执我行人一十六年，所以兴师问罪。去岁，又无故杀害廉奉使等，谁之过欤？如欲我师不进，将效钱王纳土乎？李主出降乎？尔宋昔得天下于小儿之手，今亦失于小儿之手，盖天道也，不必多言。"岳顿首泣不已。遣诏讨使抄儿赤，以柳岳来使事，及严奉使所赍国书入奏。

先是，平江守潜说友通，通判胡玉等既以城降，而复为宋人所据。甲辰，众军次平江，都统王邦杰、通判王矩之率众出降。庚戌，遣囊加歹同其使柳岳还临安。以忙古歹、范文虎行两浙大都督事。遣宁玉修吴江长桥，不旬日而成。

庚申，囊加歹同宋尚书夏士林、侍郎吕师孟、宗正少卿陆秀夫以书来，请尊世祖为伯父，而世修子侄之礼，且约岁币银二十五万两，帛二十五万匹。癸亥，遣囊加歹同师孟等还临安。遣忙古歹、范文虎，会阿剌罕、昔里伯取湖州，知州赵良淳死之。丙寅，赵与可以城降。伯颜发平江，留游显、怀都、忽都不花，屯兵镇守。别遣宁玉守长桥。

十三年正月己巳，次嘉兴，安抚刘汉杰以城降，留万户忽都虎等戍之。癸酉，宋军器监刘庭瑞以其宰臣陈宜中等书来，即遣回。乙亥，宜中遣御史刘岊奉宋主称臣表文副本，及致书伯颜，约会长安镇。辛巳。众军至崇德。宜中又令都统洪模，持书同囊加歹来见。壬午，次长安镇，宜中等不至。癸未，进军临平镇。甲申，次皋亭山，宋主遣知临安府贾余庆，同宗室保康军承宣使尹甫、和州防御使吉甫，奉传国玺及降表诣军前。伯颜受讫，遣囊加歹以余庆等还临安，召宋宰臣出议降事。时宜中已遁，以文天祥代为丞相，不拜，自请至军前，乙酉，进军至临安北十五里，分遣董文炳、吕文焕、范文虎巡视城堡，安谕军民。

囊加歹、洪模来报，宜中与张世杰、苏义、刘师勇等，挟益王、广王下浙江，航海而南，惟谢太后及幼主在宫中。伯颜亟遣使谕右军阿剌罕、奥鲁赤，左军董文炳、范文虎，据守浙江，以劲兵五千人追之，不及而还。

丙戌，禁军士毋入城，遣吕文焕持黄榜谕临安中外军民，俾安堵如故。先是，三衙卫士，白昼杀人，闾里小民，乘乱剽掠，至是民皆安之。丁亥，遣程鹏飞、洪双寿等入宫，慰谕谢后。戊子，谢后遣丞相吴坚、文天祥，枢密谢堂，安抚贾余庆，内官邓惟善，来见，伯颜慰遣之，顾天祥举动不常，疑有异志，留之军中。天祥数请归，伯颜笑而不答。天祥怒曰：“我此来为两国大事，彼皆遣归，何故留我？”伯颜曰：“勿怒。汝为宋大臣，责任非轻，今日之事，政当与我共之。”令忙古歹、唆都馆伴羁縻之。令程鹏飞、洪双寿同贾余庆易宋主削帝号降表。己丑，驻军临安城北之湖州市。遣千户囊加歹等以宋传国玺入献。

庚寅，伯颜建大将旗鼓，率左右翼万户，巡临安城，观潮于浙江。暮还湖州市，宋宗室大臣皆来见。辛卯，万户张弘范、郎中孟祺，同程鹏飞，以所易降表及宋主、谢后谕未附州郡手诏至军前。令镇抚唐古歹罢文天祥所招募义兵二万余人。壬辰，伯颜登狮子峰，观临安形势。命唆都抚谕军民，部分诸将，共守其城，护其宫。癸巳，谢后复使人来劳问，仍以温言慰遣之。甲午，分置其三衙诸司兵于各翼，以俟调遣；其生募等军，愿归者听。

分遣萧郁、王世英等，招谕衢、信诸州。二月丁酉，遣刘颉等往淮西招夏贵，仍遣别将徇地浙东、西，于是知严州方回、知婺州刘怡、知台州杨必大、知处州梁椅，并以城降。

命右丞张惠，参政阿剌罕、董文炳、吕文焕入见谢后，宣布德意，以慰谕之。辛丑，宋主率文武百僚，望阙拜发降表。伯颜承制，以临安为两浙大都督府，忙古歹、范文虎入治府事。复命张惠、阿剌罕、董文炳、吕文焕等入城，籍其军民钱谷之数，阅实仓库，收百官诰命、符印图籍，悉罢宋官府。取宋主居之别室。分遣新附官招谕南北、两广、四川未下州郡。部分诸将，分屯要害，仍禁人不得侵坏宋氏山陵。是日，进军浙江之浒，潮不至者三日，人以为天助。

癸卯，谢后命吴坚、贾余庆、谢堂、家铉翁、刘岊与文天祥，并为祈请使，杨应奎、赵若秀为奉表押玺官，赴阙请命。伯颜拜表称贺曰：

臣伯颜言：国家之业大一统，海岳必明主之归；帝王之兵出万全，蛮夷敢天威之抗。始干戈之爰及，迄文轨之会同。区宇一清，普天均庆。

臣伯颜等诚欢诚忭，顿首顿首，恭惟皇帝陛下，道光五叶，统接千龄。梯航日出之邦，冠带月支之域；际丹崖而述职，奄瀚海而为家。独此岛夷，弗遵声教，谓江湖可以保逆命，舟辑可以敌王师。连兵负固，逾四十年，背德食言，难一二计。当圣主飞渡江南之日，遣行人乞为城下之盟。逮凯奏之言旋，辄诈谋之复肆。拘囚我信使，忘乾坤再造之恩；招纳我叛臣，盗涟海三城之地。我是以有六载襄樊之讨，彼居然无一介行李之来。祸既出于自求，怒致闻于斯赫。

臣伯颜等，肃将禁旅，恭行天诛。爰从襄汉之上流，复出武昌之故渡。藩屏一空于江表，烽烟直接于钱塘。尚无度德量力之心，荐有杀使毁书之事。属庙谟之亲禀，谓根本之宜先。乃命阿剌罕取道于独松，董文炳进师于海渚，臣与阿塔海忝司中阃，直指伪都。掎角之势既成，水陆之师并进。常州已下，列郡传檄而悉平；临安有期，诸将连营而毕会。彼知穷蹙，迭致哀鸣。始则有为侄纳币之祈，次则有称藩奉玺之请。顾甘言何益于实事。率锐卒直抵于近郊。召来用事之大臣，放散思归之卫士。崛强心在，四郊之横草都无；飞走计穷，一片之降幡始竖。其宋国主已于二月初五日，望阙拜伏归附讫。所有仓廪府库，封籍待命外，臣奉扬宽大，抚戢吏民，九衢之市肆不移，一代之繁华如故。兹惟睿算，卓冠前王，视万里如目前，运天下于掌上。致令臣等，获对明时，歌《七德》以告成，深切龙庭之想，上万年而为寿，敬陈虎拜之词。

臣伯颜等，无任瞻天望圣激切屏营之至，谨奉表称贺以闻。

戊申，坚等发临安，堂不行。癸丑，宋福王与芮奉书于伯颜，辞甚恳切，伯颜曰："尔国既以归降，南北共为一家，王勿疑，宜速来，同预大事。"且遣迓之。戊午，夏贵以淮南降。庚申，命襄加歹传旨，召伯颜偕宋君臣入朝。

三月丁卯，伯颜入临安，俾郎中孟棋，籍其礼乐祭器、册宝、仪仗、图书。庚午，襄加歹至。甲戌，与芮来。伯颜议以阿剌罕、董文炳留治行省事，以经略闽、粤；忙古歹以都督镇浙西；唆都以宣抚使镇浙东；唐兀歹、李庭护送宋君臣北上。

乙亥，伯颜发临安。丁丑，阿塔海等宣诏，趣宋主、母后入觐，听诏毕，即日俱出宫，惟谢后以疾独留，隆国夫人黄氏、宫人从行者百余人，福王与芮、沂王乃猷、谢堂、杨镇而下，官属从行者数千人，三学之士数百人。宋主求见，伯颜曰："未入朝，无相见之礼。"

五月乙未，伯颜以宋主至上都，世祖御大安阁受朝，降授宋主煭开府仪同三司、检校大司徒，封瀛国公。宋平，得府三十七、州百二十八、关监二、县七百三十三。命伯颜告于天地宗庙，大赦天下。帝劳伯颜，伯颜再拜谢曰："奉陛下成算，阿术效力，臣何功之有。"复拜同知枢密院，赐银鼠青鼠只孙二十袭。裨校有功者百二十三人，赏银有差。

初，海都称兵内向，诏以右丞相安童佐皇子北平王那木罕，统诸军于阿力麻里备之。十四年，诸王昔里吉劫北平王，拘安童，胁宗王以叛。命伯颜率师讨之，与其众遇于斡鲁欢河，夹水而阵，相持终日，俟其懈，麾军为两队，掩其不备，破之，昔里吉走死。十八年二月，世祖命燕王抚军北边，以伯颜从，仍谕之曰："伯颜才兼将相，忠于所事，故俾从汝，不可以常人遇之。"燕王每与论事，尊礼有加。是岁，颁群臣食邑，诏益以藤州等处四千九百七十七户。

伯颜之取宋而还也,诏百官郊迎以劳之,平章阿合马,先百官半舍道谒,伯颜解所服玉钩绦遗之,且曰:“宋宝玉固多,吾实无所取,勿以此为薄也。”阿合马谓其轻己,思中伤之,乃诬以平宋时,取其玉桃盏,帝命按之,无验,遂释之,复其任。阿合马既死,有献此盏者,帝愕然曰:“几陷我忠良!”别吉里迷失尝诬伯颜以死罪,未几,以它罪诛,敕伯颜临视,伯颜与之酒,怆然不顾而返。世祖问其故,对曰:“彼自有罪,以臣临之,人将不知天诛之公也。”

二十二年秋,宗王阿只吉失律,诏伯颜代总其军。先是,边兵尝乏食,伯颜令军中采蕨怯叶儿及蓿敦之根贮之,人四斛,草粒称是,盛冬雨雪,人马赖以不饥。又令军士有捕塔剌不欢之兽而食者,积其皮至万,人莫知其意,既而遣使辇至京师,帝笑曰:“伯颜以边地寒,军士无衣,欲易吾缯帛耳。”遂赐以衣。

二十四年春二月,或告乃颜反,诏伯颜窥觇之,乃多载衣裘入其境,辄以与驿人。既至,乃颜为设宴,谋执之,伯颜觉,与其从者趋出,分三道逸去,驿人以得衣裘故,争献健马,遂得脱,驰还白状。夏四月,乃颜反,从世祖亲征。奏李庭、董士选将汉军,得以汉法战。乃颜之党金家奴、塔不歹进逼乘舆,汉军力战,乃皆溃,卒擒乃颜。二十六年,进金紫光禄大夫、知枢密院事,出镇和林,和林置知院,自伯颜始。

二十九年秋,宗王明理铁木儿挟海都以叛,诏伯颜讨之,相值于阿撒忽秃岭,矢下如雨,众军莫敢登,伯颜令之曰:“汝寒君衣之,汝饥君食之,政欲效力于此时尔。于此不勉,将何以报!”麾诸军进,后者斩,伯颜先登陷阵,诸军望风争奋,大破之。明里铁木儿挺身走,命速哥、梯迷秃儿等追之。伯颜引军夜还,至必失秃,卒遇伏兵,伯颜坚壁不动,黎明,遂引去,伯颜轻骑追至到竭儿,速哥、梯迷秃儿等兵亦至,乃夹击之,斩首二千级,俘其余众以归。诸将言:“古礼,兵胜必祃旗于所征之地。”欲用囚虏为牲,伯颜不可,众皆叹服。军中获谍者,忻都欲杀之,伯颜不许,厚赐之,遣赍书谕明里铁木儿以祸福,明里铁木儿得书感泣,以众来归。

　　未几,海都复犯边,伯颜留拒之。廷臣有潜伯颜久居北边,与海都通好,仍保守,无尺寸之获者,诏以御史大夫玉昔帖木儿代之,居伯颜于大同,以俟后命。玉昔帖木儿未至三驿,会海都兵复至,伯颜遣人语玉昔帖木儿曰:"公姑止,待我鏖此寇而来,未晚也。"伯颜与海都兵交,且战且却,凡七日,诸将以为怯,愤曰:"果惧战,何不授军于大夫!"伯颜曰:"海都悬军涉吾地,邀之则遁,诱其深入,一战可擒也。诸军必欲速战,若失海都,谁任其咎?"诸将曰:"请任之。"即还军击败之,海都果脱去。乃召玉昔帖木儿至军,授以印而行。时成宗以皇孙奉诏抚军北边,举酒以饯曰:"公去,将何以教我?"伯颜举所酌酒曰:"可慎者,惟此与女色耳。军中固当严纪律,而恩德不可偏废。冬夏营驻,循旧为便。"成宗悉从之。

　　三十年冬十二月,驿召至自大同,世祖不豫。明年正月,世祖崩,伯颜总百官以听。兵马司请日出鸣晨钟,日入鸣昏钟,以防变故,伯颜呵之曰:"汝将为贼邪! 其一如平日。"适有盗内府银者,宰执以其幸赦而盗,欲诛之,伯颜曰:"何时无盗,今以谁命而诛之?"人皆服其有识。

　　成宗即位于上都之大安阁,亲王有违言,伯颜握剑立殿陛,陈祖宗宝训,宣扬顾命,述所以立成宗之意,辞色俱厉,诸王股粟,趋殿下拜。五月,拜开府仪同三司、太傅、录军国重事,依前知枢密院事,赐金银各有差。时相有忌之者,伯颜语之曰:"幸送我两罂美酒,与诸王饮于宫前,余非所知也。"江南三省累请罢行枢密院,成宗问于伯颜,时已属疾,张目对曰:"内而省、院各置为宜,外而军、民分隶不便。"成宗是之,三院遂罢。冬十二月丙申,有大星陨于东北。己亥,雨木冰。庚子,伯颜薨,年五十九。

　　伯颜深略善断,将二十万众伐宋,若将一人,诸帅仰之若神明。毕事还朝,归装惟衣被而已,未尝言功也。大德八年,特赠宣忠佐命开济功臣、太师、开府仪同三司,追封淮安王,谥忠武。至正四年,加赠宣忠佐命开济翊戴功臣,进封淮王,余如故。

　　子买的,金枢密院事;囊加歹,枢密副使。孙相嘉失礼,同金枢密院事、集贤学士。至治末，省先茔于白只剌山，闻有变，赴上都，或劝少避之。曰："我与国同休戚，今有难，可避乎！"至上都，果见囚。久之得释，寻拜河南江北行省平章政事，迁江南行台御史大夫。曾孙普达失理，皆能世其家。

元史卷一二八
列传第一五

阿术　阿里海牙　相威
土土哈 床兀儿

　　阿术,兀良氏,都帅兀良合台子也。沉几有智略,临阵勇决,气盖万人。宪宗时,从其父征西南夷,率精兵为候骑,所向摧陷,莫敢当其锋。至平大理,克诸部,降交趾,无不在行。事见《兀良合台传》。宪宗尝劳之曰:"阿术未有名位,挺身奉国,特赐黄金三百两,以勉将来。"

　　世祖即位,留典宿卫。中统三年,从诸王拜出、帖哥征李璮有功。九月,自宿卫将军拜征南都元帅,治兵于汴。复立宿州。至元元年八月,略地两淮,攻取战获,军声大振。

　　四年八月,观兵襄阳,遂入南郡,取仙人、铁城等栅,俘生口五万。军还,宋兵邀襄、樊间。阿术乃自安阳滩济江,留精骑五千阵牛心岭,复立虚寨,设疑火。夜半,敌果至,斩首万余级。初,阿术过襄阳,驻马虎头山,指汉东白河口曰:"若筑垒于此,襄阳粮道可断也。"五年,遂筑鹿门、新城等堡,继又筑台汉水中,与夹江堡相应,自是宋兵援襄者不能进。

　　六年七月,大霖雨,汉水溢,宋将夏贵、范文虎相继率兵来援,复分兵出入东岸林谷间。阿术谓诸将曰:"此张虚形,不可与战,宜整舟师备新堡。"诸将从之。明日宋兵果趋新堡,大破之。杀溺生擒五千人,获战船百余艘。于是治战船,教水军,筑圉城,以逼襄阳。文虎复率舟师来救,来兴国又以兵百艘侵百丈山,前后邀击于滍滩,俱败走之。

九年三月,破樊城外郛,增筑重围以逼之。宋裨将张顺、张贵装军衣百船,自上流入襄阳,阿术攻之。顺死,贵仅得入城。俄乘轮船顺流东走,阿术与元帅刘整分泊战船以待,燃薪照江,两岸如昼,阿术追战至柜门关,擒贵,余众尽死。是年九月,加同平章事。先是,襄、樊两城,汉水出其间,宋兵植木江中,联以铁锁,中造浮梁,以通援兵,樊恃此为固。至是,阿术以机锯断木,以斧断锁,焚其桥,襄兵不能援。十二月,遂拔樊城。襄守将吕文焕惧而出降。

十年七月,奉命略淮东。抵扬州城下,宋以千骑出战,阿术伏兵道左,佯北,宋兵逐之,伏发,擒其骑将王都统。

十一年正月,入觐,与参政阿里海牙奏请伐宋。帝命相臣议,久不决。阿术进曰:“臣久在行间,备见宋兵弱于往昔,失今不取,时不再来。”帝即可其奏,诏益兵十万,与丞相伯颜、参政阿里海牙等同伐宋。三月,进平章政事。

秋九月,师次郢之盐山,得俘民言:“宋沿江九郡精锐,尽聚郢江东、西两城,今舟师出其间,骑兵不得护岸,此危道也。不若取黄家湾堡,东有河口,可由其中拖船入湖,转以下江为便。”从之。遂舍攻郢而去,行大泽中,忽宋骑兵千人突至。时从骑才数十人,阿术即奋槊驰击,所向畏避,追斩五百余级,生擒其将赵、范二统制。进攻沙洋、新城,拔之。前次复州,守将崔贵迎降。

时夏贵锁大舰扼江、汉口,两岸备御坚严。阿术用军将马福计,回舟沦河口,穿湖中,从阳罗堡西沙芜口入大江。十二月,军至阳罗堡,攻之不克。阿术谓伯颜曰:“攻城,下策也。若分军船之半,循岸西上,对青山矶止泊,伺隙捣虚,可以得志。”从之。明日,阿术遥见南岸沙洲,即率众趋之,载马后随。宋将程鹏飞来拒,大战中流,鹏飞败走。诸军抵沙洲,急击,攀岸步斗,开而复合者数四,敌小却,出马于岸,遂力战破之。追击至鄂东门而还。夏贵闻阿术飞渡,大惊,引麾下兵三百艘先遁,余皆溃走,遂拔阳罗堡,尽得其军实。

伯颜议师所向，或欲先取蕲、黄，阿术曰："若赴下流，退无所据，上取鄂、汉，虽迟旬日，师有所依，可以万全。"己未，水陆并趋鄂、汉，焚其船三千艘，烟焰涨天，汉阳、鄂州大恐，相继皆降。

十二年正月，黄、蕲、江州降。阿术率舟师趋安庆，范文虎迎降。继下池州。宋丞相贾似道拥重兵拒芜湖，遣宋京来请和。伯颜谓阿术曰："有诏令我军驻守。何如？"阿术曰："若释似道而不击，恐已降州郡今夏难守，且宋无信，方遣使请和，而又射我军船，执我逻骑。今日惟当进兵，事若有失，罪归于我。"

二月，辛酉，师次丁家洲，遂与宋前锋孙虎臣对阵。夏贵以战舰二千五百艘横亘江中，似道将兵殿其后。时已遣骑兵夹岸而进，两岸树炮，击其中坚，宋军阵动，阿术挺身登舟，手自持桴，突入敌阵，诸军继进，宋兵遂大溃。以上详见《伯颜传》。

世祖以宋重兵皆驻扬州，临安倚之为重，四月，命阿术分兵围守扬州。庚申，次真州，败宋兵于珠金砂，斩首二千余级。既扬州，乃造楼橹战具于瓜洲，漕粟于真州，树栅以断其粮道。宋都统姜才领步骑二万来攻栅，敌军夹河为阵，阿术麾骑士渡河击之，战数合，坚不能却。众军佯北，才逐之，遂奋而回击，万矢雨集，才军不能支，擒其副将张林，斩首万八千级。

七月庚午，宋两淮镇将张世杰、孙虎臣以舟师万艘驻焦山东，每十船为一舫，联以铁锁，以示必死。阿术登石公山，望之，舳舻连接，旌旗蔽江，曰："可烧而走也。"遂选强健善射者千人，载以巨舰，分两翼夹射，阿术居中，合势进击，继以火矢烧其蓬樯，烟焰涨天。宋兵既碇舟死战，至是欲走不能，前军争赴水死，后军散走。追至圌山，获黄白鹞船七百余艘，自是宋人不复能军矣。

十月，诏拜中书左丞相，仍谕之曰："淮南重地，李庭芝狡诈，须卿守之。"时诸军进取临安，阿术驻兵瓜洲，以绝扬州之援。伯颜所以兵不血刃而平宋者，阿术控制之力为多。

十三年二月，夏贵举淮西诸城来附。阿术谓诸将曰："今宋已亡，独庭芝未下，以外助犹多故也。若绝其声援，塞彼粮道，尚恐东走通、泰,逃命江海。"乃栅扬之西北丁村,以扼其高邮、宝应之馈运;贮粟湾头堡,以备捍御;留屯新城,以逼泰州。又遣千户伯颜察儿率甲骑三百助湾头兵势,且戒之曰:"庭芝水路既绝,必从陆出,宜谨备之。如丁村烽起,当首尾相应,断其归路。"六月甲戌,姜才知高邮米运将至,果夜出步骑五千犯丁村栅。至晓,伯颜察儿来援,所将皆阿术牙下精兵,旗帜画双赤月。众军望其尘,连呼曰:"丞相来矣!"宋军识其旗,皆遁,才脱身走,追杀骑兵四百,步卒免者不满百人。壬辰,李庭芝以朱焕守扬州,挟姜才东走,阿术率兵追袭,杀步卒千人。庭芝仅入泰州,遂筑垒以守之。七月乙巳,朱焕以扬州降。乙卯,泰州安将孙良臣开北门纳降,执李庭芝、姜才,奉命戮扬州市。扬、泰既下,阿术申严士卒,禁暴掠。有武卫军校掠民二马,即斩以徇。两淮悉平,得府二、州二十二、军四、县六十七。九月辛酉,入见世祖于大明殿,陈宋俘。第功行赏,实封泰兴县二千户。

二十三年,受命北伐叛王昔剌木等。明年凯旋。继又西征,至哈剌霍州,以疾卒,年五十四,追封河南王。

阿里海牙,畏吾儿人也。初生,胞中剖而出。其父以为不祥,将弃之,母不忍。比长,果聪辨,有胆略。家贫,尝躬耕,舍耒叹曰:"大丈夫当立功朝廷,何至效细民事畎亩乎?"去,求其国书读之,逾月,又弃去。用荐者得事世祖于潜邸。

世祖即位,渐见擢用,由左右司郎中,迁参议中书省事。至元二年,立诸路行中书省,进金河南行省事。

五年,命与元帅阿术、刘整取襄阳,又加参知政事。始,帝遣诸将,命毋攻城,但围之,以俟其自降。乃筑长围,起万山,包百丈、楚山,尽鹿门,以绝之。宋兵入援者,皆败去。然城中粮储多,围之五年,终不下。九年二月,破樊城外郭,其将复闭内城守。阿里海牙以为襄阳之有樊城,犹齿之有唇也,宜先攻樊城,樊城下,则襄阳可不攻而得。乃入奏。帝始报可。会有西域人亦思马因献新炮法,因以其人来军中。十年正月,为炮攻樊,破之。先是,宋兵为浮桥以通襄阳之援,阿里海牙发水军焚其桥,襄援不至,城乃拔。详具《阿术传》。

阿里海牙既破樊,移其攻具以向襄阳。一炮中其谯楼,声如雷霆,震城中。城中汹汹,诸将多逾城降者。刘整欲立碎其城,执文焕以快其意。阿里海牙独不欲攻,乃身至城下,与文焕语曰:"君以孤军城守者数年,今飞鸟路绝,主上深嘉汝忠。若降,则尊官厚禄可必得,决不杀汝也。"文焕狐疑未决。又折矢与之誓,如是者数四,文焕感而出降。遂与入朝。帝以文焕为昭勇大将军、侍卫亲军都指挥使、襄汉大都督;阿里海牙行荆湖等路枢密院事,镇襄阳。

阿里海牙奏曰:"襄阳,自昔用武之地也,今天助顺而克之,宜乘胜顺流长驱,宋可必平。"平章阿术亦赞其说。帝命丞相史天泽议之。天泽曰:"朝廷若遣重臣,如丞相安童、同知枢密院事伯颜者一人,都督诸军,则四海混同,可立待也。"帝曰:"伯颜可。"乃大徵兵,拜伯颜为行中书省左丞相,阿术为平章。阿里海牙进行省右丞,赏钞二百锭。

十一年九月,会师襄阳,遂破郢州及沙洋、新城。十二月,师出沙芜口。宋制置夏贵守诸隘,甚固。阿里海牙麾兵攻武矶堡,贵趋援之。阿术遂以兵西渡青山矶,宋都统程鹏飞来迎战,败之江中。会贵兵亦败走庐州,宣抚朱祀孙夜遁还江陵,知鄂州张晏然以城降,鹏飞以本军降。

伯颜与诸将会鄂城下,议曰:"鄂,襟山带江,江南之要区也,且兵粮皆备。今蜀、江陵、岳、鄂皆未下,不以一大将镇抚之,上流一动,则鄂非我有也。"乃以兵四万,遣阿里海牙戍鄂,而与阿术将大兵以东。

阿里海牙集鄂民,宣上德惠,禁将士毋侵掠。其下恐惧,无敢取民之菜者,民大悦。遣人徇寿昌、信阳、德安诸郡,皆下。进徇江陵。十有二年春三月,与安抚高世杰兵遇巴陵,命张荣实捣其中坚,解汝楫率诸翼兵左右角之。世杰败走,追降之于桃花滩。遂下岳州。四月,至沙市,城不下,纵火攻之,沙市立破,宣抚朱祀孙、制置高达恐，即以城降。乃入江陵，释系囚，放戍券军，除其徭赋及法令之繁细者。传檄郢、归、峡、常德、澧、随、辰、沅、靖、复、均、房、施、荆门及诸洞，无不降者。尽奏官其所降官，以兵守峡，籍其户口财赋来上。帝喜，大宴三日，语近臣曰："伯颜兵东，阿里海牙以孤军戍鄂，朕甚忧之。今荆南定，吾东兵可无后患矣。"乃亲作手诏褒之，命右丞廉希宪守江陵，促阿里海牙急还鄂，且以沿江诸城新附者委之。

阿里海牙至鄂，招潭州守臣李芾，不听。乃移兵长沙，拔湘阴。冬十月，至潭，为书射城中以示芾，曰："速下，以活州民，否则屠矣。"不答。乃决湟水，部分诸将，以炮攻之，破其木堡。流矢中胸，疮甚，督战益急，夺其城。潭人复作月城以相拒。凡攻七十日，大小数十战。十有三年春正月，芾力屈，及转运使钟蜚英、都统陈义皆自杀，其将刘孝忠以城降。诸将欲屠之，阿里海牙曰："是州生齿数百万口，若悉杀之，非上谕伯颜以曹彬不杀意也，其屈法生之。"复发仓以食饥者。

遣使徇郴、全、道、桂阳、永、衡、武冈、宝庆、袁、韶、南雄诸郡，其守臣皆率其民来迎，曰："闻丞相体皇帝好生之德，毋杀戮，所过皆秋毫无犯，民今复见太平，各奉表来降。"丞相，称阿里海牙也。奏官其降官，皆如江陵。

独宋经略使马塈守静江不下。使总管俞全等招之，皆为所杀。会宋主以国降，降手诏遣湘山僧宗勉谕塈，塈复杀之。阿里海牙又为书，以天命地利人心开塈，许以广西大都督，反覆千余言，终不听。因入朝贺平宋，拜平章政事，使持诏如静江谕之。十一月，前兵至严关，塈守关弗纳，破其兵，又败都统马应麒于小溶江，遂逼静江。录上所赐静江诏以示塈，塈焚之，斩其使。静江以水为固，乃筑堰断大阳、小溶二江，以遏上流，决东南埭，以涸其隍，破其城。民闻城破，即纵火焚居室，多赴水死。塈及其总制黄文政、总管张虎，以残兵突围走，执之。阿里海牙以静江民易叛，非潭比，不重刑之，则广西诸州不服，因悉坑之，斩塈于市。分遣万户脱温不花徇宾、融、柳、钦、横、邕、庆远，齐荣祖徇郁林、贵、廉、象，脱邻徇浔、容、藤、梧,皆下之。特磨王侬士贵、南丹州牧莫大秀,皆奉表求内附,奏官其降官如潭州。以兵戍静江、昭、贺、梧、邕、融,乃还潭。

既而宋二王称制海中,雷、琼、全、永与潭属县之民文才喻、周隆、张虎、罗飞咸起兵应之,舒、黄、蕲相继亦起,大者众数万,小者不下数千。诏命讨之,且略地海外。阿里海牙既定才喻等,至雷州,使人谕琼州安抚赵与珞降,不听。遂自航大海五百里,执与珞、冉安国、黄之纪、皆裂杀之,尽定琼南宁、万安、吉阳地。降八蕃罗甸蛮,以其总管文龙儿入见,置宣慰司。八蕃罗甸、卧龙、罗蕃、大龙、遏蛮、芦蕃、小龙、石蕃、方蕃、珙蕃、程蕃,并置安抚以镇之。

十八年,奏请徙省鄂州,所定荆南、淮西、江西、海南、广西之地,凡得州五十八,峒夷山獠不可胜计。大率以口舌降之,未尝专事杀戮。又其取民悉定从轻赋,民所在立祠祀之。

二十三年,入朝,加光禄大夫、湖广行省左丞相;卒,年六十。赠开府仪同三司、上柱国,封楚国公,谥武定。至正八年,进封江陵王。

子忽失海牙,湖广行中书省左丞;贯只哥,江西行中书省平章政事。

相威,国王速浑察之子也。性弘毅重厚,不饮酒,寡言笑。喜延士大夫,听读经史,论古今治乱,至直臣尽忠、良将制胜,必为之击节称善。以故临大事,决大议,言必中节。

至元十一年,世祖命相威总速浑察元统弘吉剌等五投下兵从伐宋。由正阳取安丰,略庐,克和,攻司空山,平野人原。道安庆,渡江东下,会丞相伯颜兵于润州,分三道并进,相威率左军,参政董文炳为副,部署将校,申明约束。江阴、华亭、澉浦、上海悉望风款附,吏民按堵如故。进屯盐官,伯颜已驻师临安城下,得宋幼主降表。相威乃移兵瓜州,与阿术兵合。临扬州,都统姜才以兵二万攻扬子桥,率诸将击败之。

十三年夏,驿召相威。秋,入觐,大飨,赉功授金虎符、征西都元帅,仍赐弓矢甲鞍、文锦表里四、钞万贯,从者赏赐有差。时亲王海都叛,命领汪总帅兵以镇西土。

十四年,召拜江南诸道行台御史大夫。乃上奏曰:"陛下以臣为耳目,臣以监察御史、按察司为耳目。倘非其人,是人之耳目先自闭塞,下情何由上达。"帝嘉之,命御史台清其选。每除目至,必集幕僚御史议其可否,不协公论者即劾去之。继陈便民一十五事,其略曰:并行省,削冗官,钤镇戍,拘官船,业流民,录故官,赃馈遗,淮浙盐运司直隶行省,行大司农营田并入宣慰司,理讼勿分南北,公田召佃仍减其租,革宋公吏勿容作弊。帝皆纳焉。浙东盗起,浙西宣慰使昔里伯纵兵肆掠,俘及平民,乃遣御史商琥据钱唐津渡阅治之,得释者以数千计。昔里伯遁还都,奏执还扬州治其罪。

十六年,入觐,会左丞崔斌等言平章阿合马不法事,有旨命相威及知枢密院博罗,自开平驰驿大都共鞫之。阿合马称疾不出,博罗欲回,相威厉声色曰:"奉旨按问,敢回奏耶!"令舆疾赴对,首责数事。既引伏,有旨释免,仍喻相威曰:"朕知卿不惜颜面。"复命还南行台。十七年,有旨命相威检核阿里海牙、忽都贴木儿等所俘三万二千余口,并放为民。

十八年,左丞范文虎,参政李庭,以兵十万,航海征倭。七昼夜至竹岛,与辽阳省臣兵合。欲先攻太宰府,迟疑不发。八月朔,飓风大作,士卒十丧六七。帝震怒,复命行省左丞相塔海征之。一时无敢谏者。相威遣使入奏曰:"倭不奉职贡,可伐而不可恕,可缓而不可急。向者师行迫期,战船不坚,前车已覆,后当改辙。今为之计,预修战舰,训练士卒,耀兵扬武,使彼闻之,深自备御。迟以岁月,俟其疲怠,出其不意,乘风疾往,一举而下,万全之策也。"帝意始释,遂罢其役。又陈皇太子既令中书,宜领抚军监国之任,选正人端士,立詹事、宾客、谕德、赞善,卫翼左右,所以树国本也。帝深然之。

十九年,又奏阿里海牙占降民一千八百户为奴,阿里海牙以为征讨所得,有旨:"果降民也,还之有司;若征讨所得,令御史台籍其数以闻,量赐有功者。"阿里海牙又自陈其功比伯颜,当赐养老户,御史滕鲁瞻劾之,阿里海牙自辨,有旨遣使赴行台逮问。相威曰:

“为臣敢尔欺诳邪，滕御史何罪。”即驰奏，使者竟归。

二十年，以疾请入觐，进译语《资治通鉴》，帝即以赐东宫经筵讲读。拜江淮行省左丞相。二十一年，启行。四月，卒于蠡州，年四十四。讣闻。帝悼惜不已。

子阿老瓦丁，南行台御史大夫；孙脱欢，集贤大学士。

土土哈，其先本武平北折连川按答罕山部族，自曲出徙居西北玉里伯里山，因以为氏，号其国曰钦察。其地去中国三万余里，夏夜极短，日暂没即出。曲出生唆末纳，唆末纳生亦纳思，世为钦察国主。

太祖征蔑里乞，其主火都奔钦察，亦纳思纳之。太祖遣使谕之曰：“汝奚匿吾负箭之麇？亟以相还，不然祸且及汝。”亦纳思答曰：“逃鹯之雀，丛薄犹能生之，吾顾不如草木耶？”太祖乃命将讨之。亦纳思已老，国中大乱，亦纳思之子忽鲁速蛮遣使自归于太祖。而宪宗受命帅师，已扣其境，忽鲁速蛮之子班都察，举族迎降，从征麦怯斯有功。率钦察百人从世祖征大理，伐宋，以强勇称。尝侍左右，掌尚方马畜，岁时挏马乳以进，色清而味美，号黑马乳，因目其属曰哈剌赤。

土土哈，班都察之子也。中统元年，父子从世祖北征，俱以功受上赏。班都察卒，乃袭父职，备宿卫。

宗王海都构乱，世祖以国家根本之地，命皇太子北平王率诸王镇守之。至元十四年，诸王脱脱木、失烈吉叛，寇抄诸部，掠宪宗所御大帐以去。土土哈率兵讨之，败其将脱儿赤颜于纳兰不剌，邀诸部以还。应昌部族只儿瓦台构乱，脱脱木引兵应之，中途遇土土哈，将战，先获其候骑数十，脱脱木乃引去，遂灭只儿瓦台。追脱脱木等至秃兀剌河，三宿而后返。寻复败之于斡欢河，夺回所掠大帐，还诸部之众于北平。

十五年，大军北征，诏率钦察骁骑千人以从。追失烈吉逾金山，擒扎忽台等以献。又败宽折哥等，裹疮力战，获羊马辎重甚众。还

朝,帝召至榻前,亲慰劳之,赐金酒器及银百两、金币九、岁时预宴
只孙冠服全、海东白鹘一,仍赐以夺回所掠大帐,而谕之曰:"祖宗
武帐,非人臣所得御,以卿能归之,故以授卿。"尝有旨:"钦察人为
民及隶诸王者,皆别籍之以隶土土哈,户给钞二千贯,岁赐粟帛,选
其材勇,以备禁卫。"

十九年,授昭勇大将军、同知太仆院事。二十年,改同知卫尉院
事,兼领群牧司。请以所部哈剌赤屯田畿内,诏给霸州文安县田四
百顷,益以宋新附军人八百,俾领其事。二十一年,赐金虎府,并赐
金貂、裘帽、玉带各一,海东青鹘一,水碢一区,近郊田二千亩,籍河
东诸路蒙古军子弟四千六百人隶其麾下。二十二年,拜镇国上将
军、枢密院副使。二十三年,置钦察亲军卫,遂兼都指挥使,听以宗
族将吏备官属。

海都兵犯金山,诏与大将朵儿朵怀共御之。二十四年,宗王乃
颜叛,阴遣使来结也不干、胜剌哈,为土土哈所执,尽得其情以闻。
胜剌哈设宴邀二大将,朵儿朵怀将往,土土哈以为事不可测,遂止,
胜剌哈计不得行。未几,有旨令胜剌哈入朝,将由东道进,土土哈言
于北安王曰:"彼分地在东,脱有不虞,是纵虎入山林也。"乃命从西
道进。既而有言也不干叛者,众欲先闻于朝,然后发兵。土土哈曰:
"兵贵神速,若彼果叛,我军出其不意,可即图之;否则与约而还。"
即日启行,疾驱七昼夜,渡秃兀剌河,战于孛怯岭,大败之,也不干
仅以身免。世祖时亲征乃颜,闻之,遣使命土土哈收其余党,沿河而
下。遇叛王铁哥军万骑,击走之,获马甚众,并擒叛王哈儿鲁等献俘
行在所,诛之。钦察、康里之属,自叛所来归者,即以付土土哈,置哈
剌鲁万户府,钦察之散处安西诸王部下者,悉令统之。

时成宗以皇孙抚军于北,诏以土土哈从。追乃颜余党于哈剌
温,诛叛王兀塔海,尽降其众。二十五年,诸王也只里为叛王火鲁哈
孙所攻,遣使告急。复从皇孙移师援之,败诸兀鲁灰。还至哈剌温
山,夜渡贵烈河,败叛王哈丹,尽得辽左诸部,置东路万户府。世祖
多其功,以也只里女弟塔伦妻之。

　　二十六年，从皇孙晋王征海都。抵杭海岭，敌先据险，诸军失利，惟土土哈以其军直前鏖战，翼晋王而出。追骑大至，乃选精锐设伏以待之，寇不敢逼。秋七月，世祖巡幸北边，召见慰谕之，曰：“昔太祖与其臣同患难者，饮班术河之水以记功。今日之事，何愧昔人，卿其勉之。”还至京师，大宴群臣，复谓土土哈曰：“朔方人来，闻海都言：‘杭海之役，使彼边将皆如土土哈，吾属安所置哉！’”论功行赏，帝欲先钦察之士。土土哈言：“庆赏之典，蒙古人将吏宜先之。”帝曰：“尔毋饰让，蒙古诚居汝右，力战岂在汝右耶？”召诸将颁赏有差。

　　初，世祖既取宋，命籍建康、庐、饶租户千为哈剌赤户，益以俘获千七百户赐土土哈，仍官一子，以督其赋。二十八年，土土哈奏：“哈剌赤军以万数，足以备用。”诏赐珠帽、珠衣、金带、玉带、海东青鹘各一，复赐其部曲毳衣、缣素万匹。于是率哈剌赤万人北猎于汉塔海，边寇闻之，皆引去。

　　二十九年秋，略地金山，获海都之户三千余，还至和林。有诏进取乞里吉思。三十年春，师次欠河，冰行数日，始至其境，尽收其五部之众，屯兵守之。奏功，加龙虎卫上将军，仍给行枢密院印。海都闻取乞里吉思，引兵至欠河，复败之，擒其将孛罗察。

　　三十一年，成宗即位，诏以边境事重，其免会朝，遣使就赐银五百两、七宝金壶、盘、盂各一、钞万贯、白毡帐一、独峰驼五。冬，召至京师，赏赉有加，别赐其麾下士钞千二百万贯。

　　元贞元年春，仍出守北边。二年秋，诸王附海都者率众来归，边民惊扰，身至玉龙罕界，馈饷安集之，导诸王岳木忽等入朝。帝解御衣以赐，又赐金五十两、银千五百两、钞五万贯、轿舆各一。

　　大德元年正月，拜银青荣禄大夫、上柱国、同知枢密院事、钦察亲军都指挥使，奉命还北边。二月，至宣德府卒，年六十一。赠金紫光禄大夫、司空，追封延国公，谥武毅，后加封升王。子八人，其第三子曰床兀儿。

床兀儿,初以大臣子奉诏从太师月儿鲁行军,战于百搭山,有功,拜昭勇大将军、左卫亲军都指挥使。

大德元年,袭父职,领征北诸军帅师逾金山,攻八邻之地。八邻之南有答鲁忽河,其将帖良台阻水而军,伐木栅岸以自庇,士皆下马跪坐,持弓矢以待我军,矢不能及,马不能进。床兀儿命吹铜角,举军大呼,声震林野。其众不知所为,争起就马。于是麾师毕渡,涌水拍岸,木栅漂散,因奋师驰击,追奔五十里,尽得其人马庐帐。还次阿雷河,与海都所遣援八邻之将孛伯军遇。河之上有高山,孛伯阵于山上,马不利下驰。床兀儿麾军渡河蹙之,其马多颠踬,急击败之,追奔三十余里,孛伯仅以身免。

二年,北边诸王都哇、彻彻秃等潜师袭火儿哈秃之地。其地亦有山甚高,敌兵据之。床兀儿选勇而善步者,持挺刃四面上,奋击,尽覆其军。

三年,入朝,成宗亲解御衣赐之,慰劳优渥,拜镇国上将军、金枢密院事、钦察亲军都指挥使、太仆少卿。复还边。

是时武宗在潜邸,领军朔方,军事必谘于床兀儿。及战,床兀儿尝为先。四年秋,叛王秃麦、斡鲁思等犯边,床兀儿迎敌于阔客之地。及其未阵,直前搏之,敌不敢支,追之逾金山乃还。

五年,海都兵越金山而南,止于铁坚古山,因高以自保。床兀儿急引兵败之。复与都哇相持于兀儿秃之地。床兀儿以精锐驰其阵,左右奋击,所杀不可胜计,都哇之兵几尽。武宗亲视其战,乃叹曰:"何其壮耶!力战未有如此者。"事闻,诏遣御史大夫秃只等即赤讷思之地集诸王军将问战胜功状,咸称床兀儿功第一。武宗既命尚雅忽秃楚王公主察吉儿,及使者以功簿奏,帝复出御衣遣使临赐之。

七年秋,入朝,帝亲谕之曰:"卿镇北边,累建大功,虽以黄金周饰卿身,犹不足以尽朕意。"赐以衣帽、金珠等物甚厚,拜骠骑卫上将军、枢密院副使、钦察亲军都指挥使、太仆少卿,仍赐其军万人钞四千万贯。

九年,诸王都哇、察八儿、明里帖木儿等相聚而谋曰:"昔我太祖艰难以成帝业，奄有天下，我子孙乃弗克靖恭，以安享其成，连年构兵，以相残杀，是自隳祖宗之业也。今抚军镇边者，皆吾世祖之嫡孙，吾与谁争哉？且前与土土哈战既弗能胜，今与其子床兀儿战又无功，惟天惟祖宗意可见矣。不若遣使请命罢兵，通一家之好，使吾士民老者得以养，少者得以长，伤残疲惫者得以休息，则亦无负太祖之所望于我子孙者矣。"使至，帝许之。于是明里帖木儿等罢兵入朝，特为置驿以通往来。十年，拜荣禄大夫、同知枢密院事，寻拜光禄大夫、知枢密院事，钦察左卫指挥、太仆少卿皆如故。

成宗崩，武宗时在浑麻出之海上，床兀儿请急归定大业，以副天下之望。武宗纳其言，即日南还。及即位，赐以先朝所御大武帐等物，加拜平章政事，仍兼枢密、钦察左卫、太仆。还边，复封容国公，授以银印，赐尚服衣段及虎豹之属。至大二年，入朝，加封句容郡王，改授金印。帝曰："世祖征大理时所御武帐及所服珠衣，今以赐卿，其勿辞。"翌日，又以世祖所乘安舆赐之，且曰："以卿有足疾，故赐此。"床兀儿叩头泣涕，固辞而言曰："世祖所御之帐，所服之衣，固非臣所敢当，而乘舆尤非所宜蒙也。贪宠过当，臣实不敢。"帝顾左右曰："他人不知辞此。"别命有司置马轿赐之，俾得乘至殿门下。

仁宗即位，入朝，特授光禄大夫、平章政事、知枢密院事、钦察亲军都指挥使、左卫亲军都指挥使、太仆少卿。延祐元年，败叛王也先不花等军于亦忒海迷失之地，遣使入报，赐以尚服。二年，败也不花所遣将也不干、忽都帖木儿于赤麦干之地。追出其境，至铁门关，遇其大军于扎亦儿之地，又败之。四年，帝念其功而悯其老，召入商议中书省事，知枢密院事。大理国进象牙、金饰轿，即以赐之。每见必赐坐，每食必赐食，待以宗室亲王之礼。床兀儿常曰："老臣受朝廷之赐厚矣，吾子孙当以死报国。"

至治二年卒，年六十三。后累封扬王。子六人：燕帖木儿，答剌罕、太师、右丞相、太平王；撒敦，左丞相；答里，袭封句容郡王。

元史卷一二九
列传第一六

来阿八赤　　纽璘　也速答儿
阿剌罕　阿塔海　唆都
百家奴　李恒

来阿八赤,宁夏人。

父术速忽里,归太祖,选居宿卫,继命掌膳事。宪宗即位,大举伐宋,攻钓鱼山,命诸将议进取之计,术速忽里言于帝曰:"川蜀之地,三分我有其二,所未附者巴江以下数十州而已,地削势弱,兵粮皆仰给东南,故死守以抗我师。蜀地岩险,重庆、合州又其藩屏,皆新筑之城,依险为固,今顿兵坚城之下,未见其利。曷若城二城之间,选锐卒五万,命宿将守之,与成都旧兵相出入,不时扰之,以牵制其援师。然后我师乘新集之锐,用降人为乡导,水陆东下,破忠、涪、万、夔诸小郡,平其城,俘其民,俟冬水涸,瞿唐三峡不日可下,出荆楚,与鄂州渡江诸军合势,如此则东南之事一举可定。其上流重庆、合州,孤危无援,不降即走矣。"诸将曰"攻城则功在顷刻",反以其言为迂,卒不用。

于是博选宿卫中材力可任用者,以阿八赤奉命往监元帅纽邻军,遏宋人援兵,驻重庆下流之铜罗陕,夹江据崖为垒。宋都统甘顺自夔州溯流西上,乘舟来攻。阿八赤预积薪于二垒,明火鼓噪,矢石如雨,顺流而进,宋人力战不能支,退保西岸,敛兵自固。黎明复至,阿八赤身率精兵，缘崖而下，战舰复进，宋人败走，杀伤数千人。帝闻而壮之，赐银二铤。

宪宗崩，阿八赤从父倍道归燕。世祖即位，问以川蜀之事，阿八赤历陈始末，诵其父前所言以对，世祖抚掌曰：“当时若从此策，东南其足平乎。朕在鄂渚，日望上流之声势耳。”

至元七年，南征襄樊，发河南、北器械粮储悉聚于淮西之义阳。虑宋人剽掠，命阿八赤督运，二日而毕。既还，世祖大悦，以银一铤赐之。

十四年，立尚膳院，授中顺大夫、同知尚膳院事。十八年，佩三珠虎符，授通奉大夫、益都等路宣慰使、都元帅。发兵万人开运河，阿八赤往来督视，寒暑不辍。有两卒自伤其手以示不可用，阿八赤檄枢密并行省奏闻，斩之以惩不律。运河既开，迁胶莱海道漕运使。

二十一年，调同金宣徽院事。辽左不宁，复降虎符，授征东招讨使。阿八赤招徕降附，期以自新，远近帖然。二十二年，授征东宣慰使、都元帅。

皇子镇南王征交趾，授湖广等处行中书省右丞，召见，世祖亲解衣衣之，并金玉束带及弓矢甲胄赐焉。二十四年，改湖广等处行尚书省右丞，诏四省所发士马，俾阿八赤阅视。九月，领中卫亲军千人，翊导皇子至思明州。贼阻险拒守，于是选精锐与贼战于女儿关，斩馘万计，余兵弃关走。于是大军深入，进至交州，陈日烜空其城而遁。阿八赤曰：“贼弃巢穴而匿山海者，意待吾之敝而乘之耳。将士多北人，春夏之交瘴疠作，贼弗就擒，吾不能持久矣。今出兵分定其地，招降纳附，勿纵士卒侵掠，急捕日烜，此策之善者也。”时日烜屡遣使约降，欲以赂缓我师。诸将皆信其说，且修城以居而待其至。久之，军乏食，日烜不降，拥众据竹洞、安邦海口。阿八赤率兵往攻之，屡与贼遇，昼夜迎战，贼兵败遁。会将士多疫不能进，而诸蛮复叛，所得关厄皆失守，乃议班师。选诸军步骑，命先启行，且战且行，日数十合。贼据高险，射毒矢，将士裹疮以战，诸军护皇子出贼境，阿八赤中毒矢三，首项股皆肿，遂卒。

子寄僧，为水达达屯田总管府达鲁花赤。乃颜叛，战于高丽双城。调万安军达鲁花赤。平黎蛮有功，迁雷州路总管，卒。孙完者不花，同知潮州路总管府事；次秃满不花、也先不花、太不花。

纽璘，珊竹带人。

祖孛罗带，为太祖宿卫，从太宗平金，戍河南。

父太答儿，佐宪宗征阿速、钦察等国有功，拜都元帅。岁壬子，率陕西西海、巩昌诸军攻宋，入蜀。癸丑，与总帅汪田哥立利州。甲寅，攻碉门、黎、雅等城。乙卯，入重庆，获都统制张实。是岁卒。

纽璘伟貌长身，勇力绝人，且多谋略，常从父军中。丁巳岁，宪宗命将兵万人略地，自利州下白水，过大获山，出梁山军直抵夔门。戊午，还钓鱼山，引军欲会都元帅阿答胡等于成都。宋制置使蒲择之，遣安抚刘整、都统制段元鉴等，率众据遂宁江箭滩渡以断东路。纽璘军至不能渡，自旦至暮大战，斩首二千七百余级，遂长驱至成都。帝闻，赐金帛劳之。蒲择之命杨大渊等守剑门及灵泉山，自将四川兵取成都。会阿答胡死，诸王阿卜干与诸将脱林带等谋曰："今宋兵日逼，闻我帅死，必悉众来攻，其锋不可当。我军去朝庭远，待上命建大帅，然后御敌，恐无及已。不若推纽璘为长，以号令诸将，出彼不意，敌可必破。"众然之，遂推纽璘为长。纽璘率诸将大破宋军于灵泉山，乘胜追擒韩勇，斩之，蒲择之兵溃。进围云顶山城，扼宋军归路。其主将仓卒失计，遂以其众降。城中食尽，亦杀其守将以降。成都、彭、汉、怀、绵等州悉平，威、茂诸蕃亦来附。纽璘奉金银、竹箭、银销刀，遣速哥入献。帝赐黄金五十两，即军中真拜都元帅。

时纽璘军止二万，以五千命拜延八都鲁等守成都，自将万五千人从马湖趋重庆。冬，帝进军至大获山，纽璘率步骑号五万，战船二百艘，发成都。遣张威以五百人为前锋，水陆并进，谋锁重庆江，以绝吴、蜀之路，缚桥资州之口以济师。千户暗都刺率舟师而下，纽璘将步骑而南，旌旗辎重百里不绝，鼓噪渡泸，放舟而东。蒲择之以兵分道要遮,遇辄败之。纽璘至涪,造浮桥,驻军桥南北,以杜宋援兵。闻大军多疟疠,遣人进牛犬豕各万头。明年春,朝行在所,还讨思、播二州,获其将一人。宋将吕文焕攻涪浮桥,时新立成都,士马不耐其水土,多病死,纽璘忧之。密旨督战,不得已出师,大败文焕军,获其将二人,斩之,遂班师。文焕以兵袭其后,纽璘战却之。

中统元年,世祖即位,纽璘入朝,赐虎符及黄金五十两、白金二千五百两、马二匹。纽璘遣梁载立招降黎、雅、碉门、岩州、偏林关诸蛮,得汉、蕃二万余户。未几,诏速哥分西川兵及陕西诸军属纽璘,镇秦、巩、唐兀之地。三年,宋将刘整以泸州降,吕文焕围之,诏以兵往援,文焕败走,遂徙泸州民于成都、潼川。四年,为刘整所谮,微至上都,验问无状,诏释之。还至昌平,卒。子也速答儿。

也速答儿勇智类其父,至元十一年,入见世祖,以属行枢密院火都赤,使习兵事。从围嘉定,以三千人至三龟、九顶山相地形势,败宋安抚昝万寿兵,斩首五百级,以功赐虎符,授六翼达鲁花赤。昝万寿寻遣部将李立以嘉定、三龟、九顶、紫云诸城寨降。又从行枢密副使忽敦,率兵徇下流诸城,皆望风来附。忽敦以兵二万会东川行枢密院合答围重庆,岁余不下,帝命行枢密副使不花代将。不花将兵万余至城下,也速答儿率二十余骑攻其门,宋都统赵安出战,也速答儿三入其军,再挟猛士以出,大兵四集,斩首五百余级,赵安开门降,制置使张珏遁,追至涪州擒之。捷闻,帝赐玉带、钞五千贯,授西川蒙古军马六翼新附军招讨使,迁四川西道宣慰使,加都元帅。

罗氏鬼国亦奚不薛叛,诏以四川兵会云南、江南兵讨之。至会灵关,亦奚不薛遣先锋阿麻、阿豆等将数万众迎敌,也速答儿驰入其军,挟阿麻、阿豆出,斩之。亦奚不薛惧,率所部五万余户降。以功拜西川等处行中书省右丞,加赐金帛鞍辔。

西南夷雄左、都掌蛮得兰右叛,诏以兵讨降之,改四川等处行枢密副使。冬,乌蒙蛮阴连都掌蛮以叛,诏以兵会云南行院拜答力进讨。也速答儿擒乌蒙蛮,帝赐玉带、织金服,迁蒙古军都万户,复赐银鼠裘,镇唐兀之地。进同知四川等处行枢密院事,仍居镇。成宗即位,拜四川等处行中书省平章政事。

武宗时,由四川迁云南,加左丞相,仍为平章政事。南征叛蛮,感瘴毒,还至成都卒。弟八剌,袭为蒙古军万户。八速卒,次子拜延袭,拜四川行省左丞;长子南加台,官至四川行省平章政事。

阿剌罕,札剌儿氏。

祖拨彻,事太祖,为火而赤,又为博而赤,攻城掠地,数有战功。太宗即位,仍以其职从征陇北、陕西,身先战士,死焉。

父也柳干,幼隶皇子岳里吉为卫士长。岁乙未,从皇子阔出、忽都秃南征,累功授万户,迁天下马步禁军都元帅。及大将察罕卒,也柳干领其职,拜诸翼军马都元帅,统大军攻淮东、西诸郡。戊午,战死扬州。

阿剌罕袭为诸翼蒙古军马都元帅。己未,从世祖渡江,至鄂而还。世祖即位,从至末黎伯颜孛剌。宗王阿里不哥称兵内向,阿剌罕以所部军击破阿监带儿、浑都海之兵于昔门秃,追至河西,以功赐金五十两。中统三年,李璮叛,据济南,大军讨之。阿剌罕与璮战于老仓口,败之。璮伏诛,授都元帅,赐金虎符、银印。

四年春,改上万户,从都元帅阿术伐宋。九月,师次襄阳西安阳滩,逆战宋兵,败之。五年,大军围襄樊,阿剌罕守南面百丈山、漫河滩,兵累交,宋不能师。十年春,樊城破,襄阳降。十一年秋,丞相伯颜与阿术会师襄阳,遣阿剌罕率诸翼军攻郢、复诸州。十月,夺郢州南门堡。丞相伯颜、阿术亲率骑兵行视汉阳城壁,欲取汉口渡江。宋人以精兵扼汉口,乃遣阿剌罕帅蒙古骑兵倍道兼行,击破沙芜堡,遂入江,取鄂州。阿剌罕同断事官杨仁风东略寿昌,得米四十万斛,遂统左翼军顺流东下,沿江州郡悉降,乃抚辑其人民。

十二年六月,加昭毅大将军、蒙古汉军上万户,屯驻建康。丞相伯颜受诏赴阙,以阿剌罕留治省事,拜中奉大夫、参知政事。丞相伯颜还军中,分军为三道并进。阿剌罕由西道趋溧水、溧阳,攻破银树东坝,至护牙山庆丰圩,败宋军,斩首七千级,又擒其将祝亮,并裨校七十二人,斩首三千级。又与宋兵战,斩首七千级,逐其援兵退走数十里。又败其都统等三人,斩首三千级。破建平县,杀其守吏。进攻广德军独松关。先是,宋广德守张濡,杀国信使廉希贤、严忠范等于独松关,及阿剌罕军次安吉州上柏镇,濡率兵来拒战,大败之,斩首二千级,生擒其副将冯翼,戮于军前。濡遁走,追斩之。

十三年春,宋以国降,诏阿剌罕同左丞董文炳,率高兴等,攻浙东温、台、衢、婺、处、明、越及闽中诸郡,降其运使、提刑等五百人。追袭宋嗣秀王赵与檡至安福县,与檡以军三万来拒战,阿剌罕身先士卒,率高兴、撒里蛮等渡江,鏖战四十余里,斩其步师观察使李世达,生擒与檡及其将吏百八十人,悉斩之,获其铜印五、军资器仗无算。泉州蒲寿庚降。江南平,以参知政事佩金虎符,行江东宣慰使。十四年,入觐,进资善大夫、行中书省左丞,俄迁右丞,仍宣慰江东。

十八年,召拜光禄大夫、中书左丞相、行中书省事,统蒙古军四十万征日本,行次庆元,卒于军中。

子拜降袭,累迁江浙行中书省平章政事,仍领本军万户。拜降卒,弟也速迭儿袭,由左手蒙古军万户累迁河南江北行省平章政事,兼山东河北蒙古军大都督。

阿塔海,逊都思人。祖塔海拔都儿,骁勇善战,尝从太祖同饮黑河水,以功为千户。父卜花袭职,卒。

阿塔海魁伟有大度,才略过人。既袭千户,从大帅兀良合歹征云南,身先行阵。师还,事世祖于潜邸。

至元九年,命驰驿督诸军攻襄阳。襄阳下,第功授镇国上将军、淮西行枢密院副使。筑正阳东西城。五月霖雨,宋将夏贵乘淮水溢,来争正阳。阿塔海率众御之,贵走,追至安丰城下而还。拜中书右丞、行枢密院事。

渡江,与丞相伯颜军合。克池州。十二月,师次建康。宋镇江摄守石祖忠遣使乞降。扬州守将李庭芝闻之,遣兵突围出击,阿塔海率师救之，宋兵望风退走。时真、泰诸城尚为宋守，镇江地扼襟喉，城壁不固，阿塔海乃立木栅，以保障居民。又分兵屯瓜洲，以绝扬州之援。宋将张世杰、孙虎臣帅舟师陈于江中焦山下，其势甚张，阿塔海与平章阿术登南岸督诸军大破之。宋殿帅张彦与平江都统刘师勇袭吕城，遣万户怀都击之，斩彦。十月，并行枢密院于行中书省，仍以阿塔海为右丞。克常州，降平江、嘉兴。十三年正月，会兵临安，宋降，以其幼主、母后入觐。诏复趋瓜洲，与阿术议淮南事宜，淮南平。详见伯颜、阿术传。

十四年，授荣禄大夫、平章政事、行中书省事。十五年二月，召赴阙，拜光禄大夫、行中书省左丞相，移治临安。二十年，迁征东行省丞相，征日本，遇风，舟坏，丧师十七、八。二十二年，行同知沿江枢密院事。二十三年，行江西中书省事，入朝。二十四年，扈从征乃颜。师还，奉朝请居京师。二十六年十二月卒，年五十六，赠推忠翊运宣力功臣、开府仪同三司、太师、上柱国。追封顺昌郡王，谥武敏。

子阿里麻，江淮行枢密副使，累官至江南诸道行御史台御史大夫，卒。

唆都，扎剌儿氏。骁勇善战，入宿卫，从征花马国有功。李璮叛山东，从诸王哈必赤平之。还，言于朝曰：“郡县恶少年，多从间道鬻马于宋境，乞免其罪，籍为兵。”从之，得兵三千人。以千人隶唆都，为千户，命守蔡州。

至元五年，阿术等兵围襄阳，命唆都出巡逻，夺宋金刚台寨、筲基窝、青涧寨、大洪山、归州洞诸隘。尝猝遇宋兵千余，持羁勒欲窃马，唆都战败之，斩首三百级。六年，宋将范文虎率舟师驻灌子滩，丞相史天泽命唆都拒却之。升总管，分东平卒八百隶之。九年，攻樊城，唆都先登，城遂破。襄阳降，再与卒五千，赐弓矢、袭衣、金鞍、白金等物。入见，升郢复等处招讨使。十一年，移戍鄂州之高港，败宋师，斩首三百级，获裨校九人。从大军济江，鄂、汉降。

十二年，建康降，参政塔出命唆都入城招集，改建康安抚使。攻平江、嘉兴，皆下之。帅舟师会伯颜于皋亭山。宋平，诏伯颜以宋主入朝，留参政董文炳守临安，令其自择可副者，文炳请留唆都，从之。时衢、婺诸州皆复起兵，文炳谓唆都曰："严州不守，临安必危，公往镇之。"至严方十日，衢、婺、徽连兵来攻，唆都战却之，获章知府等二十二人。复婺州，败宋将陈路钤于梅岭下，斩首三千级。又复龙游县。攻衢州，衢守备甚严，唆都亲率诸军鼓噪登城，拔之，宋丞相留梦炎降。攻处州，斩首七百级。又攻建宁府松溪县、怀安县，皆下之。

十四年，升福建道宣慰使，行征南元帅府事，听参政塔出节制。塔出令唆都取道泉州，泛海会于广州之富场。将行，信州守臣来求援曰："元帅不来，信不可守，令邵武方聚兵观衅，元帅且往，邵武兵夕至矣。"唆都告于众曰："若邵武不下，则腹背受敌，岂独信不可守乎！"乃遣周万户等往招降之。唆都趋建宁，遇宋兵于崇安，军容甚盛。令其子百家奴及杨庭璧等数队夹击之，范万户以三百人伏祝公桥，移剌答以四百人伏北门外。庭璧陷阵深入，宋兵败走，伏兵起邀击之，斩首千余级。宋丞相文天祥、南剑州都督张清，合兵将袭建宁，唆都夜设伏败之。转战至南剑，败张清，夺其城。至福州，王积翁以城降。攻兴化军，知军陈瓒乞降，复闭城拒守，唆都临城谕之，矢石雨下，乃造云梯炮石，攻破其城，巷战终日，斩首三万余级，获瓒，支解以徇。至漳州，漳州亦拒守，先遣百家奴往会塔出，留攻之，斩首数千级，知府何清降。攻潮州，知府马发不降，唆都恐失富场之期，乃舍之而去。

十五年，至广州，塔出令还攻潮，发城守益备，唆都塞堑填濠，造云梯、鹅车，日夜急攻，发潜遣人焚之，二十余日不能下，唆都令于众曰："有能先登者，拜爵；已仕者，增秩。"总管兀良哈耳先登，诸将继之，战至夕，宋安溃，潮州平。进参知政事，行省福州。

徵入见，帝以江南既定，将有事于海外，升左丞，行省泉州，招谕南夷诸国。十八年，改右丞，行省占城。十九年，率战船千艘，出广州，浮海伐占城。占城迎战，兵号二十万。唆都率敢死士击之，斩首并溺死者五万余人,又败之于大浪湖,斩首六万级。占城降,唆都造木为城,辟田以耕。伐乌里、越里诸小夷,皆下之,积谷十五万以给军。二十一年,镇南王脱欢征交趾,诏唆都帅师来会,败交趾兵于清化府,夺义安关,降其臣彰宪、昭显。脱欢命唆都屯天长以就食,与大营相距二百余里。俄有旨班师,脱欢引兵还,唆都不知也,交趾使人告之,弗信,及至大营,则空矣。交趾遮之于乾满江,唆都战死。事闻,赠荣禄大夫,谥襄愍。子百家奴。

百家奴,至元五年从元帅阿术攻襄阳,筑新城,数立功。七年,以质子从郡王合达,败宋兵于灌子滩。八年夏四月,宋殿帅范文虎等督促粮运,输之襄阳,昼夜不绝。百家奴乘战船顺流至鹿门山,欲塞宋粮道,出击范文虎军,累获战功,于是河南行省命为管军总把。

后隶丞相伯颜麾下,擢为知印。从攻鄂州,宋都统赵五帅诸军来迎战,百家奴深入却敌,身被数疮。攻沙洋,立云梯于东角楼,登城力战,破之,夺其旗帜、弓矢、衣甲。攻新城,先登,拔之,宋将王安抚弃城宵遁。伯颜以百家奴前后战功上闻,世祖大悦,曰:"此人之名,朕心不忘,兵还时大用之,朕不食言也。今且以良家女及银碗一赐之,以为左验。"

从围汉阳,自沙武口曳船入江,宋制置夏贵来迎战,百家奴与暗答孙突入敌阵击之,宋兵奔溃,遂登江南岸,获其战船、器甲甚多。转战至黄州,会日暮,追击夏贵至白虎山,夜分乃还。未几,复攻破金牛坝。

十二年春正月,与千户薛赤干取鸡笼洞,还至瑞昌县,遇夏贵溃兵,复击败之。是时,宋遣兵救瑞昌,未至而县已下矣。复击宋救兵,得宋所执北兵五人来归。围江州,宋安抚吕师夔以城降。东定池州,击宋平章贾似道及孙虎臣于丁家洲,追逐百里余,夺战船五艘及旗帜器甲,擒宋统制王文虎,因定黄池。略地宣州,百家奴为前锋,与敌兵战喃呢湖,败之,夺其战船三百艘。太平州亦望风款附。其父唆都因说下建康。于是伯颜令谒只里论诸将功,遂赏百家奴银二锭以旌之，仍命为管军总把。俄从伯颜入朝，加进义校尉，赐银符，为管军总把。攻丹阳、吕城，破常州，皆有功。至苏州，宋守臣王安抚以城降。秀州、湖州皆不烦兵而下。诸军乘胜直趋临安，宋主出降。

十三年，领新附军守镇江。未几，复从平章博鲁欢攻泰、寿二州，中疮，遂罢攻。后数日，与万户叶了虑将兵攻泰州新城，百家奴力疾先登，破之，复被两疮。已而从阿术攻下扬州诸郡，得宋制置李庭芝、都统姜才，以功升武略将军，赐金符，为管军总管，镇高邮白马湖。是时，行省以百家奴袭父唆都郢、复州招讨使、建康宣抚使，仍领本翼军。

顷之，徇地福建，行定衢、婺、信等州城邑。至新安县，击斩宋赵监军、詹知县，擒江通判。道与畲军遇，疾战败之。鼓行而东，沈安抚以建宁府降。攻陷南剑州，张清、聂文庆遁去。闽清、怀安二县传檄而定。至福州，谕以威德，王安抚率众出降。攻破兴化，擒陈安抚及白牒都统。别击东华乡。张世杰军于泉州，俄领诸军乘战船入海。追逐张世杰于惠州甲子门。进至同安县答关寨，濒海县镇悉招谕下之。白望丹、王虎陈以战船三千余艘来降。冬十二月，宋二王遣倪宙奉表诣军门降，遂进兵至广州，诸郡县以次降附。

明年春正月，振旅而还，复攻下德胜等寨。而蒲仙江、聂文庆复败走。攻潮州，破之，诛马发等数人，广东遂平。三月，引宙奉降表来朝，未至，授昭勇大将军，赐虎符，管军万户。七月，遂朝于上都，升镇国上将军、海外诸蕃宣慰使，兼福建道市舶提举，仍领本翼军守福建，俄兼福建道长司宣慰使都元帅。是时，福建多水灾，百家奴出私钱市米以赈，贫民全活者甚众。十七年，朝京师，加正奉大夫、宣慰使、都元帅。

二十二年，从父唆都征交趾，唆都力战死之，百家奴遂与脱欢引兵薄交趾境，水陆转战，战辄有功。二十五年，驿召至南京宣慰司，命括五路民马。二十七年，除建康路总管。武宗即位，迁镇江路总管。至大四年，金疮发，卒于家。

李恒，字德卿。

其先姓于弥氏，唐末赐姓李，世为西夏国主。太祖经略河西，有守兀纳剌城者，夏主之子也，城陷不屈而死。子惟忠，方七岁，求从父死，主将异之，执以献宗王合撒儿，王留养之。及嗣王移相哥立，惟忠从经略中原，有功，淄川王分地，以惟忠为达鲁花赤，佩金符。惟忠生恒。

恒生有异质，王妃抚之犹己子。中统三年，命恒为尚书断事官，恒以让其兄。李璮反涟海，恒从其父弃家入告变，璮怒，系恒阛门狱中，璮诛，得出。世祖嘉其功，授淄莱路奥鲁总管，佩金符，并偿其所失家资。

至元七年，改宣武将军、益都淄莱新军万户，从伐宋。襄阳守将吕文焕时出拒敌，殿帅范文虎复援之。恒率本军筑堡万山扼城西，绝其陆路。文焕等又以渔舟渡汉水窥伺军形，恒设伏败之，水路亦绝，遂进攻樊城。十年春，恒以精兵渡汉，自南面先登，樊城破，襄阳亦降。捷闻，帝赐以宝刀，迁明威将军，佩金虎符。十一年，丞相伯颜大会师襄阳，进至郢州。宋以舟师截汉水，伯颜由唐港入汉，舍郢而进攻沙洋、新城，留恒为后拒，败其追兵。至阳罗堡，宋制置夏贵遣其子松来逆战，恒先陷阵，额中流矢，伯颜止之，恒战益力，卒射松杀之。诸军渡江，恒与宋兵战，自寅至申，夏贵败走，鄂州、汉阳俱下。以功迁宣威将军，赐白金五百两。遂从伯颜东下。

十二年春，宋将高世杰复窥汉、沔，乃遣恒还守鄂州。时豪民聚众侵江陵，省命恒往讨之，恒敛兵不动，但谕使出降，得生口十余万，悉纵为民；仍禁军毋得虏掠，馈献充积一无所受。十二年，从右丞阿里海牙至洞庭，擒高世杰。下岳州，进攻沙市，拔之。宋制置高达以江陵降，留恒镇守。传檄归、峡、辰、沅、靖、澧、常德诸州，皆下。未几，徙镇常德，以扼湖南之冲。

俄有诏分三道出师，以恒为左副都元帅，从都元帅逊都台出江西。九月，开府于江州。师次建昌县，擒都统熊飞。遂围隆兴，转运使刘槃请降，恒察其诈，密为之备，槃果以锐兵突至，恒击败之，杀获殆尽，槃乃降。下抚、瑞、建昌、临江。军中有得宋相文天祥与建昌故吏民书，恒焚之，人心乃安。进攻吉州，知州周天骥降，遂定赣、南安。广东经略徐直谅奉蜡书纳其所部十四郡，前江西制置黄万石亦以邵武降。隆兴帅府诬富民与敌连，已诛百三十家，恒还，审其非罪，尽释之。

宋丞相陈宜中及其大将张世杰立益王昰于闽中，郡县豪杰争起兵应之。恒遣将破吴浚兵于南丰。世杰遣都统张文虎与浚合兵十万，期必复建昌。恒复遣将败之兜港。浚走从文天祥于瑞金，又破之，天祥走汀州。遣镇抚孔遵追之，并破赵孟溍军，取汀州。元帅府罢，授昭勇大将军、同知江西宣慰司事，加镇国上将军，迁福建宣慰使，改江西宣慰使。天祥复取汀州，兵出兴国县，连破诸邑，围赣州尤急。或言天祥坟墓在吉州者，若遣兵发之，则必下矣。恒曰："王师讨不服耳，岂有发人坟墓之理。"乃分兵援赣，自率精兵潜至兴国。天祥走，追至空坑，获其妻女，擒招讨使赵时赏已下二十余人，降其众二十万。有旨令与右丞阿里罕、左丞董文炳合兵追益王。众议所向，皆谓宜趋福建，恒曰："不可。若诸军俱在福建，彼必窜广东，则梅岭、江西非我有矣，宜从广东夹攻之。"众以为然。兵至梅岭，果与宋兵遇，出其不意败之，乃遁走砜州。十四年，拜参知政事，行省江西。

十五年，益王殂，其枢密张世杰、陆秀夫等复立卫王昺，守广东诸郡，诏以恒为蒙古汉军都元帅经略之。恒进兵取英德府、清远县，败其制置凌震、运使王道夫，遂入广州，世杰等移屯崖山。时都元帅张弘范舟师未至，恒按兵不动，分遣诸将略定梅、循诸州。凌震等复抵广州，恒击败之，皆弃舟走，赴水死，夺其船三百艘，擒将吏宋迈以下二百余人，又破其余军于茭塘越。十六年二月，弘范至自漳州，直指崖山，恒率所部赴之。张世杰集海舰千余艘，贯以巨索，为栅以自固。恒遣断其汲路，其势日迫，谕降不可，乃阵于船尾，由北面逆行，捣其栅，索绝，世杰犹死战，自朝至晡，弘范督南面诸军合击，大败之。陆秀夫先沉妻子于海，乃抱卫王赴海死。从死者十余万人，获其金玺、后宫及文武之臣。其大将翟国秀、凌震等皆解甲降。焚溺之余，尚得八百余艘。是日，黑气如雾，有乘舟南遁者，恒以为卫王，追至高、化，询之降人，始知卫王已死，遁者乃世杰也。世杰继亦溺死于海陵港。岭海悉平，功成入觐，帝赏劳甚厚，将士预赐宴者二百余人。

十七年，拜资善大夫、中书左丞，行省荆湖。掠民为奴婢者，禁之；常德、澧、辰、沅、靖五郡之饥者，赈之，猎户之籍于官者，奏请一千户之外，悉放散之。

十九年，乞解军职，乃命其长子同知江西宣慰司事散木觯袭为本军万户。占城之役，恒奉旨给其粮器械、海舰百艘，久留瘴乡，冒疾而还。俄有诏命恒从皇子镇南王征交趾，结筏渡海，夺天长府。交趾遂空其国，航海而遁。恒封其宫庭府库，追袭于海洋，败之，得船二百艘，几获其世子。会盛夏，军中疾作，霖潦暴涨，浸濯营地。议者谓交趾且降，请班师，恒弗能夺，遂还。蛮兵追败后军，王乃改命恒殿后，且战且行。毒矢贯恒膝，一卒负恒而趋。至思州，毒发，卒，年五十。后赠银青荣禄大夫、平章政事，谥武愍；再赠推忠靖远功臣、太保、仪同三司，追封滕国公。

子散木觯，江西行省平章政事；襄加真，益都淄莱万户；逊都台，同知湖南宣慰使司事。孙薛彻干，兵部侍郎；薛彻秃，益都般阳万户。

元史卷一三〇
列传第一七

彻里　不忽木　完泽
阿鲁浑萨理 岳柱

彻里，燕只吉台氏。

曾祖太赤，为马步军都元帅，从太祖定中原，以功封徐、邳二州，因家于徐。

彻里幼孤，母蒲察氏教以读书。至元十八年，世祖召见，应对详雅，悦之，俾常侍左右，民间事时有所咨访。从征东北边还，因言大军所过，民不胜烦扰，寒饿且死，宜加赈给。帝从之，乃赐边民谷帛牛马有差，赖以存活者众。擢利用监。二十三年，奉使江南，省风俗，访遗逸。时行省理财方急，卖所在学田以价输官。彻里曰："学田所以供祭礼、育人才也，安可鬻。"遽止之。还朝以闻，帝嘉纳焉。

二十四年，分中书为尚书省。桑哥为相，引用党与，钩考天下钱粮，凡昔权臣阿合马积年负逋，举以中书失徵，奏诛二参政。行省乘风，督责尤峻。主无所偿，则责及亲戚，或逮系邻党，械禁榜掠。民不胜其苦，自裁及死狱者以百数，中外骚动。廷臣顾忌，皆莫敢言。彻里乃于帝前，具陈桑哥奸贪误国害民状，辞语激烈。帝怒，谓其毁诋大臣，失礼体，命左右批其颊。彻里辩愈力，且曰："臣与桑哥无仇，所以力数其罪而不顾身者，正为国家计耳。苟畏圣怒而不复言，则奸臣何由而除，民害何由而息！且使陛下有拒谏之名，臣窃惧焉。"于是帝大悟，即命帅羽林三百人往籍其家，得珍宝如内藏之半。桑哥既诛，诸枉系者始得释。复奉旨往江南，籍桑哥姻党江浙省臣乌马儿、蔑列、忻都、王济、湖广省臣要束木等，皆弃市，天下大快之。彻里往来，凡四道徐，皆过门不入。

进拜御史中丞，俄升福建行省平章政事，赐黄金五十两、白金五千两。汀、漳剧盗欧狗久不平，遂引兵征之，号令严肃，所过秋毫无犯。有降者则劳以酒食而慰遣之，曰："吾意汝岂反者耶，良由官吏污暴所致。今既来归，即为平民，吾安忍罪汝。其返汝耕桑，安汝田里，毋恐。"他栅闻之，悉款附。未几欧狗为其党缚致于军，枭首以徇，胁从者不戮一人，汀、漳平。三十一年，帝不豫，彻里驰还京师，侍医药。帝崩，与诸王大臣共定策，迎立成宗。

大德元年，拜江南诸道行台御史大夫。一日召都事贾钧谓曰："国家置御史台，所以肃清庶官、美风俗、兴教化也。乃者，御史不存大体，按巡以苛为明，徵赃以多为功，至有迫子证父、弟证兄、奴讦主者。伤风败教，莫兹为甚。君为我语诸御史，毋庸效尤为也。"帝闻而善之，改江浙行省平章政事。江浙税粮甲天下，平江，嘉兴、湖州三郡当江浙什六七，而其地极下，水钟为震泽。震泽之注，由吴松江入海。岁久，江淤塞，豪民利之，封土为田，水道淤塞，由是浸淫泛溢，败诸郡禾稼。朝廷命行省疏导之，发卒数万人，彻里董其役，凡四阅月毕工。

九年，召入为中书平章政事。十月以疾薨，年四十七。薨之日，家资不满二百缗，人服其廉。赠推忠守正佐理功臣、太傅、开府仪同三司、上柱国，追封徐国公，谥忠肃。至治二年，加赠宣忠同德弼亮功臣、太师、开府仪同三司、上柱国，追封武宁王，谥正宪。

子朵儿只，江浙行省左丞。

不忽木，一名时用，字用臣。

世为康里部大人，康里，即汉高车国也。祖海蓝伯，尝事克烈王可汗。王可汗灭，即弃家从数千骑望西北驰去。太祖遣使招之，答曰："昔与帝同事王可汗，今王可汗既亡，不忍改所事。"遂去，莫知所之。

　　子十人，皆为太祖所虏，燕真最幼，年方六岁，太祖以赐庄圣皇后。后怜而育之，遣侍世祖于藩邸。长从征伐，有功。世祖威名日盛，宪宗将伐宋，命以居守。燕真曰："主上素有疑志，今乘舆远涉危难之地，殿下以皇弟独处安全，可乎？"世祖然之，因请从南征。宪宗喜，即分兵命趋鄂州，而自将攻蜀之钓鱼山，令阿里不哥居守。宪宗崩，燕真统世祖留部，觉阿里不哥有异志，奉皇后稍引而南，与世祖会于上都。世祖即位，燕真未及大用而卒，官止卫率。

　　不忽木其仲子也，资禀英特，进止详雅，世祖奇之，命给事裕宗东宫，师事太子赞善王恂。恂从北征，乃受学于国子祭酒许衡。日记数千言，衡每称之，以为有公辅器。世祖尝欲观国子所书字，不忽木年十六，独书《贞观政要》数十事以进，帝知其寓规谏意，嘉叹久之。衡纂历代帝王名谥、统系、岁年，为书授诸生，不忽木读数过即成诵，帝召试，不遗一字。

　　至元十三年，与同舍生坚童、太答、秃鲁等上疏曰：

　　　　臣等闻之，《学记》曰："君子如欲化民成俗，其必由学乎！""玉不琢不成器，人不学不知道。"故古之王者，建国君民，教学为先。盖自尧、舜、禹、汤、文、武之世，莫不有学，故其治隆于上，俗美于下，而为后世所法。降至汉朝，亦建学校，诏诸生课试补官。魏道武帝起自北方，既定中原，增置生员三千，儒学以兴。此历代皆有学校之证也。

　　　　臣等今复取平南之君建学校者，为陛下陈之。晋武帝尝平吴矣，始起国子学。隋文帝尝灭陈矣，俾国子寺不隶太常。唐高祖尝灭梁矣，诏诸州县及乡并令置学。及至太宗数幸国学，增筑学舍至千二百间，国学、太学、四门学亦增生员，其书、算各置博士，乃至高丽、百济、新罗、高昌、吐蕃诸国酋长亦遣子弟入学，国学之内至八千余人。高宗因之，遂令国子监领六学：一曰国子学，二曰太学，三曰四门学，四曰律学，五曰书学，六曰算学，各置生徒有差，皆承高祖之意也。然晋之平吴得户五十二万而已，隋之灭陈得郡县五百而已，唐之灭梁得户六十余万而已，而其崇重学校已如此。况我堂堂大国，奄有江岭之地，计亡宋之户不下千万，此陛下神功，自古未有，而非晋、隋、唐之所敢比也。然学校之政，尚未全举，臣窃惜之。

臣等向被圣恩，俾习儒学。钦惟圣意，岂不以诸色人仕宦者常多，蒙古人仕宦者尚少，而欲臣等晓识世务，以任陛下之使令乎？然以学制未定，朋从数少。譬犹责嘉禾于数苗，求良骥于数马，臣等恐其不易得也。为今之计，如欲人材众多，通习汉法，必如古昔遍立学校然后可。若曰未暇，宜且于大都弘阐国学。择蒙古人年十五以下、十岁以上质美者百人，百官子弟与凡民俊秀者百人，俾廪给各有定制。选德业充备足为师表者，充司业、博士、助教而教育之。使其教必本于人伦，明乎物理，为之讲解经传，授以修身、齐家、治国、平天下之道。其下复立数科，如小学、律、书、算之类。每科设置教授，各令以本业训导。小学科则令读诵经书，教以应对进退事长之节；律科则专令通晓吏事；书科则专令晓习字画；算科则专令熟闲算数。或一艺通然后改授，或一日之间更次为之。俾国子学官总领其事，常加点勘，务要俱通，仍以义理为主。有余力者听令学作文字。日月岁时，随其利钝，各责所就功课，程其勤惰而赏罚之。勤者则升之上舍，惰者则降之下舍，待其改过则复升之。假日则听令学射，自非假日，无故不令出学。数年以后，上舍生学业有成就者，乃听学官保举，蒙古人若何品级，诸色人若何仕进。其未成就者，且令依旧学习，俟其可以从政，然后岁听学官举其贤者、能者，使之依例入仕。其终不可教者，三年听令出学。凡学政因革、生员增减，若得不时奏闻，则学无弊政，而天下之材亦皆观感而兴起矣。然后续立郡县之学，求以化民成俗，无不可者。

臣等愚幼，见于书、闻于师者如此。未敢必其可行，伏望圣慈下臣此章，令诸老先生与左丞王赞善等，商议条奏施行，臣等不胜至愿。

书奏，帝览之喜。

十四年，授利用少监。十五年，出为燕南河北道提刑按察副使。帝遣通事脱虎脱护送西僧往作佛事，还过真定，篜驿吏几死，诉之按察使，不敢问。不忽木受其状，以僧下狱。脱虎脱直欲出僧，辞气倔强，不忽木令去其冠庭下，责以不职。脱虎脱逃归以闻，帝曰："不忽木素刚正，必尔辈犯法故也。"继而燕南奏至，帝曰："我固知之。"

十九年，升提刑按察使。有讼静州守臣盗官物者，静州本隶河东，特命不忽木往按之，归报称旨，赐白金千两、钞五千贯。

二十一年，召参议中书省事。时榷茶转运使卢世荣阿附宣政使桑哥，言能用己，则国赋可十倍于旧。帝以问不忽木，对曰："自昔聚敛之臣，如桑弘羊、宇文融之徒，操利术以惑时君，始者莫不谓之忠，及其罪稔恶著，国与民俱困，虽悔何及。臣愿陛下无纳其说。"帝不听，以世荣为右丞，不忽木遂辞参议不拜。二十二年，世荣以罪被诛，帝曰："朕殊愧卿。"擢吏部尚书。时方籍没阿合马家，其奴张散札儿等罪当死，缪言阿合马家赀隐寄者多，如尽得之，可资国用。遂钩考捕系，连及无辜，京师骚动。帝颇疑之，命丞相安童，集六部长贰官询问其事，不忽木曰："是奴为阿合马心腹爪牙，死有余罪，为此言者，盖欲苟延岁月，徼幸不死尔。岂可复受其诳，嫁祸善良耶？急诛此徒，则怨谤自息。"丞相以其言入奏，帝悟，命不忽木鞫之，具得其实，散札儿等伏诛，其捕系者尽释之。

二十三年，改工部尚书。九月，迁刑部。河东按察使阿合马，以赀财诣媚权贵，贷钱于官，约偿羊马，至则抑取部民所产以输。事觉，遣使按治，皆不伏。及不忽木往，始得其不法百余事。会大同民饥，不忽木以便宜发仓廪赈之。阿合马所善幸臣奏不忽木擅发军储，又锻炼阿合马使自诬服。帝曰："使行发粟以活吾民，乃其职也，何罪之有。"命移其狱至京师审视，阿合马竟伏诛。吐土哈求钦察之为人奴者增益其军，而多取编民。中书金省王遇验其籍改正之。吐土哈遂奏遇有不臣语。帝怒欲斩之，不忽木谏曰："遇始令以钦察之人奴为兵,未闻以编民也。万一他卫旨仿此,户口耗矣。若诛遇,后人岂肯为陛下尽职乎?"帝意解,遇得不死。

二十四年,桑哥奏立尚书省,诬杀参政杨居宽、郭佑。不忽木争之不得,桑哥深忌之,尝指不忽木谓其妻曰:"他日籍我家者此人也。"因其退食,责以不坐曹理务,欲加之罪,遂以疾免。车驾还自上都,其弟野礼审班侍坐辇中,帝曰:"汝兄必以某日来迎。"不忽木果以是日至,帝见其癯甚,问其禄几何,左右对以满病假者例不给,帝念其贫,命尽给之。

二十七年,拜翰林学士承旨、知制诰兼修国史。二十八年春,帝猎柳林,彻里等劾奏桑哥罪状,帝召问不忽木,具以实对。帝大惊,乃决意诛之。罢尚书省,复以六部归于中书,欲用不忽木为丞相,固辞,帝曰:"朕过听桑哥,致天下不安,今虽悔之,已无及矣。朕识卿幼时,使卿从学,正欲备今日之用,勿多让也。"不忽木曰:"朝廷勋旧,齿爵居臣右者尚多,今不次用臣,无以服众。"帝曰:"然则孰可?"对曰:"太子詹事完泽可。向者籍没阿合马家,其赂遗近臣,皆有簿籍,唯无完泽名,又尝言桑哥为相,必败国事,今果如其言,是以知其可也。"帝曰:"然非卿无以任吾事。"乃拜完泽右丞相,不忽木平章政事。上都留守木八剌沙言改按察司置廉访司不便,宜罢去,乃求宪臣赃罪以动上听。帝以责中丞崔彧,彧谢病不知。不忽木面斥彧不直言,因历陈不可罢之说,帝意乃释。

王师征交趾失利,复谋大举,不忽木曰:"岛夷诡诈,天威临之,宁不震惧,兽穷则噬,势使之然。今其子日燇袭位,若遣一介之使,谕以祸福,彼能悔过自新,则不烦兵而下矣。如或不悛,加兵未晚。"帝从之。于是交趾感惧,遣其伪昭明王等诣阙谢罪,尽献前六岁所当贡物。帝喜曰:"卿一言之力也。"即以其半赐之,不忽木辞曰:"此陛下神武不杀所致,臣何功焉。"惟受沉水假山、象牙镇纸、水晶笔格而已。

麦术丁请复立尚书省,专领右三部,不忽木庭责之曰:"阿合马、桑哥相继误国,身诛家没,前鉴未远,奈何又欲效之乎!"事遂寝。或劝征流求,及赋江南包银,皆谏止之。桑哥党人纳速剌丁等既诛,帝以忻都长于理财,欲释不杀。不忽木力争之,不从。日中凡七奏,卒正其罪。

释氏请以金银币帛祠其神,帝难之。不忽木曰:"彼佛以去贪为宝。"遂弗与。或言京师蒙古人宜与汉人间处,以制不虞。不忽木曰:"新民乍迁,犹未宁居,若复纷更,必致失业。此盖奸人欲擅货易之利;交结近幸,借为纳忠之说耳。"乃图写国中贵人第宅已与民居犬牙相制之状上之而止。

有谮完泽徇私者,帝以问不忽木。对曰:"完泽与臣俱待罪中书,设或如所言,岂得专行。臣等虽愚陋,然备位宰辅,人或发其阴短,宜使面质,明示责降,若内怀猜疑,非人主至公之道也。"言者果屈,帝怒,命左右批其颊而出之。是日苦寒,解所御黑貂裘以赐。

帝每顾侍臣,称塞咥斾之能。不忽木从容问其故,帝曰:"彼事宪宗,常阴资朕财用,卿父所知。卿时未生,诚不知也。"不忽木曰:"是所谓为人臣怀二心者。今有以内府财物私结亲王,陛下以为若何?"帝急挥以手曰:"卿止,朕失言。"

三十年,有星孛于帝座。帝忧之,夜召入禁中,问所以销天变之道,奏曰:"风雨自天而至,人则栋宇以待之;江河为地之限,人则舟楫以通之。天地有所不能者,人则为之,此人所以与天地参也。且父母怒,人子不敢疾怨,惟起敬起孝。故《易·震》之象曰'君子以恐惧修省',《诗》曰'敬天之怒',又曰'遇灾而惧'。三代圣王,克谨天戒,鲜不有终。汉文之世,同日山崩者二十有九,日食地震频岁有之,善用此道,天亦悔祸,每内乂安。此前代之龟鉴也,臣愿陛下法之。"因诵文帝《日食求言诏》。帝悚然曰:"此言深合朕意,可复诵之。"遂详论款陈,夜至四鼓。明日进膳,帝以盘珍赐之。

三十年,帝不豫。故事,非国人勋旧不得入卧内。不忽木以谨厚,日视医药,未尝去左右。帝大渐,与御史大夫月鲁那颜、太傅伯颜并受遗诏,留禁中。丞相完泽至,不得入,伺月鲁那颜、伯颜出,问曰:"我年位俱在不忽木上,国有大议而不预,何耶?"伯颜叹息曰:

"使丞相有不忽木识虑，何至使吾属如是之劳哉!"完泽不能对，入言于太后。太后召三人问之。月鲁那颜曰:"臣受顾命，太后但观臣等为之。臣若误国，即甘伏诛，宗社大事，非宫中所当预知也。"太后然其言，遂定大策。其后发引、升祔、请谥南郊，皆不忽木领之。

成宗即位，执政皆迎于上都之北。丞相常独入，不忽木至数日乃得见，帝问知之，慰劳之曰:"卿先朝腹心，顾朕寡昧，惟朝夕启沃，以匡朕不逮，庶无负先帝付托之重也。"成宗躬揽庶政，听断明果，廷议大事多采不忽木之言。太后亦以不忽木先朝旧臣，礼貌甚至。

河东守臣献嘉禾，大臣欲奏以为瑞。不忽木语之曰:"汝部内所产尽然耶，惟此数茎耶?"曰:"惟此数茎尔。"不忽木曰:"若如此，既无益于民，又何足为瑞。"遂罢遣之。西僧为佛事，请释罪人祈福，谓之秃鲁麻。豪民犯法者，皆贿赂之以求免。有杀主、杀夫者，西僧请被以帝后御服，乘黄犊出宫门释之，云可得福。不忽木曰:"人伦者，王政之本，风化之基，岂可容其乱法如是。"帝责丞相曰:"朕戒汝无使不忽木知，今闻其言，朕甚愧之。"使人谓不忽木曰:"卿且休矣!朕今从卿言，然自是以为故事。"有奴告主者，主被诛，诏即以其主所居官与之。不忽木言:"若此必大坏天下之风俗，使人情愈薄，无复上下之分矣。"帝悟，为追废前命。

执政奏以为陕西行省平章政事，太后谓帝曰:"不忽木朝廷正人，先皇帝所付托，岂可出之于外耶!"帝复留之。竟以与同列多异议，称疾不出。元贞二年春，召至便殿曰:"朕知卿疾之故，以卿不能从人，人亦不能从卿也。欲以段贞代卿，如何?"不忽木曰:"贞实胜于臣。"乃拜昭文馆大学士、平章军国重事。辞曰:"是职也，国朝惟史天泽尝为之，臣何功敢当此。"制去"重"字。

大德二年，御史中丞崔彧卒，特命行中丞事。三年，兼领侍仪司事。有因父官受贿赂，御史必欲归罪其父，不忽木曰:"风纪之司，以宣政化、励风俗为先，若命子证父，何以兴孝!"枢密臣受人玉带，徵赃不叙，御史言罚太轻，不忽木曰:"礼，大臣贪墨，惟曰簠簋不饰，若加笞辱，非刑不上大夫之意。"人称其平恕。四年，病复作，帝遣医治之，不效，乃附奏曰：臣孱庸无取，叨承眷渥，大限有终，永辞昭代。"引觞满饮而卒，年四十六。帝闻之惊悼，士大夫皆哭失声。

家素贫，躬自爨汲，妻纴以养母。后因使还，则母已死，号恸呕血几不起。平居服儒素，不尚华饰。禄赐有余，即散施亲旧。明于知人，多所荐拔，丞相哈剌哈孙答剌罕亦其所荐也。其学，先躬行而后文艺。居则简默，及帝前论事，吐辞洪畅，引义正大，以天下之重自任，知无不言。世祖尝语之曰："太祖有言，人主理天下，如右手持物，必资左手承之，然后能固。卿实朕之左手也。"每侍燕间，必陈说古今治要，世祖每拊髀叹曰："恨卿生晚，不得早闻此言，然亦吾子孙之福。"临崩，以白璧遗之，曰："他日持此以见朕也。"武宗时，赠纯诚佐理功臣、太傅、开府仪同三司、上柱国、鲁国公，谥文贞。

子回回，陕西行省平章政事；巙巙，由江浙行省平章政事入为翰林学士承旨。

完泽，土别燕氏。

祖土薛，从太祖起朔方，平诸部。太宗伐金，命太弟睿宗由陕右进师，以击其不备，土薛为先锋，遂去武休关，越汉江，略方城而北，破金兵于阳翟。金亡，从攻兴元、阆、利诸州，拜都元帅。取宋成都，斩其将陈隆之，赐食邑六百户。

父线真，宿卫禁中，掌御膳。中统初，从世祖北征。四年，拜中书丞相，与诸儒臣论定朝制。

完泽以大臣子选为裕宗王府僚属。裕宗为皇太子，署詹事长。入参谋议，出掌环卫，小心慎密，太子甚器重之。一日会燕宗室，指完泽语众曰："亲善远恶，君之急务。善人如完泽者群臣中岂易得哉！"自是常典东宫卫兵。裕宗薨，成宗以皇孙抚军北方，完泽两从入北。

至元二十八年，桑哥伏诛，世祖咨问廷臣，特拜中书右丞相。完泽入相，革桑哥弊政，请自中统初积岁逋负之钱粟，悉蠲免之，民赖其惠。三十一年，世祖崩，完泽受遗诏，合宗戚大臣之议，启皇太后，迎成宗即位，诏谕中外，罢征安南之师，建议加上祖宗尊谥庙号，致养皇太后，示天下为人子之礼。元贞以来，朝廷恪守成宪，诏书屡下散财发粟，不惜钜万，以颁赐百姓，当时以贤相称之。

大德四年，加太傅、录军国重事。位望益崇，成宗倚任之意益重，而能处之以安静，不急于功利，故吏民守职乐业，世称贤相云。七年薨，年五十八，追封兴元王，谥忠宪。

阿鲁浑萨理，畏兀人。

祖阿台萨理，当太祖定西域还时，因从至燕。会畏兀国王亦都护请于朝，尽归其民，诏许之，遂复西还。精佛氏学。生乞台萨理，袭先业，通经、律、论。业既成，师名之曰万全。至元十二年，入为释教都总统，拜正议大夫、同知总制院事，加资德大夫、统制使。年七十卒。

子三人：长曰畏吾儿萨理，累官资德大夫、中书右丞、行泉府太卿；季曰岛瓦赤萨理；阿鲁浑萨理其中子也，以父字为全氏，幼聪慧，受业于国师八哈思巴，既通其学，且解诸国语。世祖闻其材，俾习中国之学，于是经、史、百家及阴阳、历数、图纬、方技之说皆通习之。后事裕宗，入宿卫，深见器重。

至元二十年，有西域僧自言能知天象，译者皆莫能通其说。帝问左右，谁可使者。侍臣脱烈对曰："阿鲁浑萨理可。"即召与论难，僧大屈服，帝悦，令宿卫内朝。会有江南人言宋宗室反者，命遣使捕至阙下。使已发，阿鲁浑萨理趣入谏曰："言者必妄，使不可遣。"帝曰："卿何以言之？"对曰："若果反，郡县何以不知。言者不由郡县，而言之阙庭，必其仇也。且江南初定，民疑未附，一旦以小民浮言辄捕之，恐人人自危，徒中言者之计。"帝悟，立召使者还，俾械系言者下郡治之，言者立伏，果以尝贷钱不从诬之。帝曰："非卿言，几误，但恨用卿晚耳。"自是命日侍左右。

二十一年，擢朝列大夫、左侍仪奉御。遂劝帝治天下必用儒术，

宜招致山泽道艺之士,以备任使。帝嘉纳之,遣使求贤,置集贤馆以
待之。秋九月,命领馆事,阿鲁浑萨理曰:"陛下初置集贤以待士,宜
择重望大臣领之,以新观听。"请以司徒撒里蛮领其事,帝从之。仍
以阿鲁浑萨理为中顺大夫、集贤馆学士,兼太史院事,仍兼左侍仪
奉御。士之应诏者,尽命馆谷之,凡饮食供帐,车服之盛,皆喜过望。
其弗称旨者,亦请加赍而遣之。有官于宣徽者,欲阴败其事,故盛陈
所给廪饩于内前,冀帝见之。帝过而问焉,对曰:"此一士之日给
也。"帝怒曰:"汝欲使朕见而损之乎?十倍此以待天下士,犹恐不
至,况欲损之,谁肯至者。"阿鲁浑萨理又言于帝曰:"国学人材之
本,立国子监,置博士弟子员,宜优其廪饩,使学者日盛。"从之。二
十二年夏六月,迁嘉议大夫。二十三年,进集贤大学士、中奉大夫。

　　二十四年春,立尚书省,桑哥用事,诏阿鲁浑萨理与同视事,固
辞,不许,授资德大夫、尚书右丞,继拜荣禄大夫、平章政事。桑哥为
政暴横,且进其党与。阿鲁浑萨理数切诤之,久与乖剌,惟以廉正自
持。桑哥奏立徵利司,理天下逋欠,使者相望于道,所在图圄皆满,
道路侧目,无敢言者。会地震北京,阿鲁浑萨理请罢徵利司,以塞天
变。诏下之日,百姓相庆。未几,桑哥败,以连坐,亦籍其产。帝问:
"桑哥为政如此,卿何故无一言。"对曰:"臣未尝不言,顾言不用耳。
陛下方信任桑哥甚,彼所忌独臣,臣数言不行,若抱柴救火,只益其
暴,不若弥缝其间,使无伤国家大本,陛下久必自悟也。"帝亦以为
然,且曰:"吾甚愧卿。"桑哥临刑,吏犹以阿鲁浑萨理为问,桑哥曰:
"我惟不用其言,故至于败,彼何与焉。"帝益信其无罪,诏还所籍财
产,仍遣张九思赐以金帛,辞不受。

　　二十八年秋,乞罢政事,并免太史院使,诏以为集贤大学士。司
天刘监丞言,阿鲁浑萨理在太史院时,数言国家灾祥事,大不敬,请
下吏治。帝大怒,以为诽谤大臣,当抵罪。阿鲁浑萨理顿首谢曰:
"臣不佞,赖陛下天地含容之德,虽万死莫报。然欲致言者罪,臣恐
自是无为陛下言事者。"力争之,乃得释。帝曰:"卿真长者。"后虽罢
政,或通夕召入论事,知无不言。

三十年，复领太史院事。明年，帝崩，成宗在边，裕宗太后命为书趣成宗入正大位，又命率翰林、集贤、礼官备礼册命。明年春，加守司徒、集贤院使，领太史院事。初，裕宗即世，世祖欲定皇太子，未知所立，以问阿鲁浑萨理，即以成宗为对，且言成宗仁孝恭俭宜立，于是大计乃决。成宗及裕宗皇后皆莫之知也。数召阿鲁浑萨理不往，成宗抚军北边，帝遣阿鲁浑萨理奉皇太子宝于成宗，乃一至其邸。及即位，语阿鲁浑萨理曰：“朕在潜邸，谁不愿事朕者，惟卿虽召不至，今乃知卿真得大臣体。”自是召对不名，赐坐视诸侯王等。尝语左右曰：“若全平章者，真全材也，于今殆无其比。”

大德三年，复拜中书平章政事。十一年，薨，六十有三。延祐四年，赠推忠佐理翊亮功臣、太师、开府仪同三司、上柱国，追封赵国公，谥文定。

子三人：长岳柱；次久著，终翰林侍读学士；次买住，早卒。岳柱自有传。阿台萨理赠保德功臣、银青荣禄大夫、司徒、柱国，追封赵国公，谥端愿；乞台萨理，累赠纯诚守正功臣、太保、仪同三司、上柱国，追封赵国公，谥通敏。

岳柱，字止所，一字兼山。自幼容止端严，性颖悟，有远识。方八岁，观画师何澄画《陶母剪发图》，岳柱指陶母手中金钏诘之曰：“金钏可易酒何用剪发为也？”何大惊，即异之。既长就学，日记千言。年十八，从丞相答失蛮备宿卫，出入禁中，如老成人。

至大元年，授集贤学士，阶正议大夫，即以荐贤举能为事。皇庆元年，升中奉大夫、湖南道宣慰使。日接见儒生，询求民瘼。延祐三年，进资善大夫、隆禧院使。七年，授太史院使。英宗视其进止整暇，顾谓参政速速曰：“全院使真故家令子也。”泰定元年，改太常院使。四年，授礼部尚书，领会同馆事，俄授江西等处行中书省参知政事。天历元年，进荣禄大夫、集贤大学士。

至顺二年，除江西等处行中书省平章政事。时有诬告富民负永宁王官帑钱八百余锭者，中书遣使诸路徵之。使至江西，岳柱曰：

"事涉诬罔，不可奉命。"僚佐重违宰臣意，岳柱曰："民惟邦本，伤本以敛怨，亦非宰相福也。"令使者以此意复命。时燕帖木儿为丞相，闻其言，感悟，命刑部诘治，得诬罔状，罪诬告者若干人。宰相以奏，帝嘉之，特赐币帛及上尊酒。

桂阳州民张思进等，啸聚二千余众，州县不能治，广东宣慰司请发兵捕之。岳柱曰："有司不能抚绥边民，乃欲侥幸兴兵，以为民害耶？不可。"宰执皆失色，宪司亦以兴兵不便为言，岳柱终持不可，遣千户王英往问状。英直抵贼巢，谕以祸福，贼曰："致我为非者，两巡检司耳，我等何敢有异心哉！"谕其众，皆使复业，一方以宁。

三年，迁河南江北等处行中书省平章政事。旋以军事至扬州，得疾，明年十二月，端坐而卒，年五十三。

岳柱天资孝友，母弟久住早卒，丧之尽哀。尤嗜经史，自天文、医药之书，无不究极。度量弘扩，有欺之者，恬不为意。或问之，则曰："彼自欺也，我何与焉。"母郜氏，亦常称之曰："吾子古人也。"

子四人：长普达，同金行宣政院事；次安僧，为久住后，章佩监丞；次仁寿，中宪大夫、长秋寺卿。

元史卷一三一
列传第一八

速哥　囊加歹　忙兀台
奥鲁赤　完者都
伯帖木儿　怀都
亦黑迷失　拜降

速哥,蒙古人。

父忽鲁忽儿,国王木华黎麾下卒也。后更隶塔海、帖哥军。以善驰马、有口辩、慎重不泄,令佩银符,常居军中,奏白机务,往返未尝失期。太宗以为才,赐名动哥居。诏:"动哥居奏事,朝至朝入奏,夕至夕入奏。"尝出金盘龙袍及宫女赐之。宪宗时,以疾卒。

速哥亦以壮勇居军中,岁甲寅,宪宗命从都元帅帖哥火鲁赤等入蜀。乙卯,万户刘七哥、阿剌鲁阿力与宋兵战巴州,失利,陷敌中。速哥驰入其军,夺刘七哥等以归。以功赐白金五十两、马二区、紫罗圈甲一注。又从都元帅纽璘败宋将刘整,破云顶山城。纽璘受诏会涪州,至马湖江,速哥以革为舟,夜渡江,至大获山行在所,陈道梗失期,帝慰遣之。未几,复自涪州入奏事,遇宋军于三曹山,速哥众仅百余,奋兵疾战,败之,夺其器械旗鼓以归。己未,宋兵攻涪州浮桥,部将火尼赤战陷,速哥破围出之。又以白事诸王穆哥所,复败宋军于三曹山,还至石羊,与刘整遇,复击败之。

世祖即位,赐白金、弓刀、鞍勒。中统二年,赐银符,命隶纽璘军。至元二年,四川行省遣速哥招降民,得三千余人。三年,从行院帖赤战九顶山。四年,行省也速带儿署为本军总管,从征泸州,取泸川。五年,立德州,以速哥为达鲁花赤,擢陕西五路四川行省左右司员外郎。从也速带儿入朝,尝赉加厚。七年,从也速带儿败宋军于马湖江。用平章政事赛典赤荐,迁行尚书省员外郎。九年,建都蛮叛,诏诸王奥鲁赤及也速带儿讨之。速哥将千人为先锋,破黎州水尾寨,攻连云关,克之。军至建都,战于东山,斩其酋布库,复与元帅八儿秃迎合剌军于不鲁思河,所过城邑皆下。十年,讨碉楼诸蛮,袭破连环城,还败宋军于七盘山,辟新军万户。

十一年,赐虎符,真授管军万户,领成都高哇哥等六翼及京兆新军,教习水战。也速带儿进围嘉定,速哥率舟师会平康城,修筑怀远等寨,守其要害。十二年,遣兵败宋将昝万寿于麻平。既而行枢密副使忽敦等军至,与也速带儿会于红崖,遣速哥守龙坝。城中大震,宋将陈都统、鲜于团练率舟师遁。速哥追击,溺死者不可胜计,遂与中使沈答罕徇下流诸城,紫云、泸、叙皆降。进围重庆,速哥以所部兵镇白水、马湖江口。

十三年,帝遣脱术、教化的持诏谕其守臣使降,不听,乃分兵为五道,水陆并进攻之。众军不利,唯速哥获战舰三百艘,俘其众百三十人。涪州守将遣书纳降,速哥率千人往察其情伪,速哥至涪州,果降,遂入其城。重庆守臣张万率众来袭,速哥一日夜出兵凡与十八战,斩首三百余级,万败走,未几,万复以积兵三千人来攻,又战败之。

十四年,行院辟为镇守万户、嘉定总管府达鲁花赤。时泸州复叛,速哥从大军讨平之。重庆受围久,其守将赵安开门出降,制置使张珏遁,速哥追破之,虏百余人及其舟二十余艘,以功授成都水军万户,寻改重庆夔府等路宣抚、招讨两司军民达鲁花赤。十六年,除四川南道宣慰使,依前成都水军万户,镇重庆、夔、施、黔、忠、万、云、涪、泸等州。

十九年，亦奚不薛蛮叛，置顺元等路军民宣慰司，以速哥为宣慰使，经理诸蛮。二十四年，迁河东陕西等路万户府达鲁花赤，播州宣抚赛因不花等赴阙请留之。降八番金竹百余等寨，得户三万四千，悉以其地为郡县，置顺元路、金竹府、贵州以统之。东连九溪十八峒，南至交趾，西至云南，咸受节制。

二十九年，入朝，加都元帅，改河东陕西等处万户府达鲁花赤。三十一年，金书四川行枢密院事，诏开土番道，土番叛，以兵围茂州，速哥率师败之。元贞元年，行院罢，速哥家居数岁卒。

子寿不赤，袭河东陕西等处万户府达鲁花赤。

襄加歹，乃蛮人。

曾祖不兰伯，仕其国，位群臣之右。祖合折儿，管帐前军，兼统国政，仕至太师。太祖平乃蛮，父麻察来归。太宗命与察剌同总管蒙古、汉军，由是从世祖伐宋，破阿里不哥于失门秃，从诸王哈必赤及阔阔歹平李璮，皆有功，赏赉甚厚，赐金符。后以子贵，赠太傅，追封梁国公，谥桓武。

襄加歹，幼从麻察习战阵，有谋略，佩金符，为都元帅府经历。从阿术围襄阳，襄阳降，以功授汉军千户。从丞相伯颜攻复州，与宋人战，败宋兵于风波湖。渡江后，伯颜南攻鄂州，阿术北攻汉阳，分战舰五十，襄加歹与张弘范等焚其蒙冲三千艘，两城大恐，皆出降。伯颜军次安庆。贾似道督师江上，遣宋京来请和。军至池州，遣襄加歹偕宋京报似道。似道复遣阮思聪偕襄加歹至军中，仍请议和。时暑雨方涨，世祖虑士卒不习水土，遣使令缓师。伯颜、阿术与诸将议，乘势径前，遂进军至丁家洲，似道师溃，大军次建康。

帝闻襄加歹亲与贾似道语，召赴阙，具陈其说，遣还谕旨于伯颜，以北边未靖，勿轻入敌境，而大军已入平江矣。宋使柳岳、夏士林、吕师孟、刘岊等踵至，皆命襄加歹同往报之。师逼临安，复遣襄加歹入取降表、玉玺，徽宋将相文武百官出迎王师。宋主乃遣贾余庆等同襄加歹以降表、玉玺至皋亭山，伯颜遣襄加歹驰献世祖。还传密旨,迁宋君臣北上。赐金符,授怀远大将军、安抚司达鲁花赤。与阿剌罕、董文炳等取台、温、福州。寻领蒙古军副都万户、江东道宣慰使,佩金虎符如故。擢江东道按察使,复为本道宣慰使,领万户如故。

召为都元帅,管领通事军马,东征日本,未至而还。诏以元管出役军,与孛罗迷儿见管军合为一翼,充万户,守建康。改赐三珠虎符,拜云南行省参知政事,讨金齿、缅国,得疾,召还京师。授南京等路宣慰使,改河南道宣慰使,特旨命袭父职为蒙古军都万户。

武宗在潜邸,襄加歹尝从北征,与海都战于帖坚古,明日又战,海都围之山上,襄加歹力战决围而出,与大军会。武宗还师,襄加歹殿,海都遮道不得过,襄加歹选勇敢千人直前冲之,海都披靡,国兵乃由旭哥耳温、称海与晋王军合。是役也,襄加歹战为多,以疾而归。

成宗崩,昭圣元献太后与仁宗在怀州,太后召襄加歹、不怜吉歹、脱因不花、八思台等谕之曰:“今宫车晏驾,皇后欲立安西王阿难答,尔等当毋忘世祖、裕宗在天之灵,尽力奉二皇子。”襄加歹顿首曰:“臣等虽碎身,不能仰报两朝之恩,愿效死力。”既至京师,仁宗遣襄加歹与八思台诣诸王秃剌议事宜。时内外汹汹,犹豫莫敢言,襄加歹独赞秃剌,定计先发。归白仁宗,意犹迟疑。固问可否,对曰:“事贵速成,后将受制于人矣。”太后与仁宗意乃决。内难既平,仁宗监国,命同知枢密院事。武宗即位,真拜同知枢密事,阶资德大夫,赐以七宝束带、鞍辔、衣甲、弓矢、黄金五十两,以旌其定策之功。寻授蓟县万户府达鲁花赤,仍同知枢密院事。仁宗尝语近臣曰:“今春之事,吾与太后疑不能主,赖襄加歹一语而定。吾闻周文王有姜太公,襄加歹亦予家姜太公也。”其见称许如此。寻以老病乞骸骨,不允。仁宗即位,以其家河南,特授河南江北行省平章政事,佩金虎符,终其身。封浚都王。

子教化,山东河北蒙古军副都万户;执礼和台,河南江北行省平章政事。孙脱坚,山东河北军大都督,世袭有位。

忙兀台，蒙古达达儿氏。祖塔思火儿赤，从太宗定中原有功，为东平路达鲁花赤，位在严实上。

忙兀台事世祖，为博州路奥鲁总管。至元七年，又为监战万户，佩金虎符。八年，改邓州新军蒙古万户，治水军于万山南岸。九月，以兵攻樊，拔古城，继败宋军于安阳滩。转战八十里，禽其将郑高，十月，大军攻樊，分军为五道，忙兀台当其一，率五翼军以进，焚南岸舟，竖云梯于北岸，登柜子城，夺西南角入城，命部将据仓粟。功在诸将右，赏金百两。襄阳降，同宋安抚吕文焕入觐，赐银五十两及翎根甲等物。

十一年，从丞相伯颜、平章阿术南征，命与万户史格率麾下会盐山岭。遇宋兵，忙兀台突阵杀一人，诸军继进，与战败之。自郢州黄家原荡舟入湖，至沙洋堡，立炮座十有二，竖云梯先登，焚其楼橹，拔羊角坝，破沙洋堡，擒宋将四人。直抵新城，鏖战自晨至晡，大败之，宋复州守将翟贵以城降。将由汉口入江，至蔡店，闻宋兵屯汉口，乃率舟师经斗龙口至沙步入江。遇宋兵三百余艘分道来拒，进击走之。次武矶堡，宋将夏贵坚守不下。十月乙卯，平章阿术率万户晏彻儿、史格、贾文备同忙兀台四军雪夜溯流西上，黎明至青山矶北岸，万户史格先渡，宋将程鹏飞拒敌，格被三创，丧卒二百人，诸将继进，大战中流，鹏飞被七创，败走。舟泊中洲，宋兵阻水不得近，伯颜复遣万户张荣实等率舟来援。夏贵率麾下数千将奔，大军乘之，大败，走黄州，遂拔武矶堡，斩守将王达。阿术既渡南岸，翼日丞相伯颜视师，则大江南北皆北军旗帜，宋制置使朱祀孙遁还江陵。语在《阿术传》。己未，伯颜次鄂州，遣忙兀台谕宋守臣张晏然以城降，程鹏飞以本军降，知汉阳军王仪、知德安府来兴国继降，乃留军镇鄂、汉，率诸将水陆东下。

十二年正月，忙兀台谕蕲、黄、安庆、池州诸郡，皆下之。次丁家洲，宋贾似道、孙虎臣等来拒，忙兀台击之，夺虎臣所乘巨舟，与宋降将范文虎以兵五百，谕降和州及无为、镇巢二军。九月，攻常州，拔其木城。宋降将赵潜叛于溧阳，伯颜命忙兀台击之，战于丰登庄，斩首五百余级，擒其将三人，复招降湖州守将二人。十二月，行省第其功，承制授行两浙大都督府事。

十四年，改闽广大都督，行都元帅府事。时宋二王逃遁入海，忙兀台奉旨率诸军，与江西右丞塔出会兵收之，次漳州，谕降宋守将何清。十五年，师还福州，拜参知政事，诏与唆都等行省于福，镇抚濒海八郡。十月，召赴阙，升左丞。

十六年七月，沙县盗起，诏忙兀台复行省事，讨平之。初，忙兀台北还，左丞唆都行省福建。一日，帝命召唆都，李庭言："若召唆都，则行省无人，宜令建康阿剌罕往。"帝曰："何必阿剌罕，其命忙兀台即往，候唆都还，则令移潭州可也。"未几，中书言："唆都在福建，麾下扰民，致南剑等路往往杀长吏叛。及忙兀台至，招来七十二寨，建宁、漳、汀稍获安集，若移之他处，而唆都复往，恐重劳民。"有旨，忙兀台仍镇闽。十八年，转右丞。时宣慰使王刚中以土人饶赀，颇擅作威福，忙兀台虑其有变，奏移之他道。

二十一年，拜江淮行省平章政事。初，宋降将五虎陈义尝助张弘范擒史天祥，助完者都讨陈大举，又资阿塔海征日本战舰三千艘。福建省臣言其有反侧意，请除之。帝使忙兀台察之。至是，忙兀台携义入朝，保其无事，且乞宠以官爵，丞相伯颜亦以为言，乃授义同知广东道宣慰司事，授明珠虎符，其从林雄等十人并上百户。

二十二年，脱忽思、乐实传旨中书省，令悉代江浙省臣。中书复奏，帝曰："朕安得此言，传者妄也，如忙兀台之通晓政事，亦可代耶？"俄以言者召赴阙，封其家赀，遣使按验无状。未几，拜银青荣禄大夫、行省左丞相，还镇江浙。时浙西大饥，乃弛河泊禁，发府库官货，低其直，贸粟以赈之。浙东盗起，蠲田租，以纾民力。

二十三年，奏："以贩鬻私盐者皆海岛民，今征日本，可募为水工。"从之，赐钞五千贯。役既罢，请以战舰付海漕，又言："省治在杭州，其两淮、江东财赋军实，既南输至杭，复自杭北输京城，往返劳顿不便，请移省治于扬州。"复言："淮东近地，宜置屯田，岁入粮以给军,所余饷京师。"帝悉从其言。

二十五年,诏江淮管内,并听忙兀台节制。二十六年,朝廷以中原民转徙江南,令有司遣还,忙兀台言其不可,遂止。闽、越盗起,诏与不鲁迷失海牙等合兵讨之,御史大夫玉速帖木儿奏宜选将,帝曰:"忙兀台已往,无虑也。"未几,悉平之。屡以病,上疏乞骸骨,乃召还。

二十七年,以江西平章奥鲁赤不称职,特命为丞相,兼枢密院事,出镇江西。谨约束,锄强暴,尊卑殊服,军民安业,威德并著,在官四十日卒。

忙兀台之在江浙专愎自用,又易置戍兵,平章不怜吉台言其变更伯颜、阿术成法,帝每戒敕之。既死,台臣劾郎中张斯立罪状,而忙兀台迫死刘宣及其屯田无成事,始闻于帝云。

子三人:帖木儿不花;孛兰奚,袭万户;亦剌出,中书参知政事。

奥鲁赤,札剌台人。

曾祖豁火察,骁果善骑射,太祖出征,每提精兵为前驱。

祖朔鲁罕,有胆力,尝被谗不许入见,一日俟驾出,趋前曰:"臣无罪。若果有罪,速杀臣,臣将从先帝于地下,不然赦臣,愿得自效。"帝笑而复用之。辛未,与金人战于野孤岭,中流矢,战愈力,克之。既还,拔矢,血出昏眩,帝亲抚视,傅以药,竟不起。帝悲悼曰:"朔鲁罕,朕之一臂,今亡矣!"赐其家马四百匹,锦绮万段。

父忒木台,从太宗征杭里部,俘部长以献。复从征西夏有功,特命行省事,领兀鲁、忙兀、亦怯烈、弘吉剌、札剌儿五部军。平河南,以功赐户二千。尝驻兵太原、平阳、河南,土人德之,皆为立祠。

奥鲁赤,性朴鲁,智勇过人,早事宪宗,带御器械,特见亲任。戊午,扈驾征蜀,攻钓鱼山,至元五年,攻襄阳,授金符、蒙古军万户。明年,赐虎符,袭父职,领蒙古军四万户。十一年春,诏丞相伯颜大举伐宋,以所部从,渡江围鄂。宋兵固守,奥鲁赤白丞相,可遣使谕降,乃遣许千户同所获宋将持金符抵其城东南门,悬金符以招之。

其夜，守门将崔立启门出，遂引立见丞相，复遣入城，谕守臣张晏然，明日晏然以城降。迁奥鲁赤昭毅大将军，诸郡望风而靡。分兵出独松关，宋兵坚守，奥鲁赤令将校益树旗帜于山上，率精骑突之，守兵惊溃，弃关走，追逐百余里，斩馘不可胜计。

十三年，宋主降，分讨未下州郡，诏加镇国上将军、行中书省参知政事。未几，以参知政事行湖北道宣慰使，兼领蒙古军。时州郡初附，戍以重兵，民惊惧往往逃匿山泽间。奥鲁赤止侵暴，恤单弱，号令严明，民悉复业。会诏所在括逃俘，有司拘男女千余人，时军士已还部，所括者无所归，众议悉以隶官。奥鲁赤曰："斯民不幸被兵，幸而骨肉完聚，复羁之，是重被兵也，不若籍之为民。"众从之。俄征诣阙，赐赉优渥，及还，帝曰："武昌襟带江、湖，实要害地。朕尝用师于彼，故遣卿往治，为朕耳目。"升骠骑卫上将军、中书左丞，行宣慰使。

十八年诏移行省于鄂、宣慰司于潭。时湖南剧贼周龙、张虎聚党行劫，随宜招捕，枭二贼首，余悉纵遣。复召入见，拜行省右丞，改荆湖等处行枢密院副使。

二十三年春，拜湖广等处行中书省平章政事。夏四月，赴召上都，命佐镇南王征交趾，帝慰谕之曰："昔木华黎等戮力王室，荣名迄今不朽，卿能勉之，岂不并美于前人乎！"仍命其子脱桓不花袭万户。至交趾，启王分军为三，因险制变，蛮不能支，窜匿海岛，余寇扼师归路，奥鲁赤转战以出。改江西行省平章政事。二十六年，以疾求退，不允。俄授同知湖广等处行枢密院事。

成宗即位，进光禄大夫、上柱国、江西等处行中书省平章政事。大德元年春三月卒，年六十六。赠金紫光禄大夫、大司徒、上柱国，追封郑国公，谥忠宣。

子拜住，明威将军、蒙古侍卫亲军副都指挥使；脱桓不花，骠骑卫上将军、行中书省左丞、蒙古军都万户。

完者都，钦察人。父哈剌火者，从宪宗征讨有功。

完者都广颡丰颔，髯长过腹，为人骁勇而乐善好施，听读史书，闻忠良则喜，遇奸谀则怒。岁丙辰，以材武从军。己未，从攻鄂州，先登，赏银五十两。

中统三年，从诸王合必赤讨李璮于济南，凡两战皆有功。至元元年，合必赤因枢密臣以其武勇闻，帝特赏赐之。四年十月，从万户木花里略地荆南，还至襄阳西安阳滩，遇宋军，败之。既而从丞相阿术围襄樊，水陆大战者四，皆有功。尝梯樊城，焚楼橹，勇敢出诸军右，幕府上其功。

十一年，授武略将军，为彰德南京新军千户。九月，从丞相伯颜南征。十一月，攻沙洋、新城。始授金符，领丞相帐前合必赤军。十二月，统舟师由沙芜口渡江。十二年春，与宋将孙虎臣战于丁家洲，大捷，进武义将军。攻泰州，战扬子桥，战焦山，破常州。

十三年春，入临安，下扬州，皆有功。江南下，入见，帝顾谓侍臣曰："真壮士也。"因赐名拔都儿，授信武将军、管军总管、高邮军达鲁花赤。佩虎符。既而军升为路，遂进怀远大将军、高邮路总管府达鲁花赤。

十六年，授昭勇大将军，迁管军万户。漳州陈吊眼聚党数万，劫掠汀、漳诸路，七年未平。十七年八月，枢密副使孛罗请命完者都往讨，从之，加镇国上将军、福建等处征蛮都元帅，率兵五千以往。赐翎根甲，面慰遣之，且曰："贼苟就擒，听汝施行。"时黄华聚党三万人，扰建宁，号头陀军。完者都先引兵鼓行压其境，军声大震，贼惊惧纳款。完者都许以为副元帅，凡征蛮之事，一以问之。且虑其奸诈莫测，因大猎以耀武，适有一雕翔空，完者都仰射之，应弦而落，遂大猎，所获山积，华大悦服。乃闻于朝，请与之俱讨贼，朝廷从之，制授华征蛮副元帅，与完者都同署。华遂为前驱，至贼所，破其五寨。十九年三月，追陈吊眼至千壁岭，擒之，斩首漳州市，余党悉平。军还至扬州，奉旨，赏赐有差。至高邮，病。七月，入觐，帝嘉之，赐钞及银、金绮、鞍勒、弓矢，复授管军万户、高邮路总管府达鲁花赤。有虎为害，完者都挟弓矢出郊，射杀之。

二十二年八月，以疾召入朝，帝屡遣中使存问，仍命良医视之。疾平，帝大喜，赐医者钞万贯，拜完者都骠骑上将军、江浙行省左丞，兼管军万户。初，浙西私盐，吏莫能禁，完者都躬诣松江上海，收盐徒五千，隶军籍。九月，授中书左丞，行浙西道宣慰使。二十五年，遥授尚书省左丞。二十六年，升资德大夫、江西等处行枢密院副使，兼广东宣慰使。疾复作，召还。

成宗即位，入见，赐玉带，授荣禄大夫、江浙行省平章政事。大德二年十一月卒，年五十九。赠效忠宣力定远功臣、开府仪同三司、太尉、上柱国，追封林国公，谥武宣。

子十四人。皆仕，而帖木秃古思、别里怯都尤显。孙二十四人，仕者亦多云。

伯帖木儿，钦察人也。至元中，充哈剌赤，入备宿卫，以忠谨，授武节将军，金左卫亲军都指挥使司事。二十四年，征叛王乃颜，隶御史大夫玉速帖木儿麾下，败乃颜兵于忽尔阿剌河，追至海剌儿河，又败之。乃颜党金家奴、别不古率众走山前，从大夫追战于札剌马秃河，杀其将二人，追至梦哥山，并擒金家奴。

二十五年，超授显武将军。冬，哈丹王叛，从诸王乃麻歹讨之，至斡麻站、兀剌河等处，连败其党阿秃八剌哈赤军，转战至帖麦哈必儿哈，又败之。进至明安伦城，哈丹迎战，败走，追至忽兰叶儿，又与阿秃一日三战，手杀五人，擒裨将一人。至帖里揭突，击哈丹，挺身陷阵，身中三十余箭而还，大夫亲视其创，而罪溃军之不救者。车驾亲征，驻驿兀鲁灰河，伯帖木儿以兵从大夫至贵列儿河，哈丹拒王师，伯帖木儿首战却之，获其党驸马阿剌浑，帝悦，以所获贼将兀忽儿妻赐之。至霸郎儿，与忽都秃儿干战，杀其裨将五人，生擒曲儿先。九月，大夫令率师往纳兀河东等处，招集逆党乞答真一千户，达达百姓及女直押儿撒等五百余户。

二十六年春正月，师还，复遣戍也真大王之境。五月，海都谋扰边，有旨令伯帖木儿以其军先来，行至怯吕连河，值拜要叛，伯帖木儿即移兵致讨,擒其党伯颜以献,帝深加奖谕,赐以所得伯颜女茶伦。是年冬,立东路蒙古军上万户府,统钦察、乃蛮、捏古思、那亦勤等四千余户。升怀远大将军、上万户,佩三珠虎符。

二十七年,哈丹复入高丽,伯帖木儿奉命偕彻里帖木儿进讨。二十八年正月,至鸭绿江,与哈丹子老的战,失利,伯帖木儿以闻,帝命乃麻歹、薛彻干等征之,仍命伯帖木儿为先锋。薛彻干军先至禅定州,击败哈丹,逾数日,乃麻歹以兵至,合攻哈丹,又败之。伯帖木儿将百骑追至一大河,虏其妻孥,追奔逐北,哈丹尚有八骑,伯帖木儿止余三骑,再战,两骑士皆重伤不能进,伯帖木儿单骑追之,至一大山,日暮,遂失哈丹所在。乃麻歹嘉其勇,赏以老的妻完者,上其功于朝,赐金带、衣服、鞍马、弓矢、银器等物,并厚赍其军。

二十九年,闻叛王捏怯烈尚在濠来仓,伯帖木儿率兵击,虏其妻子畜产,追至陈河,捏怯烈以二十余骑脱身走,遂定其地。得所管女直户五百余以闻,帝命以充渔户。伯帖木儿度地置马站七所,令岁捕鱼,驰驿以进。成宗即位,俾仍其官,车驾幸上京,征其兵千人从,岁以为常云。

怀都,斡鲁纳台氏。

祖父阿术鲁,与太祖同饮黑河水,屡从征讨,赐银印,总大军伐辽东女直诸部。复帅师讨西夏,大战于合剌合察儿,擒夏主,太祖命尽赐以夏主遗物。继总军南伐,攻拔信安,下宿、泗等州,诸王塔察儿以阿术鲁年老,俾其子不花袭职。

中统二年,不花卒,子幼,兄子怀都继领其职。

中统三年春,李璮叛,诏怀都从亲王哈必赤讨之,围璮济南。夏四月,璮夜出兵,四面冲突求出,怀都直前奋击,斩百余级,俘二百余人,夺兵仗数百,璮退走入城,怀都昼夜勒兵与战。秋七月,破济南,诛璮。哈必赤第其功,居最,诏赐金虎符,领蒙古、汉军,攻海州,略淮南庐州。

至元三年,充邳州监战万户。四年,领山东路统军司,从主帅南征。至襄阳,西渡汉江,宋遣水军绝归路,怀都选士卒浮水,杀宋军,夺战舰二十余艘,斩首千余级。六年,军次淮南天长,至五河口,与宋兵战,败之。七年,诏守鹿门山、白河口、一字城。九年春,怀都请攻樊之古城堡,堡高七层,怀都夜勒士卒,亲冒矢石,攻夺之,斩宋将韩拨发,擒蔡路钤。襄阳既降,帅师屯蔡、息,出巡淮安,还城正阳,略地安丰,获生口无算。

十一年夏,宋将夏贵来攻正阳,怀都领步卒薄淮西岸,至横河口,逆战退之。九月,略地安庆。十二年,北渡,至栅江堡,值宋军三千余,怀都与战,败之。复南渡江,驻兵镇江,谍报宋平江军出常州,怀都领兵千人,至无锡,与宋兵遇,大战,歼其众。秋七月,行省檄怀都领军护焦山江岸,仍往扬州湾头立木城,以兵守之。九月,权枢密院事,复守镇江。宋殿帅张彦、安抚刘师勇攻吕城,怀都与万户忽剌出、帖木儿追战至常州,夺舟百余艘,擒张殿帅、范总管。冬十月,从右丞阿塔海攻常州,宋朱都统自苏州赴援,怀都提兵至横林店,与之遇,奋击大破之。十一月,取苏州,徇秀州,仍抚治临安迤东新附军民。

十三年秋,同元帅撒里蛮、帖木儿、张弘范徇温州、福建,所至州郡迎降。十四年,授镇国上将军、浙东宣慰使,讨台、庆叛者,战于黄奢岭,又战于温州白塔屯寨,转战至于漳、泉、兴化,平之。十六年,召至阙下,赐玉带、弓矢,授行省参知政事,至处州,以疾卒。

子八忽台儿,官至通奉大夫、浙东道宣慰使都元帅,平浙东、建宁盗贼,数有功。不花子忽都答儿既长,分袭蒙古军千户,从平宋有功,授浙西招讨使,改邳州万户,后加荣禄大夫、平章政事,卒。

亦黑迷失,畏吾儿人也。至元二年,入备宿卫。九年,奉世祖命使海外八罗孛国。十一年,偕其国人以珍宝奉表来朝,帝嘉之,赐金虎符。十二年,再使其国,与其国师以名药来献,赏赐甚厚。十四年,授兵部侍郎。

十八年,拜荆湖占城等处行中书参知政事。招谕占城。二十一年,召还。复命使海外僧迦剌国,观佛钵舍利,赐以玉带、衣服、鞍辔。二十一年,自海上还,以参知政事管领镇南王府事,复赐玉带。与平章阿里海牙、右丞唆都征占城,战失利,唆都死焉。亦黑迷失言于镇南王,请屯兵大浪湖,观衅而后动。王以闻,诏从之,竟全军而归。

二十四年,使马八儿国,取佛钵舍利,浮海阻风,行一年乃至。得其良医善药,遂与其国人来贡方物,又以私钱购紫檀木殿材并献之。尝侍帝于浴室,问曰:“汝逾海者凡几?”对曰:“臣四逾海矣。”帝悯其劳,又赐玉带,改资德大夫,遥授江淮行尚书省左丞,行泉府太卿。

二十九年,召入朝,尽献其所有珍异之物。时方议征爪哇,立福建行省,亦黑迷失与史弼、高兴并为平章。诏军事付弼,海道事付亦黑迷失,仍谕之曰:“汝等至爪哇,当遣使来报。汝等留彼,其余小国即当自服,可遣招徕之。彼若纳款,皆汝等之力也。”军次占城,先遣郝成、刘渊谕降南巫里、速木都剌、不鲁不都、八剌剌诸小国。

三十年,攻葛郎国,降其主合只葛当。又遣郑珪招谕木由来诸小国,皆遣其子弟来降。爪哇主婿土罕必阇耶既降,归国复叛,事并见《弼传》。诸将议班师,亦黑迷失欲如帝旨,先遣使入奏,弼与兴不从,遂引兵还,以所俘及诸小国降人入见,帝罪其与弼纵土罕必阇耶,没家赀三之一。寻复还之。以荣禄大夫、平章政事为集贤院使,兼会同馆事,告老家居。仁宗念其屡使绝域,诏封吴国公,卒。

拜降,北庭人。

父忽都,武勇过人,由宿卫为南宿州镇将,分守蕲县。后从世祖南征,年几七十,每率先士卒,冒矢石,身被数十疮。战功居多。徙居大名路清丰县,卒。赠广平路总管,封渔阳郡侯。

忽都卒时,拜降生甫数月,母徐氏鞠育教诲甚至,每曰:“吾惟一子,已童丱矣,不可使不知学。”顾县僻左,无良师友,遂遣从师大名城中。郡守每旦望入学,见拜降容止讲解,大异群儿,甚爱奖之。

比弱冠,美髭髯,仪表甚伟。

丞相阿术南攻襄阳、江陵诸郡,以偏裨隶麾下。军行至安阳滩,与宋军遇。宋骑直前突阵,阵为却。拜降即跃马出阵前,引弓连毙数人,宋骑稍却,复率众战良久,宋师大溃。至元五年,围襄樊,战有功。十一年,从阿术渡江,水陆遇敌,尝先登陷阵。勇冠一军。宋平,以功授江浙省理问官。时事方草创,省臣有所建白,及事有不可便宜自决须奏闻者,以拜降善敷奏,数令驰驿往咨于朝。及引见,世祖遥识之,喜曰:“黑髯使臣复来耶!”其见器使如此。

二十七年,迁江西行尚书省都镇抚。适徭、獠扰边,拜降从丞相忙兀台讨定之。二十九年,迁庆元路治中。岁大饥,状累上行省,不报。拜降曰:“民饥如是而不赈之,岂为民父母意耶!”即躬诣行省力请,得发粟四万石,民赖全活。

元贞间,两浙盐运司同知范某阴贼为奸,州县吏以赂咸听驱役,由是数侵暴细民。民有珍货腴田,必夺为己有。不与,则朋结无赖,妄讼以罗织之,无不荡破家业者。凶焰铄人,人咸侧目,里人欲杀之,不果,顾被诬诉逮系者,亡虑数十人,俱死狱中。兰溪州民叶一、王十四有美田宅,范欲夺之,不可,因诬以事,系狱十年不决。事闻于省,省下理问所推鞫之,适拜降至官,冤遂得直。置范于刑,而七人者先瘐死矣,惟叶一、王十四得释,时论多焉。

大德元年,迁浙东廉访副使,令行禁止,豪强慑伏。同寅有贪秽者,拜降抗章核之于台,遂免其官。后转工部侍郎,赐侍燕服一袭,升工部尚书,有能声。

至大二年,仁宗奉皇太后避暑五台,拜降供给道路,无有阙遗,恩赉尤渥。比至都,改资国院使。母徐氏卒,遂奔丧于杭。时酒禁方严,帝特命以酒十罂,官给传致墓所,以备奠礼。初,徐氏盛年守节,教子甚严,比拜降贵,事上于朝,特旌其门。及老,见拜降历官有声誉,喜曰:“有子如是,吾死可瞑目矣。”拜降居丧尽礼,未及起复,延祐二年,卒于家。赠资政大夫、江浙右丞,谥贞惠。

元史卷一三二
列传第一九

杭忽思　步鲁合答　玉哇失　麦里　探马赤　拔都见　昂吉儿　哈剌觮　沙全　帖木儿不花

　　杭忽思，阿速氏，主阿速国。太宗兵至其境，杭忽思率众来降，赐名拔都儿，锡以金符，命领其土民。寻奉旨选阿速军千人，及其长子阿塔赤扈驾亲征。既还，阿塔赤入直宿卫。杭忽思还国，道遇敌人，战殁，敕其妻外麻思领兵守其国。外麻思躬擐甲胄，平叛乱，后以次子按法普代之。

　　阿塔赤从宪宗征西川军于钓鱼山，与宋兵战有功，帝亲饮以酒，赏以白金。阿里不哥叛，从也里可征之，至宁夏，与阿蓝答儿、浑都海战，率先赴敌，矢中其腹，不惧，世祖闻而嘉之，赏以白金，召入宿卫。中统二年，扈驾亲征阿里不哥，追至失木里秃之地，以功复赏白金。三年，从征李璮，平之。至元五年，奉旨同不答台领兵南征，攻破金刚台。六年，从攻安庆府，战有功。七年，从下五河口。十一年，从下沿江诸郡，戍镇巢，民不堪命，宋降将洪福以计乘醉而杀之。世祖悯其死，赐其家白金五百两、钞三千五百贯，并镇巢降民一千五百三十九户，且命其子伯答儿袭千户，佩金符。

时失烈吉叛,诏伯答儿领阿速军一千往征之,与瓮吉剌只儿瓦台军战于押里,复与药木忽儿军战于秃剌及斡鲁欢之地。十五年春,至伯牙之地,与赤怜军合战。五月,驻兵呵剌牙,与外剌台、宽赤哥思等军合战。其大将塔思不花树木为栅,积石为城,以拒大军。伯答儿督勇士先登,拔之,伯答儿矢中右股,别里吉迷失以其功闻,赏白金。二十年,授虎符、定远大将军、后卫亲军都指挥使,兼领阿速军,充阿速拔都达鲁花赤。

二十二年,征别失八里,军于亦里浑察罕儿之地,与秃呵、不早麻军战,有功。二十六年,征杭海,敌势甚盛,大军乏食,其母乃咬真输己帑及畜牧等给军食,世祖闻而嘉之,赐予甚厚。大德四年,伯答儿卒。

长子斡罗思,由宿卫仕至隆镇卫都指挥使;次子福定,袭职,官怀远大将军,寻改右阿速卫达鲁花赤,兼管后卫。至大四年,兄都丹充右阿速卫都指挥使;福定复职后卫,升枢密同金,命领军一千守迁民镇,寻授定远大将军、佥枢密院事、后卫亲军都指挥使,提调右卫阿速达鲁花赤。二年,进资善大夫、同知枢密院事。后至元间,进知枢密院事。

步鲁合答,蒙古弘吉剌氏。

祖按主奴,太宗时率蒙古军千人从诸王察合台征河西,至山丹。攻下定、会、阶、文诸州,以功为元帅,佩金符,驻军汉阳礼店,戍守西和、阶、文南界,及西蕃边境。换金虎符,真除元帅。

父车里,袭职。从都元帅纽璘攻成都,宋将刘整以重兵守云顶山,车里击败之,进围其城,整遣裨校出战,败走,追至简州斩之,杀三百余人,遂拔其城。攻重庆,车里将兵千人为先锋,渡马湖江,败宋兵于马老山,俘获百余人。戊午,诸军还屯灰山,宋兵夜来劫营,车里击败之,斩首三百级。世祖即位,赐金符,为奥鲁元帅,又改征行元帅。

至元二年,车里以老疾,不任事,诸王阿只吉命步鲁合答代领其军。至元八年，制授管军千户，佩金符。宋将昝万寿攻成都，金省严忠范遣步鲁合答将兵七百人御之于沙坎，流矢中右颊，拔矢，战愈力，大败其军。十一年，行院汪田哥以兵围嘉定，步鲁合答即率其众攻九顶山，破之，嘉定降。进攻重庆，宋军突围出走铜锣峡，行院忽敦遣步鲁合答追之，至广羊坝，斩首二百级。泸州叛，还军讨之，步鲁合答以所部兵攻宝子寨，岁余不下，乃造云梯先登，急击，遂破之，杀虏殆尽。十六年，取重庆，以功迁武略将军、征行元帅。

二十一年，命统蒙古探马赤军千人从征金齿蛮，平之。都元帅蒙古歹征罗必甸，步鲁合答率游兵先行，江水暴溢，率众泅水而渡，去城三百步而营。居七日，诸军会城下，乃进攻之，步鲁合答先登，拔其城，遂屠之。又从征八百媳妇国，至车厘，车厘者，其酋长所居也。诸王阔阔命步鲁合答将游骑三百往招之降，不听，进兵攻之，都镇抚侯正死焉。步鲁合答毁其北门木，遂入其寨，其地悉平。赐金虎符，授怀远大将军、云南万户府达鲁花赤，卒。子忙古不花，袭管军千户。

初，按主奴三子：长车里，次黑子，次帖木儿。黑子别赐金符，为奥鲁元帅，兼文州吐蕃达鲁花赤，卒。其子那怀幼，以帖木儿摄其官。那怀长，解职授之，遂改授帖木儿随路拔都万户，后移镇重庆，卒。

玉哇失，阿速人。

父也烈拔都儿，从其国主来归，太宗命充宿卫。岁戊午，从宪宗征蜀，为游兵，前行至重庆，战数有功。尝出猎遇虎于隘，下马搏虎，虎张吻欲噬之，以手探虎口，抶其舌，拔所佩刀刺而杀之。帝壮其勇，赏黄金五十两，别立阿速一军，使领其众。从世祖征阿里不哥，又从亲王哈必失征李璮，俱有功，赐金符，授本军千户。从下襄阳，又从下沿江诸城，宋洪安抚既降复叛，诱其入城宴，乘醉杀之。长子也速歹儿代领其军，从攻扬州，中流矢卒。

玉哇失袭父职，为阿速军千户。从丞相伯颜平宋，赐巢县二千五十二户。只儿瓦歹叛，率所部兵击之，至怀鲁哈都，擒其将失剌察儿，斩于军，其众悉平。

诸王和林及失剌等叛，从皇子北安王讨之，至斡耳罕河，无舟，跃马涉流而渡，俘获甚众。时北安王方战失利，陷敌阵中，玉哇失从诸王药木忽儿追至金山，王乃得脱归。赏白金五十两、钞二千五百贯，改赐金虎符，进定远大将军、前卫亲军都指挥使。

诸王乃颜叛，世祖亲征，玉哇失为前锋。乃颜遣哈丹领兵万人来拒，击败之。追至不里古都伯塔哈之地，乃颜兵号十万，玉哇失陷阵力战，又败之，追至失列门林，遂擒乃颜。帝嘉其功，赐金带、只孙、钱币甚厚。乃颜余党塔不歹、金家奴聚兵灭捏该，从大军讨平之。既而哈丹复叛于曲连江，追击其军，渡河而遁。又与海都将八怜、帖里哥歹、必里察等战于亦必儿失必儿之地，战屡捷。

成宗时在潜邸，帝以海都连年犯边，命出镇金山，玉哇失率所部在行。从皇子阔阔出、丞相朵儿朵怀击海都军，突阵而入，大破之。复从诸王药木忽儿、丞相朵儿朵怀击海都将八怜，八怜败。海都复以秃苦马领精兵三万人直趋撒剌思河，欲据险以袭我师。玉哇失率善射者三百人守其隘，注矢以射，竟全军而归。帝嘉之，赐钞万五千缗、金织段三十匹。海都、朵哇以兵来袭，击走之。

武宗镇北边，海都复入寇，至兀儿秃，玉哇失败之，获其驼马器仗以献。时扎鲁花赤孛罗帖木儿所将兵为海都困于小谷，帝命玉哇失援出之。帝喜，谓诸将曰："今日大丈夫之事，舍玉哇失其谁能之，纵以黄金包其身，犹未足以厌朕志。"武宗南还，命玉哇失后从，敌惧莫敢近，因留之戍边。赐以金察剌二，玉带带、浑金段各一，仍赐秫米七十石，使为酒以犒其军。后海都子察八儿等遣人诣阙请和，朝廷许之，遂撤边备，玉哇失乃还。帝录其功，赐钞五万贯，进镇国上将军，仍旧职。

大德十年五月，昼寝于卫舍，不疾而卒。子亦乞里歹袭。亦乞里歹卒，子拜住袭。

麦里，彻兀台氏。

祖雪里坚那颜，从太祖与王罕战，同饮班真河水，以功授千户，领彻里台部，征讨诸国。卒于河西。

父麦吉袭职，从太宗定中原，以疾卒。

麦里袭职，从定宗略定钦察、阿速、斡鲁思诸国。从宪宗伐宋，有功。世祖即位，诸王霍忽叛，掠河西诸城。麦里以为帝初即位，而王为首乱，此不可长，与其弟桑忽答儿率所部击之，一月八战，夺其所掠扎剌亦儿、脱脱怜诸部民以还。已而桑忽合儿为霍忽所杀，以银钞羊马迎致麦里，赐号曰答剌罕，寻卒。子秃忽鲁。

探马赤，秃立不带人。从诸王没赤征蜀，后以兵从塔海绀卜、火鲁赤、纽璘诸大帅。岁戊午，纽璘攻涪州，还至马湖江，宋兵连舰绝江不得进，探马赤率精兵二千击之，夺其舟以济，又于横江、嘉定、宣化三县造浮桥，以达成都，纽璘以为能，命将千人，从万户昔力答略地碉门、黎、雅、土蕃。昔力答死，行院帖赤以探马赤为万户，领其军。中统四年，授蒙古汉军万户。

至元九年，从行省也速带儿征建都，独以锐卒千五百人，与建都兵战于梅子岭，大败之。夜驰与速哥会，直捣其营，斩首数十级，生擒百余人，获其辎重以归。复益兵三千人，与左丞曲立吉思乘胜进击，建都势蹙，请降。又从行院汪田哥、忽敦等，攻嘉定、重庆、泸、叙诸州，以功兼崇庆府达鲁花赤。十九年卒。

子拜延，袭蒙古军万户，戍甘州。

拔都儿，阿速氏，世居上都宜兴。宪宗在潜邸，与兄兀作儿不罕及马塔儿沙帅众来归。马塔儿沙从宪宗征麦各思城，为前锋将，身中二矢，奋战拔其城。又从征蜀，至钓鱼山，殁于军。

拔都儿从征李璮，围济南，身二十余战，世祖嘉其能，赏纳失思段九，命领阿速军一千，常居左右。寻于阿塔赤内充怯薛百户。后从塔不台南征，与敌军战于金刚台，又以功受赏。师还，言于帝曰：

“臣愿从军，为国效死。”世祖留之，仍命充孛可孙，兼领阿速军，御马必令控引。

至元二十三年，授广威将军、后卫亲军副都指挥使，赐虎符。明年夏，从征乃颜于亦迷河，擒金家奴、塔不台以归，赏钞及衣段，加定远大将军。大德元年卒。

子别吉连袭。至大四年，河东、陕西、巩昌、延安、燕南、河北、辽阳、河南、山东诸翼卫探马赤争草地讼者二百余起，命往究之，悉正其罪，积官怀远大将军。致和元年，从丞相燕铁木儿擒倒剌沙党乌伯都剌等，领诸卫军守居庸关及诸要害地。天历元年十月，王禅兵掩至羊头山，攻破隘口，势甚张，别吉连从丞相拥众奋击之，突入其军，王禅败走，文宗赐御衣二袭、三珠虎符及弓矢、甲胄、金帛等物，以旌其功。寻以疾辞，子也连的袭。

昂吉儿，张掖人，姓野蒲氏，世为西夏将家。

岁辛巳，父甘卜率所部归太祖，以其军隶蒙古军籍，仍以甘卜为千户主之。从木华黎出征，病卒。

昂吉儿领其父军，从征诸国有功。至元六年，授本军千户，佩金符。俄略地淮南，所向无前。时国兵初南，塞马当暑，往往疥疠，昂吉儿以所部马入太行疗之，所病良已。由是军中马病者，率以属焉，岁疗马以万数。宋输粮金刚台，意将深入，昂吉儿将兵驰往，断其输道。因上言：“河南边郡与宋对境，宋兵时为边患，唐州东南皆大山，信阳在蔡州南，南直九里、武阳、平靖、五水等关，宋兵必经诸关以入，信阳实其咽喉，守御莫急焉。往年金亡，朝廷得寿、泗、襄、郢，而不留兵守，卒使宋得之，请城信阳，以扼宋。”得旨，令率河西军一千三百城之，城成。

九年，加明威将军、信阳军万户，佩虎符，分木华黎及阿术所将河西兵俾将之。加怀远大将军。丞相伯颜渡江，留阿术定淮南东道，其西道则属之昂吉儿，驻兵和州。宋淮西制置夏贵遣侯都统将兵四万来攻，有谋内应者悉诛之，潜兵出千秋涧，塞其归路，因出城奋击,大败之,获人马千计。镇巢军降,阿速军戍之,人不堪其横,都统洪福尽杀戍者以叛。昂吉儿攻拔其城,擒福及董统制、谭正将。遂攻庐州,夏贵使人来言曰:"公毋吾攻为也。吾主降,吾即降矣。"宋亡,贵举所部纳款。昂吉儿入庐州,民按堵无所犯,迁镇国上将军、淮西宣慰使。

宋丞相文天祥复起兵海道,舒民张德兴应之,袭破兴国、德安诸郡,还据司空山。诏昂吉儿攻之,一战而定,杀张德兴,执其三子以献。

江左初平,官制草创,权臣阿合马纳赂鬻爵,江南官僚冗滥为甚,郡守而下佩金符者多至三四人,由行省官举荐超授宣慰使者甚众,民不堪命。昂吉儿入朝,具为帝言之,且枚举不循资历而骤升者数人。帝惊曰:"有是哉!"因谓姚枢等曰:"此卿辈所知,而不为朕言,昂吉儿顾言之邪。"即命偕平章哈伯、左丞崔斌、翰林承旨和鲁火孙、符宝奉御董文忠减汰之,选曹以清。仍诏谕江淮军民,俾通知之。

时两淮兵革之余,荆榛蔽野,昂吉儿请立屯田,以给军饷,帝从之。既而阿塔海言:"屯田所用人牛农具甚众,今方有事日本,若复调发民兵,将不胜动摇矣。"议遂寝。未几,宣慰使燕楠复以为言,帝乃遣数千人,即芍陂、洪泽试之,果如昂吉儿所言,乃以二万兵屯之,岁得米数十万斛。加辅国上将军、河南行省参知政事、淮西宣慰使都元帅,进骠骑卫上将军、行中书省左丞,加龙虎卫上将军、行尚书省右丞,两官皆兼淮西使、帅。

日本不庭,帝命阿塔海等领卒十万征之。

昂吉儿上疏,其略曰:"臣闻兵以气为主,而上下同欲者胜。比者连事外夷,三军屡衄,不以言气,海内骚然,一遇调发,上下愁怨,非所谓同欲也,请罢兵息民。"不从,既而师果无功。

昂吉儿屡为直言,虽帝怒甚,其辞不少屈。台臣虑昂吉儿难制,以牙以迷失不畏强御,奏为本道按察使以察之。牙以迷失时捃摭昂吉儿细故以闻,及廷辨,帝察其无他,辄迁其官,后竟以微过罪之。

元贞元年卒。

子五人，其显者曰昂阿秃，庐州蒙古汉军万户府达鲁花赤；曰暗普，海北海南道肃政廉访使。孙教化的，世袭千户。

哈剌𩜇，哈鲁氏。初从军攻襄樊，蒙古四万户府辟为水军镇抚。至元十二年，从丞相伯颜渡江，改管军百户，赏甲胄、银鞘刀。十二年秋，从丞相阿术与宋兵战焦山，败之，获海舟二。阿术与王世强招讨造白鹞海船百艘，就四十一万户翼摘遣汉军三千五百、新附军一千五百，俾哈剌𩜇、王世强并统之。攻宋江阴、许浦、金山、上海、崇明、金浦皆下之，获海船三百余艘，遂戍澉浦海口。

十三年春，行省檄充沿海招讨副使。宋将张世杰舟师至庆元胸山东门海界，哈剌𩜇追之，获船四艘，上其功，行省增拨军七百并旧所领士卒，守定海港口。秋七月，宋昌国州、胸山、秀山戍兵舟师千余艘，攻夺定海港口，哈剌𩜇迎击，虏其裨将并海船三艘。八月，宋兵复攻定海港口，哈剌𩜇击退之，行省檄充蒙古汉军招讨使。十月，哈剌𩜇引兵至温州青嶼门，遇宋兵，夺船五艘，遣使谕温州守臣家之柄以城降。十一月，至福州，夺宋海船二十艘，擒毛监丞等。

十四年，赐金符，宣武将军、沿海招讨副使，行省檄充沿海经略副使，俾与刘万户行元帅府事于庆元，镇守沿海上下，南至福建，北趾许浦。六月，行省檄充沿海经略使，兼左副都元帅，督造海船千艘。八月，有旨：江西省右丞塔出等进兵攻广南，哈剌𩜇以兵从。十月，进昭勇大将军、沿海招讨使。时宋处州兵复温州，哈剌𩜇率兵复取之。进至潮阳县，宋都统陈懿等兄弟五人以畲兵七千人降。塔出兵攻广州，逾月未下，哈剌𩜇引兵继至，谕宋安抚张镇孙、侍郎谭应斗以城降。从攻张世杰于大洋，获其军资器械不可胜计。谕南恩州，宋阁门宣赞、舍人梁国杰以畲军万人降。

十五年，还军庆元。秋八月，入觐，帝问曰："汝何氏族？"对曰："臣哈鲁人。"赐金织文衣、鞍勒，擢昭武大将军、沿海左副都元帅、庆元路总管府达鲁花赤，将所部军戍海口。十六年，日本商船四艘，篙师二千余人至庆元港口,哈剌䚟谍知其无他,言于行省,与交易而遣之。海贼贺文达、顾润等寇掠海岛,哈剌䚟谕降之,得舟六十余艘。十八年,擢辅国上将军、都元帅,从国兵征日本,值飓风,舟回。明年二月,还戍庆元。二十二年,罢都元帅,改沿海上万户府达鲁花赤。

二十四年,入朝,帝问日本事宜,哈剌䚟应对甚悉,令还戍海道。授浙东宣慰使,赐金织文段、玉束带、鞍勒、弓矢有差。二十五年,枢密以水军乏帅,奏兼前职。冬,征入见。明年,拜金吾卫上将军、中书左丞,行浙东道宣慰使,领军职如故。

大德五年,征入见。擢资德大夫、云南行省右丞,偕刘深征八百媳妇国。至顺元年,宋龙济等叛,丧师而还,深诛,哈剌䚟亦以罪废。十一年,以疾卒于汝州。皇庆元年,赠荣禄大夫、平章政事,巩国公,谥武惠。

子哈剌不花,袭沿海万户府达鲁花赤。

沙全,哈剌鲁氏。

父沙的,世居沙漠,从太祖平金,戍河南柳泉,家焉。

全初名抄儿赤,甫五岁,为宋军所虏,年十八,留刘整幕下,宋人以其父名沙的,使以沙为姓,而名曰全。全久居宋,险固备知之。

中统二年,整以泸州来归,全与之同行,宋军追之,全力战得脱,授管军百户。至元三年,整出兵云顶山,与宋将夏贵兵遇,全击杀甚众。五年,命整领都元帅事,出师围襄樊,以全为镇抚。整遣全率军攻仙人山、陈家洞诸寨,破之,升千户,赐银符。败宋将张贵,拔樊城,与刘整军会。修正阳城,引兵渡淮,与宋将陈安抚战,败之。十二年,从丞相阿术与宋将张世杰、孙虎臣大战于焦山,水陆并进,宋人不能支,尽弃鼓旗走,获其将士三十三人。从攻常州,克之,乘胜下沿海诸城。

至华亭,戒士卒毋杀掠,遂倾城出降,以功授华亭军民达鲁花赤。时民心未定,有未附盐徒聚众数万掠华亭,全击破之,籍其名得六千人，请于行省，遣屯田于淮之芍陂。行省以邑人新附，时有叛侧，委万户忽都忽等体察，欲屠其城，全言：“盐卒多非其土人，若屠之，枉死者众。”以死保其不叛，遂止。赐金符，加武略将军，兼领盐场，职如旧。寻升华亭为府，以全为达鲁花赤，赐虎符。时盗贼蜂起，其最盛者有众数千人，全悉招来之，境内得安。改松江万户府达鲁花赤，始专领军政。

二十二年，召见，迁隆兴万户府达鲁花赤，得请，复旧名曰钞儿赤。未几，帝以为松江濒海重地，复命镇之，赐三珠虎符，卒于官。

帖木儿不花，答答里带人。

父帖赤，岁乙未，同都元帅塔海绀卜将兵入蜀，并将蒙古也可明安、和少马赖及炮手诸军，攻下兴元、利、剑、成都诸郡，所降宋将小王太尉之众，悉隶麾下。中统二年，赐虎符，授西川便宜都元帅。俄进行枢密院，率诸军略定西川未下郡邑。至元元年，迁益都等路统军使，死军中。

帖木儿不花，中统初入备宿卫。至元七年，授虎符，代张马哥为淄莱水军万户，将其众赴襄阳，与宋将范文虎战于灌子滩，手杀四十余人，夺其战舰，追至云胜洲，大败之。行省上其功，赐白金五十两、衣一袭、鞍辔一副。九年，授益都新军万户。

十一年，改益都、淄莱新军万户。从丞相伯颜伐宋，败其大将夏贵于阳罗堡。大军渡江，论其功最多，赐白金五百两。又从下鄂、蕲、黄、江、建康、常、秀、苏、杭诸郡，累加昭武大将军。从参知政事阿剌罕略定绍兴、温、台、福建诸郡，授台州路总管府达鲁花赤，迁广东宣慰使。

十六年，加都元帅。追宋将张世杰于香山岛，世杰死，降其众数千人。广东诸郡及海岛尽平，领诸降臣及将校之有功者，入见于大安阁，命太府监视其身，制银鼠裘成，亲赐予之，授中书左丞，行省江西，其余爵赏有差。二十五年，拜四川等处行尚书省平章政事，兼总军务，改行中书省平章政事。

其兄帖木脱斡，初以蒙古军千户从伐蜀有功，行枢密院承制授万户。并将列别术、塔海帖木儿、也速带儿、匣剌撒儿四千户军，从大军攻重庆。重庆降，收其众，徇下流诸城，留镇夔门，兼本路安抚司达鲁花赤。进怀远大将军、蒙古军万户。迁定远大将军，兼嘉定守镇万户，本路总管府达鲁花赤。寻升镇国上将军、诸蛮夷部宣慰使，加都元帅。亦奚不薛蛮畔，与岳剌海会云南兵讨平之。改征缅都元帅，死于军。子忽都答儿嗣。

元史卷一三三
列传第二〇

塔出　拜延　也罕的斤
叶仙鼐　脱力世官
忽剌出　重喜　旦只儿
脱欢　完者拔都　失里伯
孛罗奚　怯烈　蜕伯
也速觯儿　昔都儿

塔出，蒙古札剌儿氏。

父札剌台，历事太祖、宪宗。岁甲寅，奉旨伐高丽，命桑吉、忽剌出诸王并听节制。其年，破高丽连城，举国遁入海岛。己未正月，高丽计穷，遂内附，札剌台之功居多。

塔出以勋臣子，至元十七年授昭勇大将军、东京路总管府达鲁花赤。十八年，召见，赐钞六十锭，旌其廉勤。升昭毅大将军、开元等路宣慰使，改辽东宣慰使。二十二年，入觐，帝慰劳久之，且问曰："太祖命尔父札剌台圣旨，尔能记否？"塔出应对周旋，不逾礼节，帝嘉之，赐以玉带、弓矢，拜龙虎卫上将军、东京等路行中书省右丞。复授辽东道宣慰使。

塔出探知乃颜谋叛，遣人驰驿上闻。有旨，命领军一万，与皇子爱也赤同力备御。女直、水达达官民与乃颜连结，塔出遂弃妻子，与麾下十二骑直抵建州。距咸平千五百里，与乃颜党太撒拔都儿等合战，两中流矢。继知其党帖哥、抄儿赤等欲袭皇子爱也赤，以数十人退战千余人，扈从皇子渡辽水。乃颜军来袭，塔出转斗而前，射其酋帖古歹，中其口，镞出于项，堕马死，追兵乃退。遂军懿州，州老幼千余人，焚香罗拜道傍，泣曰：“非宣慰公，吾属无遗种矣。”塔出曰：“今日之事，上赖皇帝洪福，下赖将士之力，吾何功焉。”至辽西黑山北小龙泊，得叛酋史秃林台、卢全等纳款书，期而不至，塔出即遣将讨擒之，又获其党王赛哥。复与曲迷儿大王等战，破之，将士欲俘掠，塔出一切禁止。与金院汉爪、监司脱脱台追乃颜余党，北至金山，战捷。帝嘉其功，召赐黄金、珠玑、锦衣、弓矢、鞍勒。

二十八年，赐明珠虎符，充蒙古军万户。是岁，复领军讨哈丹于女直，还攻建州，逐阿海投江死。明年，哈丹涉海南，袭高丽，塔出复进兵讨之。入朝，世祖嘉其功，眷遇弥渥，复赐珍珠上服，拜荣禄大夫、辽阳等处行中书省平章政事，兼蒙古军万户，卒于位。

子答兰帖木儿，中奉大夫、辽阳省参知政事。

拜延，河西人。

父火夺都，以质子从太祖征河西，太祖立质子军，号秃鲁花，遂以火夺都为秃鲁花军百户。太宗朝，都元帅纽璘承制以为千户，从征西川。忽都叛于临洮，世祖命火夺都等以蒙古、汉军从大军往讨之。

火夺都卒，拜延袭。至元九年，制授征行千户，佩金符。十年，宋师侵成都，四川金省严忠范遣拜延迎击，大败之。又从行省也速带儿攻嘉定，从行院忽敦取泸、叙，攻重庆，数有战功。十二年，行院承制以为东西两川蒙古汉军万户。总帅汪田哥用兵忠州，命拜延将兵二千，往涪州策应之。宋人伺知田哥回，以舟师顺流而下，邀于青江，拜延引兵驰赴，擒其部将李春等十七人，取其军资，焚其战舰。

十三年，泸州复叛，行院遣拜延领兵趋泸之珍珠堡，败其将王世昌，俘掠其民人孳畜，移兵戍暗溪寨。宋合州兵来援，拜延生擒百余人，戮之，遂克泸州。行院副使卜花进兵围重庆，遣拜延将兵游击，获大良平李立所遣谍者四人。重庆降，制授宣武将军、蒙古汉军总管。十九年，从总帅汪田哥入见，升怀远大将军、管军万户，改赐金虎符，卒。

子答察儿嗣，授明威将军、兴元金州万户府达鲁花赤。

也罕的斤，匣剌鲁人。

祖匣答儿密立，以斡思坚国哈剌鲁军三千来归于太祖，又献羊牛马以万计。以千户从征回回诸国，又从睿宗及折别儿谕降河西诸城，后从攻临洮死焉。

父密立火者，从太宗灭金，又从宪宗攻蜀，为万户府达鲁花赤，殁于军。

中统二年，也罕的斤为千户，数有战功，下五花、石城、白马等寨。至元七年，宋兵入成都，也罕的斤以兵四百人与之相拒四日，宋兵退，追击于眉州，大破之。授蒙古匣剌鲁河西汉军万户，戍眉州。从围嘉定，筑怀远寨以守其要害，宋兵出战，辄败。

十二年，入朝，赐对衣、玉束带、白金百两，加昭勇大将军、上万户，益兵万人。会围重庆，尽督马湖江两岸水陆军马。十四年，从围泸州，攻神臂门，先登拔之。从行枢密副使卜花攻重庆，屯佛图关，屡战有功，移屯堡子头，宋守将赵安开门降。重庆既平，复将其众，略地思州，得降将百余人，加昭毅大将军。帝以西川新附，选能镇抚之者，授嘉定军民、西川诸蛮夷部宣抚司达鲁花赤，增户万余。进奉国上将军、四川宣慰使、都元帅。

十七年，征斡端。拜云南行省参知政事。二十一年，与右丞太卜、诸王相吾答儿分道征缅，造舟于阿昔、阿禾两江，得二百艘，进攻江头城，拔之，获其锐卒万人，命都元帅来世安守之。且图其地形势，遣使诣阙，且陈所以攻守之方。

先是，既破江头城，遣黑的儿、杨林等谕缅使降，不报，而诸叛蛮据建都太公城以拒大军,复遣僧谕以祸福,反为所害,遂督其军水陆并进,击破之,建都、金齿等十二城皆降,命都元帅合带、万户不都蛮等以兵五千戍之。二十八年,改四川行枢密副使,卒。

　　子二人:火你赤的斤,云南都元帅;也连沙,袭蒙古军万户。

　　叶仙鼐,畏吾人。

　　父土坚海牙,以才武从太祖、太宗平金及西夏,俱有功。

　　仙鼐幼事世祖于潜藩,从征土蕃,云南,常为前驱。岁己未,伐宋,至鄂州,先登夺其外城。中统元年,从征阿里不哥,与其党遇,大呼驰击之,其众骇溃,赏白金貂裘。明年,讨李璮,以功赏白金五百两。授西道都元帅、金虎符、土蕃宣慰使。仙鼐素熟夷情,随地厄塞设屯镇抚之,恩威兼著,顽犷皆悦服。赐金币钞及玉束带。为宣慰使历二十四年,迁云南行省平章政事。寻改江西行省平章政事。巨盗钟明亮积年为害,仙鼐讨擒之。

　　至元三十一年,成宗即位,召还,赐玉带,改陕西行省平章政事。谢事归陇右,十年卒。赠协恭保节功臣、太保、仪同三司、上柱国、巩国公,谥敏忠。

　　子完泽,太子詹事,进金紫光禄大夫、中书平章政事。

　　脱力世官,畏吾人也。

　　祖八思忽都探花爱忽赤,国初领畏吾、阿剌温、灭乞里、八思四部,以兵从攻四川,殁于军。

　　父帖哥术探花爱忽赤,宪宗命长渴密里及曲先诸宗藩之地。浑都海、阿蓝答儿叛,执帖哥术械系之。帖哥术破械脱走,入觐世祖,赐金符,袭父职,命率所部兵就征之,以功赐衣服、弓矢、鞍勒。又命从诸王奥鲁赤讨建都,平之,升昭勇大将军、罗罗斯副都元帅、同知宣慰司事。至西蕃境上,蕃酋必剌充遮道不得进,帖哥术战却之,道遂通。事闻,赐金虎符,赏白金及衣二袭。卒于官。

　　脱力世官袭职,为武德将军、罗罗斯副都元帅、同知宣慰司事。

其所部有产金户叛服不常,脱力世官往讨平之。定昌路总管谷纳叛,与其千户阿夷谋率众渡不思鲁河,脱力世官引兵战,擒阿夷,杀之。德平路落来民又叛,脱力世官又讨平之。

亦奚不薛地未附,民多立寨,依险自保。诏云南行省调罗罗斯蒙古军四百人,罗罗章六百人,属脱力世官,从左丞爱鲁往讨之。脱力世官先至,拔其寨。爱鲁命率兵攻罗羽,抵落穿,夺其关,获马牛羊以给士卒;又命与万户兀都蛮攻怯儿地,其酋长阿失据山寨不下,脱力世官先登,破之。爱鲁遂命脱力世官总左手四翼兵,讨平亦奚不薛。又蛮子童者,立寨于纳土原山,行省复命脱力世官以蒙古、爨、僰军与行省参政阿合八失攻之,子童穷蹙,遂降。进兼管军副万户。蛮细狗、折兴等及威龙州判官阿遮皆凭险为乱,脱力世官夜入据其寨,贼散走,遣兵搜山谷,获阿遮于深菁,斩之。籍其民五百余户为农。

脱力世官入觐,授三珠虎符,加怀远大将军、罗罗斯宣慰使,兼管军万户。既还治,括户口,立赋税,以给屯戍。昌州苏你、巴翠等作乱,脱力世官以云南王命讨降之,徙其众于昌州平川。镇守千户任世禄以所部二千人乘间遁去,屯威龙州,脱力世官先据其要路厄之,世禄降。未几入觐,卒于京师。

子唆南班,由宿卫袭职,佩三珠金虎符,官至镇国上将军。

忽剌出,蒙古氏。

曾祖阿察儿,事太祖,为博儿赤。

祖赤脱儿,从太宗征钦察、康里、回回等国有功,为涿州达鲁花赤,卒。

伯父哈兰术袭职,佩金符,以功稍迁益都路蒙古万户,殁于军。

忽剌出袭哈兰术职,初授昭勇大将军。至元十二年,攻宋六安军,行省命领诸军战舰,遇宋军,败之,有旨褒赏。军次安庆,忽剌出及参政董文炳领山东诸军与宋孙虎臣等战于丁家洲,大败之,俘其将校三十七、军五千、船四十。战于朱金沙。又败之。七月,及宋人战于焦山江中,时丞相阿术督战,忽剌出与董文炳冒矢石沿流鏖战八十里,身被数伤,裹创殊死战。宋张殿帅攻吕城,忽剌出与万户怀都生擒之。从下常州,略地苏、湖、秀州,至长桥,大败宋军。大军至临安,伯颜命忽剌出守浙江亭及北门。败扬州军于扬子桥,又败真州军,追李庭芝至通州海口,尽降淮东诸州。江南平,加昭毅大将军,寻迁湖州路达鲁花赤。

十四年,进镇国上将军、淮东宣慰使。奉旨屯守上都,改嘉议大夫、行台御史中丞。升资善大夫、福建行省左丞。迁江淮行省,除右丞。拜荣禄大夫、江浙行省平章政事,以疾卒。

重喜,束吕纥氏。

祖塔不已儿,事太宗,为招讨使征信安、河南,授金虎符,改征行万户,卒。

父脱察剌袭职,岁己未,从南征,破十字寨。时重喜从行,战亦屡捷,左足中流矢,勇气益倍,世祖亲劳之,曰:“汝年幼,能为朕宣力如是,深可嘉尚。”

父卒,重喜袭职。中统三年,从征李璮有功。四年,命领兵镇莒州。至元十二年,奉旨筑十字路城,备守御,重喜常率兵游击。四年,从抄不花征泗州。时蔡千户为宋兵所围,重喜奋战,救之。五年,入觐,帝嘉其功,赐白金、金鞍、弓矢。修正阳城。十一年,宋兵围正阳,从大军战,败之。十二年,从下涟海诸城,又败宋将李提辖,遂驻兵瓜洲。十三年夏六月,宋都统姜才率师来攻,迎战,却之。秋七月,从大军袭击宋将李庭芝于泰州。进昭勇大将军、婺州路总管府达鲁花赤,卒。子庆孙袭。

且只儿,蒙古答答带人。至元七年,从征蜀,败宋兵于马湖江,斩首百余级。九年,从征建都蛮。十一年,从攻嘉定,败宋兵于夹江,又从攻下泸、叙诸州,进围重庆,败宋将张万。泸州叛,诸军将攻泸,且只儿先将其众据红米湾,与宋兵战,败之。进至安乐山,复败宋

军,斩首五百余级,获战舰四。宋兵邀漕舟于安乐山,击走之,遂破
其石磬寨。十四年春,抵泸州,夺其战舰五艘,还至安乐山,复与宋
兵战,杀数十人,从诸军拔泸州。张万举兵欲向合州,旦只儿以锐卒
千人邀击于龙坎。斩首百余级,万引却。赐银符,授管军千户。

从征斡端,至甘州。赐金符,升总管。十九年,从诸王合班、元
帅忙古带军至斡端,与叛王兀卢等战,胜之。二十年,诸王八巴叛,
以兵来攻,旦只儿独破其五百余众,拔亡卒二千余人以出。进副万
户,还戍长宁军。宋好止寨以兵来袭,旦只儿击走之,斩首百余级,
生获三十余人。二十六年,赐金虎符,授信武将军、平阳等路万户府
达鲁花赤,卒。子建都不花袭。

脱欢,札剌儿台氏。

祖菊者。父脱端,为万户,从皇子阔出、忽都秃略汴、宋、睢、宿
等州。岁癸丑,镇蔡州。脱端卒,子不花袭。不花卒,弟阿蓝答儿袭。
阿蓝答儿卒,弟长寿袭,并为千户守蔡。

长寿卒,脱欢袭,加武略将军,佩金符。从丞相阿术攻阳逻堡,
累有战功。渡江攻鄂汉诸州,下之。会宋军于丁家洲,脱欢突入,夺
战舰数艘。攻建康、太平等郡,下之。宋都统姜才攻扬子桥堡,脱欢
率精兵出堡东逆之,斩杀几尽,俄而宋军复集堡北,遂奋击走,追至
扬州,杀伤甚众。会万户昔里罕入朝,道滁州,为宋兵所遮,击败宋
兵,出昔里罕。从攻扬州,至泥湖,遇宋军,夺三十余艘,遂进兵苏
州,与宋军战,擒柳奉使。至元十三年,右丞相遣脱欢援高邮军,未
至二十里,会宋将率兵来漕高邮粟,与战擒之。有顷,宋高邮都统复
率二万人至,击败之。

十四年春,授怀远大将军、太平路总管府达鲁花赤。会只里瓦
带寇北边,帝命脱欢往讨之,战,左臂中流矢二,帝慰劳之,赐铠甲、
弓矢、鞍勒、钞千五百缗。十五年春,从亲王斡鲁忽台、丞相孛罗西
征有功,加定远大将军、福州路总管府达鲁花赤。平闽盗,改武昌
路,卒。

完者拔都,钦察氏,其先彰德人。以才武从军。岁已未,从世祖攻鄂州,登城斩馘,赏银五十两。中统三年,从诸王合必赤征李璮于济南,力战有功。至元四年,从万户木花里掠地荆南,至襄阳,与宋兵战,屡胜之。遂为梯登樊城,焚楼橹,勇冠三军。十一年,授武略将军、彰德南京新军千户。攻沙洋、新城,始授金符,领丞相伯颜帐前合必赤军。渡江论功,改武义将军。战于丁家洲及扬子桥、焦山,破常州,入临安,攻泰州新城,皆预焉。

江南归附,入见,赐号拔都儿,佩金虎符,迁信武将军、管军总管、高邮军达鲁花赤。首以兴学劝农为务。四方则之。郡有虎伤人,手格杀之。既而高邮升为路,进怀远大将军、高邮路达鲁花赤。十六年,进昭勇大将军、管军万户。

十八年,闽贼陈吊眼作乱,擢镇国上将军、福建等处征蛮都元帅,赐翎根甲,命往讨之。破其营,擒吊眼,至漳州斩以示众。加管军万户,兼高邮路达鲁花赤,赏赐无算。二十三年,进骠骑卫上将军、江浙等处行中书省左丞,仍管军万户。迁浙西行中书省右丞,行浙西宣慰使。二十七年,转资德大夫、江西等处行枢密院副使,兼广东宣慰使。

元贞元年,入朝,拜荣禄大夫、江浙等处行中书省平章政事。卒于官,年五十九。赠效忠宣力定远功臣、开府仪同三司、太尉、上柱国,追封林国公,谥武宣。

失里伯,蒙古人。

祖怯古里秃,从太祖经略西夏有功。又隶诸王术赤台,领宝儿赤,与金人战,殁于阵。

父莫剌合嗣,从征阿蓝答儿亦有功,世祖赐以白金五十两。

失里伯世其职,由枢密院断事官为河南行中书省断事官。至元七年,佩金虎符,引水军四万攻襄阳。八年七月,宋将范文虎来援,失里伯败其军,进围樊城,先登。战于鹿门,与诸军擒其将张贵。十年,迁昭勇大将军,为耽罗国招讨使。奉旨入见上都,改管军万户,领襄阳诸路新军。从丞相伯颜等渡江,破独松关,下长兴,取湖州,行安抚司事。十四年,授湖州总管,进镇国上将军、淮西道宣慰使。十八年卒。

子塔剌赤,曲靖等路宣慰使。

孛兰奚,雍吉烈氏,世居应昌。

祖忙哥,以后族备太祖宿卫。

父律实,状貌魁伟,有谋,善骑射。太宗尝问以军旅之事,应对称旨,即命为千户。寻以齐王府司马。后从睿宗伐金有功,诏还宿卫,以疾卒。

孛兰奚,英迈有父风,幼孤,能自刻厉如成人,暇日习弓马,夜则读书。其母尝训之曰:"汝父忠勇绝人,天不假年。汝能自立,则汝父殁无憾矣。"孛兰奚由是感激,期以成父之志。从军有功,袭父官,为齐王司马。

世祖亲征乃颜,以齐王兵从。兵始交,孛兰奚跃马陷阵,斩其旗,所向披靡。世祖遥望见壮之。有顷,乃颜兵遁走,孛兰奚驰归以捷闻。世祖大悦,劳之曰:"无忝汝父矣。"赐黄金五十两、金织文二匹,授宣威将军、信州路达鲁花赤。时江南初附,布宣上意,与民更始。期年,郡中大治,部使者以闻,帝奖叹久之,即遣使赐以上尊。俄以疾卒,年三十三。赠河间路达鲁花赤,追封范阳郡侯。

子脱颖溥化,历监察御史、河南廉访副使、郴州路达鲁花赤。

怯烈,西域人,世居太原,由中书译史从平章政事赛典赤经略川、陕。至元十二年,立云南行省,署为幕官,诸洞蛮夷酋长款附,怯烈功居多。十五年,分省大理,会缅人入寇,怯烈即以战具资军士,讨平之,授中书省左右司员外郎。

十八年,平章纳速剌丁遣诣阙敷奏边事,世祖爱其聪辨练达,锡虎符,拜镇西缅麓川等路宣抚司达鲁花赤,兼管军招讨使。成都、乌蒙诸驿阻绝,怯烈市马给传,往来便之。俄被召上京,问以征缅事宜,奏对称旨,赐币帛及翎根甲。诸王相吾答儿、右丞太卜征缅,命怯烈率兵船为乡导,拔其江头城,振旅而还。复从云南王入缅,总兵三千屯镇骠国,设方略招徕其党,由是复业者众。

后入觐,世祖慰劳之,询以缅国始末。擢正议大夫、金缅中行中书省事,佩金符。颁诏于缅,宣布威德,缅王稽颡称谢,遣世子信合八的入贡。迁通奉大夫、云南诸路行中书省参知政事。进资善大夫、云南诸路行中书省左丞。大德四年,以疾卒。

　　暗伯,唐兀人。

　　祖僧吉陀,迎太祖于不伦答儿哈纳之地。太祖嘉其效顺,命为秃鲁哈必阇赤,兼怯里马赤。

　　父秃儿赤袭职,事宪宗,累官至文州礼店元帅府达鲁花赤。

　　暗伯弱冠入宿卫,性严重刚果,有大志。尝亲迎于燉煌,阻兵不得归,乃客居于于阗宗王阿鲁忽之所。世祖遣薛彻干等使阿鲁忽以通好,阿鲁忽留使者数年弗遣,暗伯悉以己马驼厚赆之,令逃去。薛彻干等得脱归,具以白世祖,世祖称叹久之。既而命元帅不花帖木儿等征于阗,暗伯乘间至行营,见薛彻干于帐中,薛彻干曰:"公之忠义,已上闻矣。"不花帖木儿遂承制命暗伯权充枢密院客省使。俄有旨护送暗伯妻子来京师。

　　未几,宗王乃颜叛,世祖亲征,暗伯在行间,屡捷,命为克流速不鲁合不周兀等处万户。又诸王哈鲁、驸马秃绵答儿等叛,暗伯率所部兵战于克流速石巴秃之地,身中七创,所乘马亦中二矢,自旦至晡,鏖战愈力,刺秃绵答儿杀之,生擒哈鲁以献。世祖嘉其功,命长唐兀卫,兼金枢密院事。凡分立诸色五卫军职、袭替屯戍之法,多所更定。历同金、副枢、同知,至知枢密院事,以疾终于位。赠推忠保节功臣、资善大夫、甘肃等处行中书省右丞、上护军、宁夏郡公,谥忠遂。

　　子阿乞剌,知枢密院事;亦怜真班,湖广省左丞。

也速觪儿，康里人。

父爱伯，伯牙兀。太祖时率众来归。初，以五十户从军南征，力战而死。

也速觪儿世其官。从丞相伯颜经略襄樊，攻百丈山、鹳子滩功居最。及襄樊围合，即被甲先登，赏银钞百两。明年，破复州，杀其将，以功升百户。主帅言赏不足酬其劳，世祖赐金符，加为千户，督五路招讨。至元十六年，改金虎符，管军总管。

江南平，录功，进怀远大将军、管军万户。领江淮战舰数百艘，东征日本，全军而还。有旨，特赐养老一百户，衣服、弓矢、鞍辔有加。二十二年，移镇泰州。时籍民丁为兵，得万人，以也速觪儿为钦察亲军指挥使统之。大德三年，以疾卒。

子七人：曰教化的；曰黑厮，袭父职，以疾卒；曰黑的，牧马同知；曰延寿，袭兄职；曰拜颜，领哈剌赤；曰完泽帖木儿，广德路万户达鲁花赤；曰哈剌章。

昔都儿，钦察氏。

父秃孙，隶蒙古军籍。中统三年，从丞相伯颜讨李璮叛，以功授百户。至元十年，告老，以昔都儿代之。

十一年，昔都儿从大军南征，攻取襄阳、唐、邓、申、裕、钧、许等州，累功授忠显校尉、管军总把，赐银符，将其父军。十四年，从诸王伯木儿追击折儿凹台、岳不思儿等于黑骊哈剌火林之地，平之。十七年，赐金符，升武略将军、侍卫军百户。时亡宋犹有未附城邑，昔都儿言于省，愿自举兵下之，省从其请，诸城闻风而附。

二十四年，赐虎符，进宣武将军、汉洞右江万户府达鲁花赤。是年秋七月，领洞军从镇南王征交趾。冬十月，至其境，驻兵万劫，左丞阿八命进兵，拔其一字城，射交人，夺其战舰七。

明年春正月，大兵进逼伪兴道王居，与交人战于塔儿山，奋戈撞击之，右臂中毒矢，流血盈掬，洒血奋战，射死交人二十余，仍督诸军乘胜继进，大败之，遂入其都城。四月，战于韩村堡，擒其将黄泽。是夜二鼓，交人突至，谋劫营，官军坚壁以待，敌失计。诘旦，鸣鼓出营，交人却，追杀甚众。还营，立木栅，增逻卒，交人不敢犯。

　　五月，镇南王引兵还，以昔都儿为前军，行次陷泥关，战数十合，交人却，遂还迎镇南王于女儿关。交人四万余截其要道，时我军乏食，且疲于战，将佐相顾失色，昔都儿率勇士奋戈冲击之，交人却二十余里，遂得全师而还。镇南王闵其劳，命枢密臣奏升其秩。

　　二十六年，赐虎符，授广威将军、炮手军匠万户府达鲁花赤。大德二年卒。子也先帖木儿袭。

元史卷一三四
列传第二一

撒吉思　月乃合　昔班
铁连　爱薛　阔阔　秃忽鲁
唐仁祖　朵儿赤　和尚 千奴
刘容　迦鲁纳答思
阔里吉思　小云石脱忽怜
八丹　斡罗思　朵罗台
也先不花

　　撒吉思,回鹘人,其国阿大都督多和思之次子也。初为太祖弟斡真必阇赤,领王傅。斡真薨,长子只不干早世,嫡孙塔察儿幼,庶兄脱迷狂恣,欲废嫡自立。撒吉思与火鲁和孙驰白皇后,乃授塔察儿以皇太弟宝,袭爵为王。撒吉思以功与火鲁和孙分治:黑山以南撒吉思理之,其北火鲁和孙理之。
　　从宪宗攻钓鱼山,建言乘势定江南,帝嘉纳焉。宪宗崩,阿里不哥争立,诸王多附之者,撒吉思驰见塔察儿,力言宜协心推戴世祖,塔察儿从之。及世祖即位,闻撒吉思所言,授北京宣抚,赐宫人瓮吉剌氏,及金帛、章服。及至镇,锄奸抑强,辽东以宁。会高丽有异志,帝遣使究治,则委罪于其臣洪察忽,械送京师。道辽东,撒吉思访知洪察忽以直谏忤意,即奏疏为直其事,帝命释之。

李璮叛,命撒吉思帅师从宗王哈必赤讨之。李璮伏诛,哈必赤欲屠城,撒吉思力争曰:"王者之师,诛止元恶,胁从罔治。"因抚摩其人,众情大悦。授山东行省都督,迁经略、统军二使,兼益都路达鲁花赤,辞不拜,上言山东重镇,宜选贵戚临之,帝不许。赐京城宅一区、益都田千顷,及璮马群、园林、水硙、海青、银鼠裘之属。兵后民乏牛具,为之上闻,验民丁力,官给之。统军抄不花田游无度,害稼病民,元帅野速答尔据民田为牧地,撒吉思随事表闻。有旨,杖抄不花一百,令野速答尔还其田。璮故将毛璋欲率诸部谋执撒吉思以归宋,璋党上变,乃袭璋斩之。

撒吉思尝慕古人举亲举仇之义,叛帅故卒,得与子姓参用,公论多之。山东岁屡歉,为请于朝,发粟赈恤。又奏蠲其田租,山东人刻石颂德。卒年六十六。后赠安边经远宣惠功臣,谥襄惠。

月合乃,字正卿。

其先属雍古部,徙居临洮之狄道。金略地,尽室迁辽东。

曾祖帖木尔越哥,仕金为马步军指挥使,官名有马,因以马为氏。

祖把扫马野礼属,徙静州之天山,以财雄边。

宣宗迁汴,父昔里吉思辟尚书省译史,试开封判官,改凤翔府兵马判官,死国事,赠辅国上将军、恒州刺史,庙号褒忠。

月合乃好学负气,父死时年方十七,奋然投冠于地曰:"吾父死国难,吾独不能纾家难乎!"会国兵破汴,侍母北行,艰关锋镝中。北见宪宗,辞容端谨,帝嘉赏之,命赞卜只儿断事官事,以燕故城为治所。月合乃慨然以治道自任,政事修举。

岁壬子,料民丁于中原,凡业儒者试通一经,即不同编户,著为令甲。儒人免丁者,实月合乃始之也。性好施予,尝建言立常平仓。举海内贤士杨春卿、张孝纯辈,分布诸郡,号称得人。又罗致名士敬鼎臣,授业馆下,荐引马文玉、牛应之辈为参佐,后皆位至卿相。

岁己未,世祖以亲王南征,从行至汴,令专馈饷,运济南盐百万斤,以给公私之费。所过州郡汴、蔡、汝、颍之间,商农安业,军政修举,月合乃与有力焉。及即位,降诏褒奖。世祖将亲征阿里不哥,月合乃出私财,市马五百以助军。帝厚赙其家曰:"当偿汝也。"拜礼部尚书,佩金虎符。

四年,南边不靖,月合乃建言光、颍等处立榷场,岁可得铁一百三万七千余斤,铸农器二十万事,用易粟四万石输官,不惟官民两便,因可以镇服南方。诏以本职兼领已括户三千,兴煽铁冶,其蒙古、汉军并听节制。未行,以疾卒,年四十八。赠推忠宣力翊运功臣、正议大夫、金书枢密院事、上轻车都尉、梁郡侯,谥忠懿。

子孙登仕籍者甚众。至仁宗朝,诏行科举,曾孙祖常,博学能文章,乡试、会试皆为举首。由翰林应奉,拜监察御史,直言忤上官意,去居浮光。数年,起为翰林待制,累迁御史中丞,卒谥文贞。

昔班,畏吾人也。

父阙里别斡赤,身长八尺,智勇过人,闻太祖北征,领兵来归。从征回回国,数立功,将重赏之,自请为本国坤闾城达鲁花赤,从之,仍赐种田户二百,卒。

昔班事世祖潜邸,命长必阇赤。中统元年,以为真定路达鲁花赤,改户部尚书、宗正府札鲁花赤。阿里不哥之叛,帝命昔班诣河西,督粮运给军。还至西京北,闻万户阿失铁木儿等方选士卒,将从阿里不哥。昔班矫制召其军赴行在,阿失铁木儿狐疑未决,昔班委曲谕之,且曰:"皇帝兄也,阿里不哥弟也。从兄顺事也,又何疑焉。"阿失铁木儿等请夜议之,期以翌日复命,且以兵围昔班以待。明日皆至,曰:"从尔之言矣。"即便宜以西京钱粮给其军,遂率之以行。入见,帝叹曰:"战阵之间,得一夫之助,犹为有济。昔班以二万军至,其功岂少哉!"

海都叛,世祖大阅兵,将讨之。先命昔班使海都,使之罢兵,置驿来朝,昔班至海都,传旨谕之,海都听命,既退军置驿,而丞相安童军先已克火和大王部曲,尽获其辎重。海都惧,将逃,谓昔班曰:"我不难于杀汝,念我父尝受书于汝,姑遣汝归,以安童之事闻,非我罪也。"昔班以闻,帝曰:"汝言是也。先是来者,亦尝有此言。"寻命为中书右丞,商议政事,妻以宗王之女不鲁真公主。明年,复使海都,谕之来归,且曰:"苟不从我,尔能敌诸王蕃卫之兵乎!"海都辞以畏死不敢。昔班奉使,奔走三年,风沙翳目,时年已七十矣。命为翰林承旨,给全俸养老。年八十九而卒。

子翰罗思密,至元二十三年,授浙东宣慰使。浙东盗起,伪铸印玺,僭称天降大王,翰罗思密讨平之。移镇广西,峒蛮罗天佑作乱,招谕降之。年六十九卒。子咬住,至大三年,授典用监卿。有盗窃世祖御带者,悬赏五千锭以购贼,咬住擒获之。盗伏诛,咬住辞赏,武宗嘉其不伐,予之千锭。官至荣禄大夫、宗正府札鲁火赤。

铁连,乃蛮人也,居绛州。祖伯不花,为宗王拔都王傅。铁连魁伟寡言,有谋略,早岁宿卫王府。拔都分地平阳,以铁连监隰州。中统初,调平阳马步站达鲁花赤。

至元初,宗王海都叛,廷议欲伐之,世祖曰:"朕以宗室之情,惟当怀之以德,其择谨密足任大事者往使焉。"左右以铁连对,遂召见,语及大事,铁连应对称旨。帝嘉其辩慧,曰:"此事非汝不可,然必先诣拔都蒙哥铁木王所,相与计事而后行。"使二人副之。

铁连既奉命,欲直造海都境,视其虚实,然后议于诸王。副者弗从,曰:"上命我辈先议于王,今遽造敌境,不可。"铁连曰:"亲承密旨,汝辈违则当诛。"副者惧而从之行。既至,海都日召宗亲宴饮,将伺其隙谋害之。铁连乃厉声斥之曰:"且食,勿语!望语言脱口,相摭为罪耶!"良久,海都曰:"直哉!"酒半,铁连求衣为欢,海都嘉其雄辩,将解与之,其妃止之,以皮服二袭付之。因语其属曰:"为使者当如是矣。"厚赠以行。

既至拔都蒙哥铁木王所,具告以故,王曰:"祖宗有训,叛者人得诛之。如通好不从，举师以行天罚，我即外应掩袭，剿绝不难矣。”

铁连还，悉以事闻，因言于帝曰：“海都兵繁而锐，不宜速战，来则坚垒待之，去则勿追，自守既固，则无虞矣。”帝深然之。敕所受海都皮服，全饰以金，凡朝会，宜服以表示焉。其赏赐不可胜计。

后屡使拔都王所，道遇海都游兵，副者前行，失对遇害，铁连后至，曰：“我为天子使，可以非礼犯之耶？”游兵语屈，乃曰：“前者伪使，此真使也。”释之，遂独得还。帝尝谓侍臣曰：“有铁连，则朕之宗族将不失和矣。”海都觇伺拔都王为备已严，意乃帖然。

铁连始终凡四往返，历十四年，帝谓铁连曰：“在朝官之要重者，惟汝所择。”对曰：“臣志在王室，其事未办，不敢奉命。今臣母在绛州，老且病，得侍朝夕，幸也。”诏从其请，授绛州达鲁花赤。

至元十五年，平阳李二谋乱，铁连捕问，尽得其状。中书奏进其秩，帝曰：“铁连岂惟能办此耶！”加宣武将军。至元十八年，病卒于官，年六十四。

子答剌带嗣，官信武将军、同知大同路总管府事。

爱薛，西域弗林人。通西域诸部语，工星历、医药。初事定宗，直言敢谏。时世祖在藩邸，器之。中统四年，命掌西域星历、医药二司事，后改广惠司，仍命领之。世祖尝诏都城大作佛事，集教坊妓乐，及仪仗以迎导。爱薛奏曰：“高丽新附，山东初定，江南未下，天下疲弊，此无益之费，甚无谓也。”帝嘉纳之。至元五年，从猎保定，日且久，乃从容于帝前语供给之民曰：“得无妨尔耕乎！”帝为罢猎。

至元十三年，丞相伯颜平江南还，奸臣以飞语谗之，爱薛叩头谏，得解。寻奉诏使西北宗王阿鲁浑所。既还，拜平章政事，固辞。擢秘书监，领崇福使，迁翰林学士承旨，兼修国史。

大德元年，授平章政事。八年，京师地震，上弗豫。中宫召问：“灾异殆下民所致耶？”对曰：“天地示警，民何与焉。”成宗崩，内旨索星历秘文，爱薛厉色拒之。仁宗时，封秦国公。卒，追封太师、开府仪同三司、上柱国、拂林忠献王。

子五人：也里牙，秦国公、崇福使；腆合，翰林学士承旨；黑厮，光禄卿；阔里吉思，同知泉府院事；鲁合，广惠司提举。

阔阔，字子清，本蔑里吉氏部族，世居不里罕哈里敦之地。其俗骁勇，善骑射，诸族颇惮之。国初，举族内附。世祖居潜邸。选阔阔为近侍。

岁甲辰，世祖闻王鹗贤，避兵居保州，遣使征至，问以治道，命阔阔与廉希宪皆师事之。既而阔阔出使于外，追还，而鹗已行，思慕号泣，不食者累日，世祖闻而异之。岁庚戌，宪宗复召鹗至和林，仍命阔阔从之游。每旦起，盛饰其冠服，鹗让之曰："圣主好贤乐善，征天下士，命若从学。若等不能称主上心，惟夸炫鲜华以益骄贵之气，恐窒于外而塞于中，道义之言，无自而入，吾所不取也。"阔阔深自悔悟。明日俱纯素以进，鹗乃悦。

岁壬子，奉命签诸路军籍，以丁壮产多者充之，所至编籍无挠，人皆德之。及还，帝悦，命领燕京匠局。世祖即位，特授中书左丞。未几，迁大名路宣抚使，以疾卒，年四十。

子坚童，字永叔，少孤，甫十岁，即从王鹗游。既长，奉命入国学，复从许衡游。弱冠入侍禁延，授中顺大夫、侍仪奉御。迁中议大夫、同修起居注。及奉使济南，见杨桓贤，遂力荐之。至元二十三年，授嘉议大夫、礼部尚书。迁吏部尚书，秩未满，特授通议大夫、御史台侍御史。

二十四年，扈从东征，屡战有功，迁燕南河北道提刑按察使。二十八年，授正议大夫、燕南河北道肃政廉访使，遂拜河南行省平章政事，驿召赴阙，未拜，以疾卒，年三十九。

秃忽鲁字亲臣，康里亦纳之孙亚礼达石第九子也。自幼入侍世祖，命与也先铁木儿、不忽木从许衡学。帝一日问其所学，秃忽鲁与不忽木对曰："三代治平之法也。"帝喜曰："康秀才，朕初使汝往学，不意汝即知此。"除蒙古学士、奉议大夫、客省使，进兵部郎中，迁金太史院。尝宴见世祖，屡开说古今治乱政要，多所裨益。

至元二十年，迁中书右司郎中。未几，大宗正薛彻干荐掌其府判，署阅诸狱文案。尝暮归，愀然若有求而未获者。家人问之，曰："今日所议，死案也，于我心有疑，欲求所以活之，未得其方耳。"他日归，喜曰："我得之矣，于法当流徙边地。"迁吏部尚书。

时哈剌哈孙为湖广平章，尝与秃忽鲁同在大宗正，素知其贤，举以自辅，遂授资德大夫、湖广右丞。时湖南、北盗贼乘舟纵横劫掠，哈剌哈孙患之，秃忽鲁曰："树茂鸟集，树伐则散，戮一人足矣。"盗首乔大使者，居九江，郡守曳剌马丹取赂蔽之，遣使擒以来，狱成，杀而令诸市，群盗顿息。湖南宣慰张国纪创征夏税，民弗堪，秃忽鲁屡请罢之。

至元二十九年，辰州蛮叛，副枢刘国杰、佥院唆木兰往讨之，不利，移文索辰、澧、沅民间弩士三千；哈剌哈孙以民弗习战，强之徒伤吾民，弗许。秃忽鲁曰："兵贵训练，乃可用也。汉军不习弩，因蛮攻蛮，古所利。"遂与之，果以此获胜。

成宗即位，迁江浙右丞。适岁旱，方至而雨，民心大悦。未几，平章不忽木卒，帝思之，问近侍曰："群臣孰有似不忽木者？"贺伯颜对曰："秃忽鲁其人也，且先帝所知。"遂驿召还，赐雕鞍、弓矢，俄迁枢密副使。大德七年卒，年四十八。赠推忠翊亮佐理功臣、荣禄大夫、江浙等处行中书省平章政事、柱国、大司徒、赵国公，谥文肃。

子山僧，仕至晋宁路总管。

唐仁祖字寿卿，畏兀人。

祖曰唐古直，子孙因以唐为氏。初，畏兀举国效顺，唐古直时年十七，给事太祖，因属之睿宗，曰："唐古直可任大事。"睿宗未及用，庄圣皇后擢为札鲁火赤。

父骥，豪爽好射猎。世祖即位，命骥为裕宗潜邸必阇赤，升达鲁花赤。

仁祖少颖悟，父没，母教之读书，通诸方语言，尤邃音律。中统初,诏诸贵胄为质,帝亲阅之,见仁祖曰:"是唐古直孙邪?聪明无疑也。"俾习国字。至元六年,中书省选充蒙古掾。十六年,录囚平阳,平反冤滞免死者凡十七人。十八年,授翰林直学士。时中书奏真定、保定两路钱谷逋负,屡岁不决,遣仁祖往阅其牍,皆中统旧案,亟还奏罢之。转工部侍郎,除中书右司郎中,拜参议尚书省事。

时丞相桑哥秉政,威焰方炽,仁祖论议不回,屡忤桑哥,人皆危之,仁祖自若也。迁工部尚书,桑哥以曹务烦剧特重困之,仁祖处之甚安。寻出使云中,桑哥考工部织课稍缓,怒曰:"误国家岁用。"亟遣驿骑追还,就见桑哥相府中,遽命直吏拘往督工,且促其期,曰:"违期必致汝于法。"左右皆为之惧。仁祖退,召诸署长从容谕之曰:"丞相怒在我,不在尔也。汝等勿惧,宜力加勉。"众皆感激,昼夜倍其功,期未及而办,乃罢。已而桑哥系狱,有旨命仁祖往籍其家。明日桑哥以左右之授得释,众见骇然,目仁祖曰:"怒虎之威,可再犯邪!"悉逾垣以窜,仁祖独不为之动,桑哥竟败。

二十八年,除翰林学士承旨、中奉大夫。辽阳饥,奉旨偕近侍速哥、左丞忻都往赈;忻都欲如户籍口数大小给之,仁祖曰:"不可,昔籍之小口,今已大矣,可偕以大口给之。"忻都曰:"若要善名,而陷我于恶邪!"仁祖笑曰:"吾二人善恶,众已的知,岂至是而始要名哉!我知为国恤民而已,何恤尔言。"卒以大口给之。俄除通奉大夫、将作院使。

成宗即位,尊大母元妃为皇太后,以仁祖善书,特敕书册文。复奉诏督工织丝像世祖御容,越三年告成。大德五年,再授翰林学士承旨、资善大夫、知制诰兼修国史,以疾卒,年五十三。赠荣禄大夫、平章政事,追封洹国公,谥文贞。

子恕,初授奉训大夫、寿武库提点。至大中,迁翰林待制。后累迁至亚中大夫、侍议使。

朵儿赤,字道明,西夏宁州人。

父斡扎箦,世掌其国史。初守西凉,率父老城降,太祖有旨副撒都忽为中兴路管民官。国兵西征，运饷不绝，无毫发私，时号曰满朝清。世祖即位，斡扎箦寝疾卒。遗奏因高智耀以进，请谨名爵、节财用，帝嘉纳焉。

　　朵儿赤年十五，通古注《论语》、《孟子》、《尚书》。帝以西夏子弟多俊逸，欲试用之，召于见香阁，帝曰："朕闻儒者多嘉言。"朵儿赤奏曰："陛下圣明仁智，奄有四海，唯当亲君子，远小人尔。自古帝王未有不以小人而亡者，惟陛下察焉。"帝曰："朕于廷臣有戆直忠言，未尝不悦而受之；违忤者，亦未尝加罪。盖欲养忠直，而退谀佞也。汝言甚合朕意。"因问欲何仕，朵儿赤对曰："西夏营田，实占正军，傥有调用，则又妨耕作。土瘠野旷，十未垦一。南军屯聚以来，子弟蕃息稍众，若以其成丁者，别编入籍，以实屯力，则地利多而兵有余矣。请为其总管，以尽措画。"帝可之，乃授中兴路新民总管。至官，录其子弟之壮者垦田，塞黄河九口，开其三流。凡三载，赋额增倍，就转营田使。秩满入觐，帝大悦，知潼川府尹。时公府无禄田，朵儿赤乃以官旷地给民，视秩分亩，而薄其税。潼川仕者有禄，自此始。

　　未几，台臣奏为云南廉访副使。时云南诸蛮叛，僚佐悉称故而去，朵儿赤独居守。又八月，省臣大惧，归符印欲遁，朵儿赤乃白于梁王，得檄而后出。迁山南廉访副使，未几，复调云南廉访使。会行省丞相帖木迭儿贪暴擅诛杀，罗织安抚使法花鲁丁，将置于极刑，朵儿赤谓之曰："生杀之柄，系于天子，汝以方面之臣而专杀，意将何为？小民罹法，且必审覆，况朝廷之臣耶！"法花鲁丁竟获免，寻复其官。僰夷与蛮相仇杀，时省臣受贿，助其报仇，乃诈奏蛮叛，起兵杀良民。朵儿赤奏劾，竟废之。年六十二，卒于官。

　　子仁通。为云南省理问。天历二年三月，云南诸王与万户伯忽等叛，仁通率官军抗之，没于阵。

　　和尚，玉耳别里伯牙吾台氏。

　　祖哈剌察儿，率所部归太祖。

　　父忽都思，膂力过人。岁壬辰，从睿宗破金大将合达军于钧州三峰山,以功赐号拔都鲁。甲午,金亡。乙未,授管军百户,从攻宋唐、邓、颍、蔡、襄阳、郢、复、信阳、光等州,屡立战功。辛亥,赐名马、文锦、白金、甲胄、弓矢。乙卯,从攻汉上铁城寨,殁于军,赠竭忠宣力功臣、资德大夫、中书右丞、上护军、沈国公,谥武愍。

和尚袭父职。己未,从世祖攻鄂州。中统三年,李璮叛,从国兵讨之,战老僧口,斩获其众,升阿剌罕万户府经历。至元五年,攻襄阳,军务繁剧,赞画一有方,都元帅阿术荐其才可大用。

十一年,从丞相伯颜渡江,与宋军战于柳子、鲁洑、新滩、沌口,伯颜上其功,世祖嘉奖不已。十三年,从平章阿里海牙攻拔岳州,取沙市。至江陵,宋安抚使高达城守拒战,和尚直抵城下,谕以祸福,达遂开门出降;以功升行省郎中。从国兵围潭州,潭守臣李芾坚守,攻之三月不下。十三年,城破,芾死。诸将利于虏略,欲屠其城,和尚宣言曰:"拒我师者,宋将耳。其民何罪。既受其降,即是吾民,杀之何忍。且今列城多未附,降而杀之,是坚其效死之心也。"左丞崔斌曰:"郎中言是。"平章阿里海牙意亦与合,遂从之。一城之人,赖以全活。由是湖南诸郡,闻风皆下。世祖闻之,赏赐加厚,改行省断事官。

徇地广西,督前军攻破静江,遂兼行宣抚事。广西平,授太中大夫、常德路达鲁花赤,以治最闻,擢岭南广西道提刑按察使。时阿里海牙恃功颇骄恣。和尚劾奏不少贷。迁江南浙西道提刑按察使。浙西,宋故都,民众事繁,在职惟务镇静,人服其知大体。卒于官,年四十九。赠宣忠守正功臣、银青荣禄大夫、司徒、上柱国,追封沈国公,谥庄肃。子千奴。

千奴以御史大夫月鲁那延荐,入见大安阁,世祖念其功臣子,即以其父官授之,拜武德将军、江南浙西道提刑按察使。时江浙行中书省、行御史台皆治杭,千奴上言:"行省专控江浙,在杭为宜。行台总镇江南,不宜偏在杭。且两大府并立,势逼则事窒,情通则威亵,盍移行台于要便之所。"后数年,遂移行台于江东。迁山南湖北道提刑按察使。

二十六年，加明威将军，迁淮西江北道提刑按察使。时桑哥秉政擅权，势焰熏灼，人莫敢言。千奴乘间入朝，见帝于柳林，极陈其罪状，帝为之改容。未几，桑哥伏诛，又上言其党犹布中外，宜早处分。改立肃政廉访司，进广威将军，授江北淮东道肃政廉访使。

三十一年，迁江东建康道肃政廉访使，丁祖母忧，服阕。东平、大名诸路有诸王牧马草地，与民田相间，互相侵冒，有司视强弱为予夺，连岁争讼不能定。乃命起千奴治之，其讼遂息。

大德二年，授太中大夫、建康路总管，未行，奉诏使淮东、西，问民疾苦，察官吏能否。千奴勤于咨访，兴利除害，还奏军民便宜三十事，多见采用。历江西湖东、江南湖北两道廉访使。时中书平章伯颜等固位日久，党与众盛，所任之人，徇情弄法，纲纪渐坏。千奴摭其实，上于宪台以闻，伯颜等皆被黜。前后七持宪节，刚正不挠，闻朝廷事有不便，必上章极论，未尝以内外为嫌。

七年，授嘉议大夫、大都路总管，兼大兴府尹。驭吏治民有方，以暇日正街衢，表里巷，国学兴工，尤尽其力。俄进通议大夫、同金枢密院事。上疏言：“蒙古军在山东、河南者，往戍甘肃，跋涉万里，装橐鞍马之资，皆其自办，每行必鬻田产，甚则卖妻子。戍者未归，代者当发，前后相仍，困苦日甚。今边陲无事，而虚殚兵力，诚为非计，请以近甘肃之兵戍之。而山东、河南前戍者，官为出钱，赎其田产妻子，庶使少有瘳也。”诏从之。未几，迁参议中书省事，赞决机务，精练明敏。凡干禄之人由他道进者，一切不用，时论翕然称焉。

成宗崩，迎仁宗于潜邸，奉武宗即位，危疑之际，弥纶补益之功为多。拜荣禄大夫、平章政事、商议枢密院事、左翼万户府达鲁花赤，提调屯田事。赐玉带。

延祐五年，乞致仕，帝悯其衰老，从其请，仍给半俸终其身。退居濮上，筑先圣宴居祠堂于历山之下，聚书万卷，延名师教其乡里子弟，出私田百亩以给养之。有司以闻，赐额历山书院。家居七年而卒，年七十一。赠推忠辅治功臣、光禄大夫、河南江北等处行中书省平章政事、上柱国,追封卫国公,谥景宪。

子龙宝,监察御史;寿童,洪泽屯万户,早卒;不兰奚,南台御史;观音保,袭洪泽屯万户;孛颜忽都,起进士知郑州,以治行第一,入为翰林国史院经历。

刘容,字仲宽,其先西宁青海人。

高祖阿华,西夏主尚食。西夏平,徙西宁民于云京。容父海川,在徙中,后遂为云京人。

容幼颖悟,稍长,喜读书。其俗素尚武,容亦善骑射,然弗之好也。中统初,以国师荐,入侍皇太子于东宫,命专掌库藏。每退直,即诣国子祭酒许衡,衡亦与进之。至元七年,世祖驻跸镇海,闻容知吏事,召至,命权中书省掾。事毕复前职,以忠直称。

十五年,奉旨使江西,抚慰新附之民。或劝其颇受送遗,归赂权贵人,可立致荣宠,容曰:"剥民以自利,吾心何安。"使还,惟载书籍数车,献之皇太子。忌嫉者从而谮之,由是稍疏容,然容亦终不辩。会立詹事院,容上言曰:"太子天下本,苟不得端人正士左右辅翼之,使倾邪侧媚之徒进,必有损令德。"闻者是之。俄命为太子司议,改秘书监。

未几,出为广平路总管。富民有同姓争财产者,讼连年不决,容至,取籍考二人父祖名字,得其实,立断之,争者遂服。皇子云南王至汴,其达鲁花赤某欲厚敛,以通贿于王,容请自往,乃减其费。后以疾卒于官,年五十二。

迦鲁纳答思,畏吾儿人。通天竺教及诸国语。翰林学士承旨安藏扎牙答思荐于世祖,召入朝,命与国师讲法。国师西番人,言语不相通。帝因命迦鲁纳答思从国师习其法,及言与字,期年皆通。以畏吾字译西天、西番经论,既成,进其书,帝命锓版,赐诸王大臣。西南小国星哈剌的威二十余种来朝,迦鲁纳答思于帝前敷奏其表章,诸国惊服。

朝议兴兵讨暹国、罗斛、马八儿、俱蓝、苏木都剌诸国,迦鲁纳答思奏:"此皆蕞尔之国,纵得之,何益?兴兵徒残民命,莫若遣使谕以祸福,不服而攻,未晚也。"帝纳其言。命岳剌也奴、帖灭等往使,降者二十余国。

至元二十四年,丞相桑哥奏为翰林学士,帝曰:"迦鲁纳答思之官,非汝所当奏也。"既而擢翰林学士承旨、中奉大夫,遣侍成宗于潜邸,且俾以节饮致戒。成宗即位,思其忠,迁荣禄大夫、大司徒;怜其老,命乘车入殿。仁宗即位,廷议汰冗官,独迦鲁纳答思为司徒如故,仍加开府仪同三司,赐玉鞍一。是年八月卒。

阔里吉思,蒙古按赤歹氏。

曾祖八思不花,从攻乃蛮、钦察、兀罗思、马扎儿、回回诸国,常为先锋破敌,太祖嘉之,赐以虎符。及谕降丰州、云州,擢充宣抚使。

祖忽押忽辛袭职,佩虎符。宪宗尝语之曰:"汝所佩金符旧矣,何以旌世功。"命改制,以赐之。中统三年,改河中府达鲁花赤,卒。

父药失谋,擢襄阳统军司经历,改宿州达鲁花赤,皆不拜。枢密副使孛罗、御史中丞木八剌引见世祖,奏曰:"此忽押忽辛子也,乞以其祖父虎符授之。"擢中顺大夫、金刚台达鲁花赤,继改光州。屡迁安东州、河中府及温州、潞州,以建康路达鲁花赤致仕。

阔里吉思初以宿卫,充博儿赤。至元二十五年,擢朝列大夫、司农少卿,赐金束带。迁中议大夫、司农卿。升资善大夫、司农卿。拜荣禄大夫、行湖广平章,将兵讨海南生黎诸峒寨。又明年,平之。师还,征入见,赐玉束带、金银、币帛、弓矢、甲胄,及宝钞、鞍勒,得旨还镇。

成宗即位,入见,赐海东青鹘、白鹘各一,及衣服有差。大德二年,改福建行省平章。未几,以福建隶江浙,改福建道宣慰使、都元帅。升征东省平章政事。高丽刑政无节,官冗民稀,阔里吉思因悉加裁正以闻。有旨,征入见,俾条析便民事宜。大德五年,复拜湖广平章,逾年,改陕西,以目疾还京师。加官至金紫光禄大夫、云南诸路行中书省左丞相,卒年六十六。

子完泽,湖广右丞,征广西贼,卒于军。

小云石脱忽怜,畏吾人,仕其国为吾鲁爱兀赤,犹华言大臣也。太祖时,与其父来归。从征回回国还,事睿宗于潜邸。真定,睿宗分地,以为本路断事官。

子八丹,事世祖为宝儿赤,鹰房万户。从征哈剌张有功,赐男女各一人、金一铤,及银瓮等物。征阿里不哥,战于昔门秃,日三合,杀获甚众,赐金一铤。后以鹰房万户从裕宗北征,至镇海你里温,赐银椅及钞一万五千贯,命归守真定。

未几,命行省扬州,八丹辞曰:"臣自幼未尝去陛下,愿留侍左右。"改隆兴府达鲁花赤,遥授中书右丞,谕之曰:"是朕旧所居,汝往居之。"八丹又辞,帝不允。居三年,海都叛,奉旨从甘麻剌太子往征之,师还,以功赐金一铤。卒赠银青光禄大夫、司徒。

子阿里,鹰房千户;石得,安西王相府官;德眼,汝定府达鲁花赤;阿散,甘肃行省平章政事;腊真,由会同馆使同知通政院,有政迹,官至荣禄大夫、中书省平章政事,兼翰林学士承旨、通政院使,卒。子察乃,金紫光禄大夫、中书省平章政事。察乃子十人:老章,知枢密院事;撒马笃,中书省参知政事。

斡罗思,康里氏。

曾祖哈失伯要,国初款附,为庄圣太后宫牧官。祖海都,从宪宗征钓鱼山,殁于阵。父明里帖木儿,世祖时为必阇赤,后为太府少监。

斡罗思,至元十九年为内府必阇赤。二十一年,拜监察御史。迁云南行省理问,领云南王府事。后以忏桑哥被谮,籍其家,唯金玉带各一、黄金五十两,皆上所赐者。乃以公用系官孳畜,加之罪,帝曰:"口腹之事,其寝之。"二十六年,置八番罗甸宣慰司,进嘉议大夫、宣慰使。时诸蛮叛服不常，翰罗思平之，乃立安抚等司以守焉。二十八年，平杨都要等。九月，进中奉大夫，锡虎符。明年，为八番顺元等处宣慰使、都元帅，赐三珠虎符。

大德六年，授通奉大夫、罗罗思宣慰使，兼管军万户。进正奉大夫。武宗立，召还，授资善大夫、中书左丞，领武卫亲军都指挥使，大都屯田府事。寻进荣禄大夫、中书右丞，兼翰林国史承旨，仍领武卫屯田。屡奉旨赐赀产第宅，固辞。迁四川行省平章政事。至大二年，召还，以瘴疠卧病不起。皇庆二年卒，年五十有六。赠光禄大夫、益国公。

子博罗普化，初直宿卫，为速古儿赤。至大元年，为翰林侍讲学士，以父疾归侍。延祐四年，复入侍为速古儿赤扎撒孙。至治元年，为速古儿赤五十人之长，兼领皇后宫宝儿赤。二年，袭授河南府同知。子察罕不花，领其所掌宿卫。天历元年，见文宗于汴，入直宿卫，为温都赤。拜监察御史，继迁御史台经历、中书右司郎中。授中宪大夫、隆禧总管府副达鲁花赤。

朵罗台，唐兀氏。

祖小丑，太祖既定西夏，括诸色人匠，小丑以业弓进，赐名怯延兀兰，命为怯怜口行营弓匠百户，徙居和林，卒。

父塔儿忽台袭职。阿里不哥叛，塔儿忽台从战于失亩里秃之地，死之。

朵罗台从万户也速斛儿、玉哇赤等累战有功，授前卫亲军百户。积官昭信校尉、芶陂屯田千户所达鲁花赤。后以疾退。

朵罗台之弟阔阔出，亦业弓，尝献所造弓，帝称善，问其父何名，阔阔出对曰："塔儿忽台，臣之父也。"帝见其状貌魁伟，且问其能射乎？左右对曰："能。"试之，果然，遂命为近侍。明年，武备寺臣复以其弓献，且奏用之。帝曰："孔子言三纲五常。人能自治，而后能治人；能齐家，而后能治国。汝可以此言谕之，而后用之。"俄擢为大同路广胜库达鲁花赤。广胜者，贮兵器之所。时总管唐兀海牙以库作公署,置甲仗于虚廪中,多被虫鼠之害,阔阔出言于帝,复之,且责其偿兵器之既坏者。使者薛绰不花、纳速鲁丁以檄取鹰房军衣甲弓矢若干,阔阔出责其入文书,领去。时宪副速鲁蛮令毋入文书,且命有司封钥其库,将点视之,阔阔出不从。事闻,帝命笞速鲁蛮,罢之。

大德元年,升大同路武州达鲁花赤,兼管本州诸军奥鲁劝农事。又监建州、利州,改佥四川道廉访司事,拜监察御史,累官中大夫、大宁路总管,卒于官。

朵罗台之子脱欢,初直宿卫,历御史台译史,拜监察御史。迁四川行省左右司员外郎、四川廉访司佥事、枢密院都事,升断事官。其在四川时,尝上疏曰:"内外修寺,虽支官钱,而一椽一瓦,皆劳民力,百姓嗟怨,感伤和气。宜且停罢,仍减省供佛饭僧之费,以纾国用。如此则上应天心,下合民志,不求福而福自至矣。回回户计,多富商大贾,宜与军民一体应役,如此则赋役均矣。为国以善为宝,凡子女、玉帛、羽毛、齿革、珍禽、奇兽之类,皆丧德丧志之具。今后回回诸色人等,不许赍宝中卖,以虚国用,违者罪而没之。如此则富商大贾无所施其奸伪,而国用有畜积矣。"其辞恳直剀切,当时称之。

也先不花,蒙古怯列氏。

祖曰昔剌斡忽勒,兄弟四人,长曰脱不花,次曰怯烈哥,季曰哈剌阿忽剌。方太祖微时,怯烈哥已深自结纳,后兄弟四人皆率部属来归。太祖以旧好,遇之特异他族,命为必阇赤长,朝会燕飨,使居上列。

昔剌斡忽勒早世,其子孛鲁欢幼事睿宗,入宿卫。宪宗即位,与蒙哥撒儿密赞谋议,拜中书右丞相,遂专国政。赐真定之束鹿为其食邑。至元元年,以党附阿里不哥论罪伏诛。子四人:长曰也先不花;次曰木八剌,初立御史台,为中丞;次曰答失蛮,累官至银青荣禄大夫;次曰不花帖木儿,拜荣禄大夫、四川省平章政事。

也先不花初世其职,为必阇赤长。裕宗封燕王,世祖命也先不花为之傅,且谓之曰:"也先不花,吾旧臣子孙,端方明信,闲习典故,尔每事问之,必不使尔为不善也。"

二十三年,拜上柱国、光禄大夫、云南诸路行中书省平章政事。时阿郎、可马丁诸种僰夷为变,讨平之。遂立登云等路、府、州、县六十余所,得户二十余万,官其酋长,定其贡税,边境以宁。

大德二年,迁湖广行省平章。为政不怒而威,不察而明。大事集议,众论不齐,徐决一言,切中事理,咸出人意表。会汴梁行省有妖狱,飞语连湖广平章政事刘汉杰、右丞燕公楠,朝廷译召二人者入。二人与也先不花尝有违言,也先不花急遣使附奏,明其无他,二人皆得释。八年,迁平章河南行省,河决落黎堤,势甚危,督有司先士卒以备之,汴以无患。九年,进拜上柱国、银青荣禄大夫、湖广等处行中书省左丞相,赏赐无虚月,方面以安。至大二年卒。天历二年,赠推忠守正佐运翊戴功臣、太师、开府仪同三司、上柱国、恒阳王,谥文贞。子五人:曰亦怜真,曰秃鲁,曰答思,曰怯烈,曰按摊。亦怜真,事裕宗于东宫,为家令。累拜银青荣禄大夫、湖南等处行中书省左丞相。延祐元年卒。天历元年,赠推诚辅治宣化保德功臣、太傅、开府仪同三司、上柱国,追封武昌王,谥忠定。

秃鲁,历事四朝,起家宗正府也可扎鲁花赤,拜开府仪同三司、中书右丞相、御史大夫、太傅、录军国重事,薨。天历二年,赠怀忠秉义昭宣弼亮功臣、太师、开府仪同三司、上柱国,追封广阳王。

答思,仕至资德大夫、湖南宣慰使。

怯烈,仕至中政使。

按摊,事成宗,袭长宿卫,有旨给七乘传使,往侍其父也先不花于湖广。诸道宪司以按摊孝行闻,拜中奉大夫、海北海南道宣慰使、都元帅。海康与安南、占城诸夷接境,海岛生黎叛服不常,按摊威望素著,夷人帖服,生黎王高等二十余洞,皆愿输贡税。在镇期年,以省亲辞去。至大二年,拜资德大夫、中书右丞,行浙东道宣慰使司都元帅。未几,奔父丧于武昌,以哀毁致疾卒。天历二年,赠秉义效忠著节佐治功臣、太保、开府仪同三司、上柱国,追封特进赵国公、中书左丞相,谥贞孝。

　　子阿荣,由宿卫起家,湖南道宣慰副使,历拜奎章阁大学士、荣禄大夫、太禧宗禋院使、都典制神御殿事。

元史卷一三五
列传第二二

　铁哥术　　塔出　　塔里赤
　塔海帖木儿　　口儿吉
　忽都　　孛儿速
　月举连赤海牙　　阿答赤
　明安　　忽林失　　失剌拔都儿
　彻里　　曷剌　　乞台　　脱因纳
　和尚

铁哥术，高昌人。世居五城，后徙京师。

曾祖父达释，有谋略，为国人所信服。

太祖西征，高昌国主惧，以锦衣、白貂帽召达释与谋。达释知天命有归，劝其主执贽称臣，以安其国，由是号为尚书。太祖班师，诸王言于帝曰："达释之子野里术骁勇善战，所将部落又强大。闻其人每思率众效顺而未有机便，盍致之乎？"太祖是其议，即诏给驿马五百，迎与俱来。既至，引见，甚器重之。丙午，太祖西征，野里术别从亲王按只台与敌战有功，甚见亲遇。王方以绛盖障日而坐，及闻野里术议事，喜见颜色，称善久之，既退，撤其盖送之十里。遂得兼长四环卫之必阇赤。壬辰，从国兵讨金，以战功最多，赏赉优渥。甲午，副忽都虎籍汉户口，筹其赋役，分诸功臣以地，人服其敏。

铁哥术，野里术长子也，尤沉鸷有才。尝有拥兵叛者，铁哥术率族人与战于鱼儿泺。时军兴，簿檄繁急，铁哥术一以其国书识之，无遗失者，帝甚嘉焉。至元中，擢为隶州达鲁花赤，迁德安府达鲁花赤。适土人蔡知府者以众叛，铁哥术率众先登，冒矢石，身被数枪，犹战不已，遂讨平之。主将怒，将屠其城。铁哥术请曰："叛者蔡知府数人而已，城中之人何预焉。盍诛其党与而止，毋令滥及非辜。"主将嘉其诚恳，城遂得全。累官至嘉议大夫、婺州路达鲁花赤，所在咸著政迹。大德己亥卒，成宗敕其孙海寿载其枢归葬京师，赠荣禄大夫、江浙行省平章政事、柱国，封云国公，谥简肃。

子四人：义坚亚礼，幼给事裕宗宫。至元十五年，为中书省使。尝使河南，适汴、郑大疫，义坚亚礼命所在村郭构室庐，备医药，以畜病者，由是军民全活者众。迁直省舍人。承中书檄征考上都储偫及还，帝赐锦衣貂裘一袭，以旌其能。出为湖州路达鲁花赤，卒于官。月连术，同知安陆府事。八扎，同知宣政院事。孙九人，海寿，义坚亚礼子也。由宿卫世祖朝累官至太中大夫、杭州路达鲁花赤，招复流民有恩惠。卒，赠翰林直学士，封范阳郡侯，谥惠敏。

塔出，布兀剌子也。幼孤，长善骑射。至元元年，入侍世祖，占对多称旨，赐以宝货衣物。四年，给以察罕食邑赋税之半，又还其所俘逋户三十。七年，降金虎符，授昭勇大将军、山东统军使，镇莒、密、胶、沂、郯、邳、宿、即墨等城，设方略，谨斥候，宋人不敢北向。九年，诏更统军司为行枢密院，改金枢密院事。数将兵攻下濒淮堡栅，略地涟海，获人畜万计。宋人蒋德胜来降，塔出表言宜加赏赉以劝来者，于是赐黄金五十两，白金倍之。

十年，改金淮西等处行枢密院事，城正阳以扼淮海诸州兵。宋陈奕率安丰、庐、寿等州兵数挠其役，塔出选精锐日十数战，奕遁去，卒城正阳。宋人复造战舰于六安，欲攻正阳，塔出询知之，率骑兵焚其舰。馈饷久不继，出兵据险，潜取安丰麦以饷军，宋兵壁横河口，塔出将奇兵大破之。

十一年，朝议："淮上诸郡，宋之北藩，城坚兵精，攻之不可猝下，徒老我师。宜先渡江翦其根本，留兵淮甸绝其救授，则长江可乘虚而渡也。"于是以塔出为镇国上将军、淮西行省参知政事，帅师攻安丰、庐、寿等州，俘生口万余来献，赐蒲萄酒二壶，仍以曹州官园为第宅，给城南闲田为牧地。

宋夏贵帅舟师十万围正阳，决淮水灌城，几陷，帝遣塔出往救之。道出颍州，遇宋兵攻颍，戍卒仅数百人，盛暑，塔出即发公库弓矢，驱市人出战，预度颍之北关攻易破，乃急徙民入城伏兵以待。是夜，宋人果焚北关，火光属天，塔出率众从暗中射之，矢下如雨，宋军退走至沙河，大破之，溺死者不可胜计。明日，长驱直走正阳，时方霖雨，突围入城，遂坚壁不出。俄复开霁，与右丞阿塔海分帅锐师以出，渡淮至中流，皆殊死战，宋军大溃，追数十里，斩首数千级，夺战舰五百余艘，遂解正阳之围。塔出乃上奏："方事之殷，宜明赏罚，俾将士有所惩劝。"帝纳其言，颁赏有差。秋八月，淮西行省复为行院。塔出引兵渡淮，屯庐、扬间。

十二年，从丞相伯颜以舟师与宋军战，宋军大溃，其臣贾似道奔扬州，遂分兵四出，克池州，取太平，顺流东下，至建康、丹徒、江阴、常州，皆望风迎降。时扬州未附，谍告扬州人将夜袭丹徒，守将乞援，塔出设伏以待，扬州军果夜至，塔出扼西津邀击之，杀获溺死者甚众。入朝。帝赐玉带旌其功，授淮东左副都元帅，仍佩金虎符。十三年，加通奉大夫、参知政事，领淮西行中书省事。时沿淮诸州新附，塔出禁侵掠，抚疮痍，练士卒，备奸宄，境内帖然。俄迁江西都元帅，征广东，塔出宣布恩信，所至溪峒纳款，广东遂平。

十四年，加赐双虎符，为江西宣慰使。宋益王昰、广王昺走保岭海，复改江西宣慰司为行中书省，迁治赣州，授塔出资政大夫、中书左丞，行中书省事。

十五年，以二王事入议。帝命张弘范、李恒总兵进讨，塔出留后，以供军费。初江西甫定，帝命隳其城，塔出即表言：“豫章诸郡皆濒江为城，霖潦泛溢，无城必至垫溺，隳之不便。”帝从之。降附之初，有谋畔者，既败获矣，塔出谓同僚曰：“抚治乖方之所致也，中间岂无违误。”止诛其渠魁，尽释余党。瑞州张公明愬诉左丞吕师夔谋为不轨，塔出廉知其诬，曰：“狂夫欲胁求货耳，若以曚昧言遽闻之朝廷，则大狱兹兴，连及无辜。且师夔既居相职，讵肯为狂妄之事！若迟疑不决，恐彼惊疑，反生异谋。”乃斩公明而后闻，帝是之。十七年，入觐，赐劳有加，复命行省于江西，寻求疾卒于京师，时年三十七。妻明理氏，以贞节称，旌其门闾。

二子：长宰牙，袭爵中奉大夫、江西宣慰使；次必宰牙，仕至征东行中书省左丞，妻伯牙伦，泰安郡武穆王孛鲁欢之女，亦守义有贤行。

塔里赤，康里人。

其父也里里白，太祖时以武功授帐前总校，奉旨南征至洛阳，得唐白乐天故址，遂家焉。

塔里赤幼颖异，好读书，尤善骑射。袭父职，参佐戎幕，调度军马，动合事宜。行省奏充断事官。时南北民户主客良贱杂糅，蒙古军牧马草地互相占据，命塔里赤至其地理之，军民各得其所，由是世祖知其能。俾领蒙古军围樊襄，塔里赤躬冒矢石，所向摧陷，樊城破，襄阳降。从丞相伯颜渡江，驻临安，寻命平章奥鲁赤等分为六路，追袭宋二王。塔里赤领军至福建，所过秋毫无犯，降者如归，宋都统陈宗荣率众来降。以功迁福建招讨使。

时诸郡盗起，其最盛者陈吊眼，拥众五万，陷漳州。行省承制命塔里赤为闽广大都督、征南都元帅，总四省军，复漳州，生擒陈吊眼戮于市，余党悉伏诛。继从征交趾，击败黄圣许等，积功加镇国上将军、三珠虎符、广西两江道宣慰使都元帅。贺州盗起，塔里赤讨平之。改福建宣慰使，又改浙东。金疮发卒，赠辅国上将军、浙东道宣慰使都元帅、护军，追封临安郡公。

　　子二人：脱脱木儿，邵武汀州新军万户府达鲁花赤；万奴，广西宣慰使都元帅。

　　塔海帖木儿；答答里带人。
　　其先在太祖时事国王木华黎，将左手大万户下蒙古军，镇太原以西八州。破金将王公佐军，斩公佐。从攻陕右，征河西，灭金，皆有功，赐种田户二百七十。
　　曾祖忒木勒哥嗣，从都元帅塔海绀卜征蜀，死于兴元。
　　祖扎剌带嗣。扎速带卒，父拜答儿尚幼，从祖扎里、答术相继袭其职。扎里从都元帅大答征蜀，以所统军二百人破宋军于巴州，斩首三百级，生擒五十余人。答术以西川行枢密院檄领兵三千人救碉门，大败宋军，斩首三百余级，俘百余人以归。拜答儿既长，始以父官从行省也速带儿征建都，死军中。
　　塔海帖木儿袭父职，初从行院忽敦围嘉定，嘉定降。进围重庆，守将张珏出师迎敌，塔海帖木儿力战陷阵，功最多。十五年，又以都鲁军二百人破宋军于白水江，夺战船一，俘其众十三人。升宣武将军、管军总管。从也速答儿征亦奚不薛，又从征都掌蛮，皆以为前锋，杀获甚众。
　　九溪蛮、散猫、大盘蛮尚木的世用等叛，从行省曲立吉思帅师往讨，皆擒之，及杀其酋长头狗等。也速答儿、药剌罕率兵万人会云南兵讨乌蒙蛮，至闹灶，其酋长阿蒙率五百余众奔麻布蛮地，塔海帖木儿以四百人追至山箐中，大败之，擒阿蒙以归。二十六年，又从也速答儿西征，不知所终。

　　口儿吉，阿速氏。宪宗时，与父福得来赐俱直宿卫，领阿速军二十户。世祖时，口儿吉以百户从元帅阿术伐宋有功，赐以白金等物。宋平，命充大宗正府也可扎鲁花赤。领阿速军从征海都，以功授上赏。师还，成宗命宣抚湖广等处，访求民瘼，还仍旧职。至大元年，武宗命充左卫阿速亲军都指挥使，进阶广威将军。四年，卒。

子的迷的儿，由玉典赤改百户，领阿速军，从指挥玉爪失征叛王乃颜，却金刚奴军于镙宝直之地，降哈丹秃鲁干，累以功受赏。至大四年，袭父职，授明威将军、阿速亲军都指挥使。子香山，事武宗、仁宗，直宿卫。天历元年九月，兵兴，从战宜兴，击杀敌兵七人，自旦至暮，却敌兵凡一十三处。以功赐金带一，授左阿速卫都指挥使。

忽都，蒙古兀罗带氏。

父孛罕，事太祖，备宿卫。至太宗时为镇西行省，领蒙古、汉军从攻河中、潼关、河南，与拜只思、扎忽歹、阿思兰攻秦巩及仁和诸堡，又与拜只思守京兆。岁乙未，授左手万户，从都元帅答海钳卜出征，卒军中。

宪宗命忽都将其军，从都元帅大答攻巴州，又从都元帅纽璘渡马湖江，破宋叙州兵于老君山下。中统元年，宋将以舟师二千犯成都新津，忽都逆击败之，斩首百五十级。至元元年，授蒙古汉军总管。二年，从都元帅百家奴败宋将夏贵于怀安。五年，卒。

子扎忽带，时在宿卫，弟忽都答立袭其职。忽都答立卒，札忽带嗣，为千户，从行枢密院围重庆。重庆守张珏遣劲兵数千出挑战，札忽带力战大破之。回军围泸州，未下，行枢密院遣入朝计事，授宣武将军、管军总管。复还攻泸，登城，与泸兵搏战而死。子阿都赤嗣。

孛儿速，脱脱忒氏。世祖时直宿卫，扈驾征哈剌章还，帝驻跸高阜，见河北有驾舟而来者，顾谓左右曰："是贼也，奈何？"孛思速进曰："臣请御之。"即解衣径渡，挥戈刺死舟尾二人，拿其舟就岸，舟中之人仓惶失措，帝命左右悉擒之。哈剌章平，以功论赏。

子答答呵儿，从征孛可有功，由宿卫升武德将军、揭只揭烈温千户所达鲁花赤。从征叛王乃颜、也不干等，奋戈击死数人，擒也不干，收其所管钦察之民。武宗时，进怀远大将军、元帅，卒。

月举连赤海牙，畏兀儿。从宪宗征钓鱼山，奉命修曲药以疗师疫，赏白金五十两。继从太子满哥都征云南。战数胜。中统三年，火都暨答离叛。领兵与讨平之。至元十二年，佩虎符，为陇右河西道提刑按察使。兀朗孙火石颜谋乱，从皇太子安西王往镇之，皇太子赐以白金五十两。

十五年，与伯速带平土鲁，皇太子复赐金衣腰带金碗，且以其功闻。十七年，进官嘉议大夫，仍居旧职。二十年，进中奉大夫、四川等处行中书省参知政事，寻以疾归秦州。大德八年卒。至顺中，赠推忠宣力定远功臣、资善大夫、陕西行省左丞、护军，追封威宁郡公，谥襄靖。

阿答赤，阿速氏。父昂和思，宪宗时佩虎符为万户。

阿答赤扈从宪宗南征，与敌兵战于剑州，以功赏白银。阿里不哥叛，从也儿怯等征之有功。世祖中统三年，从征李璮，身二十余战，累功授金符千户。丞相伯颜、平章阿术之平江南也，阿答赤皆在行中，著战功。殁于阵。帝怜之，特赐钞七十锭、白金五百两，为葬具，仍赐镇巢之民一千五百三十九户，命其子伯答儿袭职。

伯答儿从别急列迷失北征，与瓮吉剌只儿瓦台战于牙里伴朵之地，以功受上赏。寻进定远大将军、后卫都指挥使，兼右阿速卫事，将阿速军往征别失八里，与敌兵累战累捷。枢密臣以其功闻，赏白金、貂裘、弓矢、鞍辔等，寻复以银坐椅赐之。

子斡罗思，由宿卫升金隆镇卫都指挥使司事，赐一珠虎符。天历元年，谕降上都军凡若干数，特赐三珠虎符，升本卫都指挥使。

明安，康里氏。至元十三年，世祖诏民之荡析离居及僧道、漏籍诸色人不当差徭者万余人充贵赤，令明安领之。明安岁扈驾出入，克勤于事。二十年，授定远大将军、中卫亲军都指挥使。明年，赐佩虎符。领贵赤军北。又明年，立贵赤亲军都指挥使司，命为本卫达鲁花赤。寻奉旨领蒙古军八千北征。明年，至别失八剌哈思之地，与海都军战有功。

二十六年冬十二月，别乞怜叛，劫取官站脱脱火孙塔剌海等，明安率众追击之，五战五捷，悉还之。至杭海，强民阔阔台、撒儿塔台等率众作乱，夺三站地，劫脱脱火孙，明安引兵又追击之，却其军。二十七年秋七月，布四麻、当先别乞失、出春伯附马、兀者台、朵罗台、兀儿答儿、塔里雅赤等掠四怯薛牛马畜牧，及劫灭烈太子昔博赤并斡脱、布伯各投下民殆尽。明安将兵追击于汪吉昔博赤之城，贼军败走，还所掠之民并获其牛马畜牧等以归。时出伯、伯都所领军乏食，奉旨以明安所获畜牧济之。二十九年，以功升定远大将军、贵赤亲军都指挥使司达鲁花赤。时别失八剌哈孙盗起，诏以兵讨之，战于别失八里秃儿古阇，有功，贼军再合四千人于忽兰兀孙，明安设方略与战，大败之。大德二年，复将兵北征，与海都战。七年，殁于军。子曰帖哥台，曰孛兰奚。

帖哥台，初为昭勇大将军、贵赤亲军都指挥使司达鲁花赤。及改充万户，则以其叔父脱迭出代之。帖哥台后以万户改中卫亲军都指挥使，进银青荣禄大夫、平章政事。子曰普颜忽里，曰善住。普颜忽里，怀远大将军、贵赤亲军指挥使司达鲁花赤。善住，初直宿卫，历中书直省舍人、诸色人匠达鲁花赤，迁奉议大夫、金中卫亲军都指挥使司事。天历元年九月，赐佩一珠虎符，从丞相燕帖木儿御敌檀州等处，又率其家人那海等一十一人，自出乘马与辽军战，却其军，俘八十四人以归。丞相嘉之。

孛兰奚，昭武大将军、中卫亲军都指挥使，积官银青荣禄大夫、太尉。子桑兀孙，中卫亲军都指挥使。桑兀孙卒，弟乞答海袭职。

忽林失，八鲁剌觯氏。

曾祖不鲁罕罕剶，事太祖，从平诸国，充八鲁剌思千户，以其军与太赤温等战，重伤坠马，帝亲勒兵救之，以功升万户，赐黄金五十两、白金五百两，俾直宿卫。

祖许儿台，年十五能驰射贼，以勇略称。从定宗钦察，为千户。领兵下西番。从世祖伐宋，至亳州，与宋人迎敌，败之。

父瓮吉剌带,初为军器监官,从世祖亲征阿里不哥,以功受上赏。俄奉旨使西域,籍地产,悉得其实。帝方欲大用之而卒。

忽林失初直宿卫,后以千户从征乃颜,驰马奋戈,冲击敌营,矢下如雨,身被三十三创。成宗亲督左右出其镞,命医疗之,以其功闻。世祖以克宋所得银瓮及金酒器等赐之,命领太府监。后以千户从皇子阔阔出征,还,留镇军中。

后从成宗与海都、都瓦等战有功,成宗嘉之,特命为翰林承旨,俄改万户。与叛王斡罗思、察八儿等战,以功授荣禄大夫、司徒,赐银印。武宗尝曰:"群臣中能为国宣力如忽林失者实鲜,其厚赉之。"于是遣使召见。未几武宗崩,仁宗即位,念其旧勋,赏赉特厚。

子燕不伦,初奉兴圣太后旨,充千户。俄改充万户,代其父职。寻罢,归其父所受司徒印及万户符于有司,仍直宿卫。致和元年秋八月,在上都,思武宗之恩,与同志合谋奉迎文宗。会同事者见执,乃率其属奔还大都。特赐龙衣一袭,命为通政院使。天历元年九月,同丞相燕帖木儿败王禅等兵于红桥,又战于白浮,又战于昌平东,又战于石槽。帝嘉其功,拜荣禄大夫、知枢密院事,以世祖常御金带赐之。

失剌拔都儿,阿速氏。

父月鲁达某,宪宗时领阿速十人入觐,充阿塔赤,从世祖至哈剌之地,战数胜,兀里羊哈台以其功闻,赐所俘人一口以赏之,后以金疮发卒。

失剌拔都儿至自脱别之地,帝特赐白金、楮币、牛马等物。至元二十一年,从丞相伯颜南征有功,仍充阿塔赤。帝尝命放海青,曰:"能获新者赏之。"失剌拔都儿即援弓射一兔二禽以献,赏沙鱼皮杂带及貂裘,且命于尚乘寺为少卿、于阿速为千户。二十四年,授武略将军,管阿速军千户,赐金符。乃颜叛,从诸王和元鲁往征之,力战有功。乃颜平,帝赏以金腰带及银交床等。二十五年,进武德将军、尚乘寺少卿,兼阿速千户。征哈答安等,败之,获其驼马等物。成宗嘉其功，以军二千益之。讨叛王脱脱，擒之，以功受赏。大德六年卒。

子那海产，袭其职。至大二年，进宣武将军、右卫阿速亲军都指挥使，赐三珠虎符。泰定二年，覃加明威将军。

彻里，阿速氏。父别吉八，在宪宗时从攻钓鱼山，以功受赏。

彻里事世祖，充火儿赤。从征海都，奋戈击其前锋，官军二人陷阵，掖而出之，以功受赏。后从征杭海，获其牛马畜牧，悉以给军食。帝嘉之，赏钞三千五百锭，仍以分赉士卒。

成宗时，盗据博落脱儿之地，命将兵讨之，获三千余人，诛其酋长还。奉命同客省使拔都儿等往八儿胡之地，以前所获人口畜牧悉给其主。军还，帝特赐钞一百锭。武宗居潜邸，亦以银酒器赏之。至大二年，立左阿速卫，授本卫佥事，赐金符。皇庆二年，从湘宁王北征，以功赐一珠虎符。

子失列门，直宿卫。致和元年秋八月，从知院脱脱木儿至潮河川，获完者八都儿、爱的斤等十二人，戮八人，执四人归京师。复于宜兴遇失剌、乃马台等出战，奋戈击死二人，以功赏白金、楮币。天历元年，从击秃满台儿之兵于两家店，杀其四人，复以功受赏。从战蓟州，又杀其四人。十一月，又追杀十二人于檀子山，以功授左卫阿速亲军都指挥使司佥事。

曷剌，兀速儿吉氏。元至九年，见世祖，诏入太官直。从讨叛王乃颜，赐白金、楮币、甲胄、橐驼、鞍马。以其才堪使远，成宗时使高丽，使和林，使江西、福建，不失使指。授忠勇校尉、中书直省舍人。出监息州，迁奉训大夫。武宗诏曰："曷剌世祖旧臣，可授奉议大夫、都水监卿。"明年，加嘉议大夫。又明年，佩金虎符，兼直东水鞑靼女直万户府达鲁花赤。延祐元年，特授资善大夫、辽阳等处行中书省左丞，仍监其军。三年，召还，特授荣禄大夫、大司农。卒，年六十三，赠推诚宣力保德功臣、太师、开府仪同三司、上柱国，追封蓟国公，谥安穆。

子不花，宿卫仁宗潜邸。及即位，特授中顺大夫、中书直省舍人，改客省副使，迁太中大夫、典瑞太监，改左司员外郎、参议中书省事，拜中奉大夫、中书参知政事，资德大夫、宣徽副使、同知宣徽事，改典瑞院使，兼世其父监军，佩金虎符，改翰林学士。至治元年，仍翰林学士，监军，领东蕃诸部奏事。

乞台，察台氏。至元二十四年为钦察卫百户，从土土哈征叛王失烈吉及乃颜有功，赐金符，升千户。从征忽剌出，战于阿里台之地。元贞二年，以疾卒。

子哈赞赤袭职，从创兀儿于魁烈儿之地，与哈答安战有功。大德五年，从战杭海。从武宗亲征哈剌阿答。复从创兀儿征不别、八怜，为前锋，以功受赏赉。皇庆二年，授金符，为千户。明宗居潜邸，延祐四年命从西征，与秃满帖木儿战于失剌塔儿马失之地，以功复受厚赏，居其地十五年。天历二年，赐金符，授昭勇大将军、同知大都督府事。卒。

脱因纳，答答义氏。世祖时从征乃颜，以功受上赏。大德七年，授钦察卫亲军千户所达鲁花赤、武德将军，赐金符。八年，改太仆少卿。十年，迁阿儿鲁军万户府达鲁花赤，易金虎符，进阶怀远大将军。寻改中奉大夫、太仆少卿，仍兼前职。至大二年，拜甘肃行尚书省参知政事，通奉大夫。四年，入为太仆卿，升正奉大夫。皇庆元年，授阿儿鲁万户府襄阳汉军达鲁花赤，仍领太仆卿。延祐三年，拜资德大夫、甘肃行中书右丞。至治二年，改通政使，转会福院使，寻复通政。致和元年，分院上都。秋八月，为倒剌沙所杀。文宗即位，特赠宣力守义功臣、荣禄大夫、上柱国、中书平章政事，追封翼国公，谥忠景。

有子曰定童、只沈哈朗。定童袭父职，阿儿鲁万户府襄阳万户府汉军达鲁花赤，佩金虎符，明威将军。只沈哈朗，初授钦察亲军千户所达鲁花赤，佩金符，武略将军。改授朝列大夫、通政院副使，历同知,升院使,积官中奉大夫。

和尚,蒙古乃蛮台氏。

祖海速,充昔烈木千户所蒙古军百户。伯父兀鲁不花,初充蒙古军五十户。至元七年,从昔烈木千户南征,以功命权百户,从金省阿速海牙攻樊城。十一年,从攻新城,又从攻鄂东门,攻处州,屡立战功。二十五年,赐银符,授郭武校尉、后卫亲军百户。是年秋卒。父怯烈吉袭。

怯烈吉卒,和尚袭。至大三年,进忠翊校尉、后卫亲军副千户,赐金符。延祐二年,江西宁都寇起,杀守土官吏,从元帅乞住等总兵讨之,生擒贼酋蔡五九诛之,捣其巢穴。

致和元年八月,西安王以兵讨倒剌沙,命从丞相燕帖木儿擒乌伯都剌,分兵备御。天历元年九月,从战通州,以功赏名马。从击犯红桥之兵,手戈剌死二人,败之,夺红桥。及纽邻泽大夫等力战于白浮,杀其四人。和尚白丞相曰:"两军相战,当有辨,今号缨俱黑,无辨,我军宜易以白。"丞相然之。战于昌平栗园,杀二人。又与亚失帖木儿战于石槽,杀三人。十月,从击秃满台儿于檀州南桑口,败之。又从丞相追击其军于檀州之北,有功。十一月,命领八卫把总金鼓都镇抚司事。

元史卷一三六

列传第二三

哈剌哈孙　阿沙不花　拜住

　　哈剌哈孙,斡剌纳儿氏。

　　曾祖启昔礼,始事王可汗脱斡璘。王可汗与太祖约为兄弟,及太祖得众,阴忌之,谋害太祖。启昔礼潜以其谋来告,太祖乃与二十余人一夕遁去,诸部闻者多归之,还攻灭王可汗,并其众,擢启昔礼为千户,赐号答剌罕。从平河西、西域诸国。

　　祖博理察,太宗时从太弟睿宗攻河南,取汴、蔡,灭金,赐顺德以为分邑。

　　父囊加台,从宪宗伐蜀,卒于军。

　　哈剌哈孙威重,不妄言笑,善骑射,工国书,又雅重儒术。至元九年,世祖录勋臣后,命掌宿卫,袭号答剌罕。自是人称答剌罕而不名。帝尝谕之曰:“汝家勋载王府,行且大用汝矣。”又语皇太子曰:“答剌罕非常人比,可善遇之。”十八年,割钦、廉二州,益其食邑。二十二年,拜大宗正,用法平允,审录冤滞,所活数百人。时相请以江南狱隶宗正。哈剌哈孙曰:“江南新附,教令未孚,且相去数千里,欲遥制其刑狱,得无冤乎。”事遂止。

　　二十八年,拜荣禄大夫、湖广行省平章政事。台臣言其在宗正决狱平,即去,恐难其继者。帝曰:“湖广之地,朕尝驻跸,非斯人不可。”遂行。时江湖间盗贼出没,剽取商旅货财。哈剌哈孙至,则发卒悉擒诛之,水陆之途始皆无梗。初,枢密置行院于各省,分兵、民为二,奸人植党自蔽。后因入觐极陈其不便,帝为罢之。因问曰:"风宪之职,人多言其挠吏治,信乎?"对曰:"朝廷设此以纠奸慝,贪吏疾之,妄为谤耳。"帝然其言。

三十年,平章刘国杰将兵征交趾,哈剌哈孙戒将吏无扰民。会有夺民鱼菜者,杖其千户,军中肃然。俄有旨发湖湘富民万家,屯田广西,以图交趾。哈剌哈孙密遣使奏曰:"往年远征无功,疮痍未复,今又徙民瘴乡,必将怨叛。"吏莫知其奏,抱卷请署,弗答。吏再请,则曰:"姑缓之。"未几,使还报罢,民皆感悦。及广西元帅府请募南丹五千户屯田,事上行省,哈剌哈孙曰:"此土著之民,诚为便之,内足以实空地,外足以制交趾之寇,可不烦士卒,而馈饷有余。"即命度地立为五屯,统以屯长,给牛种农具与之。湖南宣慰张国纪建言,欲按唐、宋末征民间夏税。哈剌哈孙曰:"亡国弊政,失宽大之意,圣朝其可行耶?"奏止其议。

大德二年,入朝上都,成宗拜光禄大夫、江浙行省左丞相。视政七日,征拜中书左丞相,进阶银青光禄大夫。既拜命,斥言利之徒,一以节用爱民为务。有大政事,必引儒臣杂议。京师久阙孔子庙,而国学寓他署,乃奏建庙学,选名儒为学官,采近臣子弟入学,又集群议建南郊,为一代定制。

五年,同列有以云南行省左丞刘深计倡议曰:"世祖以神武一海内,功盖万世。今上嗣大历服,未有武功以彰休烈,西南夷有八百媳妇国未奉正朔,请往征之。"哈剌哈孙曰:"山峤小夷,辽绝万里,可谕之使来,不足以烦中国。"不听,竟发兵二万,命深将以往。道出湖广,民疲于馈饷。及次顺元,深胁蛇节求金三千两、马三千匹。蛇节因民不堪,举兵围深于穷谷,首尾不能相救。事闻,遣平章刘国杰往援,擒蛇节,斩军中,然士卒存者才十一二,转饷者亦如之,讫无成功。帝始悔不用其言。会赦,有司议释深罪。哈剌哈孙曰:"微名首衅,丧师辱国,非常罪比,不诛无以谢天下。"奏诛之。

七年,进中书右丞相。尝言治道必先守令,近用多不得其人,于是精加遴选,定官吏赃罪十二章及丁忧、婚聘、盗贼等制,禁献户及山泽之利,每岁车驾幸上都,哈剌哈孙必留守京师。时帝弗豫,制出中宫,群邪党附,哈剌哈孙以身匡之,天下晏然。十年,加开府仪同三司、监修国史,置僚属。冬十一月,帝寝疾笃甚,入侍医药,出总宿卫。藩王欲入侍疾者不听,日理机务如故。

十一年春,成宗崩。时武宗抚军北边,仁宗侍太后在怀庆,诸奸臣谋断北道,请成后垂帘听政,立安西王阿难答。哈剌哈孙密遣使北迎武宗,南迎仁宗,悉收京城百司符印,封府库,称疾卧阙下,内旨日数至,并不听,文书皆不署,众欲害之,未敢发。及仁宗至近郊,众犹未知也。三月朔,列牍请署,后决以三月三日御殿听政,乃立署之,众大喜,莫知所为。明日迎仁宗入,执左丞相阿忽台及安西王阿难答等就诛,内难悉平,自冬至春,未尝一至家休沐。夏五月,武宗至自北,即皇帝位,拜太傅、录军国重事,仍总百揆,赐宅一区,以其子脱欢入侍。

初仁宗之入也,阿忽台有勇力,人莫敢近,诸王秃剌实手缚之,以功封越王,三宫尽幸其第,赐与甚厚,以庆元路为其食邑。哈剌哈孙力争之,曰:“祖宗之制,非亲王不得加一字之封。秃剌疏属,岂得以一日之功废万世之制哉。”帝不听。秃剌因潛于帝曰:“方安西王谋干大统,哈剌哈孙亦尝署文书。”由是罢相出镇北边。诏曰:“和林为北边重镇,今诸部降者又百余万,非重臣不足以镇之,念无以易哈剌哈孙者。”赐黄金三百两、白银三千五百两、钞十五万贯、帛四万端、乳马六十匹,以太傅、右丞相行和林省事。太后亦赐帛二百端、钞五万贯

至镇,斩为盗者一人。分遣使者赈降户。奏出钞帛易牛羊以给之,近水者教取鱼食。会大雪,民无取得食,命诸部置传车,相去各三百里,凡十传,转米数万石以饷饥民,不足则益以牛羊。又度地置内仓,积粟以待来者。浚古渠,溉田数千顷。治称海屯田,教部落杂耕其间,岁得米二十余万。北边大治。

至大元年,赐大帐,如诸王诸藩礼。十一月,寝疾,语其属曰:“吾不复能佐理国事矣。行省之务,汝曹勉之,毋贻朝廷忧。”薨,年

五十二。帝闻之惊悼曰:"丧我贤相。"赙钞二万五千贯。诏归葬昌平,追赠推诚履政佐运功臣、太师、开府仪同三司、上柱国,追封顺德王,谥忠献。

子脱欢,由太子宾客拜御史中丞,袭号答剌罕,进御史大夫,行台江南。寻拜平章,行省江浙,进左丞相,兼领行宣政院。重厚有父风,喜读书,为政不尚苛暴,得众心。致和无年,卒于官,年三十七。子蛮蛮。

阿沙不花者,康里国王族也。初,太祖拔康里时,其祖母苦灭古麻里氏新寡,有二子,曰曲律、牙牙,皆幼,而国乱家破无所依,欲去而归朝廷,念无以自达。一夕有数驼皆重负突入营中,驱之不去。旦乃系驼营外,置所负其旁,夜复纳营中,候有求者归之。如是十余日,终无求者。乃发视其装,皆西域重宝。惊曰:"殆天欲资我而东耶,不然,此岂吾所宜有。"遂驱驰载二子越数国至京师。时太祖已崩,太宗立,尽献其所有,帝深异之,命有司治邸舍、具廪饩以居焉。居二年,闻国中已定,谒帝欲归。帝曰:"汝昔何为而来,今何为而去?"且问其所欲。对曰:"臣妾昔以国乱无主,远归陛下威德,闻国已定,欲归守坟墓耳。妾惟二子,虽愚无知,愿留事陛下。"帝大喜,立召二子入宿卫,而礼遣之。后十三年复来,则二子已从宪宗伐蜀矣。逮至和宁,闻宪宗崩,诸将皆还,而二子独后,心方以为忧,过一古庙,因入祷焉,若闻神语,连称"好好"而不知其故,问其国人通汉语者,知为吉语。还至舍,则二子已至矣。遂留居焉。

曲律无子。牙牙后封康国王,生六子,阿沙不花最贤,年十四,入侍世祖。世祖赐土田、给奴隶,使居兴和之天城。会西蕃遣使者有所奏请,既谕遣之,后数日,帝问近侍诸大臣曰:"前日西使何请,朕何辞以遣?"诸大臣莫能对,阿沙不花从旁代对甚详悉。帝因怒诸大臣曰:"卿等任天下之重,如此反不若一童子耶?"尝扈从上都,方入朝,而宫草多露,跣足而行,帝御大安阁,望而见之,指以为侍臣戒。一日,故命诸门卫勿纳阿沙不花。阿沙不花至,诸门卫皆不纳,乃从水窦中入。帝问故，以实对，且曰："臣一日不入侍，身将何归？"帝大悦，更谕门卫听其出入。命饬四宿卫兵器，无敢或慢；复使掌门，无敢阑入。帝曰："可用矣。"

乃颜叛，诸王纳牙等皆应之。帝问计将安出，对曰："臣愚以为莫若先抚安诸王，乃行天讨，则叛者势自孤矣。"帝曰："善，卿试为朕行之。"即北说纳牙曰："大王闻乃颜反耶？"曰："闻之。"曰："大王知乃颜已遣使自归耶？"曰："不知也。"曰："闻大王等皆欲为乃颜外应，今乃颜既自归矣，是独大王与主上抗。幸主上圣明，亦知非大王意，置之不问。然二三大臣不能无惑，大王何不往见上自陈，为万全计。"纳牙悦许之。于是诸王之谋皆解。阿沙不花还报，帝乃议亲征，命征兵辽阳，以千户帅昔宝赤之众从行。

及乃颜平，阿沙不花以大同、兴和两郡当车驾所经有帷台岭者，数十里无居民，请诏有司作室岭中，徙邑百户居之，割境内昔宝赤牧地使耕种以自养，从之。阿沙不花既领昔宝赤，帝复欲尽徙兴和桃山数十村之民，以其地为昔宝赤牧地。阿沙不花固请存三千户以给鹰食，帝皆听纳。民德之，至今饮食必祭。

至元三十年，海都叛，成宗以皇孙抚军于北。阿沙不花从行，逾金山战杭海有功。成宗即位，会大宗正扎鲁火赤脱儿速以赃污闻，诏鞫问之，脱儿速伏罪，就命代之。成宗目之曰阿即剌。阿即剌，译言阎罗王也。有诉朱清、瑄张阴私，既抵罪，帝遣兵马都指挥使忽剌术籍没其家，以受赂诛。更命阿沙不花往，具以实闻，赐宅一区、钞万五千缗，兼两城兵马都指挥使事。武宗时为怀宁王，总军漠北，问："今日材可大用者为谁？"对曰："母弟脱脱将相才也，无以易之。"遂命从行，后果为名臣。

成宗崩，安西王阿难答乘间谋继大统，成后及丞相阿忽台、诸王迷里帖木儿皆阴为之助。时武宗犹在北边，太后及仁宗亦在怀孟未至。适武宗遣脱脱计事京师，丞相哈剌哈孙令急还报武宗，而成后已密谕通政使只儿哈郎止其驿马。阿沙不花知事急，与同知通政院事察乃谋，用先日署文书给马去。只儿哈郎闻脱脱已去，方诘问吏,阅案牍乃止。太后及仁宗既至京师,有言安西王谋以三月三日伪贺仁宗千秋节,因以举事者,阿沙不花言之哈剌哈孙,且曰:"先人者胜,后人者败。后一垂帘听政,我等皆受制于人矣,不若先事而起。"哈剌哈孙曰:"善。"乃前二日白仁宗,诈称武宗遣使召安西王计事,至即执送上都。尽诛丞相阿忽台以下诸奸臣。与哈剌哈孙皆居禁中。

仁宗以太子监国,遣使北迎武宗,而武宗迟回不进,遣使还报太后曰:"非阿沙不花往不可。"乃遣奉衣帽、尚酝以往,至野马川,见武宗,备道两宫意,及陈安西王谋变始末,且言:"太子监国所以备他变,以待陛下,臣万死保其无他。"武宗大悦,解衣衣之,拜中书平章政事,军国大事并听裁决。因奏平内难之有功者燕只哥以下十人为兵马指挥、为直省舍人。诏先奉蒲萄酒及锦绮还报两宫。仁宗即日率群臣出迎。

武宗入上都,加阿沙不花特进、太尉,依前平章政事。命与丞相塔思不花还京师治安西王党,诸连坐囊加真等三十余人,皆释之。尝命出太府金分赐诸王贵戚及近侍,方出朝,见一人仓皇若有所惧状,曰:"此必盗金者。"召诘问之,果得黄金五十两、白金百两以闻,就以金赐之,命诛盗者。辞曰:"盗诛固当,金非臣所宜得,愿还金以赎盗死。"帝悦而从之。有近臣蹴鞠帝前,帝即命出钞十五万贯赐之。阿沙不花顿首言曰:"以蹴鞠而受上赏,则奇技淫巧之人日进,而贤者日退矣,将如国家何。臣死不敢奉诏。"乃止。

帝又尝御五花殿,丞相塔思不花、三宝奴,中丞伯颜等侍。阿沙不花见帝容色日悴,乃进曰:"八珍之味不知御,万金之身不知爱,此古人所戒也。陛下不思祖宗付托之重,天下仰望之切,而惟曲糵是沉,姬嫔是好,是犹两斧伐孤树,未有不颠仆者也。且陛下之天下,祖宗之天下也,陛下之位,祖宗之位也,陛下纵不自爱,如宗社何?"帝大悦曰:"非卿孰为朕言。继自今毋爱于言,朕不忘也。因命进酒。阿沙不花顿首谢曰:"臣方欲陛下节饮而反劝之,是臣之言不信于陛下也,臣不敢奉诏。"左右皆贺帝得直臣。遂进开府仪同三司、中书右丞相,行御史大夫。

俄复平章政事、录军国重事,兼广武侍卫亲军都指挥使,封康国公。有以左道惑众者,诸世臣大家多信趋之,竟置于法。迁知枢密院事。以至大二年十月薨于位,年四十七。至正元年,赠纯诚一德正宪保大功臣、开府仪同三司、中书右丞相、上柱国,追封顺宁王,谥忠烈。

其继室别哥伦氏,亦有至行,寡居三十年,未尝妄言笑,身不服华彩。诏旌其门,与元配达海的斤氏并封顺宁王夫人。

子伯嘉讷,廉直刚敏,忧国如忧家。尝为京尹,屯储卫诱小民梅冻儿诬首海商一百十有六人为盗而掠其赀,狱具,械送刑部,命伯嘉讷审录之,尽得其冤状,白丞相释之,还其赀。后迁翰林侍读学士。

拜住,安童孙也。五岁而孤,太夫人教养之。稍长,宏远端亮有祖风。至大二年,袭为宿卫长。仁宗即位,延祐二年,拜资善大夫、太常礼仪院使。四年,进荣禄大夫、大司徒。五年,进金紫光禄大夫。六年,加开府仪同三司,余并如故。每议大政,必问曰:"合典故否?"同官有异见者,曰:"大朝止说典故耶?"拜住微笑曰:"公试言之,国朝何事不依典故?"同官不能对。太常事简,每退食必延儒士谘访古今礼乐刑政、治乱得失,尽日不倦。尝曰:"人之仕宦,随所职司,事皆可习。至于学问有本,施于事业,此儒者之能事,宰相之资也。"

英宗在东宫,问宿卫之臣于左右,咸称拜住贤。遣使召之,欲与语。拜住谓使者曰:"嫌疑之际,君子所慎,我长天子宿卫而与东宫私相往来,我固得罪,亦岂太子福耶?"竟不往。英宗登极,拜中书平章政事。会诸侯王于大明殿,诏进读太祖金匮宝训,威仪整暇,语音明畅,莫不注目竦听。夏五月,宣徽使失烈门、要束木妻也里失八等谋为逆,帝密得其事,御穆清阁,召拜住谋之。对曰:"此辈擅权乱政久矣,今犹不惩,阴结党与,谋危社稷,宜速施天威,以正祖宗法度。"帝动容曰:"此朕志也。"命率卫士擒斩之,其党皆伏诛。

拜中书左丞相。先时，近侍传旨以姓名赴中书铨注者六七百员，选曹为之壅滞。拜住奏阁之，注授一依选格次第，吏无容奸。刑曹事有情可矜者宽恕之，贪暴不法必不少容。帝常谕左右曰："汝辈慎之，苟陷国法，我虽曲赦，拜住不汝恕也。"

至治元年春正月，帝欲结彩楼于禁中，元夕张灯设宴。时居先帝丧，参议张养浩上疏，拜住谓当进谏，始袖其疏入奏，帝悦而止，仍赐养浩帛，以旌直言。三月，从幸上都，次察罕脑儿。帝以行宫亨丽殿制度卑隘，欲更广之。奏曰："此地苦寒，入夏始种粟黍，陛下初登大宝，不求民瘼，而遽兴大役以妨农务，恐失民望。"从之。帝尝谓拜住曰："朕委卿以大任者，以乃祖木华黎从太祖开拓土宇，安童相世祖克成善治也。卿念祖宗令闻，岂有不尽心者乎。"拜住再拜曰："陛下委臣以大任，臣有所畏者三：畏辱祖宗；畏天下事大，识见有所未尽；畏年少不克负荷，无以上报圣恩。惟陛下垂闵，时加训饬，幸甚。"

延祐间，朔漠大风雪，羊马驼畜尽死，人民流散，以子女鬻人为奴婢。拜住以兴王根本之地，其民宜加赈恤，请立宗仁卫总之，命县官赎置卫中，以遂生养。至元十四年，始建太庙于大都，至是四十年，亲享之礼未暇讲肄。拜住奏曰："古云礼乐百年而后兴，郊庙祭享此其时矣。"帝悦曰："朕能行之。"预敕有司，以亲享太室仪注礼节，一遵典故，毋擅增损。冬十月，始有事于太庙。二年春正月，孟享，始备法驾，设黄麾大仗，帝服通天冠、绛纱袍，出自崇天门。拜住摄太尉以从。帝见羽卫文物之美，顾拜住曰："朕用卿言举行大礼，亦卿所共喜也。"对曰："陛下以帝王之道化成天下，非独臣之幸，实四海苍生所共庆也。"致斋大次，行酌献礼，升降周旋，俨若素习，中外肃然。明日还宫，鼓吹交作，万姓耸观，百年废典一旦复见，有感泣者。拜住率百僚称贺于大明殿，执事之臣赐金帛有差。又奏建太庙前殿，议行祫禘配享等礼。帝从容谓拜住曰："朕思天下之大，非朕一人思虑所及，汝为朕股肱，毋忘规谏，以辅朕之不逮。"拜住顿首谢曰："昔尧、舜为君，每事询众，善则舍己从人，万世称圣。桀、纣为君，拒谏自贤，悦人从己，好近小人，国灭而身不保，民到于今称为无道之主。臣等仰荷洪恩，敢不竭忠以报。然事言之则易，行之则难。惟陛下力行，臣等不言，则臣之罪也。"帝嘉纳之。

时右丞相铁木迭儿贪滥谲险，屡杀大臣，鬻狱卖官，广立朋党，凡不附己者必以事去之，尤恶平章王毅、左丞高昉，因在京诸仓粮储失陷，欲奏诛之。拜住密言于帝曰："论道经邦，宰相事也，以金谷细务责之可乎？"帝然之，俱得不死。铁木迭儿复引参知政事张思明为左丞以助己。思明为尽力，忌拜住方正，每与其党密语，谋中害之。左右得其情，乘间以告，且请备之。拜住曰："我祖宗为国元勋，世笃忠贞，百有余年。我今年少，叨受宠命，盖以此耳。大臣协和，国之利也。今以右相仇我，我求报之，非特吾二人之不幸，亦国家之不幸。吾知尽吾心，上不负君父，下不负士民而已。死生祸福，天实鉴之，汝辈毋复言。"未几，奉旨往立忠宪王碑于范阳。铁木迭儿久称疾，闻拜住行，将出莅省事，入朝，至内门，帝遣速速赐之酒，且曰："卿年老宜自爱，待新年入朝未晚。"遂怏怏而还。然其党犹布列朝中，事必禀于其家，以拜住故不得大肆其奸，百计倾之，终不能遂。

在京仓漕管库之职，岁终例应注代。时张思明亦称疾不出，众皆顾望。拜住虽朝夕帝前，以事不可缓，乃日坐省中谓僚属曰："左丞病，省事遂废乎？"郎中李处恭曰："金谷之职，须慎选择，不得其人，未敢遽拟。"拜住曰："汝为卖官之计耳。"遣人善慰思明，乃出共毕铨事。

拜住每以学校政化大源，似缓实急，而主者不务尽心，遂致废弛，请令内外官议拯治之。有言佛教可治天下者，帝问之，对曰："清净寂灭，自治可也。若治天下，舍仁义，则纲常乱矣。"又尝谓拜住曰："今亦有如唐魏征之敢谏者乎？"对曰："盘圆则水圆，盂方则水方。有太宗纳谏之君，则有魏征敢谏之臣。"帝并善之。六月壬寅，敕赐平江胜田万亩。拜住辞曰："陛下命臣厘正庶务，若先受赐田，人其谓何？"帝曰："汝勋旧子孙，加以廉慎，人或援例，朕自谕之。"

秋七月，奏召张思明诣上都，数其罪，杖而逐之，铁木迭儿继亦病卒。拜住哭之恸。

初，浙民吴机以累代失业之田卖于司徒刘夔，夔略宣政使八剌吉思买置诸寺，以益僧廪，矫诏出库钞六百五十万贯酬其直。田已久为他人之业，铁木迭儿父子及铁失等上下蒙蔽，分受之，为赃钜万。真人蔡道泰以奸杀人，狱已成，铁木迭儿纳其金，令有司变其狱。拜住举奏二事。命台察鞫之，尽得其情，以田归主，刘、蔡、八剌吉思等皆坐死，余论罪有差。特赦铁失。

冬十二月，进右丞相、监修国史。帝欲爵以三公，恳辞，遂不置左相，独任以政。首荐张珪，复平章政事，召用致仕老臣，优其禄秩，议事中书。不次用才，唯恐少后，日以进贤退不肖为重务。患法制不一有司无所守，奏详定旧典以为通制。帝幸五台，拜住奏曰：“自古帝王得天下以得民心为本，失其心则失天下。钱谷，民之膏血，多取则民困而国危，薄敛则民足而国安。”帝曰：“卿言甚善。朕思之，民为重，君为轻，国非民将何以为君？今理民之事，卿等当熟虑而慎行之。”

三年春二月，将进《仁宗实录》，先一日，诣翰林国史院听读。首卷书大德十一年事，不书左丞相哈剌哈孙定策功，惟书越王秃剌勇决从容。谓史官曰：“无左丞相，虽百越王何益？录鹰犬之劳，而略发踪指示之人，可乎？”立命书之。其他笔削未尽善者，一一正之，人皆服其识见。

夏六月，拜住以海运粮视世祖时顿增数倍，今江南民力困极，而京仓充满，奏请岁减二十万石。帝遂并铁木迭儿所增江淮粮免之。

时铁木迭儿过恶日彰，拜住悉以奏闻。帝悟，夺其官，仆其碑。奸党铁失等甚惧。帝在上都，夜寐不宁，命作佛事。拜住以国用不足谏止之。既而惧诛者复阴诱群僧言：“国当有厄，非作佛事而大赦无以禳之。”拜住叱曰：“尔辈不过图得金帛而已，又欲庇有罪耶？”奸党闻之益惧，乃生异谋。

晋王也孙帖木儿时镇北边，铁失潜遣人至王所，告以逆谋，约事成推王为帝。王命囚之，遣使赴上都告变，未至，车驾南还，次南坡，铁失与赤斤铁木儿等夜以所领阿速卫兵为外应，杀拜住，遂弑帝于行幄。晋王即位，铁失等伏诛。诏有司备仪卫，百官耆宿前导，舆拜住画相于海云寺，大作佛事，观者万数，无不叹惜泣下。

拜住忧国忘家，常直内庭，知无不言。太官以酒进，则忧形于色。有盗其家金器百余两，他宝直钜万，继而获盗得金，家僮来告，色无喜愠。自延祐末，水旱相仍，民不聊生。及拜住入相，振立纪纲，修举废坠，裁不急之务，杜侥幸之门，加惠兵民，轻徭薄敛。英宗倚之，相与励精图治。时天下晏然，国富民足，远夷有古未通中国者皆朝贡请吏，而奸臣畏之，卒构祸难云。

母怯烈氏，年二十二，寡居守节。初，拜住为太常礼仪院使，年方二十，吏就第请署字，适在后圃阅群戏，出稍后，母厉声呵之曰："官事不治，若尔所为岂大人事耶？"拜住深自克责。一日入内侍宴，英宗素知其不饮，是日强以数卮，既归，母戒１之曰："天子试汝量，故强汝饮。汝当日益戒惧，无酗于酒。"又常代祀睿宗原庙，归侍左右，母问之曰："真定官府待汝若何？"对曰："所待甚重。"母曰："彼以天子威灵、汝先世勋德故耳，汝何有焉？"拜住之贤，母之教也。后封东平王夫人。

泰定初，中书奏丞相拜住尽忠效节，殒于群凶，乞赐褒崇以光后世。制赠清忠一德功臣、太师、开府仪同三司、上柱国，追封东平王，谥忠献。至正初，改至仁孚道一德佐运功臣，余如故。子笃麟铁穆尔。

元史卷一三七
列传第二四

察罕　曲枢　阿礼海牙
奕赫抵雅尔丁　脱烈海牙

　　察罕,西域板勒纥城人也。

　　父伯德那,岁庚辰,国兵下西域,举族来归。事亲王旭烈,授河东民赋副总管,因居河中猗氏县,后徙解州。赠荣禄大夫、宣徽使、柱国、芮国公。

　　察罕魁伟颖悟,博览强记,通诸国字书,为行军府奥鲁千户。奥鲁赤参政湖广,辟为蒙古都万户府知事。奥鲁赤进平章,复辟为理问,政事悉委裁决,且令诸子受学焉。至元二十四年,从镇南王征安南,师次泸江。安南世子遣其叔父诣军门自陈无罪,王命察罕数其罪而责之,使者辞屈,世子举众逃去。二十八年,授枢密院经历。未几从奥鲁赤移治江西。宁都民言:"某乡石上云气五色,有物焉,视之玉玺也。不以兵取,恐为居人所有。"众惑之。察罕曰:"妄也,是必构害仇家者。"核问之果然。前后从奥鲁赤出入湖广、江西两省,凡二十一年,多著勋绩。

　　成宗大德四年,御史台奏佥湖南宪司事,中书省奏为武昌路治中。丞相哈剌哈孙曰:"察罕廉洁,固宜居风宪。然武昌大郡,非斯人不可治。"竟除武昌。广西妖贼高仙道以左道惑众,平民讹误者以数千计。既败,湖广行省命察罕与宪司杂治之,鞫得其情,议诛首恶数人,余悉纵遣,且焚其籍。众难之。察罕曰:"吾独当其责,诸君无累也。"以治最闻,擢河南省郎中。

成宗崩,仁宗自藩邸入诛群臣之为异谋者,迎武宗于边。河南平章襄加台荐察罕,即驿召至上都,赐厩马二匹、钞一千贯、银五十两,曰:"卿少留,行用卿矣。"武宗即位,立仁宗为皇太子,授察罕詹事院判,进金詹院事,赐银百两、锦二匹。遣先还大都立院事。仁宗至,谓曰:"上以故安西王地赐我,置都总管府,卿其领之,慎拣僚属,勿以詹事位高不屑此也。进卿秩资德大夫。"察罕叩头谢曰:"都府之职,敢不恭命,进秩非所敢当。"固辞,改正奉大夫,授以银印。

至大元年,阅户口江南诸省,还进太子府正,加昭文馆大学士,迁家令。武宗崩,仁宗哀恸不已。察罕再拜启曰:"庶民修短,尚云有数,圣人天命,夫岂偶然。天下重器悬于殿下,纵自苦,如宗庙太后何。"仁宗辍泣曰:"曩者大丧必命浮屠。何益?吾欲发府库以赈鳏寡孤独若何?"曰:"发政施仁,文王所以为圣。殿下行之幸甚。"东宫故有左右卫兵,使襄加台、察罕总右卫,且令审择官属。

仁宗即位,拜中书参知政事,但总持纲维,不屑细务,识者谓得大臣体。帝尝赐枸杞酒,曰:"以益卿寿。"又语宰相曰:"察罕清素,可赐金束带、钞万贯。"前后赏赉不可胜计。皇庆元年,进荣禄大夫、平章政事、商议中书省事。乞归解州立碑先茔。许之。暮年,居德安白云山别墅,以白云自号。尝入见,帝望见曰:"白云先生来也。"其被宠遇如此。帝尝问张良何如人,对曰:"佐高帝,兴汉,功成身退,贤者也。"又问狄仁杰,对曰:"当唐室中衰,能卒保社稷,亦贤相也。"因诵范仲淹所撰碑词甚熟。帝叹息良久曰:"察罕博学如此邪。"尝译《贞观政要》以献。帝大悦,诏缮写遍赐左右,且诏译《帝范》。又命译《脱必赤颜》名曰《圣武开天纪》,及《纪年纂要》、《太宗平金始末》等书,俱付史馆。尝以病请告,暨还朝,帝御万岁山圆殿,与平章李孟入谢。帝曰:"白云病愈邪?"顿首对曰:"老臣衰病,无补圣明,荷陛下哀矜,放归田里,幸甚,不觉沉疴去体尔。"命赐茵以坐,顾李孟曰:"知止不辱,今见其人。朕始以答剌罕、不怜吉台、襄加台等言用之,诚多裨益。有言察罕不善者,其人即非善人也。"又语及科举并前古帝王赐姓命氏之事,因赐察罕姓白氏。

初,察罕生于河中,其夜,天气清肃,月白如昼。相者贺曰:"是儿必贵。"国人谓白为察罕,故名察罕。察罕天性孝友,田宅之在河中者,悉分与诸昆弟。昆弟贫来归者,复分与田宅奴婢,纵奴为民者甚众。故人多称长者。既致仕,优游八年,以寿终。

子外家奴,太中大夫、武冈路总管;李家奴,早卒;忽都笃,承直郎、高邮府判官。孙九人,仕者二人:阔阔不花,哈撒。

曲枢,西土人。曾祖达不台,祖阿达台,父质理花台,世赠功臣,追封王爵。

曲枢七岁失怙恃。既壮,沉密静专,为徽仁裕圣皇太后宫臣。仁宗幼时,以曲枢可任保傅,左右拥翼。曲枢入则佐视食饮,出则抱负游衍,鞠躬尽力,夙夜匪懈。大德三年,武宗总戎北边。九年,谗人乱国。仁宗侍皇太后之国于怀,未几,复之云中,连年奔走不暇。曲枢栉风沐雨,跋涉艰险,无倦色。

成宗崩,仁宗奉太后入朝,歼奸党,迎武宗即皇帝位,仁宗为皇太子,天下以安。拜曲枢荣禄大夫、平章政事,行大司农。未几,进光禄大夫,领詹事院事,加特进,封应国公。至大元年,拜开府仪同三司、太子詹事、平章军国重事、上柱国,依前大司农、应国公。进太子太保,领典医监事。四年,授太保,录军国重事、集贤大学士,兼大司农,领崇祥院、司天台事,官爵勋封如故。后以疾薨于位。

子二人。长伯都,大德十一年特授翰林学士,嘉议大夫,迁中奉大夫、典宝监卿,加资德大夫、治书侍御史。至大元年,升荣禄大夫,遥授中书平章政事,改侍御史。明年,拜中书参知政事。进右丞,年三十二而卒。子咬住。

次伯帖木儿,大德十一年,特授正议大夫、怀孟路总管府达鲁花赤,兼管诸军奥鲁管内劝农事,改府正。至大二年,迁中奉大夫、陕西等处行尚书省参知政事。明年,入为太子家令,迁正奉大夫。明年,迁资德大夫、大都留守,兼少府监。拟擢侍御史,改除翰林学士承旨、知制诰兼修国史。未几复为大都留守，兼少府监、武卫亲军都指挥使，佩金虎符。皇庆元年，加荣禄大夫。子二人：桓泽都，蛮子。

阿礼海牙，畏吾氏，集贤大学士脱列之子也。

兄野讷，事仁宗于潜邸。大德九年，仁宗奉兴圣太后出居怀州。从者单弱，多怀去计。野讷独无所畏难。成宗崩，权臣阿附中宫，不遣使告哀宗藩。仁宗有闻，将自怀州入京，宫臣或持不可。野讷屏人密启曰："天子晏驾而皇子已早卒，天下无主，邪谋方兴。怀宁王及殿下，世祖、裕皇贤孙，人心所属久矣。宜急奉太母入定大计，邪谋必止。迎立怀宁王以正神器，在此行矣。"仁宗即白太后，以二月至京师，遂诛柄臣二人，遣使迎武宗。武宗即位，召野讷，赐玉带，授嘉议大夫、秘书监。仁宗居东宫，兼太子右庶子，迁侍御史、崇祥院使，兼将作院使。闽有绣工，工官大集民间子女居肆督责，吏因为奸利，野讷奏罢之，闽人感悦。寻兼太医院使。仁宗即位，请召文武老臣，咨以朝政。又请以中都苑囿还诸民。拜枢密院副使，进同知枢密院事。命为中书平章政事，辞不拜。野讷之在台及侍禁中，于国家事有不便，辄言之，言无不纳。然韬晦恶盈，不泄于外。延祐四年卒，年四十。赠推诚保节翊运功臣、金紫光禄大夫、行中书省左丞相、上柱国、赵国公，谥忠靖。

阿礼海牙亦早事武宗、仁宗，为宿卫，以清慎通敏与父兄并见信任。十余年间，扬历华近，入侍帷幄，出践省闼，廷无间言。至治初，出为平章政事，历镇江浙、湖广、河南、陕西四省，皆有惠政，汴人尤怀思之。归朝拜翰林学士承旨。丁父忧，解官家居。

天历元年秋，文宗入承大统。阿礼海牙即易服南迎，至于汴郊见焉。帝命复镇汴省。时当艰难之际，阿礼海牙高价籴粟，以峙粮储，命近郡分治戎器，阅士卒，括马民间，以备不虞。先是，文宗即位之诏已播告天下，而陕西官府结连靖安王等起兵，东击潼关。阿礼海牙开府库，量出钞二十五万缗，属诸行省参政河南淮北蒙古军都万户朵列图、廉访副使万家闾犒军河南以御之。令都镇抚卜伯率军吏巡行南阳、高门、武关、荆子诸隘,南至襄、川二江之口,督以严备。万户博罗守潼关,不能军。是月二十五日,只儿哈率小汪总帅、脱帖木儿万户等之兵,突出潼关,东掠阌乡,拔灵宝,荡陕州、新安诸郡邑,放兵四劫,迤逦前进。河南告急之使狎至,而朵列图亦以兵寡为言。

十月一日,阿礼海牙集省宪官属,问以长策,无有言者。阿礼海牙曰:"汴在南北之交,使西人得至此,则江南三省之道不通于畿甸,军旅应接何日息乎。夫事有缓急轻重,今重莫如足兵,急莫如足食。吾征湖广之平阳、保定两翼军,与吾省之邓新翼、庐州、沂、郯炮弩手诸军,以备虎牢;裕州哈剌鲁、邓州孙万户两军,以备武关、荆子口。以属郡之兵及蒙古两都万户、左右两卫、诸部丁壮之可入军者,给马乘赍装,立行伍,以次备诸隘。芍陂等屯兵本自襄、邓诸军来田者,还其军,益以民之丁壮,使守襄阳、白土、峡州诸隘。别遣塔海以备自蜀至者,以汴、汝、荆、襄、两淮之马以给之,府库不足,则命郡县假诸殷富之家。安丰等郡之粟,溯黄河运至于陕,籴诸汴、汝、近郡者,则运诸荥阳以达于虎牢。吾与诸军各奋忠义以从王事,宜无不济者。"众曰:"唯。"命即日部分行事。自伯颜不花王以下省都事李元德等,凡省之属吏与有官而家居者,各授以事而出。廉访使董守中、佥事沙沙在南阳,右丞脱帖木儿、廉访使卜颜在虎牢,分遣兵马以听其调用。馈饷之行,千车相望,阿礼海牙亲阅实之,必丰必良,信以期会。自虎牢之南至于襄、汉,无不毕给。盖为粟二十万石,豆如之,兵甲五十五万,刍万万。是时,朝廷置行枢密院以总西事。襄、汉、荆湖、河南郡县皆缺官,阿礼海牙便宜择材以处之,朝廷皆从其请。

是月,西兵逼河南,行院使来报,曰:"西人北行者度河中以趋怀、孟、磁;南行者帖木哥,过武关,掠邓州而残之,直趋襄阳,攻破郡邑三十余,横绝数千里,所过杀官吏,焚庐舍,虏民人妇女财物,贼虐殄尽,西结囊家歹以蜀兵至矣。"阿礼海牙益督饷西行,遣行院官塔海领兵攻帖木哥,而又设于江、黄,置铁绳于峡口,作舟舰以待战。十九日，师与西兵遇于巩县之石渡，而湖广所征太原之兵最为可用。甫至，未及食，或趣之倍道以进，转战及暮，两军杀伤与堕涧谷死者相等，而虎牢遂为敌有，兵储巨万，阿礼海牙尽其心，民殚其力者，一旦悉亡焉。行省院与诸军敛兵退。二十二日至汴，民大恐。阿礼海牙前后遣使告于朝，辄为也先捏留不遣，不得朝廷音问已二十日，阿礼海牙亦忧之，亲出行抚其民。乃修城阙以备冲突，立四门以通往来，戒卒伍以严守卫。时虽甚危急，阿礼海牙朝夕出入，声色不动，怡然如平时，众赖以安。

十一月六日，西师逼城将百里而近，阿礼海牙召行院将帅、宪司与凡在官者，而告之曰："吾荷国厚恩，唯有一死以报上耳。行院之出，唯敌是图，而退保吾城，不亦怯乎？然敌亦乌合之众，何所受命而敢犯我乎？且吾甲兵非不坚劲。刍崎非不丰给，而弗利者，太平日久，将校不知兵，史士不练习，彼所以得披猖至此。彼诚知我圣天子之命，则众沮而散尔，何足虑乎。吾今遣使告于朝，请降诏大赦胁从诖误。比诏下，先募士，以即位诏及朝廷招谕之文入其军，明示利害。吾整大军西向以征之，别遣骁将率精骑数千上龙门，绕出其后，使之进无所投，退无所归，成擒于巩、洛之间必矣。而我军所获陕西官吏，命有司羁而食之，一无所戮。"众曰："诺，唯命。"即日与行院整兵南薰门外以行。

会有使者自京师还，言齐王已克上都，奉天子宝玺来归，刻日至京矣。阿礼海牙乃置酒高会于省堂以贺，发书告属郡，报诸江南三省，而募士得兰住者赍书谕之。西人犹榜掠兰住，讯以其实，而朝廷亦遣都护月鲁帖木儿从十余人奉诏放散西军之在虎牢者。西人杀其从者之半，械都护以送诸荆王所。荆王时在河南之白马寺，以是西人虽未解散，各已骇悟。又闻行省院以兵至，犹豫不敢进。朝廷又使参政冯不花亲谕之，乃信服。靖安王遣使四辈与兰住来请命，逡巡而去，难平。阿礼海牙乃解严报捷，敛余财以还民，从陕西求民人之被俘掠者归其家，凡数千人。陕西官吏被获者，皆遣还其所。

阿礼海牙自始至镇，迨乎告功，居汴省者数月。后以功迁陕西行御史大夫，复拜中书省平章政事。

奕赫抵雅尔丁，字太初，回回氏。父亦速马因，仕至大都南北两城兵马都指挥使。

奕赫抵雅尔丁幼颖悟嗜学，所读书一过目即终身不忘。尤工其国字语。初为中书掾，以年劳授江西行省员外郎，入为吏部主事，不再阅月，固辞。擢刑部员外郎，四方所上狱，反复披阅成牍，多所平反。迁陕西汉中道肃政廉访司佥事，不赴。改中书右司员外郎，寻升郎中。

一日，与同列共议狱，有异其说者，奕赫抵雅尔丁曰：“公等读律，苟不能变通以适事宜，譬之医者，虽熟于方论，而不能切脉用药，则于疾痛奚益哉。”同列虽不平，识者服其为名言。大德八年肆赦，廷议惟官吏因事受赇者不预。奕赫抵雅尔丁曰：“不可。恩如雨露，万物均被，赃吏固可嫉，比之盗贼则有间矣。宥盗而不宥吏，何耶？”

刑部尝有狱事，上谳既论决，已而丞相知其失，以谴右司主者，奕赫抵雅尔丁初未尝署其案，因取成案阅之，窃署其名于下。或讶之曰：“兹狱之失，公实不与，丞相方谴怒而公反追署其案，何也？”奕赫抵雅尔丁曰：“吾偶不署此案耳，岂有与诸君同事而独幸免哉。”丞相闻而贤之，同列因以获免。

迁左司郎中。时左司阙一都事，平章梁暗都剌谓奕赫抵雅尔丁曰：“人之材干固尝有之，惟笃实不欺为难得，公当以所知举。”奕赫抵雅尔丁遂以王毅、李迪为言，一时舆论莫不称允。又尝论朝士，如王仁卿、贾元播、高彦敬、敬威卿、李清臣辈可大用，时诸公处下僚，后皆如其言。迁翰林侍讲学士、知制诰兼修国史，转中奉大夫、集贤大学士。

未几，除江东建康道肃政廉访使。始视事，见以狱具陈列庭下甚备，问之，乃前官创制以待有罪者。奕赫抵雅尔丁蹙然曰：“凡逮至臬司，皆命官及有出身之吏，廉得其情，则将服罪，狱具毋庸施也。"即屏去之。监宪一年，赃吏削迹。

至大初元，立尚书省，拜参议尚书省事，召至京师，恳辞不就。改立中书省，复拜参议中书省事，亦以疾辞。延祐元年卒，年四十有七。

脱烈海牙，畏吾氏。世居别失拔里之地。

曾祖阔华八撒术，当太祖西征，导其主亦都护迎降。帝嘉其有识，欲官之，辞以不敏。

祖八剌术，始徙真定，仕至帅府镇抚。富而乐施，或贷不偿，则火其券，人称于长者。

父阇里赤，性纯正，知读书。

脱烈海牙幼嗜学，警敏绝人。性整暇，虽居仓卒，未尝见其急遽。喜从文士游，犬马声色之娱，一无所好。由中书宣使，出为宁晋主簿。改隆平县达鲁花赤，均赋兴学，劝农平讼，桥梁、水防、备荒之政，无一不举。及满去，民勒石以纪其政。拜监察御史。时江西胡参政杀其弟，讼久不决，脱烈海牙一讯竟伏其辜。出佥燕南道肃政廉访司事，务存大体，不事苛察。在任六年，黜污吏百四十有奇。召为户部郎中，转右司员外郎，升右司郎中。赞画之力居多。仁宗在东宫，知其嗜学，出秘府经籍及圣贤图像以赐，时人荣之。母霍氏卒，哀毁骨立，事闻，赐钞五万贯，给葬事。起为吏部尚书，量能叙爵，以平允称。改礼部尚书，领会通馆事。进中奉大夫、荆湖北道宣慰使。适峡人艰食，脱烈海牙先发廪赈之，而后以闻。朝议韪之。

至治三年，迁淮东宣慰使。七月，以疾卒于广陵，年六十有七，赠通奉大夫、河南江北等处行中书省参知政事、护军，追封恒山郡公。

弟观音奴，廉明材干，亦仕至清显云。

元史卷一三八
列传第二五

康里脱脱　燕铁木儿 撒敦
唐其势　伯颜　马札儿台　脱脱

康里脱脱，父曰牙牙，由康国王封云中王，阿沙不花之弟也。

脱脱姿貌魁梧，少时从其兄斡秃蛮猎于燕南，斡秃蛮使归献所获，世祖见其骨气沉雄，步履庄重，叹曰：“后日大用之才，已生于今。”即命入宿卫。成宗初，丞相伯颜在北鄙，脱脱奉诏以名鹰赐伯颜。伯颜见之，惊问曰：“汝为何人子？”脱脱以实对，伯颜语之曰：“吾老矣，他日可大用者，未见汝比。”

大德三年，武宗以皇子抚军北鄙，脱脱从行。五年，叛王海都犯边，脱脱从武宗讨之。师次杭海，进击海都，大破其众，脱脱手斩一士之首，连背胛以献，武宗壮之。兵之始交也，武宗锐欲出战，脱脱执辔力谏，武宗怒，挥鞭抶其手，不退，乃止。已而武宗与大将朵儿答哈语及之，朵儿答哈曰：“太子在军中，如身有首，如衣有领，脱有不虞，众安所附？脱脱之谏可谓忠矣。”武宗深然之。

成宗大渐，丞相哈剌哈孙答剌罕称疾卧直庐中。脱脱适以使事至京师，即俾驰告武宗以国恤，语在《阿沙不花传》。

时仁宗奉兴圣太后至自怀孟，既定内难，而太后以两太子星命付阴阳家推算，问所宜立者，曰：“重光大荒落有灾，旃蒙作噩长久。”重光为武宗年干，旃蒙为仁宗年干。于是太后颇惑其言，遣近臣朵耳谕旨武宗曰：“汝兄弟二人皆我所出，岂有亲疏？阴阳家所言

运祚修短，不容不思。”武宗闻之，默然，进脱脱而言曰：“我捍御边
陲，勤劳十年，又次序居长，神器所归，灼然何疑。今太后以星命休
咎为言，天道茫昧，谁能豫知？设使我即位之后，所设施者上合天
心，下副民望，则虽一日之短，亦足垂名万年，何可以阴阳之言而乖
祖宗之托哉！此盖近日任事之臣，擅权专杀，恐我他日或治其罪，故
为是奸谋动摇大本耳。脱脱，汝为我往察事机，疾归报我。”

脱脱承命即行。武宗亲率大军由西道进，按灰由中道，床兀儿
由东道，各以劲卒一万从。脱脱驰至大都，入见太后，道武宗所授旨
以闻。太后愕然曰：“修短之说虽出术家，为太子周思远虑乃出我深
爱。贪憨已除，宗王大臣议已定，太子不速来何为？”时诸王秃列等
侍，咸曰：“臣下翊戴嗣君，无二心者。”既而太后、仁宗屏左右，留脱
脱与语曰：“太子天性孝友，中外属望。今闻汝所致言，殆有谗间。汝
归速为我弥缝阙失，使我骨肉无间，相见怡愉，则汝功为不细矣。”
脱脱顿首谢曰：“太母、太弟不烦过虑，臣侍藩邸历年，颇见信任，今
归当即推诚竭忠以开释太子。后日三宫共处，靡有嫌隙，斯为脱脱
所报效矣。”

先是，太后以武宗迟回不至，已遣阿沙不花往道诸王群臣推戴
之意。及是脱脱继往，行至旺古察，武宗在马轿中望见其来，趣使疾
驰，与之共载。脱脱具致太后、仁宗之语，武宗乃大感悟，释然无疑。
遂遣阿沙不花还报。仁宗即日命驾奉迎于上都。武宗正位宸极，尊
太后为皇太后，立仁宗为皇太子，三宫协和，脱脱兄弟之力为多。

脱脱之至京师也，武宗尝命其同知枢密院，比还，问曾视事否，
脱脱对曰：“今正殿未御，宗亲未见，为扈从之臣攗取名位，诚恐有
累圣德，是以未敢祗事。”武宗嘉叹久之。知枢密院只儿哈忽在潜邸
时尝有不逊语，将置于法，脱脱谏曰：“陛下新正位，大信未立而辄
行诛戮，知者以为彼自有罪，不知者以为报仇，恐人人自危。况只儿
哈忽习于先朝典故，今固不可少也。”乃宥之。继海都而王者曰察八
儿，素服武宗威名，至是率诸王内附，诏特设宴于大庭。故事，凡大
宴，必命近臣敷宣王度，以为告戒。脱脱荐只儿哈忽，令具其言以

进,果称旨。武宗叹曰:"博尔忽、博尔术前朝人杰,脱脱今世人杰也。"即以所进之言授脱脱。及诸王大臣被宴服就列,脱脱即席陈西北诸藩始终离合之由、去逆效顺之义,辞旨明畅,听者倾服。自同知枢密院事进中书平章政事,拜御史大夫。迁江南行台御史大夫。寻召拜录军国重事、中书左丞相。脱脱知无不言,言无不行,中外翕然称为贤相。

至大三年,尚书省立,迁右丞相。三宝奴等劝武宗立皇子为皇太子。脱脱方猎于柳林,遣使亟召之还。三宝奴曰:"建储议急,故相召耳。"脱脱惊曰:"何谓也。"曰:"皇子寝长,圣体近日倦勤,储副所宜早定。"脱脱曰:"国家大计不可不慎。曩者太弟躬定大事,功在宗社,位居东宫,已有定命,自是兄弟叔侄世世相承,孰敢紊其序者!我辈臣子,于国宪章纵不能有所匡赞,何可隳其成。"三宝奴曰:"今日兄已授弟,后日叔当授侄,能保之乎?"脱脱曰:"在我不可渝,彼失其信,天实鉴之。"三宝奴虽不以为然,而莫能夺其议也。

是时,尚书省赐予无节,迁叙无法,财用日耗,名爵日滥。脱脱进言曰:"爵赏者,帝王所以用人也。今爵及比德,赏及罔功,缓急之际何所赖乎!中书所掌,钱粮、工役、选法、刑狱十有二事。若从臣言,恪遵旧制,则臣愿与诸贤黾勉从事。不然,用臣何补!"遂有诏俾滥受宣敕者赴所属缴纳。侥幸之路既塞,奔竞之风顿衰。中台有赃罚钞五百万缗,脱脱请出以赈孤寡老疾诸穷而无告者。宗王南忽里部人告其主为不轨,脱脱辩其诬,抵告者罪。宗王牙忽秃征其旧民于齐王八不沙部中,邻境诸王欲奉齐王攻牙忽秃,齐王惧奔牙忽秃以避之,遂告齐王反。脱脱簿问得实,乃释齐王而徙诸王于岭南。边将脱火赤请以新军万人益宗王丑汉,廷议俾脱脱往给其资装。脱脱谓时方宁谧,不宜挑变生事,辞不行。遂遣丞相秃忽鲁等二人往给之,几以激变。四年正月,复为中书左丞相。

仁宗即位,眷待弥笃,欲使均逸于外,二月,拜江浙行省左丞相。下车,进父老问民利病,咸谓杭城故有便河通于江浒,堙废已久,若疏凿以通舟楫,物价必平。僚佐或难之,脱脱曰:"吾陛辞之

日,密旨许以便宜行事。民以为便,行之可也。”俄有旨禁勿兴土功,
脱脱曰:“敬天莫先勤民,民蒙其利则灾沴自弭,土功何尤。”不一月
而成。

是时,铁木迭儿为丞相,欲固位取宠,乃议立仁宗子英宗为皇
太子,而明宗以武宗子封周王,出镇于云南。又谮脱脱为武宗旧臣。
诏逮至京师。居数日,床兀儿、失列门传两宫旨谕脱脱曰:“初疑汝
亲于所事,故召汝。今察汝无他,其复还镇。”脱脱入谢太后曰:“臣
虽被先帝知遇,而受太后及今上恩不为不深,岂敢昧所自乎。”还江
浙。未几,迁江西行省左丞相。

英宗嗣位,召拜御史大夫。时帖赤先为大夫,阴忌之,奏改江南
行台御史大夫。复嗾言者劾其擅离职守,将徙之云南,会帖赤伏诛,
乃解。家居不出者五年。泰定四年薨,年五十六。至正初,赠推诚
全德守义佐运功臣、太师、开府仪同三司、上柱国,追封和宁王,谥
忠献。

脱脱尝即宣德别墅延师以训子,乡人化之,皆向学。朝廷赐其
精舍额曰景贤书院,为设学官。其没也,即其中祠焉。

子九人,其最显者二人:曰铁木儿塔识,曰达识帖睦迩,各有
传。

燕铁木儿,钦察氏,床兀儿第三子,世系见《土土哈传》。武宗镇
朔方,备宿卫十余年,特爱幸之。及即位,拜正奉大夫、同知宣徽院
事。皇庆元年,袭左卫亲军都指挥使。泰定二年,加太仆卿。三年,
迁同佥枢密院事。致和元年,进佥书枢密院事。

泰定帝崩于上都,丞相倒剌沙专政,宗室诸王脱脱、王禅附之,
利于立幼。燕铁木儿时总环卫事,留大都,自以身受武宗宠拔之恩,
其子宜纂大位,而一居朔漠,一处南陲,实天之所置,将以启之。由
是与公主察吉儿、族党阿剌帖木儿及腹心之士孛伦赤、剌剌等议,
以八月甲午昧爽,率勇士纳只秃鲁等入兴圣宫,会集百官,执中书
平章乌伯都剌、伯颜察儿,兵皆露刃,誓众曰:“祖宗正统属在武皇

帝之子,敢有不顺者斩。"众皆溃散。遂捕奸党下狱,而与西安王阿剌忒纳失里入守内庭,分处腹心于枢密,自东华门夹道重列军士,使人传命往来其中,以防漏泄。即命前河南行省参知政事明里董阿、前宣政院使答剌麻失里乘驿迎文宗于中兴,且令密以意喻河南行省平章伯颜选兵备扈从。

于是封府库,拘百司印,遣兵守诸要害。推前湖广行省左丞相别不花为中书左丞相,詹事塔失海涯为平章,前湖广行省右丞速速为中书左丞,前陕西行省参政王不怜吉台为枢密副使,萧忙古鳊仍为通政院使,与中书右丞赵世延、枢密同金燕铁木儿、通政院使寒食分典庶务。贷在京寺观钞,募死士,买战马,运京仓粟以饷守御士卒,复遣使于各行省征发钱帛兵器。

当时有诸卫军无统属者,又有谒选及罢退军官,皆给之符牌,以待调遣。既受命,未知所谢,注目而立,乃指挥使南向拜,众皆愕然,始知有定向矣。燕铁木儿宿卫禁中,夜则更迁无定居,坐以待旦者,将一月。弟撒敦、子唐其势时留上都,密遣塔失帖木儿召之,皆弃其妻子来归。丁酉,再遣撒里不花、锁南班往中兴趣大驾早发,令塔失帖木儿设为南使云:"诸王帖木儿不花、宽彻普化,湖广、河南省臣及河南都万户合军扈驾,且夕且至,民勿疑惧。"丁未,命撒敦以兵守居庸关,唐其势屯古北口。戊申,复令乃马台为北使,称明宗从诸王兵整驾南辕,中外乃安。辛亥,撒里不花至自中兴,云乘舆已启涂,诏拜燕铁木儿知枢密院事。丙辰,率百官备法驾郊迎。丁巳,文宗至京师,入居大内。

己未,上都王禅及太尉不花、丞相塔失帖木儿、平章买闾、御史大夫纽泽等军次榆林。

九月庚申,诏燕铁木儿帅师御之,撒敦先驱,至榆林西,乘其未阵薄之,北军大败。甲子,诏还都。戊辰,辽东平章秃满迭儿以兵犯迁民镇,斩关以入。遣撒敦往拒,至蓟州东沙流河,累战败之。燕铁木儿以为扰攘之际,不正大名,不足以系天下之志,与诸王大臣伏阙劝进。文宗固辞曰:"大兄在朔方,朕敢紊天序乎。"燕铁木儿曰:

"人心向背之机，间不容发，一或失之，噬脐无及。"文宗悟，乃曰：
"必不得已，当明诏天下，以著予退让之意而后可。"壬申，文宗即
位，改元天历，赦天下。

　　癸酉，封燕铁木儿为太平王，以太平路为其食邑。甲戌，加开府
仪同三司、上柱国、录军国重事、中书右丞相、监修国史、知枢密院
事；赐黄金五百两、白金二千五百两、钞一万锭、金素织段色缯二千
匹、海东白鹘一、青鹘二、豹一、平江官地五百顷。即日诏将兵出蓟
州拒秃满迭儿。乙亥，次三河，而王禅等军已破居庸关，遂进屯三
冢。丙子，燕铁木儿蓐食倍道而还。丁丑，抵榆河，关帝出都城，将
亲督战，燕铁木儿单骑请见，曰："陛下出，民心必惊，凡剪寇事一以
责臣，愿陛下亟还宫以安黎庶。"文宗乃还。明日丁丑，阿速卫指挥
使忽都不花、塔海帖木儿，同知太不花构变，事觉，械送京师斩以
徇。己卯，与王禅前军遇于榆河北，我师奋击败之，追至红桥北。王
禅将枢密副使阿剌帖木儿、指挥忽都帖木儿引兵会战。阿剌帖木儿
执戈入刺，燕铁木儿侧身以刀格其戈就斫之，中左臂。部将和尚驰
击忽都帖木儿亦中左臂。二人骁将也，敌为夺气，遂却。因据红桥。
两军阻水而阵，命善射者射之，遂退，师于白浮南。命知院也速答
儿，八都儿，亦讷思等分为三队，张两翼以角之，敌军败走。辛巳，敌
军复合，鏖战于白浮之野，周旋驰突，戈戟戞摩。燕铁木儿手毙七
人。会日晡，对垒而宿。夜二鼓，遣阿剌帖木儿、孛伦赤、岳来吉将
精锐百骑鼓噪射其营，敌众惊扰，互自相击，至旦始悟，人马死伤无
数。明日，天大雾，获敌卒二人，云王禅等脱身窜山谷矣。癸未，天
清明，王禅集散卒成列出山，我师驻白浮西，坚壁不动。是夜，又命
撒敦潜军绕其后，部曲八都儿压其前，夹营吹铜角以震荡之，敌不
悟而乱，自相挝击，三鼓后乃西遁。迟明，追及昌平北，斩首数千级，
降者万余人。

　　帝遣赐上尊，谕旨曰："丞相每战亲冒矢石，脱有不虞，其若宗
社何！自今后但凭高督战，察将士之用命不用命者以赏罚之可也。"
对曰："臣以身先之，为诸将法。敢后者军法从事。托之诸将，万一

失利,悔将何及。"是日,敌军再战再北,王禅单骑亡命。也速答儿、也不伦、撒敦追之,就命也速答儿及佥院彻里帖木儿统卒三万守居庸关,还至昌平南。

俄报古北口不守,上都军掠石槽。丙戌,遣撒敦为先驱,燕铁木儿以大军继其后,至石槽。敌军方炊,掩其不备,直蹂之,大军并进,追击四十里,至牛头山,擒驸马孛罗帖木儿,平章蒙古答失、牙失帖木儿,院使撒儿讨温等,献俘阙下,戮之。各卫将士降者不可胜纪,余兵奔窜。夜遣撒敦袭之,逐出古北口。

丁亥,秃满迭儿及诸王也先帖木儿军陷通州,将袭京师,燕铁木儿急引军还。十月己丑朔,日将昏,至通州,乘其初至击之,敌军狼狈走渡潞河。庚寅,夹河而军。敌列植黍秸,衣以毡衣,然火为疑兵,夜遁。辛卯,率师渡河追之。癸巳,驻檀子山之枣林,也速帖木儿、秃满迭儿合阳翟王太平、国王朵罗台、平章塔海军来斗,士皆殊死战。至晚,唐其势陷阵,杀太平,死者蔽野,余兵宵溃。已而撒敦将轻兵要之,弗及而还。

乙未,上都诸王忽剌台,指挥阿剌铁木儿、安童入紫荆关,犯良乡,游骑逼南城。燕铁木儿即率诸将兵循北山而西,令脱衔系囊,盛菽豆以饲马,士行且食,晨夜兼程,至于卢沟河,忽剌台闻之,望风西走。是日凯旋,入自肃清门,都人罗拜马首,以谢更生之惠。燕铁木儿曰:"此皆天子威灵,吾何力焉。"入见,帝大悦,赐燕兴圣殿,尽欢而罢。赐太平王黄金印,并降制书及赐玉盘、龙衣、珠衣、宝珠、金腰带等物。是日,撒敦遣报秃满迭儿军复入古北口,燕铁木儿遂以师赴之,战于檀州南野,败之。东路蒙古万户哈剌那怀率麾下万人降,余兵东溃,秃满迭儿走还辽东。获忽剌台、阿剌帖木儿、安童、朵罗台、塔海等戮之。

先是,齐王月鲁帖木儿、东路蒙古元帅不花帖木儿闻文宗即位,乃起兵趋上都围之。时上都屡败势蹙。壬寅,倒剌沙肉袒奉皇帝宝出请死。齐王调兵护送至京师。庚戌,文宗御兴圣殿,受皇帝宝,下倒剌沙于狱。两都平。丁巳,加燕铁木儿以答剌罕之号,使其世世子孙袭之。仍赐珠衣二、七宝束带一、白金瓮一、黄金瓶二、海东白鹘一、青鹘三、白鹰一、豹二十。十二月,置龙翊卫,命领其事。

先是,至治二年,以钦察卫士多,为千户所者凡三十五,故分置左右二卫,至是又析为龙翊卫。二年,立都督府,以统左、右钦察、龙翊三卫,哈剌鲁东路蒙古二万户府,东路蒙古元帅府,而以燕铁木儿兼统之,寻升为大都督府。燕铁木儿乞解相印还宿卫,帝勉之曰:"卿已为省院,惟未入台,其听后命。"二月,迁御史大夫,依前开府仪同三司、上柱国、录军国重事、太平王。未几,复拜中书右丞相、监修国史、知枢密院事、领都督府龙翊侍卫亲军都指挥使司事,就佩元降虎符,依前开府仪同三司、上柱国、录军国重事、答剌罕、太平王。

先是,文宗以天下既定,可行初志,遣治书侍御史撒迪迎大兄明宗于漠北。三月辛酉,乃诏燕铁木儿护玺宝北上。明宗嘉其功。五月,特拜开府仪同三司、上柱国、录军国重事、中书右丞相、监修国史、大都督、领龙翊亲军都指挥使事、答剌罕、太平王。六月,加拜太师,余如故。从明宗南还。八月朔,明宗次王忽察都之地,文宗以皇太子见。庚寅,明宗暴崩。燕铁木儿以皇后命奉皇帝玺宝授文宗,疾驱而还,昼则率宿卫士以扈从,夜则躬擐甲胄绕幄殿巡护。癸巳,达上都。遂与诸王大臣陈劝复正大位。己亥,文宗复即位于上都。

十二月丁亥,文宗以燕铁木儿有大勋劳于王室,封其曾祖父班都察溧阳王,曾祖妣玉龙彻溧阳王夫人,祖父土土哈升王,祖妣太塔你升王夫人,父床兀儿扬王,母也先帖你、公主察吉儿并为扬王夫人。三年二月,文宗欲昭其勋,诏命礼部尚书马祖常制文立石于北郊。至顺元年五月乙丑,帝又以屡颁宠数未足以报大勋,下诏命独为丞相以尊异之。略曰:

燕铁木儿勋劳惟旧,忠勇多谋,夺大义以成功,致治平于期月,宜专独运,以重秉钧。授以开府仪同三司、上柱国、太师、太平王、答剌罕、中书右丞相、录军国重事、监修国史、提调燕王宫相府事、大都督、领龙翊亲军都指挥使司事。凡号令、刑名、选法、钱粮、造作，一切中书政务，悉听总裁。诸王、公主、驸马、近侍人员，大小诸衙门官员人等，敢有隔越闻奏以违制论。

六月，知枢密院事阔彻伯、脱脱木儿等十人恶其权势之重，欲谋害之。也的迷失、脱迷以其谋告燕铁木儿，即率钦察军掩捕按问，皆诛之。二年二月，为建第于兴圣宫之西南。三月，赐鹰坊百人。十一月癸未，诏养其子塔剌海为子。辛酉，以燕铁木儿兼奎章阁大学士，领奎章阁学士院事。赐龙庆州之流杯园池水硙土田。又赐平江、松江、江阴芦场、荡山、沙涂、沙田等地。因言平江、松江圩田五百顷有奇，粮七千七百石，顾增为万石入官，以所得余米赡弟撒敦，诏从之。

四年，文宗大渐，遗诏立兄明宗之子。已而文宗崩，明宗次子懿璘质班即位，四十三日而崩。文宗后临朝。燕铁木儿与群臣议立文宗子燕帖古思。文宗后曰：“天位至重，吾儿年方幼冲，岂能任耶！明宗有子妥欢帖睦尔，出居广西，今年十三矣，可嗣大统。”于是奉太后命，召还京师，至良乡，具卤簿迎之。燕铁木儿与之并马而行，于马上举鞭指画，告以国家多难遣使奉迎之故。而妥欢帖睦尔卒无一语酬之。燕铁木儿疑其意不可测，且明宗之崩，实与逆谋，恐其即位之后追举前事，故宿留数月，而心志日以瞀乱。

先是，燕铁木儿自秉大权以来，挟震主之威，肆意无忌。一宴或宰十三马，取泰定帝后为夫人，前后尚宗室之女四十人，或有交礼三日遽遣归者，而后房充斥不能尽识。一日宴赵世延家，男女列坐，名鸳鸯会。见座隅一妇色甚丽，问曰：“此为谁？”意欲与俱归。左右曰：“此太师家人也。”至是荒日甚，体羸溺血而薨。

燕铁木儿既死，妥欢帖睦尔始即位，是为顺帝。乃以撒敦为左丞相，唐其势为御史大夫。元统二年四月，命唐其势总管高丽女直汉军万户府达鲁花赤。授撒敦开府仪同三司、上柱国、录军国重事、答剌罕、荣王、太傅、中书左丞相，赐庐州路为食邑，宥世世子孙九死。赠燕铁木儿太师公忠开济弘谟同德协运佐命功臣、开府仪同三司、太师、中书右丞相、上柱国，追封德王，谥忠武。至元元年三月，立燕铁木儿女伯牙吾氏为皇后。

是时，撒敦已死，唐其势为中书左丞相，伯颜独用事。唐其势忿曰："天下本我家天下也，伯颜何人而位居吾上。"遂撒敦弟答里潜蓄异心，交通所亲诸王晃火帖木儿，谋援立以危社稷。帝数召答里不至。郯王彻彻秃遂发其谋。六月三十日，唐其势伏兵东郊，身率勇士突入宫阙。伯颜及完者帖木儿、定住、阔里吉思等掩捕获之。唐其势及其弟塔剌海皆伏诛。而其党北奔答里所，答里即应以兵，杀使者哈儿哈伦、阿鲁灰用以徇旗。帝遣阿弼谕之，又杀阿弼，而率其党和尚、剌剌等逆战，为搠思监、火儿灰、哈剌那海等所败，遂奔晃火帖木儿。命字罗、晃火儿不花追袭之，力袭势促，阿鲁浑察执答里等送上都戮之。晃火帖木儿自杀。怯薛官阿察赤亦预唐其势之谋，欲杀伯颜，后擒付有司，具伏其辜，伏诛。

初，唐其势事败被擒，攀折殿槛不肯出。塔剌海走匿皇后坐下，后蔽之以衣，左右曳出斩之，血溅后衣。伯颜奏曰："岂有兄弟为逆而皇后党之者！"并执后。后呼帝曰："陛下救我。"帝曰："汝兄弟为逆，岂能相救邪！"乃迁皇后出宫，寻酖之于开平民舍，遂簿录唐其势家。

伯颜，蔑儿吉觯氏。

曾大父探马哈儿，给事宿卫。大父称海，从宪宗伐宋，殁于王事。父谨只儿，总宿卫隆福太后宫。

伯颜弘毅深沉，明达果断。年十五，奉成宗命侍武宗于藩邸。大德三年，从北征海都。五年，从至迭怯里古之地，力战，又至哈剌塔之地，累捷，功为诸将先。十年，斡罗思、失班等逃奔察八儿之地，武宗命伯颜追降之。十一年，武宗大会诸王驸马于和林，锡号曰伯颜拔都儿。

武宗即位，拜吏部尚书，俄改尚服院使，又拜御史中丞。至大二年十一月，拜尚书平章政事，特赐蛟龙虎符，领右卫阿速亲军都指挥使司达鲁花赤。三年，加特进。延祐三年，仁宗命为周王常侍府常侍。四年，拜江南行台御史中丞。五年，就升御史大夫。六年，拜江浙行省平章政事。七年，拜陕西行台御史大夫。至治二年，复迁南台御史大夫。泰定二年，迁江西行省平章政事。三年，迁河南行省平章政事。旧所赐河南田五千顷，以二千顷奉帝师祝厘，八百顷助给宿卫，自取不及其半。宿奸顽豪尝毒民者，必深治之。

致和元年七月，泰定帝崩。八月，丞相燕铁木儿遣明里董阿迎立武宗子怀王于江陵，道过河南，使以谋密告伯颜。伯颜叹曰："此吾君之子也。吾夙荷武皇厚恩，委以心膂，今爵位至此，非觊万一为己富贵计，大义所临，曷敢顾望。"即集僚属明告以故。于是会计仓廪、府库、谷粟、金帛之数，乘舆供御、牢饩膳羞、徒旅委积、士马刍精供亿之须，以及赏赉犒劳之用，靡不备至。不足，则檄州县募民折输明年田租，及贷商人货赀，约倍息以偿。又不足，则邀东南常赋之经河南者，辄止之以给其费。征发民丁，增置驿马，补城橹，浚濠池，修战守之具，严徼逻斥堠，日被坚执锐，与僚佐曹掾筹其便宜。即遣蒙哥不花以其事驰告怀王。又使罗里报燕铁木儿曰："公尽力京师，河南事我当自效。"伯颜别募勇士五千人以迎帝于南，而躬勒兵以俟。参政脱别台曰："今蒙古军马与宿卫之士皆在上都，而令探马赤军守诸隘，吾恐此事之不可成也。我等图保性命，他何计哉？"伯颜不从其言。其夜，脱别台手刃欲杀伯颜为变，伯颜觉，遂拔剑杀之，夺其所部军器，收马千二百骑。怀王命撒里不花拜伯颜河南行省左丞相。怀王至河南，伯颜属橐鞬，擐甲胄，与百官父老导入，咸俯伏称万岁，即上前叩头劝进。怀王解金铠、御服、宝刀及海东白鹘、文豹赐伯颜。明日扈从北行。

九月，怀王即皇帝位，是为文宗，特加伯颜银青荣禄大夫，仍领宿卫。寻加太尉，赐黄金二百五十两、白金一千两、楮币二十五万缗，进开府仪同三司、录军国重事、御史大夫、中政院使。天历二年正月，拜太保。二月，加授储庆使，加赐虎符，特授忠翊侍卫亲军都指挥使。未几，明宗即位，文宗居东宫，拜太子詹事、太保，开府如故。八月，拜中书左丞相。

明宗崩，文宗嗣位，加储政院使。三年正月，拜知枢密院事。至顺元年，文宗以伯颜功大，不有异数不足以报称，特命尚世祖阔出太子女孙曰卜颜的斤，分赐虎士三百：怯薛丹百、默而吉军百、阿速军百，隶左右宿卫。又赐黄金双龙符，镌文曰："广忠宣义正节振武佐运功臣"组以宝带，世为明券。又命凡宴饮视诸宗王礼。二年八月，进封浚宁王，特加授侍正府侍正，追封其先三世为王。又加伯颜昭功宣毅万户、忠翊侍卫都指挥使。三年，拜太傅，加徽政使。八月，文宗崩。十月，伯颜奉太皇太后命，立明宗之子懿璘质班，是为宁宗。十一月，宁宗崩。

四年六月，顺帝至自南服，入践大位，嘉伯颜翊戴之功，拜中书右丞相、上柱国、监修国史。元统二年，进太师、奎章阁大学士，领太史院，兼领司天监、威武、阿速诸卫。奏复经筵，加知经筵事。十一月，进封秦王。继领太禧宗禋院、中政院、宣政院、隆祥使司、宫相诸内府，总领蒙古、钦察、斡罗思诸卫亲军都指挥使。三年六月，唐其势及其弟塔剌海私蓄异志，谋危社稷，伯颜奉诏诛之。余党称兵，又亲率师往上都，击破其众。七月，伯颜鸩杀皇后伯牙吾氏，为匿唐其势、塔剌海于后宫。伯颜怒曰："岂有兄弟谋不轨而姊妹党之者乎！"遂鸩之。诏谕天下，用国初故事，赐伯颜以答剌罕之号，俾世袭之。

至元元年，伯颜赞帝率遵旧章，奏寝妨农之务，停海内土木营造四年，息彰德、莱芜冶铁一年，蠲京圻漕户杂徭，减河间、两淮、福建盐额岁十八万五千有奇，赈沙漠贫户及南北饥民至千万计，帝允而行之。其知经筵日，当进讲，必与讲官敷陈格言，以尽启沃之道。太皇太后赐第时雍坊，有旨雄丽视诸王邸，伯颜力辞，制度务从损约。四年，求解政柄，三宫交勉留。五年十月，诏为大丞相，加号元德上辅，赐七宝玉书龙虎金符，镌刻如前。先数日，伯颜面奏请以赐田岁入所积钞一万锭，赈帖列坚、末邻、纳邻三道驿置，及关北十三驿之困乏者。

然伯颜自诛唐其势之后，独秉国钧，专权自恣，变乱祖宗成宪，虐害天下，渐有奸谋。帝患之。初，伯颜欲以其侄脱脱宿卫，伺帝起居,惧涉物议,乃以枢密知院汪家奴、翰林承旨沙剌班同侍禁近,实属意脱脱。故脱脱政令日修而卫士拱听约束。伯颜自领诸卫精兵,以燕者不花为屏蔽,导从之盛,填溢街衢。而帝侧仪卫反落落如晨星。势焰薰灼,天下之人惟知有伯颜而已。脱脱深忧之,乘间自陈忘家徇国之意,帝犹未之信。遣阿鲁、世杰班日以忠义与之往复论难,益知其心无他,遂闻于帝,帝始无疑。是年,车驾自上都还京,伯颜数在以巡行红城诸处,归辄在后。三人谋益坚,伯颜不知,益逞凶虐,构陷郯王彻彻笃,奏赐死,帝未允,辄传旨行刑。复奏贬宣让王帖木儿不花、威顺王宽彻普化,辞色愤厉,不待旨而行。帝益忿之。伯颜且日益立威,锻炼诸狱延及无辜。

六年二月,伯颜自领兵卫,请帝出田。脱脱告帝托疾不往。伯颜固请太子燕帖古思出次柳林。脱脱欲有所为,遂与世杰班、阿鲁合议,白于帝。戊戌,脱脱悉拘门钥,受密旨领军,阿鲁、世杰班侍帝侧传命。是夜,帝御玉德殿,主符檄,发号令,详见《脱脱传》。中夜二鼓,遣太子怯薛月可察儿率三十骑抵太子营,取之入城,夜半见帝。四鼓,命只儿瓦歹奉诏往柳林,出伯颜为河南行省左丞相。己亥,伯颜遣人来城下问故。脱脱倨城门上宣言,有旨黜丞相一人,诸从官无罪,可各还本卫。伯颜奏乞陛辞,不许,遂行。道出真定,父老奉觞酒以进。伯颜问曰:“尔曾见子杀父事耶?”父老曰:“不曾见子杀父,惟见臣杀君。”伯颜俯首有惭色。三月辛示,诏从南恩州阳春县安置,病死于龙兴路驿舍。

马札儿台,世系见兄《伯颜传》。马札儿台早扈从武宗,后侍仁宗于潜邸,出入恭谨,莅事敏达,仁宗说之。及立为皇太子,以为中顺大夫、典用太监。寻迁吏部郎中,升侍郎,进兵部尚书,迁利用卿,进度支卿,转同知典瑞院事,升院使,历大都路达鲁花赤,佩虎符,领虎贲亲军都指挥使。

泰定四年,拜陕西行台治书侍御史,关陕大饥,赈贷有不及者,尽出私财以周贫民,所活甚众。转太府卿,又转都功德使,改宣政使。三迁皆仍太府卿，佩元降虎符，领高丽女直汉军万户府达鲁花赤。拜御史大夫，仍领高丽女直汉军，兼右卫阿速亲军都指挥使司达鲁花赤，提调承徽寺。寻迁知枢密院事。兼前职，加提调武备寺事，加金牌，领钦察闯闯帖木儿千户所；又仍以知枢密院事，加镇守海口侍卫亲军屯储都指挥使司达鲁花赤，余如故。

至元三年，议进爵封王，辞以兄伯颜既封秦王，兄弟不宜并王，乃拜太保，分枢密院，往镇北边。至镇，边民岁有徭役，悉蠲除之，后为定例。六年，伯颜既罢黜，召拜太师、中书右丞相。奏罢各处船户提举、广东采珠提举二司。兼领右卫阿速军，又兼领群牧监。未几，以疾辞，帝优诏起之。其请益坚，遂以太师就第。明年，以其子脱脱为右丞相，而封马扎儿台为忠王。至正七年，别儿怯不花谮于帝，诏安置甘肃，以疾薨，年六十三。

马扎儿台所至不以察察为明，赫赫为威，僚属各效其勤，至于事功既成，未尝以为己出也。以仁宗宠遇之深，忌日必先百官诣原庙致敬，或一食一果之美，必持献庙中。仁宗尝建寺云州九峰山，未成而崩，马扎儿台以私财成之，曰："是虽未足以报先帝之恩，而先帝尝驻跸于兹，诚不忍过其所而坐视芜废也。"又建寺都城健德门东。十二年，特命改封德王，令翰林儒臣制词立碑，仍赐旌忠昭德之额。长子脱脱，次子也先帖木儿。

脱脱，字大用，生而岐嶷，异于常儿。及就学，请于其师浦江吴直方曰："使脱脱终日危坐读书，不若日记古人嘉言善行服之终身耳。"稍长，膂力过人，能挽弓一石。年十五，为皇太子怯怜口怯薛官。天历元年，袭授成制提举司达鲁花赤。二年，入觐，文宗见之，悦曰："此子后必可大用。"迁内宰司丞，兼前职。五月，命为府正司丞。至顺二年，授虎符、忠翊侍卫亲军都指挥使。元统二年，同知宣政院事，兼前职。五月，迁中政使。六月，迁同知枢密院事。

至元元年，唐其势阴谋不轨，事觉伏诛，其党答里及剌剌等称兵外应。脱脱选精锐与之战，尽禽以献。历太禧宗禋院使，拜御史中丞、虎符亲军都指挥使，提调左阿速卫。四年，进御史大夫，仍提调前职，大振纲纪，中外肃然。扈从上都还，至鸡鸣山之浑河，帝将畋于保安州，马蹶。脱脱谏曰："古者帝王端居九重之上，日与大臣宿儒讲求治道，至于飞鹰走狗，非其事也。"帝纳其言，授金紫光禄大夫，兼绍熙宣抚使。

是时，其伯父伯颜为中书右丞相，既诛唐其势，益无所忌，擅爵人，赦死罪，任邪佞，杀无辜，诸卫精兵收为己用，府库钱帛听其出纳。帝积不能平。脱脱虽幼养于伯颜，常忧其败，私请于其父曰："伯父骄纵已甚，万一天子震怒，则吾族赤矣。曷若于未败图之。"其父以为然，复怀疑久未决。质之直方，直方曰："《传》有之，'大义灭亲'。大夫但知忠于国家耳，余复何顾焉。"当是时，帝之左右前后皆伯颜所树亲党，独世杰班、阿鲁为帝腹心，日与之处。脱脱遂与二人深相结纳。而钱唐杨瑀尝事帝潜邸，为奎章阁广成局副使，得出入禁中，帝知其可用，每三人论事，使瑀参之。

五年秋，车驾留上都，伯颜时出赴应昌。脱脱与世杰班、阿鲁谋欲御之东门外，惧弗胜而止。会河南范孟矫杀省臣，事连廉访使段辅，伯颜风台臣言汉人不可为廉访使。时别儿怯不花亦为御史大夫，畏人之议己，辞疾不出，故其章未上。伯颜促之急，监察御史以告脱脱。脱脱曰："别儿怯不花位吾上，且掌印，我安敢专邪？"别儿怯不花闻之惧，且将出。脱脱度不能遏，谋于直方。直方曰："此祖宗法度，决不可废，盍先为上言之。"脱脱入告于帝，及章上，帝如脱脱言。伯颜知出于脱脱，大怒，言于帝曰："脱脱虽臣之子，其心专佑汉人，必当治之。"帝曰："此皆朕意，非脱脱罪也。"及伯颜擅贬宣让、威顺二王，帝不胜其忿，决意逐之。一日，泣语脱脱，脱脱亦泣下，归与直方谋。直方曰："此宗社安危所系，不可不密。议论之际，左右为谁？"曰："阿鲁及脱脱木儿。"直方曰："子之伯父，挟震主之威，此辈苟利富贵，其语一泄，则主危身戮矣。"脱脱乃延二人于家，置酒张乐，昼夜不令出。遂与世杰班、阿鲁议，候伯颜入朝禽之。戒卫士严宫门出入，螭坳悉为置兵。伯颜见之大惊，召脱脱责之。对曰："天子所居，防御不得不尔。"伯颜遂疑脱脱，益增兵自卫。

六年二月，伯颜请太子燕帖古思猎于柳林。脱脱与世杰班、阿鲁合谋以所掌兵及宿卫士拒伯颜。戊戌，遂拘京城门钥，命所亲信列布城门下。是夜，奉帝御玉德殿，召近臣汪家奴、沙剌班及省院大臣先后入见，出五门听命。又召瑀及江西范汇入草诏，数伯颜罪状。诏成，夜已四鼓，命中书平章政事只儿瓦歹赍赴柳林。己亥，脱脱坐城门上，而伯颜亦遣骑士至城下问故。脱脱曰："有旨逐丞相。"伯颜所领诸卫兵皆散，而伯颜遂南行。详见《伯颜传》中。

事定，诏以马扎儿台为中书右丞相；脱脱知枢密院事，虎符，忠翊卫亲军都指挥使，提调武备寺、阿速卫千户所，兼绍熙等处军民宣抚都总使、宣忠兀罗思护卫亲军都指挥使司达鲁花赤、昭功万户府都总使。十月，马扎儿台移疾辞相位，诏以太师就第。

至正元年，遂命脱脱为中书右丞相、录军国重事，诏天下。脱脱乃悉更伯颜旧政，复科举取士法，复行太庙四时祭，雪郯王彻彻秃之冤，召还宣让、威顺二王，使居旧藩，以阿鲁图正亲王之位，开马禁，减盐额，蠲负逋，又开经筵，遴选儒臣以劝讲，而脱脱实领经筵事。中外翕然称为贤相。二年五月，用参议孛罗等言，于都城外开河置闸，放金口水，欲引通州船至丽正门，役丁夫数万，讫无成功。事见《河渠志》。

三年，诏修辽、金、宋三史，命脱脱为都总裁官。又请修《至正条格》颁天下。帝尝御宣文阁，脱脱前奏曰："陛下临御以来，天下无事，宜留心圣学。颇闻左右多沮挠者，设使经史不足观，世祖岂以是教裕皇哉？"即秘书监取裕宗所授书以进，帝大悦。皇太子爱猷识理达腊尝保育于脱脱家，每有疾饮药，必尝之而进。帝尝驻跸云州，遇烈风暴雨，山水大至，车马人畜皆漂溺，脱脱抱皇太子单骑登山，乃免。至六岁还，帝慰抚之曰："汝之勤劳，朕不忘也。"脱脱乃以私财造大寿元忠国寺于健德门外，为皇太子祝厘，其费为钞十二万二千锭。

四年闰月，领宣政院事。诸山主僧请复僧司，且曰："郡县所苦，如坐地狱。"脱脱曰:"若复僧司,何异地狱中复置地狱邪。"时有疾渐羸,且术者亦言年月不利,乃上表辞位,帝不允,表凡十七上始从之。有旨封郑王,食邑安丰,赏赉巨万,俱辞不受。乃赐松江田,为立稻田提领所以领之。

七年,别儿怯不花为右丞相,以宿憾潜其父马扎儿台。诏徙甘肃。脱脱力请俱行,在道则阅骑乘庐帐,食则视其品之精粗,及至其地,马扎儿台安之。复移西域撒思之地,至河,召还甘州就养。十一月,马扎儿台薨。帝念脱脱勋劳,召还京师。

八年,命脱脱为太傅,提调宫傅,综理东宫之事。九年,朵儿只、太平皆罢相,遂诏脱脱复为中书右丞相,赐上尊、名马、袭衣、玉带。脱脱既复入中书,恩怨无不报。时开端本堂,皇太子学于其中,命脱脱领端本堂事。又提调阿速、钦察二卫、内史府、宣政院、太医院事。

十年五月,居母蓟国夫人忧。帝遣近臣喻之,俾出理庶务。于是脱脱用乌古孙良桢、龚伯遂、汝中柏、伯帖木儿等为僚属,皆委以腹心之寄,小大之事悉与之谋,事行而群臣不知也。吏部尚书偰哲笃建言更造至正交钞,脱脱信之,诏集枢密院、御史台、翰林、集贤院诸臣议之,皆唯唯而已,独祭酒吕思诚言其不可,脱脱不悦。既而终变钞法,而钞竟不行。事见《思诚传》。

河决白茅堤,又决金堤,方数千里,民被其患,五年不能塞。脱脱用贾鲁计请塞之,以身任其事。出告群臣曰:"皇帝方忧下民,为大臣者职当分忧。然事有难为,犹疾有难治,自古河患即难治之疾也,今我必欲去其疾。"而人人异论,皆不听。乃奏以贾鲁为工部尚书,总治河防,使发河南北兵民十七万役之,筑决堤成,使复故道。凡八月功成。事见《河渠志》。于是天子嘉其功,赐世袭答剌罕之号。又敕儒臣欧阳玄制《河平碑》以载其功。仍赐淮安路为其食邑,郡邑长吏听其自用。

已而汝、颍之间妖寇聚众反,以红巾为号,襄、樊、唐、邓皆起而应之。十一年,脱脱乃奏以弟御史大夫也先帖木儿为知枢密院事,将诸卫兵十余万讨之。克上蔡。既而驻兵沙河,军中夜惊。也先帖木儿尽弃军资器械，北奔汴梁，收散卒，屯朱仙镇。朝廷以也先帖木儿不习兵，诏别将代之。也先帖木儿径归，昏夜入城，仍为御史大夫。陕西行台监察御史十二人劾其丧师辱国之罪，脱脱怒，乃迁西行台御史大夫朵儿直班为湖广行省平章政事，而御史皆除各府添设判官，由是人皆莫敢言事。

十二年，红巾有号芝麻李者，据徐州。脱脱请自行讨之，以逯鲁曾为淮南宣慰使，募盐丁及城邑趫捷，通二万人，与所统兵俱发。九月，师次徐州，攻其西门。贼出战，以铁翎箭射马首，脱脱不为动。麾军奋击之，大破其众，入其外郊。明日，大兵四集，亟攻之，贼不能支，城破，芝麻李遁去。获其黄伞旗鼓，烧其积聚，追擒其伪千户数十人，遂屠其城。帝遣中书平章政事普化等即军中命脱脱为太师，依前右丞相，趣还朝，而以枢密院同知秃赤等进师平颍、亳。师还，赐上尊、珠衣、白金、宝鞍。皇太子锡燕于私第。诏改徐州为武安州，而立碑以著其绩。

十三年三月，脱脱用左丞乌古孙良桢、右丞悟良哈台议，屯田京畿，以二人兼大司农卿，而脱脱领大司农事。西至西山，东至迁民镇，南到保定、河间，北至檀、顺州，皆引水利，立法佃种，岁乃大稔。

十四年，张士诚据高邮，屡招谕之不降。诏脱脱总制诸王诸省军讨之。黜陟矛夺一切庶政，悉听便宜行事；省台院部诸司听选官属从行，禀受节制。西域、西番皆发兵来助。旌旗累千里，金鼓震野，出师之盛，未有过之者。师次济宁，遣官诣阙里祀孔子，过邹县祀孟子。十一月，至高邮。辛未至乙酉，连战皆捷。分遣兵平六合，贼势大蹙。俄有诏罪其老师费财，以河南行省左丞相太不花、中书平章政事月阔察儿、知枢密院事雪雪代将其兵，削其官爵，安置淮安。

先是，脱脱之西行也，别儿怯不花欲陷之死。哈麻屡言于帝，召还近地，脱脱深德之，至是引为中书右丞。而是时脱脱信用汝中柏，由左司郎中参议中书省事，平章以下见其议事莫敢异同，惟哈麻不为之下。汝中柏因谮之脱脱，改为宣政院使，位居第三，于是哈麻深衔之。哈麻尝与脱脱议授皇太子册宝礼，脱脱每言："中宫有子将置

之何所?"以故久不行。脱脱将出师也,以汝中柏为治书侍御史,使
辅也先帖木儿居中。汝中柏恐哈麻必为后患,欲去之。脱脱犹豫未
决,令与也先帖木儿谋。也先帖木儿以其有功于己,不从。哈麻知
之,遂谮脱脱于皇太子及皇后奇氏。会也先帖木儿方移疾家居,监
察御史袁赛因不花等承哈麻风旨,上章劾之,三奏乃允;夺御史台
印,出都门外听旨,以汪家奴为御史大夫;而脱脱亦有淮安之命。

　　十二月辛亥,诏至军中,参议龚伯遂曰:"将在军,君命有所不
受。且丞相出师时,尝被密旨,今奉密旨一意进讨可也。诏书且勿
开,开则大事去矣。"脱脱曰:"天子诏我而我不从,是与天子抗也,
君臣之义何在?"弗从。既听诏,脱脱顿首谢曰:"臣至愚,荷天子宠
灵,委以军国重事,早夜战兢,惧弗能胜。一旦释此重负,上恩所及
者深矣。"即出兵甲及名马三千,分赐诸将,俾各帅所部以听月阔察
儿、雪雪节制。客省副使哈刺答曰:"丞相此行,我辈必死他人之手,
今日宁死丞相前。"拔刀刎颈而死。初命脱脱安置淮安,俄有旨移置
亦集乃路。

　　十五年三月,台臣犹以谪轻,列疏其兄弟之罪,于是诏流脱脱
于云南大理宣慰司镇西路,流也先帖木儿于四川碉门。脱脱长子哈
刺章,肃州安置;次子三宝奴,兰州安置。家产簿录入官。脱脱行至
大理腾冲,知府高惠见脱脱,欲以女事之,许筑室一程外以居,虽有
加害者可以无虞。脱脱曰:"吾罪人也,安敢念及此!"巽辞以绝之。
九月,遣官移置阿轻乞之地,高惠以脱脱前不受其女,故首发铁甲
军围之。十二月己未,哈麻矫诏遣使鸩之,死,年四十二。讣闻中书,
遣尚舍卿七十六至其地,易棺衣以殓。

　　脱脱仪状雄伟,顾然出于千百人中,而器宏识远,莫测其蕴。功
施社稷而不伐,位极人臣而不骄,轻货财,远声色,好贤礼士,皆出
于天性。至于事君之际,始终不失臣节,虽古之有道大臣,何以过
之。惟其惑于群小,急复私仇,君子讥焉。

　　二十二年,监察御史张冲等上章雪其冤,于是诏复脱脱官爵,
并给复其家产。召哈刺章、三宝奴还朝。而也先帖木儿先是亦已死,

乃授哈刺章中书平章政事,封申国公,分省大同;三宝奴知枢密院事。二十六年,监察御史圣奴、也先、撒都失里等复言:"奸邪构害大臣,以致临敌易将,我国家兵机不振从此始,钱粮之耗从此始,盗贼从横从此始,生民之涂炭从此始。设使脱脱不死,安得天下有今日之乱哉!乞封一字王爵,定谥及加功臣之号。"朝廷皆是其言。然以国家多故,未及报而国亡。

元史卷一三九
列传第二六

乃蛮台　朵儿只　朵尔直班
阿鲁图　纽的该

　　乃蛮台,木华黎五世孙。曾祖曰孛鲁;祖曰阿礼吉失,追封莒王,谥忠惠;父曰忽速忽尔,嗣国王,追封蓟王。

　　乃蛮台身长七尺,挚静有威,性明果善断,射能贯札。大德五年,奉命征海都、朵哇,以功赐貂裘白金,授宣徽院使,阶荣禄大夫。七年,拜岭北行省右丞。旧制,募民中粮以饷边,是岁中者三十万石。用事者挟私为市,杀其数为十万,民进退失措。乃蛮台请于朝,凡所输者悉受之,以为下年之数,民感其德。

　　至治二年,改甘肃行省平章政事,佩金虎符。甘肃岁籴粮于兰州,多至二万石,距宁夏各千余里至甘州,自甘州又千里始达亦集乃路,而宁夏距亦集乃仅千里。乃蛮台下谕令挽者自宁夏径趋亦集乃,岁省费六十万缗。

　　天历二年,迁陕西行省平章政事。关中大饥,诏募民入粟予爵。四方富民应命输粟,露积关下。初,河南饥,告籴关中,而关中民遏其籴。至是关吏乃河南人,修宿怨,拒粟使不得入。乃蛮台杖关吏而入其粟。京兆民掠人而食之,则命分健卒为队,捕强食人者,其患乃已。时入关粟虽多,而贫民乏钞以籴。乃蛮台取官库未毁昏钞,得五百万缗,识以省印,给民行用,俟官给赈饥钞,如数易之。先时,民或就食他所,多毁墙屋以往。乃蛮台谕之曰:“明年岁稔,尔当复还，其勿毁之。"民由是不敢毁，及明年还，皆得按堵如初。拜西行台御史大夫，赐金币、玩服等物。奉命送太宗皇帝旧铸皇兄之宝于其后嗣燕只哥觯，乃蛮台威望素严，至其境，礼貌益尊。

至顺元年，迁上都留守，佩元降虎符，虎贲亲军都指挥使，进阶开府仪同三司，知岭北行枢密院事，封宣宁郡王，赐金印。寻奉命出镇北边，锡予尤重。国初，诸军置万户、千户、百户，时金银符未备，惟加缨于枪以为等威。至是乃蛮台为请于朝，皆得绾符。后至元三年，诏乃蛮台袭国王，授以金印。继又以安边睦邻之功，赐珠络半臂并海东名鹰、西域文豹，国制以此为极恩。六年，拜岭北行省左丞相，仍前国王，知行枢密院事。

至正二年，迁辽阳行省左丞相，以年逾六十，上疏辞职归。念其军士贫乏，以麦四百石、马二百匹、羊五百头遍给之。八年，薨于家，帝闻之震悼，命有司厚致赙仪，诏赠摅忠宣惠绥远辅治功臣、太师、开府仪同三司、上柱国，追封鲁王，谥忠穆。

子二：长野仙溥化，入宿卫，掌速古儿赤，特授朝列大夫、给事中，拜监察御史，继除河西廉访副使、淮西宣慰副使，累迁中书参知政事，由御史中丞为中书右丞；次晃忽而不花。

朵儿只，木华黎六世孙，脱脱子也。朵儿只生一岁而孤，稍长，备宿卫，事母至孝，喜读书，不屑屑事章句，于古君臣行事忠君爱民之道，多所究心。至治二年，授中奉大夫、集贤学士，时年未及冠。一时同寅如郭贯、赵世延、邓文原诸老皆器重之。

天历元年，朵罗台国王自上都领兵至古北口，与大都兵迎敌。事定，文宗杀朵罗台。二年，朵儿只袭国王位，扈跸上都，诏便道至辽阳之国。

顺帝至元四年，朵罗台弟乃蛮台恃太师伯颜势，谓国王位乃其所当袭，诉于朝。伯颜妻欲得朵儿只大珠环，价直万六千锭。朵儿只无以应，则慨然曰："王位我祖宗所传，不宜从人求买。我纵不得为，设为之，亦我宗族人耳。"于是乃蛮台以赂故得为国王，而除朵儿只辽阳行省左丞相。以安靖为治，民用不扰。

六年，迁河南行省左丞相，为政如在辽阳时。先是河南范孟为乱，以诖误连系者千百计。朵儿只至，颇知其冤，力欲直之，而平章政事纳麟乃元问官，执其说不从。已而纳迟麟还，言于朝，以谓朵儿只心徇汉人。朵儿只为人宽弘有度，亦不恤也。

至正四年，迁江浙行省左丞相。时杭城荐经灾毁，别儿怯不花先为相，庶务宽纾，朵儿只继之，咸仍其旧，民心翕然。汀州寇窃发，朵儿只调遣将士招捕之，威信所及，数月即平。帝嘉其绩，锡九龙衣、上尊酒。居二年，方面晏然。杭之耆老请建生祠，如前丞相故事。朵儿只辞之曰：“昔者我父平章官浙省，我实生于此，宜尔父老有爱于我，我于尔杭人得无情乎。然今天下承平，我叨居相位于此，唯知谨守法度不辱先人足矣，何用虚名为？”

七年，召拜御史大夫。会丞相虚位，秋，拜中书左丞相。冬，升右丞相、监修国史，而太平为左丞相。是时，朝廷无事，稽古礼文之事，有坠必举，请赐经筵讲官坐，以崇圣学，选清望官专典陈言，以求治道，核守令六事，沙汰僧尼，举隐逸士，事见《太平传》。岁余，留守司行致贺礼，其物先留鸿禧观，将馈二相。朵儿只家臣寓观中，察知物有丰杀，其致左相者特丰。家臣具白其事，请却之。朵儿只曰：“彼纵不送我，亦又何怪。”即命受之。郯王家产既籍于官，朵儿只俾掾史录其数。明日，掾史以复。韩嘉讷为平章，不知出丞相命，勃然变色，叱掾史曰：“公事须自下而上，何竟白丞相！”令客省使扶出。朵儿只不为动，知者咸服其量。九年，罢丞相位，复为国王，之国辽阳。

十四年，诏脱脱总兵南讨。中书参议龚伯遂建言：“宜分遣诸宗王及异姓王俱出军。”吴王朵尔赤厚赂伯遂获免。朵儿只独曰：“吾国家世臣，天下有事，政效力之秋也，吾岂暇与小子辈通贿赂哉。”即领兵出淮南，听脱脱节制。脱脱遣朵儿只攻六合，拔之。既而诏削脱脱官爵，罢其兵权，朵儿只乃以本部兵守扬州。十五年，薨于军，年五十二。

—

初，朵儿只为集贤学士，从其从兄丞相拜住在上都。南坡之变，拜住遇害。贼臣铁失、赤斤铁木儿等并欲杀朵儿只，其从子朵尔直班方八岁，走诣怯薛官失都儿求免，以故朵儿只得脱于难。

朵儿只为相，务存大体，而太平则兼理庶务，一时政权颇出于太平，趋附者众，朵儿只处之凝然不与较。然太平亦能推让尽礼，中外皆号为贤相云。

二子：朵蛮帖木儿，翰林学士；俺木哥失里，袭国王。

朵尔直班，字惟中，木华黎七世孙。祖曰硕德，父曰别理哥帖木尔。朵尔直班甫晬而孤，育于从祖母。拜住，从父也，请于仁宗，降玺书护其家。稍长，好读书。年十四，见文宗，适将幸上都，亲阅御衣，命录于簿，顾左右无能书汉字者，朵尔直班引笔书之。文宗喜曰："世臣之家乃能知学，岂易得哉。"命为尚衣奉御，寻授工部郎中。

元统元年，擢监察御史。首上疏，请亲祀宗庙，赦命不宜数。又陈时政五事，其一曰："太史言三月癸卯望月食既，四月戊午朔，日又食。皇上宜奋乾纲，修刑政，疏远邪佞，专任忠良，庶可消弭灾变以为祯祥。"二曰："亲祀郊庙。"三曰："博选勋旧世臣之子，端谨正直之人，前后辅导，使嬉戏之事不接于目，俚俗之言不及于耳，则圣德日新矣。"四曰："枢机之臣固宜尊宠，然必赏罚公，则民心服。"五曰："弭安盗贼，振救饥民。"是时日月薄蚀，烈风暴作，河北、山东旱蝗为灾，乃复条陈九事上之，一曰："比日幸门渐启，刑罚渐差，无功者凯觎希赏，有罪者侥幸求免。恐刑政渐隳，纪纲渐紊，劳臣何以示劝，奸臣无所警惧。"二曰："天下之财皆出于民，民竭其力以佐公上，而用犹不足，则嗟怨之气上干阴阳之和，水旱灾变所由生也。宜专命中书省官二员督责户部详定减省，罢不急之工役，止无名之赏赐。"三曰："禁中常作佛事，权宜停止。"四曰："官府日增，选法愈敝，宜省冗员。"五曰："均公田。"六曰："铸钱币。"七曰："罢山东田赋总管府。"八曰："躅河南自实田粮。"九曰："禁取姬妾于海外。"

正月元日，朝贺大明殿，朵尔直班当纠正班次，即上言："百官逾越班制者，当同失仪论，以惩不敬。"先是，教坊官位在百官后，御史大夫撒迪传旨俾入正班，朵尔直班执不可。撒迪曰："御史不奉诏耶。"朵尔直班曰："事不可行，大夫宜复奏可也。"西僧为佛事内廷，醉酒失火，朵尔直班劾其不守戒律，延烧宫殿，震惊九重。撒迪传旨免其罪，朵尔直班又执不可，一日间传旨者八，乃已。

丞相伯颜、御史大夫唐其势二家家奴怙势为民害，朵尔直班巡历至漷州，悉捕其人致于法，民大悦。及还，唐其势怒曰："御史不礼我已甚，辱我家人，我何面目见人耶。"答曰："朵尔直班知奉法而已，它不知也。"唐其势从子马马沙为钦察亲军指挥使，恣横不法，朵尔直班劾奏之。马马沙因集无赖子欲加害，会唐其势被诛乃罢。迁太府监，改奎章阁学士院供奉学士，进承制学士，皆兼经筵官，又升侍书学士、同知经筵事。是时朵尔直班甫弱冠，又世家子，乃独以经术侍帝左右，世以为盛事。

至正元年，罢学士院，除翰林学士，升资善大夫。于是经筵亦归翰林，仍命朵尔直班知经筵事。是时康里巎巎以翰林学士承旨亦在经筵，在上前敷陈经义，朵尔直班则为翻译，曲尽其意，多所启沃，禁中语秘不传。俄迁大宗正府也可扎鲁火赤，听讼之际，引谕律令，曲当事情。有同僚年老者，叹曰："吾居是官四十年，见公论事殆神人也。"宗王有杀其大母者，朵尔直班与同僚拔实力请于朝，必正其罪，时相难之。出为淮东肃政廉访使。迁江南行台治书侍御史，未行，又迁江西行省左丞，以疾不赴。北还，养疾黄崖山中。起为资正院使。

五年，拜中书参知政事、同知经筵事，提调宣文阁。时纂集《至正条格》，朵尔直班以谓是书上有祖宗制诰，安得独称今日年号；又律中条格乃其一门耳，安可独以为书名。时相不能从，唯除制诰而已。有以善音乐得幸者，有旨用为崇文监丞。朵尔直班它拟一人以闻。帝怒曰："选法尽由中书省耶。"朵尔直班顿首曰："用幸人居清选，臣恐后世议陛下。今选它人，臣之罪也，省臣无与焉。"帝乃悦。

升右丞，寻拜御史中丞。监察御史劾奏别儿怯不花，章甫上，黜御史大夫懿怜真班为江浙行省平章政事。朵尔直班曰："若此则台纲安在。"乃再上章劾奏，并留大夫，不允。台臣皆上印绶辞职。帝谕朵尔直班曰："汝其毋辞。"对曰："宪纲隳矣，臣安得独留。"帝为之出涕。朵尔直班即杜门谢宾客。

寻出为辽阳行省平章政事，阶荣禄大夫。至官，询民所疾苦，知米粟羊豕薪炭诸货皆藉乡民贩负入城，而贵室僮奴、公府隶卒争强买之，仅酬其半直。又其俗编柳为斗，大小不一。豪贾猾侩得以高下其手，民咸病之。即饬有司厉防禁，齐称量，诸物乃毕集而价自平。又存恤孤老，平准钱法，清铨选，汰胥吏，慎勾稽，兴废坠，钜细毕举。苟有罪，虽勋旧不贷。王邸百司闻风悚惧。召为太常礼仪院使，俄迁中政使，又迁资正使。

会盗起河南，帝忧之。拜中书平章政事，阶光禄大夫。首言："治国之道纲常为重。前西台御史张桓伏节死义，不污于寇，宜首旌之，以劝来者。"又言："宜守荆襄、湖广以绝后患。"又数论："祖宗之用兵匪专于杀人，盖必有其道焉，今倡乱者止数人，顾乃尽坐中华之民为畔逆，岂足以服人心。"其言颇近丞相脱脱意。时脱脱倚信左司郎中汝中柏、员外郎伯帖木儿，故两人因擅权用事，而朵尔直班正色立朝无所附丽。适陕州危急，因出为陕西行台御史大夫。行至中途，闻商州陷，武关不守，即轻骑昼夜兼程至奉元，而贼已至鸿门。吏白涓日署事，不许，曰："贼势若此，尚何顾阴阳拘忌哉。"即就署。省、台素以举措为嫌，不相聚论事。朵尔直班曰："多事如此，恶得以常例论。"乃与行省平章朵朵约五日一会集。寻有旨，命与朵朵便宜同讨贼，即督诸军复商州。乃修筑奉元城垒。募民为兵，出库所藏银为大钱，射而中的者赏之，由是人皆为精兵。金、商义兵以兽皮为矢房，状如瓠，号毛葫芦军，甚精锐，列其功以闻，赐敕书褒奖之，由是其军遂盛，而国家获其用。金州由兴元、凤翔达奉元，道里回远，乃开义谷，创置七驿，路近以便。

时御史大夫也先帖木儿师败于河南，西台御史蒙古鲁海牙、范文等十二人劾奏之。朵尔直班当署字，顾谓左右曰："吾其为平章湖广矣。"未几命下，果然。也先帖木儿者，脱脱之弟，章既上，脱脱怒，故左迁朵尔直班，而御史十二人皆见黜。关中人遮道涕泣曰："生我者公也，何遽去我而不留乎？"朵尔直班慰遣之，不听，乃从间道得出。至重庆，闻江陵陷，道路阻不可行，或请少留以俟之，不从，期必达乃已。

湖广行省时权治澧州，既至，律诸军以法，而授纳粟者以官，人心翕然。汝中柏、伯帖木儿言于丞相曰："不杀朵尔直班，则丞相终不安。"盖谓其帝意所眷属，必复用耳。乃命朵尔直班职专供给军食。时官廪所储无几，即延州民有粟者，亲予酒谕劝之而贷其粟，约俟朝廷颁钞至即还以直，民无不从者。又遣官籴粟河南、四川之境，民闻其名，争输粟以助军饷。右丞相伯颜不花方总兵，承顺风旨，数侵辱之。朵尔直班不为动。会官军会武昌，至蕲、黄。伯颜不花百计征索，无不给之，犹欲言其供需失期。达剌罕军帅王不花奋言曰："平章国之贵臣，今坐不重茵，食无珍味，徒为我曹军食耳。今百需立办，顾犹欲诬之，是无人心也。我曹便当散还乡里矣。"脱脱遣国子助教完者至军中，风使害之。完者至，则反加敬礼，语人曰："平章勋旧之家，国之祥瑞，吾苟伤之，则人将不食吾余矣。"朵尔直班素有风疾，军中感雾露，所患日剧，遂卒于黄州兰溪驿，年四十。

朵尔直班立朝，以扶持名教为己任，荐拔人才而不以为私恩。留心经术，凡伊、洛诸儒之书，未尝去手。喜为五言诗，于字画尤精。翰林学士承旨临川危素，尝客于朵尔直班，谏之曰："明公之学，当务安国家，利社稷，毋为留神于末艺。"朵尔直班深服其言。其在经筵，开陈大义为多。间采前贤遗言，各以类次，为书凡四卷，一曰学本，二曰君道，三曰臣职，四曰国政。明道、厚伦、制行、稽古、游艺，五者学本之目也。敬天、爱民、知人、纳谏、治内，五者君道之目也。宰辅、台察、守令、将帅、督御五者臣职之目也。兴学、训农、理财、审刑、议兵，五者国政之目也。帝览而善之，赐名曰《治原通训》，藏于宣文阁。

　　二子:铁固思帖木而、笃坚帖木而。

　　阿鲁图,博尔术四世孙。父木忽剌。阿鲁图由经正监袭职为怯
薛官,掌环卫,遂拜翰林学士承旨,迁知枢密院事。至元三年,袭封
广平王。

　　至正四年,脱脱辞相位,顺帝问谁可代脱脱为相者,脱脱以阿
鲁图荐。五月,诏拜中书右丞相、监修国史,而别儿怯不花为左丞
相,从驾行幸,每同车出入,一时朝野以二相协和为喜。时诏修辽、
金、宋三史,阿鲁图为总裁。五年,三史成。十月,阿鲁图等既以其
书进,帝御宣文阁,阿鲁图复与平章政事帖木儿塔识、太平上奏:

　　　　太祖取金,世祖平宋,混一区宇,典章图籍皆归秘府。今陛
　　下以三国事绩命儒士纂修,而臣阿鲁图总裁。臣素不读汉人文
　　书,未解其义。今者进呈,万机之暇,乞以备乙览。

　　帝曰:“此事卿诚未解,史书所系甚重,非儒士泛作文字也。彼
一国人君行善则国兴,朕为君者宜取以为法;彼一朝行恶则国废,
朕当取以为戒。然岂止徼劝人君,其间亦有为宰相事,善则卿等宜
仿效,恶则宜监戒。朕与卿等皆当取前代善恶为勉。朕或思有未至,
卿等其言之。”阿鲁图顿首舞蹈而出。

　　右司郎中陈思谦建言诸事。阿鲁图曰:“左右司之职所以赞助
宰相。今郎中有所言,与我辈共议,见诸行事,何必别为文字自有所
陈耶。郎中若居他官,则可建言,今居左右司而建言,是徒欲显一己
自能言耳。将置我辈于何地。”思谦大惭服。一日与僚佐议除刑部
尚书,宰执有所举,或难之曰:“此人柔软,非刑部所可用。”阿鲁图
曰:“庙堂即今选侩子耶? 若选侩子须选强壮人。尚书欲其详谳刑
牍耳,若不枉人,不坏法,即是好刑官,何必求强壮人耶。”左右无以
答。其为治知大体,类如此。

　　先是,别儿怯不花尝与阿鲁图谋挤害脱脱。阿鲁图曰:“我等岂
能久居相位,当亦有退休之日,人将谓我何?”别儿怯不花屡以为
言,终不从。六年,别儿怯不花乃讽监察御史劾奏阿鲁图不宜居相

位,阿鲁图即避出城。其姻党皆为之不平,请曰:"丞相所行皆善,而御史言者无理,丞相何不见帝自陈,帝必辩焉。"阿鲁图曰:"我博尔术世裔,岂丞相为难得耶。但帝命我不敢辞,今御史劾我,我宜即去。盖御史台乃世祖所设置,我若与御史抗,即与世祖抗矣。尔等无复言。"阿鲁图既罢去,明年,别儿怯不花遂为右丞相,不久亦去。十一年,阿鲁图复起为太傅,出守和林边,薨,无嗣。

纽的该,博尔术之四世孙也。早岁备宿卫,累迁同知枢密院事,既而废处于家。顺帝至元五年,奉使宣抚达达之地,整理有司不公不法事三十余条,由是朝廷知其才,升知岭北行枢密院事。

至正十五年,召拜中书平章政事,迁知枢密院事。十七年,以太尉总山东诸军,守镇东昌路,击退田丰兵。十八年,田丰复陷济宁,进逼东昌。纽的该以乏粮弃城,退屯柏乡,东昌遂陷。还京师,拜中书添设左丞相,与太平同居相位。

纽的该有识量,处事平允。倭人攻金复州,杀红军据其州者,即奏遣人往赏赉而抚安之。浙西张士诚既降,纽的该处置江南诸事,咸得其宜,士诚大服。兴和路富民调戏子妇,系狱,车载楮币至京师行赂,以故刑部官持其事久不决。纽的该乃除刑部侍郎为兴和路达鲁花赤,俾决其事,富民遂自缢死。凡授官,惟才是选,不用私人,众称其有大臣体。

已而遽罢相,迁知枢密院事。尝卧病,谓其所知曰:"太平真宰相才也。我疾固不起,而太平亦不能久于位,此可叹也。"朝官至门候疾者,皆谢遣之。二十年正月,卒。

元史卷一四〇
列传第二七

别儿怯不花　太平
铁木儿塔识　达识帖睦迩

别儿怯不花,字大用,燕只吉歹氏。

曾祖忙怯秃,以千户从宪宗南征有功。父阿忽台,事成宗为丞相,被诛,后赠和宁忠献王。

别儿怯不花早孤,八岁,以兴圣太后及武宗命,侍明宗于藩邸。寻入国子学为诸生。会明宗以周王出镇云南,别儿怯不花从行,至大同而还。仁宗召入宿卫。一日,从殿中望见其仪槊夐异,即召对,慰谕之。八番宣抚司长乃其世职,英宗遂授怀远大将军、八番宣抚司达鲁花赤。既至,宣布国家恩信,峒民感悦。有累岁不服者,皆喜曰:"吾故贤帅子孙也,其敢违命。"率其十四部来受约束。别儿怯不花以其事入奏,天子嘉而留之。

泰定三年,特授同知太常礼仪院事,益从耆老文学之士雍容议论。寻拜监察御史。明年,迁中书右司郎中。又明年,升参议中书省事。居二年,除吏部尚书。至顺元年,其兄治书侍御史自当谏止明里董阿子间间不当为监察御史,并出别儿怯不花为广西两江道宣慰使司都元帅。未几,丁内艰还京。起复为江浙行省参知政事。江浙岁漕米由海道达京师,别儿怯不花董其事。寻除礼部尚书,迁徽政院副使,擢侍御史,特命领宿卫,升荣禄大夫、宣徽使,加开府仪同三司。凡宿卫士有从掌领官荐用者,往往所举多其亲昵。至别儿怯不花独推择岁久者举之，众论翕服。宣徽所造酒，横索者众，岁费陶瓶甚多。别儿怯不花奏制银瓶以贮，而索者遂止。至元四年，拜御史大夫、知经筵事，寻迁中书平章。

至正二年，拜江浙行省左丞相。行至淮东，闻杭城大火烧官廨民庐几尽，仰天挥涕曰："杭，浙省所治，吾被命出镇，而火如此，是我不德累杭人也。"疾驰赴镇，即下令录被灾者二万三千余户，户给钞一锭，焚死者亦如之，人给月米二斗，幼稚给其半。又请日减酒课，为钱千二百五十缗，织坊减元额之半，军器、漆器权停一年，泛税皆停。事闻，朝廷从之。又大作省治，民居附其旁者，增直买其基，募民就役，则厚其佣直。又请岁减江浙、福建盐课十三万引。或遇淫雨亢旱，辄出祷于神祠，所祷无不应。在镇二年，虽儿童女妇莫不感其恩。召还。除翰林学士承旨，仍掌宿卫。

四年，拜中书左丞相。朝廷议选奉使宣抚，使问民疾苦，察吏贪廉，且选习北藩风土及知典故者，俾别儿怯不花周行沙漠，洗冤除弊，不可胜计。又奏发使谕诸王，赐以金衣重宝，使各抚其民，毋逾法制，于是内外震肃。明年，岁大饥，流民载道，令有司赈之，欲还乡者给路粮。又录在京贫民，日粜以粮。帝还自上都，遣中使数辈趣使迎谒，比见，帝亲酌酒劳之。七年，进右丞相。明年，御史劾奏别儿怯不花，而徽政院使高龙卜在帝侧为解，帝遂不允。乃出御史大夫亦怜真班为江浙左丞相，中丞以下皆辞职。诏复加太保。于是两台各道言章交至，别儿怯不花益不自安，寻谪居渤海县。十年正月卒。后子达世帖木而用于朝，遂赠弘仁辅治秉文守正寅亮同德功臣、开府仪同三司、上柱国、太师，追封冀王，谥忠宣。

达世帖木而，字原理，仕至中书平章政事，有学识，能世其家。

太平，字允中，初姓贺氏，名惟一，后赐姓蒙古氏，各太平，仁杰之孙，胜之子也。初，胜以非罪死，太平年尚幼，泰定帝雪其父冤而抚恤之。

太平资性开朗正大，虽在弱龄，俨然如老成人，尝受业于赵孟颒，又师事云中吕弻。太平始袭父职，为虎贲亲军都指挥使，寻擢陕西汉中道廉访副使。文宗召为工部尚书，都主管奎章阁工事，又除上都留守同知。顺帝元统初，命为枢密副使，寻升同知枢密院事，迁御史中丞。时中书有参议佛家闾者，憸人也。御史劾其罪，时宰庇之，事寝不行。太平辞疾卧家。

至正二年，诏起为中书参知政事，辞。进右丞，又辞。会御史祁君壁复劾佛家闾，黜之，乃起就职。宗室诸王岁赐廪食衣币不均，太平请于帝，均其厚薄。守令多失职，请选台阁名臣充之。仍遣使核其治行，其治最者则增秩，赐金币。辽、金、宋三史久未克修，至是太平力赞其事，为总裁官，修成之。时粟贵而金银贱，太平请出官本，委官收市之，所得不赀，其后兵兴，卒获其用。四年，升中书平章政事。五年，迁宣徽院使。宣徽典饮膳，权势多横索，太平取簿阅之，惟太常礼仪使阿剌不花一无所需，太平因言于帝，请擢居近职，且厚赐之。

六年，拜御史大夫。故事，台端非国姓不以授，太平因辞，诏特赐姓而改其名。七年，迁中书平章政事，班同列上。国王朵而只为左丞相，请于帝曰："臣藉先臣之荫，早袭位国王，昧于国家之理，今备位宰相，非得太平不足与共事。"十一月，拜太平左丞相，朵而只为右丞相，太平辞，帝不允，仍诏示天下。明年正月，诏修后妃、功臣传，特命太平同监修国史，盖异数也。太平请僧道有妻子者勒为民以减蠹耗，给校官俸以防虚冒，请赐经筵讲官坐以崇圣学，立行都水监以治黄河。举隐士完者笃、执礼哈郎、董立、张枢、李孝光。是时，天下无事，朝廷稽古礼文之典，有坠必举。平生好访问人材，不问南北，必记录于册，至是多进用之。

初，脱脱既罢相，出居西土。会其父马札儿台卒，太平力请令脱脱归葬，以全孝道。左右以为难，太平曰："脱脱乃心王室，大义灭亲，今父殁而不克奔讣，为善者不几于息乎。"为之固请，以故脱脱得还。脱脱既得还朝，即拜为太傅，然不知太平之有德于己也，因汝中柏谗间成隙，遂欲中伤之。是时，中书参政孔思立等皆一时名人，太平所拔用者,悉诬以罪黜去。九年七月,罢为翰林学士承旨,既又诬劾其过失,而并论其子也先忽都不宜僭娶宗室女。脱脱之母闻之,谓脱脱兄弟曰:"太平好人也,何害汝而欲去之。汝兄弟若违吾言,非吾子也。"侍御史撒马笃扬言于朝曰:"御史欲害正人,坏台纲,如天下后世何。"即卧病不起。故吏田复劝太平自裁,太平曰:"吾无罪,当听于天,若自杀,则诚有慊矣。"遂还奉元,杜门谢客,以书史自适。

河南盗起。十五年,诏命太平为江浙行省左丞相。未行,改为淮南行省左丞相,兼和行枢密院事,总制诸军,驻于济宁。时诸军久出,粮饷苦不继。太平命有司给牛具以种麦,自济宁达于海州,民不扰而兵赖以济。议立土兵元帅府,轮番耕战。十六年,移镇益都。未几,除辽阳行省左丞相。籴粟以给京师,处置有法,所致甚多而民不扰。

十七年五月,召为中书左丞相。时毛贵据山东,明年,由河间入寇,官军屡败,渐逼京都,中外大骇,廷议迁都以避之,和者如出一口。太平力争以为不可,起同知枢密院事刘哈剌不花于彰德,引兵击之,大败贼众,京城遂安。会张士诚以浙西降,而晋、冀、关陕之间,察罕铁木儿屡以捷奏闻。于是中外人心翕然,有中兴之望矣。

太平又考求,凡死节之臣,虽布衣亦加赠谥,有官者就官其子孙,人尤感动。当时右丞相搠思监家人以造伪钞事觉,刑部连逮搠思监。太平力为解之,曰:"堂堂宰相乌得有此事,四海闻之,若国体何。"搠思监既劾罢,太平所得俸禄多分馈之。

二皇后奇氏与皇太子谋,欲内禅,遣宦者资正院使朴不花谕意于太平,太平不答。皇后又召太平至宫中,举酒申前意,太平依违而已。是时,皇太子欲尽逐帝近臣,又令监察御史劾帝亲昵臣御史中丞秃鲁铁木儿,未及奏而所劾御史被迁为他官,皇太子疑也先忽都泄其事,益决意去太平政柄。知枢密院事纽的该闻而叹曰:"善人国之纪也,苟去之,国将何赖乎。"数于帝前左右之,以故皇太子之志未及遂。会纽的该死,皇太子遂令监察御史买住、桑哥失理劾左丞成遵、参政赵中等下狱死,以二人为太平党也。太平知势有不可留,数以疾辞位。二十年二月,拜太保,俾养疾于家。台臣奏言以谓当时事之艰危,政赖贤材之宏济,太平以师保兼相职为宜。帝不能从。

　　会阳翟王阿鲁辉铁木儿倡乱,骚动北边,势逼上都,皇太子乃言于帝,命太平留守上都,实欲置之死地。太平遂往。有同知太常事脱欢者,也先忽都故将也。闻阳翟王将至,乃引兵缚王至军前,太平不受,令生致阙下,北边以宁。太平终不以为己功。

　　未几,诏拜太傅,赐田若干顷,俾归奉元。帝欲以伯撒里为丞相,伯撒里辞曰:“臣老不足以任宰相,陛下必以命臣,非得太平同事不可。”于是密旨令伯撒里留太平毋行。太平至沙井,闻命而止,宿留久之。皇太子恶其既去而复留也,二十三年,令御史大夫普化劾太平故违上命,当正其罪。诏乃悉拘所授宣命及所赐物,俾往陕西之西居焉。搠思监因诬奏之,安置土蕃,寻遣使者逼令自裁,太平至东胜,赋诗一篇,乃自杀。年六十三。二十七年,监察御史辩其非辜,请加褒赠。

　　也先忽都,名均,字公秉。少好学,有俊才,累迁殿中侍御史、治书侍御史、翰林侍读学士,皆兼袭虎贲亲军都指挥使。太平之为相也,务广延才彦,而也先忽都以丞相子又倾己下士,以故名称籍然。已而被劾罢,从亲还奉元。居六年,召为兵部尚书、同知枢密院事,除通政院使。太平再相,授知枢密院事,迁太子詹事。

　　十九年,群盗由开平东屯辽阳。冬,诏也先忽都以知枢密院事兼太子詹事率师往讨。太平以其年少,数请改命,不允。至则遣将拔懿州省治,盗逾辽河东奔。而朝廷逯构日甚。罢为上都留守。寻改宣政院使,以丁内艰不起。搠思监再相,复奏强起之,即日监察御史也先帖木、李好直又劾罢之。

　　已而搠思监徇皇太子旨,构成大狱,诬老的沙、蛮子、按难达识理、沙加识里、先也忽都及脱欢等不轨,执脱欢锻炼其狱,连逮不已。帝知其无辜,欲释其事,特命大赦。而搠思监增入条画内,独不赦前狱。唯老的沙逃于孛罗铁木儿大同军中,蛮子、按难达识理等遂皆贬死。也先忽都当贬撒思嘉之地,道由朵思麻。行宣政院使桓州间素受知太平,因留居其地。执政知其故,奏也先忽都违命,杖死之。年四十四。有诗集十卷。

　　铁木儿塔识,字九龄,国王脱脱之子。资禀宏伟,补国子学诸生,读书颖悟绝人。事明宗于潜邸。文宗初,由同知都护府事累迁礼部尚书,进参议中书省事,擢陕西行台侍御史,留为奎章阁侍书学士,除大都留守,寻同知枢密院事。后至元六年,拜中书右丞。至正改元,升平章政事。

　　伯颜罢相,庶务多所更张,铁木儿塔识尽心辅赞。每入番直,帝为出宿宣文阁,赐坐榻前,询以政道,必夜分乃罢。二年,郊,铁木儿塔识言大祀竣事,必有实惠及民,以当天心,乃赐民明年田租之半。岭北地寒,不任稼事,岁募富民和籴为边饷,民虽稍利,而费官盐为多。铁木儿塔识乃请别输京仓米百万斛,储于和林以为备。日本商百余人遇风漂入高丽,高丽掠其货,表请没入其人以为奴。铁木儿塔识持不可,曰:"天子一视同仁,岂宜乘人之险以为利,宜资其还。"已而日本果上表称谢。俄有日本僧告其国遣人刺探国事者。铁木儿塔识曰:"刺探在敌国固有之,今六合一家,何以刺探为。设果有之,正可令睹中国之盛,归告其主,使知向化。"两浙、闽盐额累增而课愈亏,江浙行省请减额,铁木儿塔识奏岁减十三万引。

　　五年,拜御史大夫。务以静重持大体,不为苛娆以立声威。建言:"近岁大臣获罪,重者族灭,轻者籍其妻孥。祖宗圣训,父子罪不相及。请除之。"著为令。近畿饥民争赴京城,奏出赃罚钞,籴米万石,即近郊寺观为糜食之,所活不可胜计。居岁余,迁平章政事,位居第一。大驾时巡,留镇大都。旧法:细民籴于官仓,出印券,月给之者,其直三百文,谓之红帖米;赋筹而给之,尽三月止者,其直五百文,谓之散筹米。贪民买其筹帖以为利。铁木儿塔识请别发米二十万石,遣官坐市肆,使人持五十文即得米一升,奸弊遂绝。

七年，首相去位，帝召铁木儿塔识谕旨，若曰："尔先人事我先朝，显有劳绩，尔实能世其家，今命汝为左丞相。"铁木儿塔识叩头固辞，不允，乃拜命。铁木儿塔识修饬纲纪，立内外通调之法：朝官外补，许得陛辞，亲授帝训，责以成效；郡邑贤能史，次第甄拔，入补朝阙。分海漕米四十万石置沿河诸仓，以备凶荒。先是，僧人与齐民均受役于官，其法中变，至是奏复其旧。孔子后袭封衍圣公，阶止四品，奏升为三品。岁一再诣国学，进诸生而奖励之。中书故事，用老臣预议大政，久废不设，铁木儿塔识奏复其规，起朡合、张元朴等四人为议事平章。曾未半年，救偏补弊之政以次兴举，中外咸悦。从幸上京还，入政事堂甫一日，俄感暴疾薨。年四十六。赠开诚济美同德翊运功臣、太师、中书右丞相，追封冀宁王，谥文忠。

铁木儿塔识天性忠亮，学术正大，伊洛诸儒之书，深所研究。帝尝问为治何先，对曰："法祖宗。"帝曰："王文统奇才也，朕恨不得如斯人者用之。"对曰："世祖有尧、舜之资，文统不以王道告君，而乃尚霸术，要近利，世祖之罪人也。使今有文统，正当远之，又何足取乎。"初，伯颜议罢科举，铁木儿塔识时在参议府，讫不署奏牍，及入中书乃议复行之。征用处士，待以不次之擢，或疑为太优，铁木儿塔识曰："隐士无求于朝廷，朝廷有求于隐士，区区名爵，奚足惜哉。"识者诵之。时修辽、金、宋三史，铁木儿塔识为总裁官，多所协赞云。

达识帖睦迩字九成。幼与其兄铁木儿塔识俱入国学为诸生，读经史，悉能通大义，尤好学书。初以世胄补官，为太府监提点，擢治书侍御史，以言罢。除枢密院同知，升中书右丞、翰林承旨，迁大司农。至正七年，出为江浙行省平章政事。明年，又入为大司农。九年，为湖广行省平章政事。沅、靖、柳、桂等路徭、獠窃发，朝廷以溪洞险阻，下诏招谕之。达识帖睦迩谓："寇情不可料，请置三发省，一治静江，一治沅、靖，一治柳、桂，以左右丞、参政分兵镇其地。罢靖州路总管府，改立靖州军民安抚司，设万户府，益以戍兵。"朝廷皆如其言。已而诸徭、獠悉降，召还，复为大司农。

十一年,台州方国珍起海上。达识帖睦迩奉诏与江浙行省参知政事樊执敬往招谕之。明年,盗起河南。拜河南行省平章政事。至则修城池,饬备御,贼不敢犯其境。迁淮南行省平章政事。十五年,入为中书平章政事。时中书庶务多为吏胥迟留,至则责委提控掾史二人分督左右曹,悉为剖决。出为江浙行省左丞相,寻兼知行枢密院事,许以便宜行事。时江淮盗势日盛,南北阻隔。达识帖睦迩独治方面,而任用非人,肆通贿赂,卖官鬻爵,一视货之轻重以为高下,于是谤议纷然。所部郡县往往沦陷,亦恬不以为意。

十六年正月,张士诚陷平江。七月,逼杭州,达识帖睦迩即弃城遁于富阳。万户普贤奴力拒之,而苗军帅杨完者时驻嘉兴,亦引兵至,败走张士诚。达识帖睦迩乃还。初,达识帖睦迩以完者为海北宣慰使都元帅,寻升江浙行省参政,至是遂升右丞。而苗军素无纪律,肆为钞掠,所过荡然无遗,达识帖睦迩方倚完者以为重,莫敢禁遏,故完者矜骄日肆而不可制。

明年,士诚寇嘉兴,屡为完者所败。士诚乃遣蛮子海牙以书诈降。蛮子海牙尝为南行台御史中丞,以军结水寨,屯采石,为大明兵所败,因走归士诚,故士诚使之来。而书词多不逊。完者欲纳之,达识帖睦迩不可,曰:“我昔在淮南,尝招安士诚,知其反复,其降不可信。”完者固劝乃许之。士诚始要王爵,达识帖睦迩不许。又请爵为三公,达识帖睦迩曰:“三公非有司所定,今我虽便宜行事,然不敢专也。”完者又力以为请,达识帖睦迩虽外为正词,然实幸其降,又恐忤完者意,遂授士诚太尉,其弟士德淮南行省平章政事,士信同知行枢密院,其党皆授官有差。士德寻为大明兵所擒。复升士信淮南行省平章政事。然士诚虽降,而城池府库甲兵钱谷皆自据如故。于是朝廷以招安张士诚为达识帖木儿功,诏加太尉。

当是时,徽州、建德皆已陷,完者屡出师不利。士诚素欲图完者,而完者时又强娶平章政事庆童女,达识帖木儿虽主其婚,然亦甚厌之,乃阴与士诚定计除完者。扬言使士诚出兵复建德,完者营在杭城北,不为备,遂被围,苗军悉溃,完者与其弟伯颜皆自杀。其后事闻于朝,赠完者潭国忠愍公,伯颜衡国忠烈公。完者既死,士诚兵遂据杭州。十九年,朝廷因授士信江浙行省平章政事。士信乃大发浙西诸郡民筑杭城。先是,海漕久不通,朝廷遣使来征粮,士诚运米十余万石达京师。方面之权,悉归张氏,达识帖睦迩徒存虚名而已。

俄而士诚令其部属自颂功德,必欲求王爵。达识帖睦迩谓左右曰:"我承制居此,徒藉口舌以驭此辈,今张氏复要王爵,朝廷虽微,终不为其所胁,但我今若逆其意,则目前必受害,当忍耻含垢以从之耳。"乃为具文书闻于朝,至再三,不报。士诚遂自立为吴王,即平江治宫阙,立官属。

时答兰帖木儿为江浙行省右丞,真保为左右司郎中,二人谄事士诚,多受金帛,数媒蘖达识帖睦迩之短,以故张氏遂有不相容之势。二十四年,士信乃使王晟等面数达识帖睦迩过失,勒其移咨省院自陈老病愿退。又言:"丞相之任非士信不可。"士信即逼取其诸所掌符印,而自为江浙行省左丞相,徙达识帖睦迩居嘉兴。事闻朝廷,即就以士信为江浙行行省左丞相。

达识帖睦迩至嘉兴,士信峻其垣墙,锢其门阃,所以防禁之者甚严。达识帖睦迩皆不以为意,日对妻妾饮酒放歌自若。士诚令有司公牒皆首称"吴王令旨",又讽行台为请实授于朝,行台御史大夫普化帖木儿皆不从。至是,既拘达识帖睦迩,即使人至绍兴从普化帖木儿索行台印章。普化帖木儿封其印置诸库,曰:"我头可断,印不可与。"又迫之登舟,曰:"我可死,不可辱也。"从容沐浴更衣,与妻子诀,赋诗二章,乃仰药而死。临死,掷杯地上曰:"我死矣,逆贼当踵我亡也。"后数日,达识帖睦迩闻之,叹曰:"大夫且死,吾不死何为。"遂命左右以药酒进,饮之而死。士诚乃使载其枢及妻孥北返于京师。

普化帖木儿,字兼善,答鲁乃蛮氏,行台御史大夫帖木哥子也。累迁福建行省平章政事,时境内皆为诸豪所据,不能有所施设。及迁南行台,又为张士诚所逼而死。然论者以为其死视达识帖睦迩为差胜云。

元史卷一四一

列传第二八

太不花　　察罕帖木儿

太不花，弘吉剌氏。世为外戚，官最贵显。太不花沉厚有大度，以世胄入官，累迁云南行省右丞，历通政使、上都留守、辽阳行省平章政事。至正八年，太平为丞相，力荐太不花可大用，召入为中书平章政事。明年，太平既罢，脱脱复为相。太不花因党于脱脱谋欲害太平，众由是不平之。

十二年，盗起河南，知枢密院事老章出师久无功，诏拜太不花河南行省平章政事，加太尉，将兵往代之。未期月，平南阳、汝宁、唐、随，又下安陆、德安等路，招降服叛，动合事宜，军声大振。十四年，脱脱以太师、右丞相总大兵征高邮，寻诏夺其兵柄，而升太不花本省左丞相，与太尉月阔察儿、枢密知院雪雪代总其兵。山东、河北诸军悉令太不花节制。而太不花乃以军士乏粮之故，颇骄傲不遵朝廷命令，军士又往往剽掠为民患。十五年，监察御史也里忽都等劾其慢功虐民之罪，于是天子下诏尽夺其职，俾率领火赤温，从平章政事答失八都鲁征进。

顷之，复拜湖广行省左丞相，节制湖广、荆襄诸军，招捕沔阳、湖广等处水陆贼徒。会朝廷复拜太平为中书左丞相。太不花闻之，意不能平，叹曰："我不负朝廷，朝廷负我矣。太平汉人，今乃复居中用事，安受逸乐，我反在外勤苦邪。"及击贼，贼且退，诸将皆欲乘胜渡江，而太不花乃反勒兵而退，以养锐为名。其后贼犯汴梁，守臣请援兵,至十往反,太不花乃始率兵援汴梁,而犹按甲不进。时睢、亳、太康俱已陷,边警日急。或谏之曰:"贼旦夕且至,丞相兵不进何也"太不花顾左右大言曰:"我在,何物小寇敢犯境邪?若等毋多言,我自有神算也。"既而纵军出掠,百里之内,荡然无遗。继又渡师河北,声取曹、濮,遂驻于彰德、卫辉。俄而曹濮之贼奔窜晋、冀,大同亦相继不守,遂蔓延不可制。朝廷以为忧,两遣重臣谕以密旨,授之成算,而太不花恬不为意。是时,其子寿童以同知枢密院事将兵分讨山东,久无功,尝以事入奏,语言有骄慢意,帝由是恶之。

　　十八年,山东贼愈充斥,且逼近京畿,于是诏拜太不花中书右丞相,总其兵讨山东。既渡河,即上疏以谓:"贼势张甚,军行宜以粮饷为先,昔汉韩信行军,萧何馈粮,方今措画无如丞相太平者,如令太平至军中供给,事乃可济,不然兵不能进矣。"其意实衔太平,欲其至军中即害之也。时参知政事卜颜帖木儿、张晋等分省山东,二人者尝劾寿童不进兵,太不花至,则以其馈运不前断遣之。又以知枢密院事完者帖木儿为右丞之日尝劾其非,亦加以失误专制之罪,擅改其官,征至军欲害之。事闻,廷议喧然。而太平与太不花久有隙,会其疏来上,以其欲害己也,遂讽监察御史迷只儿海等劾其缓师拒命之罪,而于帝前力谮之。于是乃下诏削其官爵,夺其兵柄,安置于盖州,以知枢密院事悟良哈台总其兵。

　　太不花闻有诏,夜驰诣刘哈剌不花求救解。刘哈剌不花者,太不花故部将也,以破贼累有功,拜淮南行省平章政事,时驻兵保定。见太不花来,因张乐大宴,举酒慷慨言曰:"丞相国家柱石,有大勋劳如此,天子终不害丞相,是必谗言间之耳。我当自往见上言之,丞相毋忧也。"哈剌不花即走至京,首见太平。太平问其来何故,哈剌不花具以其故告之。太平曰:"太不花大逆不道,今诏已下,尔乃敢辄妄言邪?不审处,祸将及尔矣。"哈剌不花闻太平言,畏惧,嗫不能发。太平度太不花必在哈剌不花所,即语之曰:"尔能致太不花以来,吾以尔见上,尔功不细矣。"哈剌不花因许之。太平乃引入见帝,赐赉良渥。初,刘哈剌不花之为部将于太不花也,与倪焕者同在幕下，太不花每委任晦，而哈剌不花计多阻不行，哈剌不花心尝以为怨。及是，知事已不可解，还，缚太不花父子送京师，未至，皆杀之于路。

　　察罕帖木儿，字廷瑞，系出北庭。

　　曾祖阔阔台，元初随大军收河南。至祖乃蛮台、父阿鲁温，皆家河南，为颍州沈丘人。

　　察罕帖木儿幼笃学，尝应进士举，有时名。身长七尺，修眉覆目，左颊有三毫，或怒则毫皆直指。居常慨然有当世之志。

　　至正十一年，盗发汝、颍，焚城邑，杀长吏，所过残破，不数月，江淮诸郡皆陷。朝廷征兵致讨，卒无成功。十二年，察罕帖木儿乃奋义起兵，沈丘之子弟从者数百人。与信阳之罗山人李思齐合兵，同设奇计袭破罗山。事闻，朝廷授察罕帖木儿中顺大夫、汝宁府达鲁花赤。于是所在义士俱将兵来会，得万人，自成一军，屯沈丘，数与贼战，辄克捷。

　　十五年，贼势滋蔓，由汴以南陷邓、许、嵩、洛。察罕帖木儿兵日益盛，转战而北，遂戍虎牢，以遏贼锋。贼乃北渡盟津，焚掠至覃怀，河北震动。察罕帖木儿进战，大败之，余党栅河洲，歼之无遗类，河北遂定。朝廷奇其功，除中书刑部侍郎，阶中议大夫。苗军以荥阳叛，察罕帖木儿夜袭之，虏其众几尽，乃结营屯中牟。已而淮右贼众三十万，掠汴以西，来捣中牟营。察罕帖木儿结阵待之，以死生利害谕士卒。士卒贾勇决死战，无不一当百。会大风扬沙，自率猛士鼓噪从中起，奋击贼中坚，城势遂披靡不能支，弃旗鼓遁走，追杀十余里，斩首无算。军声益大振。

　　十六年，升中书兵部尚书，阶嘉议大夫。继而贼西陷陕州，断淆、函、势欲趋秦、晋。知枢密院事答失八都鲁方节制河南军，调察罕帖木儿与李思齐往攻之。察罕帖木儿即鼓行而西，夜拔淆陵，立栅交口。陕为城，阻山带河，险且固，而贼转南山粟给食以坚守，攻之猝不可拔。察罕帖木儿乃焚马矢营中，如炊烟状以疑贼，而夜提

兵拔灵宝城。守既备，贼始觉，不敢动，即渡河陷平陆，掠安邑，蹂晋
南鄙。察罕帖木儿追袭之，蹙之以铁骑。贼回扼下阳津，赴水死者
其众。相持数月，贼势穷，皆遁溃。以功加中奉大夫、金河北行枢密
院事。

十七年，贼寻出襄樊，陷商州，攻武关，官军败走，遂直趋长安，
至灞上，分道掠同、华诸州，三辅震恐。陕西省台来告急。察罕帖木
儿即领大众入潼关，长驱而前，与贼遇，战辄胜，杀获以亿万计。贼
余党皆散溃，走南山，入兴元。朝廷嘉其复关陕有大功，授资善大
夫、陕西行省左丞。未几，贼出自巴蜀，陷秦、陇，据巩昌，遂窥凤翔。
察罕帖木儿即先分兵入守凤翔城，而遣谍者诱贼围凤翔。贼果来围
之，厚凡数十重。察罕帖木儿自将铁骑，昼夜驰二百里往赴，比去城
里所，分军张左右翼掩击之。城中军亦开门鼓噪而出，内外合击，呼
声动天地。贼大溃，自相践蹂，斩首数万级，伏尸百余里，余党皆遁
还。关中悉定。

十八年，山东贼分道犯京畿。朝廷征四方兵入卫，诏察罕帖木
儿以兵屯涿州。察罕帖木儿即留兵戍清湫、义谷，屯潼关，塞南山
口，以备他盗。而自将锐卒往赴召。而曹、濮贼方分道逾太行，焚上
党，掠晋、冀，陷云中、雁门、代郡，烽火数千里，复大掠南且还。察罕
帖木儿先遣兵伏南山阻隘，而自勒重兵屯闻喜、绛阳。贼果走南山，
纵伏兵横击之，贼皆弃辎重走山谷，其得南还者无几。乃分兵屯泽
州，塞碗子城，屯上党，塞吾儿谷，屯并州，塞井陉口，以杜太行诸
道。贼屡至，守将数血战击却之，河东悉定。进陕西行省右丞，兼陕
西行台侍御史、同知河南行枢密院事。于是天子乃诏察罕帖木儿守
御关陕、晋、冀，抚镇汉、沔、荆、襄，便宜行阃外事。察罕帖木儿益务
练兵训农，以平定四方为己责。

是年，安丰贼刘福通等陷汴梁，造宫阙，易正朔，号召群盗。巴
蜀、荆楚、江淮、齐鲁、辽海，西至甘肃，所在兵起，势相联结。察罕帖
木儿乃北塞太行，南守巩、洛，而自将中军军沔池。会叛将周全弃覃
怀，入汴城，合兵攻洛阳。察罕帖木儿下令严守备，别以奇兵出宜

阳，而自将精骑发新安来援。贼至城下，见坚壁不可犯，退引去，因追至虎牢，塞成皋诸险而还。拜陕西行省平章政事，仍兼同知行枢密院事，便宜行事。

十九年，察罕帖木儿图复汴梁。五月，以大军次虎牢。先发游骑，南道出汴南，略归、亳、陈、蔡，北道出汴东，战船浮于河，水陆并下，略曹南，据黄陵渡。乃大发秦兵，出函关，过虎牢；晋兵出太行，逾黄河，俱会汴城下，首夺其外城。察罕帖木儿自将铁骑，屯杏花营。诸将环城而垒。贼屡出战，战辄败，遂婴城以守。乃夜伏兵城南，旦日，遣苗军跳梁者略城而东。贼倾城出追，伏兵鼓噪起，邀击败之。又令弱卒立栅外城以饵贼。贼出争之，弱卒佯走，薄城西，因突铁骑纵击，悉擒其众。贼自是益不敢出。八月，谍知城中计穷，食且尽，乃与诸将阎思孝、李克彝、虎林赤、赛因赤、答忽、脱因不花、吕文、完哲、贺宗哲、安童、张守礼、伯颜、孙翥、姚守德、魏赛因不花、杨履信、关关等议，各分门而攻。至夜，将士鼓勇登城，斩关而入，遂拔之。刘福通奉其伪主从数百骑出东门遁走。获伪后及贼妻子数万、伪官五千、符玺印章宝货无算。全居民二十万。军不敢私，市不易肆，不旬日河南悉定。献捷京师，欢声动中外，以功拜河南行省平章政事，兼知河南行枢密院事、陕西行台御史中丞，仍便宜行事。诏告天下。

先是，中原乱，江南海漕不复通，京师屡苦饥。至是，河南既定，檄书达江浙，海漕乃复至。察罕帖木儿既定河南，乃以兵分镇关陕、荆襄、河洛、江淮，而重兵屯太行，营垒旌旗相望数千里。乃日修车船，缮兵甲，务农积谷，训练士卒，谋大举以复山东。

先是，山西晋、冀之地皆察罕帖木儿所平定。而答失八都鲁之子曰孛罗帖木儿，以兵驻大同，因欲并据晋、冀，遂至兵争，天子屡下诏和解之，终不听，事见《本纪》及《答失八都鲁传》中。

二十一年，谍知山东群贼自相攻杀，而济宁田丰降于贼。六月，察罕帖木儿乃舆疾自陕抵洛，大会诸将，与议师期。发并州军出井陉，辽、沁军出邯郸，泽、潞军出磁州，怀、卫军出白马，及汴、洛军，水陆俱下,分道并进。而自率铁骑,建大将旗鼓,渡孟津,逾覃怀,鼓行而东,复冠州、东昌。八月,师至盐河。遣其子扩廓帖木儿及诸将等,以精卒五万捣东平。与东平贼兵遇,两战皆败之,斩首万余级,直抵其城下。察罕帖木儿以田丰据山东久,军民服之,乃遣书谕以逆顺之理。丰及王士诚皆降。遂复东平、济宁。时大军犹未渡,群贼皆聚于济南,而出兵齐河、禹城以相抗。察罕帖木儿分遣奇兵,取间道出贼后,南略泰安,逼益都,北徇济阳、章丘,中循濒海郡邑。乃自将大军渡河,与贼将战于分齐,大败之,进逼济南城,而齐河、禹城俱来降,南道诸将亦报捷。再败益都兵于好石桥,东至海滨,郡邑闻风皆送款。攻围济南三月,城乃下。诏拜中书平章政事、知河南山东行枢密院事,陕西行台中丞如故。察罕帖木儿遂移兵围益都,环城列营凡数十,大治攻具,百道并进。贼悉力拒守。复掘重堑,筑长围,遏南洋河以灌城中。仍分守要害,收辑流亡,郡县户口再归职方,号令焕然矣。

二十二年,时山东俱平,独益都孤城犹未下。六月,田丰、王士诚阴结贼,复图叛。田丰之降也,察罕帖木儿推诚待之不疑,数独入其帐中。及丰既谋变,乃请察罕帖木儿行观营垒。众以为不可往,察罕帖木儿曰:“吾推心待人,安得人人而防之。”左右请以力士从,又不许,乃从轻骑十有一人行。至王信营,又至丰营,遂为王士诚所刺。讣闻,帝震悼,朝廷公卿及京师四方之人,不问男女老幼,无不恸哭者。

先是,有白气如索,长五百余丈,起危宿,扫太微垣。太史奏山东当大水。帝曰:“不然,山东必失一良将。”即驰诏戒察罕帖木儿勿轻举,未至而已及于难。诏赠推诚定远宣忠亮节功臣、开府仪同三司、上柱国、河南行省左丞相,追封忠襄王,谥献武。及葬,赐赙有加,改赠宣忠兴运弘仁效节功臣,追封颍川王,改谥忠襄,食邑沈丘县,所在立祠,岁时致祭。封其父阿鲁温汝阳王,后又封梁王。

于是复起扩廓帖木儿,拜银青荣禄大夫、太尉、中书平章政事、知枢密院事、皇太子詹事,仍便宜行事,袭总其父兵。

扩廓帖木儿既领兵柄,衔哀以讨贼,攻城益急,而城守益固,乃穴地通道以入。十一月,援其城,执其渠魁陈猱头二百余人献阙下,而取田丰、王士诚之心以祭其父,余党皆就诛。即遣关保以兵取莒州,于是山东悉平。扩廓帖木儿本察罕帖木儿之甥,自幼养以为子。当是时,东至淄、沂,西逾关陕,皆晏然无事。扩廓帖木儿乃驻兵于汴、洛。朝廷方倚之以为安。孛罗帖木儿自察罕帖木儿既没,复数以兵争晋、冀。帝虽屡解谕之,而仇隙日深。

二十三年,御史大夫老的沙与知枢密院事秃坚帖木儿得罪于皇太子,皇太子欲诛之,皆奔于大同,为孛罗帖木儿所匿。老的沙者,帝母舅,以故帝数为皇太子寝其事,而皇太子不从,帝无如之何,则传旨密令孛罗帖木儿隐其迹。而丞相搠思监、宦者朴不花皆附皇太子,必穷竟其事。皇太子又方倚重于扩廓帖木儿。时扩廓帖木儿驻太原与孛罗帖木儿构兵,势相持不可解。

二十四年,搠思监、朴不花因诬孛罗帖木儿、老的沙谋为不轨,而皇太子亦怒不已。三月,天子以故下诏数孛罗帖木儿罪,削其官职而夺其兵。孛罗帖木儿不受诏,遂遣兵逼京师,必欲得搠思监、朴不花乃已。天子不得已,缚两人与之。语在搠思监、孛罗帖木儿传。七月,孛罗帖木儿又与老的沙合秃坚帖木儿兵同犯阙。时扩廓帖木儿遣部将白锁住以万骑卫京师,驻于龙虎台,与战不利,遂奉皇太子奔于太原。孛罗帖木儿既入朝,据相位。白锁住又将二万骑屯渔阳,为朝廷声援。

二十五年,扩廓帖木儿以兵捣大同取之。皇太子乃趣扩廓帖木儿大举以讨逆,发丞相也速兵屯东鄙,魏、辽、齐、吴、豫、幽诸王兵驻西边,而自率扩廓帖木儿兵取中道,抵京师。亡何,孛罗帖木儿既伏诛,帝诏白锁住兵守京城,遂诏皇太子还京,而扩廓帖木儿亦扈从入朝。九月,诏拜伯撒里右丞相,扩廓帖木儿左丞相。伯撒里累朝旧臣,而扩廓帖木儿以后生晚出,乃与并相。居两月,即请南还视师。

是时,中原虽无事,而江淮、川蜀皆非我所有。皇太子累请出督师，而帝难之，乃诏封扩廓帖木儿河南王，俾总天下兵而代之行。扩廓帖木儿于是分省以自随，官属之盛，几与朝廷等，而用孙翥、赵恒等为谋主。二十六年二月，自京师还河南，欲庐墓以终丧。左右咸以谓受命出师不可中止，乃复北渡，居怀庆，又移居彰德。

初，李思齐与察罕帖木儿同起义师，齿位相等。及是扩廓帖木儿总其兵，思齐心不能平。而张良弼首拒命，孔兴、脱列伯等亦皆以功自恃，各怀异见，请别为一军，莫肯统属。衅隙既开，遂成仇敌。扩廓帖木儿乃遣关保、虎林赤以兵西攻良弼于鹿台，而思齐亦与良弼合，兵连不能罢。扩廓帖木儿始受命南征，而顾乃退居彰德，又惟务用兵陕西，天子之命置而不问，朝廷因疑其有异志。皇太子之奔太原也，欲用唐肃宗灵武故事，因而自立。扩廓帖木儿与孛兰奚等不从。及还京师，皇后奇氏传旨，令扩廓帖木儿以重兵拥太子入城，欲胁帝禅之位。扩廓帖木儿知其意，比至京城三十里，即散遣其军。由是皇太子心衔之。及是，屡趣其出师江淮，扩廓帖木儿第遣弟脱因帖木儿及部将完哲、貊高以兵往山东。而西兵互相胜负，终不解。帝又下诏和解之，顾乃戕杀诏使天下奴等，而跋扈之迹成矣。

二十七年八月，帝乃下诏命皇太子亲出总天下兵马，而分命扩廓帖木儿以其兵自潼关以东，肃清江淮；李思齐以其兵自凤翔以西，进取川蜀；秃鲁以其兵与张良弼、孔兴、脱列伯等取襄樊；王信以其兵固守山东信地。然诏书虽下，皇太子亦竟止不行，而分兵之命，扩廓帖木儿终捍拒不肯受。于是貊高、关保等皆叛扩廓帖木儿。

关保自察罕帖木儿起兵以来即为将，勇冠诸军，功最高。而貊高善论兵，尤为察罕帖木儿所信任。及是，两人见扩廓帖木儿有不臣之心，故皆叛之，列其罪状闻于朝，举兵共攻之。而皇太子用沙蓝答儿、帖林沙、伯颜帖木儿、李国凤等计，立抚军院，总制天下军马，专备扩廓帖木儿。以貊高等能倡大义，赐号忠义功臣。

十月，诏落扩廓帖木儿太傅、中书左丞相，依前河南王，以汝州为食邑，与弟脱因帖木儿同居河南府，而以河南府为梁王食邑，从行官属悉令还朝。凡扩廓帖木儿所总诸军，在帐前者白锁住、虎林

赤领之,在河南者李克彝领之,在山东者也速领之,在山西者沙蓝
答儿领之,在河北者貊高领之。扩廓帖木儿既受诏,即退军屯泽州。
诏又命秃鲁与李思齐、张良弼、孔兴、脱列伯率兵东向,以正天讨。

　　二十八年,朝廷命左丞孙景益分省太原,关保以兵为之守。扩
廓帖木儿即遣兵据太原,而尽杀朝廷所置官。皇太子乃命魏赛因不
花及关保皆以兵与思齐、良弼诸军夹攻泽州,而天子又下诏削夺扩
廓帖木儿爵邑,令诸军共诛之,其将士官吏效顺者与免本罪,惟孙
翥、赵恒罪在所不赦。二月,扩廓帖木儿退守于平阳,而关保遂据
泽、潞二州以与貊高合。时李思齐、张良弼、孔兴、脱列伯与扩廓帖
木儿相持既久,大明兵时已及河南,思齐、良弼皆遣使诣扩廓帖木
儿告以出师非本心,乃解兵大掠西归。七月,貊高、关保进攻平阳。
当是时,扩廓帖木儿气稍沮,而关保、貊高势甚振,数请战,扩廓
帖木儿不应,或师出即复退。一日,谍知貊高分军掠祁县,即夜出师薄
其营掩击之,大败其众,貊高、关保皆就擒。朝廷闻之,遽罢抚军院,
而帖林沙、伯颜帖木儿、李国凤等以误国皆受黜。既而扩廓帖木儿
上疏自陈其情恫,帝寻亦悔悟,下诏涤其前非。

　　于是大明兵已定山东及河、洛,中原俱不守。闰七月,帝乃下
诏,复命扩廓帖木儿仍前河南王、太傅、中书左丞相,孙翥、赵恒并
复旧职,以兵从河北南讨,也速以兵趋山东,秃鲁兵出潼关,李思齐
兵出七盘、金商,以图复汴、洛。未几,也速兵遂溃,秃鲁、思齐兵亦
未尝出,而扩廓帖木儿又自平阳退守太原,不复敢南向,事已不可
为矣。已而大明兵迫京城,帝北奔,国遂以亡。及大明兵至太原,扩
廓帖木儿即弃城遁,领其余众西奔于甘肃。

元史卷一四二
列传第二九

答失八都鲁　庆童　也速
彻里帖木儿　纳麟

　　答失八都鲁，曾祖纽璘、祖也速答儿，有传。答失八都鲁，南加台子也。以世袭万户镇守罗罗宣慰司。土人作乱，答失八都鲁捕获有功，四川省举充船桥万户。出征云南，升大理宣慰司都元帅。

　　至正十一年，特除四川行省参知政事，拨本部探马赤军三千，从平章咬住讨贼于荆襄。九月，次安平站。时咬住兵既平江陵，答失八都鲁请自攻襄阳。

　　十二年，进次荆门。时贼十万，官军止三千余，遂用宋廷杰计，招募襄阳官吏及土豪避兵者，得义丁二万，编排部伍，申其约束。行至蛮河，贼守要害，兵不得渡，即令屈万户率奇兵由间道出其后，首尾夹攻，贼大败。追至襄阳城南，大战，生擒其伪将三十人，腰斩之。贼自是闭门不复出。

　　答失八都鲁乃相视形势，内列八翼，包络襄城，外置八营，军岘山、楚山，以截其援，自以中军四千据虎头山，以瞰城中。署从征人李复为南漳县尹，黎可举为宜城县尹，拊循其民以赋军馈。城中之民受围日久，夜半，二人缒城叩营门，具告虚实，愿为内应。答失八都鲁与之定约，以五月朔日四更攻城，授之密号而去。至期，民垂绳以引官军。先登者近千人。时贼船百余艘在城北，阴募善水者凿其底。天将明，城破。贼巷战不胜，走就船，船坏，皆溺水死。伪将王权领千骑西走,遇伏兵被擒。襄阳遂平。加答失八都鲁资善大夫,赐上尊及黄金束带,以其弟识里木为襄阳达鲁花赤,子孛罗帖木儿为云南行省理问。比贼再犯荆门、安陆、沔阳,答失八都鲁辄引兵败之。寻诏益兵五千,以乌撒乌蒙元帅成都不花听其调发

十三年,定青山、荆门诸寨。九月,率兵略均、房,平谷城,攻开武当山寨数十,获伪将杜将军。十二月,趋攻峡州,破伪将赵明远木驴寨。升四川行省右丞,赐金系腰。

十四年正月,复峡州。三月,升四川行省平章政事,兼知枢密院事,总荆襄诸军。五月,命玉枢虎儿吐华代答失八都鲁守中兴、荆门,且令答失八都鲁以兵赴汝宁。十月,诏与太不花会军讨安丰。是月,复苗军所据郑、均、许三州。十二月,复河阴、巩县。

十五年,命答失八都鲁就管领太不花一应诸王藩将兵马,许以便宜行事。六月,拜河南行省平章政事。进次许州长葛,与刘福通野战,为其所败,将士奔溃。九月,至中牟,收散卒,团结屯种。贼复来劫营,掠其辎重,遂与孛罗帖木儿相失。刘哈剌不花进兵来援,大破贼兵,获孛罗帖木儿归之。复驻汴梁东南青堌。十二月,调兵进讨,大败贼于太康,遂围亳州,伪宋主小明王遁。

十六年,加金紫光禄大夫。三月,朝廷差脱欢知院来督兵,答失八都鲁父子亲与刘福通对敌,自巳至酉,大数数合,答失八都鲁坠马,孛罗帖木儿扶令上马先还,自持弓矢连发以毙追者,夜三更步回营中。十月,移驻陈留。十一月,攻取夹河刘福通寨。十二月庚申,次高柴店,逼太康三十里。是夜二鼓,贼五百余骑来劫,以有备亟遁。火而追之,比晓,督阵力战,自寅至巳,四门皆陷,壮士缘城入其郛,斩首数万,擒伪将军张敏、孙韩等九人。杀伪丞相王、罗二人。辛酉,太康悉平,遣孛罗木儿告捷京师,帝赐劳内殿,王其先臣三世,拜河南行省左丞相,仍兼知枢密院事,守御汴梁;识里木,云南行省左丞;孛罗帖木儿,四川行省左丞;将校僚属赏爵有差。

十七年三月,诏朝京师,加开府仪同三司、太尉、四川行省左丞相。九月,取沟城、东明、长垣三县。十月,诏遣知院达理麻失理来

援。分兵雷泽、濮州，而达理麻失理为刘福通所杀，达达诸军皆溃。答失八都鲁力不能支，退驻石村。朝廷颇疑其玩寇失机，使者促战相踵。贼觇知之，诈为答失八都鲁通和书，遗诸道路，使者果得之以进。答失八都鲁觉知，一夕忧愤死，十二月庚子也。子字罗帖木儿别有传。

　　庆童，字明德，康里氏。祖明里帖木儿，父斡罗思，皆封益国公。庆童早以勋臣子孙受知仁庙，给事内廷，遂长宿卫。授大宗正府掌判。三迁为上都留守。又累迁为江西、河南二行省平章政事。入为太府卿。复为上都留守。出为辽阳行省平章政事，以宽厚为政，辽人德之。

　　至正十年，迁平章，行省江浙。适时承平，颇沉湎于宴乐，凡遗逸之士举校官者，辄摈斥不用，由是不为物论所与。明年盗起汝、颖，已而蔓延于江浙，江东之饶、信、徽、宣、铅山、广德，浙西之常、湖、建德，所在不守。庆童分遣僚佐往督师旅，曾不逾时，以次克复。既乃令长吏按视民数，凡诖误者置不问，招徕流离。俾安故业，发官粟以赈之。省治毁于兵，则拓其故址，俾之一新。募贫民为工役，而偿之以钱，杭民赖以存活者尤众。

　　十四年，脱脱以太师、右丞相统大兵南征，一切军资、衣甲、器仗、谷粟、薪藁之属，咸取具于江浙。庆童规措有方，陆运川输，千里相属，朝廷赖之。明年，盗起常之无锡，众议以重兵歼之，庆童曰：“赤子无知，迫于有司，故弄兵耳。敬谕以祸福。彼无不降之理。”盗闻之，果投戈解甲，请为良民。

　　十六年，平江、湖州陷，义兵元帅方家奴以所部军屯杭城之北关，钩结同党，相煽为恶，劫掠财货，白昼杀人，民以为患，庆童言于丞相达识帖睦迩曰：“我师无律，何以克敌，必斩方家奴乃可出师。”丞相乃与庆童入其军，数其罪，斩首以徇，民大悦。继而苗军帅杨完者以其军守杭城。丞相达识帖睦迩既承制授完者江浙行省右丞，而完者益以功自骄，因求婚庆童女。庆童初不许，时苗军势甚张，达识帖睦迩方倚以为重,强为主婚,庆童不得已以女与之。明年,出镇海宁州,距杭百里,地濒海硗瘠,民甚贫。居二年,盗息而民阜。至是,庆童在江浙已七年,涉历险艰,劳绩甚优著,召拜翰林学士承旨,改淮南行省平章政事,未行,仍任江浙。

十八年,迁福建行省平章政事,未行,拜江南行台御史大夫,赐以御衣、上尊。时南行台治绍兴,所辖诸道皆阻绝不通。绍兴之东,明、台诸郡则制于方国珍;其西杭、苏诸郡则据于张士诚,宪台纲纪不复可振,徒存空名而已。

二十年,召还朝,庆童乃由海道趋京师。拜中书平章政事。俄有谮其子刚僧私通宫人者,帝怒杀之。庆童因怏怏不得志,移疾家居久之,日饮酒以自遣。

二十五年,诏拜陕西行省左丞相,时李思齐拥兵关中,庆童至则御之以礼,待之以和。居三年,关陕用宁。召还京师。

二十八年七月,大明兵逼京师,帝与皇太子及六宫至于宰臣近戚皆北奔,而命淮王帖木儿不花监国。庆童为中书左丞相以辅之。八月二日,京城破,淮王与庆童出齐化门,皆被杀。

也速,蒙古人,倜傥有能名。由宿卫历尚乘寺提点,迁宣政院参议。至正十四年,河南贼芝麻李据徐州,也速从太师脱脱南征,徐州城坚不可猝拔。脱脱用也速计以巨石为炮,昼夜攻之不息,贼困莫能支,也速又攻破其南关外城,贼遂遁走,以功除同知中政院事。继又领军从父太尉月阔察儿征淮西,会贼围安丰,即往援之,渡淮无舟,因策马探水深浅,浮而过,贼大骇,撤围去。进攻濠州,有诏班师乃还,升将作院使。

复从太尉征淮东,取盱眙。迁淮南行枢密院副使,升同知枢密院事。讨贼海州,大败之。贼走,航海袭山东,尽有其地。也速计贼必乘胜北侵,急引兵北还,表里击之,复滕、兖二州,及费、邹、曲阜、宁阳、泗水五县,贼势遂衄。未几,复泰州及平阴、肥城、莱芜、新泰四县,又平安水等五十三寨。

升知枢密院事。讨蒲台贼杜黑儿，擒送京师磔之。东昌贼将北寇，道出陵州，也速邀击于景州，斩获殆尽。复阜城县。有诏命也速以军屯单家桥，断贼北路，贼转攻长芦，也速往与战，流矢贯左手不顾。转斗无前，杀贼五百余人，夺马三千匹。于是分兵下山寨，民争来归

拜中书平章政事，改行省淮南。雄州、蔚州贼继起，也速悉平之。知枢密院事刘哈剌不花所部卒掠怀来、云州，欲为乱，也速以轻骑击灭其首祸者，降其众隶麾下。贼陷大宁，诏也速往讨之。贼兵次侯家店，也速遇贼即前与战，自昼抵曙，散而复合。也速遣别骑绕出贼后，贼腹背受敌，大败。遂拔大宁，擒首贼汤通、周成等三十五人，磔于都市。召入觐，赏赉优渥，进阶金紫光禄大夫、知枢密院事。

既而贼雷帖木儿不花、程思忠等陷永平，诏也速出师，遂复滦州及迁安县。时辽东郡县惟永平不被兵，储粟十万，刍藁山积，居民殷富。贼乘间窃入，增土筑城，因河为堑，坚守不可下，也速乃外筑大营，绝其樵采，数与贼战，获其伪帅二百余人，平山寨数十。又复昌黎、抚宁二县，擒雷帖木儿不花送京帅。贼急，乃乞降于参政彻力帖木儿，为请命于朝，诏许之，命也速退师。也速度贼必以计怠我师，乃严备以侦之。程思忠果弃城遁去，亟追至瑞州，杀获万计。贼遂东走金、复州。诏还京师。

拜辽阳行省左丞相，知行枢密院事，抚安迤东兵农，委以便宜，开省于永平，总兵如故。金、复、海、盖、乾、王等贼并起，西侵兴中州，阴由海道趋永平，闻也速开省乃止。也速亟分兵防其冲突。贼乃转攻大宁，为守将王聚所败，斩其渠魁，众溃，皆西走。也速虑贼窥上都，即调右丞忽林台提兵护上都，简精锐自蹑贼后。贼果寇上都，忽林台击破之，贼众又大溃。永平、大宁于是始平。乃分命官属，劳来安辑其民，使什伍相保以事耕种，民为立石颂其勋德。

二十四年，勃罗帖木儿与右丞相搠思监、宦者朴不花有怨，遣兵犯阙，执二人以去，而也速遂拜中书左丞相。七月，孛罗帖木儿留兵守大同，自率兵复向阙。京师大震，百官从帝城守，皇太子统兵迎

于清河，命也速军于昌平。而孛罗帖木儿前锋已度居庸关，至昌平，也速一军皆无斗志，不战而溃，皇太子驰入城，寻出奔于太原，孛罗帖木儿遂入京城，为中书右丞相，语具《孛罗帖木儿传》。

二十五年，皇太子在太原，与扩廓帖木儿谋清内难，承制调甘肃、岭北、辽阳、陕西诸省诸王兵入讨孛罗帖木儿。孛罗帖木儿乃遣御史大夫秃坚帖木儿率兵攻上都附皇太子者，且以御岭北之兵，又调也速率兵南御扩廓帖木儿部将竹贞、貊高等。也速军次良乡不进，谋之于众，皆以谓孛罗帖木儿所行狂悖，图危宗社，中外同愤。遂勒兵归永平，西连太原扩廓帖木儿，东连辽阳也先不花国王，军声大振。孛罗帖木儿患之，遣其将同知枢密院事姚伯颜不花以兵往讨。军过通州，白河水溢不能进，驻虹桥，筑垒以待。姚伯颜不花素轻也速无谋，不设备。也速觇知之，袭破其军，擒姚伯颜不花。孛罗帖木儿大恐，自将讨也速，至通州，大雨三日，乃还。孛罗帖木儿先以部将保安不附己，杀之，至是又失姚伯颜不花，二人皆骁将也，如失左右手，郁郁不乐。事败，遂伏诛。

二十七年，诏以也速为中书右丞相，分省山东。

二十八年，大明兵取山东。闰七月，也速与部将哈剌章、田胜、周达等御于莫州，众败溃，乃尽掠莫州残民北遁。

彻里帖木儿，阿鲁温氏。祖父累立战功，为西域大族。彻里帖木儿幼沉毅有大志，早备宿卫。擢中书直省舍人，遂拜监察御史。时右丞相帖木迭儿用事，生杀予夺皆出其意，道路侧目。彻里帖木儿抗言，历诋其奸，帖木迭儿欲中伤之。会山东水，盐课大损，除山东转运司副使。甫浃月，补其亏数皆足。转刑部尚书，京师豪右惮之，不敢犯法，而以非罪丽法者多所全脱。

天历二年，拜中书右丞。寻升中书平章政事，出为河南行省平章政事。黄河清，有司以为瑞，请闻于朝。彻里帖木儿曰："吾知为臣忠、为子孝、天下治、百姓安为瑞，余何益于治。"

岁大饥，彻里帖木儿议赈之。其属以为必自县上之府，府上之省，然后以闻。彻里帖木儿慨然曰："民饥死者已众，乃欲拘以常格耶。往复累月，民存无几矣。此盖有司畏罪，将归怨于朝廷，吾不为也。"大发仓廪赈之，乃请专擅之罪。文宗闻而悦之，赐龙衣、上尊。

至顺元年，云南伯忽叛，以知行枢密院事总兵讨之，治军有纪律，所过秋毫无犯。贼平，赏赉甚厚，悉分赐将士，师旋，囊装惟巾栉而已。除留守上都。先是，上都官买商旅之货，其直不即酬给，以故商旅不得归，至有饥寒死者，彻里帖木儿为之请，有旨：出钞四百万贯赏之。迁江浙行省平章政事，以严厉为政，部内肃然。寻召拜御史中丞，朝廷惮之，风纪大振。

至元元年，拜中书平章政事。首议罢科举，又欲损太庙四祭为一祭。监察御史吕思诚等列其罪状劾之。帝不允，诏彻里帖木儿仍出署事。时罢科举诏已书而未用宝，参政许有壬入争之。太师伯颜怒曰："汝风台臣言彻里帖木儿邪？"有壬曰："太师以彻里帖木儿宣力之故，擢置中书。御史三十人不畏太师而听有壬，岂有壬权重于太师耶？"伯颜意解。有壬乃曰："科举若罢，天下人才觖望。"伯颜曰："举子多以赃败，又有假蒙古、色目名者。"有壬曰："科举未行之先，台中赃罚无算，岂尽出于举子？举子不可谓无过，较之于彼则少矣。"伯颜因曰："举子中可任用者唯参政耳。"有壬曰："若张梦臣、马伯庸、丁文苑辈，皆可任大事。又如欧阳元功之文章，岂易及邪？"伯颜曰："科举虽罢，士之欲求美衣美食者，皆能自向学，岂有不至大官者邪？"有壬曰："所谓士者，初不以衣食为事，其事在治国平天下耳。"伯颜又曰："今科举取人，实妨选法。"有壬曰："古人有言，立贤无方。科举取士，岂不愈于通事、知印等出身者？今通事等天下几三千三百二十五名，岁余四百五十六人。王典赤、太医、控鹤，皆入流品。又路吏及任子其途非一。今岁自四月至九月，白身补官受宣者七十二人，而科举一岁仅三十余人。太师试思之，科举于选法果相妨邪？"伯颜心然其言，然其议已定不可中辍，乃为温言慰解之，且为有壬为能言。有壬闻之曰："能言何益于事。"彻里帖木儿时在座，曰："参政坐，无多言也。"有壬曰："太师谓我风人劾平章，可

共坐邪?"彻里帖木儿笑曰:"吾固未尝信此语也。"有壬曰:"宜平章
之不信也,设有壬果风人言平章,则言之必中矣,岂止如此而已。"
众皆笑而罢。翌日,崇天门宣诏,特令有壬为班首以折辱之。有壬
惧及祸,勉从之。治书侍御史普化诮有壬曰:"恭政可谓过河拆桥者
矣。"有壬以为大耻,遂移疾不出。

初,彻里帖木儿之在江浙也,会行科举,驿请考官,供张甚盛,
心颇不平,故其入中书以罢科举为第一。事先,论学校贡士庄田租
可给怯薛衣粮,动当国者,以发其机,至是遂论罢之。彻里帖木儿尝
指斥武宗为那壁,那壁者犹谓之彼也。又尝以妻弟阿鲁浑沙女为己
女,昌请珠袍等物。于是台臣复劾其罪,而伯颜亦恶其忤己欲斥之。
诏贬彻里帖木儿于南安,人皆快之。久之,卒于贬所。至正二十三
年,监察御史野仙帖木儿等辨其罪,可依寒食国公追封王爵、定谥、
加功臣之号,事不行。

纳麟,智曜之孙,睿之子也。

大德六年,纳麟以名臣子,用丞相哈剌哈孙答剌罕荐,入备宿
卫。十年,除中书舍人。至大四年,迁宗正府郎中。皇庆元年,擢金
河南廉访司事。延祐初,拜监察御史。以言事忤旨,仁宗怒叵测,中
丞朵儿只力救之乃解。又言风宪恃纠劾之权而受人赂者,宜刑而加
流。四年,迁刑部员外郎。六年,出为河南行省郎中。至治三年,入
为都漕运使。泰定中,擢湖南、湖北两道廉访使。

天历元年,除杭州路总管。锄奸去蠹,吏畏民悦。明年,改江西
廉访使。南昌岁饥,江西行省难于发粟。纳麟曰:"朝廷如不允,我
当以家赀偿之。"乃出粟以赈民,全活甚众。平章政事把失忽都贪纵
不法,纳麟劾罢之。至顺元年,拜湖广行省参知政事。元统初,召为
刑部尚书,未至,改江南行台治书侍御史。寻升中丞。至元元年,召
拜中书参知政事,迁同知枢密院事。寻出为江浙行省右丞,乞致仕,
不允。除浙西廉访使,力辞不赴。

至正二年,除行宣政院使。上天竺耆旧僧弥戒、径山耆旧僧惠

洲，恣纵犯法，纳麟皆坐以重罪。请行宣政院设崇教所，拟行省理问官，秩四品，以治僧狱讼。从之。寻为江浙行省平章政事。三年，迁河南行省平章政事。明年，入为中书平章政事。七年，出为江南行台拜御史大夫。寻召拜御史大夫，所荐用御史，必老成更事者。八年，进金紫光禄大夫，请老。不许，加太尉。御史劾罢之。退居姑苏。

十二年，江淮盗起，帝命为南台御史大夫。纳麟承诏即起。仍命兼太尉，设僚属，总制江浙、江西、湖广三省军马。诏遣直省舍人海玉传旨慰谕之。纳麟北面再拜曰："臣虽耄老，敢不黾勉从事，尽余生以报陛下。"至则修筑集庆城郭。会江浙杭城失守，淮南行省平章政事失列门引兵往援，次于采石。纳麟使止之曰："闻杭贼易破不足忧，今宣城危急，先宜以兵救宣城。"乃调典瑞院使脱火赤率蒙古军应之，大破贼于堳下门，宣州以安。已而贼陷徽州、广德、常州、宜兴、溧水、溧阳，蔓延丹阳、金坛、句容，略上元、江宁，游兵至钟山，集庆势甚危。纳麟乃力疾治兵，部署士卒。命治书侍御史左答纳失理守城中，中丞伯家奴戍东郊。是时，湖广行省平章政事也先帖木儿军和州，纳麟遣使求援。也先帖木儿曰："我奉命镇江北，不敢往援江东。"纳麟复遣监察御史郑郊力促其行，也先帖木儿引步骑度采石至台城，入候纳麟疾。纳麟喜，即以其故闻于朝。已而也先帖木儿兵东趋秣陵，杀贼二千余人，平湖熟镇，尽复上元、江宁境，乘胜入溧阳、溧水、贼溃奔广德，其据龙潭、方山者奔常州。时江浙行省平章政事三旦八、右丞佛家闾亦引兵来会。所在群贼皆败北，州郡悉平。

十三年，纳麟固请谢事。从之。命太尉如故。乃退居庆元。十六年九月，诏以江南行台移置绍兴，复以纳麟为御史大夫，仍太尉。明年，移治绍兴。十八年，赴召，由海道入朝。至黑水洋阻风而还。十九年，复由海道趋直沽。山东俞宝率战舰断粮道，纳麟命其子安安及同舟人拒之，破其众于海口。八月，抵京师。帝遣使劳以上尊，皇太子亦馈酒脯。而纳麟感疾日亟，卒于通州。年七十有九。

元史卷一四三
列传第三〇

马祖常 嵊嵊 自当 阿荣
小云石海涯 泰不华 余阙

马祖常,字伯庸。世为雍古部,居靖州天山。

有锡里吉思者,于祖常为高祖,金季为凤翔兵马判官,以节死赠恒州刺史,子孙因其官以马为氏。

曾祖月合乃,从世祖征宋,留汴,掌馈饷,累官礼部尚书。

父润,同知漳州路总管府事,家干光州。

相常七岁知学,得钱即以市书。十岁时,见烛敓烧屋,解衣沃水以灭火。咸嗟异之。既长,益笃于学。蜀儒张翌讲道仪真,往受业其门,质以疑义数十,翌甚器之。

延祐初,科举法行,乡贡、会试皆中第一,廷试为第二人。授应奉翰林文字。拜监察御史。

是时,仁宗在御已久,犹居东宫,饮酒常过度。祖常上书请"御正衙,立朝仪,御史执简,太史执笔,则虽有怀奸利己乞官求赏者,不敢出诸口。天子承天地祖宗之重,当极调摄。至于酒醴,近侍进御,当思一献百拜之义。"英宗为皇太子,又上书请慎简师傅。于是奸臣铁木迭儿为丞相,威权自恣。祖常知其盗观国史,率同列劾奏其十罪。仁宗震怒,黜罢之。秦州山移,祖常言:"山不动之物,今而动焉。由在野有当用不用之贤,在官有当言不言之佞,故致然尔。"疏闻,大臣皆家居待罪。祖常荐贤拔滞,知无不言。俄改宣政院经历,月余辞归。起为社稷署令。亡何,奸臣复相,左迁开平县尹,因欲中伤之,遂退居光州。久之,奸臣既死,乃除翰林待制。泰定建储,擢典宝少监、太子左赞善。寻兼翰林直学士,除礼部尚书。丁祖母忧。起为右赞善,复除礼部尚书。寻辞归。

天历元年,召为燕王内尉。仍入礼部,两知贡举,一为读卷官,时称得人。升参议中书省事,参定亲郊礼仪,充读册祝官。拜治书侍御史,历徽政副使,迁江南行台中丞。

元统元年,召议新政。赐白金二百两、钞万贯。又历同知徽政院事,遂拜御史中丞。帝以其有疾,诏特免朝礼,光禄日给上尊。祖常持宪务存大体。西台御史劾其僚禁酤时面有酒容,以苛细黜之。山东廉访司言孔氏讼事,以事关名教不行,按者亦引去。除枢密副使。顷之,辞职归光州。复除江南行台中丞,又迁陕西行台中丞,皆以疾不赴。至元四年卒,年六十。赠摅忠宣宪协正功臣、河南行省右丞、上护军、魏郡公,谥文贞。

祖常立朝既久,多所建明。尝议:今国族及诸部既诵圣贤之书,当知尊诸母以厚彝伦。又议:将家子弟骄脆有孤任使,而庶民有挽强蹶张老死草野者,当建武学、武举,储材以备非常。时虽弗用,识者韪之。祖常工于文章,宏赡而精核,务去陈言。专以先秦两汉为法,而自成一家之言。尤致力于诗,圆密清丽,大篇、短章无不可传者。有文集行于世。尝预修《英宗实录》,又译润《皇图大训》、《承华事略》,又编集《列后金鉴》、《千秋记略》以进,受赐优渥。文宗尝驻跸龙虎台,祖常应制赋诗,尤被叹赏,谓中原硕儒唯祖常云。

巙巙,字子山,康里氏。

父有忽木自有传。祖燕真,事世祖,从征有功。

巙巙幼肄业国学,博通群书,其正心修身之要得诸许衡及父兄家传。长袭宿卫,风神凝远,制行峻洁,望而知其为贵介公子。其遇事英发,掀髯论辨,法家拂士不能过之。

始授承直郎、集贤待制,迁兵部郎中,转秘书监丞。奉命往核泉舶，芥视珠犀，不少留目。改同金太常礼仪院事，拜监察御史，升河东廉访副使。未上，迁秘书太监，升侍仪使。寻擢中书右司郎中，迁集贤直学士，转江南行台治书侍御史。拜礼部尚书，监群玉内司。

嵘嵘正色率下。国制：大乐诸坊咸隶本部，遇公宴，众伎毕陈。嵘嵘视之泊如，僚佐以下皆肃然。迁领会同馆事尚书，监群玉内司如故。寻兼经筵官，复除江南行台治书侍御史。未行，留为奎章阁学士院承制学士，仍兼经筵官。升侍书学士、同知经筵事，复升奎章阁学士院大学士、知经筵事。除浙西廉访使，复留为大学士、知经筵事。寻拜翰林学士承旨、知制诰兼修国史、知经筵事，提调宣文阁崇文监。

先是，文宗励精图治，嵘嵘尝以圣贤格言讲诵帝侧，裨益良多。顺帝即位之后，剪除权奸，思更治化。嵘嵘侍经筵，日劝帝务学，帝辄就之习授，欲宠以师礼，嵘嵘力辞不可。凡《四书》、《六经》所载治道，为帝绅绎而言，必使辞达感动帝衷敷畅旨意而后已。若柳宗元《梓人传》、张商英《七臣论》，尤喜诵说。尝于经筵力陈商英所言七臣之状，左右错愕，有嫉之之色，然素知其贤，不复肆愠。帝暇日欲观古名画，嵘嵘即取郭忠恕《比干图》以进，因言商王受不听忠臣之谏，遂亡其国。帝一日鉴宋徽宗画称善。嵘嵘进言：徽宗多能，惟一事不能。帝问何谓一事。对曰："独不能为君尔。身辱国破，皆由不能为君所致。人君贵能为君，它非所尚也。"或遇天变民灾，必忧见于色。乘间则进言于帝曰："天心仁，爱人君，故以变示儆。譬如慈父于子，爱则教之、戒之。子能起敬起孝，则父怒必释。人君侧身修行，则天意必回。"帝察其真诚，虚己以听。特赐只孙燕服九袭及玉带楮币，以旌其言。

嵘嵘尝谓人曰："天下事在宰相当言，宰相不得言则台谏言之，台谏不敢言则经筵言之。备位经筵，得言人所不敢言于天子之前，志愿足矣。"故于时政得失有当匡救者，未尝缄默。大臣议罢先朝所置奎章阁学士院及艺文监诸属官。嵘嵘进曰："民有千金之产，犹设家塾，延馆客。岂有堂堂天朝，富有四海，一学房乃不能容耶？"帝闻而深然之。即日改奎章阁为宣文阁，艺文监为崇文监，存设如初，就命巙巙董治。又请置检讨等职十六员以备进讲。帝皆俞允。时科举既辍，巙巙从容为帝言："古昔取人材以济世用，必由科举，何可废也。"帝采其论，寻复旧制。一日进读司马光《资治通鉴》，因言国家当及斯时修辽、金、宋三史，岁久恐致阙逸。后置局纂修，实由巙巙发其端。又请行乡饮酒于国学，使民知逊悌，及请褒赠唐刘蕡、宋邵雍以旌道德正直。帝从其请，为之下诏。

巙巙以重望居高位，而雅爱儒士甚于饥渴，以故四方士大夫翕然宗之，萃于其门。达官有怙势者，言曰："儒有何好，君酷爱之。"巙巙曰："世祖以儒足以致治，命裕宗学于赞善王恂。今秘书所藏裕宗仿书，当时御笔于学生之下亲署御名习书谨呈，其敬慎若此。世祖尝暮召我先人坐寝榻下，陈说《四书》及古史治乱，至丙夜不寐。世祖喜曰：'朕所以令卿从许仲平学，正欲卿以嘉言入告朕耳，卿益加懋敬以副朕志。'今汝言不爱儒，宁不念圣祖神宗笃好之意乎？且儒者之首，从之则君仁、臣忠、父慈、子孝，人伦咸得，国家咸治；违之则人伦咸失，家国咸乱。汝欲乱而家，吾弗能御，汝慎勿以斯言乱我国也。儒者或身若不胜衣，言若不出口，然腹中贮储有过人者，何可易视也。"达官色惭。

既而出拜江浙行省平章政事。明年，复以翰林学士承旨召还。时中书平章阙员，近臣欲有所荐用，以言觇帝意。帝曰："平章已有其人，今行半途矣。"近臣知帝意在巙巙，不复荐人。至京七日，感热疾卒，实至正五年五月辛卯也，年五十一。家贫，几无以为敛。帝闻为震悼，赐赙银五锭。其所负官中营运钱，台臣奏以罚布为之代偿。巙巙善真行草书，识者谓得晋人笔意，单牍片纸人争宝之，不翅金玉。谥文忠。

兄回回，字子渊。敦默寡言，耆学能文。在成宗朝宿卫，擢太常寺少卿。寺改为院，为太常院使。武宗正位，以藩邸旧臣出使称旨。至大间，调大司农卿，除山南廉访使，改江南行台治书侍御史，迁淮西廉访使,皆有政声。再改河南廉访使。行省丞相行事多不法,太尉纳璘为郎中,每格不下,丞相怒欲出之。回回察其贤,抗章举任风宪,后历三台为名臣。驸马平章家奴强市人物,按之无所贷。

英宗即位,丞相拜住首荐为户部尚书。寻拜南台侍御史,改参议中书。以议定刑书如法,帝嘉纳其奏。泰定初,廷议漕运事。奏减粮数以纾东南民力。授太子詹事丞。改山东廉访使,未上,升翰林侍讲学士。迁江浙行省右丞。文宗立,除宣政院使。上言乞沙汰僧道,其所有田宜同民间征输。擢中书右丞,力辞还第。闻明宗崩,流涕不能食。自是杜门不出者数年,以疾卒。与弟嶂嶂,皆为时之名臣,世号为双璧云。

嶂嶂子维山,材质清劲,侍禁廷。起崇文监丞,擢给事中,迁同金太常礼仪院事,调崇文太监。

自当,蒙古人也。英宗时,由速古儿赤擢监察御史。录囚大兴县,有以冤事系狱者。其人尝见有橐驼死道傍,因舁至其家醢之,置数瓮中。会官橐驼被盗,捕索甚亟,乃执而勘之,其人自诬服。自当审其狱辞,疑为冤,即以上御史台。台臣以为赃既具是,特御史畏杀人耳,不听。改委他御史谳之,竟处死。后数日,辽阳行省以获盗闻,冤始白。人以是服其明。

泰定二年,扈从至上都,纠言参知政事杨庭玉赃罪。不报。即纳印还京师。帝遣使追之,俾复任。即再上章劾庭玉,竟知其言。又劾奏平章政事秃满迭儿入怯薛之日,英宗被弑,必预闻其谋。不省。乃赐秃满迭儿黄金系腰,自当遂辞职。改工部员外郎。中书省委开混河,自当往视之,以为水性不常,民力亦瘁,难以成功。言于朝,河役乃罢。

会次三皇后殂,命工部撤行殿车帐,皆新作之。自当未即兴工,尚书曰:“此奉特旨,员外有误,则罪归于众矣。”自当曰:“即有罪,我独任之。”未几,帝果问成否。省臣乃召自当责问之。自当请自入对。既见帝,奏曰:“皇后行殿车帐尚新,若改作之,恐劳民费财。且先皇后无恶疾,居之何嫌。必欲舍旧更新,则大明殿乃自世祖所御,列圣嗣位岂皆改作乎?"帝大悦,语省臣曰:"国家用人,当择如自当者,庶不误大事。"特赐上尊、金币,迁吏部员外郎。帝欲加号太后曰太皇太后,命朝堂议之。自当独曰:"太后称太皇太后,于典礼不合。"众皆曰:"英宗何以加皇太后号曰太皇太后?"自当曰:"英宗孙也,今上子也。太皇太后之号,孙可以称之,子不可以称之也。"议遂定。迁中书客省使,俄改同金宣政院事。

文宗即位,除中书左司郎中。有使持诏自江浙还,言行省臣意若有不服者。帝怒,命遣使问不敬状,将悉诛之。自当言于丞相燕帖木儿曰:"皇帝新即位,云南、四川且犹未定,乃以使臣一言杀行省大臣,恐非盛德事。况江浙豪奢之地,使臣或不得厌其所需则造言以陷之耳。"燕帖木儿以言于帝,事乃止。既而升参议中书省事。燕帖木儿议封太保伯颜王爵,众论附之。自当独不言。燕帖木儿问故。自当曰:"太保位列三公,而复加王封,后再有大功将何以处之。且丞相封王,出自上意,今欲加太保王封,丞相宜请千上。王爵非中书选法也。"遂罢其议。拜治书侍御史。

初,文宗在集庆潜邸,欲创天灵寺,令有司起民夫。江南行台监察御史亦乞剌台言曰:"太子为好事,宜出钱募夫,若欲役民,则朝廷闻之非便也。"至是文宗悉召江南行台监察御史,俾皆入为监察御史,而欲黜亦乞剌台。自当谏曰:"当陛下在潜邸时,御史尽心为陛下言,乃忠臣也。今无罪而黜之,非所以示天下。"乃除亦乞剌台金宪湖南。文宗尝欲游西湖,自当谏曰:"陛下以万乘之尊而泛舟自乐,如天下何?"不听。自当遂称疾不从行。文宗在舟中,顾谓台臣曰:"自当终不满朕此游耶?"台臣尝奏除目,文宗以笔涂一人姓名,而缀将作院官间间之名。自当言:"间间为人诙谐,惟可任教坊司,若以居风纪,则台纲扫地矣。"文宗乃止。已而出为陕西行台侍御史。

顺帝初,除福建都转运盐使。先是,自当为左司郎中时,泰定帝尝欲以河间、江浙、福建盐引六万赐中书参议撒迪,自当执不可,仅以福建盐引二万赐之。至是，自当复建言盐引宜尽资国用以纾民力。时撒迪方为御史大夫，不以为怨，数遣人省自当母于京师所居。

既而丁母忧，居闻久之。复起为浙西肃政廉访使。时有以驸马为江浙行省丞相者，其宦竖恃公主势，坐杭州达鲁花赤位，令有司强买民间物，不从辄殴之。有司来白自当，自当即逮之械以令众，自是丞相府无敢为民害者。寻召为同金枢密院事。寻复为治书侍御史、同知经筵事。宁夏人有告买买等谋害太师伯颜者，伯颜委自当与中书、枢密等官往宁夏鞫问，无其情，乃以诬罔坐告者罪。伯颜怒。自当前曰："太师所以令吾三人勘之者，以国法所在也。必以罪吾三人，则自当实主其事。宜独当之。"伯颜乃左迁自当同知徽政院事。

自当历事四朝，官自从仕郎累转至通奉大夫，常衎衎在位，刚介弗回，终始一节，有古遗直之风。然卒以是忤权贵而不复柄用，君子皆惜焉。

阿荣，字存初，怯烈氏。父按摊，中书右丞。阿荣幼事武宗，备宿卫。累迁官为湖南道宣慰副使。温迪罕奉使宣抚湖南，事无大小悉以委之。会列郡岁饥，阿荣分其廪禄为粥，以食饿者，仍发粟赈之，所活甚众。广西寇起，众皆汹惧。阿荣镇之以静，督有司治兵守其境，寇不敢入。迁湖广行省左右司郎中，召金会福院事，寻除吏部尚书。泰定初，出为湖南宣慰使，改浙东道宣慰使都元帅，以疾辞。

天历初，复起为吏部尚书，寻参议中书省事。二年，拜中书参知政事、知经筵事。进奎章阁大学士、荣禄大夫、太禧宗禋院使，都典制神御殿事。文宗眷遇之甚，而阿荣亦尽心国政，知无不言。久之，心忽郁郁不乐，谒告南归武昌。至元元年，卒。

初，阿荣闲居，以文翰自娱，博究前代治乱得失。见其会心者，则扼腕曰："忠臣、孝子，国家之宝，为奇男子烈丈夫者固不当如是耶？"日与韦布之士游，所至山水佳处，鸣琴赋诗，日夕忘返。尤深于数学，逆推事成败，利不利及人祸福、寿夭、贵贱，多奇中。天历三年春,策士于廷。阿荣与虞集会于直庐,慨然兴叹,语集曰:"更一科后科举当辍,辍两科而复,复则人材彬彬大出矣。"又叹曰:"荣不复见之矣,君犹及见。"集应曰:"得士之多,幸如存初言。今文治方兴,未必有中辍之理。存初国家世臣,妙于文学,以盛年登朝,在上左右,斯文属望。集老且衰,见亦何补耶?"阿荣又叹曰:"数当然耳。"集问何以知之,弗答。后三年卒。元统三年,科举果罢。至正元年,始复。如其言。

小云石海涯,家世见其祖《阿里海涯传》。其父楚国忠惠公,名贯只哥。小云石海涯遂以贯为氏,复以酸斋自号。母廉氏,夜梦神人授以大星使吞之,已而有妊。及生,神彩秀异。年十二三,膂力绝人,使健儿驱三恶马疾驰,持槊立而待马至腾上之,越二而跨三,运槊生风,观者辟易。或挽强射生,逐猛兽,上下峻阪如飞,诸将咸服其趫捷。稍长,折节读书,目五行下。吐辞为丈,不蹈袭故常,其旨皆出人意表。

初,袭父官为两淮万户府达鲁花赤。镇永州,御军极严猛,行伍肃然。稍暇,辄投壶雅歌,意所畅适,不为形迹所拘。一日,呼弟忽都海涯语之曰:"吾生宦情素薄,顾祖父之爵不敢不袭。今已数年矣,愿以让弟,弟幸勿辞。"语已,即解所绾黄金虎符佩之。北从姚燧学,燧见其古文峭厉有法,及歌行古乐府慷慨激烈,大奇之。

仁宗在东宫,闻其以爵位让弟,谓宫臣曰:"将相家子弟其有如是贤者邪。"俄选为英宗潜邸说书秀才,宿卫禁中。仁宗践祚,上疏条六事:一曰释边戍以修文德,二曰教太子以正国本,三曰设谏官以辅圣德,四曰表姓氏以旌勋胄,五曰定服色以变风俗,六曰举贤才以恢至道。书凡万馀言,未报。拜翰林侍读学士、中奉大夫、知制诰同修国史。

会议科举事,多所建明。忽喟然叹曰:"辞尊居卑,昔贤所尚也。今禁林清选,与所让军资孰高,人将议吾后矣。"乃称疾辞还江南。卖药于钱唐市中,诡姓名,易服色,人无有识之者。偶过梁山泺,见渔父织芦花为被,欲易之以䌷。渔父疑其为人,阳曰:"君欲吾被,当更赋诗。"遂援笔立成,竟持被去。人间喧传芦花被诗。其依隐玩世多类此。晚年为文日邃,诗亦冲澹。草隶等书,稍取古人之所长,变化自成一家。所至士大夫从之若云,得其片言尺牍,如获拱璧。其视死生若昼夜,绝不入念虑,脩脩若欲遗世而独立云。泰定元年五月八日卒,年三十九。赠集贤学士、中奉大夫、护军,追封京兆郡公,谥文靖。有文集若干卷、《直解孝经》一卷行于世。

子男二人,阿思兰海牙,慈利州达鲁花赤;次八三海涯。孙女一人,有学识,能词章,归怀庆路总管段谦云。

泰不华,字兼善,伯牙吾台氏。初名达普化,文宗赐以今名。世居白野山。父塔不台,入直宿卫,历仕台州录事判官,遂居于台。家贫,好读书,能记问。集贤待制周仁荣养而教之。年十七,江浙乡试第一。明年,对策大廷,赐进士及第,授集贤修撰,转秘书监著作郎,拜江南行台监察御史。时御史大夫脱欢怙势贪暴,泰不华劾罢之。文宗建奎章阁学士院,擢为典籤。拜中台监察御史。

顺帝即位,加文宗后太皇太后之号。大臣燕铁木儿、伯颜皆列地封王。泰不华率同更上章言:"婶母不宜加徽称,相臣不当受王土。"太后怒,欲杀言者。泰不华语众曰:"此事自我发之,甘受诛戮,决不敢累诸公也。"已而太后怒解曰:"风宪有臣如此,岂不能守祖宗之法乎。"赐金币二,以旌其直。出佥河南廉访司事,俄移淮西。继迁江南行御史台经历,辞不赴,转江浙行省左右司郎中。浙西大水害稼,会泰不华入朝,力言于中书,免其租。擢秘书监,改礼部侍郎。

至正元年,除绍兴路总管。革吏弊,除没官牛租,令民自实田以均赋役。行乡饮酒礼,教民兴让,越俗大化。召入史馆,与修辽、宋、金三史。书成,授秘书卿。升礼部尚书兼会同馆事。

黄河决,奉诏以珪玉白马致祭河神。竣事,上言:"淮安以东,河入海处,宜仿宋置撩清夫,用辊江龙铁扫,撼荡沙泥,随潮入海。"朝廷从其言。会用夫屯田,其事中废。

八年，台州黄岩民方国珍为蔡乱头、王伏之仇逼，遂入海为乱，劫掠漕运粮，执海道千户德流于实。事闻，诏江浙参政朵儿只班总舟师捕之，追至福州五虎门。国珍知事危，焚舟将遁。官军自相惊溃，朵儿只班遂被执。国珍迫其上招降之状，朝廷从之。国珍兄弟皆授之以官，国珍不肯赴，势益暴横。九年，诏泰不华察实以闻。既得其状，遂上招捕之策，不听。寻除江东廉访使，改翰林侍读学士、知制诰同修国史。已而出为都水庸田使。

十年十二月，国珍复入海，烧掠沿海州郡。十一年二月，诏孛罗帖木儿为江浙行省左丞，总兵至庆元。以泰不华谂知贼情状，迁浙东道宣慰使都元帅，分兵于温州，使夹攻之。未几，国珍寇温，泰不华纵火筏焚之，一夕遁去。既而孛罗帖木儿密与泰不华约以六月乙未合兵进讨。孛罗帖木儿乃以壬辰先期至大闾洋，国珍夜率劲卒纵火鼓噪，官军不战皆溃，赴水死者过半。孛罗帖木儿被执，反为国珍饰辞上闻。泰不华闻之痛愤，辍食数日。朝廷弗之知，复遣大司农达识帖木迩等至黄岩招之。国珍兄弟皆登岸罗拜，退止民间小楼。是夕，中秋月明，泰不华欲命壮士袭杀之。达识帖木迩适夜过，泰不华密以事白之。达识帖木迩曰："我受诏招降耳，公欲擅命耶？"事乃止。檄泰不华亲至海滨，散其徒众，拘其海舟兵器，国珍兄弟复授官有差。既而迁泰不华台州路达鲁花赤。

十二年，朝廷征徐州，命江浙省臣募舟师守大江。国珍怀疑，复入海以叛。泰不华自分以死报国，发兵扼黄岩之澄江，而遣义士王大用抵国珍，示约信，使之来归。国珍益疑，拘大用不遣，以小舸二百突海门，入州港，犯马鞍诸山。泰不华语众曰："吾以书生登显要，诚虑负所学。今守海隅，贼甫招徕又复为变，君辈助我击之。其克则汝众功也，不克则我尽死以报国耳。"众皆踊跃愿行。时国珍戚党陈仲达往来计议，陈其可降状。泰不华率部众，张受降旗乘潮而前，船触沙不能行。垂与国珍遇，呼仲达申前议。仲达目动气索，泰不华觉其心异，手斩之。即前搏贼船，射死五人。贼跃入船，复斫死二人。贼举槊来刺，辄斫折之。贼群至，欲抱持过国珍船。泰不华嗔目叱之,脱起,夺贼刀,又杀二人。贼攒槊刺之,中颈死,犹植立不仆,投其尸海中。年四十九年,时十二年三月庚子也。僮名抱琴,及临海尉李辅德、千户赤盏、义士张君璧皆死之。泰不华既没,除江浙行省参知政事,行台州路达鲁花赤事,不及闻命。已后三年,追赠荣禄大夫、江浙行省平章政事、柱国,封魏国公,谥忠介。立庙台州,赐额崇节。

泰不华尚气节,不随俗浮沉。太平为台臣劾去相位,泰不华独饯送都门外。太平曰:"公且止,勿以我累公。"泰不华曰:"士为知己死,宁畏祸耶。"后难为时相掎斥,人莫不题之。善录隶,温润遒劲。尝重类《复古编》十卷,改正讹字,于经史多有据云。

余阙,字廷心,一字天心。唐兀氏。世家河西武威。父沙剌臧卜,官卢州,遂为卢州人。少丧父,授徒以养母。与吴澄弟子张恒游,文学日进。

元统元年,赐进士及第,授同知泗州事。为政严明,从宿吏皆惮之。俄召入,应奉翰林文字,转中书刑部主事。以不阿权贵,弃官归。寻以修辽、金、宋三史召,复入翰林,为修撰。拜监察御史,改中书礼部员外郎,出为湖广行省左右司郎中。会莫徭蛮反,右丞沙班当帅师,坚不往,无敢让之者。阙曰:"右丞当往,受天子命为方岳重臣,不思执弓矢讨贼,乃欲自逸邪? 右丞当往。"沙班曰:"郎中语固是,如刍饷不足何?"阙曰:"右丞第往,此不难致也。"阙下令趣之,三日皆集,沙班行。复以集贤经历召入。迁翰林待制。出佥浙东道廉访司事。丁母忧,归卢州。

盗起河南,陷郡县。至正十三年,行中书于淮东,改宣慰司为都元帅府,治淮西;起阙副使、金都元帅府事,分兵守安庆。于时南北音问隔绝,兵食俱乏。抵官十日而寇至,拒却之。乃集有司与诸将议屯田战守计,环境筑堡砦,选精甲外扞,而耕稼于中。属县潜山八社,土壤沃饶,悉以为屯。明年,春夏大饥,人相食。乃捐俸为粥以食之,得活者甚众。民失业者数万,咸安集之。请于中书,得钞三万锭以赈民。升同知、副元帅。又明年秋，大旱，为文祈灊山神，三日雨，岁以不饥。盗方据石荡湖，出兵平之，令民取湖鱼而输鱼租。十五年夏，大雨，江涨，屯田禾半没，城下水涌，有物吼声如雷。阙祠以少牢，水辄缩。秋稼登，得粮三万斛。阙度军有余力，乃浚隍增陴，隍外环以大防，深堑三重，南引江水注之，环植木为栅，城上四面起飞楼，表里完固。

俄升都元帅。广西猫军五万从元帅阿思兰沿江下抵庐州，阙移文谓，苗蛮不当使之窥中国。诏阿思兰还军。猫军有暴于境者，即收杀之，凛凛莫敢犯。时群盗环布四外，阙居其中，左提右挈，屹为江淮一保障。论功，拜江淮行省参知政事，仍守安庆。通道于江右，商旅四集。池州赵普胜帅众攻城，连战三日，败去。未几，又至，相拒二旬，始退。怀宁县达鲁花赤伯家奴战死。十七年，赵普胜同青军两道攻我，拒战一月余，竟败而走。

秋，拜淮南行省右丞。安庆倚小孤山为藩蔽，命义兵元帅胡伯颜统水军戍焉。十月，沔阳陈友谅自上游直捣小孤山，伯颜与战四日夜不胜，急趣安庆。贼追至山口镇，明日癸亥，遂薄城下。阙遣兵扼于观音桥。俄饶州祝寇攻西门，阙斩却之。乙巳，贼乘东门红旗登城，阙简死士力击，贼复败去。戊申，贼并军攻东西二门，又却之。贼恚甚，乃树栅起飞楼。庚戌，复来攻我，金鼓声震地。阙分诸将各以兵扞贼，昼夜不得息。癸卯，贼益生兵攻东门。丙午，普胜军东门，友谅军西门，祝寇军南门，群盗四面蚁集，外无一甲之援。西门势尤急，阙身当之，徒步提戈为士卒先。士卒号哭止之，挥戈愈力。仍分麾下将督三门之兵，自以孤军血战，斩首无算，而阙亦被十余创。日中城陷，城中火起，阙知不可为，引刀自刭，堕清水塘中。阙妻耶卜氏及子德生、女福童皆赴井死。同时死者，守臣韩建一家被害。建方卧疾，骂贼不屈，贼执之以去，不知所终。城中民相率登城楼，自捐其梯曰：“宁俱死此，誓不从贼。”焚死者以千计。其知名者，万户李宗可、纪守仁、陈彬、金承宗，元帅府都事帖木补化，万户府经历段桂芳，千户火失不花、新李、卢廷玉、葛延龄、丘旉、许元琰，奏差兀都蛮,百户黄寅孙,安庆推官黄秃伦歹,经历杨恒,知事余中,怀宁尹陈巨济,凡十八人。其城陷之日,则至正十八年正月丙午也。

阙号令严信,与下同甘苦,然称有违令即斩以徇。阙尝病不视事,将士皆吁天求以身代。阙闻,强衣冠而出。当出战,矢石乱下如雨,士以盾蔽阙,阙却之曰:"汝辈亦有命,何蔽我为。"故人争用命。稍暇,即注《周易》,帅诸生谒郡学会讲,立军士门外以听,使知尊君亲上之义,有古良将风烈。或欲挽阙入翰林,阙以国步危蹙,辞不往,其忠国之心盖素定也。卒时年五十六。事闻,赠阙摅诚守正清忠谅节功臣、荣禄大夫、淮南江北等处行中书省平章政事、柱国,追封豳国公,谥忠宣。议者谓自兵兴以来,死节之臣阙与褚不华为第一云。

阙留意经术,《五经》皆有传注。为文有气魄,能达其所欲言。诗体尚江左,高视鲍、谢、徐、庾以下不论也。篆亦古雅可传。初,阙既死,贼义之,求尸塘中,具棺敛葬于西门外。及安庆内附,大明皇帝嘉阙之忠,产庙于忠节坊,命有司岁时致祭云。

元史卷一四四
列传第三一

答里麻　月鲁帖木儿
卜颜帖木儿　星吉　福寿
道童

答里麻,高昌人。

大父撒吉斯,为辽王傅,世祖称其贤。从讨李璮,以勋授山东行省大都督。

答里麻弱冠入宿卫。大德十一年,授御药院达鲁花赤,迁回回药物院,寻出佥湖北、山南两道廉访司事,召拜监察御史。时丞相帖木迭儿专权贪肆,答里麻帅同寅亦怜真、马祖常劾其罪。高昌僧忄享丞相威,违法娶妇南城,答里麻诘问之,奋不顾利害,风纪由是大振。擢河东道廉访副使。隰州村民赛神,因醉殴杀姚甲,为首者乘闹逃去,有司逮同会者系狱,历岁不决。答里麻曰:“杀人者既逃,存亡不可知,此辈皆违误无罪而反桎梏耶?”悉纵之。

至治元年,帖木迭儿复相,以复仇为事,答里麻辞去。明年,改燕南道廉访副使。开州达鲁花赤石不花歹颇著政绩,同僚忌之,嗾民诬其与民妻俞氏饮。答里麻察知俞氏乃八十老妪,石不花歹实不与饮酒,于是抵诬告者罪,石不花歹复还职。行堂县民斫桑道侧,偶有人借斧削其杖,其人夜持杖劫民财,事觉,并逮斧主与盗同下狱。答里麻原其未尝知情即纵之。深州民媪怒殴儿妇死,妇方抱其子,子亦误触死。媪年七十,同僚议免刑,答里麻不可,曰:"国制,罪人七十免刑,为其血气已衰不任刑也。媪既能杀二人,何谓衰老。"卒死狱中。至治元年,除济宁路总管,兴学劝农,百废具修,府无停事。济阳县有牧童持铁连结击野雀,误杀同牧者,系狱数岁。答里麻曰:"小儿误杀同牧者,实无杀人意,难以定罪。"罚铜遣之。

泰定元年,升福建廉访使。朝廷遣宦官伯颜催督绣段,横取民财,宣政院判官术邻亦取赂于富僧,答里麻皆劾之。迁浙西廉访使。会文宗发江陵,阿儿哈秃来谕旨,求赂不获,还谮于朝,召至京,处以重罪。比至,帝怒解,迁上都同知留守。

天历元年八月,明宗崩,文宗入正大统,使者旁午。答里麻朝暮尽力,事无缺失,帝特赐锦衣以嘉之。天历三年,迁淮东廉访使。明年,召拜刑部尚书。国制,新君即位,必赐诸王、驸马、妃主及宿卫官吏金帛。答里麻曰:"必唱名给散,无虚增之数。"国费大省,帝复赐黄金腰带以旌其能。

元统元年,升辽阳行省参知政事。高丽国使朝京,道过辽阳,谒省官,各奉布四匹、书一幅,用征东省印封之。答里麻诘其使曰:"国制,设印以署公牒、防奸伪,何为封私书? 况汝出国时,我尚在京未为辽阳省官,今何故有书遗我? 汝君臣何欺诈如是耶。"使辞屈,还其书与布。

元统三年,迁山东廉访使。时山东盗起,陈马骡及新李白昼杀掠。答里麻以为官吏贪污所致,先劾去之而后上擒贼方略。朝廷嘉纳之,即遣兵擒获,齐鲁以安。除大都路留守。帝宴大臣于延春阁,特赐答里麻白鹰以表其贞廉。帝尝命答里麻修七星堂。先是,修缮必用赤绿金银装饰,答里麻独务朴素,令画工图山林景物,左右年少皆不然。是岁秋,车驾自上京还,入观之,乃大喜,以手抚壁叹曰:"有心哉,留守也!"赐白金五十两、锦衣一袭。

至正六年,升河南行省右丞,改翰林学士承旨。至正七年,迁陕西行台中丞,时年六十九。致事后,召商议中书平章政事,不拜,全俸优养终身。

月鲁帖木儿，卜领勤多礼伯台氏。

曾祖贵裕，事太祖，为管领怯怜口怯恭官。祖合剌，袭父职，事世祖。父普兰奚，由宿卫为中书右司员外郎，与丞相哈剌哈孙建议迎立武宗，累迁至山北辽东道肃政廉访使。

月鲁帖木儿幼警颖，读书强记，偶傥有大志。年十二，成宗命与哈剌哈孙之子脱欢同入国学。仁宗时入宿卫，一日帝顾问左右曰："斯人容貌不凡，谁之子耶？"左右忘其父名，月鲁帖木儿即对曰："臣父普兰奚也。"帝曰："汝父赞谋以定国难，朕未尝忘。"因命脱忽台传旨四怯薛扎撒火孙，令常侍禁廷，毋止其入。

哈剌哈孙欲用为中书蒙古必阇赤，辄辞焉。哈剌哈孙曰："汝年幼，欲何为乎？"对曰："欲为御史尔。"人壮其志。久之，遂拜监察御史，巡按上都，劾奏太师、右丞相帖木迭儿受张弼赇六万贯贷死。帝怒，碎太师印，赐月鲁帖木儿钞万贯，除兵部郎中，拜殿中侍御史。迁给事中、左侍仪、同修起居注。寻为右司郎中，赐坐便殿，帝顾左右谓曰："月鲁帖木儿识量明远，可大用者也。"他日，帝语近臣曰："朕闻前代皆有太上皇之号，今皇太子且长，可居大位，朕欲为太上皇，与若等游观西山以终天年。"御史中丞蛮子、翰林学士明里董阿皆称善。月鲁帖木儿独起拜曰："臣闻昔之所谓太上皇，若唐玄宗、宋徽宗，皆当祸乱，不得已而为之者也。愿陛下正大位，以保万世无疆之业，前代虚名何足慕哉！"帝善其对。

仁宗崩，帖木迭儿复入中书，据相位。参议乞失监以受人金带系狱，帖木迭儿乃使乞失监诉月鲁帖木儿为御史时诬丞相受赇。皇太后命丞相哈散等即徽政院推问不实，事遂释。帖木迭儿乃奏以月鲁帖木儿为山东盐运司副使，降亚中大夫为承事郎，期月间盐课增以万计。丁外艰，扶丧西还。擢山南江北道肃政廉访副使。泰定初，迁汴梁路总管，再调总管武昌，以养亲不赴。

致和元年，河南行省平章伯颜矫制起月鲁帖木儿为本省参知政事，共议起兵。月鲁帖木儿固辞曰："皇子北还，问参政受命何人，则将何辞以对?"伯颜怒。会明里董阿迓皇子过河南,而月鲁帖木儿为御史时尝劾其娶娼女冒受封。明里董阿因说伯颜收之,丞相别不花亦与之有隙,乃谪月鲁帖木儿乾宁安抚司安置。至顺四年,移置雷州。

至元六年,顺帝召之还。至正二年,入觐,帝欲留之,以母丧未葬辞。四年,乃起同知将作院事。寻除大宗正府也可札鲁花赤。九年,由太医院使拜翰林学士承旨、知经筵事。进读之际,引援经史,一本于王道,帝嘉纳焉。

十二年,江南诸郡盗贼充斥,诏拜月鲁帖木儿平章政事,行省江浙,因言于丞相脱脱曰:"守御江南为计已缓,若得从权行事,犹有可为。"不从。陛辞,赐尚酝、御衣、弓矢、甲胄、卫卒十人、钞万五千贯以行。比至镇,引僚属集父老询守备之方,招募民兵数千人,号令明肃。统师次建德,获首贼何福斩于市,遂复淳安等县,俘获万余人,复业者三万余家。是年七月,次徽州,以疾卒于军中。

卜颜铁木儿,字珍卿,唐兀吾密氏。性明锐倜傥,早备宿卫,历事武宗、仁宗、英宗。天历初,由太常署丞拜监察御史,升殿中侍御史,累除大都路达鲁花赤、都转运盐使、肃政廉访使,由行中书省参知政事升左右丞,擢行御史台中丞,遂拜江浙行省平章政事。

至正十二年春,蕲、黄贼徐寿辉遣兵陷湖广,侵江东、西,诏卜颜铁木儿率军讨之。卜颜铁木儿益募壮健为兵,得骁勇士三千人,战舰三百艘。时湖广平章政事也先帖木儿、江西平章政事星吉、江南行台御史中丞蛮子海牙皆以兵驻太平,宿留不进。卜颜帖木儿至,乃与俱前。贼方聚丁家洲,官军猝与遇,奋击败之,遂复铜陵县,擒其贼帅,复池州。遂分遣万户普贤奴屯阳陵,王建中屯白面渡,间儿讨无为州,而自率镇抚不花、万户明安驻池口,以防遏上流,为之节度。

已而江州再陷,星吉死之。蛮子海牙及威顺王宽彻普化军俱溃而东。安庆被围益急,遣使来求援,诸将皆欲自守信地,卜颜铁木儿曰："何言之不忠耶！安庆与池止隔一水，今安庆固守是其节也，而救患之义我其可缓。且上流官军虽溃，然皆百战之余，所乏者钱谷器具而已，吾受命总兵，其可视之而不恤哉！"即大发帑藏以周之，溃军皆大集，而两军之势复振，安庆之围遂解。

十三年三月，贼众复来攻池州，众且十万，诸县皆应之。卜颜帖木儿会诸将谋曰："贼表里连结，若俟其筑垒成而坐食诸县之粟，破之实难。今新至疲弊，如乘其骄惰，尽锐攻之，则顷刻之间功可成矣。"众曰："诺。"遂分番与战，果大败之，擒其伪帅，俘斩无算，诸县复平，遂乘胜率舟师以进。五月，与战于望江，又战小孤山及彭泽，又战龙开河，皆破走之。进复江州，留兵守之。七月，进兵攻蕲州，擒其伪帅邹普泰，遂克其城。进兵道士洑，焚其栅，抵兰溪口，贼之巢曰黄连寨，又克而歼之。分兵平两巴河，于是江路始通。十一月，与蛮子海牙、四川行省参知政事哈临秃、左丞桑秃失里、西宁王牙罕沙军合，而湖广左丞伯颜不花等军皆会。十二月，分道进攻蕲水县，拔其伪都，获伪将相而下四百余人，徐寿辉仅以身免。以功诏赐上尊、黄金带。

时丞相脱脱方总戎南征，闻诸贼皆已破，乃檄伯颜不花征淮东，蛮子海牙守裕溪口，威顺王还武昌，而卜颜铁木儿独控长江。十六年六月，复以军守池州。十一月，卒。

卜颜铁木儿持身廉介，人不敢干以私，其为将所过不受礼遗宴犒，民不知有兵。性至孝，幼养于叔父阿术，事之如亲父。常乘花马，时称为花马儿平章云。

星吉，字吉甫，河西人。曾祖朵吉，祖搠思吉朵而只，父搠思吉，世事太祖、宪宗、世祖为怯里马赤。

星吉少给事仁宗潜邸，以精敏称。至治初，授中尚监，改右侍仪，兼修起居注。拜监察御史，有直声。自是十五迁为宣政院使，出为江南行御史台御史大夫。时承平日久，内外方以观望为政，星吉独持风裁，御史行部，必敕厉而遣之。湖东佥事三宝住，儒者也，性廉介，所至搏贪猾无所贷。御史有以自私请者，拒不纳，则诬以事劾之。章至，星吉怒曰："若人之廉，孰不知之，乃敢为是言耶。"即奏杖御史而白其诬。执政者恶之，移湖广行省平章政事。

湖广地连江北，威顺王岁尝出猎，民病之。又起广乐园，多萃名倡巨贾以网大利，有司莫敢忤。星吉至，谒王，王阖中门，启左扉，召以入。星吉引绳床坐王中门西言曰："吾受天子命来作牧，非王私臣也，焉得由不正之道入乎！"阍者惧，入告王，王命启中门。星吉入，责王曰："王，帝室之懿，古所谓伯父、叔父者也。今德音不闻，而骋猎宣淫，贾怨于下，恐非所以自贻多福也。"王急握星吉手谢之，为悉罢其所为。有胡僧曰小住持者，服三品命，恃宠横甚，数以事凌轹官府。星吉命掩捕之，得妻妾女乐妇女十有八人，狱具，罪而籍之，由是豪强敛手，贫弱称快。

至正十一年，汝、颍妖贼起，会僚属议之，或曰："有郑万户，老将也，宜起而用之。"星吉乃命募士兵，完城池，修器械，严巡警，悉以其事属郑。贼闻之，遣其党二千来约降。星吉与郑谋曰："此诈也，然降而却之，于是为不宜，宜受而审之可也。"果得其情，乃歼之，械其渠魁数十人以俟命。适有旨召为大司农。同僚受贼赂，且嫉其功，乃诬郑罪，释其所械者。明日，贼大至，内外响应，城遂陷。武昌之人骈首夜泣曰："大夫不去，吾岂为俘囚乎？"星吉既入见，具陈贼本末。帝大喜，命赐食。时宰不悦，奏为江西行省平章政事，员外置。

星吉至江东，诏令守江州。时江州已陷，贼据池阳。太平官军止有三百人，贼号百万，众皆欲走。星吉曰："畏贼而逃，非勇也；坐而待攻，非智也。汝等皆有妻子财物，纵逃其可免乎？"乃贷富人钱，募人为兵。先是，行台募兵，人给百五十千，无应者。至是，星吉募兵，人五十千，众争赴之，一日得三千人。乃具舟楫直趋铜陵，克之。又破贼白马湾。贼败走，分兵蹑之，抵白湄，贼穷急回拒官军，官军乘胜奋击，贼尽殪，擒其渠魁周驴，夺船六百艘，军声大振，遂复池州。乃命诸将分道讨贼，复石埭诸县。

贼复来攻，命王惟恭列阵当之，锋始交，出小舰从旁横击，大破走之，进据清水湾。伺者告贼舰至自上流，顺风举帆，众且数十倍，诸将失色。星吉曰："无伤也，风势盛，彼仓卒必不得泊，但伏横港中偃旗以待，俟过而击之，无不胜矣。"风怒水驶，贼奄忽而过，乃命举旗攻帆鼓噪而薄之，官军殊死战，风反为我用，又大破之。时贼久围安庆，捷闻，遽烧营走。进复湖口县，克江州，留兵守之。命王惟恭栅小孤山，而星吉自据番阳口，缀江湖要冲以图恢复。

时湖广已陷，江西被围，淮、浙亦多故，卒无继援之者，日久粮益乏，士卒咸困。或曰："东南完实，盍因粮以图再举乎？"星吉曰："吾受命守江西，必死于此。"众莫敢复言。有顷，贼乘大船四集，来攻我军，取蒹苇编为大筏，塞上下流火之。我军力战，众死且尽。星吉之从子伯不华与亲军数十人死之。星吉犹坚坐不动。贼发矢射星吉，乃昏仆。贼素闻星吉名，不忍害，舁置密室中，至旦乃苏。贼罗拜，争馈以食，星吉斥之，遂不复食。凡七日，乃自力而起，北面再拜曰："臣力竭矣。"遂绝，年五十七。

星吉为人公廉明决，及在军中，能与将士同甘苦，以忠义感激人心，故能以少击众、得人死力云。

福寿，唐兀人。幼俊茂，知读书，尤善应对。既长，入备环卫，用年劳授长宁寺少卿，改引进使，升知侍仪使，进正使，出为饶州路达鲁花赤，擢淮西廉访副使，入为工部侍郎，佥太常礼仪院事，拜监察御史，改户部侍郎，升尚书，出为燕南廉访使，又五迁为同知枢密院事。

至正十一年，颍州以贼反告，时车驾在上都，朝堂皆犹豫未决，欲驿奏以待命。福寿独以谓"比使得请还，则事有弗及矣。"于是决议调兵五百，遣卫官哈刺章、忻都、怯来讨之，而后以闻。顺帝善其处事得宜，明年，改也可札鲁忽赤。未几，出为淮南行省平章政事。是时，濠、泗俱已陷，师久无功。福寿至，督战甚急，而上游贼势甚汹涌，福寿乃议筑石头，断江面，安御有方，众恃以为固。

十五年，迁江南行台御史大夫。先是，集庆尝有警，阿鲁灰以湖

广平章政事将苗军来援,事平,其军镇扬州。而阿鲁灰御军无纪律,
苗蛮素犷悍,日事杀虏,莫能治。俄而苗军杀阿鲁灰以叛,而集庆之
援遂绝。及高邮、庐、和等州相继沦陷,而集庆势益孤,人心益震恐,
且仓库无积蓄,计未知所出,于是民乃愿为兵以自守。福寿因下令
民多赀者皆助以粮饷,激厉士众,为完守计。朝廷知其劳,数赏赉
焉。

　　十六年三月,大明兵围集庆,福寿数督兵出战,尽闭诸城门,独
开东门以通出入,而城中势不复能支,城遂破。百司皆奔溃,福寿乃
独据胡床坐凤凰台下,指麾左右。或劝之去,叱之曰:"吾为国家重
臣,城存则生,城破则死,尚安往哉!"达鲁花赤达尼达思见其独坐
若有所为者,从问所决,留弗去。俄而乱兵四集,福寿遂遇害,不知
所在,达尼达思亦死之。又同时死者,有治书侍御史贺方。达尼达
思,字思明。贺方,字伯京,晋宁人,以文学名。

　　事闻,朝廷赠福寿金紫光禄大夫、江浙行省左丞相、上柱国,追
封卫国公,谥忠肃。

　　道童高昌人,自号石岩。性深沉寡言,以世胄入官,授直省舍
人,历官清显,素负能名。调信州路总管,移平江,皆以善政称。至
正元年,迁大都路达鲁花赤,出为江浙行省参知政事,寻召参政中
书,顷之又出为江浙行省右丞,遂升本省平章政事。

　　十一年,诏仍以平章政事行省江西。是年,贼起蕲、黄,平章政
事秃坚理不花将兵捍江州。既而土寇蜂起,道童素不知兵事,仓皇
无所措。左右司郎中普颜不花曰:"今贼势冲突,城中无备,万一失
守,奈何?有章伯颜左丞者,致仕居抚州,其人熟知军务,宜以便宜
礼请之,使署本省左丞事,专任调遣军旅,庶几事有可济。"道童从
其言,而伯颜亦欣然为起,曰:"此正我报国之秋也。"至则与普颜不
花设御敌计甚悉。

　　明年正月,湖广陷,秃坚里不花由江州遁还。二月,普颜不花将
兵往江州,至石头渡,遇贼战败,道童闻之大恐,即怀省印遁走。普

颜不花还，与伯颜定为城守之计。后数日，道童始自南昌民家来归，遂议分门各守以备敌。三月，贼众来围城。城中置各厢官及各巷长，昼夕坚守，众心翕然。而道童素恤民，能任人，有功者必赏，无功或不加罪，故多为之用。贼围城凡两月而民无离志。道童密召死士数千人，面涂以青，额抹黄布，衣黄衣，为前锋，又别选精锐数千为中军，而募助阵者殿后。命万户章妥因卜鲁哈歹领之。夜半，开门伏兵栅下，黎明钲鼓大震，因奋击贼，贼惊以为神，败走。遂乘胜捣其营，复分兵扫其余党。是时，章伯颜、普颜不花之功居多。伯颜寻以疾卒。朝廷以道童捍城有功，加大司徒、开府，仍赐龙衣御酒。

及秋，朝廷命亦怜真班为江西行省左丞相，火你赤为左丞，同将兵来江西。未几，亦怜真班卒，道童属火你赤平富、瑞二州，分镇其地。适岁大旱，公私匮乏，道童乃移咨江浙行省，借米数十万石、盐数十万引，凡军民约三日人籴官米一斗，入昏钞贰贯，又三日买官盐十斤，入昏钞贰贯，民皆便之。由是按堵如故，而贼亦不敢犯其境。

十八年夏四月，陈友谅复攻江西城。时火你赤已升平章政事，加营国公，行便宜事，任专兵柄，而素与道童不相能，且贪忍不得将士心，见城且陷，遂夜遁去。道童亦弃城退保抚州路，欲集诸县义兵以图克复，而势已不可为。因叹曰："我为元朝大臣，官至极品，今城陷不守，尚何面目复见人乎！"适贼追者至，道童欲迎敌。渡水，未登岸，贼众乘之，遂为所害。事闻。赐谥忠烈。

元史卷一四五
列传第三二

亦怜真班　　廉惠山海牙
月鲁不花　　达礼麻识理

亦怜真班，西夏人。父俺伯，以忠勤事世祖，为知枢密院事。

亦怜真班性刚正，动有礼法。仁宗召见，令入宿卫。延祐六年，超拜翰林侍讲学士、中奉大夫。至治二年，调同知通政院事，擢虎符唐兀亲军都指挥使。泰定初，迁资善大夫、典瑞院使。天历二年，以选为太子家令，寻升资政大夫、同知枢密院事，擢侍御史，仍兼指挥使。至顺初，拜翰林学士承旨、荣禄大夫，迁功德使，指挥使如故。寻出为陕西行省平章政事，未行，复为翰林学士承旨。元统、至元之间，伯颜为丞相，专权擅政，嫉其论事不阿，出为江南行台御史大夫。寻杀其子答里麻，而谪置海南。及伯颜败，乃得召还朝。

至正六年，拜光禄大夫、御史大夫，尽选中外廉能之官置诸风宪，一时号称得人。迁宣政院使，出为甘肃行省平章政事，设法弭西羌之寇，民赖以安，立石颂之。召还，为银青荣禄大夫、知枢密院事，提调太医院，寻加金紫光禄大夫，复为御史大夫、知经筵事，兼宣忠斡罗思扈卫亲军指挥使。尝奏言："风俗人心日趋于薄，请禁故吏不许弹劾所事官长。"

太师马扎儿台与子丞相脱脱既谪居在外，时相欲倾之，嗾人告变，且扳台臣同上奏。亦怜真班曰："凡为相者孰无闲退之日，况脱脱父子在官无大咎过，奈何迫之于险？"终不从。经筵进讲必详必慎，故每读译文必被嘉纳。监察御史劾奏时相，帝不听，亦怜真班反复论奏不已，由是忤上意，出为江浙行省平章政事，迁拜湖广行省左丞相。复召知枢密院事。

十一年，颍、亳兵起，朝廷命将出师，多失律致败，数进言于时相，不见听，复出为江浙行省左丞相。

十二年，移江西行省左丞相。于是妖寇由蕲、黄陷饶州，饶之属邑安仁与龙兴相接境，其民皆相挺为乱。亦怜真班道出安仁，因驻兵招之，来者厚加赏赉，不从者命子哈蓝朵儿只与江西左丞火你赤等乘高纵火攻散之。余干久为盗区，亦闻风顺服。先是江西行省平章政事道童以宽容为政，军民懈弛。亦怜真班既至，风采一新，威声大振，所在群盗咸谋归款矣。

十四年八月，以疾卒于官，所部为之丧气。事闻，赠推忠佐运正宪秉义同德功臣，追封齐王，谥忠献。

子九人，长答里麻；次普达失理，翰林学士承旨、知制诰兼修国史；桑哥八剌，同知称海宣慰司事；哈蓝朵儿只，宣政院使；桑哥答思，岭北行省平章；沙嘉室理，岭北行省参政；易纳室理，大宗正也可扎鲁火赤；马的室理，金书枢密院事；马剌室理，内八府宰相。

廉惠山海牙，字公亮，布鲁海牙之孙，希宪之从子也。父阿鲁浑海牙，广德路达鲁花赤。

惠山海牙幼孤，言及父，辄泣下。独养母而家日不给，垢衣粝食不以为耻。母丧，哀毁逾礼，负丧渡江而风涛作，舟人以神龙忌尸为言，即仰天大呼曰：“吾将祔母于先人，神奈何厄我也。”风遂止。年弱冠，大臣欲俾入宿卫。辞曰：“吾大父事世祖，以通经号廉孟子。今方设科取士，愿读书以科第进。”乃入国学积分。

至治元年，登进士第，授承事郎、同知顺州事。有弓匠提举马都剌者，怙势夺州民田，同列畏之。惠山海牙至即治其事。在官期年，用荐者召入史馆，预修英宗、仁宗实录，寻拜监察御史。时中书省有大臣贪猥狼藉，即抗章劾之，语同列曰：“傥以言责获罪，吾之职也。”既又劾奏明里董阿不当摄祭太庙。迁都水监,疏会通河,堤滦、漆二水,又修京东闸。历秘书丞、会福总管府治中,上疏言二月迎佛费财蠹俗,时论韪之。出佥淮东廉访司事,迁江浙行省左右司员外郎,既而历佥河东、河南、江西廉访司事,升江南行御史台经历。时山东盐法大坏,以选除都转运使,曾未期月,用课最,赏赉金币、上尊。

至正三年初,行郊礼,召拜侍仪使。明年,预修辽、金、宋三史。迁崇文太监。自是累迁为河南行省右丞,时有诏发民治决河,遍骚属郡,亟以不便上言,而时宰不用。迁湖广行省右丞,以武昌失守连坐,既而事白,迁江西行省右丞。

时所隶郡县多陷于贼,乃与平章政事、司徒道童协谋殚力,以定守御招捕之策,就除本道廉访使。未几,江西省治亦陷,惠山海牙遁往福建。久之,除佥江浙行枢密院事,改拜福建行省右丞,以兵镇延平、邵武,境内以宁。居岁余,奉诏还治省事,总备御事,且督赋税由海道供京师,朝廷赖焉。迁行宣政院使。明年,拜翰林学士承旨、知制诰兼修国史。卒,年七十有一。

月鲁不花,字彦明,蒙古逊都思氏。生而容貌魁伟,咸以令器期之。未冠,父脱帖穆耳以千户职戍越,因受业于韩性先生,为文下笔立就,粲然成章。就试江浙乡闱,中其选,居右榜第一。方揭晓,试官梦月中有花象,已而果符其名,人以为异。遂登元统元年进士第,授将仕郎、台州路录事司达鲁花赤。县未有学,乃首建孔子庙,既又延儒士为之师,以教后进。丁外艰。

至正元年,朝廷立行都水监,以选为其监经历。寻擢广东廉访司经历。会廷议将治河决,以行都水监丞召之,比至,改集贤待制,除吏部员外郎。奉命至江浙籴粟二十四万石,至则第户产之高下,以为籴之多寡,不扰而事集。既而军饷不给,又奉命出籴于江浙,召父老谕曰:“今天子宵衣旰食,惟恐泽不下民而民不得其所耳,然奈盗贼何。夫讨贼者必先粮饷,以我不汝扰,故命我复来,盖讨贼即所以安民耳。父老其谓何？"众咸应曰："公言是也。"不逾月，粮事以毕。丁母忧，中书遣赙且起复，不应。

未几，太师、右丞相脱脱南征，辟从军事，督馈饷，馈饷用舒。升吏部郎中，寻拜监察御史。首上疏言："郊庙礼甚缺，天子宜躬祀南郊，殷祭太室。"继又上疏言："皇太子天下之本，当简老成重臣为辅导，以成其德。"帝皆嘉纳之，升吏部侍郎，铨选于江浙，时称其公允。适朝廷有建议欲于河间、长芦置局造海船三百艘者，月鲁不花即为书具言其非便。言入中书，忤议者，迁工部侍郎。后分部彰德，道过河间，民遮拥拜谢曰："微公言，吾民其毙矣。"

会方重选守令，以保定密迩京畿，除保定路达鲁花赤。陛辞，诏谕谆切。保定岁输粮数十万石于新乡，苦弗便。月鲁不花请输京仓以便之。俄除吏部尚书。保定父老百数诣阙，言乞留监郡以抚吾民，遂以尚书仍知郡事。会贼北渡河，日修城浚濠为战守具。廷议发五省八卫军出戍外镇，月鲁不花疏愿留其兵护本郡，遂兼统黑军数千人及团结西山八十二寨民义军，势大张。贼再侵境，皆不利，遁去。升中奉大夫，锡上尊四、马百匹，僚佐增秩有差，别降宣敕俾赏有功者。召还为详定使。保定民不忍其去，绘像以祀之。去保定一月而城陷矣。

朝廷以月鲁不花夙负民望，令入城招谕之，抵城，贼坚壁不出，民多窃出谒拜者。改大都路达鲁花赤。有执政以故中书令耶律楚材先茔地冒奏与蕃僧为业者，月鲁不花格之，卒弗与。转吏部尚书。会剧贼程思忠据永平，其佐雷帖木儿不花伪降，事觉被擒，杀之，思忠壁守遂益坚。诏令月鲁不花招抚之，众悉难其行，月鲁不花毅然曰："臣死君命，分也，奈何先计祸福哉。"竟入城谕贼，贼皆感泣罗拜纳降。

还，迁翰林侍讲学士，俄复为大都路达鲁花赤。入见帝宣文阁，有旨若曰："朕以畿甸之民疲敝，特选尔抚吾民。尔毋峻威，毋弛法，或挟权以干汝于非法，其即以闻。"视事之初，帝及皇后、皇太子皆遣使赐之酒。有权臣以免役事来谒，月鲁不花面斥曰："圣训在耳不

敢违。”转资善大夫,拜江南行御史台中丞。陛辞之日,帝御嘉禧殿
慰劳之,且赐以上尊、金币;皇太子亦书“成德诚明”四大字赐之。月
鲁不花乃由海道趋绍兴,为政宽猛不颇。诏进阶一品为荣禄大夫。
既而除浙西肃政廉访使。

会张士诚据浙西,僭王号,度弗可与并处,谓侄同寿曰:“吾家
世受国恩,恨不能刺贼以报国,矧乃与贼同处邪。”令同寿具舟载妻
子,而匿身木柜中,蔽以藁秸,脱走至庆元。士诚部下察知之,遣铁
骑百余追至曹娥江,不及而返。

俄改山南道廉访使,浮海北而往,道阻,还抵铁山,遇倭贼船甚
众,乃挟同舟人力战拒之。倭贼绐言投降,弗纳。于是贼即登舟攫
月不鲁不花令拜伏,月鲁不花骂曰:“吾朝廷重臣,宁为贼拜邪。”遂
遇害。当遇害时,麽家奴那海刺杀首贼。次子枢密院判官老安、侄
百家奴捍敌,亦死之。同舟死事者八十余人。事闻,朝廷赠撼忠宣
武正宪徇义功臣、银青荣禄大夫、辽阳等处行中书省平章政事、上
柱国,谥忠肃。

达礼麻识理,字遵道,怯烈台氏。

其先北方大族,六世祖始居开平。父曰阿剌不花,江西行省参
知政事,追封赵国公,谥襄惠。

达礼麻识理幼颖敏,从师授经史,过目辄领解。至正五年,经筵
选充译史,益自砥砺于学,缙绅先生皆以远大期之。转补御史台译
史,遂除御史台照磨。十五年,拜监察御史,出金山北道肃政廉访司
事,未行,留为詹事院长史。俄迁工部员外郎,复留为长史。明年,
除中议,寻升参议詹事院事。十七年,为太子家令。十八年,历秘书
太监、吏部侍郎、御史台经历、中书右司郎中。十九年,除刑部尚书,
提调南北兵马司巡绰事。盗逼畿甸,人心大恐。达礼麻识理能镇之
以静,民恃以为安。二十一年,由中书参议升中书参知政事、同知经
筵事。二十三年冬,迁上都留守,兼开平府尹,加荣禄大夫,分司土
岭,东镇三州,以督转输。

二十四年，朝廷以前中书平章政事塔失帖木儿来为留守。时孛罗帖木儿拥兵京师，而皇太子出居于外，达礼麻识理与塔世帖木儿皆以忠义许国，相与结人心以观时变。未几，改授塔世帖木儿为大司农。塔世帖木儿谓达礼麻识理曰：“我至京师则制于强臣，未易图也。”因留不行。适脱吉儿以孛罗帖木儿命屯兵墨里泊，托腹心于宗王也速也不坚，授以金印，俾驻上都之东郊，而以留守善安集兵于瓦吉剌部落。达礼麻识理遇之有礼，善安辞去。孛罗帖木儿复调帖木儿、托忽速哥至上都，以守御为名，事益矛盾。达礼麻识理与之周旋，略无几微见于外，而密遣前宗正扎鲁忽赤月鲁帖木儿潜通音问于罕哈剌海行枢密知院益老答儿，请亟调兵南行。又遣留守司照磨陈恭取兵兴州，访求在闲官吏之有才者，约束东西手八剌哈赤、虎贲司，纠集丁壮苗军，火铳什伍相联，一旦布列铁幡竿山下，扬言四方勤王之师皆至，帖木儿等大骇，一夕东走，其所将兵尽溃。由是达礼麻识理增修武备，城守益严。

二十五年，皇太子在冀宁，命立上都分省，达世帖木儿为平章政事，达礼麻识理为右丞，便宜行事，以固护根本。七月，秃坚帖木儿用孛罗帖木儿命，以兵犯上都，先遣利用少监帖里哥赤至上都，令广备粮饩，远迓大军。达礼麻识理开陈大义，戮之于市，民情乃定。已而秃坚帖木儿帅铁甲马步军蔽野而至，呼声动天。达礼麻识理饬军士城守，申明逆顺之理以安人心，巡视城壁，昼夜不少息。夜遣死士缒城而下，焚其攻具，而调副留守秃鲁迷失海牙引兵由小东门出，与之大战卧龙冈，败之。未几，孛罗帖木儿伏诛，秃坚帖木儿皆奔溃，而上都以安。拜中书右丞，兼上都留守，提调虎贲司，加光禄大夫，赐黄金系腰，仍命提调东西手八剌哈赤。既而上都分省罢，遥授中书平章政事、上都留守，位居第一，力辞不允。

明年，召为大宗正府也可扎鲁忽赤。又明年，拜太子詹事。奉诏至军中，宣明大义，藩将感悦。迁翰林学士承旨。秋，除知枢密院事、大抚军院事。初，大抚军院之立，皇太子用完者帖木儿、答尔麻、帖林沙、伯颜帖木儿、李国凤等计，专以备御扩廓帖木儿，既而政权不一，事务益乖，各复引去。而达礼麻识理之至，事且无可为者。

　　达礼麻识理之卒也，先一夕，怯薛官哈剌章者，阿儿剌氏阿鲁图孙也，夜梦太祖召见，语之曰："我以勤劳取天下，以传于妥帖睦尔。而爱猷识理达腊不克肖似，废坏我家法，苟不即改图，天命不可保矣。尔吾功臣之后，且诚实，故召汝语，汝明旦亟以吾言告而主及爱猷识理达腊。汝不以告，吾即殛汝，告而不改，则吾它有处之。达礼麻识理其人庶几识事宜者，然知而不言，将焉用之，吾其先殛之矣。"明旦，哈剌章入见帝，具以梦告，帝令以告皇太子。比出，则达礼麻识理已无疾而卒矣。

元史卷一四六
列传第三三

耶律楚材 铸　　粘合重山
杨惟中

　　耶律楚材字晋卿，辽东丹王突欲八世孙。父履，以学行事金世宗，特见亲任，终尚书右丞。

　　楚材生三岁而孤，母杨氏教之学。及长，博极群书，旁通天文、地理、律历、术数及释老、医卜之说，下笔为文，若宿构者。金制，宰相子例试补省掾。楚材欲试进士科，章宗诏如旧制。问以疑狱数事，时同试者十七人，楚材所对独优，遂辟为掾。后仕为开州同知。

　　贞祐二年，宣宗迁汴，完颜复兴行中书事，留守燕，辟为左右司员外郎。太祖定燕，闻其名，召见之。楚材身长八尺，美髯宏声。帝伟之，曰：“辽、金世仇，朕为汝雪之。”对曰：“臣父祖尝委质事之，既为之臣，敢仇君耶！”帝重其言，处之左右，遂呼楚材曰吾图撒合里而不名，吾图撒合里，盖国语长髯人也。

　　己卯夏六月，帝西讨回回国。祃旗之日，雨雪三尺，帝疑之，楚材曰：“玄冥之气，见于盛夏，克敌之征也。”庚辰冬，大雷，复问之，对曰：“回回国主当死于野。”后皆验。夏人常八斤，以善造弓，见知于帝，因每自矜曰：“国家方用武，耶律儒者何用。”楚材曰：“治弓尚须用弓匠，为天下者岂可不用治天下匠耶。”帝闻之甚喜，日见亲用。西域历人奏五月望夜月当蚀。”楚材曰：“否。”卒不蚀。明年十月，楚材言月当蚀，西域人曰不蚀，至期果蚀八分。壬午八月，长星见西方,楚材曰:"女直将易主矣。"明年,金宣宗果死。帝每征讨,必命楚材卜,帝亦自灼羊胛,以相符应。指楚材谓太宗曰:"此人,天赐我家。尔后军国庶政,当悉委之。"甲申,帝至东印度,驻铁门关,有一角兽,形如鹿而马尾,其色绿,作人言,谓侍卫者曰:"汝主宜早还。"帝以问楚材,对曰,此瑞兽也,其名角端,能言四方语,好生恶杀,此天降符以告陛下。陛下天之元子,天下之人,皆陛下之子,愿承天心,以全民命。"帝即日班师。

丙戌冬,从下灵武,诸将争取子女金帛,楚材独收遗书及大黄药材。既而士卒病疫,得大黄辄愈。帝自经营西土,未暇定制,州郡长吏,生杀任情,至孥人妻女,取货财,兼土田。燕蓟留后长官石抹咸得卜尤贪暴,杀人盈市。楚材闻之泣下,即入奏,请禁州郡,非奉玺书,不得擅征发,囚当大辟者必待报,违者罪死,于是贪暴之风稍戢。燕多剧贼,未夕,辄曳牛车指富家,取其财物,不与则杀之。时睿宗以皇子监国,事闻,遣中使偕楚材往穷治之。楚材询察得其姓名,皆留后亲属及势家子,尽捕下狱。其家略中使,将缓之,楚材示以祸福,中使惧,从其言,狱具,戮十六人于市,燕民始安。

己丑秋,太宗将即位,宗亲咸会,议犹未决。时睿宗为太宗亲弟,故楚材言于睿宗曰:"此宗社大计,宜早定。"睿宗曰:"事犹未集,别择日可乎?"楚材曰:"过是无吉日矣。"遂定策,立仪制,乃告亲王察合台曰:"王虽兄,位则臣也,礼当拜。王拜,则莫敢不拜。"王深然之。及即位,王率皇族及臣僚拜帐下,既退,王抚楚材曰:"真社稷臣也。"国朝尊属有拜礼自此始。时朝集后期应死者众,楚材奏曰:"陛下新即位,宜宥之。"太宗从之。

中原甫定,民多误触禁网,而国法无赦令。楚材议请肆宥,众以云迁,楚材独从容为帝言。诏自庚寅正月朔日前事勿治。且条便宜一十八事颁天下,其略言:"郡宜置长吏牧民,设万户总军,使势均力敌,以遏骄横。中原之地,财用所出,宜存恤其民,州县非奉上命,敢擅行科差者罪之。贸易借贷官物者罪之。蒙古、回鹘、河西诸人,种地不纳税者死。监主自盗官物者死。应犯死罪者,具由申奏待报,然后行刑。贡献礼物，为害非轻，深宜禁断。"帝悉从之，唯贡献一事不允，曰："彼自愿馈献者，宜听之。"楚材曰："蠹害之端，必由于此。"帝曰："凡卿所奏，无不从者，卿不能从朕一事耶？"

太祖之世，岁有事西域，未暇经理中原，官史多聚敛自私，赀至钜万，而官无储偫。近臣别迭等言："汉人无补于国，可悉空其人以为牧地。"楚材曰："陛下将南伐，军需宜有所资，诚均定中原地税、商税、盐、酒、铁冶、山泽之利，岁可得银五十万两、帛八万匹、粟四十余万石，足以供给，何谓无补哉？"帝曰："卿试为朕行之。"乃奏立燕京等十路征收课税使，凡长贰悉用士人，如陈时可、赵昉等皆宽厚长者，极天下之选，参佐皆用省部旧人。辛卯秋，帝至云中，十路咸进廪籍及金帛陈于廷中，帝笑谓楚材曰："汝不去朕左右，而能使国用充足，南国之臣，复有如卿者乎？"对曰："在彼者皆贤于臣，臣不才，故留燕，为陛下用。"帝嘉其谦，赐之酒。即日拜中书令，事无钜细，皆先白之。

楚材奏："凡州郡宜令长吏专理民事，万户总军政，凡所掌课税，权贵不得侵之。"又举镇海、粘合，均与之同事，权贵不能平，咸得卜以旧怨，尤疾之，谮于宗王曰："耶律中书令率用亲旧，必有二心，宜奏杀之。"宗王遣使以闻，帝察其诬，责使者，罢遣之。属有讼咸得卜不法者，帝命楚材鞠之，奏曰："此人倨傲，故易招谤。今将有事南方，他日治之未晚也。"帝私谓侍臣曰："楚材不较私仇，真宽厚长者，汝曹当效之。"中贵可思不花奏采金银役夫及种田西域与栽蒲萄户，帝令于西京宣德徙万余户充之。楚材曰："先帝遗诏，山后民质朴，无异国人，缓急可用，不宜轻动。今将征河南，请无残民以给此役。"帝可其奏。

壬辰春，帝南征，将涉河，诏逃难之民，来降者免死。或曰："此辈急则降，缓则走，徒以资敌，不可宥。"楚材请制旗数百，以给降民，使归田里，全活甚众。旧制，凡攻城邑，敌以矢石相加者，即为拒命，既克，必杀之。汴梁将下，大将速不台遣使来言："金人抗拒持久，师多死伤，城下之日，宜屠之。"楚材驰入奏曰："将士暴露数十年,所欲者土地人民耳。得地无民,将焉用之!"帝犹豫未决,楚材曰:"奇巧之工,厚藏之家,皆萃于此,若尽杀之,将无所获。"帝然之,诏罪止完颜氏,余皆勿问。时避兵居汴者得百四十七万人。

楚材又请遣人入城,求孔子后,得五十一代孙元措,奏袭封衍圣公,付以林庙地。命收太常礼乐生,及召名儒梁陟、王万庆、赵著等,使直释九经,进讲东宫。又率大臣子孙,执经解义,俾知圣人之道。置编修所于燕京、经籍所于平阳,由是文治兴焉。

时河南初破,俘获甚众,军还,逃者十七八。有旨:居停逃民及资给者,灭其家,乡社亦连坐。由是逃者莫敢舍,多殍死道路。楚材从容进曰:"河南既平,民皆陛下赤子,走复何之!奈何因一俘囚,连死数十百人乎?"帝悟,命除其禁。金之亡也,唯秦、巩二十余州久未下,楚材奏曰:"往年吾民逃罪,或萃于此,故以死拒战,若许以不杀,将不攻自下矣。"诏下,诸城皆降。

甲午,议籍中原民,大臣忽都虎等议,以丁为户。楚材曰:"不可。丁逃,则赋无所出,当以户定之。"争之再三,卒以户定。时将相大臣有所驱获,往往寄留诸郡,楚材因括户口,并令为民,匿占者死。

乙未,朝议将四征不廷,若遣回回人征江南,汉人征西域,深得制御之术,楚材曰:"不可。中原、西域,相去辽远,未至敌境,人马疲乏,兼水土异宜,疾疫将生,宜各从其便。"从之。

丙申春,诸王大集,帝亲执觞赐楚材曰:"朕之所以推诚任卿者,先帝之命也。非卿,则中原无今日。朕所以得安枕者,卿之力也。"西域诸国及宋、高丽使者来朝,语多不实,帝指楚材示之曰:"汝国有如此人乎?"皆谢曰:"无有。殆神人也!"帝曰:"汝等唯此言不妄,朕亦度必无此人。"有于元者,奏行交钞,楚材曰:"金章宗时初行交钞,与钱通行,有司以出钞为利,收钞为讳,谓之老钞,至以万贯唯易一饼。民力困竭,国用匮乏,当为鉴戒。令印造交钞,宜不过万锭。"从之。

秋七月,忽都虎以民籍至,帝议裂州县赐亲王功臣。楚材曰:

"裂土分民,易生嫌隙。不如多以金帛与之。"帝曰:"已许奈何?"楚材曰:"若朝廷置吏,收其贡赋,岁终颁之,使毋擅科征,可也。"帝然其计。遂定天下赋税,每二户出丝一斤,以给国用;五户出丝一斤,以给诸王功臣汤沐之资。地税,中田每亩二升又半,上田三升,下田二升,水田每亩五升;商税,三十分而一;盐价,银一两四十斤。既定常赋,朝议以为太轻,楚材曰:"作法于凉,其弊犹贪,后将有以利进者,则今已重矣。"

时工匠制造,糜费官物,十私八九,楚材请皆考核之,以为定制。时侍臣脱欢奏简天下室女,诏下,楚材尼之不行,帝怒。楚材进曰:"向择美女二十有八人,足备使令。今复选拔,臣恐扰民,欲复奏耳。"帝良久曰:"可罢之。"又欲收民牝马,楚材曰:"田蚕之地,非马所产,今若行之,后必为人害。"又从之。

丁酉,楚材奏曰:"制器者必用良工,守成者必用儒臣。儒臣之事业,非积数十年,殆未易成也。"帝曰:"果尔,可官其人。"楚材曰:"请校试之。"乃命宣德州宣课使刘中随郡考试,以经义、词赋、论分为三科,儒人被俘为奴者,亦令就试,其主匿弗遣者死。得士凡四千三十人,免为奴者四之一。

先是,州郡长吏,多借贾人银以偿官,息累数倍,曰羊羔儿利,至奴其妻子,犹不足偿。楚材奏令本利相侔而止,永为定制,民间所负者,官为代偿之。至一衡量,给符印,立钞法,定均输,布递传,明驿券,庶政略备,民稍苏息焉。

有二道士争长,互立党与,其一诬其仇之党二人为逃军,结中贵及通事杨惟忠,执而虐杀之。楚材按收惟忠。中贵复诉楚材违制,帝恕,系楚材;既而自悔,命释之。楚材不肯解缚,进曰:"臣备位公辅,国政所属。陛下初令系臣,以有罪也,当明示百官,罪在不赦。今释臣,是无罪也,岂宜轻易反复,如戏小儿。国有大事,何以行焉!"众皆失色。帝曰:"朕虽为帝,宁无过举耶?"乃温言以慰之。楚材因陈时务十策,曰:"信赏罚,正名分,给俸禄,官功臣,考殿最,均科差,选工匠,务农桑,定土贡,制漕运。皆切于时务,悉施行之。

太原路转运使吕振、副使刘子振,以赃抵罪。帝责楚材曰:"卿言孔子之教可行,儒者为好人,何故乃有此辈?"对曰:"君父教臣子,亦不欲令陷不义。三纲五常,圣人之名教,有国家者莫不由之,如天之有日月也。岂得缘一夫之失,使万世常行之道独见废于我朝乎!"帝意乃解。

富人刘忽笃马、涉猎发丁、刘廷玉等以银一百四十万两扑买天下课税,楚材曰:"此贪利之徒,罔上虐下,为害甚大。"奏罢之。常曰:"兴一利不如除一害,生一事不如省一事。任尚以班超之言为平平耳,千古之下,自有定论。后之负谴者,方知吾言之不妄也。"帝素嗜酒,日与大臣酣饮,楚材屡谏,不听,乃持酒槽铁口进曰:"曲糵能腐物,铁尚如此,况五脏乎!"帝悟,语近臣曰:"汝曹爱君忧国之心,岂有如吾图撒合里者耶?"赏以金帛,敕近臣日进酒三钟而止。

自庚寅定课税格,至甲午平河南,岁有增羡,至戊戌课银增至一百一十万两。译史安天合者,谄事镇海,首引奥都剌合蛮扑买课税,又增至二百二十万两。楚材极力辨谏,至声色俱厉,言与涕俱。帝曰:"尔欲搏斗耶?"又曰:"尔欲为百姓哭耶?姑令试行之。"楚材力不能止,乃叹息曰:"民之困穷,将自此始矣!"

楚材尝与诸王宴,醉卧车中,帝临平野见之,直幸其营,登车手撼之。楚材熟睡未醒,方怒其扰己,忽开目视,始知帝至,惊起谢,帝曰:"有酒独醉,不与朕同乐耶。"笑而去。楚材不及冠带,驰诣行宫,帝为置酒,极欢而罢。

楚材当国日久,得禄分其亲族,未尝私以官。行省刘敏从容言之,楚材曰:"睦亲之义,但当资以金帛。若使从政而违法,吾不能徇私恩也。"

岁辛丑二月三日,帝疾笃,医言脉已绝。皇后不知所为,召楚材问之,对曰:"今任使非人,卖官鬻狱,囚系非辜者多。古人一言而善,荧惑退舍,请赦天下囚徒。"后即欲行之,楚材曰:"非君命不可。"俄顷,帝少苏,因入奏,请肆赦,帝已不能言,首肯之。是夜,医者候脉复生,适宣读赦书时也,翌日而瘳。冬十一月四日,帝将出猎,楚材以太乙数推之,亟言其不可,左右皆曰:"不骑射,无以为乐。"猎五日,帝崩于行在所。

皇后乃马真氏称制,崇信奸回,庶政多紊。奥鲁剌合蛮以货得政柄,廷中悉畏附之。楚材面折廷争,言人所难言,人皆危之。

癸卯五月,荧惑犯房,楚材奏曰:"当有惊扰,然讫无事。"居无何,朝廷用兵,事起仓卒,后遂令授甲选腹心,至欲西迁以避之。楚材进曰:"朝廷天下根本,根本一摇,天下将乱。臣观天道,必无患也。"后数日乃定。后以御宝空纸,付奥都剌合蛮,使自书填行之。楚材曰:"天下者,先帝之天下。朝廷自有宪章,今欲紊之,臣不敢奉诏。"事遂止,又有旨:"凡奥都剌合蛮所建白,令史不为书者,断其手。"楚材曰:"国之典故,先帝悉委老臣,令史何与焉。事若合理,自当奉行,如不可行,死且不避,况截手乎!"后不悦。楚材辨论不已,因大声曰:"老臣事太祖、太宗三十余年,无负于国,皇后亦岂能无罪杀臣也。"后虽憾之,亦以先朝旧勋,深敬惮焉。

甲辰夏五月,薨于位,年五十五。皇后哀悼,赙赠甚厚。后有谮楚材者,言其在相位日久,天下贡赋,半入其家。后命近臣麻里扎覆视之,唯琴阮十余及古今书画、金石、遗文数千卷。至顺元年,赠经国议制寅亮佐运功臣、太师、上柱国,追封广宁王,谥文正。子铉、铸。

铸,字成仲,幼聪敏,善属文,尤工骑射。楚材薨,嗣领中书省事,时年二十三。铸上言宜疏禁网,遂采历代德政合于时宜者八十一章以进。戊午,宪宗征蜀,诏铸领侍卫骁果以从,屡出奇计,攻下城邑,赐以尚方金锁甲及内厩骢马。

乙未,宪宗崩,阿里不哥叛,铸弃妻子,挺身自朔方来归,世祖嘉其忠,即日召见,赏赐优厚。中统二年,拜中书左丞相。是年冬,诏将兵备御北边,后征兵扈从,败阿里不哥于上都之北。

至元元年,加光禄大夫。奏定法令三十七章,吏民便之。二年,行省山东。未几征还。初,清庙雅乐,止有登歌,诏铸制宫悬八佾之舞。四年春三月,乐舞成,表上之,仍请赐名《大成》,制曰"可"。六月,改荣禄大夫、平章政事。五年,复拜光禄大夫、中书左丞相。十年,迁平章军国重事。十三年,诏监修国史。朝廷有大事,必咨访焉。十九年,复拜中书左丞相。二十年冬十月,坐不纳职印、妄奏东平人聚谋为逆、间谍幕僚及党罪囚阿里沙,遂罢免,仍没其家赀之半,徙居山后。二十二年卒,年六十五。

子十一人:希征,希勃,希亮,希宽,希素,希固,希周,希光,希逸淮东宣慰使,余失其名。至顺元年,赠推忠保德宣力佐治功臣、太师、开府仪同三司、上柱国、懿宁王,谥文忠。

粘合重山,金源贵族也。国初为质子,知金将亡,遂委质焉。太祖赐畜马四百匹,使为宿卫官必阇赤。

从平诸国有功,围凉州,执大旗指麾六军,手中流矢,不动。已而为侍从官,数得侍宴内廷。因谏曰:"臣闻天子以天下为忧,忧之,未有不治;忘忧,未有能治者也。置酒为乐,此忘忧之术也。"帝深嘉纳之。

立中书省,以重山有积勋,授左丞相。时耶律楚材为右丞相,凡建官立法,任贤使能,与夫分郡邑,定课赋,通漕运,足国用,多出楚材,而重山佐成之。

太宗七年,从伐宋,诏军前行中书省事,许以便宜。师入宋境,江淮州邑望风款附,重山降其民三十余万,取定城、天长二邑,不诛一人。复入中书视事,赐中厩马十匹、贯珠袍一。卒,赠太尉,封魏国公,谥忠武。

十年,诏其子江淮安抚使南合,嗣行军前中书省事。时大将察罕围寿春,七日始下,欲屠其城,南合曰:"不降者,独守将耳,其民何罪。"由是获免。

初,世祖伐宋军于汴,南合进曰:"李璮承国厚恩,坐制一方,然其人多诈,叛无日矣。"帝亦患之。中统元年,两迁宣抚使。明年,授中书右丞、中兴等路行中书省事。三年,迁秦蜀五路四川行中书省事。其年李璮反益都,帝使谕南合曰:"卿言犹在耳,璮果反矣。卿宜谨守西鄙。"对曰:"臣谨受诏,不敢以西鄙为陛下忧。"明年,授中书平章政事。四年,病卒。封魏国公,谥宣昭。子博温察儿,知河中府。

杨惟中,字彦诚,弘州人。金末,以孤童子事太宗,知读书,有胆略,太宗器之。年二十,奉命使西域三十余国,宣畅国威,敷布政条,俾皆籍户口属吏,乃归,帝于是有大用意。

皇子阔出伐宋,命惟中于军前行中书省事。克宋枣阳、光化等军,光、随、郢、复等州,及襄阳、德安府,凡得名士数十人,收伊、洛诸书送燕都,立宋人大儒周惇颐祠,建太极书院,延儒士赵复、王粹等讲授其间,遂通圣贤学,慨然欲以道济天下。拜中书令,太宗崩,太后称制,惟中以一相负任天下。

定宗即位,平阳道断事官斜彻横恣不法,诏惟中宣慰,惟中按诛之。金亡,其将武仙溃于邓州,余党散入太原、真定间,据大明川,用金开兴年号,众至数万,剽掠数千里,诏会诸道兵讨之,不克。惟中仗节开谕,降其渠帅,余党悉平。

宪宗即位,世祖以太弟镇金莲川,得开府专封拜。乃立河南道经略司于汴梁,奏惟中等为使,俾屯田唐、邓、申、裕、嵩、汝、蔡、息、亳、颍诸州。初灭金时,以监河桥万户刘福为河南道总管,福贪鄙残酷,虐害遗民二十余年。惟中至,召福听约束,福称疾不至,惟中设大梃于坐,复召之,使谓福曰:"汝不奉命,吾以军法从事。"福不得已,以数千人拥卫见惟中。惟中即握大挺击仆之,数日福死,河南大治。

迁陕右四川宣抚使。时诸军帅横侈病民,郭千户者尤甚,杀人之夫而夺其妻,惟中戮之以徇,关中肃然。语人曰:"吾非好杀,国家纲纪不立,致此辈贼害良民,无所控告,虽欲不去可乎!"

岁己未,世祖总统东师,奏惟中为江淮京湖南北路宣抚使,俾建行台,以先启行,宣布恩信,蒙古、汉军诸帅并听节制。师还,卒于蔡州,年五十五。中统二年,追谥曰忠肃公。

元史卷一四七
列传第三四

张柔 弘略　史天倪 楫 权 枢
天祥

　　张柔字德刚,易州定兴人,世力农。柔少慷慨,尚气节,善骑射,以豪侠称。金贞祐间,河北盗起,柔聚族党保西山东流寨,选壮士,结队伍以自卫,盗不敢犯。郡人张信,假柔声势,纳流人女为妻,柔鞭信百,而还其女。信憾之,谋结党害柔。未几,信有罪当诛,柔救之得免,于是骁勇之士,多慕义从之。

　　中都经略使苗道润承制授柔定兴令,累迁青州防御使。道润表其才,加昭毅大将军,遥领永宁军节度使,兼雄州管内观察使,权元帅左都监,行元帅府事。继而道润为其副贾瑀所杀,瑀遣使以好辞来告曰:“吾得除道润者,以君不助兵故也。”柔怒叱使者曰:“瑀杀吾所事,吾食瑀肉且未足快意,反以此言相戏耶!”遂移檄道润部曲,会易州军市川,誓众为之复仇,众皆感泣。适道润麾下何伯祥,得道润所佩金虎符以献,因推柔行经略使事。事闻,加骠骑将军、中都留守,兼大兴府尹、本路经略使,行元帅事。

　　戊寅,国兵出紫荆口,柔率所部逆战于狼牙岭,马蹶被执,遂以众降,太祖还其旧职,得以便宜行事。柔招集部曲,下雄、易、安、保诸州,攻破贾瑀于孔山,诛瑀,剖其心祭道润。瑀党郭收亦降,尽有其众,徙治满城。

　　金真定帅武仙,会兵数万来攻,柔以兵数百骑迎战,大破之。乘胜攻完州，下之，获州佐甄全。全慷慨就戮，柔义而释之，且升为守，使将部曲以从。己卯，仙复来攻，败走之，进拔郎山、祈阳、曲阳，诸城寨闻之，皆降。既而中山叛，柔引兵围之，与仙将葛铁枪战于新乐，流矢中柔颔，折其二齿，拔矢以战，斩首数千级，擒藁城令刘成，遂拔中山。仙复会兵攻满城，柔登城拒战，复为流矢所中，仙兵大呼曰："中张柔矣。"柔不为动，开门突战，皆败走。略地至鼓城，单骑入城，喻以祸福，城遂降。又败仙于祈阳，进攻深泽、宁晋、安平，克之。分遣别将攻下平棘、藁城、无极、栾城诸县，辟地千余里。由是深、冀以北，镇定以东三十余城，缘山反侧鹿儿、野狸等寨，相继降附。一月之间，与仙遇者凡十有七，每战辄胜。

方献捷于行在所，行次宣德，而易州军叛，逐其守卢应妻子，据西山马头寨。柔闻之，即弃辎重还，出奇计破其寨，而诛叛者，归其妻子。加荣禄大夫、河北东西等路都元帅，号拔都鲁，置官属，将士迁授有差。

燕帅屡赤台数凌柔，柔不为下，乃谮柔于中都行台曰："张柔骁勇无敌，向被执而降，今委以兵柄，战胜攻取，威震河朔，失今不图，后必难制。常欲杀我，我不敢南也。"行台召柔，幽之土室，屡赤台施帐寝其上，环以甲骑，明日将杀之，屡赤台一夕暴死，柔乃得免。

金经略使固安王子昌，善战知名，与信安张进连兵，阻水为固，远近惮之。柔出其不意，率兵径渡，生擒以还。

乙酉，真定武仙杀其帅史天倪，其弟天泽使来求援。柔遣骁将乔惟忠等率千余骑赴之，与仙战，败之。遂分遣惟忠、宋演略彰德，徇齐鲁；聂福坚略青、魏、山东。玺书授柔行军千户、保州等处都元帅。

丙戌，遣将以兵从国王孛鲁，攻李全于益都，降之。

丁亥，移镇保州。保自兵火之余，荒废者十五年，盗出没其间。柔为之画市井，定民居，置官廨，引泉入城，疏沟渠以泻卑湿，通商惠工，遂致殷富；迁庙学于城东南，增其旧制。

壬辰，从睿宗伐金，语其众曰："吾用兵，杀人多矣，宁无冤者。

自今以往,非与敌战,誓不杀也。"围汴京,柔军于城西北,金兵屡出拒战,柔单骑陷阵,出入数四,金人莫能支。金主自黄陵冈渡河,次沤麻冈,欲取卫州,柔以兵合击,金主败走睢阳。其臣崔立以汴京降,柔于金帛一无所取,独入史馆,取《金实录》并秘府图书;访求耆德及燕赵故族十余家,卫送北归。遂围睢阳,金主走汝南。汝南恃柴潭为阻,会宋孟珙以兵粮来会,珙决其南,潭水涸。金人惧,启南门求死战,柔以步卒二十余突其阵,促聂福坚先登,擒二校以归。又遣张信据其内隍,诸军齐进,金主自杀。汝南既破,下令屠城,一小校缚十人以待,一人貌独异,柔问之,状元王鹗也,解其缚,宾礼之。入朝,太宗历数其战功,班诸帅上,赐金虎符,升军民万户。

乙未,从皇子阔出拔枣阳,继从大帅太赤攻徐、邳。丁酉,诏屯曹武以逼宋。道出九里关,柔欲率所部径往,或言关甚险,宋必设伏,不若与大军俱进。不听,与二十骑直前据关,方解甲而食,宋兵出两山间,围数重,骑皆失色,柔单骑驰突溃围。大军继至,遂达曹武,悉下缘山诸堡,攻洪山寨,破之,遂营山下。柔率众出略地他处,宋兵乘虚来袭,柔还,与之遇,自旦至幕,凡十余战,大败宋师,斩其将校十有三人。遂会诸军取光州,又进趣黄州,破三山寨,至大湖中,得战舰,沿江接战,壁于黄州西北隅。有乘舟出者,柔曰:"此侦伺我隙者也,夜必袭吾不备。"乃分军为三以待之。二鼓时,宋师果至,柔遮击之,俘数百人,溺死者不可计。攻其东门,矢石雨注,军少却,柔率死士十余,奋戈大呼,所向仆踣,执俘而还。宋师惧,请和,乃还军。

大帅察罕攻滁州,柔以二百骑往。时庐、泗、盱眙、安丰间,宋屯戍相户,斥候甚严,或劝柔勿行,不听,且战且前,凡二十余战。比至滁,察罕以滁久不拔,欲解去,柔请决战,从之。既阵,宋骁将出挑战,柔佯却,宋将骄,柔驰及之,挝击坠地,宋将执柔辔曳入其阵,飞石中柔鼻,两军哄,柔得还,裹疮复战。夜遣巩彦晖劫其营,焚城东南隅,柔锐卒五十七人先登,拔之。己亥,以本官节制河南诸翼兵马征行事,河南三十余城皆属焉。

庚子，诏柔等八万户伐宋。辛丑，升保州为顺天府，赐御衣数袭、名马二、尚厩马百。柔率师自五河口济淮，略和州诸城，师还，分遣部下将千人屯田于襄城。察罕奏柔总诸军镇杞。初，河决于汴，西南入陈留，分而为三，杞居其中潬。宋兵恃舟楫之利，驻亳、泗，犯汴、洛以扰河南。柔甃乃即故杞之东西中三山夹河，顺杀水势，筑连城，结浮梁，为进战退耕之计，敌不敢至。会诸军攻破寿州，柔欲留兵守之，察罕不从。又败宋师于泗州，还杞上。帐下吏夹谷显祖得罪亡走，上变诬柔，执柔以北。大臣多以阖门保柔者，卒辨其诬，显祖伏诛。

辛亥，宪宗即位，换授金虎符，仍军民万户。甲寅，移镇亳州。环亳皆水，非舟楫不达，柔甃城壁为桥梁属汴堤，以通商贾之利；复建孔子庙，设校官弟子员。入奏，帝悦，赐衣一袭、翎根甲一、金符九、银符十九，颁将校之有功者。

己未，分裨将张果、王仲仁，从宪宗征蜀；王安国、胡进、田伯荣、宋演，从宗王塔察儿攻荆山；柔从世祖攻鄂。世祖由大胜关，柔由虎头关，与宋兵遇于沙窝，柔子弘彦击破之，进与守关兵战，败之。世祖自阳罗渡江，促柔会兵攻鄂，百余日不能下。世祖谕之曰：“吾犹猎者，不能擒圈中豕，野猎以供汝食，汝可破圈而取之。”柔乃令何伯祥作鹅车，洞掘其城，别遣勇士先登，攻其西南陬，屡破之。会宪宗凶问至，宋亦行成，世祖北还，命柔统领蒙古、汉军，以俟后命，城白鹿矶，为久驻计。

中统元年，世祖即位，诏班师。阿里不哥反，世祖北征，诏柔入卫，至庐朐河，有诏止之。分其兵三千五百卫京师，以子弘庆为质。二年，以《金实录》献诸朝，且请致仕，封安肃公，命第八子弘略袭职。

至元三年，加荣禄大夫，判行工部事，城大都。四年，进封蔡国公。五年六月卒，年七十九。赠推忠宣力翊运功臣、太师、开府仪同三司、上柱国，谥武康。延祐五年，加封汝南王，谥忠武。子十有一人，弘略、弘范最显，弘范自有传。

弘略字仲杰，柔第八子也。有谋略，通经史，善骑射。尝从柔镇杞徙亳。岁乙卯，入朝宪宗，授金符，权顺天万户。从征蜀，以其幼，赐锦衣，令还镇。柔既致仕，授弘略金虎符、顺天路管民总管、行军万户，仍总宣德、河南、怀孟等路诸军屯亳者。

中统三年，李璮反，求救于宋将夏贵。贵自蕲乘虚北夺亳、滕、徐、宿、邳、沧、滨七州，新蔡、符离、蕲、利津四县，杀守将。弘略率战船遇之于涡口，贵退保蕲，弘略发亳军攻之，水陆并进。宋兵素惮亳军，焚城宵遁，追杀殆尽，获军资不可计，尽复所失地。李璮既诛，追问当时与璮通书者，独弘略书皆劝以忠义，事得释。朝廷惩璮叛逆，务裁诸侯权以保全之，因解弘略兵职，宿卫京师，赐只孙冠服，以从宴享。

至元三年，城大都，佐其父为筑宫城总管。八年，授朝列大夫、同行工部事，兼领宿卫亲军、仪鸾等局。十三年，城成，赐内帑金扣、玳瑁卮，授中奉大夫、淮东道宣慰使。十四年，宋广王昺据闽、广，时东海县储粟数万，行省檄弘略将兵二千戍之，仍命造舟运粟入淮安。弘略顾民舟，有能载粟十石者与一石，人争趋之，一月而毕。

十六年，迁江西宣慰使。会饶州盗起，犯都昌。弘略以为，饶虽属江东，与南康止隔一湖，此寇不灭，则吾境必有相扇而起者。乃使人直捣其巢穴，生缚贼酋，磔于市，余党溃散。下令曰："不操兵者，皆为平民，余无所问。"顷之，以疾归亳。有谗贵臣子在江南买田宅乐而忘归者，词引弘略。或谓弘略曰："公但居亳，未尝在江南，入见宜自明。"弘略曰："明之，则言者获谴矣，吾宁称疾家居。"

二十九年，见世祖于龙虎台，请曰："臣之子玠长矣，愿备宿卫。"从之，且赐以酒曰："卿年未老，谢事何为。"特命为河南行省参知政事。元贞二年卒。赠推忠佐理功臣、银青荣禄大夫、平章政事、上柱国、蔡国公，谥忠毅。子三人：玠，瑾，琰。

史天倪，字和甫，燕之永清人。

曾祖伦，少好侠，因筑室发士得金，始饶于财。金末，中原涂炭，乃建家塾，招徕学者，所藏活豪士甚众，以侠称于河朔，士族陷为奴虏者，辄出金赎之。甲子，岁大侵，发粟八万石赈饥者，士皆争附之。

祖成圭，倜傥有父风，遭乱，盗贼四起，乃悉散其家财，唯存廪粟而已。

父秉直，读书尚气义。癸酉，太师、国王木华黎统兵南伐，所向残破，秉直聚族谋曰：“方今国家丧乱，吾家百口，何以自保！”既而知降者皆得免，乃率里中老稚数千人，诣涿州军门降。木华黎欲用秉直，秉直辞而荐其子，乃以天倪为万户，而命秉直管领降人家属，屯霸州。秉直抚循有方，远近闻而附者，十余万家。寻迁之漠北。降人道饥，秉直得所赐牛羊，悉分食之，多所全活。甲戌，从木华黎攻北京，乙亥，北京降，木华黎承制，以乌野儿为北京路都元帅，秉直行尚书六部事，主馈饷，军中未尝乏绝。庚寅，以老谢事，归乡里。卒，年七十一。子三人，长天倪，次天安，次天泽。天泽自有传。

天倪始生之夕，白气贯庭。成童，姿貌魁杰。有道士见而异之曰：“封侯相也。”及长，好学，日诵千言。大安末，举进士不第，乃叹曰：“大丈夫立身，独以文乎哉！使吾遇荒鸡夜鸣，拥百万之众，功名可唾手取也。”木华黎见而奇之，既以万户统诸降卒，从木华黎略地三关已南，至于东海，所过城邑皆下。因进言于木华黎曰：“金弃幽燕，迁都于汴，已失策矣。辽水东西诸郡，金之腹心也。我若得大宁以扼其喉襟，则金虽有辽阳，终不能保矣。”木华黎善之。

先，伦卒时，河朔诸郡结清乐社四十余，社近千人，岁时像伦而祠之。至是，天倪选其壮勇万人为义兵，号清乐军，以从兄天祥为先锋，所向无敌，分兵略三河、蓟州，诸寨望风款服。

甲戌，朝太祖于燕之幄殿，所陈皆奇谋至计，大称旨，赐金符，授马步军都统，管领二十四万户。从木华黎攻高州，又从攻北京，皆不战而克。

乙亥，授右副都元帅，改赐金虎符。奉诏南征，围平州，金经略使乞住降。进兵真定，所属部邑无不款附。而真定帅武仙，固守不下,遂移军围大名,众谓城坚不可击,天倪使攻其西南角,劲卒屡上屡却,天倪先登,守者辟易,遂破其城。

丙子,会木华黎兵于燕南,清州监军王守约、平州推官合达,俱以城叛,连谋越海归金,天倪追袭至乐安,合达以益都行省忙古兵来拒,败之,杀守约,擒忙古,斩首万级。

丁丑,徇山东诸郡,部卒有杀民豕者,立斩以徇,军中肃然;远近响应,知中山李明、赵州李瑀、邢州武贵、威州武振、磁州李平、洺州张立等,望风皆下。

己卯,从木华黎徇河东,至绛州,其团楼甃以石,牢不可破,天倪命穴其旁,地虚,楼陷,遂拔之。木华黎喜,赏以绣衣、金鞍、名马。

庚辰,还军真定,武仙降。木华黎承制以天倪为金紫光禄大夫、河北西路兵马都元帅,行府事;仙副之。天倪乃言于木华黎曰:"今中原粗定,而所过犹纵钞掠,非王者吊民伐罪意也。且王奉天子命为天下除暴,岂复效其所为乎!"王曰:"善。"下令:敢有剽虏者,以军法从事。

辛巳,金怀州元帅王荣、潞州元帅裴守谦、泽州太守王珍皆以城降。

壬午,攻济南水寨,破之。

癸未,徇山西,遂克三关,不浃旬,定四十余寨。兵至河卫,喜曰:"河卫者,夷门之限也。河卫既破,则夷门不能守矣。"严实以兵来会,请自攻河卫,天倪曰:"合达、蒲瓦,亦勍敌也。"实曰:"易与耳,保为公破之。"明日,实与蒲瓦兵遇于南门,合达兵自北奄至,实兵败,竟为所执。天倪曰:"合达以实归汴,必以今夕。"急命冯存、杜必贵,率壮士一千三百伏延津柳渡。果夜缚实过延津,遇存等,与战,败之,实得脱归,必贵战死。未几,帝命天倪回军真定。

甲申夏,大名总管彭义斌以宋兵犯河朔,天倪逆战于恩州,义斌败,入保大名。

乙酉,师还,闻武仙之党据西山腰水、铁壁二寨以叛,天倪直捣其巢穴,尽掩杀之。仙怒,谋作乱,乃设宴邀天倪,有知其谋者,止天倪毋往，天倪不从，遂为仙所杀。

天倪之赴真定也，秉直密戒之曰："观武仙之辞气，终不为我用，宜备之。"天倪曰："我以赤心待人，人或相负，天必不容，愿无虑。"秉直乃携其孙辑、权还北京。至是，人服其先识。先是，天倪击鞠夜归，有大星陨马前，有声，心恶之，果及祸。天倪死时，年三十九。妻程氏，闻乱，恐污于贼，乃自杀。子五人，其三人尚幼，俱死于难，惟辑、权在。

辑，字大济。岁己亥，知中山府事。寻迁征南行军万户翼经略，徇地蕲、黄，善抚士卒，所向有功。壬寅，天泽引辑入见太宗奏曰："臣兄天倪死事时，二子尚幼，臣受诏摄行府事，今辑已成人，乞解职授之。"帝嘉叹曰："今之争官者多，让官者少，卿此举殊可嘉尚。朕自有官与之。"即以辑为真定兵马都总管，佩金虎符。

辛亥，朝廷始征包银，辑请以银与物折，仍减其元数，诏从之，著为令。各道以楮币相贸易，不得出境，二三岁辄一易，钞本日耗，商旅不通，辑请立银钞相权法，人以为便。或请运盐按籍计口，给民以食，辑争其不可，曰：盐铁从民贸易，何可若差税例配之。"议遂寝。元氏民有诉府僚于达官者，质之无实，将抵之死，辑力为营解。达官曰："是人陷汝辈死地，而反救之，何耶？"辑曰："诛之固足惩后，未若宥之，以愧其心。况人命至重，岂宜以妄言之故，而加以极刑。"乃杖而遣之。

中统元年，授真定路总管、同判本道宣抚司事。真定表山带河，连属三十余城，生杀进退，咸倚专决。辑谨身率先，明政化，信赏罚，任贤良，汰贪墨，恤茕独，民咸德之。所举州县佐史有文学者三十余人，后皆知名。会天泽言："兵民之柄不可并居一门，行之请自臣家始。"辑即日解绶归。卒年五十九。

子炫，常德管军总管；辉，知孟州；燧同知东昌府事；煊，潼关提举；炀，金广西按察司事。

权,字伯衡,勇而有谋。初,以权万户从天泽南征。岁壬子,天泽以万户改河南经略使,乃以权代其任。甲寅,屯军邓州,败宋将高达于樊城。己未,世祖自将伐宋,权出迎于淮西。世祖渡江,次鄂州而宪宗崩,世祖北还,乃命权总兵镇江北岸之武矶山。中统元年,降诏奖谕,赐金虎符,授真定河间滨棣邢洺卫辉等州路并木烈虬军兼屯田州城民户沿边镇守诸军总管万户;其所属千户、万户,悉听号令。

至元六年,召至阙下,问以征南之策。对曰:"襄阳乃江陵之藩蔽,樊城乃襄阳之外郭,我军若先攻樊城,则襄阳不能支梧,不战自降矣。然后驻兵嘉定,耀武淮、泗,事必有济。"帝善其计。

七年,宋兵侵边,权引兵趋荆子口,大破之,帝赐白金五百两,权悉以分劳士卒。宋将夏贵,以船万艘载壮士,欲夺江面,权进攻,破之,帝赐以衣币、弓矢、鞍勒。既而转粮于随,贵复引兵扼我前路,权战破之,赐白金七百两。制授河南等路宣抚使,未上,赐金虎符,充江汉大都督,总制军马,总管屯田万户。会天泽言一门不可兼掌兵民之柄,乃授权镇国上将军、真定等路总管,兼府尹。徙东平,又徙河间。卒。

枢字子明。

父天安,字全甫,秉直仲子也。岁癸酉,从秉直降。太师木华黎以其兄天倪为万户,而质天安军中。丁丑,从讨锦州叛人张致平之。己卯,从略地关右,生擒郿州骁将张资禄号张铁枪者。乙酉,武仙杀天倪于真定,天安率众来会天泽,并力攻仙,败走之。以功授行北京元帅府事,抚治真定。庚寅,宋聚兵邢之西山,声言为仙援,遣其徒赵和行间城中,诬倅副李甲、刘清尝输款为内应,守将械两人送府,大帅趣命戮之,天安揣知其诈,请自鞫之,果得其情,遂斩和以徇。壬辰,从伐金。师还,讨剧盗梁满、苏杰等,悉平之。甲午,宣权真定等路万户,赐金符。丙午,入觐,赐黄金五十两、白狐裘一、牝马百。乙卯卒。

枢年二十余,以勋臣子知中山府,有治绩。甲寅,初籍新军,天泽以长兄二子各有官位,而仲兄之子未仕,乃奏枢为征行万户,配以真定、彰德、卫州、怀孟新军,戍唐、邓。乙卯,败宋舟师于汉水之鸳鸯滩,赐金虎符。

戊午,宪宗伐宋,入自蜀,从天泽诣行在,朝帝于大散关。帝劳之曰:“卿久镇东方,兹复远来,勤亦至矣。”枢对曰:“臣之祖、父,受国厚恩,今陛下亲御六师,暴露万里之外,臣独不能出死力,以报万分之一邪!”帝壮其言,命为前锋。立宋剑州,侨治于苦竹崖,前阻绝涧,深数百尺,恃险而不备,帝使枢侦之,枢率健卒数十,缒而下,得其所以致师处以闻,帝趣枢急取之,宋人惧,乃降。翼日,大宴,帝顾皇后,命饮枢酒,且谕新附渠帅曰:“我国家自开创以来,未有皇后赐臣下酒者,特以枢父子世笃忠贞,故宠以殊礼。有能尽瘁事国者,礼亦如之。”

己未,从天泽击败宋将吕文德于嘉陵江,追至重庆而还,赐黄金五十两、白金二百两、锦一匹。

世祖即位,改赐金虎符。中统二年,从天泽扈驾北征。三年,李璮叛据济南,复从天泽往讨之。城西南有大涧,亘历山,枢一军独当其险,夹涧而城,竖木栅于涧中。淫雨暴涨,木栅尽坏,枢曰:“贼乘吾隙,俟夜必出。”命作苇炬数百置城上。逮三鼓,贼果至,飞炬掷之,风怒火烈,弓弩齐发,贼众大溃,自相蹂躏,死者不可胜计。未几,璮就擒。

至元四年,宋兵围开、达诸州,以枢为左壁总帅,佩虎符,凡河南、山东、怀孟、平阳、太原、京兆、延安等军悉统之,宋兵闻之,解去。

六年,高丽人金通精据珍岛以叛,讨之,岁余不下。七年,进枢昭勇大将军、凤州经略使。枢至,谓诸将佐曰:“贼势方张,未易力胜,况炎暑海气蒸郁,弓力弛弱,猝不可用。宜分军为三,多张其帜以疑之。吾与诸君潜师捣其巢穴,破之必矣。”与战,大破之,其地悉平。

十二年，复以万户从丞相伯颜伐宋，赐锦衣一、宝鞍一、弓一、矢百、甲十注、马十二匹，仍给天泽帐下士十人以从。宋平，署安吉州安抚使。时新附之初，民所在依险阻自保，枢以威信招怀之，复业为民者以千、万计。

十四年，移疾还。十九年，起为东京路总管，辞不赴。二十三年，拜中奉大夫、山东东西道宣慰使，治济南，后又治益都。二十四年，卒，年六十七，

子焕，昭勇大将军、后卫亲军都指挥使，佩金虎符；辉，奉训大夫、秘书少监。

史天祥，父怀德，尚书秉直之弟也。岁癸酉，太师、国王木华黎从太祖伐金，天祥随秉直迎降于涿。木华黎命怀德就领其黑军隶帐下，署天祥都镇抚，选降卒长身武勇者二百人，使领之。招徕丁壮，得众万余，从取霸州、文安、大城、沧滨、长山等二十余城，东下淄、沂、密三州，所至皆先登，诏赐以银符。从大军攻燕，不克。

甲戌，略地高州，拔惠和、金源、和众、龙山、利、建、富庶等十五城，惟大宁固守不下。天祥获金将完颜胡速，木华黎欲杀之，天祥曰：“杀一人无损于敌，适驱天下之人为吾敌也。且其降时尝许以不死，今杀之，无以取信于后，不若从而用之。”乃以为千户。复合众攻其城，怀德先登，擒其二将，为流矢所中，殁于军。乃以所统黑军，命天祥领之。

天祥愤痛其父之死，攻之愈急。乙亥，与大帅乌野儿降其北京留守银答忽、同知乌古伦。进攻北京傍近诸寨，磨云山王都统首诣军门降，天祥命入列崖，擒都统不剌，释其缚，仍晓以大义，不剌感泣，愿效死。天祥察其诚，许与王都统往说降城子崖王家奴，乃命三人各将旧卒，付空名告身，使谕楼子崖等二十余悉降，得老幼数万、胜兵八千。西乾河答鲁、五指山杨赵奴独固守不下，天祥击之，大小百余战，赵奴死，答鲁败走，得户二万。授西山总帅兵马。兴州节使赵守玉反，天祥与乌野儿分道讨平之。答鲁复聚众攻龙山，以槊刺

乌野儿中胸，随堕马，天祥驰救得免，复整阵出战，大败之，斩首八千级，答鲁战死。进克中兴府。

张致盗据锦州，从木华黎讨平之。会契丹汉军擒关肃，复利州，杀刘禄于银冶，斩首五十级，尖山、香炉、红螺、塔山、大虫、骆驼、团崖诸寨悉平，虏生口万余，得锦州旧将杜节，并黑军五百人，即命统之。

丙子春，觐太祖于鱼儿泺，赐金符，授提控元帅。拔盖、金、苏、复等州，获金完颜奴、耶律神都马，迁镇国上将军、利州节度使，所部降民都总管、监军兵马元帅。丁丑夏，山贼祁和尚据武平，讨平之。缚金将巢元帅。又灭重儿盗众万人于兴州之车河。已卯，权兵马都元帅，蒙古、汉军、黑军并听节制。下河东、平阳、河中、岢岚、绛、石、隰、吉、廓等八十余城。

庚辰，至真定，木华黎使天祥攻城，天祥因请曰：“攻之恐戮及无辜，不如先往谕之。苟其不从，加兵未晚。”木华黎许之。天祥往见守将武仙谕以祸福，仙悟，乃降。吾也而请留天祥守真定，木华黎曰：“天下未定，智勇士可离左右乎。吾将别处之。”乃以秉直之子天倪为河北西路兵马都元帅，镇真定；以天祥为左副都元帅，余如故，引兵南屯邢西遥水山下。仙兄贵以万人壁于山上，负固不下，天祥携完颜胡速及黑军百人，由鸟道扳援而上，尽掩捕之，仙惊曰：“公若有羽翼者，不然，何其能也！”遂下邢、磁、相三州。从战黄龙冈，破单、胜、兖三州。

木华黎围东平，久不下，怒吾也而不尽力，将手斩之，天祥请代攻。木华黎喜，付皮甲一，又与己铁铠并被之，鏖战不已，木华黎使人止之曰：“尔力竭矣。宜少休。”复以金鞍、名马与之。辛巳，从取绥德、鄜、坊等五十余城。壬午，木华黎攻青龙、金胜诸堡，花帽军坚守不下，既破，欲屠之，天祥力谏而止，获壮士五千人。

癸未春，还军河中，木华黎上其功，赐金虎符，授蒙古汉军兵马都元帅，总十二万户，镇河中。冬，徇西夏，破贺兰山，还，遇贼，射伤额，出血，目为之昏。甲申，归北京，授右副北京等七路兵马都元帅。

庚寅，朝太宗于卢朐河，乞致仕，不允。辛卯，太宗用兵河南，强之从行，转漕河上，给饷诸军。

壬辰，命天祥领汴京百工数千，屯霸州之益津，行元帅府事，赐锦衣一袭。初，天祥夜中流矢，镞入颊骨，不能出，至是，金疮再发，镞自口出。睿宗闻而闵之，授海滨和众、利州等处总管，兼领霸州御衣局人匠都达鲁花赤，行北京七路兵马都元帅府事。宪宗即位，俾仍旧职。戊午秋九月，以疾卒，年六十八。

天祥幼有大志，长身骈胁，力绝人，性不嗜酒，喜稼穑，好施予。乙未括户，纵其奴千余口，俾为民。晚虽丧明，忧国爱民之心，未尝忘也。

子彬，江东提刑按察副使；槐，袭霸州御衣局人匠都达鲁花赤。

元史卷一四八
列传第三五

董俊 文蔚 文用 文直 文忠 严实
忠济 忠嗣

　　董俊，字用章，真定藁城人。少力田，长涉书史，善骑射。金贞祐间，边事方急，藁城令立的募兵，射上中者拔为将。众莫能弓，独俊一发破的，遂将所募兵迎敌。岁乙亥，国王木华黎帅兵南下，俊遂降。

　　己卯，以劳擢知中山府事，佩金虎符。金将武仙据真定，定武诸城皆应仙。俊率众夜入真定，逐仙走之，定武诸城复去仙来附。

　　庚辰春，金大发兵益仙，治中李全叛中山应之。俊军时屯曲阳，仙锐气来战，败之黄山下，仙脱走。献捷于木华黎，由是仙以穷降。木华黎承制授俊龙虎卫上将军、行元帅府事，驻藁城。俊尝谒木华黎曰："武仙黠不可测，终不为我用，请备之。"木华黎然其言，承制授左副元帅。升藁城县为永安州，号其众为匡国军，事一委俊。

　　己酉，仙果杀都元帅史天倪，据真定以叛，旁郡县皆为仙守。俊提孤军居反侧间，战士不满千人，拒守永安。仙攻之期年，无所利，乃纵兵蹂禾稼，俊呼语之曰："汝欲得民，而夺之食，无道贼不为也。"仙惭而去，俊出兵掩击之，仙败走。久之，俊复夜入真定，仙走死，乃纳史天倪弟天泽为帅。

　　壬辰，会诸军围汴。明年，金主弃汴奔归德，追围之；金兵夜出，薄诸军于水，俊力战死焉，时年四十有八。

俊早丧父,事母以孝闻。岁时庙祭,非疾病,跪拜必尽礼;子虽孩乳,亦使之序拜,曰:"祀,以孝先也,礼宜如是。"待族亲故人,皆有恩意;里夫家僮,亦接之有道。克汴时,以侍其轴为贤,延归教诸子。尝曰:"射,百日事耳;诗、书,非积学不通。"屡诫诸子曰:"吾一农夫耳,遭天下多故,徒以忠义事人,仅立门户。深愿汝曹力田读书,勿求非望,为吾累也。"

俊忠实自许,不为夷险少移,临阵,勇气慑众,立矢石间,怡然若无事,虽中伤亦不为动。每慕马援为人,曰:"马革裹尸,援固可壮。"故战必持矛先士卒,或谏止之,俊曰:"我人臣也,敌在前,不死,乃趋安脱危乎!"

先是,戊子岁,朝于行在,诸将献户口,各增数要利,吏请如众。俊曰:"民实少而欺以数多,他日上需求无应,必重敛以承命,是我独利,而民日困也。"

行元帅府时,狂男子三百余人期日作乱,事觉,戮其渠魁,余并释之。深、冀间妖人惑众,图为不轨,连逮者数万人,有司议当族,俊力请主者,但诛首恶。永安节度使刘成叛降武仙于威州,俊下令曰:"逆者一人,余能去逆,即忠义士,与其家财,仍奏官之。"众果去成降。沃州民寨天台为盗,既破降之,他将利其子女,欲掠之,俊曰:"城降而俘其家,仁者不为也。"众义不取。南征时,人多归俊愿为奴者,既全其家,归悉纵为民。邻境人有被掠卖者,亦与直赎还之。其天性之美类如此。

俊器度弘远,善战而不妄杀,故人乐为之用。大小百战,无不克捷。为政宽明,见人善治田庐,必召与欢语,有惰者,则怒罚之,故其部完实,民惟恐其去也。赠翊运效节功臣、太傅、开府仪同三司、上柱国,封寿国公,谥忠烈。加赠推忠翊运效节功臣,太傅、开府仪同三司、上柱国,改封赵国公。子文炳、文蔚、文用、文直、文忠、文炳自有传。

文蔚,字彦华,俊之次子也。重厚寡言,不事嬉戏,立志勤苦,读书忘倦。及长，善骑射，膂力绝人。事母至孝，接人谦恭，凡所与交，贵贱长幼，待之无异；至于一揖，必正容端体，俯首几至于地，徐徐起拱，人所难能。兄文炳为藁城令，厉精于政，家务悉委之，凡供给祭祀宾客之事，无不尽心。

辛丑，起民兵南征，文炳命文蔚率十有七人，私整鞍马衣甲，自为一队，与众军渡淮。甲寅，世祖收大理，还驻六盘山。文炳以文蔚孝谨公勤，可委以事，解所佩金符以让，帝嘉赏之，授藁城等处行军千户。南镇邓州，与荆、襄接境，沿边城壁未筑。是年冬十一月，修光化；乙卯，立毗阳；丙辰，筑枣阳。文蔚悉总之，治板干，具畚锸，储糇粮，运木石，程其工力，时其饥饱，药其疾病，见执役者，常以善言抚之，弗事威猛。众咸感曰："他将领役，鞭箠怒辱，不恤困苦。今董侯慈惠若此，我曹安忍负之。"各尽力成之。

丁巳，攻襄，樊城南据汉江，北阻湖水，卒不得渡。文蔚夜领兵士，于湖水陿隘之处，伐木拔根，立于水，实以薪草为桥梁，顷之即成，至晓，师悉渡，围已合，城中大惊异之。文蔚复统拔都军以当前行，夺其外城，论功居最。己未，宪宗伐宋，入川蜀，文蔚奉诏，将邓之选兵西上，由褒斜历剑阁，而剑、阆诸州，平地不能守，置州事于山。师行大获、云顶、长宁、苦竹诸寨，长驱而前，至钓鱼山，崖壁巉峭，惟一径可登，恃险阻未即降。帝命攻之，文蔚以次往攻，乃激厉将士，挟云梯，冒飞石，履崎岖以登，直抵其寨苦战，顷之，兵士被伤，乃还。帝亲见之，加以赏赉。

中统二年，世祖置武卫军，文蔚以邓兵入为千户。帝北狩，留屯上都。三年，李璮反，据济南，文蔚以麾下军围其南面，春秋力战，城破璮诛，奏功还。

至元五年七月十七日，以疾卒于上都之炭山。弟文忠，时为枢密佥院，乞护丧南还，帝甚悯之。泰定中，赠明威将军、金右卫使司事、上骑都尉、陇西郡伯。

文用，字彦材，俊之第三子也。生十岁，父死，长兄文炳教诸弟有法。文用学问早成,弱冠试词赋中选。时以真定藁城奉庄圣太后汤沐,庚戌,太后命择邑中子弟来上,文用始从文炳谒太后于和林城。世祖在潜藩,命文用主文书,讲说帐中,常见许重。

癸丑,世祖受命宪宗自河西征云南大理。文用与弟文忠从军,督粮械,赞军务。丁巳,世祖令授皇子经,是为北平王、云南王也。又命召遗老窦默、姚枢、李俊民、李冶、魏璠于四方。己未,伐宋,文用发沿边蒙古、汉人诸军,理军需。将攻鄂州,宋贾似道、吕文德将兵来拒,水陆军容甚盛。九月,世祖临江阅战,文炳求先进战,文用与文忠固请偕行,世祖亲料甲胄,择大舰授之,大破宋师。

世祖即位,建元中统。文用持诏宣谕边郡,且择诸军充侍卫,七月还朝。中书左丞张文谦宣抚大名等路,奏文用为左右司郎中。二年八月,以兵部郎中参议都元帅府事。三年,李璮叛据济南,从元帅阔阔带统兵诛之,山东平。阿术奉诏伐宋,召文用为其属,文用辞曰:“新制,诸侯总兵者,其子弟勿复任兵事。今吾兄文炳,以经略使总重兵镇山东,我不当行。”阿术曰:“潜邸旧臣,不得引此为说。”文用谢病不行。

至元改元,召为西夏中兴等路行省郎中。中兴自浑都海之乱,民间相恐动,窜匿山谷。文用至,镇之以静,乃为书置通衢谕之,民乃安。始开唐来、汉延、秦家等渠,垦中兴、西凉、甘、肃、瓜、沙等州之土为水田若干,于是民之归者户四五万,悉授田种,颁农具;更造舟置黄河中,受诸部落及溃叛之来降者。

时诸王只必铁木儿镇西方,其下纵横,需索无算,省臣不能支,文用坐幕府,辄面折以法。其徒积忿,谮文用于王,王怒,召文用,使左右杂问之,意叵测。文用曰:“我天子命吏,非汝等所当问,请得与天子所遣为王傅者辨之。”王即遣其傅讯文用。其傅中朝旧臣,不肯顺王意。文用谓之曰:“我汉人,生死不足计。所恨者,仁慈宽厚如王,以重戚镇远方,而其下毒虐百姓,凌暴官府,伤王威名,于事体不便。”因历指其不法者数十事,其傅惊起,去白王,王即召文用谢之曰:“非郎中,我殆不知。郎中持此心事朝廷,宜勿怠。”自是谮不行而省府事颇立。二年，入奏经略事宜还，以上旨行之，中兴遂定。

八年，立司农司，授山东东西道巡行劝农使。山东自更叛乱，野多旷土，文用巡行劝励，无间幽僻，入登州境，见其垦辟有方，以郡守移剌某为能，作诗表异之。于是列郡咸劝，地利毕兴，五年之间，政绩为天下劝农使之最。十二年，丞相安童奏文用为工部侍郎，代纥石里。纥石里，阿合马私人也。其徒既谗间安童罢相，即使鹰监奏曰："自纥石里去，工部侍郎不给鹰食，鹰且瘦死。"帝怒，促召治之，因急捕文用入见，帝望见曰："董文用乃为尔治鹰食者耶！"置不问，别令取给有司。

十三年，出文用为卫辉路总管，佩金虎符。郡当冲要，民为兵者十之九，余皆单弱贫病，不堪力役。会初得江南，图籍、金玉、财帛之运，日夜不绝于道，警卫输挽，日役数千夫。文用忧之曰："吾民弊矣，而又重妨耕作，殆不可。"乃从转运主者言："州县吏卒，足以备用，不必重烦吾民也。"主者曰："汝言诚然，万一有不虞，则罪将谁归！"文用即手书具官姓名保任之。民得以时耕，而运事亦不废。诸郡运江淮粟于京师，卫当运十五万石，文用曰："民籍可役者无几，且江淮风水，舟不能以时至，而先为期会，是未运而民已困矣。"乃集旁郡通议，立驿置法，民力以舒。

十四年，诣汴漕司言事，适漕司议通沁水北东合流御河以便漕者，文用曰："卫为郡，地最下，大雨时行，沁水辄溢出百十里间；雨更甚，水不得达于河，即浸淫及卫，今又引之使来，岂惟无卫，将无大名、长芦矣。"会朝廷遣使相地形，上言："卫州城中浮屠最高者，才与沁水平，势不可开也。"事遂寝。

十六年，受代归田里，茅茨数椽，仅避风雨，读书赋诗，怡然燕居。裕宗在东宫，数为台臣言："董文用勋旧忠良，何以不见用！"

十八年，台臣奏起文用为山北辽东道提刑按察使，不赴。十九年，朝廷选用旧臣，召文用为兵部尚书。自是朝廷有大议，未尝不与闻。二十年，江淮省臣有欲专肆而忌廉察官，建议行台隶行省，状上，集朝臣议之。文用议曰："不可。御史台，譬之卧虎，虽未噬人，人犹畏其为虎也。今虚名仅存，纪纲犹不振，一旦摧抑之，则风采荥然，无可复望者矣。昔阿合马用事时，商贾贱役，皆行贿入官，及事败，欲尽去其人，廷议以为不可，使阿合马售私恩，而朝廷骤敛怨也。乃使按察司劾去其不可者，然后吏有所惮，民有所赴诉。则是按察司者，国家当饬励之，不可摧抑也。"悉从文用议。

　　转礼部尚书，迁翰林、集贤二院学士，知秘书监。时中书右丞卢时荣，以货利得幸权要为贵官，阴结贪刻之党，以锱铢掊克为功，乃建议曰："我立法治财，视常岁当倍增，而民不扰也。"诏下会议，人无敢言者。文用阳问曰："此钱取于右丞之家耶？将取之于民耶？取于右丞之家，则不敢知；若取诸民，则有说矣。牧羊者，岁尝两剪其毛，今牧人日剪其毛而献之，则主者固悦其得毛之多矣，然而羊无以避寒热，即死且尽，毛又可得哉！民财亦有限，取之以时，犹惧其伤残也。今尽刻剥无遗，犹有百姓乎！"世荣不能对。丞相安童谓坐中曰："董尚书真不虚食俸禄者。"议者出，皆谢文用曰："君以一言，折聚敛之臣，而厚邦本，真仁人之言哉。"世荣竟以是得罪。

　　二十二年，拜江淮行中书省参知政事，文用力辞。帝曰："卿家世非他人比。朕所以任卿者，不在钱谷细务也，卿当察其大者，事有不便，但言之。"文用遂行。行省长官者，素贵多傲，同列莫敢仰视，跪起禀白，如小吏事上官。文用至，则坐堂上，侃侃与论是非可否，无所迁就，数忤之，不顾也。有以帝命建佛塔于宋故宫者，有司奉行甚急，天大雨雪，入山伐木，死者数百人，犹欲并建大寺。文用谓其人曰："非时役民，民不堪矣，少徐之如何？"长官者曰："参政奈何格上命耶？"文用曰："非敢格上命，今日之困民力而失民心者，岂上意耶！"其人意沮，遂稍宽其期。

　　二十三年，朝廷将用兵海东，微敛益急，有司大为奸利。文用请入奏事，大略言："疲国家可宝之民力，取僻陋无用之小邦。"列其条目甚悉。言上，事遂罢。

　　二十五年，拜御史中丞。文用曰："中丞不当理幼细务，吾当先举贤才。"乃举用胡祗遹、王恽、雷膺、荆幼纪、许楫、孔从道十余人为按察使，徐琰、魏初为行台中丞，当时以为极选。方是时，桑哥当国，恩宠方盛，自近戚贵人见之，皆屏息逊避，无敢谁何。文用以旧臣任中丞，独不附之。桑哥令人风文用颂己功于帝前，文用不答。桑哥又自谓文用曰："百司皆具食于丞相府矣。"文用又不答。会朔方军兴，粮糗粗备，而诛求愈急，文用谓桑哥曰："民急矣。外难未解而内伐其根本，丞相宜思之。"于是远迩盗贼蜂起。文用持外郡所上盗贼之目，谓桑哥曰："百姓岂不欲生养安乐哉！急法暴敛使至此尔。御史台所以救政事之不及，丞相当助之，不当抑之也。御史台不得行，则民无所赴诉，而政日乱，将不止于台事之不行也。"忤其意益深，乃撝拾台事百端，文用日与辨论，不为屈。于是具奏桑哥奸状，诏报文用，语密而外人不知也。桑哥日诬谮文用于帝曰："在朝惟董文用戆傲不听令，沮挠尚书省，请痛治其罪。"帝曰："彼御史之职也，何罪之有！且董文用端谨，朕所素知，汝善视之。"迁大司农。时欲夺民田为屯田，文用固执不可。迁为翰林学士承旨。

二十七年，隆福太后在东宫，以文用旧臣，欲使文用授皇孙经，具奏上，以帝命命之。文用每讲说经旨，必附以朝廷故事，丁咛譬喻，反复开悟，皇孙亦特加敬礼。

三十一年，帝命文用以其诸子入见，文用曰："臣蒙国厚恩，死无以报，臣之子，何能为！"命至再三，终不以见。是岁，世祖崩，成宗将即位上都，太后命文用从行。既即位，巡狩三不剌之地，文用曰："先帝新弃天下，陛下巡狩，不以时还，无以慰安元元，宜趣还京师。且臣闻人君犹北辰然，居其所而众星拱之，不在勤远略也。"帝悟，即日可其奏。是行也，帝每召入帐中，问先朝故事，文用亦盛言先帝虚心纳贤、开国经世之务，谈说或至夜半。

文用自先帝时，每侍燕，与蒙古大臣同列，裕宗尝就榻上赐酒，使毋下拜跪饮，皆异数也。帝在东宫时，正旦受贺，于众中见文用，召使前曰："吾向见至尊，甚称汝贤。"辄亲取酒饮之。至是，眷赉益厚。是年，诏修先帝实录，升资德大夫、知制诰兼修国史。文用于祖宗世系功德、近戚将相家世勋绩，皆纪忆贯穿，史馆有所考究质问，文用应之无遗失。

大德元年，上章请老，赐中统钞万贯以归，官一子，乡郡侍养。六月戊寅，以疾卒，年七十有四。子八人：士贞，士亨，士楷，士英，士昌，士恒，士廉，士方。赠银青光禄大夫、少保、寿国公，谥忠穆。

文直，字彦正，俊之第四子也。刚毅庄栗，简言笑，通经史法律。藁城长官，佩金符。

初，兄文炳及季弟文忠，去事世祖，次文用亦在朝，俱有仰于家，而食者余百口，文直勤俭，始终不替。内则养生送死之合礼，外则中表宾问之中度，奉上接下，一敬一爱，蔼乎其睦也。性好施而甚仁，里闬或贫不自立，每阴济其急，不使之知恩所从来。微至僮病，必手予粥药。或止之，曰："不忍以其贱违吾爱心。"及弃官，浮沉里社，任真适意，亲宾过从，尊酒相劳。家门日以烜赫，已独恬然，不见诸辞色。以病卒，年五十有二。

文忠，字彦诚，俊第八子也。岁壬子，入侍世祖潜邸。王鹗尝言诗，因问文忠能之乎，文忠曰："吾少读书，惟知入则孝于亲，出则忠于君而已。诗非所学也。"癸丑，从征南诏。己未，伐宋，与兄文炳、文用败宋兵于阳罗堡，得蒙冲百艘，进围鄂。

世祖即位，置符宝局，以文忠为郎，授奉训大夫，居益近密，尝呼董八而不名。文忠不为容悦，随事献纳，中禁事秘，外多不闻。至元二年，安童以右丞相入领中书，建陈十事，言忤旨，文忠曰："丞相素有贤名，今秉政之始，人方倾听，所请不得，后何以为。"遂从旁代对，恳恻详切，如身条是疏者，始得允可。

八年，侍讲学士徒单公履欲奏行贡举，知帝于释氏重教而轻禅，乃言儒亦有之，科举类教，道学类禅。帝怒，召姚枢、许衡与宰臣廷辨。文忠自外入，帝曰："汝日诵《四书》，亦道学者。"文忠对曰："陛下每言：士不治经讲孔孟之道而为诗赋，何关修身，何益治国！由是海内之士，稍知从事实学。臣今所诵，皆孔孟之言，焉知所谓道学!而俗儒守亡国余习,欲行其说,故以是上惑圣听,恐非陛下教人修身治国之意也。"事遂止。

十一年,伐宋,民困供馈,文忠奏免常岁横征,从之。帝尝见宋降将,从容问宋所以亡者,皆曰:"贾似道当国,薄武人而重文儒,将士怨之,莫有斗志。故大军既至,争解甲归命也。"帝问文忠:"此言何如?"文忠因诘之曰:"似道薄汝矣,而君则贵汝以官,富汝以禄,未尝薄汝也。今有怨于相,而移于君,不肯一战,坐视国亡,如臣节何!然则似道薄汝者,岂非预知汝曹不足恃乎!"帝深善之。有旨徙大都猎户于郓中,文忠奏止之。又请罢官鬻田器之税,听民自为。

时多盗,诏犯者皆杀无赦。在处系囚满狱。文忠言:"杀人取货,与窃一钱者均死,惨黩莫甚,恐乖陛下好生之德。"敕革之。或告汉人殴伤国人,及太府监属卢甲盗剪官布。帝怒,命杀以惩众。文忠言:"今刑曹于囚罪当死者,已有服辞,犹必详谳,是岂可因人一言,遽加之重典!宜付有司阅实,以俟后命。"乃遣文忠及近臣突满分核之,皆得其诬状,遂诏原之。帝因责侍臣曰:"方朕怒时,卿曹皆不敢言。非董文忠开悟朕心,则杀二无辜之人,必取议中外矣。"因赐文忠金尊,曰:"用旌卿直。"裕宗亦语宫臣曰:"方天威之震,董文忠从容谏正,实人臣难能者。"太府监属奉物诣文忠泣谢曰:"鄙人赖公复生。"文忠曰:"吾素非知子,所以相救于危急者,盖为国平刑,岂望子见报哉!"却其物不受。

自安童北伐,阿合马独当国柄,大立亲党,惧廉希宪复入为相,害其私计,奏希宪以右丞行省江陵。文忠言:"希宪,国家名臣。今宰相虚位,不可使久居外,以孤人望,宜早召还。"从之。十六年十月,奏曰:"陛下始以燕王为中书令、枢密使,才一至中书。自册为太子,累使明习军国之事,然十有余年,终守谦退,不肯视事者,非不奉明诏也,盖朝廷处之未尽其道尔。夫事已奉决,而始启太子,是使臣子而可否君父之命,故惟有唯默避逊而已。以臣所知,不若令有司先启而后闻,其有未安者,则以诏敕断之,庶几理顺而分不逾,太子必不敢辞其责矣。"帝即日召大臣,面谕其意,使行之。复语太子曰:"董八,崇立国本者,其勿忘之。"

礼部尚书谢昌元请立门下省,封驳制敕,以绝中书风晓近习奏请之弊。帝锐意欲行之,诏廷臣杂议;且怒翰林学士承旨王磐曰:"如是有益之事,汝不入告,而使南方后至之臣言之,汝用学问何为!必今日开是省。"三日,廷臣奏以文忠为侍中,及其属数十人。近臣乘便言曰:"陛下将别置省,此实其时。然得人则可以宽圣心,新民听;今闻盗诈之臣与居其间,不可。"其言多指文忠。文忠忿辨曰:"上每称臣不盗不诈,今汝顾臣而言,意实在臣。其显言臣盗诈何事!"帝令言者出,文忠犹诉不止,且攻其害国之奸。帝曰:"朕自知之,彼不言汝也。"其人忌文忠,欲中害之,然以文忠清慎无过,乃奉钞万缗为寿,求交欢,文忠却之。文炳为中书左丞卒,太傅伯颜乃表文忠可相,帝使继其官,文忠辞曰:"臣兄有平定南方之劳,可居是位。臣尝给事居中,所宣何力,敢冒居重职乎!"

十八年,升典瑞局为监、郎为卿,仍以文忠为之。授正议大夫,俄授资德大夫、金书枢密院事,卿如故。车驾行幸,诏文忠毋扈从,留居大都,凡宫苑、城门、直舍、徼道、环卫、营屯、禁兵、太府、少府、军器、尚乘诸监,皆领焉。兵马司旧隶中书,并付文忠。时权臣累请夺还中书,不报。是冬十月二十有五日,鸡鸣,将入朝,忽病仆,帝遣中使持药投救不及,遂卒,甚悼惜之,赙钱数十万。后制赠光禄大夫、司徒,封寿国公,谥忠贞。

严实,字武叔,泰安长清人。略知书,志气豪放,不治生产,喜交结施与,落魄里社间。屡以事系狱,侠少辈为出死力,乃得脱去。

癸酉秋,太祖率兵自紫荆口入,分略山东、河北、河东而归。金东平行台调民为兵,以实为众所服,命为百户。甲戌春,泰安张汝楫据灵岩,遣别将攻长清,实破走之。以功授长清尉。戊寅,权长清令。宋取益都,乘胜而西,行台檄实备刍粮为守御计。实出督租,比还,而长清破,俄以兵复之。有谮于行台者,谓实与宋有谋,行台以兵围之,实挈家避青崖。宋因以实为济南治中,分兵四出,所至无不下,于是太行之东,皆受实节制。

庚辰三月,金河南军攻彰德,守将单仲力不支,数求救。实请于主将张林,林逗遛不行,实独以兵赴之,比至,而仲被擒。实知宋不足恃。七月,谒太师木华黎于军门,挈所部彰德、大名、磁、洺、恩、博、滑、浚等州户三十万来归,木华黎承制拜实金紫光禄大夫、行尚书省事。进攻曹、濮、单三州,皆下之。偏将李信,留镇青崖,尝有罪,惧诛,乘实之出,杀其家属,降于宋。辛巳,实以兵复青崖,擒信诛之。进攻东平,金守将和立刚弃城遁,实入居之。

壬午,宋将彭义斌率师取京东州县,实将晁海以青崖降,尽掠实家,义斌军西下,郡县多归之。乙酉四月,遂围东平。实潜约大将孛里海合兵攻之,兵久不出,城中食且尽,乃与义斌连和。义斌亦欲藉实取河朔,而后图之,请以兄事实。时麾下众尚数千,义斌听其自领,而青崖所掠者则留不遣。七月,义斌下真定,道西山,与孛里海等军相望,分实以帐下兵,阳助而阴伺之。实知势迫,急赴孛里海军与之合,遂与义斌战,宋兵溃,擒义斌。不旬月,京东州县复为实有。是冬,木华黎之弟带孙取彰德;明年,取濮、东平;又明年,木华黎之子孛鲁取益都:实皆有功焉。

庚寅四月,朝太宗于牛心之幄殿,帝赐之坐,宴享终日,赐以虎符。数顾实谓侍臣曰:“严实,真福人也。”甲午,朝于和林,授东平路行军万户,偏裨赐金符者八人。先是,实之所统,凡五十余城,至是,惟德、兖、济、单隶东平。丁酉九月,诏实毋事征伐。

初,彰德既下,又破水栅,带孙怒其反覆,驱老幼数万欲屠之。实曰:“此国家旧民,吾兵力不能及,为所胁从,果何罪耶?”带孙从之。继破濮州,复欲屠之。实言:“百姓未尝敌我,岂可与执兵刃者同戮,不若留之,以供刍菜。”濮人免者又数万。其后于曹、楚丘、定陶、上党皆然。时兵由武关出襄、邓,实在徐、邳间,以为河南破,屠戮必多,乃载金缯往赎之,且约束诸将,毋敢妄有杀掠。灵璧一县,当诛者五万人,实悉救之。会大饥,民北徙者多饿死。又法,藏匿逃者,保社皆坐。逃亡无所托,僵尸蔽野,实命作糜粥,盛置道傍,全活者众。实部曲有逃归益都者数十人，益都破，皆获之，以为必杀，实置不问。王义深者，义斌之别将，闻义斌败，将奔河南，实族属在东平者，皆为所害。河南破，实获义深妻子，厚周恤之，送还乡里，终不以旧怨为嫌。其宽厚长者类若此。

庚子卒，年五十九。远近悲悼，野哭巷祭，旬月不已。中统二年，追封实为鲁国公，谥武惠。子忠贞，金紫光禄大夫；忠济，忠嗣，忠范，忠杰，忠裕，忠祐。

忠济，一名忠翰，字紫芝，实之第二子也。仪观雄伟，善骑射。辛丑，从其父入见太宗，命佩虎符，袭东平路行军万户、管民长官，开府布政，一法其父，养老尊贤，治为诸道第一。领兵略地淮、汉，偏裨部曲，戮力用命。定宗、宪宗即位之始，皆加褒宠。

忠济初统千户十有七，乙卯，朝命括新军山东，益兵二万有奇。忠济弟忠嗣、忠范为万户，以次诸弟暨勋将之子为千户，城戍宿州、蕲县，而忠济皆统之。己未，世祖南伐，诏率师由间道会鄂。亲率勇士，梯冲登城。师还，忠济选勇敢二千，别命千户将之，甲仗精锐，所向无前。大臣有言其威权太盛者。中统二年，召还京师，命忠范代之。

忠济治东平日，借贷于人，代部民纳逋赋，岁久愈多。及谢事，债家执文券来征。帝闻之，悉命发内藏代偿。东平庙学故隘陋，改卜高爽地于城东，教养诸生，后多显者。幕僚如宋子贞、刘肃、李昶、徐世隆，俱为名臣。至元二十三年，特授资德大夫、中书左丞、行江浙省事，以老辞。二十九年，赐钞万五千缗、宅一区，召其子瑜入侍。三十年，卒。

忠济统理方郡凡十一年，爵人命官，生杀予夺，皆自己出。及谢去大权，贵而能贫，安于义命，世以是多之。后谥庄孝。

忠嗣，实之第三子也。少从张澄、商挺、李桢学，略知经史大义。辛亥，其兄忠济授以东平人匠总管，遥领单州防御使事。乙卯，充东

平路管军万户。丁巳，从忠济略地扬州，取邵伯埭，首立战功。己未，
南征，从忠济渡淮，分兵出桂车岭，与宋兵相拒三昼夜，杀获甚众，
始达蕲州。及渡江抵鄂，分部攻城九十余日，战甚力。师还，授金虎
符。

　　中统三年，李璮叛，宋兵攻蕲州势张甚，徐州总管李杲哥降于
宋，齐鲁山寨为宋兵所据。忠嗣从大帅按脱救蕲县，复徐州，执李杲
哥杀之。攻邹之峄山、滕之牙山，多所杀获。按脱论功以闻，赐银二
百两、币五十端。四年，朝廷惩青齐之乱，居大藩者，子弟不得亲政，
于是罢官家居。至元十年，卒。

元史卷一四九
列传第三六

耶律留哥　刘伯林 黑马 元振

元礼 **郭宝玉** 德海 侃 **石天应**

移剌捏儿 买奴 元臣 耶律秃花

秃满答儿 忙古带 **王珣** 荣祖

　　耶律留哥,契丹人,仕金为北边千户。太祖起兵朔方,金人疑辽遗民有他志,下令辽民一户,以二女真户夹居防之。留哥不自安。岁壬申,遁至隆安、韩州,纠壮士剽掠其地。州发卒追捕,留哥皆击走之。因与耶的合势募兵,数月众至十余万,推留哥为都元帅,耶的副之,营帐百里,威震辽东。

　　太祖命按陈那衍、浑都古行军至辽,遇之,问所从来,留哥对曰:"我契丹军也,往附大国,道阻马疲,故逗遛于此。"按陈曰:"我奉旨讨女真,适与尔会,庸非天乎!然尔欲效顺,何以为信?"留哥乃率所部会按陈于金山,刑白马、白牛,登高北望,折矢以盟。按陈曰:"吾还奏,当以征辽之责属尔。"

　　金人遣胡沙帅军六十万,号百万,来攻留哥,声言有得留哥骨一两者,赏金一两,肉一两者,赏银亦如之,仍世袭千户。留哥度不能敌,亟驰表闻。帝命按陈、孛都欢、阿鲁都罕引千骑会留哥,与金兵对阵于迪吉脑儿。留哥以侄安奴为先锋,横冲胡沙军,大败之,以所俘辎重献。帝召按陈还，而以可特哥副留哥屯其地。

众以辽东未定，癸酉三月，推留哥为王，立妻姚里氏为妃，以其属耶厮不为郡王，坡沙、僧家奴、耶的、李家奴等为丞相、元帅、尚书，统古与、著拨行元帅府事，国号辽。甲戌，金遣使青狗诱以重禄使降，不从。青狗度其势不可，反臣之。金主怒，复遣宣抚万奴领军四十余万攻之。留哥逆战于归仁县北河上，金兵大溃，万奴收散卒奔东京。安东同知阿怜惧，遣使求附。于是尽有辽东州郡，遂都咸平，号为中京。金左副元帅移剌都，以兵十万攻留哥，拒战，败之。

乙亥，留哥破东京，可特哥娶万奴之妻李仙娥，留哥不直之，有隙。既而耶厮不等劝留哥称帝，留哥曰："向者吾与按陈那衍盟，愿附大蒙古国，削平疆宇。倘食其言而自为东帝，是逆天也，逆天者必有大咎。"众请愈力，不获已，称疾不出。潜与其子薛阇奉金币九十车、金银牌五百，至按坦孛都罕入觐。

帝曰："汉人先纳款者，先引见。"太傅阿海奏曰："刘伯林纳款最先。"帝曰："伯林虽先，然迫于重围而来，未若留哥仗义效顺也，其先留哥。"既见，帝大悦，谓左右曰："凡留哥所献，白之于天，乃可受。"遂以白毡陈于前，七日而后纳诸库。因问旧何官，对曰："辽王。"命赐金虎符，仍辽王。又问户籍几何，对曰："六十余万。"帝曰："可发三千人为质，朕遣蒙古三百人往取之，汝亦遣人偕往。"留哥遣大夫乞奴、安抚秃哥与俱。且命诘可特哥曰："尔妻万奴之妻，悖法尤甚。"其拘絷以来。可特哥惧，与耶厮不等绐其众曰："留哥已死。"遂以其众叛，杀所遣三百人，惟三人逃归。事闻，帝谕留哥曰："尔毋以失众为忧，朕倍此数封汝无吝也。草青马肥，资尔甲兵，往取家孥。"

丙子，乞奴、金山、青狗、统古与等推耶厮不僭帝号于澄州，国号辽，改元天威，以留哥兄独剌为平章，置百官。方阅月，其元帅青狗叛归于金，耶厮不为其下所杀，推其丞相乞奴监国，与其行元帅鸦儿，分兵民为左右翼，屯开、保州关。金盖州守将众家奴引兵攻败之。留哥引蒙古军数千适至，得兄独剌并妻姚里氏，户二千。鸦儿引败军东走，留哥追击之，还度辽河，招抚懿州、广宁，徙居临潢府。乞奴走高丽，为金山所杀，金山又自称国王，改元天德。统古与复杀金山而自立，喊舍又杀之，亦自立。

戊寅，留哥引蒙古、契丹军及东夏国元帅胡土兵十万，围喊舍。高丽助兵四十万，克之，喊舍自经死。徙其民于西楼。自乙亥岁留哥北觐，辽东反覆，耶厮不僭号七十余日，金山二年，统古与、喊舍亦近二年，至己卯春，留哥复定之。

庚辰，留哥卒，年五十六。妻姚里氏入奏，会帝征西域，皇太弟承制以姚里氏佩虎符，权领其众者七年。丙戌，帝还，姚里氏携次子善哥、铁哥、永安及从子塔塔儿，孙收国奴，见帝于河西阿里湫城。帝曰："健鹰飞不到之地，尔妇人乃能来耶！"赐之酒，慰劳甚至。姚里氏奏曰："留哥既没，官民乏主，其长子薛阇扈从有年，愿以次子善哥代之，使归袭爵。"帝曰："薛阇舍为蒙古人矣，其从朕之征西域也，回回围太子于合迷城，薛阇引千军救出之，身中槊；又于蒲花、寻思干城与回回格战，伤于流矢。以是积功为拔都鲁，不可遣，当令善哥袭其父爵。"姚里氏拜且泣曰："薛阇者，留哥前妻所出，嫡子也，宜立。善哥者，婢子所出，若立之，是私已而蔑天伦，婢子窃以为不可。"帝叹其贤，给驿骑四十，从征河西，赐河西俘人九口、马九匹、白金九锭，币器皆以九计，许以薛阇袭爵，而留善哥、塔塔儿、收国奴于朝，惟遣其季子示安从姚里氏东归。

丁亥，帝召薛阇谓曰："昔女真猖獗，尔父起兵，自辽东会朕师，又能割爱，以尔事朕，其情贞悫可尚。继而奸人耶厮不等叛，人民离散。欲食尔父子之肉者，今岂无人乎！朕以兄弟视尔父，则尔犹吾子，尔父亡矣，尔其与吾弟孛鲁古台并辖军马，为第三千户。"薛阇受命。己丑，从太宗南征，有功，赐马四百、牛六百、羊二百。庚寅，帝命与撒儿台东征，收其父遗民，移镇广宁府，行广宁路都元帅府事。自庚寅至丁酉，连征高丽、东夏万奴国，复户六千有奇。戊戌，薛阇卒，年四十六。

子收国奴袭爵，行广宁府路总管军民万户府事，易名石剌，征高丽,有功。辛亥,睿宗以石剌为国宣力者三代,命益金更造所佩虎符赐之,佐诸王也苦及扎剌台控制高丽。己未卒,年四十五。

长子古乃嗣。中统元年,征河西;三年,征李璮,破峄山;以功皆受赏。至元六年,朝廷并广宁于东京,去职,是岁卒,年三十六。子忒哥。

薛阇弟善哥,赐名蒙古歹,命从亲王口温不花。己丑,从攻破天城堡、凤翔府,以功袭充拔都鲁。壬辰,引兵三千渡河,会大军平金。后伐宋,拔光州,枣阳,由千户迁广宁尹。至元元年卒,年五十二。子天祐,袭广宁千户,改广宁县尹。

刘伯林,济南人,好任侠,善骑射,金末为威宁防城千户。壬申岁,太祖围威宁,伯林知不能敌,乃缒城诣军门请降。太祖许之,遣秃鲁花等与偕入城,遂以城降。帝问伯林,在金国为何官,对曰:"都提控。"即以元职授之,命选士卒为一军,与太傅耶律秃怀同征讨,招降山后诸州。

太祖北还,留伯林屯天成,遏金兵,前后数十战。进攻西京,录功,赐金虎符,以本职充西京留守,兼兵马副元帅。癸酉,从征山东,攻梁门、遂城,下之。乙亥,同国王木华黎攻破燕京。丁丑,复从大军攻下山东诸州。木华黎上其功,赐名马二十匹、锦衣一袭。戊寅,同攻下太原、平阳。己卯,破潞、绛及火山、闻喜诸州县。时论欲徙闻喜民实天成,伯林以北地丧乱,人艰于食,力争而止之。部曲所获俘虏万计,悉纵之。

在威宁十余年,务农积谷,与民休息,邻境凋瘵,而威宁独为乐土。尝曰:"吾闻活千人者后必封,吾之所活,何啻万余人,子孙必有兴者乎!"辛巳,以疾卒,年七十二。累赠太师,封秦国公,谥忠顺。子黑马。

黑马,名嶷,字孟方,始生时,家有白马产黑驹,故以为小字,后遂以小字行。骁勇有志略,年几弱冠,随父征伐,大小数百战,出入行阵，略无惧色。尝独行，遇金兵围本部十三人，即夺剑入围，手杀金兵数人，十三人皆得脱。岁壬午，袭父职，为万户，佩虎符，兼都元帅。

癸未，从国王木华黎攻凤翔，不克，回屯绛州。又从孛罗攻西夏唐兀。甲申，从按真那延攻破东平、大名。乙酉，金降将武仙据真定以叛，从孛罗讨之，破真定，武仙遁去。金将忽察虎以兵四十万复取山后诸州，黑马逆战隘胡岭，大破之，斩忽察虎。

岁己丑，太宗即位，始立三万户，以黑马为首，重喜、史天泽次之，授金虎符，充管把平阳、宣德等路管军万户，仍佥太傅府事，总管汉军。从征回回、河西诸国，及破凤翔、西河、沔州诸城堡。庚寅，睿宗入自大散关，假道于宋以伐金，命黑马先由兴元、金、房东下。至三峰山，遇金大将合达，与战，大破之，虏合达，斩首数万级，乘胜攻破香山寨及钧州，赐西锦、良马、貂鼠衣，以旌其功。会增立七万户，仍以黑马为首，重喜、史天泽、严实等次之。

癸巳，从破南京，赐绣衣、玉带。甲午，从破蔡州，灭金。乙未，同都元帅答海绀卜征西川。辛丑，改授都总管万户，统西京、河东、陕西诸军万户，夹谷忙古歹、田雄等并听节制。入觐，帝慰劳之，赐银鼠皮三百为直孙衣。寻命巡抚天下，察民利病。应州郭志全反，胁从诖误者五百余人，有司议尽戮之，黑马止诛其为首者数人，余悉从轻典。

癸丑，从宪宗至六盘山。商州与宋接境，数为所侵，命黑马守之，宋人敛兵不敢犯。丁巳，入觐，请立成都以图全蜀，帝从之。成都既立，就命管领新旧军民小大诸务，赐号也可秃立。

中统元年，廉希宪、商挺宣抚川、陕，时密力火者握重兵，居成都，希宪与挺虑其为变，以黑马有胆智，使乘驿矫诏竟诛之。其子诉于朝，世祖谕之曰："兹朕命也，其勿复言。"三年，命兼成都路军民经略使。泸州被围，黑马已属疾，犹亲督转输不辍，左右谏其少休，黑马曰："国事方急，以此死，无憾。"遂卒，年六十三。累赠太傅，封秦国公，谥忠惠。子十二人，元振、元礼显。

元振,字仲举,黑马长子也。随父入蜀,立成都。会商、邓间有警,命黑马往镇商、邓,以元振摄万户,时年方二十。既莅事,号令严明,赏罚不妄,麾下宿将皆敬服之。宪宗伐宋,驻跸钓鱼山,以元振与纽邻为先锋。

中统元年,世祖即位,廉希宪、商挺奏以为成都经略使总管万户。宋泸州守将刘整密送款求降,黑马遣元振往受之。诸将皆曰:"刘整无故而降,不可信也。"元振曰:"宋权臣当国,赏罚无章,有功者往往以计除之,是以将士离心,且整本非南人,而居泸南重地,事势与李全何异?整此举无可疑者。"遂行。黑马戒之曰:"刘整,宋之名将,泸乃蜀之冲要,今整遽以泸降,情伪不可知,汝无为一身虑,事成则为国家之利,不成则当效死,乃其分也。"元振至泸,整开门出迎,元振弃众而先下马,与整相见,示以不疑,明日,请入城,元振释戎服,从数骑,与整联辔而入,饮燕至醉,整心服焉。献金六千两、男女五百人,元振以金分赐将士,而归还其男女。

宋泸州主帅俞兴,率兵围泸州,昼夜急攻,自正月至五月,城几陷,左右劝元振曰:"事势如此,宜思变通,整本非吾人,与俱死,无益也。"元振曰:"人以诚归我,既受其降,岂可以急而乘之,且泸之得失,关国家利害,吾有死而已。"食将尽,杀所乘马犒将士,募善游者赍蜡书至成都求援,又权造金银牌,分赏有功。未几,援兵至,元振与整出城合击兴兵,大败之,斩其都统一人,兴退走。捷闻,且自陈擅造金银牌罪,帝嘉其通于权变,赐锦衣一袭、白金五百两。入朝,又赐黄金五十两、弓矢、鞍辔。

黑马卒,元振居丧,起授成都军民经略使。至元七年,时议以勋旧之家事权太重,宜稍裁抑,遂降为成都副万户。十一年,命兼潼川路副招讨使。十二年卒,年五十一。

子纬,数从父行军。元振卒,纬袭职,佩虎符,为万户。守潼川,创立遂宁诸处山寨。从围钓鱼山,数战有功。攻合州,授潼川路副招讨,迁副都元帅,复授管军万户,迁同知四川西道宣慰司事。入朝,进四川西道宣慰使,拜陕西行省参知政事,卒。

元礼,黑马第五子也。性沉厚,有谋,常从父在军中。岁甲寅,授金符,为京兆路奥鲁万户。中统四年,迁兴元、成都等路兵马左副元帅。

至元元年,迁潼川路汉军都元帅。二年九月,宋制置夏贵率军五万犯潼川,元礼所领才数千,众寡不敌,诸将登城望贵军,有惧色。元礼曰:“料敌制胜,在智不在力。”乃出战。屡破之,复大战蓬溪,自寅至未,胜负不决,激厉将士曰:“此去城百里,为敌所乘,则城不可得入,潼川非国家有矣。丈夫当以死战取功名,时不可失也。”即持长刀,大呼突入阵,所向披靡,将士咸奋,无一不当百,大败贵兵,斩首万余级,生擒千余人。捷奏,赐锦衣二袭、白金三锭、名马一匹、金鞍辔、弓矢,召入朝,命复还潼川,立蓬溪寨。

元礼又奏:“嘉定去成都三百六十里,其间旧有眉州城,可修复之,屯兵以扼嘉定往来之路。”世祖从之。四年,命平章赵宝臣往视可否,或以为眉州荒废已久,立之无关利害,徒费财力,元礼力争之,宝臣是其言,遂兴役,七日而毕,宋人骇其速。元礼镇守眉州五年,召入朝,乞解官养母,从之。九年,起授怀远大将军、延安路总管,卒。

郭宝玉,字玉臣,华州郑县人,唐中书令子仪之裔也。通天文、兵法,善骑射。金末,封汾阳郡公,兼猛安,引军屯定州。岁庚午,童谣曰:“摇摇罟罟,至河南,拜阏氏。”既而太白经天,宝玉叹曰:“北军南,汴梁即降,天改姓矣。”金人以独吉思忠、仆散揆行中书省,领兵筑乌沙堡,会太师木华黎军忽至,败其兵三十余万,思忠等走,宝玉举军降。

木华黎引见太祖,问取中原之策,宝玉对曰:“中原势大,不可忽也。西南诸蕃勇悍可用,宜先取之,藉以图金,必得志焉。”又言,建国之初,宜颁新令。”帝从之。于是颁条画五章,如出军不得妄杀;

刑狱惟重罪处死,其余杂犯量情笞决;军户,蒙古、色目人每丁起一
军,汉人有田四顷、人三丁者金一军;年十五以上成丁,六十破老,
站户与军户同;民匠限地一顷;僧道无益于国、有损于民者悉行禁
止之类:皆宝玉所陈也。

　　帝将伐西蕃,患其城多依山险,问宝玉攻取之策,对曰:"使其
城在天上,则不可取,如不在天上,至则取矣。"帝壮之,授抄马都镇
抚。癸酉,从木华黎取永清,破高州,降北京、龙山,复帅抄马从锦州
出燕南,破太原、平阳诸州县。

　　甲戌,从帝讨契丹遗族,历古徐鬼国讹夷朵等城,破其兵三十
余万。宝玉胸中流矢,帝命剖牛腹置其中,少顷,乃苏。寻复战,收
别失八里、别失兰等城。次忽章河,西人列两阵迎拒,战方酣,宝玉
望其众,疾呼曰:"西阵走矣!"其兵果走,追杀几尽。进兵下挦思干
城。次暗木河,敌筑十余垒,陈船河中,俄风涛暴起,宝玉令发火箭
射其船,一时延烧,乘胜直前,破护岸兵五万。斩大将佐里,遂屠诸
垒,收马里四城。

　　辛巳,可弗叉国唯算端罕破乃满国,引兵据挦思干,闻帝将至,
弃城南走,入铁门,屯大雪山,宝玉追之,遂奔印度。帝驻大雪山前,
时谷中雪深二丈,宝玉请封山川神。壬午三月,封昆仑山为玄极王,
大盐池为惠济王。从柘柏、速不台二先锋收契丹、渤海等诸国,有
功,累迁断事官,卒于贺兰山。子德海,德山。德山,以万户破陕州,
攻潼关,卒。

　　德海,字大洋,资貌奇伟,亦通天文、兵法。金末,为谋克,击宋
将彭义斌于山东,败之。知父宝玉北降,遁入太行山,大军至,乃出
降,为抄马弹压。

　　从先锋柘柏西征,渡乞则里八海,攻铁山,衣帜与敌军不相辨,
乃焚蒿为号,烟焰漫野,敌军动,乘之,斩首三万级。逾雪岭西北万
里,进军次答里国,悉平之。乙酉,还至峥山,吐蕃帅尼伦、回纥帅阿
必丁反,复破斩之。

戊子春，从元帅阔阔出游骑入关中，金人闭关拒守，德海引骁骑五百，斩关入，杀守者三百人，直捣凌风渡寨，后兵不至，引还。己丑秋，破南山八十三寨，陕西平。德海导大将魁欲那拔都，假道汉中，历荆、襄而东，与金将武仙军十万遇于白河，德海提孤军转战，仙败走，斩首二万余级，复破金移刺粘哥军于邓。冬十一月，至钧州。辛卯春正月，睿宗军由洛阳来会于三峰山，金人沟地立军围之。睿宗令军中祈雪，又烧羊胛骨，卜得吉兆，夜大雪，深三尺，沟中军僵立，刀槊冻不能举。我军冲围而出，金人死者三十余万，其帅完颜哈达、移刺蒲兀走匿浮图上，德海命掘浮图基，出其柱而焚之，完颜斜烈单骑遁还洛阳。又破金合喜兵于中牟，完颜斜烈复帅军十万来拒，战于郑，先登破之，杀其都尉左崇。以功迁右监军。壬辰正月，破金师于黄龙冈。癸巳，取申、唐二州。甲午，河南复叛，德海往讨之，炮伤其足，以疾归，卒。

先是，太宗诏大臣忽都虎等试天下僧尼道士，选精能经文者千人，有能工艺者，则命小通事合住等领之，余皆为民。又诏天下置学廪，育人材，立科目，选之入仕，皆从德海之请也。子侃。

侃，字仲和，幼为丞相史天泽所器重，留于家而教养之。弱冠为百户，骁勇有谋略。壬辰，金将伯撒复取卫州，侃拒之，破其兵四万于新卫州。遂渡河，袭金主，至归德，败其兵于阙伯台，即从速不台攻汴西门，金元帅崔立降。以功授总把。从天泽屯太康，复以下德安功为千户。

壬子，送兵仗至和林，改抄马那颜。从宗王旭烈兀西征。癸丑，至木乃兮。其国堑道，置毒水中，侃破其兵五万，下一百二十八城，斩其将忽都答而兀朱算滩。算滩，华言王也。

丙辰，至乞都卜。其城在檐寒山上，悬梯上下，守以精兵悍卒，乃筑夹城围之，莫能克。侃架炮攻之，守将卜者纳失儿开门降。旭烈兀遣侃往说兀鲁兀乃算滩来降。其父阿力据西城，侃攻破之，走据东城，复攻破杀之。丁巳正月，至兀里儿城，伏兵，下令闻钲声则

起。敌兵果来，伏发，尽杀之，海牙算滩降。又西至阿剌汀，破其游
兵三万，祸拶答而算滩降。至乞石迷部，忽里算滩降。西戎大国也，
地方八千里，父子相传四十二世，胜兵数千万。侃兵至，破其兵七
万，屠西城。又破其东城，东城殿宇，构构以沉檀木，举火焚之，香闻
百里，得七十二弦琵琶、五尺珊瑚灯檠。两城间有大河，侃预造浮梁
以防其遁。城破，合里法算滩登舟，睹河有浮梁扼之，乃自缚诣军门
降。其将纣答儿遁去，侃追之，至暮，诸军欲顿舍，侃不听，又行十余
里，乃止。夜暴雨，先所欲舍处水深数尺。明日，获纣答儿，斩之，拔
三百余城。

又西行三千里，至大房，其将住石致书请降，左右以住石之请
为信然，易之不为备，侃曰：“欺敌者亡，军机多诈，若中彼计，耻莫
大焉。”乃严备以待。住石果来邀我师，侃与战，大败之，巴儿算滩
降，下其城一百八十五。又西行四十里，至密昔儿。会日暮，已休，
复驱兵起，留数病卒，西行十余里顿军，下令军中，衔枚转箭。敌不
知也，潜兵夜来袭，杀病卒，可乃算滩大惊曰：“东天将军，神人也。”
遂降。

戊午，旭烈兀命侃西渡海，收富浪。侃喻以祸福，兀都算滩曰：
“吾昨所梦神人，乃将军也。”即来降。师还，西南至石罗子，敌人来
拒，侃直出掠阵，一鼓败之，换斯干阿答毕算滩降。至宾铁，侃以奇
兵奄击，大败之，加叶算滩降。己未，破兀林游兵四万，阿必丁算滩
大惧，来降，得城一百二十。西南至乞里弯，忽都马丁算滩来降。西
域平。侃以捷告至钓鱼山，会宪宗崩，乃还邓，开屯田，立保障。

世祖即位，侃上疏陈建国号、筑都城、立省台、兴学校等二十五
事，及平宋之策，其略曰：“宋据东南，以吴越为家，其要地，则荆襄
而已。今日之计，当先取襄阳，既克襄阳，彼扬、庐诸城，弹丸地耳，
置之勿顾，而直趋临安，疾雷不及掩耳，江淮、巴蜀不攻自平。”后皆
如其策。

中统二年，擢江汉大都督府理问官。年二月，益都李璮及徐州
总管李杲哥俱反，宋夏贵复来犯边。史天泽荐侃，召入见，世祖问计

所出,曰:"群盗窃发,犹柙中虎。内无资粮,外无救援,筑城环之,坐待其困,计日可擒也。"帝然之,赐尚衣弓矢。驰至徐,斩呆哥。夏贵焚庐舍,徙军民南去,侃追贵,过宿迁县,夺军民万余人而还。赐金符,为徐、邳二州总管。呆哥之弟驴马,复与夏贵以兵三万来扰边境,侃出战,斩首千余级,夺战舰二百。

至元二年,有言当解史天泽兵权者,天泽遂迁他官,侃亦调同知滕州。三年,侃上言:"宋人羁留我使,宜兴师问罪。淮北可立屯田三百六十所,每屯置牛三百六十具,计一屯所出,足供军旅一日之需。"四年,徙高唐令,兼治夏津、武城等五县。五年,邑人吴乞儿、济南道士胡王反,讨平之。七年,改白马令,僧臧罗汉与彰德赵当驴反,又平之。帝以侃习于军务,擢为万户,从军下襄阳,由阳罗上流渡江。江南平,迁知宁海州,居一年,卒。

侃行军有纪律,野爨露宿,虽风雨不入民舍,所至兴学课农,吏民畏服。子秉仁、秉义。

石天应,字瑞之,兴中永德人。善骑射,豪爽不羁,颇知读书,乡里人多归之。太祖时,太师、国王木华黎南下,天应率众迎谒军门。木华黎即承制授兴中府尹、兵马都提控,俾从南征。天应造战攻之具,临机应变,捷出如神,以功拜龙虎卫上将军、元帅右监军,戍燕。天应旌旗色用黑,人目之曰黑军。屡从木华黎,大小二百余战,常以身先士卒,累功迁右副元帅。

辛巳秋八月,从木华黎征陕右,假道西夏,自东胜济河,南攻葭州拔之。天应因说太师曰:"西戎虽降,实未可信。此州当金、夏之冲,居人健勇,仓库丰实,加以长河为限,脱为敌军所梗,缓急非便,宜命将守之,多造舟楫,以备不虞,此万世计也。"木华黎然之,表授金紫光禄大夫、陕西河东路行台兵马都元帅,以劲兵五千,留守葭芦。遂造舟楫,建浮桥,诸将多言水涨波恶,恐劳费无功,天应下令曰:"有沮吾事者,断其舌!"桥成,诸将悦服。先时,葭守王公佐收合余烬,攻函谷关,将图复故地,及见桥成,遂溃去。于是发兵四出,悉定葭、绥之地。

一日，谒木华黎于汾水东，木华黎谕以进取之策。天应还镇，召将佐谓曰："吾累卿等留屯于此，今闻河东西皆平川广野，可以驻军，规取关陕，诸君以为如何？"或谏曰："河中虽用武之地，南有潼关，西有京兆，皆金军所屯，且民新附，其心未一，守之恐贻噬脐之悔。"天应曰："葭州正通鄜、延，今鄜已平，延不孤立，若发国书，令夏人取之，犹掌中物耳。且国家之急，本在河南，此州路险地僻，转饷甚难，河中虽迫于二镇，实用武立功之地，北接汾、晋，西连同、华，地五千余里，户数十万，若起漕运以通馈饷，则关内可克期而定。关内既定，长河以南，在吾目中矣。吾年垂六十，老耄将至，一旦卧病床第，闻后生辈立功名，死不瞑目矣。男儿要当死战阵以报国，是吾志也！"

秋九月，遂移军河中。既而金军果潜入中条，袭河中。天应知之，先遣骁将吴泽伏兵要路。泽勇而嗜酒，是夕，方醉卧林中，金兵由间道已直抵城下。时兵烬后，守具未完，新附者争缒而去，敌乘隙入。天应见火举，知敌已入，奋身角战，左右从者四十余骑，皆曰："吴泽误我。"或劝西渡河，天应曰："先时人谏我南迁，吾违众而来此，事急弃去，是不武也。纵太师不罪我，何面目以见同列乎！今日惟死而已，汝等勉之。"少顷，敌兵四合，天应饮血力战，至日午，死之。木华黎闻而痛惜焉。

子焕中，知兴中府事；执中，行军千户；受中，兴中府相副官。

初，天应死事时，弟天禹子佐中在军中。伺敌少懈，倒抽其斧，反斫之，突城而出，趋木华黎行营，求得蒙古军数千，回与敌战，败之。木华黎嘉其勇，奏授金符，行元帅；寻诏将官各就本城，授兴中府千户。

子安琬，袭职，佩金符，从征大理，讨李璮，皆有功。十三年，隆兴之分宁叛，行省檄安琬讨之。贼背山而阵，安琬引兵出阵后，贼惊溃，退而距守。安琬挥兵直抵垒门，贼扬言曰："愿少容行伍而战，死且不憾。"安琬从之，贼果出阵，安琬突阵而入，大呼曰："吾止诛贼首，庸卒，非我敌也。”手刃中贼背，生擒之。累功至右卫亲军副都指挥使，进阶怀远大将军，赐金虎符，后授大同等处万户，领江左新附卒万人，屯田红城。大德三年，李万户当戍和宁，亲老且病，安琬请代其行，及还，以病卒。子居谦袭职，后改忠翊侍卫亲军都指挥使。

移剌捏儿，契丹人也。幼有大志，膂力过人，沉毅多谋略。辽亡，金以为参议、留守等官，皆辞不受。闻太祖举兵，私语所亲曰：“为国复仇，此其时也。”率其党百余人诣军门献十策。帝召见，与语奇之，赐名赛因必阇赤。又问：“尔生何地？”对曰：“霸州。”因号为霸州元帅。

乙亥，拜兵马都元帅，佐太师木华黎取北京，下高、利、兴、松、义、锦等二十六城，破五十四寨，平利州贼刘四禄。及锦州贼张致兵势方炽，且盗名号，木华黎命捏儿与大将乌也儿、秃馦儿合兵讨之。致拒战，捏儿出奇兵掩击，斩致。木华黎第功以闻，迁龙虎卫上将军、兵马都提控元帅。继取辽东西广宁、金、复、海、盖等十五城。兴州监州重儿反，复与乌也儿讨平之。帝遣使者诏之曰：“自汝效顺，战功日多，今赐汝金虎符，居则理民，有事则将，其勿替朕意。”

戊寅，从攻东平。辛巳，从攻延安。壬午，从国凤翔，先登，手杀数十人，左臂中流矢，创甚，裹创进攻丹、延。木华黎止之，对曰：“创未至死，敢自爱耶！”木华黎壮之，与所乘白马。明日，介其马，饰以朱缨，简骁卫七百人，与金兵战。木华黎乘高，见其驰突万众中，曰：“此霸州元帅也。”诸军继进，金兵败走，丹、延十余城皆降，迁军民都达鲁花赤、都提控元帅，兼兴胜府尹。

癸未，从帝征河西，取甘、合、辛、蛇等州。师还，复从木华黎攻益都，下莱、胶、淄等三十二城。戊子，得疾归高州，卒，赠推忠宣力保德功臣、太尉、开府仪同三司、上柱国，追封兴国公，谥武毅。子买奴。

买奴，夙从父习战阵，初入见，太祖问曰：“汝年小，能袭父爵乎？”对口：“臣年虽小，国法不小。”帝异其对，顾左右曰：“此儿甚肖乃父。"以为高州等处达鲁花赤,兼征行万户。

庚寅,命攻高丽花凉城,监军张翼、刘霸都殒于敌,买奴怒曰:"两将陷贼,义不独生!"趋出战,破之,诛首将,抚安其民。进攻开州,州将金沙密逆战,擒之,城中人出童男女及金玉器以献,却不受。遂下龙、宣、云、泰等十四城。

癸巳,从诸王按赤台征女直万奴部,有功。未几召还。兴州赵祚反,土豪杨买驴等附之。帝命从亲王察合台帅师讨之,斩贼将董蛮等,围买驴于险树寨,三月不能下。买奴令健卒刘五儿,即寨北小径上大树,以绳潜引百人登寨,直前劫之,买驴投崖死,余党悉平。太宗即位,录功,赐金鞍良马。

乙未,从征高丽,入王京,取其西京而还,赐金锁甲,加镇国上将军、征东大元帅,佩金符。复命出师高丽,将行,以疾卒,年四十。赠推诚效义功臣、荣禄大夫、平章政事,追封兴国公,谥显懿。子元臣。

元臣,别名哈剌哈孙,年十六入宿卫,应对进止有度,世祖谓丞相和鲁火孙曰:"此勋臣子,非凡器也。"以为怯薛必阇赤,袭千户,将其父军。从伐宋,攻淮西,戍清口,取瓜洲,下通、泰,累有功。

至元十二年,从丞相伯颜平宋,进阶武义将军、中卫亲军总管,佩金虎符。十四年,只儿瓦台叛,围应昌府,时皇女鲁国公主在围中。元臣以所部军驰击,只儿瓦台败走,追至鱼儿泺,擒之,公主赐赍甚厚,奏请暂留元臣镇应昌,以安反侧。居一岁,召至京师,迁明威将军、后卫亲军副都指挥使,还镇应昌。又三岁,召还,加昭勇大将军。十九年,帝以所籍入权臣家妇赐之,元臣辞曰:"臣家世清素,不敢自污。"帝嘉叹不已。

二十二年,进昭毅大将军,同金江淮行枢密院事;行院罢,归高州。帝亲征乃颜,元臣率家僮五十人见行在所,愿效前驱。八年,移金湖广行枢密院,时溪洞施、容等州蛮獠作乱,元臣亲入其境,喻以祸福,贼首鲁万丑降。三十年,卒于官。赠安远功臣、龙虎卫上将军、同知枢密院事,追封兴国公,谥忠靖。

子迪,中奉大夫、湖广宣慰使都元帅。

耶律秃花,契丹人。世居桓州,太祖时,率众来归。大军入金境,为向导,获所牧马甚众。后侍太祖,同饮班术河水。从伐金,大破忽察虎军。又从木华黎收山东、河北,有功,拜太傅、总领也可那延,封濮国公,赐虎符、银印,岁给锦币三百六十匹。统万户扎刺儿、刘黑马、史天泽伐金,卒于西河州。

子朱哥嗣,仍统刘黑马等七万户,与都元帅塔海绀卜同征四川,卒于军。子宝童嗣,以疾不任事。朱哥弟买住嗣,而以宝童充随路新军总管。买住言于宪宗曰:"今欲略定西川下流诸城,当先定成都,以为根本,臣请往相其地。"帝从之,遂率诸军往成都,攻嘉定,未下而卒。子忽林带嗣,总诸军,立成都府,卒于军。以兄百家奴嗣。自朱哥至百家奴,并袭太傅、总领也可那延。

秃满答儿者,百家奴之弟,忽林带之兄也,常留中宿卫。后百家奴解兵柄为他官,乃授成都管军万户,代将其军。

至元十一年,从忽敦攻嘉定,修平康寨以守之。十二年,从汪田哥攻九顶山,破之,杀都统一人,嘉定降。从忽敦徇下泸、叙诸城,围重庆,守合江口,又以舟师塞龙门濠,遏其援兵。十三年,泸州叛,从汪田哥攻之。重庆遣兵援泸,邀击破之,获七十人。泸坚守不下,秃满答儿夜率兵,攻夺水城以进,黎明,先登,入泸城,克之,斩其将王世昌、李都统。复从不花围重庆,守将张珏搏战,败之城下,重庆降。赐虎符,授夔路招讨使,迁四川东道宣慰使,仍兼夔路招讨,改同金四川等处行枢密院事,迁四川等处行中书省左丞。尚书省立,改行尚书省左丞,进右丞,卒。

忙古带,宝童之子也。世祖时,赐金符,袭父职,为随路新军总管,统领山西两路新军。从行省也速带儿征蜀及思、播、建都诸蛮夷,有功,升万户。从攻罗必甸,至云南,诏以其众入缅,迎云南王。
金齿、白衣、答奔诸蛮,往往伏险要为备,忙古带奋击破之,凡十余
战,至缅境,开金齿道,奉王以还,迁副都元帅。从诸王阿台征交趾,
至白鹤江,与交趾伪昭文王战,夺其战舰八十七艘。又从云南王攻
罗必甸,破之。二十九年,入觐。

　　成宗即位,授乌撒乌蒙等处宣慰使,兼管军万户,迁大理金齿
等处宣慰使都元帅。六年,乌撒、罗罗斯叛,云南行省命率师讨平
之。事闻,赐钞三千贯、银五十两、金鞍辔及弓矢,以旌其功。九年,
讨普安罗雄州叛贼阿填,擒杀之。进骠骑卫上将军,遥授云南诸路
行中书省左丞,行大理金齿等处宣慰使都元帅,卒于军。至大四年,
赠龙虎卫上将军、平章政事,仍追封濮国公,谥威愍。子火你赤,袭
万户。

　　王珣,字君宝,本姓耶律氏,世为辽大族。金正隆末,契丹窝斡
叛,祖成,从母氏避难辽西,更姓王氏,遂为义州开义人。父伯俊。伯
父伯亨无子,以珣为后。

　　珣武力绝人,善骑射,尤长于击鞠。年三十余,遇道士,谓珣曰:
"君之相甚奇,它日因一青马而贵。"珣未之信。居岁余,有客以青马
来鬻,珣私喜曰:"道士之言或验乎?"乃倍价买之,后乘以战,其进
退周旋,无不如意。又尝行凌水滨,得一古刀,其背铭曰:"举无不
克,动必成功。"常佩之,每有警,必先鸣,故所向皆捷。

　　初,河朔兵动,豪强各拥众据地,珣慨然曰:"世故如此,大丈夫
当自振拔,否则为人所制。"乃召诸乡人,谕以保亲族之计,众从之,
推珣为长,旬月之间,招集遗民至十余万。岁乙亥,太师木华黎略地
奚霫,珣率吏民出迎,承制以珣为元帅,兼领义、川二州事。

　　丙子春,张致僭号锦州,阴结开义杨伯杰等来掠义州,珣出战,
伯杰引去。会致兄子以千骑来冲,珣选十八骑突其前,复令左右掎
角之,一卒以枪刺珣,珣挥刀杀之,其众溃走,获其马几尽。时兴中
亦叛,木华黎围之,召珣以全军来会,致窥觇其虚,夜袭之,家人皆

遇害。及兴中平，珣无所归，木华黎留之兴中，遣其子荣祖驰奏其事，帝谕之曰："汝父子宣力我家，不意为张致所袭。归语汝父，善抚其军，自今以往，当忍耻蓄锐，俟逆党平，彼之族属、城邑、人民，一以付汝，吾不吝也。仍免徭赋五年，使汝父子世为大官。"珣以木华黎兵复开义，擒伯杰等，杀之。进攻锦州，致部将高益，缚致妻子及其党千余人以献，木华黎悉以付珣，珣但诛致家，其余皆释之，始还义州。

丁丑，入朝，帝嘉其功，赐金虎符，加金紫光禄大夫、兵马都元帅，镇辽东便宜行事，兼义、川等州节度使。珣貌黑，人呼为哈刺元帅，哈刺，中国言黑也。从木华黎兵略山东，至满城，令还镇，戒之曰："彼新附之民，恃山海之险，反覆不常，非尽坑之，终必为变。"对曰："国朝经略中夏，宜以恩信结人，若降者则杀，后宁复有至者乎！"遂还，以子荣祖代领其众。甲申春正月卒，年四十八。

珣为政简易，赏罚明信，诛强抚弱，豪发无徇。子四人，荣祖袭。

荣祖字敬先，珣长子也。性沉厚，语音如钟，勇力绝人。珣初附于木华黎，以荣祖为质，稍见任用。珣卒，袭荣禄大夫、崇义军节度使、义州管内观察使。从嗣国王孛鲁入朝，帝闻其勇，选力士三人迭与之搏，皆应手而倒。欲留置宿卫，会金平章政事葛不哥行省于辽东，咸平路宣抚使蒲鲜万奴僭号于开元，遂命荣祖还，副撒里台进讨之。拔盖州、宣城等十余城，葛不哥走死。金帅郭琛、完颜曳鲁马、赵遵、李高奴等犹据石城，复攻拔之，曳鲁马战死，遵与高奴出降。虏生口千余，撒里台欲散于麾下，荣祖屡请，皆放为民。方城未下时，荣祖遣部卒贾实穴其城，城崩被压，众谓已死，弗顾也。荣祖曰："士忘身死国，安忍弃去"，发石取之，犹生，一军感激，乐为效死。有言义人怀反侧者，撒里台将屠之，荣祖驰驿奏辨，事乃止。

己丑，授北京等路征行万户，换金虎符。伐高丽，围其王京，高丽王力屈，遣其兄淮安公奉表纳贡。进讨万奴，擒之。赵祁以兴州叛，从诸王按只台平之。祁党犹剽掠景、蓟间，复从大将唐兀台讨之,将行,荣祖曰:"承诏讨逆人耳,岂可戮及无辜,宜惟抗我者诛。"大将然之,由是免死者众。再从征高丽,破十余城,高丽遣子綧入质。帝赐锦衣,旌其功。又从诸王也忽略地三韩,降天龙诸堡,皆禁暴掠,民悦服之。破五里山城,请于主将,全其民,遂下瓮子城、竹林寨、苦苫数岛。帝嘉其功,赐以金币,官其子兴千户,仍赏其部曲。移镇高丽平壤,帝遣使谕之曰:"彼小国负险自守,釜中之鱼,非久自死,缓急可否,卿当熟思。"荣祖乃募民屯戍,辟地千里,尽得诸岛屿城垒,高丽遣其世子倎出降,遂以倎入朝。

中统元年夏,诏荣祖诣阙,帝抚慰之曰:"卿父子勤劳于国,诚节如一。"进沿边招讨使,兼北京等路征行万户,赐宝鞍、弓矢。还镇,以病卒,年六十五。

子十三人,显者六人:通,兴中府尹;泰,权知义、锦、川等州总管;兴,征东千户;遇,襄阳路管军万户;达,东京五处征行万户;廷,镇国上将军、中卫亲军都指挥使;璲,江西湖东道提刑按察使。

元史卷一五〇
列传第三七

石抹也先　何伯祥 玮
李守贤　耶律阿海　何实
郝和尚拔都　赵瑨 秉温
石抹明安　张荣　刘亨安

石抹也先者,辽人也。

其先,尝从萧后举族入突厥,及后还而族留。至辽为述律氏,号称后族。辽亡,改述律氏为石抹氏。其祖库烈儿,誓不食金禄,率部落远徙。年九十,夜得疾,命家人候日出则以报,及旦,沐浴拜日而卒。父脱罗毕察儿,亦不仕。有子五人,也先其仲子也。

年十岁,从其父问宗国之所以亡,即大愤曰:"儿能复之。"及长,勇力过人,善骑射,多智略,豪服诸部。金人闻其名,微为奚部长,即让其兄赡德纳曰:"兄姑受之,为保宗计。"遂深自藏匿,居北野山,射狐鼠而食。闻太祖起朔方,匹马来归。首言:"东京为金开基之地,荡其根本,中原可传檄而定也。"太祖悦,命从太师、国王木华黎取东京。

师过临潢,次高州,木华黎令也先率千骑为先锋,也先曰:"兵贵奇胜,何以多为?"谍知金人新易东京留守将至,也先独与数骑,邀而杀之,怀其所受诰命,至东京,谓守门者曰:"我新留守也。"入据府中,问吏列兵于城何谓,吏以边备对,也先曰:"吾自朝廷来,中外晏然,奈何欲陈兵以动摇人心乎!"即命撤守备,曰:"寇至在我,无劳尔辈。"是夜,下令易置其将佐部伍。三日,木华黎至,入东京,不费一矢,得地数千里、户十万八千、兵十万、资粮器械山积,降守臣寅答虎等四十七人,定城邑三十二。金人丧其根本之地,始议迁河南。

岁乙亥,移师围北京,城久不下,及城破,将屠之。也先曰:"王师拯人水火,彼既降而复屠之,则未下者,人将死守,天下何时定乎!"因以上闻,赦之。授御史大夫、领北京达鲁花赤。时石天应与豪酋数十据兴中府,也先分兵降之,奏以为兴中尹。又命也先副脱忽阑阇里必,监张鲸等军,征燕南未下州郡。至平州,鲸称疾不进,也先执鲸送行在所,帝责之曰:"朕何负汝?"鲸对曰:"臣实病,非敢叛。"帝曰:"今呼汝弟致为质,当活汝。"鲸诺而宵遁,也先追戮之,致已杀使者应其兄矣。致既伏诛,也先籍其私养敢死之士万二千人号黑军者,上于朝。赐虎符,进上将军,以御史大夫提控诸路元帅府事,举辽水之西、滦水之东,悉以付之。

后从国王木华黎攻蓥州北城,先登,中石死,时年四十一。子四人:曰查剌,曰咸锡,曰博罗,曰侃。

查剌,亦善射,袭御史大夫,领黑军。戊寅,从木华黎攻平阳、太原、隰、吉、岢岚、关西诸郡,下之。遂攻益都,久不下,及降,众欲屠其城,查剌曰:"杀降不祥,且得空城,将安用之。"由是遂免。己卯,诏以黑军分屯真定、固安、太原、平阳、隰、吉、岢岚诸郡。及南征,尽以黑军为前列,败金将白撒、官奴于河。渡河再战,尽杀之,长驱破汴京,入自仁和门,收图籍而还。帝悉以诸军俘获赐黑军。

癸巳,从国王塔思,征金帅宣抚万奴于辽东之南京,先登,众军乘之而进,遂克之,王解锦衣以赐。辛丑,太宗嘉其功,授真定、北京两路达鲁花赤。癸卯,卒于柳城,年四十四。

子库禄满,袭职。中统三年,从征李璮,中流矢卒。子良辅,袭黑军总管,至元十七年,以功累升昭毅大将军、沿海副都元帅。二十一年,改沿海上副万户。大德十一年,告老。子继祖,袭万户。

咸锡之子度剌,攻樊城,战死。

赡德纳后亦弃金官来归,为别失八里达鲁花赤,卒,其孙亦剌马丹,仕至辽阳省左丞。亦剌马丹子仓赤,为湖广行省平章政事。

何伯祥,易州易县人。幼从军于金,从张柔来归。太祖定河朔,惟保定王子昌、信安张进坚守不下。子昌,金骁将也,柔命伯祥取之。兵逼其城,子昌出走,追及之,伯祥执枪驰马,子昌反射之,中手而贯枪,伯祥拔矢弃枪,策马直前,徒手搏之,擒子昌。进闻之,亦遁去。伯祥遂攻西山诸寨,悉平之。后攻汴梁,拔洛阳,围归德,破蔡州,论功居多,授易州等处军民总管。

丁酉,从主帅察罕伐宋,伯祥拔三十余栅,获战舰千余艘,又破芭蕉、望乡、大洪、张家等寨,俘获甚众,器械山积。察罕以其功闻,赐锦衣、金甲。

壬子,诸军入宋境,察罕自他道遽还,诸军仓皇失措,伯祥曰:“此必为敌所遏,不若出其不意,而遂深入其地,彼不我测,乃可出也。”遂率兵突战,直抵司空寨,疏布营垒,陵高伐木,为攻取势。既夜,命为五营,营火十炬,伏精锐于营侧险要之地,天将明,令士卒速行,而鸣鼓其后。宋兵果来追,伏发,惊骇溃去,追击,大破之,转战百余里,他军不能归者,皆赖以出。帝闻之,赐金二百两。

世祖南伐,伯祥参预军事,多所献纳,卒于军。赠仪同三司、太保、上柱国,追封易国公,谥武昌。子玮。

玮始袭父职,知易州。兄行军千户卒,玮复袭之,镇亳州。从围襄樊,宋将夏贵率舟师来救,玮时建营于城东北,当其冲。贵兵纵火焚北关,遂进逼玮,万户脱因不花等呼玮入城,玮曰:“建功立业,此其时也,何避焉!”乃率其众,誓以死战,开营门,以身先之,贵败走。

至元十一年,丞相伯颜受命伐宋,辟玮为帐前都镇抚。师次阳罗堡,夏贵率战舰列江上下,玮从元帅阿术,率众先渡,诸军继之,贵复败走。宋丞相贾似道,率舟师拒于丁家洲,玮将勇敢士出战,夺舟千余艘,似道遁去。授武德将军、管军总管,佩金虎符。宋既平,进怀远大将军、太平路军民达鲁花赤,俄升昭勇大将军、行户部尚书、两淮都转运使。

至元十八年,擢参议中书省事。二十年,擢为江浙按察使。二十二年,改大名路总管。二十八年,迁湖南宣慰使。三十一年,拜中书参知政事,时宰执凡十一人,玮曰:“古者一相,专任贤也,今宰执员多,政出多门,转相疑忌,请损之。”不从,遂乞代。

大德四年,授侍御史,以母病辞。七年,授御史中丞,陈当世要务十条,成宗嘉纳之。京师孔子庙成,玮言:“唐、虞、三代,国都、闾巷莫不有学,今孔庙既成,宜建国学于其侧。”从之。赛典赤、八都高等还自贬所,复相位,玮言:“奸党不可复用,宜选正人以居庙堂。”帝深然之。监察御史郭章,劾郎中哈剌哈孙受赃,具服,而哈剌哈孙密结权要,以枉问诬章。玮率台臣入奏,辨论剀切,章遂得释。

九年冬,将有事于南郊,议配享,玮曰:“严父配天,万世不易。”不果行。成宗崩,丞相阿忽台奉皇后旨,集廷臣议祔庙及摄政事,玮难之,阿忽台变色曰:“中丞谓不可行,独不畏死耶?”众皆危惧,玮从容曰:“死畏不义耳,苟死于义,夫复何畏!”未几,以疾去位。

武宗即位于上都,授太子副詹事,遣使促使就职,复遥授平章政事,商议中书省事。武宗至自上都,临朝,问曰:“孰为何中丞?”玮出拜,帝曰:“朕知卿能以忠直为国,朕有不逮,卿当勉辅。”

至大元年,迁太子詹事,兼卫率使。俄拜中书左丞,仍平章政事,商议中书省事。未几,擢河南行省平章政事,佩金虎符,提调屯田事,帝召至榻前,面谕曰:“汴省事重,屯田久废,卿当为国竭力。”赐黑貂裘一、锦衣二袭。玮至汴,建诸葛亮祠,立书院,以地三千亩赡之。三年,改河南行尚书省平章政事,卒。赠太傅、开府仪同三司、上柱国,追封梁国公,谥文正。

李守贤,字才叔,大宁义州人也。

　　祖小字放军,尝从金将攻宋淮南,飞石伤髀,录功,赏生口七十。主将分命将校杀所掠俘,苟有失亡者,罪死,放军当杀五百人,皆纵之去。

　　金大安初,守贤暨兄庭植,弟守正、守忠,从兄伯通、伯温,归款于太师、国王木华黎,入朝太祖于行在所,即命庭植为龙虎卫上将军、右副元帅、崇义军节度使,守贤授锦州临海军节度观察使,弟守忠为都元帅,守河东。朝廷以全晋为要害之地,人心危疑未定,非守贤镇抚之不可,乃自锦州迁河东南路兵马都总管。既至,河东人皆曰:"吾等可恃以生矣。"

　　岁戊子,朝于和林,加金紫光禄大夫,知平阳府事,兼本路兵马都总管。庚寅,太宗南伐,道平阳,见田野不治,以问守贤,对曰:"民贫窭,乏耕具致然。"诏给牛万头,仍徙关中生口垦地河东。辛卯,平阳当移粟万石输云中,守贤奏以"百姓疲敝,不任挽载,"帝嘉纳之。时河中未下,守贤建言,以为将士逗留沮挠,多所伤溺,臣请自北面凿城先登,如其言,城果下,遂构浮桥。明年,蒲津南济潼关。二月,大破赵雄兵于芮城。

　　时方会师围汴,留守贤屯嵩、汝。金兵十余万,保少室山太平寨,守贤以三千人介其中,度其帅完颜延寿无守御之才,癸巳正月望夕,延寿击球为嬉,守贤潜遣轻捷者数十人,缘崖蚁附以登,杀其守卒,遂大纵兵入,破之,下令禁无抄掠,悉收余众以归。不两旬,连天、交牙、兰若、香炉诸寨,皆望风俱下,守贤未尝妄杀一人。及攻河南,其渠魁强元帅者,以其众出奔,守贤追及,降之。秦蓝帅王祐聚众数万,据虢之南山,守贤使人责祐,祐素惮守贤威略,即以所部来附,关东、洛西遂定。甲午冬十月卒,年四十六。

　　子毅嗣。岁丁酉,从太师塔海绀布征蜀汉,有功。明年,攻碉门。又明年,下万州。会战于瞿塘,获战舰千余艘。辛丑,朝行在所,授河东道行军万户,兼总管。己巳,进兵攻成都,由广元出葭萌,度木瓜坡。蜀之余孽团聚为梗,闻毅至,潜为伏以待,毅谍知之,令众衔枚疾进,出其不意,贼兵败走,长驱至成都,破之。壬子,袭嘉定。

　　戊午秋,宪宗南伐。已未,入梁州,师次江上,造舟为梁,以通援兵,且断宋人往来之路。会江涨,梁中绝,宋将率舟师万艘逆战,毅以一旅先犯之,诸军继进,遂破之。明日,帝召谓诸将曰:"汝辈平日自负骜勇,及临敌,不能为朕立尺寸功。独李毅身犯矢石,摧锋陷阵,视敌篾如,言勇者,如毅乃可耳。"赐白金二百五十两。中统三年,改河东路总管,佩金虎符,移京兆路,加昭勇大将军,未几,转洺磁路。至元七年正月卒,年四十九。子十一人。伯温,见《忠义传》。

　　耶律阿海,辽之故族也。金桓州尹撒八儿之孙,尚书奏事官脱迭儿之子也。阿海天资雄毅,勇略过人,尤善骑射,通诸国语。

　　金季,选使王可汗,见太祖姿貌异常,因进言:"金国不治戎备,俗日侈肆,亡可立待。"帝喜曰:"汝肯臣我,以何为信?"阿海对曰:"愿以子弟为质。"明年,复出使,与弟秃花俱往,慰劳加厚,遂以秃花为质,直宿卫。阿海得参预机谋,出入战阵,常在左右。

　　岁壬戌,王可汗叛盟,谋袭太祖。太祖与宗亲大臣同休戚者,饮辨屯河水为盟,阿海兄弟皆预焉。既败王可汗,金人讶其久不还,拘家属于瀛。阿海殊不介意,攻战愈厉,帝闻之,妻以贵臣之女,给户,俾食其赋。癸亥冬,进攻西夏诸国,累有功。

　　丙寅,帝建龙旗,即大位,敕左帅阇别略地汉南,阿海为先锋。辛未,破乌沙堡,鏖战宣平,大捷浍河,遂出居庸,耀兵燕北。癸酉,拔宣德、德兴,乘胜次北口,阇别攻下紫荆关。阿海奏曰:"好生乃圣人之大德也。兴创之始,愿止杀掠,以应天心。"帝嘉纳焉。遂分兵略燕南、山东诸郡,还驻燕之近郊。金主惧,请和,谕其使曰:"阿海妻子,何故拘系弗遣?"即送来归。师还,出塞。

　　甲戌,金人走汴,阿海以功拜太师,行中书省事;封秃花为太傅、濮国公,每宴享,必赐坐。命秃花从木华黎取中原。阿海从帝攻西域,俘其酋长只阑秃,下蒲华、寻斯干等城,留监寻斯干,专任抚绥之责。未几,以疾薨于位,年七十三。至元十年,追封忠武公。

子三人：长忙古台，次绵思哥，次捏儿哥。

忙古台在太祖时，为御史大夫，佩虎符，监战左副元帅官、金紫光禄大夫，管领契丹汉军，守中都，招安水泊等处，卒，无子。

捏儿哥在太祖时，佩虎符，为右丞，行省辽东。万奴叛，举家遇害。

绵思哥，袭太师，监寻斯干城，久之，请还内郡，守中都路也可达鲁花赤，佩虎符，卒。

子二人：买哥，通诸国语，太祖时为奉御，赐只孙服，袭其父中都之职。时供亿浩繁，屡贷于民，买哥悉以私帑偿之，事闻，赐银万两。戊午，从攻蜀，师次钓鱼山，卒于军。妻移剌氏，以哀毁卒，特赠贞静。

子七人：老哥，历提刑按察使，入为中书左丞。

驴马，备宿卫，为必阇赤，仕至右卫亲军都指挥使。至元二十四年，世祖宴于柳林，命驴马居其父位次，赐只孙服。二十五年，戍哈丹秃，有战功，以老乞骸骨。

子六人：五台奴，袭职；拔都儿，中书右丞；文谦，兴国路总管；卜花，早卒；蒙古不花，荆湖北道宣慰使；虎都不花，一名文炳，湖州同知；万奴，为人匠副总管。

何实，字诚卿，其先北京人。曾祖抟霄，雄于赀，好施与，乡里以善人称。祖鼎敬。父道忠，仕金，为北京留守。

实少孤，依叔父居，气节不凡，家人常入卧内，见一青蛇蜿蜒衣被中，骇而视之，乃实也。及长，通诸国译语，骁勇善骑射，倜傥不羁，远近之民，慕其雄略，咸归心焉。

岁乙亥，中原盗起。锦州张鲸，自立为临海郡王，遣使纳款于太祖，寻以叛伏诛。鲸弟致，初以叛谋于实，实厉声叱曰：“天之历数在朔方，汝等恣为不轨，徒自毙耳。”乃籍户口一万，募兵三千，丙子春，来归。大将木华黎与论兵事，奇变百出，拊髀欣跃，大加称赏，遂引见太祖，献军民之数。帝大悦，赐鞶剑一，命从木华黎选充前锋。

时张致复据锦州，实与贼遇于神水县，挺身陷阵，殊死战，杀三百余人，获战马兵械甚众，木华黎奏赐鞍马弓矢以励之。以功，为帐前军马都弹压。诏封木华黎太师、国王，东下齐数郡。使实帅师四千，取燕南、齐西之地，首击邢州，徇赵郡，取魏邺，下博关，袭曹、濮、恩、德、泰安、济宁，势如破竹。薄潍州，与木华黎会。迁兵马都镇抚，从取大同、雁门、石、隰等州，悉平之。引兵掠太原、平阳、河中、京兆诸城，所向款附。木华黎录其功，表实为元帅左监军。

癸未，木华黎卒，子孛鲁嗣。武仙复叛，据邢。实帅师五千围之，立云梯，先士卒登堞，横槊突之，城破，武仙走，逐北四十里，大破之，斩首二百余级。是夜，仙党遁去。实下令，敢有擅剽掠者斩，军中肃然，士民按堵。孛鲁命戍于邢，多著善政，邢民敬之如神明。甲申，孛鲁征西夏，以实分兵攻汴、陈、蔡、唐、邓、许、钧、睢、郑、亳、颍，所至有功，计枭首一千五百余级，俘工匠七百余人。孛鲁复命驻兵邢州，分织匠五百户，置局课织。

丁亥，赐金虎符，便宜行元帅府事。邢因武仙之乱，岁屡饥，请移匠局于博，孛鲁从之。悯其劳瘁，使勿出征，更檄东平严实，与之分治军民事。博值兵火后，物货不通，实以丝数印置会子，权行一方，民获贸迁之利。庚寅，有旨收诸将金符。乙未，孛鲁以实子仲泽为质子。

丁酉，太宗数召入见，实贡金币纹绮三筐。次陵州，遇寇，实与左右射之，毙二十余人，生获十余人。朝于幄殿，帝欢甚，问遇盗之故，命所获寇勿杀，仍以赐实。是日，赐坐，与论军中故事，良久，曰：“思卿效力有年，朕欲授以征行元帅，后当重任。”实叩头谢曰：“小臣被坚执锐，从事锋镝二十余年，身被十余枪，右臂不能举，已为废人矣。臣不敢辱命。愿辞监军之职，幸得元佩金符，督治工匠，岁献织币，优游以终其身，于臣足矣。”帝默然不悦，令射以观其强弱，实不能射。命入宿卫，密使人觇之，实臂果不能举。固辞十余，始可其奏。遂锡宴，取金符亲赐之，授以汉字宣命，充御用局人匠达鲁花赤，子孙世其爵。更赐白貂帽、减铁系腰、貂衣一袭、弓一、矢百，遣归。丁巳，卒于博。

子九人，孙十七人。子崇礼，授应奉翰林文字、从仕郎、同知制诰兼国史院编修官。

郝和尚拔都，太原人，以小字行。幼为蒙古兵所掠，在郡王迄忒麾下，长通译语，善骑射。太祖遣使宋，往返数四，以辩称。

岁戊子，以为九原府主帅，佩金符。庚寅，率兵南伐，略地潼、陕，有功，辛卯，授行军千户。乙未，从皇子南伐，至襄阳，宋兵四十万逆战汉水上。领先锋数百人，直前冲其阵，宋兵大溃。丙申，从都元帅塔海征蜀，下兴元，宋将王连以重兵守剑阁。乃募敢死士十二人，乘夜破关，入蜀，诸城悉下。明年，取夔府，抵大江，宋兵三十万军于南岸。郝和尚拔都选饶勇九人，乘轻舸先登，横驰阵中，既出复入，宋兵不能支，由是以善战名。

庚子岁，太祖于行在所命解衣数其疮痕二十一，嘉其劳，进拜宣德、西京、太原、平阳、延安五路万户，易佩金虎符，以兵二万属之，复赐马六骑、金锦弓铠有差。甲辰，朝定宗于宿瓮都之行宫，赐银万铤，辞以"赏过厚，臣不应独受，臣得效微劳，皆将校协力之功"，遂奏将校刘天禄等十一人，皆赐之金银符。

戊申，奉诏还治太原，请凡远道租税监课过重者，悉蠲除之。岁饥，出白金六十铤、粟千石、羊数千，以助国用。己酉，升万户府为河东北路行省，得以便宜从事，凡四年。壬子三月，卒。追赠太保、仪同三司，翼国公，谥忠定。

子十二人：长天益，佩金符，太原路军民万户都总管；次仲威，袭五路万户；扎剌不花，镇蛮都元帅、军民宣慰使；天举，大都路总管，兼府尹；天祐，陕西奥鲁万户；天泽，夔州路总管；天麟，京兆等路诸军奥鲁万户；天挺，河南江北行中书省平章政事。

赵瑨，云中蔚州人。父昆，仕金为帅府评事。兄珪，以万户守飞狐城。岁庚午，昆卒，珪辇其母如蠡州，留瑨于飞狐。

珣自幼不羁，闲习武事。癸酉，太祖南伐，先锋至飞狐，城中不知所为。珣诣县曰："大兵压境，不降何待！"众从之。丁丑，太祖、国王木华黎驻兵桓州，署为百户，从攻蓝州。金兵闭城拒守，国王裨将石抹也先战死，王怒，将屠其城，珣泣曰："母与兄在城中，乞以一身赎一城之命。"哀恳甚至，国王义而许之。从攻相州，抵其门，死士突出，珣直前击之，流矢中鼻侧，镞出脑后，拔矢再战，七日破其城。论功，授冀州行军都帅，佩金虎符。珣让其兄珪，朝廷从之，改授珣军民总管，稍迁易州达鲁花赤，佩金符。太宗下河南，珣自易州驰驿输矢二十余万至行在，帝大喜，命权中都省事。癸巳，赵扬据兴州叛，珣进军平之，迁中山、真定二路达鲁花赤。

中统元年，诏立十道宣慰司，以珣为顺天宣慰使。至元元年，转淄莱路总管。六年，改太原路总管。十二年，升燕南道提刑按察使。十四年，迁河南道。十六年，致仕。明年卒，年八十。皇庆元年，赠仪同三司、太保、上柱国，追封定国公，谥襄穆。子秉温。

秉温，事世祖潜邸，命受学于太保刘秉忠，从征吐蕃、云南大理。中统初，诏行右三部事。至元七年，创习朝仪，阅试称旨，授尚书礼部侍郎、知侍仪司事。明年，授秘书少监，购求天下秘书。十九年，迁昭文馆大学士、知太史院侍仪司事。《授时历》成，赐钞二百锭，进阶中奉大夫。二十九年，编《国朝集礼》，特命其子慧袭侍仪使。皇庆元年，赠金紫光禄大夫、司徒、云国公，谥文昭。子慧，后仕至昭文馆大学士。

石抹明安，桓州人。性宽厚，不拘小节。为童子时，尝骑杖为马，令群儿前导，行列整肃，无敢喧哗者。父老见而异之，曰："是儿体貌不凡，进退有度，他日必贵。"既长，叹曰："士生于世，当立功名、书竹帛，以传无穷，宁肯碌碌无闻，与草木同腐邪！"

岁壬申，太祖率师攻破金之抚州，将遂南向，金主命招讨纥石烈九斤来援，时明安在其麾下，九斤谓之曰："汝尝使北方，素识蒙古国主,其往临阵,问以举兵之由,不然即诟之。"明安初如所教,俄策马来降,帝命缚以俟战毕问之。既败金兵,召明安诘之曰:"尔何以罾我而后降也?"对曰:"臣素有归志,向为九斤所使,恐其见疑,故如所言。不尔,何由瞻奉天颜?"帝善其言,释之,命领蒙古军,抚定云中东西两路。

既而帝欲休兵于北,明安谏曰:"金有天下一十七路,今我所得,惟云中东西两路而已,若置不问,待彼成谋,并力而来,则难敌矣。且山前民庶,久不知兵,今以重兵临之,传檄可定,兵贵神速,岂宜犹豫!"帝从之。即命明安引兵南进,所至,民皆具箪食壶浆以迎,尽有河北诸郡而还。帝复命明安及三合拔都,将兵由古北口徇景、蓟、檀、顺诸州。诸将议欲屠之,明安奏曰:"此辈当死,今若生之,则彼之未附者,皆闻风而自至矣。"帝从之。

乙亥春正月,取通州,金右副元帅蒲察七斤,以其众降。明安命复其职,置之麾下,遂驻军于京南建春宫。金御史中丞李英、元帅左都监乌古论庆寿,领兵护军食以援中都。帝遣右副元帅神撤,将四百骑迎战,明安将五百骑继之,遇于永清,将战,命士卒佯败。金兵来追,回击,大破之,死及溺水者甚众,获李英及所佩虎符,得粮千余车。遂招谕永清,不降,拔而屠之。未几,金将完颜合住、监军阿兴松哥,复以步兵万二千人、粮车五百两援中都。明安复将三千骑往击之,遇于涿州宣封寨,获松哥,合住遁去,尽得其辎重,还屯建春宫。四月,攻万宁宫,克之;取富昌、丰宜二关,攻拔固安县。

初,顺州之破,兵士缚密云主簿完颜寿孙以献,明安释而用之,不久,逸去复来,问其故,对曰:"有老父在城中,恐不能存,谋归,欲得侍养,今已殁,故复来。"明安义而释之。五月,明安将攻中都,金相完颜复兴饮药死。辛酉,城中官属父老缟素,开门请降,明安谕之曰:"负固不服,以至此极,非汝等罪,守者之责也。"悉令安业,仍以粟赈之,众皆感悦。

明安早从军旅,料敌制胜,算无遗策,虽祁寒盛暑,未尝不与士卒均劳逸,同甘苦。其得金府库珠玉锦绮,明安悉具其数上进,未尝以纤毫为已有。中都既下，加太傅、邵国公，兼管蒙古汉军兵马都元帅。丙子，以疾卒于燕城，年五十三。

子二人：长咸得不，袭职为燕京行省。次忽笃华，太宗时，为金紫光禄大夫、燕京等处行尚书省事，兼蒙古汉军兵马都元帅。

张荣，字世辉，济南历城人，状貌奇伟。尝从军，为流矢贯眦，拔之不出，令人以足抵其额而拔之，神色自若。金季，山东群盗蜂起，荣率乡民据济南黉堂岭，众稍盛，遂略章丘、邹平、济阳、长山、辛市、蒲台、新城及淄州之地而有之，兵至，则清野入山。

岁丙戌，东平、顺天皆内属，荣遂举其兵与地，纳款于按亦台那衍，引见太祖，问以孤军数载，独抗王师之故，对曰："山东地广人稠，悉为帝有。臣若但有倚恃，亦不款服。"太祖壮之，抚其背曰："真赛因八都儿也。"授金紫光禄大夫、山东行尚书省，兼兵马都元帅，知济南府事。时贸易用银，民争发墓劫取，荣下令禁绝。

庚寅，朝廷集诸侯议取汴，荣请先六军以清跸道，帝嘉之，赐衣三袭，诏位诸侯上。辛卯，军至河上，荣率死士宵济，守者溃。诘旦，敌兵整阵至，荣驰之，望风披靡，夺战船五十艘，麾抵北岸，济师，众军继进，乘胜破张、盘二山寨，俘获万余，大将阿术鲁恐生变，欲尽杀之，荣力争而止。癸巳，汴梁下，从阿术鲁为先锋，攻睢阳，议欲杀俘虏，烹其油以灌城，又力止之。既而城下，荣单骑入城抚其民。甲午，攻沛，沛拒守稍严，其将唆蛾夜来捣营，荣觉之，唆蛾返走，率壮士追杀之，乘胜急攻，城破。就攻徐州，守将国用安引兵突出，荣逆击之，亦破其城，用安赴水死。乙未，拔邳州。丙申，从诸王阔端破宋枣阳、仇城等三县。

时河南民北徙至济南，荣下令民间，分屋与地居之，俾得树畜，且课其殿最，旷野辟为乐土。是岁，中书考绩，为天下第一。李璮据益都，私馈以马蹄金，荣曰："身既许国，何可擅交邻境！"却之。年六十一，乞致仕，后十九年，世祖即位，封济南公，致仕卒，年八十三。

子七人：长邦杰，袭爵，先卒；邦直，行军万户；邦彦，权济南行省;邦允,知淄州;邦孚,大都督府郎中;邦昌,奥鲁总管;邦宪,淮安路总管。孙四十人,宏,袭邦杰爵,改真定路总管。

刘亨安,其先范阳人,后迁辽东川州。

初,国王木华黎经略辽东,兄世英率宗族乡人隶麾下,分兵收燕、赵、云、朔、河东,以功充行军副总管。庚辰,平阳诸郡被兵之余,民物空竭,世英言于王曰:"自古建国,以民为本,今河东杀掠殆尽,异日我师复来,孰给转输? 收存恤亡,此其时也。"王善之。以绛州边地,难其人,奏授世英绛州节度使,兼行帅府事。卒于师,无子,国王孛鲁命其族兄德仁袭职。丙戌岁,金将移剌副枢攻绛州,城陷,死之。

木华黎承制命亨安领其众,奏赐金虎符,授镇国上将军、绛州节度使,行元帅府事,兼观察使。庚寅冬,从王师渡河入关。辛卯春,克凤翔,历秦、陇,屯渭阳。秋,出阶城,沿汉抵邓。壬辰,会大军于钧州,败金人于三峰山。甲午,平蔡。

既而宋兵二十万攻汴,将趋洛,都元帅塔察儿俾亨安往拒之,与宋军遇龙门北,遂横槊跃马,奋突而前,众因乘之,宋师奔溃,追击百余里,塔察儿拊其背曰:"真骁将也。"延坐诸将之右,劳赐甚厚。

丙申,都元帅塔海征巴蜀,攻散关,破剑门,出奇制胜,战功居多。进围成都,亨安为先锋,大破之于城西,生擒宋将陈侍郎。有乔长官与亨安争功,未几,攻城,乔为炮所伤,亨安负之以出,乔感愧。亨安从军十年,累著勋伐,所获金帛,悉推与将佐,故士卒咸乐为用。癸卯冬十二月卒。子贞,嗣职。孙三人:弘,强,彊。

元史卷一五一
列传第三八

薛塔剌海　　高闹儿　　王义

王玉 忱 **　赵迪　　邸顺** 琮

王善 庆端 **　杜丰　　石抹孛迭儿**

贾塔剌浑　　奥敦世英　　田雄

张拔都　　张荣　　赵天锡 贾亨

　　薛塔剌海,燕人也,刚勇有志。岁甲戌,太祖引兵至北口,塔剌海帅所部三百余人来归,帝命佩金符,为炮水手元帅,屡有功,进金紫光禄大夫,佩虎符,为炮水手军民诸色人匠都元帅,便宜行事。从征回回、河西、钦察、畏吾儿、康里、乃蛮、阿鲁虎、忽缠、帖里麻、赛兰诸国,俱以炮立功。太宗三年,睿宗引兵自洛阳渡河,塔剌海由陇右假道金、商,遂会师于均州三峰山,败金师。

　　四年,破南京及唐、邓、均、许诸州,取鄢陵、扶沟。四月卒。

　　子夺失剌,袭为都元帅,南攻江淮,有功。岁庚戌,卒。

　　弟军胜袭,宪宗八年,从世祖攻钓鱼山、苦竹崖、大林平、青居山,破重庆、马湖、天水,赐以白金、鞍马等物。中统三年,李璮叛济南,又以炮破其城。至元五年,从围襄阳。三月卒。

　　丞相阿术欲以千户刘添喜摄帅府事,子四家奴,年方十六,请从军自效,帝壮而许之。八年,始袭父爵。十年冬十二月,襄、樊未下，四家奴立炮攻之，明年正月，襄阳守吕文焕降。继从丞相伯颜南伐，十月，至郢州，先登。师既渡江，四家奴自郑州下沿海城堡，至建康。十二年，授武节将军。六月，与宋将夏贵战于峪溪口，夺其船二百余艘。十一月，屠常州。十二月，取苏州。十三年，攻镇巢。七月，围扬州，守臣李庭芝弃城走，追获之。九月，进阶怀远将军，将兵平浙东诸郡。从征福建滦江，与宋兵力战，破之，获战舰千余艘。十六年，进阶镇国将军，镇扬州。二十二年，改为万户。

高闹儿，女直人。事太祖，从征西域；复从阔出太子、察罕那演，连岁出征，累有功，授金符、总管，管领山前十路匠军。

岁己未，宪宗悯其老，命其子元长袭其职，从世祖渡江攻鄂，还镇随州。至元二年，移镇季阳。五年，从元帅阿术修立白河口、新城、鹿门山等处城堡，围襄樊。七年，充季阳军马总管。十年，从攻樊城，先登。十一年，从渡江，鼓战舰上流，与宋人战，杀三百余人，夺其船及铠仗，以功赐虎符，升宣武将军。进兵丁家洲，与宋臣孙虎臣等大战，杀五百余人，夺其船及铠仗无算；败夏贵于焦湖。从征常州，先登。又攻杭州。宋平，护送宋太后至京师。以功进怀远大将军、万户。

二十一年，领军二千，从太子脱欢征交趾，追袭交趾世子于大海口，夺其战舰以还。二十二年，升安远大将军、季阳万户府万户。是年夏，复以兵追袭交趾世子于海之三叉口，与敌军合战，中毒矢而死。

子灭里干，初直宿卫，袭父职，领兵镇广东。寻移戍惠州，平盗谭大獠、朱珍等。元贞元年，移戍袁州，盗陀头以众犯境，悉剿除之。寻广之南恩盗起，复领兵平之。还，没于袁州。赠怀远大将军、季阳万户府万户、轻车都尉、渤海郡侯。

王义，字宜之，真定宁晋人，家世业农。义有胆智，沉默寡言，读书知大义。金人迁汴，河朔盗起，县人聚而谋曰："时事如此，吾侪欲保全家室，宜有所统属。"乃相与推义为长，摄行县事，寻号为都统。太师、国王木华黎兵至城下，义率众，以宁晋归焉。入觐太祖，赐骏马二匹，授宁晋令，兼赵州以南招抚使。是时兵乱，民废农耕，所在人相食，宁晋东有薮泽，周回百余里，中有小堡曰沥城，义曰："沥城虽小而完，且有鱼藕菱芡之利，不可失也。"留偏将李直守宁晋，身率众保沥城，由是全活者众。

岁己亥，金将李伯祥据赵州，木华黎遣义捣其城。会天大风雨，义帅壮士，挟长梯，疾趋，夜四鼓，四面齐登，杀守埤者。城中乱，伯祥挺身走天坛寨，一州遂定。木华黎承制授义赵州太守、赵冀二州招抚使。

丁丑，大军南取钜鹿、洺州二城，还军至唐阳西九门，遇金监军纳兰率冀州节度使柴茂等，将兵万余北行。义伏兵桑林，先以百骑挑之，纳兰趋来迎战，因稍却，诱之近桑林，伏起，金兵大乱，奔还，获纳兰二弟及万户李虎。

戊寅，拔束鹿，进攻深州，守帅以城降。顺天都元帅张柔上其功，升深州节度使、深冀赵三州招抚使。金将武仙以兵四万来攻束鹿，仙谕军士曰："束鹿兵少无粮，城无楼橹，一日可拔也。"尽锐来攻，义随机应拒，积三十日不能下，大小数十战皆捷。一夕，义召将佐曰："今城守虽有余，然外无援兵，粮食将尽，岂可坐而待毙。"椎牛飨士，率精锐三千，衔枚夜出，直捣仙营。仙军乱，乘暗攻之，杀数千人。仙率余众遁还真定，悉获其军资器仗。木华黎闻之，遣使送银牌十，命义赐有功者。

庚辰，拔冀州，获柴茂，械送军前，木华黎、张柔复上其功，授龙虎卫上将军、武安军节度使，行深冀二州元帅府事，赐金虎符。

辛巳，仙复遣其将卢秀、李伯祥，率兵谋袭赵州，并取沥城，率战舰数百艘，沿江而下。义具舟楫于纪家庄，截其下流，邀击之，义士卒皆水乡人，善水战，回旋开阖，往来如风雨，船接，则跃登彼船，夺戈疾击，敌莫能当，杀千余人，擒秀。伯祥退保沥城，义引兵拔之，伯祥西走，二子死焉。邢州盗号赵大王，聚众数千，据任县固城水寨,真定史天泽集诸道兵攻之不能下。甲午,义引兵薄其城,一鼓下之,获赵大王、侯县令等数人杀之,余党悉平。义乃布教令,招集散亡,劝率种艺,深、冀之间,遂为乐土云。

王玉,赵州宁晋人。长身骈胁多力,金季为万户,镇赵州。太师、国王木华黎下中原,玉率众来附,领本部军,从攻邢、洺、磁三州,济南诸郡,号长汉万户。从攻泽、潞诸州,独潞州坚壁不下,玉力战,流矢中左目,竟拔其城。又破平阳,下太原、汾、代等州。师还,署元帅府监军,以赵州四十寨隶焉。

先是,金将武仙既降复叛,杀元帅史天倪。宋将彭义斌在大名,阴与仙合,玉从笑乃带、史天泽,攻败武仙,生擒义斌,驻军宁晋东里寨。仙遣人赍诰使,诱玉妻,妻拒曰:“妾岂可使夫怀二心于国家耶!”仙围之数匝,杀其子宁寿。玉闻之,领数骑突其围,斩获数百人而还。仙遣人追之,不敢进,皆曰:“王将军胆气骁雄,我辈非敌也。”仙乃尽发玉先世二十七冢,弃骸满道。玉从史天泽诸将,击仙于赵州,仙粮绝,走双门寨,围之。会大风,仙独脱走,斩其将四十三人,真定遂平。加定远将军,权真定五路万户,假赵州庆源军节度副使。

有民负西域贾人银,倍其母,不能偿,玉出银五千两代偿之。又出家奴二百余口为良民。中统元年二月卒,年七十。子忱。

忱字允中,幼读书,明敏有才识。平章赵璧,引见裕宗潜邸,语称旨,命宿卫,掌钱谷计簿。授山北辽东道提刑按察司副使。驸马伯忽里,数驰猎蹂民田,忱以法绳之。宪史耿熙言征北京宣慰司积年逋负,计可得钞二十万锭。帝遣使核实,熙惧事露,擅增制语,有“并打算大小一切诸衙门等事”凡十二字,追系官吏至数百人。忱验问,知其诈,熙乃款伏。裕宗薨于潜邸,忱建言:“陛下春秋高,当早建储嗣。”平章不忽木以闻,帝嘉纳焉。

改河北河南道提刑按察副使。忱以江南人鬻子北方,名为养子,实为奴也,乞禁之。又省部以正军余田出调发,忱言:“上卒冲冒

寒暑,远涉江海,宜加优恤。"皆从之。颍州朱喜,尝俘于兵,既自赎,
主家利其赀,复欲以为奴。又有诬息州汪清为奴,杀而夺其妻子及
田宅者。狱久不决,忱皆正之。劾罢镇南帅唐兀台,唐兀台结援大
臣,诬奏于帝,系忱至京师,得面陈其事,世祖大悟,抵唐兀台罪。按
察司改庶访司,起忱为燕南河北道肃政廉访副使。累迁岭南广西、
河东山西两道肃政廉访使,江陵、汴梁两路总管。至大三年,拜中奉
大夫、云南行省参知政事,未行,卒。

赵迪,真定藁城人也。幼孤,事母孝,多力,善骑射。金末为义
军万户。郡将出六钧强弩,立赏募能挽者,迪能之,即署真定尉,迁
藁城尉,升为丞。

太祖兵至藁城,迪率众迎降。岁壬午,改藁城为永安军,以迪同
知节度使事。尝从帝西征,他将校豪横俘掠,独迪治军严,所过无
犯。

先是,真定既破,迪亟入索藁城人在城中者,得男女千余人,诸
将欲分取之,迪曰:"是皆我所掠,当以归我。"诸将许诺,迪乃召其
人谓曰:"吾惧若属为他将所得,则分奴之矣,故索以归之我。今纵
汝往,宜各遂生产,为良民。"众感泣而去。时兵荒之余,骸骨蔽野,
迪为大冢收瘗。壬子岁卒,年七十。子七人,椿龄,真定路转运使。

邸顺,保定行唐人,占籍于曲阳县。金末盗起,顺会诸族,集乡
人豪壮数百人,与其弟常,筑两寨于石城、玄保,分据以守。岁甲戌,
率众来归,太祖授行唐令。丙子,真定饥,群盗据城叛,民皆穴地以
避之,盗发地而啖其人,顺擒数百人杀之。朝廷升曲阳为恒州,以顺
为安抚使。

金将武仙据真定,帅众来攻,顺与战,大败之,赐金虎符,加镇
国上将军、恒州等处都元帅。庚辰,武仙屯兵于黄、尧两山,顺及弟
常又击败之。时西京郝道章,阴结武仙,抄掠州县,顺擒道章杀之,
仙退真定以自保。顺从木华黎攻之,败之于王柳口,仙遂弃真定南

走。以功,赐顺名察纳合儿,升骠骑卫上将军,充山前都元帅;弟常,赐名金那合儿。

辛卯春,从太宗攻河南诸郡,招降民十余万,以顺知中山府。己亥,佩金符,为行军万户,管领诸路元差军五千人。从大军破归德府,留顺戍之。丁未,驻师五河口,宋兵夜袭营,顺掩杀其众,生获十五人。癸丑,攻涟水。甲寅,举部属肖撒八、耨邻之功以奏,上赐肖撒八、耨邻金银符,仍隶麾下。丙辰春,顺卒,年七十四。

子浃,袭职。己未,从世祖渡江,围鄂州,有战功。中统元年,世祖即位,浃以所部张宣等十二人奏闻于朝,遂以金银符赐之。三年,围李璮,还守息州。至元十一年,赐虎符,授金州招讨副使,后又迁怀远大将军、金州万户。十三年,改襄阳管军万户。三月,以枢密院奏,行淮西总管万户府事,守庐州。

十四年,移龙兴,仍管领本翼军人。十五年,复为管军万户,攻赣州崖石寨、太平岩贼有功。十七年,升镇国上将军、都元帅,镇龙兴诸路,兼管本万户府事,赐银印。吉、赣盗起,行省迁元帅府以镇之。二十一年,元帅府罢,复为万户。二十三年,佩元降虎符,为归德万户,镇守吉安。未几,统领江西各万户,集兵七千戍广东,凡二载。大德三年卒,年七十七。赠辅国上将军、北庭元帅府都元帅、护军,追封高阳郡公,谥襄敏。

子荣仁,袭佩其虎符,为宣武将军、归德万户,镇广东惠州,感瘴疾,不任事。子贯袭。贯卒,子士忠袭。士忠卒,子文袭。

顺族弟琮。琮,太祖时从族兄行唐元帅常来降。岁乙酉,金降将武仙,复据真定叛,琮败之于黄台。癸巳,从元帅偰盏灭金于蔡,有功,真定五路万户选充总管府推官。寻奉旨,赐金符,授管军总押,管领七路兵马,镇徐州。宋兵入境,琮战却之。己亥,从大将察罕攻滁州,力战,流矢中脐,明年卒。

子泽袭,移镇颍州。宋兵攻颍,泽战败之。至元四年,从元帅阿术,克平塞寨及老鸦山。十一年,从沙洋夺六舰,皆论功受赏有差。

十二年,授武德将军、管军总管,从攻潭州及静江,累官怀远大将军、管军万户、郴州路总管府达鲁花赤。二十二年,改授庐州蒙古汉军万户,寻迁颍州翼,会徽州绩溪县盗起,泽讨平之。二十八年,移镇杭州,卒。子元谦,袭为颍州万户。元谦卒,子祺袭。祺卒,子忠袭。

王善,字子善,真定藁城人。父增,监本县酒务,以孝行称。善资仪雄伟,其音若钟,多智略,尤精骑射。金贞祐播迁,田畴荒芜,人无所得食,善求食以奉母。乙亥,群盗蜂起,众推善为长。善约束有法,备御有方,盗不能犯,擢本县主簿。

戊寅,权中山府治中。时武仙镇真定,阴蓄异志,忌善威名,密令知府李济、府判郭安图之。己卯秋,济、安张宴伏兵,召善计事。善觉,即还治众,仓卒得八十人,慷慨与盟,人争自奋,遂诛济、安。乃谕其党曰:"造衅者,李、郭耳,余无所问。"善夜卧北城上,戒麾下曰:"勿以我累汝家,当取吾首献帅府。"众曰:"公何为出此言,我辈惟有效死而已。"遂率众来归,授金符,同知中山府事。是年冬,以兵三百攻武仙。仙遣将率精锐二千拒战,善擒斩之。仙走获鹿,委其佐段琛城守,复战拔之,入据其城,军势大振,自中山以南,降州郡四十二。

庚辰,迁中山真定等路招讨使,寻加右副元帅、骠骑大将军,屯藁城。壬午,升藁城为匡国军,以善行帅府事。癸未,进金吾卫大将军、左副元帅。仙穷迫请降,诏命复旧镇。善奏:"仙狼子野心,终必反覆,请修城隍备之。"未几,仙果叛,率众来攻,火及西门,善出战,却之。仙使其部下宋元,俘老幼四千人南奔,善追夺之,俾复故业。仙自是不敢复入真定,其部曲多来降。丙戌,以功赐金虎符,仍行帅府事。

壬辰,从征河南,至郑州。州将马伯坚素闻善名,登陴大呼曰:"藁城王元帅在军中否?愿以城降之。"善直前,免胄与语,伯坚果率众出降。善令军中秋毫无犯,民皆按堵,愿从善北渡者以万计,授之土田,以安集之。丙申,兼河北西路兵马副都总管。辛丑,授知中山府事。属县新乐,地居冲要,迎送供给,倍于他县,皆取于民。善均其劳逸,所征或未给,辄出家赀代输,民德之。又放家僮五百人为民,感怀其恩。癸卯卒,年六十一。皇庆元年,赠银青荣禄大夫、司徒,追封冀国公,谥武靖。子庆渊,为行军千户,征淮南死;次庆端。

庆端,字正甫,初为郡管库,进水军提领,训练士卒,常如临敌。败李瓊于老僧口,以功佩金符,为千户。监筑大都城。移戍清口,宋兵来攻,守将战死,城欲陷,庆端拔刀誓众,裹创力战,城得以全。群盗四起,复击走之。进武节将军、管军总管,领左右中卫兵。从世祖北征,还,迁右亲军副都指挥使,进侍卫军都指挥使,建威武营,以处卫兵,经画田庐,使各安业。别立神锋军,亲教以瞰张弩技,作整暇堂、屏利局。浚渠构室,如治家事。

至元十九年,改詹事丞,时有司欲就威武贷粟数万石,济饥民。裕宗在东宫,以问庆端,庆端对曰:“兵民等耳,何间焉!”即命与之。帝尝遣近侍夜出伺察,为逻卒所执,近侍以实告,卒曰:“军中惟知将军令,不知其他。”近侍以闻,帝赏以黑貂裘。及亲征乃颜,命庆端以所部从,时年六十余,与士卒同甘苦,昼则擐甲执兵迎敌,夜卧不解衣,暇则俾士卒为军市,自相懋迁。征东之功,庆端赞画居多。

成宗即位,论翼戴功,拜金吾卫上将军、中书左丞,行徽政副使,兼隆福宫左都威卫使,进阶资德大夫。大德二年,加荣禄大夫、平章政事、金书枢密院事,兼使如故。以疾卒。

杜丰,字唐臣,汾州西河人。父圭,以积德好施,乡称善人。丰少有大志,倜傥不群,通兵法。仕金,为平遥义军谋克,佩银符。太祖取太原,丰率所部来降。皇舅按赤那延授兵马都提控。从国王按察儿攻平阳,先登。克绛州、解州诸堡,招集流民三万余家。以功赐金虎符,升行元帅左监军。金人南遁,遂以丰守河北。

庚辰,上党张开以万众寇汾州,丰率精骑五千败之。从国王阿察儿,下怀孟,破温谷、木涧等寨,辄先登。攻洪洞西山,斩首六百余级。攻松平山,破之,贼堕崖死以万计,获生口甚众。金将武仙等,往来钞掠平阳、太原间,行路梗塞。壬午,授丰龙虎卫上将军、河东南北路兵马都元帅,便宜行事。遂破玉女、割渠等寨,俘获千余人。

丙戌,从按赤那延攻益都,金安将突围出,丰战扼之,斩首千级,捕虏二十人。益都下,遂略地登、莱,降岛民万余。己丑,以本部取沁州,由是铜鞮、武乡、襄垣、绵山、沁源诸县皆下。辛卯,命丰抚定平阳、太原、真定及辽、沁未降山寨,皆平之。乙未,升沁州长官。长官者,国初高爵也。在沁十余年,宽徭薄赋,劝课农桑,民以富足。丁未,请老。丙辰,疾卒于家,年六十有七。沁人立祠,岁时祀焉。

子三人:思明,思忠,思敬。

思敬事世祖潜邸,由平阳路同知累迁治书侍御史。阿合马败,台臣皆罢去,思敬以帝所眷知,独留。出为安西路总管,金陕西行省事,历汴梁总管,再入中台为侍御史。时桑哥以罪诛,风纪为之振肃。未几,拜参知政事,改四川行省左丞,不赴,升中书左丞。致仕。年八十六卒。谥文定。

石抹孛迭儿,契丹人。父桃叶儿,徙霸州。孛迭儿仕金,为霸州平曲水寨管民官。太师、国王木华黎率师至霸州,孛迭儿迎降,木华黎察其智勇,奇之,擢为千户。

岁甲戌,从木华黎觐太祖于雄州,佩以银符,充汉军都统。帝次牛阑山,欲尽戮汉军,木华黎以孛迭儿可用,奏释之,因请隶麾下,从平高州。

乙亥,授左监军,佩金符,与北京都元帅吾也儿,分领锦州红罗山、北京东路汉军二万。又从夺忽阑阇里必徇地山东、大名。比至洺州,城守甚坚,师不得进,孛迭儿不避矢石,率众先登,遂拔之。

丁丑,从平益都、沂、密、莱、淄。戊寅,从定太原、忻、代、平阳、吉、隰、岢岚、汾、石、绛州、河中、潞、泽、辽、沁。

辛巳,木华黎承制升孛迭儿为龙虎卫上将军、霸州等路元帅,佩金虎符,以黑军镇守固安水寨。既至,令兵士屯田,且耕且战,披荆棘,立庐舍,数年之间城市悉完,为燕京外蔽。庚寅,朝太宗于行在所,赐金符。辛卯,从国王塔思征河南。癸巳,从讨万奴于辽东,平之。

孛迭儿始从征伐,及后为将,大小百战,所至有功。年七十,以疾卒于官。子纥查剌、查茶剌。

贾塔剌浑,冀州人。太祖用兵中原,募能用炮者籍为兵,授塔剌浑四路总押,佩金符以将之。及攻益都,下之,加龙虎卫上将军、行元帅左盐军,便宜行事。师还,驻谦谦州,即古乌孙国也。岁己丑,将所部及契丹、女直、唐兀、汉兵,攻斡脱剌儿城。塔剌浑督诸军,穴城先入,破之,即军中拜元帅,改银青光禄大夫。从睿宗入散关,略关外四州,经兴元,渡汉江,略唐、邓、申、裕诸州,鼓行而东,河南平。升金紫光禄大夫、总领都元帅。从大帅太赤攻徐、邳,平之。十六年,卒。

子抄儿赤袭,从诸王也孙哥、塔察儿南征。戊午,卒于军。

子冀驴袭,卒。弟六十八袭。至元五年,诸军围襄樊。九年,六十八帅所部戍骆驼岭一字城,立炮樊城南,不发,以怠敌心,俄帅锐卒突出,攻其城西,破之。以功赐银币、鞍马、弓矢。

十一年,诸军南征,渡江。明年,加宣武将军。宋常州守臣姚訔,坚守不下,六十八发炮摧其城壁,以纳诸军。宋援兵突至,力战却之。常州既克,帅府令总新附炮手军。临安降,加怀远大将军,从诸军追宋二王至海,下三十余城。十四年,加昭勇大将军。十五年,领南军精锐者入卫,加辅国上将军。十八年,论功,授奉国上将军、管领炮手军都元帅。二十年,罢都元帅,更授炮手军匠万户,佩三珠虎符。二十六年,卒。

奥敦世英,女真人也。其先世仕金,为淄州刺史。岁癸酉,太祖兵下山东,淄州民奉世英及弟保和迎降,皆授以万户。世英倜傥有武略,由万户迁德兴府尹,时金经略使苗道润率众欲复山西。世英与战,克之,将尽杀所俘,其母责之曰:"汝华族也,畏死而降,此卒伍尔,驱之死战,何忍杀之耶!"遂止。世英从数骑巡部定襄,卒于军。

保和,由万户升昭勇大将军、德兴府元帅,锡虎符,改雄州总管。寻以元帅领真定、保定、顺德诸道农事,凡辟田二十余万亩。改真定路劝农事,兼领诸署,赐居第、戎器、裘马,给户,食其租。年五十六,致仕。

保和四子:希恺,希元,希鲁,希尹。

希恺,袭劝农事,皇太后锡以锦服,曰:"无坠汝世业。"郡县有水旱,必力请蠲租调,民赖之。南征时,置军储仓于汴、卫,岁输河北诸路粟以实之,分冬月三限,失终限者死,吏征敛舞法,民甚苦之。希恺知其弊,蠲烦苛而民不扰。寻以劝农使兼知冀州。希恺至,为束约,健讼之俗为变。蒙古军取民田牧,久不归,希恺悉夺归之,军无怨言。至元二年,迁顺天治中。三月,改顺德。又逾月,升知河中府,秩满归调。时阿合马专政,官以贿成,希恺不往见之,降武德将军,知景州,数月卒。

希元,彰德漕运使。

希鲁,澧州路总管。

希尹,中统三年,李璮叛济南,世祖使丞相史天泽讨之。希尹谒天泽,面陈利害,愿击贼自效。试其骑射,壮之,命充真定路行军千户。与贼战,矢无虚发,贼败走入城中,诸王哈必赤赏银五十两。希尹请筑外城围之,深沟高垒,俟其粮绝,不战而坐待其困,天泽从之。璮既就擒,至十一年,枢密录其功,自右卫经历,六迁至同知广东道宣慰司事,卒。

田雄字毅英,北京人也。幼孤,能树立,以骁勇善骑射知名,金末署军都统。岁辛未,太祖军至北京,雄率众出降。太祖以雄隶太师、国王木华黎麾下,从征兴中、广宁诸郡,定府州县二十有九,平锦州张鲸兄弟之乱，从攻柏乡、邢、相。辛巳，从攻鄘、坊、绥、葭诸州有功，木华黎承制授雄隰、吉州刺史，兼镇戎军节度使，行都元帅府事，平汾西霍山诸栅。壬午，以木华黎命，授河中帅，听石天应节制。

太宗时，从攻西和、兴元诸州；又从攻夔、万诸州。论功尤最，赐金符，授行军千户，召为御前先锋。顷之，使攻破梜州雷家堡。奉旨招纳河南降附，得户十三万七千有奇，民皆按堵，而别部将校，纵兵房掠，民惶惧悔降，雄力为救护，至出己财与之，民得免于害。癸巳，授镇抚陕西总管京兆等路事。时关中苦于兵革，郡县萧然。雄披荆棘，立官府，开陈祸福，招徕四山堡寨之未降者，获其人，皆慰遣之，由是来附者日众。雄乃教民力田，京兆大治。事闻，赐金符，定宗时，入觐于和林。以疾卒，年五十八。后追封西秦王。

子八人，大明，袭职，知京兆等路都总管府事。

张拔都，昌平人。岁辛未，太祖南征，拔都率众来附，愿为前驱，遂留备宿卫。从近臣汉都虎西征回纥、河西诸蕃，道陇、蜀入洛，屡战，流矢中颊不少却。帝闻而壮之，赐名拔都，自是汉都虎亦专任之。甲午，金亡，以汉都虎为炮手诸色军民人匠都元帅，守真定。汉都虎卒，无子，以拔都代之。及汉都虎兄子赡阇少长，拔都请于朝，归其政而终老焉。

子忙古台，从宪宗攻蜀钓鱼山、苦竹二垒，冒犯矢石，屡挫而不沮，遂以勇敢闻。中统元年，赐银符，预议炮手军府事。寻易金符，为行军千户，从征襄樊有功，卒。

子世泽袭，从丞相伯颜南征，大小十余战，皆有功。又从平广西。明年，收琼、万诸州，拜宣武将军、行军总管。未几，迁副万户，加明威将军。从镇南王脱欢伐交趾，既还，及再举，将校旧尝往者，许留恤之。有脱欢者，当行，适病，不能起，世泽曰："吾祖父以武勇称，吾蒙其余泽，荷国厚恩，当输忠王室，增光前人，岂可苟为自安计耶！"力请代之，凯还，人服其义云。

　　张荣,清州人,后徙鄢陵。岁甲戌,从金太保明安降,太祖赐虎符,授怀远大将军、元帅左都监。乙亥正月,奉旨略东平、益都诸郡。戊寅,领军匠,从太祖征西域诸国。庚辰八月,至西域莫兰河,不能涉。太祖召问济河之策,荣请造舟。太祖复问:“舟卒难成,济师当在何时。”荣请以一月为期,乃督工匠,造船百艘,遂济河。太祖嘉其能,而赏其功,赐名兀速赤。癸未七月,升镇国上将军、炮水手元帅。甲申七月,从征河西。乙酉,从征关西五路。十月,攻凤翔,炮伤右髀,帝命赐银三十锭,养病于云内州。庚寅七月卒,年七十三。

　　子奴婢,袭佩虎符、炮水手元帅,领诸色军匠。太祖伐金,命由关西小口,收附金昌州等郡。乙未,金亡。戊戌,授怀远大将军。癸卯三月,升辅国大将军。甲辰二月,领蒙古、汉军,守均州。戊申九月,宋兵袭均州,奴婢拒战,大败宋师。己酉十一月,复与宋兵战,流矢中右臂。中统三年卒,年七十五。

　　子君佐,袭佩虎符、炮水手元帅,戍蔡州。五年,都元帅阿术,命将炮手兵攻襄阳。至元八年,调守襄阳一字城、橐驼岭,攻南门牛角堡,破之。攻樊城,亲立炮摧其角楼,樊城破。十年,襄阳降。参政阿鲁海牙以宋降将吕文焕入朝,奉旨召蒙古、汉人万户凡二十人陛见,各以功受赐。帝亲谕之,令还镇。十一年,从军下汉江,至沙洋。丞相伯颜命率炮手军攻其北面,火炮焚城中民舍几尽,遂破之,赐以良马、金鞍、金段。又以火炮攻阳逻堡,破之。十二年,从大军与宋将孙虎臣战于丁家洲,复从丞相阿术攻扬州,是年冬,又从诸军破常州。

　　十三年,升怀远大将军,仍炮水手元帅。秋,君佐屯军真、扬间,绝宋粮道。宋制置李庭芝、都统姜才弃城走,扬州平,以君佐为安庆府安抚司军民达鲁花赤。十四年春,安庆野人原及司空山天堂贼,将攻安庆,君佐密察知之。时城中军仅数百人,君佐命扼贼出没要道,贼不敢入,乃寇黄州。行省命君佐率众复黄州,因以为黄州达鲁花赤。十五年,加镇国上将军,仍炮水手元帅。十九年,命率新附汉军万人,修胶西闸坝,以通漕运。二十一年,兼海道运粮事,是年卒。

赵天锡，字受之，冠氏人。属金季兵起，其祖以财雄乡里，为众所归。贞祐之乱，父林，保冠氏有功，授冠氏丞，俄升为令。大安末，天锡入粟佐军，补修武校尉，监洛水县酒。太祖遣兵南下，防御使苏政以为冠氏令，乃挈县人壁桃源、天平诸山。岁辛巳春，归行台东平严实。实素知天锡名，遂擢隶帐下，从征上党，以功授冠氏令，俄迁元帅左都监，兼令如故。

甲申，宋将彭义斌据大名，冠氏元帅李全降之，人心颇摇。天锡令众姑少避其锋，以图后举，乃率将佐往依大将孛里海军。未几，破义斌于真定，授左副元帅、同知大名路兵马都总管事。李全在大名，结其帅苏椿，纳金河南从宜郑倜，日以取冠氏为事。天锡每战辄胜，一日，倜自将万人来攻，天锡率死士乘城，力战三昼夜。倜度不能下，乘风霾遁去。

己丑，朝行在所，上便民事，优诏从之。戊戌，征宋，驻兵蕲、黄间，被病还，卒于冠氏，年五十。子六人，贾亨嗣。

贾亨，字文甫，袭行军千户。己未，从国兵渡江攻鄂，有功。至元五年，总管山东诸翼军，征宋攻襄樊。贾亨出抄蕲、黄，以五百人拔野人原写山寨，修白河新城。七年，偕元帅刘整朝京师，命为征行千户，赐金符，及衣带鞍马。攻樊城，冒矢石，拥盾先登，破之。十一年，修东、西正阳城。三月，败夏贵于淮，益以济南、汴梁二路新军。十二年正月，从攻镇江，与宋将孙虎臣、张世杰大战于焦山，杀掠甚众。十三年，江南平，以功升宣武将军。

十四年，授虎符、怀远大将军、处州路总管府达鲁花赤。未行，适盗发澉浦，行省檄为招讨使，率兵平之。未几，处州青田县季文龙、章焱杀赵知府以叛，贾亨获其党，始知七县俱反，季文龙自署为两浙安抚使，据处州天庆观。贾亨率众围之，将骑士三百阵于下河门。贼出战。以精骑蹂之，遂弃城突围散走，斩首三级。贾亨入城，乃招散亡，立官府。章焱复合二万众来攻，阵恶溪南。贾亨分兵拒守，自将精锐乱流冲击，属万户忽都台以援兵至，自巳至亥，贼方退，文龙溺死。忽都台以处即乱山为州，无城壁可恃，且反侧，欲屠之,贾亨曰:"我受命来监此郡,贼固可杀,良民何辜!"不从。将士虏掠子女金帛,贾亨捕得倡率者杖之,仍各求所失还之,州民悦服。

　　十五年,龙泉县张三八合众二万,杀庆元县达鲁花赤也速台儿,且屠其家。贾亨将骑士五百往讨,与贼将郑先锋、陈寿山三千余人战于浮云乡,斩首三百余级。三八军于县西,贼三战俱败,军还,贼众水陆俱设伏,贾亨择步卒骁悍者使前,贼不敢近。既而衢州贼陈千二聚二万人,遂昌叶丙六亦聚三千人助之,贾亨前后斩首三千余级,悉平之。十七年,改处州路管军万户。二十二年,还冠氏,卒,年五十七。

元史卷一五二
列传第三九

张晋亨 好古 　王珍　杨灰只哥 刘通　岳存　张子良 懋 唐庆　齐荣显　石天禄 石抹阿辛　刘斌 思敬 　赵柔

张晋亨字进卿,冀州南宫人也。

其兄同知安武军节度使事、领枣强令颢,以冀州数道之众,附严实于青崖,后从实来归,进颢安武军节度使,西征,战没。

岁戊寅,太师、国王木华黎承制,署晋亨袭颢爵。晋亨涉猎书史,小心畏慎,临事周密,实器之,以女妻焉。实征泽、潞,偏将李信、晃海相继降于宋,晋亨跋涉险阻,昼伏夜行,仅免于难。实遣子忠贞入质,命晋亨与俱。丁亥,从国王孛罗征益都,以功迁昭毅大将军,领恩州刺史,兼行台马步军都总领,再迁镇国大将军。实征淮楚、河南,晋亨毕从。甲午,从实入觐,命为东平路行军千户。围安庆,其守将走,邀击之,斩首百级,俘获无算。攻光之定城,俘其将士十有五人。略信阳,执复州将金之才。攻六安,拔之。大小数十战,策功居多。

实卒,其子忠济奏晋亨权知东平府事。东平贡赋率倍他道,迎送供亿,簿书狱讼,日不暇给,历七年,吏畏而民安之。辛亥。宪宗即位，从忠济入觐。时包银制行，朝议户赋银六两，诸道长吏有辄请试行于民者，晋亨面责之曰："诸君职在亲民，民之利病，且不知乎？今天颜咫尺，知而不言，罪也。承命而归，事不克济，罪当何如！且五方土产各异，随其产为赋，则民便而易足，必责输银，虽破民之产，有不能办者。"大臣以闻，明日召见，如其言以对，帝是之，乃得蠲户额三之一，仍听民输他物，遂为定制。欲赐晋亨金虎符，辞曰："虎符，国之名器，长一道者所佩，臣隶忠济麾下，复佩虎符，非制也。臣不敢受。"帝益喜，改赐玺书、金符、恩州管民万户。

中统三年，李璮叛，晋亨从严忠范战于遥墙泺，胜之，改本道奥鲁万户。四年，授金虎符，分将本道兵充万户，戍宿州。首言："汴堤南北，沃壤闲旷，宜屯田以资军食。"乃分兵列营，以时种艺，选千夫长督劝之，事成，期年皆获其利。至元八年，改怀元大将军、淄莱路总管，寻兼军事。

十一年，诏伐宋，晋亨在选中，闻命就道，曰："此报效之秋也。"分道由安庆渡江，丞相伯颜留之戍镇江，兼与民政，壹以镇静为务，战焦山、瓜洲，皆有功。十三年，卒于官。子好古。

好古字信甫，少读书，善属文，器识宏远，勇而有谋。父晋亨权知东平府事，严忠济承制以好古权其父军，戍宿州。戊午，奏真授行军千户，攻樊城，身中流矢，战不少却，主将旌其功，赏银百两。略扬，循泰兴、海门而还。击邵伯埭，拔之。从大军攻鄂。中统元年，还宿州，忠济命兼恩州刺史，访民瘼，革吏弊，立为条约。未几，移戍蕲州。李璮叛，据济南，宋人攻蕲，好古率兵迎击，力不敌，死之。时晋亨在济南军中，闻之，哭曰："吾儿死得其所矣。"弟好义袭，下江淮有功。

王珍，字国宝，大名南乐人。世为农家，珍慷慨有大志。金末丧乱，所在盗起，南乐人杨铁枪，聚众保乡里。太祖遣兵攻破河朔，铁枪以兵应之，行营帅按只署珍军前都弹压。铁枪与金军战死，众推苏椿代领其众。宋将彭义斌帅师侵大名,椿战不利,降之,义斌遂据大名。珍弃其家,间道走还军中,按只嘉其诚,待遇益厚,以为假子。复从速鲁忽击走义斌,苏椿以大名降,珍妻子故在,珍语之曰:“吾非弃汝辈。诚不以私爱夺吾报国之心耳。”闻者称叹。授镇国上将军、大名路治中、军前行元帅府事。俄以守宁海、胙城功,迁辅国上将军,复授统摄开、曹、滑、浚等处行元帅府事,兼大名路安抚使。

苏椿复欲叛归金,珍觉之,与元帅梁仲先发兵攻椿,椿开南门而遁。国王斡真授仲行省,珍骠骑卫上将军、同知大名府事、兼兵马都帅。从剌不台经略河南,破金将武仙于郑州,复与金人战于萧县,斩其将。顷之,仲死,国王命仲妻冉守真权行省事,珍为大名路尚书省下都元帅,将其军。国用安据徐、邳,珍从太赤及阿术鲁攻拔之,授同金大名行省事。从军伐宋,破光州、枣阳、庐、寿、滁州,珍常身先诸将,屡有功。宋城五河口,珍帅死士二十人夺之,宋人遁,乘胜进师,连破濠、泗、涡口岁。

岁庚子,入见太宗,授总帅本路军马管民次官,佩金符。珍言于帝曰:“大名困于赋调,贷借西域贾人银八十铤,及逋粮五万斛,若复征之,民无生者矣。”诏官偿所借银,复尽蠲其逋粮。已而朝廷议分蒙古、汉军戍河南,以珍戍睢州,修城隍,明斥候,宋兵不敢犯。已酉,入朝定宗,进本路征行万户,加金虎符。在镇九年,卒,年六十五。

子文干,善骑射,袭为行军万户。己未,从世祖攻鄂州,先登,中流矢,赐以良马、金帛。李璮叛,从哈必赤讨平之,哈必赤论功,语以官赏,文干对曰:“增秩则荣及一身,赐金则恩逮麾下。”乃以白金二千两、器皿百事、杂彩数百缣赏之,文干悉颁之军中。

中统三年,制:“父兄弟子并仕同涂者,罢其弟子。”文干弟文礼为千户,文干自陈,愿解己官而留文礼,诏从之。改同知大名路总管府事,累迁河东山西道提刑按察副使。近臣言其鄂州之功,升金东川行枢密院事,历全州、卫辉、东平总管,改江东建康道提刑按察使,卒于官,年五十八。发其箧中,钱仅七缗,贫不能归葬,人以此称之。

杨杰只哥,燕京宝坻人,家世业农。杰只哥少有勇略,太祖略地燕、赵,率族属降附。从攻辽左,及从元帅阿术鲁定西夏诸部,有功。己丑,睿宗赐以金币,命从阿术鲁攻信安,阿术鲁知其材略出诸将右,命裁决军务。信安城四面阻水,其帅张进数月不降,杰只哥曰:"彼恃巨浸,我师进不得利,退不得归,不若往说之。"进见其来,怒曰:"吾已斩二使,汝不惧死耶?"杰只哥无惧色,从容言曰:"今齐、鲁、燕、赵,地方数千里,郡邑闻风纳降,独君恃此一城,内无军储,外无兵援,亡可立待。为君计者,不如请降,可以保富贵而免死亡。"进默然曰:"姑待之。"凡三往,乃降。

辛卯,大名守苏椿叛,讨获之,众议屠城,杰只哥曰:"怒一人而族万家,非招来之道也。"众是其言。由是滑、浚等州,闻风纳款。壬辰,师次徐州,阻河不得济。杰只哥探知有贼兵操舟楫伏草泽中,率劲卒数人,凭河击之,悉夺舟楫,众遂得渡,获河南郡降人三万余户。进攻徐州,金将国用安拒战,杰只哥率百余骑突入阵中,迎击于后,大败之,擒一将而还。皇太弟国王驻兵河上,见之,赐名拔都,授金符,命总管新附军民。

乙未,太宗特赐杰只哥种田民户租赋。丁酉,从阿术鲁攻归德,杰只哥麾诸将缚草作筏渡濠抵城下,梯城先登,拔之。由是进攻,得五州十县四堡二寨。乙亥,宋兵至,已登归德城,杰只哥率众拒战,败之。率舟师追击,转战中流,溺死,年四十。

子孝先、孝友。孝先,金江北淮东道肃政廉访司事。孝友,镇江路总管。

刘通,字仲达,东平齐河人也。初从严实来归,继从收濮、曹、相、潞、定陶、楚兵。实荐于太师木华黎,以通为齐河总管,寻授镇国上将军、左副都元帅、济南知府、德州总管、行军千户。太宗锡金符,升上千户。宋将鼓义斌攻齐河城,率众夜登,通与六七人鼓噪而进,宋人惊惧,坠溺死者甚众。明日复合,围城三匝,通令守陴者植槊如栉,俄从撤去,宋人惧其向已也,大溃,义斌仅以数骑免。岁丁酉,迁德州等处二万户军民总管。岁丙辰卒。

子复亨,袭为行军千户,从严实略安丰、通、泰、淮、濠、泗、蕲、黄、安庆诸州。宪宗西征,复亨摄万户,统东平军马攻钓鱼山苦竹寨,有功,师还,兼德州军民总管。

中统元年,奉旨戍和林,还,授虎符,进武卫军副都指挥使。李璮叛,遣使招复亨,复亨立斩之。时遣兵讨贼,集济南,乏食,复亨尽出其私蓄以济师,世祖嘉之,赐白金五千两,复亨固辞。

至元二年,进左翼侍卫亲军都指挥使。四年,迁右翼。九年,加昭勇大将军、凤州等处经略使。十年,迁征东左副都元帅,统军四万、战船九百,征日本,与倭兵十万遇,战败之。还,招降淮南诸郡邑。十二年,授昭信路总管。十四年,迁黄州宣慰使。十五年,改太平路总管,俄授镇国上将军,为淮西道宣慰使都元帅。二十年,加奉国上将军。三月卒。

子五人:浩,泽,澧,渊,淮。浩,中统四年袭千户,至元八年殁于兵。泽,由近侍出为荆湖北道宣慰使。澧,知长宁州。俱早卒。

渊,至元十一年,佩金符,授进义副尉,为徐、邳屯田总管下丁庄千户。九月,领兵巡逻泗州,至淮河九里湾,遇宋军,战胜,夺其船三十余艘。十二年三月,与宋安抚朱焕战于清河,败之,擒十四人,夺其辎重。九月,从右丞别里迷失攻淮安。十三年,与宋人战昭信军南靖平山。俱有功。十四年,北觐,进武略将军、管军总管。十五年,从元帅张弘范征闽、广、漳、韶诸州,以功授武德将军。十六年,从攻崖山,弘范命渊领后翼军,水战有功。十七年,进安远大将军,为副招讨。二十一年,迁颍州副万户。二十四年,从征交趾,镇南王脱欢命领水步军二万,攻万劫江,擒十六人。继攻灵山城,贼众迎敌,大败之,师还。二十八年,捕寇浙东,获其酋长三人。三十一年,兼领绍兴浙江五翼军,守杭州。继以疾卒,大德十一年卒。

子无晦,至大元年,袭授昭信校尉、颍州副万户,俄进武德将军。延祐五年,以病免。六年,改河南江北行省都镇抚。泰定四年,加宣武将军。

　　岳存,字彦诚,大名冠氏人。初归东平严实,承制授存武德将军、帅府都总领,保冠氏。会金从宜郑偶复据大名,距冠氏仅三十里,遣兵来攻。偶不得志,复自将万人合围,其势甚张。存率死士百余,突出西门,勇气十倍。金人退走,存追之,越境乃还。

　　岁己丑,从严实及武仙战于彰德西,败之,迁明威将军,行冠氏主簿。明年,存率骑兵二百、步卒三百,自彰德北还。至开州南,与金将张开遇,开众万余,存军依大林,戒其军曰:“彼众我寡,不可轻动,当听吾鼓声为节。”乃命骑士居前,步卒次之,与敌相去仅二十步,一鼓作气,无不一当百,开众大溃,追二十余里,不损一卒而还。破河南,攻淮、汉,无役不与。辛丑,升本县丞。庚戌,移治楚丘。数年,有惠政。乙卯,告老退休田里。中统三年,以疾卒,年六十九。

　　子天祯,袭父职冠氏县军民弹压,从围襄樊,帅府承制授管军百户,修立百丈山、鹿门等堡。天祯率锐士,冒矢石,从樊城东北先登,为棓木所伤,堕地,复蹑梯以登,手刃数人。筑正阳东西城,及于镇江造战船,天祯咸董其役。战焦山,平奉化贼,录功升管军千户。

　　江南平,从元帅张弘范觐帝于柳林,赐金锦、银鞍勒。授昭勇大将军、福州路总管,平尤溪贼。秩满,改吉州,平永新贼,后迁赣州。七年,迁建康,首定救荒之政,民立碑以纪遗爱焉。至大二年,卒于建康,年七十二。子果,会昌州同知。

　　张子良,字汉臣,涿州范阳人。金末四方兵起,所在募兵自保。子良率千余人入燕、蓟间,耕稼已绝,遂聚州人,阻水,治舟筏取蒲鱼自给,从之者众,至不能容。子良部勒定兴、新城数万口,就食东平,东平守纳之。久之,守弃东平还汴,檄子良南屯宿州,又南屯寿州。夏全劫其民出鸡口,李敏据州。子良率麾下造敏,敏欲害之,走归宿,因以宿帅之众夺全所劫老幼数万以还。全怒,连徐、邳之军来攻。子良与宿帅斫其营，全失其军符，走死扬州。

时金受重围于汴，声援尽绝，有国用安者，图以涟水之众入援，道阻，游兵不能进。子良与一偏将，昼伏夜行，得入汴，达用安意。金君臣以为自天降也，曲赐劳来，凡所欲，皆如用安请，因以徐、宿授子良。明年，子良进米五百石于汴，授荣禄大夫，总管陕西东路兵马，仍治宿州。当是时，令已不行于陕，而用安亦卒不得志。徐、宿之间，民无食者，出城拾穞穄以食，子良严兵护之，以防钞掠。猝遇敌，子良被重伤，乃率其众就食泗州。泗守阅兵，将图之，子良与麾下十数人，即军中生缚其守。民不欲北归者，欲走傍郡，子良资以舟楫，无敢掠其财物。

岁戊戌，率泗州西城二十五县、军民十万八千余口，因元帅阿术来归。太宗命为东路都总帅，授银青荣禄大夫，升京东路行尚书省兼都总帅，管领元附军民，进金紫光禄大夫。庚子，赐金符。自兵兴以来，子良转徙南北，依之以全活者，不可胜计。

癸丑，宪宗命为归德府总管，管领元附军民。中统二年夏四月，世祖命为归德、泗州总管，降虎符，仍管领泗州军民总管。七年，罢元管户，隶诸郡县，改授昭勇大将军、大名路总管，兼府尹。八年，卒，年七十八，赠昭勇大将军、金枢密院事、上轻车都尉，追封清河郡侯，谥翼敏。子二人：长懋，次亨。亨，佩金虎符，为管军千户。子与立袭，卒。子鉴袭。

懋，字之美，未弱冠，已有父风。侍子良官京东，故懋领其众，从丞相阿术军，立归德府，以其军镇之。移镇下邳，知归德府事。李璮叛济南，以其兵戍蔡州。中统元年，宣授泗州军总把，佩金符。

至元七年，擢济南诸路新军千户。九年，从破襄樊有功。十一年，丞相伯颜南征，其行阵以铧车弩为先，而众军继之。懋以勇鸷，将弩前行，凡所过山川道路险狭，通梁筏，平堑阱，安营设伏，出纳奇计，伯颜信用之，擢为省都镇抚，水陆并进，其任甚重。师压临安，灭宋，以其主及母后群臣北还。

驻瓜洲,伯颜命懋往谕淮西夏贵,副以两介,将骑士直趋合肥。贵出迎,设宾礼。懋示以逆顺祸福,辞旨雄厉,贵受命顿首,上地图、降书。驰还报,伯颜大喜。复令行徇镇东、安丰、寿春、怀远、淮安、濠等州郡,皆下。复使之遍谕列城军民,使知帝之德意。十三年,懋驰驿至上都,伯颜上其功,宣授懋明威将军、泗州安抚司达鲁花赤。十四年,改安抚司为总管府,置宣慰使以统之,拜同知淮西道宣慰司事。十六年,改授怀远大将军、吉州路总管。

懋恶衣粝食,率之以俭,慎刑平政,处之以公,新府治,设义仓,虽能吏不过也。部使者刘宣聼之,凡有所惩治,朝至夕报,豪强竦然。郡万户苏良,恃势为暴,为之翼者,有十虎之目,民甚苦之。乃上其实于宪府,尽诛十虎者,夺良虎符而黜之,民大悦。群盗有率众将白昼劫城者,懋闻之,率从骑捣其穴,缚其酋长以归。民之流亡,与远郡之来归者数千家,相率为生祠以祀之。十七年二月卒,年六十三。赠昭勇大将军、龙兴路总管、上轻车都尉,追封清河郡侯,谥宣敏。子二人:文焕,以父荫,任承务郎,江州路瑞昌县尹。文炳,三汊河巡检。文焕子圭,初为高安县尹,有异政,由是擢为江西检校,拜南台御史,继为淮西、江西二道廉访佥事,用能世其家云。

唐庆,不知何许人,事太祖,为管军万户。太祖伐金,以庆权元帅左监军。岁丁亥,赐虎符,授龙虎卫上将军,使金。

壬辰,太宗复以庆为国信使,取金质子,督岁币,以金曹王来,见帝于官山。七月,使庆再往,令金主黜帝号称臣,金主不听,庆辄以语侵之。金君臣遂谋害庆,夜半,令兵入馆舍,杀庆,及其弟山禄、兴禄,并从行者十七人。既灭金,购求庆尸不得,厚恤其家,赐金五十斤,诏官其子,仍计其家人口,给粮以养焉。

齐荣显,字仁卿,聊城人。父旺,金同知山东西路兵马都总管。荣显幼聪悟,总角与群儿戏,画地为战阵,端坐指挥,各就行列。九岁,代父任为千户,佩金符,从外舅严实来归,屡立战功。攻濠州，宋兵背城为阵，荣显薄之，所向披靡。其属王孝忠力战，中钩戟，荣显断戟拔孝忠出，复逐北，入其郛而还。主帅察罕壮之，赐马铠银器。兵趋五河口，抵大堤，荣显偕数骑前行觇敌，值逻骑数十，从者将退走，荣显曰："彼众我寡，若示以怯，必为所乘。"援弓策马，射杀两人，乃还。

进拔五河口，升权行军万户，守宿州。堕马伤股，不能复从军，改提领本路课税，又改本路诸军镇抚，兼提控经历司。值断事官钩校诸路积逋，官吏往往遭诟辱，荣显从容办理，悉为蠲贷。从实入朝，授东平路总管府参议，兼领博州防御史。时十投下议各分所属，不隶东平，荣显力辩于朝，遂止。及攻淮南，道出东平，民间供给，费银二万锭，荣显诣断事官诉之，得折充赋税，民赖以不困。中统元年，谒告侍亲。闲居十年，卒。

石天禄，父珪，山东诸路都元帅，陷金，死节，见《忠义传》。天禄袭爵，字鲁承制授龙虎卫上将军、东平路元帅，佩金虎符。时宋将彭义斌取大名及中山，天禄与孛里海率兵败之，获义斌。又败金将武仙，屡立战功。丙戌，孛鲁以功奏，迁金紫光禄大夫、都元帅，镇戍边隅数与金人战，未尝败北。

壬辰，皇太弟拖雷南渡河，天禄为前锋，战退金兵，夺战船数艘。夜至归德城下，袭其营，杀三百余人。金将陈防御出兵追围天禄，天禄溃围复战，金兵退走。提兵掠亳及徐，所过望风附降。癸巳秋九月，破考城，复围归德。冬十二月，归德降。甲午，入觐，改授征行千户，济、兖、单二州管民总管。乙未，从扎剌温火儿赤渡淮，攻随州，至襄阳夹河寨，战退宋兵，扎剌温火儿赤赏以战马。又从攻蕲、黄，功居其首。

时诏天禄括户东平，军民赋税并依天禄已括籍册，严实不得科收。天禄以病不任职，以子兴祖袭。明年，天禄卒，年五十四。

子十人，兴祖袭千户，官武略将军。己未，从伐宋，攻鄂州。至元四年，由宿州率兵抄沿淮诸郡，获宋觇伺者十余辈，统军司赏马二十匹、银五百两、锦二十端。十二年,攻常州,为先锋,功在诸将上。宋亡,第功,升宣武将军、管军总管,戍温州。士贼林大年等构乱,出兵围之,斩首千余级,招辑南溪山寨归农者三万余户。十六年,升显武将军,佩金虎符。十九年七月,卒于军。子璘嗣。

石抹阿辛,迪列纥氏。岁乙亥,率北京等路民一万二千余户来归,太师、国王木华黎奏授镇国上将军、御史大夫。从击蠡州,死焉。

子查剌,仍以御史大夫领黑军。初,其父阿辛所将军,皆猛士,衣黑为号,故曰黑军。岁己卯,诏黑军分屯真定、固安、太原、平阳、隰、吉、岢岚间。顷之南征,以黑军为前列。与南兵遇于河,查剌大呼驰之,陷其阵,渡河再战,尽殪之,所遇城邑争先款附,长驱捣汴州,入自仁和门,收图籍,振旅而还。论功,黑军为最。及从国王军征万奴,围南京,城坚如立铁,查剌命偏将先警其东北,亲奋长槊大呼,登西隅角,摧其飞橹,手斩陴卒数十人,大军乘之,遂克南京。诘旦,木华黎解锦衣赏之。累授真定路达鲁花赤,卒于柳城。

子库禄满袭职,从攻襄樊,与从弟度剌,立云梯冲其堞,度剌死焉。中统三年,库禄满从征李璮,先登,飞矢中额而卒。

刘斌,济南历城县人。少孤,鞠于大父。有勇力,从济南张荣起兵,为管军千户。岁壬辰,攻河南,以功授中翼都统。攻睢阳军,军杏堆,距陈州七十里,闻陈整军于近郊,斌率众夜破之。又击走太康守兵,擒其将,三日,太康陷。荣言于帅阿术鲁曰:"太康之平,摧其锋者,斌也。"移屯襄阳,军乏食,斌知青陵多积谷,前阻大泽,水深不可涉,陈可取状。众难之,斌叱之曰:"彼恃险,不我虞,取可必也。"乃率百骑夜发,获敌人,使道之前,行污泽中五十余里,遇敌兵,斌舍马挥槊突敌,败之,得其粮数千斛。迁官知中外诸军事,从攻六安,先登,破其城。

癸卯,擢济南推官。辛亥,授本道左副元帅。乙卯,升济南新旧军万户,移镇邳州,宋将惮之。己未,病,谓其子曰:"居官当廉正自守，毋黩货以丧身败家。”语毕而逝，年六十有二。赠中奉大夫、参知政事、护军、彭城郡公，谥武庄。子思敬。

思敬，赐名哈八儿都，袭父职，为征行千户。世祖南征，从董文炳攻台山寨，先登，中流矢，伤甚，帝亲劳赐酒，易金符。中统二年，授武卫军千户。从讨李璮，赐银六十锭。四年，授济南武卫军总管，捕盗有功，又赐银千两。至元三年，授怀远大将军、侍卫亲军左翼副都指挥使。四年，命筑京城。

八年，授广威将军、西川副统军，佩金虎符。九年，宋嘉定守臣昝万寿乘虚攻成都，哈八儿都邀击，败之。战于青城，宋兵大败，夺所俘二千人还。十二年，转同佥行枢密院事，复攻嘉定，取之。泸、叙、忠、涪诸部，及巴县筹胜、龟云、石笋等寨十九族，及西南夷五十六部，悉来降。十三年，围重庆，败宋将张万，得其舟百余。六月，泸州复叛，哈八儿都妻子没焉。乃率兵讨擒其将任庆，攻破盘山寨，俘九千余户，又获其将刘雄及王世昌等。夜入东门，巷战，杀王安抚等，遂克泸州。复攻重庆，其将赵牛子降，禽守臣张珏。十六年，蜀平，拜中奉大夫、四川行省参知政事。行省罢，改四川北道宣慰使。十七年，授正奉大夫、江西行省参知政事，治吉、赣盗，民赖以安。二十年卒，年五十三。赠推忠宣力果毅功臣、平章政事、柱国，封滨国公，谥忠肃。

子思恭，字安道，累官昭毅大将军、右卫亲军都指挥使。思义，宣武将军、昌国州军民达鲁花赤。

赵柔，涞水人。有胆略，善骑射，好施予。金末避兵西山，栅险以保乡井。时刘伯元、蔡友资、李纯等亦各聚众数千，闻柔信义，共推为长。柔明号令，严约束，重赏罚，为众所服。

岁癸酉，太祖遣兵破紫荆关，柔以其众降，行省八札奏闻，以柔为涿、易二州长官，佩金符。丙戌，群盗并起，柔单骑遍入诸栅，说降其众，以功迁龙虎卫上将军、真定涿等路兵马都元帅，佩金虎符，兼银冶总管。庚寅,太宗命兼管诸处打捕总管。丙申,加金紫光禄大夫,卒。至顺元年,追封天水郡公,谥庄静。曾孙世安,荣禄大夫、江西行省左丞。

元史卷一五三
列传第四〇

刘敏　王檝　王守道　高宣
王玉汝　焦德裕　石天麟
李邦瑞　杨奂　贾居贞

刘敏，字有功，宣德青鲁人。岁壬申。太祖师次山西。敏时年十二，从父母避地德兴禅房山。兵至，父母弃敏走，大将怜而收养之。一日，帝宴诸将于行营，敏随之入，帝见其貌伟，异之，召问所自，俾留宿卫。习国语，阅二岁，能通诸部语，帝嘉之，赐名玉出干，出入禁闼，初为奉御。帝征辽西诸国，破之，又征回回国，破其军二十万，悉收其地，敏皆从行。

癸未，授安抚使，便宜行事，兼燕京路征收税课、漕运、盐场、僧道、司天等事，给以西域工匠千余户，及山东、山西兵士，立两军戍燕。置二总管府，以敏从子二人，佩金符为二府长，命敏总其役，赐玉印，佩金虎符。奏佐吏宋元为安抚副使，高逢辰为安抚佥事，各赐银章，佩金符；李臻为参谋。初，耶律楚材总裁都邑，契丹人居多，其徒往往中夜挟弓矢掠民财，官不能禁，敏戮其渠魁，令诸市。又，豪民冒籍良民为奴者众，敏悉归之。选民习星历者，为司天太史氏；兴学校，进名士为之师。

己丑，太宗即位，改造行宫幄殿。乙未，城和林，建万安宫，设宫闱司局，立驿传，以便贡输。既成，宴赐甚渥。辛丑春，授行尚书省，诏曰："卿之所行,有司不得与闻。"俄而牙鲁瓦赤自西域回,奏与敏同治汉民,帝允其请。牙鲁瓦赤素刚尚气,耻不得自专,遂俾其属忙哥儿诬敏以流言,敏出手诏示之,乃已。帝闻之,命汉察火儿赤、中书左丞粘合重山、奉御李简诘问得实,罢牙鲁瓦赤,仍令敏独任。复辟李臻为左右司郎中,臻在幕府二十年,参赞之力居多。

丙午,定宗即位,诏敏与奥都剌同行省事。辛亥夏六月,宪宗即位,召赴行在所,仍命与牙鲁瓦赤同政。甲寅,请以子世亨自代,帝许之,赐世亨银章,佩金虎符,赐名塔塔儿台。帝谕世亨以不从命者黜之。又赐其子世济名散祝台,为必阇赤,入宿卫。

帝伐宋,幸陕右,敏舆疾请见,帝曰:"卿有疾,不召而来,将有言乎?"敏曰:"臣闻天子出巡,义当扈从,敢辞疾乎!但中原土旷民贫,劳师远伐,恐非计也。"帝弗纳,敏还,退居年丰。世祖南征,过年丰,敏入见,谕之曰:"我太祖励精图治,见而知者惟卿尔。汝春秋高,其汇次以为后法。"未几,病归于燕,夏四月卒,年五十九。

王檝,字巨川,凤翔虢县人。父霆,金武节将军、麟游主簿。

檝性倜傥,弱冠举进士不第,乃入终南山读书,涉猎孙、吴。泰和中,复下第,诣阙上书,论当世急务,金主俾给事缙山元帅府。寻用元帅高琪荐,特赐进士出身,授副统军,守涿鹿隘。

太祖将兵南下,檝鏖战三日,兵败见执,将戮之,神色不变,太祖问曰:"汝曷敢抗我师,独不惧死乎?"对曰:"臣以布衣受恩,誓捐躯报国,今既偾军,得死为幸!"帝义而释之,授都统,佩以金符,令招集山西溃兵。从大军破紫荆关,取涿、易、保州、中山,军次雄州。节度使孙吴坚守不下,檝入城喻以祸福,吴遂以城降。

甲戌,授宣抚使,兼行尚书六部事。从三合拔都、太傅猛安率兵南征,下古北口,攻蓟、云、顺等州,所过迎降,得汉军数万,遂围中都。乙亥,中都降。檝进言曰:"国家以仁义取天下,不可失信于民,宜禁房掠,以慰民望。"时城中绝粒,人相食,乃许军士给粮,入城转粜,故士得金帛,而民获粒食。又议:"田野久荒,而兵后无牛,宜差官泸沟桥索军回所驱牛，十取其一，以给农民。"用其说，得数千头，分给近县，民大悦，复业者众。三合、猛安俾檝招谕保定、新城、信安、雄、霸、文安、清、沧诸城，皆望风款附，乃置行司于沧州以镇之。遂从猛安入觐，授银青荣禄大夫，仍前职，兼御史大夫，世袭千户。

时河间、清、沧复叛，帝命檝讨之，复命驸马孛秃分蒙古军及纥、汉军三千属檝，遂复河间，得军民万口。孛秃恶其反复欲尽诛之，檝解之曰："驱群羊使东西者，牧人也，羊何知哉！歼其渠魁足矣。释此辈，迁之近县，强者使从军，弱者使为农，此天之所以畀我也，何以杀为！"孛秃曰："汝能保此辈不复反耶？"檝曰："可。"即移文保任之，俱得全活。

帝命阇里毕与皇太弟国王分拨诸侯王城邑，谕阇里毕曰："汉人中若王宣抚者，可任使之。"遂以前职，兼判三司副使。后又命省臣总括归附工匠之数，将俾大臣分掌之。太师阿海具列诸大臣名以闻，帝曰："朕有其人，偶忘姓名耳。"良久曰："得之矣，旧人王宣抚可任是职。"遂命檝掌之。时都城庙学，既毁于兵，檝取旧枢密院地复创立之，春秋率诸生行释菜礼，仍取旧岐阳石鼓列庑下。

丙戌，从征西夏。及秦州，夏人尽撤桥梁为备，军阻不能前，帝问诸将，皆不知计所出。檝夜督士卒运木石，比晓，桥成，军乃得进。戊子，奉监国公主命，领省中都。属盗起信安，结北山盗李密，转掠近县，檝曰："都城根本之地，何可无备。"引水环城，调度经费，檝自为券，假之贾人，而敛不及民，人心稍安。遣男守谦率军讨诸盗，平之。

庚寅，从征关中，长驱入京兆，进克凤翔，请于太宗曰："此臣乡邦也，愿入城访求亲族。"果得族人数十口以归。壬辰，从攻汴京。癸巳，奉命持国书使宋，以兀鲁剌副之。至宋，宋人甚礼重之，即遣使以金币入贡。檝前后凡五往，以和议未决，隐忧致疾，卒于南。宋人重赗之，仍遣使归其枢，葬于燕。子六人。

王守道，字仲履，其先真定平山人。金亡，群盗并起，州县吏多乘乱贪暴不法，民往往杀令丞及属吏。宣抚司署守道为县尉，众悦之，因转摄令，改真定主簿。史天倪为河北西路兵马都元帅，镇真定，既收大名、泽、潞、怀、孟城邑之未附者，以为府经历。及金恒山公武仙降，署为史天倪副帅，守道谓天倪曰：“是人位居公下，意有不平，安能郁郁于此！宜先事为备。”天倪不以为然，未几，果为所害。及仙以城反为金，史氏之人与属县旁近豪杰，纳天倪之弟天泽为主帅，攻仙。时史天安在白霫，闻变，率兵亦至，遂复真定。仙走保西山诸寨，执守道家人，以重币诱之，守道不顾，日与史氏部曲昆弟征发调度以复仇，卒逐仙遁去。

后擢庆源军节度使，天泽为五路万户，署守道行军参谋，兼检察使。庄圣太后以真定为汤沐邑，守道在镇，以幕僚频岁致觐，敷对称旨，得赐金符、锦衣、金钱。中统三年，天泽入拜左丞相，即授真定等路万户府参谋。至元七年卒。至大元年，以子颙贵，特赠银青荣禄大夫、大司徒，追封寿国公，谥忠惠。仁宗即位，复加推忠协力秉义功臣、金紫光禄大夫、大司徒、上柱国。

高宣，辽阳人。太宗元年，诏宣为元帅，赐金符，统兵从睿宗攻大名，宣进曰：“今奉命出师，伐罪吊民，愿勿嗜杀，以称上意。”睿宗召元帅术乃谕之，下令军中如宣言。及城破，兵不血刃，民心悦服。四年正月，从破金兵三峰山，降宣者二千余户，籍以献，立打捕鹰坊都总管府统之，以宣为都总管，赐金符，仍令子孙世其职。卒。皇庆二年，赠宣力功臣、银青荣禄大夫、大司徒，追封营国公，谥简僖。

子天锡，事世祖潜邸，为必阇赤，入宿卫，甚见亲幸。中统二年，授以其父官，为鹰坊都总管。四年，改燕京诸路奥鲁总管，迁按察副使，仍兼鹰坊都总管。天锡语丞相孛罗、左丞张文谦曰：“农桑者，衣食之本，不务本，则民衣食不足，教化不可兴，古之王政，莫先于此，愿留意焉。”丞相以闻，帝悦，命立司农司，以天锡为中都山北道巡行劝农使，兼司农丞。寻迁司农少卿、巡行劝农使，又迁户部侍郎，进嘉议大夫、兵部尚书，卒。后赠推忠保义功臣、太保、仪同三司、上柱国,追封营国公,谥庄懿。

子谅,裕宗初封燕王,以谅为符宝郎,俄命袭其父官,为鹰房都总管。裕宗甚爱之,谓符宝郎董文忠曰:"汝为我奏请,以谅所管民户隶于我,庶得谅尽力为我用。"文忠入奏,帝从之。未几,授谅嘉议大夫,迁兵部尚书。卒。仁宗时,赠推诚保德赞治功臣、太师、开府仪同三司、上柱国,追封营国公,谥宣靖。

子塔失不花,成宗命世其祖父官,以居丧辞。大德元年,授奉议大夫、章佩监丞。四年,改朝列大夫、利用监丞。八年,升少监。武宗即位,授中议大夫、秘书监丞。仁宗居东宫,召入宿卫。至大三年冬,迁少中大夫、纳绵府达鲁花赤,且谕之曰:"此先世所守旧职也。"皇庆元年春,改授嘉议大夫、同知崇祥院事。冬,进资德大夫,为院使。

延祐四年夏四月,帝谓塔失不花曰:"汝祖尝为司农,今复以授汝。"遂迁荣禄大夫、大司农。英宗居东宫,塔失不花撰集前代嘉言善行,名曰《承华事略》,并画《豳风图》以进。帝览之,奖谕曰:"汝能辅太子以正,朕甚嘉之。"命置图书东宫,俾太子时时观省。六年,改集禧院使。退居于家,卒。

王玉汝,字君璋,郓人。少习吏事。金末迁民南渡,玉汝奉其亲从间道还。行台严实入据郓,署玉汝为掾史,稍迁,补行台令史。中书令耶律楚材过东平,奇之,版授东平路奏差官。以事至京师,游楚材门,待之若家人父子然。实年老艰于从戎,玉汝奏请以本府总管代之行。夏津灾,玉汝奏请复其民一岁。济州长官欲以州直隶朝廷,大名长官欲以冠氏等十七城改隶大名,玉汝皆辨正之。

戊戌,以东平地分封诸勋贵,裂而为十,各私其入,与有司无相关。玉汝曰:"若是,则严公事业存者无几矣。"夜静,哭于楚材帐后。明日,召问其故,曰:"玉汝为严公之使,今严公之地分裂,而不能救止,无面目还报,将死此荒寒之野,是以哭耳。"楚材恻然良久,使诣帝前陈诉。玉汝进言曰:"严实以三十万户归朝廷,崎岖兵间,三齐其家室,卒无异志,岂与他降者同。今裂其土地,析其人民,非所以旌有功也。"帝嘉玉汝忠款,且以其言为直,由是得不分。迁行台知事,仍遥领平阴令。

辛丑,实子忠济袭职,授左右司郎中,遂总行台之政。分封之家,以严氏总握其事,颇不自便,定宗即位,皆聚阙下,复欲剖分东平地。是时,众心危疑,将俯首听命,玉汝力排群言,事遂已。宪宗即位,有旨令常赋外,岁出银六两,谓之包垛银。玉汝曰:"民力不支矣!"纠率诸路管民官,诉之阙下,得减三分之一。累官至龙虎卫上将军、泰定军节度使,兼兖州管内观察使,充行台参议。

壬子,以病谢事杜门,日以经史自娱。乙卯,忠济使人谓玉汝曰:"君闲久矣,可暂起,为吾分忧。"玉汝坚辞,以参议印强委之,不得已起视事,仅五六日,裁画署置,焕然一新。八月既望,有星陨庭中,已而玉汝卒。

焦德裕,字宽父,其远祖赞,从宋丞相富弼镇瓦桥关,遂为雄州人。

父用,仕金,由束鹿令升千户,守雄州北门。太祖兵至,州人开南门降,用犹力战,遂生获之,帝以其忠壮,释不杀,复旧官。徇地山东,未尝妄杀一人。年六十二卒,后以德裕贵,追赠中书左丞,封恒山郡公,谥正毅。

德裕通《左氏春秋》,少拳勇善射,从其舅解昌军中。金将武仙杀真定守史天倪,仙既败走,其党赵贵、王显、齐福等保仙故垒,数侵掠太行。太宗择廷臣有才辩者往招之,杨惟中以德裕荐。遂使真定,降齐福,擒赵贵,王显亡走,德裕追射杀之,其地悉平。诏赐井陉北障城田。中统三年,李璮平,世祖命德裕曲赦益都。四年,赐金符,为阆蓬等处都元帅府参议。宋臣夏贵围宣抚使张庭瑞于虎啸山,实薪土塞水源,人无从得饮。帅府檄德裕援之。德裕夜薄贵营,令卒各持三炬,贵惊走,追及鹅溪,馘千人,获马畜兵仗万计。升京畿漕运使。

至元六年，金陕西道提刑按察司事。八年，转西夏中兴道按察副使。十一年，从丞相伯颜南征，授金行中书省事。遂从下安庆。至镇江，焦山寺主僧诱居民叛，丞相阿术既诛其魁，欲尽坑其徒，德裕谏止之。命德裕先入城抚定。宋平，赐予有加。奉旨求异人异书。平章阿合马潜丞相伯颜杀丁家洲降卒事，奏以德裕为中书参政，欲假一言证成之，德裕辞不拜。久之，复金行省事。

十四年，改淮东宣慰使。淮西贼保司空山，檄淮东四郡守为应，元帅帖哥逻得其檄，即械郡守许定国等四人，使承反状，将籍其家。德裕言："四人者，皆新降将，天子既宠绥之，有地有民，盈所望矣，方誓报效，安有他觊。奈何以疑似杀四守，宁知非反间耶。"尽复其官。拜福建行省参知政事。二十五年卒，年六十九。赠荣禄大夫、平章政事，追封恒国公，谥忠肃。

子简，余姚州知州；洁，信州治中。

石天麟，字天瑞，顺州人。年十四，入见太宗，因留宿卫。天麟好学不倦，于诸国书语无不习。帝命中书令耶律楚材厘正庶务，选贤能为参佐，天麟在选，赐名蒙古台。宗王征西域，以天麟为断事官。

宪宗六年，遣天麟使海都，拘留久之，既而边将劫皇子北安王以往，寓天麟所。天麟稍与其用事臣相亲狎，因语以宗亲恩义，及臣子逆顺祸福之理，海都闻之悔悟，遂遣天麟与北安王同归。天麟被拘留二十八年，始得还，世祖大悦，赏赉甚厚。拜中书左丞，兼断事官，天麟辞曰："臣奉使无状，陛下幸赦弗诛，何可复叨荣宠。况臣才识浅薄，年力衰惫，岂能任政，恐徒贻庙堂羞，不敢奉诏。"帝嘉其诚，褒慰良久，从之。

有谮丞相安童尝受海都官爵者，帝怒，天麟奏曰："海都实宗亲，偶有违言，非仇敌比，安童不拒绝之，所以释其疑心，导其臣顺也。"帝怒乃解。江南道观，偶藏宋主遗像，有僧素与道士交恶，发其事，将置之极刑，帝以问天麟，对曰："辽国主后铜像在西京者，今尚有之，未闻有禁令也。”事遂寝。天麟年七十余，帝以所御金龙头杖赐之，曰：“卿年老，出入宫掖，杖此可也。”时权臣用事，凶焰薰炙，人莫敢言。天麟独言其奸，无所顾忌，人服其忠直。

成宗即位，加荣禄大夫、司徒，大宴玉德殿，召天麟与宴，赐以御药，命左右劝之酒，颇醉，命御辇送还家。武宗即位，进平章政事。至大二年秋八月卒，年九十二。赠推诚宣力保德翊戴功臣、开府仪同三司、太师、上柱国，追封冀国公，谥忠宣。

子圭，累官治书侍御史，迁枢密副使，复为侍御史，拜河南行中书省右丞，升荣禄大夫、南台御史中丞，卒。次子怀都，初袭断事官，累迁刑部尚书、荆湖北道宣慰使。孙哈蓝赤，袭断事官。

李邦瑞，字昌国，以字行，京兆临潼人，世农家。邦瑞幼嗜学，读书通大义。尝被掠，逃至太原，为金将小史，从守阎漫山寨。国王木华黎攻下诸城堡，金将走，邦瑞率众来归，复居太原。守臣惜其材，具鞍马，遣至行在所，中书以其名闻。

岁庚寅，受旨使宋，至宝应，不得入。未几，命复往，仍谕山东淮南路行尚书省李全护送，宋仍拒之。复奉旨以行，邦瑞道出蕲、黄，宋遣贱者来迎，邦瑞怒，叱出之，宋改命行人，乃议如约而还。太宗慰劳，赐车骑斿裘衣装，及银十锭。邦瑞因奏：“干戈之际，宗族离散，乞归寻访。”帝谕速不罕、察罕、匣剌达海等：邦瑞驰驿南京，询访亲戚，或以隶诸部者，悉归之。

甲午，从诸王阔出经略河南，凡所历河北、陕西州郡四十余城，绘图以进，授金符、宣差军储使。乙未夏六月卒。子荣。

杨奂，字焕然，乾州奉天人。母尝梦东南日光射其身，旁一神人以笔授之，已而奂生，其父以为文明之象，因名之曰奂。年十一，母殁，哀毁如成人。金末举进士不中，乃作万言策，指陈时病，皆人所不敢言者，未及上而归，教授乡里。

岁癸巳，金元帅崔立以汴京降，奂微服北渡，冠氏帅赵寿之即延致奂，待以师友之礼。门人有自京师载书来者，因得聚而读之。东平严实闻奂名，数问其行藏，奂终不一诣。

戊戌，太宗诏宣德税课使刘用之试诸道进士。奂试东平，两中赋论第一。从监试官北上，谒中书耶律楚材，楚材奏荐之，授河南路徵收课税所长官，兼廉访使。奂将行，言于楚材曰："仆不敏，误蒙不次之用，以书生而理财赋，已非所长。又况河南兵荒之后，遗民无几，烹鲜之喻，正在今日，急而扰之，糜烂必矣。愿假以岁月，使得抚摩疮痍，以为朝廷爱养基本万一之助。"楚材甚善之。奂既至，招致一时名士与之议，政事约束一以简易为事。按行境内，亲问盐务月课几何、难易若何。有以增额言者，奂责之曰："剥下欺上，汝欲我为之耶。"即减元额四之一，公私便之。不逾月，政成，时论翕然，以为前此漕司未之有也。在官十年，乃请老于燕之行台。

壬子，世祖在潜邸，驿召奂参议京兆宣抚司事，累上书，得请而归。乙卯，疾笃，处置后事如平时，引觞大笑而卒，年七十。赐谥文宪。

奂博览强记，作文务去陈言，以蹈袭古人为耻。朝廷诸老，皆折行辈与之交。关中书号多士，名未有出奂右者。奂不治生产，家无十金之业，而喜周人之急，虽力不赡，犹勉强为之。人有片善，则委曲称奖，唯恐其名不闻；或小过失，必尽言劝止，不计其怨怒也。所著有《还山集》六十卷、《天兴近鉴》三卷、《正统书》六十卷，行于世。

贾居贞，字仲明，真定获鹿人。年十五，汴京破，奉母居天平。甫冠，为行台从事。时法制未立，人以贿赂相交结。有馈黄金五十两者，居贞却之。太宗闻而嘉叹，敕有司月给白金百两，以旌其廉。

世祖在潜邸，知其贤，召用之，俾监筑上都城。讫事，以母丧归。世祖即位，中统元年，授中书左右司郎中。从帝北征，每陈说《资治通鉴》，虽在军中，未尝废书。一日，帝问："郎俸几何？"居贞以数对。帝谓其太薄，敕增之，居贞辞曰："品秩宜然，不可以臣而紊制。"刘秉忠奏居贞为参知政事，又辞曰："他日必有由郎官援例求执政者，将何以处之。"不拜。至元元年,参议中书省事,诏与左丞姚枢行省河东山西,罢侯置守。五年,再为中书郎中,时阿合马擅权,忌之,改给事中。同丞相史天泽等纂修国史。

十一年,丞相伯颜伐宋,居贞以宣抚使议行省事。即渡江,下鄂、汉,伯颜以大军东下,留右丞阿里海涯与居贞分省镇之。居贞曰:"江陵要地,乃宋制阃重兵所屯,闻诸将不睦,迁徙之民盈城,复皆疾疫,刍薪乏阙,杜门不敢樵采。不乘隙先取之,迨春水涨,恐上流为彼所乘,则鄂危矣。"驿闻。十二年春,命阿里海涯领兵取江陵,居贞以金行省事留鄂。于是发仓廪以赈流亡,宋宗室子孙流寓者,廪食之,不变其服,而行其楮币。东南未下州郡,商旅留滞者,给引以归之。免括商税并湖荻禁。造舟百数艘,驾以水军,不致病民。一方安之。

娄安邦以信阳来归,遣入觐,裨将陈思聪屠其家。居贞以计召至,数思聪罪而诛之。

宋幼主既降,其相陈宜中等挟二王逃闽、广,所在扇惑,民争应之。蕲州寇起司空山,属县民傅高亦起兵应。居贞移檄谕以祸福,其下往往涣散,压以官军,遂削平之。高变姓名逃逸,获而戮之。初,遣郑万户讨贼,郑言:"鄂之大姓,皆与傅高通,请先除之,以绝祸本。"居贞曰:"高鼠子无知,行就戮矣,大姓何预!吾能保其无他。"郑既领兵出,留其所善部将,戒曰:"闻吾还军,汝即举烽城楼,内外合发,当尽杀城中大姓。"会其人战败溺死,其事始彰。

十四年,拜湖北宣慰使,命未下,居贞闭门不出,而骄将悍卒,合谋扰民,乃复出视事,人恃以无恐。及行,鄂之老幼号送于道,刻其像于石,祠之泮宫。

十五年,迁江西行省参知政事,未至,民争千里迎诉。时逮捕民间受宋二王文帖者甚急,坐系巨室三百余,居贞至,悉出之,投其文帖于水火。士卒有挟兵入民家,诬为藏匿以取财者,取人子女为奴妾者,皆痛绳以法。大水坏民庐,居贞发廪赈之。南安李梓发作乱,居贞虑将帅出兵扰民,请亲往,卒才千人,营于城北,遣人谕之。贼众闻居贞至，皆散匿，不复为用。梓发闭妻子一室，自焚死。比还，不戮一人。杜万一乱都昌，居贞调兵擒之，有列巨室姓名百数来上，云与贼连，居贞曰："元恶诛矣，蔓延何为。"命火其牒。

十七年，朝廷再征日本，造战舰于江南，居贞极言民困，如此必致乱，将入朝奏罢其事，未行，以疾卒于位，年六十三。赠推忠辅义功臣、银青荣禄大夫、中书平章政事，追封定国公。仲子钧。

钧，字元播。幼读书，渊默有容。由榷茶提举，拜监察御史，佥淮东廉访司事、行台都事，入为刑部郎中，改右司郎中、参议中书省事。仁宗即位，拜参知政事，议罢尚书省所立法。迁佥书枢密院，复参知政事，赐锦衣、宝带，宠赉有加。为政持大体，风裁峻整，不矜子钧名誉。皇庆元年，从幸上都，遇疾，卒于家。前后诏赙钞三万贯，供葬事。子汝立嗣。

元史卷一五四
列传第四一

洪福源 <small>俊奇　君祥　万</small>　　**郑鼎** <small>制宜</small>
李进　　**石抹按只**　　**谒只里**
郑温

　　洪福源，其先中国人，唐遣才子八人往教高丽，洪其一也。子孙世贵于三韩，名所居曰唐城。

　　父大宣，以都领镇麟州，福源为神骑都领，因家焉。岁丙子，金源、契丹九万余众窜入高丽。丁丑九月，夺江东城池据之。戊寅冬十二月，太祖命哈赤吉、扎剌将兵追讨，大宣迎降，与哈赤吉等共击之，降其元帅赵忠。壬午冬十月，又遣着古与等十二人窥觇纳款虚实，还，遇害。

　　辛卯秋九月，太宗命将撒里答讨之，福源率先附州县之民，与撒礼塔并力攻未附者，又与阿儿秃等进至王京。高丽王皞乃遣其弟怀安公请降，遂置王京及州县达鲁花赤七十二人以镇之，师还。壬辰夏六月，高丽复叛，杀所置达鲁花赤，悉驱国人入据江华岛，福源招集北界四十余城遗民以待。秋八月，太宗复遣撒礼塔将兵来讨，福源尽率所部合攻之，至王京处仁城，撒礼塔中流矢卒，其副帖哥引兵还，唯福源留屯。

　　癸巳冬十月，高丽悉众来攻西京，屠其民，劫大宣以东。福源遂尽以所招集北界之众来归，处于辽阳、沈阳之间，帝嘉其忠。甲午夏五月，特赐金符，为管领归附高丽军民长官，仍令招讨本国未附人民。又降旨谕高丽之民，有执王暾及元构难之人来朝者，与洪福源同于东京居之，优加恩礼擢用，若大兵既加，拒者死，降者生，其降民令福源统之。

乙未，帝命唐古拔都儿与福源进讨，攻拔龙岗，咸从二县，凤、海、洞三州山城及慈州，又拔金山、归、信、昌、朔州。己亥春二月，入朝，赐以铠甲弓矢，及金织文段、金银器、金鞍勒等。

乙巳，定宗命阿母罕将兵与福源共拔威州平虏城。

辛亥，宪宗即位，改授虎符，仍为前后归附高丽军民长官。癸丑，从诸王耶虎攻禾山、东州、春州、三角山、杨根、天龙等城，拔之。

甲寅，与扎剌台合兵攻光州、安城、忠州、玄凤、珍原、甲向、玉果等城，又拔之。戊午，福源遣其子茶丘从扎剌台军，会高丽族子王綧入质，阴欲并统本国归顺人民，谮福源于帝，遂见杀，年五十三。后赠嘉议大夫、沈阳侯，谥忠宪。子七人，俊奇、君祥最知名。

俊奇，小字茶丘，福源第二子也。幼从军，以骁勇受知，世祖尝以小字呼之。中统二年秋，茶丘雪父冤，世祖悯之，诏谕之曰："汝父方加宠用，误绊刑章，故于已废之中，庸沛维新之泽。可就带元降虎符，袭父职，管领归附高丽军民总管。"

至元六年，高丽权臣林衍叛。冬十一月，诏以其军三千从国王头辇哥讨平之，迁江华岛所有臣民，复归王京。十二月，帝命茶丘率兵往凤州等处，立屯田总管府。八年二月，入朝，赐钞百缗。林衍余党裴仲孙等，立高丽王植亲属承化侯为王，引三别抄军据珍岛以叛。五月，茶丘奉旨，偕经略使欣都进兵讨之，破其军，杀承化侯，其党金通精率余众走耽罗。帝遣侍卫亲军千户王岑，与茶丘议征取之策，茶丘表陈："通精之党，多在王京，可使招之，招而不从，击之未晚。"从之。俄奉旨往罗州道监造战船，且招降耽罗，茶丘得通精之侄金永等七人，俾招之，通精不从，留金永，余尽杀之。十年，诏茶丘与欣都率兵渡海，击破耽罗，获通精，杀之，悉免其胁从者，高丽始平。

十一年，又命监造战船，经营日本国事。三月，授昭勇大将军、安抚使，高丽军民总管如故。己卯，命茶丘提点高丽农事。八月，授东征右副都元帅，与都元帅忽敦等领舟师二万，渡海征日本，拔对马、一岐、宜蛮等岛。十四年正月，授镇国上将军、东征都元帅，镇高丽。二月，率蒙古、高丽、女直、汉军，从丞相伯颜北征叛臣只鲁瓦歹等。四月，至脱剌河，猝与贼遇，茶丘突阵无前，伯颜以其勇闻，赐白金五十两、金鞍勒、弓矢。

十七年，授龙虎卫上将军、征东行省右丞。十八年，与右丞欣都将舟师四万，由高丽金州合浦以进，时右丞范文虎等将兵十万，由庆元、定海等处渡海，期至日本一岐、平户等岛合兵登岸。兵未交，秋八月，风坏舟而还。十九年十月，命茶丘于平滦黑埚儿监造战船七百艘，以图后举。二十一年十一月，复授征东行省右丞。二十三年，命往江浙等处遣汉人复业。

二十四年，乃颜叛，车驾亲征，赐以翎根甲、宝刀，命率高丽、女直、汉军扈从。猝遇乃颜骑兵万余，时茶丘兵不满三千，众有惧色。茶丘夜令军中，多裂裳帛为旗帜，断马尾为旄，掩映林木，张设疑兵，乃颜兵大惊，以为官兵大至，遂降。帝闻之，厚加旌赏，凯还，授辽阳等处行尚书省右丞。二十七年，以疾辞。

叛王哈丹等窜入高丽，侵挠其国西京，距辽阳二千里皆骚动，中书省特起茶丘镇辽左，帝遣阔里台孛罗儿赐以金字圆符，命茶丘以便宜行事。二十八年，以疾卒，年四十八。子四人，长曰万。

君祥，小字双叔，福源第五子也。年十四，随兄茶丘见世祖于上京，帝悦，命刘秉忠相之，秉忠曰："是儿目视不凡，后必以功名显，但当致力于学耳。"令选师儒海之。至元三年，籍高丽民三百人为兵，令君祥统之。从秃花秃烈、伯颜等军，筑万寿山，复从开通州运河。帝亲谕之曰："尔守志忠勤，朕所知也。"帝尝坐便殿，阅江南、海东舆地图，欲召知者询其险易，左丞相伯颜、枢密副使合达，以君祥应旨，奏对详明，帝悦，酌以巨觥。顾谓伯颜曰："是儿，远大器也。"

六年，林衍叛，从头辇哥征之。八年，戍河南。九年，掠淮西，破其大凹城。十年，从元帅孛鲁㢠袭淮东之阳湖，俘其男女牛马。

十一年，入朝。帝命伯颜伐宋，朝议以宋之兵力必聚两淮，闻我欲渡江，彼必移师拒守，遂命右卫指挥使秃满歹，率轻锐二万攻淮安，以牵制之，君祥以蒙古汉军都镇抚从行。后伯颜既渡江，帝命秃满歹还军萧县。时君祥奉使伯颜军中，宋黄州制置使陈奕降，其子知涟水军，伯颜遣三十骑往招之，因令君祥入奏，帝曰："卿可急还，陈知府降，即偕来也。"及与俱入朝，宴劳甚厚。从元帅孛鲁㢠攻清河，拔之。海州安抚丁顺约降，孛鲁㢠令君祥以闻，时伯颜方朝上京，见君祥，甚喜，遂从南伐。

伯颜克淮安，至扬州，分兵攻淮西。宋制置夏贵遣牛都统以书抵伯颜曰："谚云：杀人一万，自损三千。愿勿废国力，攻夺边城，若行在归附，边城焉往。"伯颜遣君祥以牛都统入见，留三日，还军中。仍传旨谕伯颜曰："事难遥度，宜临机审图之。"伯颜师次镇江，谍报有宋洪都统者，为都督府将，伯颜谓君祥曰："汝同姓，可往招致也。"洪都统即欣然来见，君祥因厚遇之。师进，次临平山，距临安五十里，洪都统来报曰："宋丞相陈宜中、殿帅张世杰皆已逃去，惟三宫未行，宜早定计，以活生民。"伯颜遂令洪都统护宋三宫、令君祥随之。宋降，升武略将军、中卫亲军千户。十五年，命签江南民兵。还，升明威将军、中卫亲军副都指挥使。十七年，进昭勇大将军。十九年，授枢密院判官。二十三年，转昭武大将军、同金枢密院事。

二十四年，乃颜叛，从世祖亲征。每驻跸，君祥辄以兵车外环为营卫，布置严密，帝嘉之。凯还，加辅国上将军。类次车驾起居，为《东征录》。二十八年，授辽阳行省右丞，用枢密院留，复居旧职。俄加集贤大学士，依旧同金枢密院事。议者欲自东南海口辛桥开河合滦河，运粮至上都，奉旨与中书右丞阿里相其利害，还，极言不便，罢之。复奉使高丽，还，改金书枢密院事。

成宗即位，诏裁减久任官，知枢密院暗伯等奏："君祥在枢密十六年,最为久者。"帝曰:"君祥始终一心,可勿迁也。"大德二年,诏使高丽,台臣劾君祥以他事,中道追回,已而事罢。三年,奉使江浙,问民间疾苦。使还,退居昌平之皇华山,绝口不论时事者五年。

大德九年,擢司农,俄拜中书右丞。十年春,改江浙行省右丞。秋,改辽阳右丞,请于朝:宜新省治,增巡兵,设儒学提举官、都镇抚等员,以兴文化,修武备。事未成,会武宗即位,征为同知枢密院事,进荣禄大夫、平章政事,商议辽阳等处行中书省事,改辽阳行省平章政事,俄改商议行省事。至大二年卒。子迈,奉训大夫、同知开元总管府事。

万,小字重喜。至元十三年,入宿卫。十八年,袭职,为怀远大将军、安抚使、高丽军民总管,仍佩父茶丘所佩虎符。

二十四年,乃颜叛,率兵征之。六月,至撒里秃鲁之地,同都万户阇里铁木儿,与乃颜将黄海战,大败之。又从世祖与塔不台战,又败之。是月,至乃颜之地,奉旨留蒙古、女直、汉军镇哈剌河。复选精骑扈驾,至失剌斡耳朵,从御史大夫玉速帖木儿讨乃颜。七月,至扎剌麻秃,与金家奴战,败之,追至蒙可山、那兀江等处,遂平金家奴、塔不台等。九月,师还。

哈丹、八剌哈赤再叛,十月,重喜从诸王爱牙哈赤、平章塔出、都万户阇里铁木儿征之。十二月,次木骨不剌。时诸王脱欢、监司脱台以兵四千余人与其党战,稍却,重喜率骑兵援之,冒锋陷阵,大破其众。又从诸王乃蛮、爱牙哈赤、平章薛阇干,与叛王兵战于兀术站,又战于黑龙江,又战于贴满哈处,皆败之。二十五年,重喜又从玉速帖木儿出师,五月,至贴列可,与哈丹秃鲁干战,获功。至木骨儿抄剌,又战。八月,至贵列河,重喜率兵先涉与战,胜之。十月,又从玉速贴木儿往征木八兰。十二月,与古土秃鲁干战,克之。二十七年六月,赐白金五十两、甲一袭。九月,至禅春,与哈丹秃鲁干战。二十八年二月,从平章薛阇干至高丽青州。五月,与哈丹战,八日,又战,大败之。六月,班师,授昭勇大将军,佩三珠虎符,职如故。十月,薛阇干以重喜入朝,且以其功闻,帝嘉之,赐玉带一、白金五十两,授龙虎卫上将军、辽阳等处行中书省右丞。

二十九年,仍佩元降虎符,总管高丽、女直、汉军万户,兼安抚使、高丽军民总管。六月,改资德大夫、辽阳等处行中书省右丞。大德十年,以其叔父君祥代之。十一年,武宗即位,重喜朝于上都。七月,复授辽阳行省右丞。至大二年,谪漳州,行至杭,遇赦而止。明年卒。子滋,袭爵。

郑鼎,泽州阳城人。幼孤,能自立,读书晓大义,不妄言笑。既长,勇力过人,尤善骑射。初为泽、潞、辽、沁千户。岁甲午,从塔海绀不征蜀,攻二里散关,屡立战功,还屯秦中。未几,宋将余侍郎烧绝栈道,以兵围兴元,鼎率众修复之,破宋兵,解兴元之围。乙巳,迁阳城县军民长官。

庚戌,从宪宗征大理国,自六盘山经临洮,下西蕃诸城,抵雪山,山径盘屈,舍骑徒步,尝背负宪宗以行。敌据扼险要,鼎奋身力战,敌败北,帝壮之,赐马三匹。至金沙河,波涛汹涌,帝临水傍危石,立马观之。鼎谏曰:“此非圣躬所宜。”亲扶下马,帝嘉之。俄围大理,昼夜急攻,城陷,擒其主,大理平。师还,命鼎居后,道经吐蕃,全军而归。辛亥,入朝,帝问以时务,鼎敷对详明,帝嘉纳之,赐名曰也可拔都。

己未,赐白金千两。从世祖南伐,攻大胜关,破之。继破台山寨,禽其守者胡知县,乘胜独进,前陷泥淖,遇伏兵突出葭苇间,鼎奋击,连杀三人,余众遁去。帝急召鼎还,使者以闻,帝曰:“为将当慎重,不可恃勇轻进。”遂分畀卫士三百人,以备不虞,且戒之曰:“自今非奉朕命,毋得轻与敌接。”秋九月,帝驻跸江浒,命诸将南渡,先达彼岸者,举烽火为应,鼎首夺南岸,众军毕渡。进围鄂州,战益力。别攻兴国军,遇宋兵五千,力战破之,擒其将桑太尉,责以懦怯,不忠所事。斩之。

中统元年,以功迁平阳、太原两路万户。阿蓝答儿、浑都海之乱，鼎分率本道兵讨之。二年，诏鼎统征西等军，戍雁门关隘。迁河东南、北两路宣抚使。三年，改授平阳太原宣慰使。至元三年，迁平阳路总管。是岁大旱，鼎下车而雨。平阳地狭人众，常乏食，鼎乃导汾水，溉民田千余顷，开潞河鹏黄岭道，以来天党之粟。修学校，厉风俗，建横涧故桥以便行旅，民德之。

七年，改金书西蜀四川行尚书省事，将兵巡东川。过嘉定，遇蜀兵，与战江中，擒其将李越，悉获战船。八年五月，改军前行尚书省事。十一年，从伐宋。十二年，镇黄州，夏四月，改授淮西宣慰使。十三年，加昭毅大将军，赐白金五百两。

十四年，改湖北道宣慰使，移镇鄂州。夏五月，蕲、黄二州叛，鼎将兵讨之，战于樊口，舟覆溺死，年六十有三。十七年，董文忠等奏："郑也可拔都遇害，其叛人家属物产，宜悉与其子纳怀。"帝从之。赠中书右丞，谥忠毅。后加赠宣忠保节功臣、平章政事、柱国，追封潞国公，谥忠肃。子制宜。

制宜，小字纳怀，性聪敏，庄重有器局，通习国语。至元十四年，袭父职太原、平阳万户，仍戍鄂州。时鄂阙守，俾摄府事。十九年，朝廷将征日本，造楼船何家洲。洲地狭，众欲徙旁居民，制宜不从，改授宽地，居民德之。城中屡灾，或言于制宜曰："恐奸人乘间为变，宜捕其疑似者，痛治之。"制宜曰："吾但严守备而已，奈何滥及无辜！"不答一人，灾亦遂息。有盗伏近郊，晨暮剽劫，流言将入城。俄有数男子自城外至，顾盼异常，制宜命吏缚入狱，问之无验，行省疑其非，将释之，不从。明日，再出城东，遇一人，乘白马，貌服殊异，制宜叱下，讯之，乃与前数男子同为盗者，遂正其罪，一郡帖然。

二十四年，扈驾东征乃颜，请赴敌自效。帝顾左右曰："而父殁王事，惟有一子，毋使在行阵。"制宜请愈力，乃命从月儿吕那颜别为一军，以战功授怀远大将军、枢密院判官。明年，车驾幸上都。旧制：枢府官从行，岁留一员司本院事，汉人不得与。至是，以属制宜。制宜逊辞，帝曰："汝岂汉人比耶！"竟留之。二十八年，迁湖广行省以参知政事,陛辞,帝曰:"汝父死王事,赏未汝及。近者,要束木伏诛,已籍没其财产人畜,汝可择其佳者取之。"制宜对曰:"彼以赃败,臣复取之,宁无污乎!"帝贤其所守,赐白金五千两。未几,徵拜内台侍御史。安西旧有牧地,围人恃势,冒夺民田十万余顷,讼于有司,积年不能理。制宜奉诏而往,按图籍以正之,讼由是息。

三十年,除湖广行枢密副使。湖南地阔远,群寇依险出没,昭、贺二州及庐陵境,民常被害。制宜率偏师徇二州,道经庐陵永新,获首贼及其党,皆杀之。茶乡谭计龙者,聚恶少年,匿兵器为奸,既捕获,其家纳赂以缓狱事,制宜悉以劳军,斩计龙于市,自是湖以南无复盗贼。元贞元年,有制:行枢密院添置副使一员,与制宜连署。制宜以员非常设,先任者当罢。俄入朝,特授大都留守,领少府监,兼武卫亲军都指挥使,知屯田事。

大德八年,晋地大震,平阳尤甚,压死者众,制宜承命存恤,惧缓不及事,昼夜倍道兼行,至则亲入里巷,抚疮残,给粟帛,存者赖之。成宗素知其名,眷遇殊厚,每侍宴,辄不敢饮,终日无惰容,帝察其忠勤,屡赐内酝,辄持以奉母,帝闻之,特封其母苏氏为潞国太夫人。十年,制宜以疾终,年四十有七。赠推忠赞治功臣、银青荣禄大夫、平章政事,追封泽国公,谥忠宣。子阿儿思兰嗣。

李进,保定曲阳人。幼隶军籍,初从万户张柔屯杞之三叉口,时荆山之西九十里曰龙冈者,宋境也。岁庚戌春,张柔引兵筑堡冈上。会淮水泛涨,宋以舟师卒至,主帅察罕率军逆战,进以兵十五人载一舟,转斗十余里,夺一巨舰,遂以功升百户。

戊午,宪宗西征,丞相史天泽时为河南经略大使,选诸道兵之骁勇者从,遂命进为总把。是年秋九月,道由陈仓入兴元,度米仓关,其地荒塞不通,进伐木开道七百余里。冬十一月,至定远七十关,其关上下皆筑连堡,宋以五百人守之,巴渠江水环堡东流。天泽命进往关下说降之,不从。进潜视间道,归白天泽曰:"彼可取也。"是夜二鼓,天泽遣进率勇士七十人,掩其不备,攻之,脱门枢而入者二十人。守门者觉,拔刀拒之,进被伤,不以为病。悬门俄闭,诸军不得入,进与二十人力战,杀伤三十人。后兵走上堡,进乃毁悬门,纳诸军,追至上堡,杀伤益众,宋兵不能敌,弃走。夜将旦,进遂得其堡,守之,关路始通,诸军尽度。进以功受上赏。

己未春二月,天泽兵至行在所,围合州钓鱼山寨。夏五月,宋由嘉陵江以舟师来援,始大战三槽山西。六月,战山之东,有功。秋七月,宋战舰三百余泊黑石峡东,以轻舟五十为前锋,北军之船七十余泊峡西,相距一里许。帝立马东山,拥兵二万,夹江而阵,天泽乃号令于众曰:"听吾鼓,视吾旗,无少怠也。"顷之,闻鼓声,视其旗东指,诸军遂鼓噪而入,兵一交,宋前锋溃走,战舰继乱,顺流纵击,死者不可胜计。帝指顾谓诸将曰:"白旗下服红半臂突而前者,谁也?"天泽以进对,赏锦衣、名马。八月,又战浮图关,前后凡五战,皆以功受上赏。

世祖即位,入为侍卫亲军。中统二年,宣授总把,赐银符。三年,从征李璮有功。至元八年,领兵赴襄阳。十二年,从略地湖北、湖南。宋平,以兵马使分兵屯鄂州。十三年,领军二千,屯田河西中兴府。十四年,加武略将军,升千户。十五年,移屯六盘山,加武毅将军,赐金符。十七年,升明威将军、管军总管。十九年,赐虎符,复进怀远大将军,命屯田西域别石八里。

二十三年秋,海都及笃娃等领军至洪水山,进与力战,众寡不敌,军溃,进被擒。从至掺八里,遁还,至和州,收溃兵三百余人,且战且行,还至京师,赏金织纹衣二袭、钞一千五百贯。二十五年,授蒙古侍卫亲军都指挥使司金事。明年,改授左翼屯田万户。元贞元年春,卒。

子雯,袭授武德将军、左翼屯田万户,佩虎符。皇庆二年,加宣武将军。延祐六年,仁宗念其父进尝北征被掠,特赐雯中统钞五百锭以恤之。泰定元年春,以疾辞。子朵耳只袭。

石抹按只,契丹人,世居太原。父大家奴,率汉军五百人归太祖。岁戊午，按只代领其军，从都元帅纽璘攻成都。时宋兵聚于虚泉，按只以所部兵与战，大败之，杀其将韩都统。又从都元帅按敦攻泸州，按只以战舰七十艘至马湖江，宋军先以五百艘控扼江渡，按只击败之。时宋兵于沿江撤桥据守，按只相地形，造浮桥，师至无留行。宋欲挠其役，兵出辄败，自马湖以达合江、涪江、清江，凡立浮桥二十余所。及四川平，浮桥之功居多。

己未，宋以巨舰载甲士数万屯清河浮桥，相距七十日。水暴涨，浮桥坏，西岸军多漂溺，按只军东岸，急撤浮桥，聚舟岸下，士卒得不死，又援出别部军五百余人。先锋奔察火鲁赤以闻，宪宗遣使慰谕，赏赐甚厚。叙州守将横截江津，军不得渡，按只聚军中牛皮，作浑脱及皮船，乘之与战，破其军，夺其渡口，为浮桥以济师。中统三年，授河中府船桥水手军总管，佩金符，以立浮桥功也。

至元四年，从行省速整带儿攻泸州，按只以水军与宋将陈都统、张总制战于马湖江，按只身被二创，战愈力，败之。六年正月，也速带儿领兵趋泸州，遣按只以舟运其器械、粮食，由水道进。宋兵复扼马湖江，按只击败之，生获四十人，夺其船五艘，复以水军一千，运粮于眉、简二州，军中赖之。九年，从征建都蛮，岁余不下，按只先登其城，力战，遂降之。军还，道病卒。行省承制以其子不老代领其军。

不老，从攻嘉定，以巨舰七十艘载勇士数千人，据其上流，于府江红崖滩造浮桥以渡。十二年，嘉定降，宋将鲜于都统率众遁，不老追至大佛滩，尽毙之。行院汪田哥攻取紫云、泸、叙等城，不老功最多。及诸军围重庆，不老先以战船三百艘列阵于观滩，绝其走路。十三年，领随翼军五百人，会招讨药剌海，竖栅于白水江岸以为备。不老乘夜袭宋军，直抵重庆城下，攻千斯门，宋军惊溃，溺死者众，生擒三十余人，获其旗帜甲仗以献。宋涪州守将率舟师来援，不老击败之于广阳坝，生获六十余人，夺其船十艘。十四年，从攻泸州，不老勒所部兵攻神臂门，蚁附以登，斩首五十级。明日复战，破之。十五年，复攻重庆太平门，不老先登，杀其守陴卒数十人，宋都统赵安以城降，总管黄亮乘舟遁，不老追擒之，及其兵士五十人，夺战舰五十艘。

十六年，命袭父职，为怀远大将军、船桥军马总管，更赐金虎符，兼夔路守镇副万户。十八年，大小盘诸峒蛮叛，命领诸翼蒙古、汉军三千余人戍施州，既而蛮酋向贵、誓用等降，其余峒蛮之未服者悉平，遂以为保宁等处万户。

谒只里，女直人也。大父昔宝味也不干，登金进士第，金亡，归太宗。

谒只里幼颖悟，能记诵，及长，以孝友闻。事世祖潜邸，得备宿卫。中统初，命参议陕西行枢密院事，以商挺佐之。比行，入奏曰："关陕要地，军务非轻，阿脱仰刺国之元臣，陛下方委任之，伏虑临时议论不协，必误大计，傥有异同，臣请得以上闻。"帝可其奏，赐宴而遣之。未几，改行省断事官，复入宿卫。李璮平，朝议选宿卫之士监汉军，谒只里佩虎符，监军于毗阳。

至元七年，命为监战，以所领诸军围襄阳，筑一字堡以张军势，一时名将唆都、刘国杰、李庭等皆隶麾下。攻樊城，率其军先登，破之，所受赏赐，悉分将士。十一年，从丞相伯颜次郢州，将数骑而出，与宋兵遇，有部卒堕马，为其所得，谒只里单骑横戈，直入其军，取之以还，因杀获四人。时粮储不继，诸将以为忧，谒只里乃西攻江陵龙湾堡，取其粟万石，众赖以济。元兵东下，宋将夏贵迎战于阳逻洑，伯颜未至，众欲少俟之，谒只里曰："兵贵神速，机不可失，宜及其未定而击之。"遂直前冲贵军，获战船百余，贵败走。伯颜上其功，加定远大将军。

十二年，攻常州，谒只里造云梯绳桥以登，遂克之。奉省檄徇安吉诸州，皆下。十三年，宋降，伯颜命谒只里监守其宫，号令严肃，秋毫无犯。入朝，录功，迁昭勇大将军。未几，拜镇国上将军、浙东宣慰使，镇守绍兴。十九年卒，年四十二。

子亦老温,袭为万户,累迁江东廉访使;脱脱,淮东宣慰使。

郑温,真定灵寿人。初从中书粘合南合南征,有功,为合必赤千户。从丞相史天泽,为新军万户镇抚。宪宗征西川,温四月不解甲,天泽以温见,具言其功,帝曰:"朕所亲见也。"赐名也可拔都,赏以鞍勒。还至阆州,奉旨分军守逻青居、钓鱼等山,天泽命温统四千人,警逻钓鱼山。

中统元年,佩金虎符,为总管。三年,李璮叛,诏温以军还讨。至济南,大军围其城,贼将杨拔都等乘夜斫营,温力战至黎明,贼退,诸王哈必赤、丞相史天泽厚赏之。七月,城破,命温率兵三千,往定益都。以功复受上赏,命为侍亲军总管。

至元六年,进怀远大将军、右卫副都指挥使。九年,诏温统蒙古、汉人、女真、高丽诸部军万人,渡海征耽罗,平之。十二年,升右卫亲军都指挥使,率三卫军万人从攻岳州、江州、沙市、谭州,皆有功,平章阿里海涯赏银十锭。

十四年,入朝,迁昭勇大将军、枢密院判官。十八年,改辅国上将军、江淮行省参知政事。杭民饥,出米二十石粜之。俄赐以常州官田三十顷。二十二年,召还。二十三年,升江浙左丞,命以新附汉军万五千,于淮安云山泉塘立屯田。二十八年卒,年八十一。

子钦,利用监丞;钮,榷茶都运使;铨,右卫亲军千户;镛,袁州路判官。

元史卷一五五
列传第四二

汪世显 德臣　良臣　惟正
史天泽 格

　　汪世显字仲明，巩昌盐川人。系出旺古族。仕金，屡立战功，官至镇远军节度使，巩昌便宜总帅。金平，郡县望风款附，世显独城守，及皇子阔端驻兵城下，始率众降。皇子曰："吾征四方，所至皆下，汝独固守，何也？"对曰："臣不敢背主失节耳。"又问曰："金亡已久，汝不降，果谁为耶？"对曰："大军迭至，莫知适从，惟殿下仁武不杀，窃意必能保全阓城军民，是以降也。"皇子大悦，承制锡世显章服，官从其旧。

　　即从南征，断嘉陵，捣大安。田、杨诸蛮结阵迎敌，世显以轻骑驰挠之。宋曹将军潜兵相为掎角，世显单骑突之，杀数十人。黎明，大军四合，杀其主将，入武信，遂进逼资、普。军葭萌，宋将依山为栅，世显以数骑往夺之，乘胜定资州，略嘉定、峨眉。进次开州。时方泥潦，由间道攀缘以达。宋军屯万州南岸，世显即水北造船以疑之，夜从上游鼓革舟袭破之，宋师大扰，追奔至夔峡，过巫山，与宋援军遇，斩首三千余级。明年，师还攻重庆，会大暑，乃罢归。觐太宗，锡金符，易其名曰中山，且历数其功，世显拜谢曰："此皆圣明福德所致，臣何预焉！"

　　辛丑，蜀帅陈隆之贻书请战，声言有众百万，皇子集诸将议之，咸谓隆之可生擒也。世显曰："顾临敌何如，无庸夸辞为！"军薄成都,隆之战屡却,坚壁不出。其部曲田显约夜降,隆之觉之,世显曰:"事急矣!"亟梯城入救显,得与从者七十余人出,获隆之,斩之。世显复简精锐五百人,捣汉州,州兵三千出战,城闭,尽没。三日,大军薄其城,又三日,克之。

癸卯春,皇子第功,承制拜便宜总帅,秦、巩等二十余州事皆听裁决,赐虎符、锦衣、玉带。世显先已遘疾,至是加剧,皇子遣医,络绎往疗,竟不起,年四十九。中统三年,论功追封陇西公,谥义武。延祐七年,加封陇右王。

子七人:忠臣,巩昌便宜副总帅;次德臣;次直臣,巩昌中路都总领,殁于王事;次良臣;次翰臣,奥鲁兵马都元帅;佐臣,巩昌左翼都总领,殁于王事;清臣,四川行枢密院副使。

德臣,赐名田哥,字舜辅。年十四,侍太子游猎,矢无虚发。袭爵巩昌等二十四路便宜都总帅,从征蜀,将前军出忠、涪,所向克获。进攻运山,率麾下先,所乘马中飞石死,步战,拔外城。宋将余玠攻汉中,德臣驰赴之,玠闻,遁去。

宪宗素闻其名,及入觐,所陈悉嘉纳,赐印符,命城沔州。沔据嘉陵要路,德臣缮治室庐,部署官属,数日而集。进攻嘉定,敌潜军夜出,德臣迎战,杀百人。还至左绵云顶,宋军乘夜斫营,觉之,杀千人,生擒百人。进次隆庆,宋军仍夜出,与力战,尽杀之。及马漕沟,遇伏兵,与战,获其统制罗廷鹗。又诏德臣城益昌,诸戍皆听节制。世祖以皇弟有事西南,德臣入见,乞免益昌赋税及徭役,漕粮、屯田为长久计,并从之。即命置行部于巩,立漕司于沔,通贩鬻,给馈饷。奏乞以兄忠臣摄府事,使己得专事益昌。益昌为蜀喉襟,蜀人惮其威名,诸郡环视,莫敢出斗。

甲寅春,旱,嘉陵漕舟水涩,议者欲弃去,德臣曰:"国家以蜀事托我,有死而已,奈何弃之!"尽杀所乘马飨士。袭嘉川,得粮二千余石。云顶吕远将兵五千邀战,即阵擒之,复得粮五千石。既而鱼关、金牛水陆运偕至,屯田麦亦登,食用遂给。

　　夏，获宋提辖崔忠、郑再立，纵令持檄谕苦竹，守将南清以城降，所俘城中民，悉归之。东南戍卒数百有去志，德臣揣知之，给券纵去，皆泣谢。未几，山寨相继输款。宋将余晦遣都统甘闰，以兵数万城紫金山，德臣即选精卒，衔枚夜进，大破之，闰仅以身免。南清北觐，其下杀清妻子以叛，蜀将焦远领兵饷之，德臣击败远，尽获所饷资粮。冬，蜀兵二万复至，又败之，获粮百余艘。鱼关至沔水，迂回为渡百有八，至是，悉为桥梁。

　　戊午岁，帝亲征，次汉中，德臣朝行在所。初，诸路军成都，猝为宋人所围，德臣遣将赴之，约曰：“先破敌者，奏领此城。”围遂解。诏候江南事定，如约以城与之。帝幸益昌，驻北山，谓德臣曰：“来者言汝立利州之功，今见汝身甚小，而胆甚大，不知敌曾薄汝城否？”德臣对曰：“赖陛下洪福，未尝一来。”帝曰：“彼惮卿威名耳。”赐金带，且俾立石纪功。嘉陵、白水交会，势汹急，帝问：“船几何可济？”德臣曰：“大军百万，非可淹延，当别为方略。”即命系舟为梁，一夕而成，如履坦途。帝顾谓诸王曰：“汪德臣言不虚发。”赐白金三十斤，仍命刻石纪功。苦竹既逆命，至是攻之，岩壁峭绝，或请建天桥，帝以问德臣，曰：“臣知先登陷阵而已，建桥非所知也。”既而桥果无功。乃率将士鱼贯而进，帝望见，叹曰：“人言其胆勇，岂虚誉邪！”宋将赵仲武纳款，而杨礼犹拒战，奋击，尽杀之。德臣微疾，帝劳之曰：“汝疾皆为我家。”饮以葡萄酒，解玉带赐之，曰：“饮我酒，服我带，疾其有瘳乎！”德臣泣谢。宋龙州守将王德新，遣所亲愿效顺，以郡民为祈，奏如其请。进攻长宁，拔之，斩守将王佐。

　　帝东下，德臣为先锋，抵大获山，夺水门。宋将杨大渊遣子乞活数万人命，引至帝前为请，且曰，大渊率众降。已而运山、青居、大梁皆降。攻钓鱼山，守臣王坚负险，五月不下，德臣单骑至城下，大呼曰：“王坚，我来活汝一城军民，宜早降！”语未既，几为飞石所中，遂感疾。帝遣使问劳，俾还益昌，奏曰：“陛下尊为天子，犹冒寒暑，服劳于外，臣待罪行伍，死其分也。”又遣丞相兀真赐汤剂，卒不起，年三十有六。中统三年，追封陇西公，谥忠烈。

子六人，长惟正；次惟贤，大司徒；惟和，昭文馆大学士；惟明，以质子为元帅；惟能，征西都元帅；惟纯，权便宜都总帅。

良臣，年十六七即从兄德臣出征，每战辄当前锋，以功擢裨帅，兼便宜都府参议。癸丑岁，以德臣荐，为巩昌帅，领所部兵屯田白水，蜀边寨不敢复出钞略。宪宗亲征，军至六盘，良臣还巩昌，供亿所须，事集而民不扰，诏权便宜总帅府事。良臣奏："愿与兄德臣效力定四川。帝曰："行军馈饷，所系不轻，汝任其责，自可立功。"良臣既奉命，治桥梁，平道路，营舟车，水陆无壅，储积充牣。有旨赐黄金弓矢，旌其能。

世祖即位，阿蓝台儿、浑都海逆命，劫六盘府库，西垂骚动，诏良臣讨之。兵至山丹，置营，按兵不战者凡二月。俄大举至耀碑谷，两军相当，良臣慷慨誓诸将曰："今日之事，系国安危，胜则富贵可保，败则身戮家亡，苟能用命，纵死行间，不失忠孝之名。"众闻，踊跃而前。会大风扬沙，昼晦，良臣手刃数十人，贼势沮，众军乘胜捣之，贼大溃，获阿蓝台儿、浑都海，杀之，西鄙辑宁。捷闻，赐金虎符，权便宜都总帅。

中统二年，火里叛，复讨平之。入觐，赐燕，屡称其功，良臣拜谢曰："臣奉诸王成算，何功之有！"世祖嘉其能让，复赐金鞍、甲胄、弓矢，转同金巩昌路便宜都总帅。宋将昝万寿帅战船二百，溯江而上，欲掩青居。良臣伏甲数十艘其后，身先逆战，万寿败走，伏发，几获之。三年，授阆、蓬、广安、顺庆等路征南都元帅。良臣以钓鱼山险绝，不可攻，奏请就近地筑城曰武胜，以扼其往来。四年春，良臣攻重庆，命元帅康土秃先驱，与宋将朱祀孙兵交，良臣塞其归路，引兵横击之，断敌兵为二，敌败走趋城，不得入，尽杀之。

至元六年，授东川副统军。八年，兄子惟正请于朝，谓良臣久劳戎行，乞身代之。九年，复授良臣昭勇大将军、巩昌等二十四处便宜都总帅，兼本路诸军奥鲁总管。明年，召入，帝曰："成都被兵久，须卿安集之。授镇国上将军、枢密副使、西川行枢密院事，蜀人安之。

十一年，进攻嘉定，昝万寿坚守不出，良臣度有伏兵，大搜山谷，果得而杀之，进至薄城。万寿悉军出战，大破之，伏尸蔽江，万寿乞降，良臣奏免其死，居民按堵。良臣统兵顺流而下，紫云、泸、叙相继款附。还围重庆。

十三年，宋涪州安抚杨立，帅兵救重庆者再，良臣皆败走之。宋安抚张珏，遣将乘虚袭据泸州，良臣还军平之，复攻重庆。十五年春，张珏悉众鏖战，良臣奋击，大破之，身中四矢。明日，督战益急。珏所部赵安开门纳降，珏潜通。良臣禁俘掠，发粟赈饥，民大悦。四川悉平，捷闻，世祖喜甚，召良臣入觐，授资善大夫、中书左丞、行四川中书省事，赐白貂裘。良臣陈治蜀十五事，世祖喜纳。良臣至成都，以蜀疮痍之余，极意循抚。行省罢，改授安西王相，不赴。十八年夏，疾卒，年五十一，赠仪同三司，谥忠惠。加赠推诚保德宣力功臣、仪同三司、陕西等处行中书省平章政事、柱国，追封梁国公。

子七人：惟勤，云南诸路行省平章政事；惟简，保宁万户；惟某，同知屯田总管府事；惟永，征西都元帅；惟恭，阶州同知；惟仁，人匠总管达鲁花赤；惟新，汉军千户。

惟正，字公理，幼颖悟，藏书二万卷，喜从文士论议古今治乱，尤喜谈兵，时出游猎，则勒从骑为攻守状。

父卒于军，皇侄寿王俾权袭父爵，守青居山。世祖即位，遂真授焉。初，宪宗遣浑都海以骑兵二万守六盘，又遣乞台不花守青居，至是，浑都海叛，乞台不花发兵为应，惟正即命力士缚乞台不花，杀之。世祖嘉其功，诏东川军事悉听处分。

中统二年，入朝，赐甲胄、宝鞍。三年，诏还巩昌。部长火都叛，民大扰，惟正谓将吏曰："火都今若猘犬，方肆狂啮，苟一战不利，则城邑为墟，当胜以不战。"乃发兵踵之，贼欲战不得，休则挠之，若是者两月，知其粮尽势蹙，曰："可矣。"与战，屡捷，火都遣三十人来约降，即遣其十人还，俾火都自来，因潜兵踵其后，出其不意擒杀之。

至元七年，宋人修合州，诏立武胜军以拒之。惟正临嘉陵江作栅,阨其水道,夜悬灯栅间,编竹为笼,中置火炬,顺地势转走,照百步外,以防不虞,宋人知有备,不敢近。九年,帅兵掠忠、涪,获令、簿各一,破寨七,擒守将六,降户千六百有奇,捕虏五百。会丞相伯颜克襄阳,议取宋,惟正奏曰:"蜀未下者,数城耳,宜并力攻余杭,本根既拔,此将焉往!愿以本兵,由嘉陵下夔峡,与伯颜会钱塘。"帝优诏答曰:"四川事重,舍卿谁托!异日蜀平,功岂伯颜下邪!"未几,两川枢密院合兵围重庆,命益兵助之,惟正夺其洪崖门,获宋将何统制。皇子安西王出镇秦蜀,召惟正还。

十四年冬,皇子北伐,而藩王土鲁叛于六盘,王相府命别速带领兵进讨,惟正为副。别速带不习兵,师行无纪,惟正为正部曲,肃行阵,严斥候,凡军政一倚重焉。进次平凉,简巩兵锐者八十人与俱,至六盘。土鲁先据西山,惟正分安西兵为左右翼,巩兵独居中,去土鲁一里许,皆下马,手弓。土鲁遣百骑突陈,惟正令引满毋发,将及,又命曰:"视必中而发。"于是矢下如雨,突骑中者三之一,余尽驰还,土鲁军遂走。惟正麾兵逐之,三逾山,至萧河,擒叛将燕只哥,复进兵,土鲁亦就擒。安西王至,惟正迎谒,王历称其功。明日,大燕,赏以金尊杯、貂裘。王妃赐其母珠络帽衣,且曰:"吾皇家儿妇也。为汝母制衣,汝母真福人也。"诏惟正入朝,世祖推玉食食之,赐白金五千两、锦衣一袭,授金吾卫上将军、开城路宣慰使。十七年,迁龙虎卫上将军、中书左丞,行秦蜀中书省事,赐玉带。以省治在长安,去蜀远,乃命惟正分省于蜀。蜀土荐罹兵革,民无完居,一闻马嘶,辄奔窜避匿,惟正留意抚循,人便安之。二十年,进阶资德大夫。二十二年,改授陕西行中书省左丞。入觐上都,得腹疾,还至华州,卒,年四十四。谥贞肃。

二子:嗣昌,武略将军、成都管军副万户;寿昌,资德大夫、江南行御史台中丞。

史天泽,字润甫,秉直季子也。身长八尺,音如洪钟,善骑射,勇力绝人,从其兄天倪帅真定。

乙酉，天倪遣护送其母归北京，既而天倪为武仙所害，府僚王缙、王守道追及天泽于燕，曰："变起仓猝，部曲散走，多在近郊，公能回辔南行，不招自至矣。"天泽毅然曰："兄弟之仇，义所当复，虽死不避，况未必死邪！"即倾赀装，易甲仗，南还，行次满城，得士马甚众。天泽行军事，遣监军李伯祐诣国王孛鲁言状，且乞济师。

天泽时为帐前军总领，孛鲁承制命绍兄职为都元帅。俾笑乃歹将蒙古军三千人援之，合势进攻卢奴。仙骁将葛铁枪者，拥众万人来拒战，天泽迎击之，身先士卒，勇气百倍。贼退阻泒河，乘夜而遁，天泽追之，生擒葛铁枪，余众悉溃，获其兵甲辎重，军威大振。遂下中山，略无极，拔赵州，进军野头。会天泽兄天安亦提兵来赴，击仙败之，仙奔双门，遂复真定。

未几，宋大名总管彭义斌阴与仙合，欲取真定，天泽同笑乃䚟扼诸赞皇，仙不得进。义斌势蹙，焚山自守，天泽遣锐卒五十，摧锋而入，自以铁骑继其后，缚义斌斩之。

未几，仙复令谍者，结死士于城中大历寺为内应，夜斩关而入，据其城。天泽引步卒数十，逾城东出，至藁城，求援于董俊。俊授以锐卒数百，夜赴真定，而笑乃䚟兵亦至，捕叛者三百余人，仙从数骑，走保西山抱犊寨。笑乃䚟怒忿民之从贼，驱万余人将杀之，天泽曰："彼皆吾民，但为贼所胁耳，杀之何罪！"力争得释。乃缮城壁，立楼橹，为不可犯之计，招集流散，存恤困穷。以抱犊诸寨，仙之巢穴，不即剪覆，终遗后患，急攻下之，仙乃遁去。继又取蚁尖、马武等寨，而相、卫亦降。

己丑，太宗即位，议立三万户，分统汉兵。天泽适入觐，命为真定、河间、大名、东平、济南五路万户。庚寅冬，武仙复屯兵于卫，天泽合诸军围之。金将完颜合达以众十万来援，战不利，诸将皆北，天泽独以千人绕出其后，败一都尉军，与大军合攻之，仙逸去，遂复卫州。

壬辰春，太宗由白波渡河，诏天泽以兵由孟津会河南，至则睿宗已破合达军于三峰山。乃命略地京东，招降太康、柘县、瓦冈、睢州,追斩金将完颜庆山奴于阳邑。夏,帝北还,留睿宗总兵围汴。

癸巳春,金主突围而出,令完颜白撒自黄龙冈来袭新卫。天泽率轻骑驰赴之,比至,围已合,天泽奋戈突至城下,呼守者曰:"汝等勉力,援兵且至。"复跃出,其众皆披靡,遂与大军夹击之,白撒等败走蒲城,天泽尾其后,白撒等兵尚八万,俘斩殆尽。金主以单舸东走归德,天泽追至归德,与诸军会。新卫达鲁花赤撒吉思不花,欲薄城背水而营,天泽曰:"此岂驻兵之地乎!彼若来犯,则进退失据矣。"不听,会天泽以事之汴,比还,撒吉思不花全军皆没。金主迁蔡,帝命元帅偪盏率大军围之。天泽当其北面,结筏潜渡汝水,血战连日。甲午春正月,蔡破,金主自经死,天泽还真定。

时政烦赋重,贷钱于西北贾人以代输,累倍其息,谓之羊羔利,民不能给。天泽奏请官为偿一本息而止。继以岁饥,假贷充贡赋,积银至一万三千锭,天泽倾家赀,率族属官吏代偿之。又请以中户为军,上下户为民,著为定籍,境内以宁。

金亡,移军伐宋。乙未,从皇子曲出攻枣阳,天泽先登,拔之。及攻襄阳,宋兵以舟数千陈于峭石滩,天泽挟二舟载死士,直前捣之,覆溺者万计。丁酉,从宗王口温不花围光州,天泽先破其外城,攻子城,又破之。师次复州,宋兵以舟三千锁湖面为栅,天泽曰:"栅破,则复自溃。"亲执桴鼓,督勇士四十人攻其栅,不逾时,栅破,复人惧,请降。进攻寿春,天泽独当一面,宋兵夜出斫营,天泽手击杀数人,麾下兵继至,悉驱其兵入淮水死,乘胜而南,所向辄克。

壬子,入觐,宪宗赐卫州五城为分邑。世祖时在藩邸,极知汉地不治,河南尤甚,请以天泽为经略使。至则兴利除害,政无不举,诛郡邑长贰之尤贪横者二人,境内大治。阿蓝答儿钩较诸路财赋,锻练罗织,无所不至,天泽以勋旧独见优容,天泽曰:"我为经略使,今不我责,而罪余人,我何安乎!"由是得释者甚众。

戊午秋,从宪宗伐宋,由西蜀以入。己未夏,驻合州之钓鱼山,军中大疫,方议班师,宋将吕文德以艨艟千余,溯嘉陵江而上,北军迎战不利。帝命天泽御之,乃分军为两翼,跨江注射,亲率舟师顺流纵击,三战三捷,夺其战舰百余艘,追至重庆而还。

中统元年,世祖即位,首召天泽,问以治国安民之道,即具疏以对,大略谓:"朝廷当先立省部以正纪纲,设监司以督诸路,需恩泽以安反侧,退贪残以任贤能,颁奉秩以养廉,禁贿赂以防奸,庶能上下丕应,内外休息。"帝嘉纳之。继命往鄂渚撤江上军,还,授河南等路宣抚使,俄兼江淮诸翼军马经略使。

二年夏五月,拜中书右丞相。天泽既秉政,凡前所言治国安民之术,无不次第举行。又定省规十条,以正庶务。宪宗初年,括户余百万,至是,诸色占役者太半,天泽悉奏罢之。秋九月,扈从世祖亲征阿里不哥,次昔木土之地,诏丞相线真将右军,天泽将左军,合势蹙之,阿里不哥败走。

三年春,李璮阴结宋人,以益都叛,遂据济南,诏亲王哈必赤总兵讨之,凶势甚盛。继命天泽往,天泽闻璮入济南,笑曰:"豕突入苙,无能为也。"至是进说于哈必赤曰:"璮多谲而兵精,不宜力角,当以岁月毙之。"乃深沟高垒,绝其奔轶,凡四月,城中食尽,军溃出降,生擒璮,斩于军门,诛同恶者数十人,余悉纵归。明日,引军东行,未至益都,城中人已开门迎降。

初,天泽将行,帝临轩授诏,责以专征,俾诸将皆听节度。天泽未尝以诏示人,及还,帝慰劳之,悉归功于诸将,其慎密谦退如此。天泽在宪宗时尝奏:"臣始摄先兄天倪军民之职,天倪有二子,一子管民政,一子掌兵权,臣复入叨寄遇,一门之内,处三要职,分所当辞。臣可退休矣。"帝曰:"卿奕世忠勤,有劳于国,一门三职,何愧何嫌!"竟不许。至是,言者或谓李璮之变,由诸侯权太重。天泽遂奏:"兵民之权,不可并于一门,行之请自臣家始。"于是史氏子侄,即日解兵符者十七人。

至元元年,加光禄大夫,右丞相如故。三年,皇太子燕王领中书省,兼判枢密院事,以天泽为辅国上将军、枢密副使。四年,复授光禄大夫,改中书左丞相。六年,帝以宋未附,议攻襄阳,诏天泽与驸马忽剌出往经画之。赐白金百锭、楮币万缗。至则相要害,立城堡,以绝其声援,为必取之计。七年,以疾还燕。八年,进开府仪同三司、平章军国重事,仍敕右丞相安童谕旨曰:"两省、院、台,或一月、一旬,遇大事,卿可商量,小事不烦卿也。"

十年春,与平章阿术等进攻樊城,拔之,襄阳降。十一年,诏天泽与丞相伯颜总大军,自襄阳水陆并进。天泽至郢州遇疾,还襄阳,帝遣侍臣赐以葡萄酒,且谕之曰:"卿自朕祖宗以来,躬擐甲胄,跋履山川,宣力多矣。又卿首事南伐,异日功成,皆卿力也。勿以小疾阻行为忧,可且北归,善自调护。"还至真定,帝又遣其子杠与尚医驰视,赐以药饵。

天泽因附奏曰:"臣大限有终,死不足惜,但愿天兵渡江,慎勿杀掠。"语不及它。以十二年二月七日薨,年七十四。讣闻,帝震悼,遣近臣赙以白金二千五百两,赠太尉,谥忠武。后累赠太师,进封镇阳王,立庙。

天泽平居,未尝自矜其能,及临大节、论大事,毅然以天下之重自任。年四十,始折节读书,尤熟于《资治通鉴》,立论多出人意表。拜相之日,门庭悄然,或劝以权自张,天泽举唐韦澳告周墀之语曰:"愿相公无权。爵禄刑赏,天子之柄,何以权为!"因以谢之,言者惭服。当金末,名士流寓失所,悉为治其生理而宾礼之,后多致显达。破归德,释李大节不杀,而送至真定,署为参谋。卫为食邑,命王昌龄治之,旧人多不平,而莫能间,其知人之明、用人之专如此。是以出入将相五十年,上不疑而下无怨,人以比于郭子仪、曹彬云。

子格,湖广行省平章政事;樟,真定顺天新军万户;棣,卫辉路转运使;杠,湖广行省右丞;杞,淮东道廉访使;梓,同知澧州;楷,同知南阳府;彬,中书左丞。

格,字晋明。岁壬子,宪宗赐天泽以卫城,授格节度使。宪宗崩,从北留谦州,五年而归,为邓州旧军万户。既又代张弘范为亳州万户,而以故所将邓州旧军授弘范。从攻襄阳,襄阳下,赐白金、衣裘、弓矢、鞍马。众军渡江,平章阿术将二十三万户居前,每五万户择一人为帅统之,格居其一。格军先渡,为宋将程鹏飞所却,格被三创,丧其师二百,寻复大战,中流矢,鹏飞身亦被七创,乃败走。其后枢密院奏格轻进,请罪之,帝念其功,而薄其罪。俾从平章阿里海牙攻潭州,炮激栅木,伤肩,矢贯其手,裹创先登,拔之,遂以军民安抚留戍。

入觐,加定远大将军,赐以天泽所服玉带。从攻静江,众以辏辐自蔽凿城,格所当,炮雷蔽地,车不可至,乃伺隙率众攀堞,蚁附而上,拔之。徇广西十三州、广东三州,皆下。静江受兵之初,溪洞诸夷皆降云南,格遣使谕之,来者五十州,云南争之,事闻,诏听格节度。升广西宣抚使,改镇国上将军、广南西道宣慰使。

宋亡,陈宜中、张世杰挟益王昰、广王昺据福州,立益王,传檄岭海,欲复其地,诈言夏贵已复濒江州郡。诸戍将以江路既绝,不可北归,皆托计事还静江。格曰:"君等亦为虚声所惧邪! 待贵逾岭,审不可北归,吾与诸君取涂云南而归,未为不可,敢辄弃戍哉!"行省议弃广东之肇庆、德庆、封州,并兵戍梧州。格曰:"弃地撤备,示敌以怯,不可,宜增兵戍之。"剧贼苏仲,集溃卒,据镇龙山称王,劫掠于外,耕植于内,至秋毕获。闻大兵至,则伪出降,官军畏暑,不敢深入,横、象、宾、贵四州,皆被其害。格筑堡于其界,守以士兵,令官军火其庐栅,民践其禾稼,仲穷蹙,遂降。益王余众破浔州,斩李辰、李福。静江北抵泉、永,皆城守。罗飞围永,凡七月不下。判官潘泽民间道来告急,格分兵赴之,珍其众。

益王死,卫王立。趣广州,壁海中崖山,遣曾渊子据雷州,谕之降,不听,进兵攻之,渊子奔碙洲。世杰将兵数万,欲复取雷州,戍将刘仲海击走之。后悉众来围,城中绝粮,士以草为食,格漕钦、廉、高、化诸州粮以给之,世杰解围去。诏格戍雷州。卫王死,广东、西悉平。张弘范请复将亳州军,乃还格邓州旧军。拜参知政事、行广南西道宣慰使。入觐,拜资德大夫、湖广行中书省右丞。移江西右丞,寻复为湖广右丞,进平章政事。卒,年五十八。

子燿,福建行省平章政事;荣,邓州旧军万户。

元史卷一五六
列传第四三

董文炳 士元　士选　　张弘范

董文炳，字彦明，俊之长子也。父殁时年始十六，率诸幼弟事母李夫人。夫人有贤行，治家严，笃于教子。文炳师侍其先生，警敏善记诵，自幼俨如成人。

岁乙未，以父任为藁城令。同列皆父时人，轻文炳年少，吏亦不之惮。文炳明于听断，以恩济威。未几，同列束手下之，吏抱案求署字，不敢仰视，里人亦大化服。县贫，重以旱蝗，而征敛日暴，民不聊生。文炳以私谷数千石与县，县得以宽民。前令因军兴乏用，称贷于人，而贷家取息岁倍，县以民蚕麦偿之。文炳曰："民困矣，吾为令，义不忍视也，吾当为代偿。"乃以田庐若干亩计直与贷家，复籍县间田与贫民为业，使耕之。于是流离渐还，数年间民食以足。朝廷初料民，令敢隐实者诛，籍其家。文炳使民聚口而居，少为户数。众以为不可，文炳曰："为民获罪，吾所甘心。"民亦有不乐为者，文炳曰："后当德我。"由是赋敛大减，民皆富完。旁县民有讼不得直者，皆诣文炳求决。文炳尝上谒大府，旁县人聚观之，曰："吾亟闻董令，董令顾亦人耳，何其明若神也！"时府索无厌，文炳抑不予。或谗知府，府欲中害之，文炳曰："吾终不能剥民求利也。"即弃官去。

世祖在潜藩，癸丑秋，受命宪宗征南诏。文炳率义士四十六骑从行，人马道死殆尽。及至吐番，止两人能从，两人者挟文炳徒行，踯躅道路，取死马肉续食，日行不能三二十里，然志益厉，期必至军。会使者过，遇文炳，还言其状。时文炳弟文忠先从世祖军，世祖即命文忠解尚厩五马载糗粮迎文炳。既至，世祖壮其忠，且闵其劳，赐赍甚厚。有任使皆称旨，由是日亲贵用事。

己未秋，世祖伐宋，至淮西台山寨，命文炳往取之。文炳驰至寨下，谕以祸福，不应，文炳脱胄呼曰：“吾所以不极兵威者，欲活汝众也，不速下，今屠寨矣。”守者惧，遂降。九月，师次阳罗堡。宋兵筑堡于岸，陈船江中，军容甚盛。文炳请于世祖曰：“长江天险，宋所恃以为国，势必死守，不夺其气不可，臣请尝之。”即与敢死士数十百人当其前，率弟文用、文忠载艨艟鼓棹疾趋，叫呼毕奋。锋既交，文炳麾众趋岸搏之，宋师大败。命文用轻舟报捷，世祖方驻香炉峰，因策马下山问战胜状，则扶鞍起立，竖鞭仰指曰：“天也！”且命他师毋解甲，明日将围城。既渡江，会宪宗崩。闰十一月，班师。

庚申，世祖即位于上都，是为中统元年，命文炳宣慰燕南诸道。还奏曰：“人久弛纵，一旦遽束以法，不可。危疑者尚多，宜赦天下，与之更始。”世祖从之，反侧者遂安。二年，擢山东东路宣抚使。方就道，会立侍卫亲军，帝曰：“亲军非文炳难任。”即遥授侍卫亲军都指挥使，佩金虎符。

三年，李璮反济南。璮剧贼，善用兵。文炳会诸军围之，璮不得遁。久之，贼势日蹙，文炳曰：“穷寇可以计擒。”乃抵城下，呼璮将田都帅者曰：“反者璮耳，余来即吾人，毋自取死也。”田缒城降。田，璮之爱将，既降，众遂乱，禽璮以献。璮兵有浙、涟两军二万余人，勇而善战，主将怒其与贼，配诸军，使阴杀之，文炳当杀二千人，言于主将曰：“彼为璮所胁耳，杀之恐乖天子仁圣之意。向天子伐南诏，或妄杀人，虽大将亦罪之，是不宜杀也。”主将从之。然他杀之者已众，皆大悔。

璮伏诛，山东犹未靖，乃以文炳为山东东路经略使，率亲军以行。出金银符五十，有功者听与之。闰九月，文炳至益都，留兵于外，从数骑衣冠而入。居府，不设警卫，召璮故将吏立之庭，曰：“璮狂贼，诖误汝等。璮已诛死，汝皆为王民，天子至仁圣，遣经略使抚汝，当相安毋惧。经略使得便宜除拟将吏，汝等勉取金银符，经略使不敢格上命不予有功者。”所部大悦，山东以安。

至元三年，帝惩李璮之乱，欲潜销方镇之横，以文炳代史氏两万户为邓州光化行军万户、河南等路统军副使。到官，造战舰五百艘，习水战，预谋取宋方略，凡陀塞要害皆列栅筑堡，为备御计。帝尝召文炳密谋，欲大发河北民丁。文炳曰：“河南密迩宋境，人习江淮地利，宜使河北耕以供军，河南战以辟地。俟宋平，则河北长隶兵籍，河南削籍为民。如是为便。又将校素无俸给，连年用兵，至有身为大校出无马乘者。臣即所部千户私役兵士四人，百户二人，听其雇役，稍食其力。”帝皆从之，始颁将校俸钱，以秩为差。

七年，改山东路统军副使，治沂州。沂与宋接境，镇兵仰内郡饷运。有诏和籴本部，文炳命收州县所移文。众谏以违诏，文炳曰：“但止之。”乃遣使入奏，略曰：“敌人接壤，知吾虚实，一不可；边民供顿甚劳，重苦此役，二不可；困吾民以惧来者，三不可。”帝大悟，罢之。九年，迁枢密院判官，行院事于淮西。筑正阳两城，两城夹淮相望，以缀襄阳及捣宋腹心。

十年，拜参知政事。夏，霖雨，水涨，宋淮西制置使夏贵帅舟师十万来攻，矢石雨下，文炳登城御之。一夕，贵去复来，飞矢贯文炳左臂，着胁。文炳拔矢授左右，发四十余矢。箙中矢尽，顾左右索矢，又十余发，矢不继，力亦困，不能张满，遂闷绝几殆。明日，水入外郭，文炳麾士卒却避，贵乘之，压军而阵。文炳病创甚，子士选请代战，文炳壮而遣之，复自起束创，手剑督战。士选以戈击贵将仆，不死，获之以献。贵遂去，不敢复来。

是岁，大举兵伐宋，丞相伯颜自襄阳东下，与宋人战阳罗堡。文炳以九月发正阳，十一年正月会伯颜于安庆。安庆守将范文虎以城降。文炳请于伯颜曰：“大军既疲于阳罗堡，吾兵当前行。”伯颜许之。宋都督贾似道来御师，阵于芜湖，似道弃师走。次当涂，文炳复言于伯颜曰：“采石当江之南，和州对峙，不取，必有后顾。”遂进攻之，降知州事王喜。

三月，有诏以时向暑热，命伯颜军驻建康，文炳军驻镇江。时扬州、真州坚守不下，常州、苏州既降复叛。张世杰、孙虎臣约真、扬兵誓死战，真、扬兵战每败，不敢出。世杰等陈大舰万艘，碇焦山下江中，劲卒居前。文炳身犯之，载士选别船。弟之子士表请从，文炳顾曰："吾弟仅汝一子，脱吾与士选不返，士元、士秀犹足杀敌，吾不忍汝往也。"士表固请，乃许。文炳乘轮船，建大将旗鼓，士选、士表船翼之，大呼突阵，诸将继进，飞矢蔽日。战酣，短兵相接，宋兵亦殊死战，声震天地，横尸委仗，江水为之不流。自寅至午，宋师大败，世杰走，文炳追及于夹滩。世杰收溃卒复战，又破之，遂东走于海。文炳船小，不可入海，夜乃还。俘甲士万余人，悉纵不杀，获战船七百艘，宋力自此遂穷。

十月，诸军分三道而进，文炳居左，由江并海趋临安。先是，江阴军金判李世修欲降不果，文炳檄谕之，世修以城来附，令权本军安抚使。所过民不知兵，凡获生口，悉纵遣之，无敢匿者，威信前布，皆望旗而服。张瑄有众数千，负海为横，文炳命招讨使王世强及士选往降之。士选单舸至瑄所，谕以威德，瑄降，得海舶五百。

十三年春正月，次盐官。盐官，临安剧县，俟救至，招之再返不下。将佐请屠之，文炳曰："县去临安不百里，声势相及，临安约降已有成言，吾轻杀一人，则害大计，况屠一县耶。"于是遣人入城谕意，县降。遂会伯颜于临安城北。张世杰欲以其主逃之海，文炳绕出临安城南，戍浙江亭。世杰计不行，乃窃宋主弟吉王昰、广王昺南走，而宋主㬎遂降。

伯颜命文炳入城，罢宋官府，散其诸军，封库藏，收礼乐器及诸图籍。文炳取宋主诸玺符上于伯颜。伯颜以宋主入觐，有诏留事一委文炳。禁戢豪猾，抚慰士女，宋民不知易主。时翰林学士李槃奉诏招宋士至临安，文炳谓之曰："国可灭，史不可没。宋十六主，有天下三百余年，其太史所记具在史馆，宜悉收以备典礼。"乃得宋史及诸注记五千余册，归之国史院。宋宗室福王与芮赴京师，遍以重宝致诸贵人，文炳独却不受。及官录与芮家，具籍受宝者，惟文炳无名。伯颜入朝奏曰："臣等奉天威平宋，宋既已平，怀徕安集之功，董文炳居多。"帝曰:"文炳吾旧臣,忠勤朕所素知。"乃拜资德大夫、中书左丞。

时张世杰奉吉王昰据台州,而闽中亦为宋守。敕文炳进兵,所过禁士马无敢履践田麦,曰:"在仓者吾既食之,在野者汝又践之,新邑之民何以续命。"是以南人感之,不忍以兵相向。次台州,世杰遁。诸将先俘州民,文炳下令曰:"台人首效顺于我,我不暇有,故世杰据之,其民何罪。敢有不纵所俘者,以军法论。"得免者数万口。至温州,温州未下,令曰:"毋取子女,毋掠民有。"众曰:"诺。"其守将火城中逃,文炳亟命灭火,追擒其将,数其残民之罪,斩以徇。逾岭,闽人扶老来迎,漳、泉、建宁、邵武诸郡皆送款来附。凡得州若干、县若干、户口若干。闽人感文炳德最深,庙而祀之。

十四年,帝在上都,适北边有警,欲亲将北伐。正月,急召文炳。四月,文炳至自临安。比至,帝日问来期。及至,即召入。文炳拜稽首曰:"今南方已平,臣无所效力,请事北边。"帝曰:"朕召卿,意不在是也。竖子盗兵,朕自抚定。山以南,国之根本也,尽以托卿。卒有不虞,便宜处置以闻。中书省、枢密院事无大小,咨卿而行。已敕主者,卿其勉之。"文炳避谢,不许,因奏曰:"臣在临安时,阿里伯奉诏检括宋诸藏货宝,追索没匿甚细,人实苦之。宋人未洽吾德,遽苦之以财,恐非安怀之道。"即诏罢之。又曰:"昔者泉州蒲寿庚以城降,寿庚素主市舶,谓宜重其事权,使为我捍海寇,诱诸蛮臣服,因解所佩金虎符佩寿庚矣,惟陛下恕其专擅之罪。"帝大嘉之,更赐金虎符。燕劳毕,即听陛辞。文炳求见皇太子,帝许之,复敕太子曰:"董文炳所任甚重,见毕即遣行。"既见,慰谕恳至。文炳留士选宿卫,即日就道,凡在上都三日。

至大都,更日至中书、枢密,不署中书案。平章政事阿合马方恃宠用事,生杀任情,惟畏文炳,奸状为之少敛。尝执笔请曰:"相公官为左丞,当署省案。"请至再四,不肯署。皇太子闻之,谓宫臣竹忽纳曰:"董文炳深虑,非尔曹所知。"后或私问其故,文炳曰:"主上所付托者,在根本之重,非文移之细。且吾少徇则济奸,不徇则致谗。谗行则身危，而深失付托本意。吾是以预其大政，而略其细务也。”

十五年夏，文炳有疾，奏请解机务，诏曰：“大都暑炽，非病者宜，卿可来此，固当愈。”文炳至上都，奏曰：“臣病不足领机务，西北高寒，筋骸舒畅，当复自愈，请尽力北边。”帝曰：“卿固忠孝，是不足行也。枢密事重，以卿金书枢密院事，中书左丞如故。”文炳辞，不许，遂拜。八月天寿节，礼成赐宴，帝命坐文炳上坐，谕宗室大臣曰：“董文炳，功臣也，理当坐是。”每尚食，上食辄辍赐文炳。是夜，文炳疾复作，敕赐御医日来诊视。九月十三日，疾笃，洗沐而坐，召文忠等曰：“吾以先人死王事，恨不为国死边，今至此，命也。愿董氏世有男能骑马者，勉力报国，则吾死瞑目矣。”言毕，就枕卒。帝闻，悼痛良久，命文忠护丧葬藁城，令所过有司以礼吊祭，赠金紫光禄大夫、平章政事，谥忠献。子士元、士选。

士元，一名不花，字长卿，文炳长子也。自襁褓丧母，祖母李氏爱之，谓文炳曰：“俟儿能言，即令读书。”数岁，从名儒受学。及长，善骑射。宪宗征蜀，士元年二十三，从叔父文蔚率邓州一军西行。师次钓鱼山，宋人坚壁拒守。士元请代文蔚攻之，以所部锐卒先登，力战良久，以它军不继而还。宪宗壮之，赐以金帛。

中统初，文蔚入典禁兵，士元以世家子选供奉内班，从车驾巡狩北方，尝预武定山之役。帝知其忠勤可任以事。会文蔚病卒，无子，命士元袭为千夫长。出师南征襄、汉，分禁兵戍淮上，士元在军中修敕武备，号令肃然。

丞相伯颜克江南，宋兵保两淮未下，士元数与战，拔淮安堡，以功迁武节将军。从太师博鲁欢攻扬州，驻师湾头堡。时方大暑，博鲁欢病还京师，以行省阿里代领诸军。扬州守将姜才乘隙来攻。阿里素不习兵，率轻骑数百出堡，士元与别将哈剌秃以百骑从之。日已暮，宋兵至者万余，士元谓左右曰：“大丈夫报国正在今日，勿惧也。”方整阵欲战，阿里趣令左旋，已乃遁去。士元与哈剌秃以部兵赴敌死战，鼓噪震地，泥淖马不能驰，乃弃马步战，至四更，敌众始退。及旦，阿里来视战地，见士元卧泥中，身被十七枪，甲裳尽赤，肩舁至营而绝，年四十二。哈剌秃亦战死。

江淮既平，伯颜入朝言于帝曰："淮海之役，所损者二将而已。"帝问其人，以士元与哈剌秃对。帝曰："不花健捷过人，昼战必能制敌，夜战而死，甚可惜也。"至大元年，赠镇国上将军、金书枢密院事，谥节愍。后加赠推诚效节功臣、资德大夫、中书左丞、护军，追封赵郡公，改谥忠愍。

士选，字舜卿，文炳次子也。幼从文炳居兵间，昼治武事，夜读书不辍。文炳总师与宋兵战金山，士选战甚力，大败之，追至海而还。及降张瑄等，丞相伯颜临阵观之，壮其骁勇，遣使问之，始知为文炳子。奏功，佩金符，为管军总管。战数有功。宋降，从文炳入宋宫，取宋主降表及收其文书图籍，静重识大体，秋毫无所取，军中称之。宋平，班师，诏置侍卫亲军诸卫，以士选为前卫指挥使，号令明正，得士大夫心。未几，以其职让其弟士秀。帝嘉其意，命士秀将前卫，而以士选同金行枢密院事于湖广，久之召还。

宗王乃颜叛，帝亲征，召士选至行在所，与李劳山同将汉人诸军以御之。乃颜军飞矢及乘舆前，士选等出步卒横击之，其众败走。缓急进退有礼，帝甚善之。桑哥事败，帝求直士用之，以易其弊，于是召士选论议政事，以中书左丞与平章政事彻理往镇浙西，听辟举僚属。至部，察病民事，悉以帝意除之，民大悦。有聚敛之臣为奸利，事发得罪且死，诈言所遣舶商海外未至，请留以待之，士选曰："海商至则捕录之，不至则无如之何，不系斯人之存亡也。苟此人幸存，则无以谢天下。"遂竟其罪。浙多湖泊，广蓄泄以艺水旱，率为豪民占以种艺，水无所居积，故数有水旱，士选与彻理力开复之。

成宗即位，金行枢密院于建康。未几，拜江西行省左丞。赣州盗刘六十伪立名号，聚众至万余。朝廷遣兵讨之，主将观望退缩不肯战，守吏又因以扰良民，贼势益盛。士选请自往，众欣然托之。即日就道，不求益兵，但率掾史李霆镇、元明善二人，持文书以去，众莫测其所为。至赣境，捕官吏害民者治之，民相告语曰："不知有官法如此。"进至兴国县，去贼巢不百里，命择将校分兵守地待命。察知激乱之人，悉置于法，复诛奸民之为囊橐者。于是民争出请自效，不数日遂擒贼魁，散余众归农。军中获贼所为文书，旁近郡县富人姓名具在。霆镇、明善请焚之，民心益安。

遣使以事平报于朝。中书平章政事不忽木召其使谓之曰："董公上功簿邪？"使者曰："某且行，左丞授之言曰：'朝廷若以军功为问，但言镇抚无状，得免罪幸甚，何功之可言！'"因出其书，但请黜赃吏数人而已，不言破贼事。廷议深叹其知体而不伐。拜江南行御史台中丞，廉威素著，不严而肃，凛然有大臣风。

入金枢密院事，俄拜御史中丞。前中丞崔彧久任风纪，善斡旋以就事功。既卒，不忽木以平章军国重事继之，方正持大体，天下望之，而已多病，遂以属之士选。风采明俊，中外竦然。

时丞相完泽用刘深言，出师征八百媳妇国，远冒烟瘴，及至未战，士卒死者十已七八。驱民转粟饷军，溪谷之间不容舟车，必负担以达。一夫致粟八斗，率数人佐之，凡数十日乃至。由是民死者亦数十万，中外骚然。而完泽说帝："江南之地尽世祖所取，陛下不兴此役，则无功可见于后世。"帝入其言，用兵意甚坚，故无敢谏者。士选率同列言之，奏事殿中毕，同列皆起，士选乃独言："今刘深出师，以有用之民而取无用之地。就令当取，亦必遣使谕之，谕之不从，然后聚粮选兵，视时而动。岂得轻用一人妄言，而致百万生灵于死地？"帝色变，士选犹明辨不止，侍从皆为之战栗，帝曰："事已成，卿勿复言。"士选曰："以言受罪，臣之所当。他日以不言罪臣，臣死何益！"帝麾之起，左右拥之以出。未数月，帝闻师败绩，慨然曰："董二哥之言验矣，吾愧之。"因赐上尊以旌直言，始为罢兵，诛刘深等。世祖尝呼文炳曰董大哥，故帝以二哥呼士选。久之出为江浙行省右丞，迁汴梁行省平章政事，又迁陕西。

士选平生以忠义自许，尤号廉介，自门生部曲，无敢持一毫献者。治家甚严，而孝弟尤笃。时言世家有礼法者，必归之董氏。其礼敬贤士尤至。在江西，以属掾元明善为宾友，既又得吴澄而师之，延虞汲于家塾以教其子。诸老儒及西蜀遗士，皆以书院之禄起之，使以所学教授。迁南行台，又招汲子集与俱，后又得范渟等数人，皆以文学大显于时。故世称求贤荐士，亦必以董氏为首。晚年好读《易》，澹然终其身。每一之官，必卖先业田庐为行赆，故老而益贫，子孙不异布衣之士，仕者往往称廉吏云。

子守忠，云南行省参知政事；守悫，侍正府判官；守思，知威州。

张弘范，字仲畴，柔第九子也。善马槊，颇能为歌诗。年二十时，兄顺天路总管弘略上计寿阳行都，留弘范摄府事，吏民服其明决。蒙古军所过肆暴，弘范杖遣之，入其境无敢犯者。

中统初，授御用局总管。三年，改行军总管，从亲王合必赤讨李璮于济南。柔戒之曰："汝围城勿避险地。汝无怠心，则兵必致死。主者虑其险，苟有来犯，必赴救，可因以立功，勉之。"弘范营城西，璮出军突诸将营，独不向弘范。弘范曰："我营险地，璮乃示弱于我，必以奇兵来袭，谓我弗悟也。"遂筑长垒，内伏甲士，而外为壕，开东门以待之，夜令士卒浚壕益深广，璮不知也。明日，果拥飞桥来攻，未及岸，军陷壕中，得跨壕而上者，突入垒门，遇伏皆死，降两贼将。柔闻之曰："真吾子也。"璮既诛，朝廷惩璮尽专兵民之权，故能为乱，议罢大藩子弟之在官者，弘范例罢。

至元元年，弘略既入宿卫，帝召见，意其兄弟有可代守顺天者，且念弘范有济南之功，授顺天路管民总管，佩金虎符。二年，移守大名。岁大水，漂没庐舍，租税无从出，弘范辄免之。朝廷罪其专擅，弘范请入见，进曰："臣以为朝廷储小仓，不若储之大仓。"帝曰："何说也？"对曰："今岁水潦不收，而必责民输，仓库虽实，而民死亡殆尽，明年租将安出？曷若活其民，使不致逃亡，则岁有恒收，非陛下大仓库乎！"帝曰："知体，其勿问。"

六年，括诸道兵围宋襄阳，授益都淄莱等路行军万户，复佩金虎符。朝廷以益都兵乃李璮所教练之卒，勇悍难制，故命领之。戍鹿门堡,以断宋饷道,且绝郢之救兵。弘范建言曰:"国家取襄阳,为延久之计者,所以重人命而欲其自毙也。曩者,夏贵乘江涨送衣粮入城,我师坐视,无御之者。而其境南接江陵、归、峡,商贩行旅士卒络绎不绝,宁有自毙之时乎!宜城万山以断其西,栅灌子滩以绝其东,则庶几速毙之道也。"帅府奏用其言,移弘范兵千人戍万山。

既城,与将士较射出东门,宋师奄至。将佐皆谓众寡不敌,宜入城自守。弘范曰:"吾与诸君在此何事,敌至将不战乎?敢言退者死。"即擐甲上马,立遣偏将李庭当其前,他将攻其后,亲率二百骑为长阵,令曰:"闻吾鼓则进,未鼓勿动。"宋军步骑相间突阵,弘范军不动,再进再却,弘范曰:"彼气衰矣。"鼓之,前后奋击,宋师奔溃。

八年,筑一字城逼襄阳。破樊城外郭。九年,攻樊城,流矢中其肘,裹疮见主帅曰:"襄、樊相为唇齿,故不可破。若截江道,断其援兵,水陆夹攻,樊必破矣。樊破则襄阳何所恃。"从之。明日,复出锐卒先登,遂拔之。襄阳既下,偕宋将吕文焕入觐,赐锦衣、白金、宝鞍,将校行赏有差。

十一年,丞相伯颜伐宋,弘范率左部诸军循汉江,东略郢西,南攻武矶堡,取之。北兵渡江,弘范为前锋。宋相贾似道督兵阻芜湖,殿帅孙虎臣据丁家洲。弘范转战而前,诸军继之,宋师溃,弘范长驱至建康。十二年五月,帝遣使谕丞相毋轻敌贪进,方暑,其少驻以待。弘范进曰:"圣恩待士卒诚厚,然缓急之宜,非可遥度。今敌已夺气,正当乘破竹之势,取之无遗策矣。岂宜迁缓,使敌得为计耶?"丞相然之,驰驿至阙,面论形势,得旨进师。

十二年,次瓜洲,分兵立栅,据其要害。扬州都统姜才所统兵劲悍善战,至是以二万人出扬子桥。弘范佐都元帅阿术御之,与宋兵夹水阵。弘范以十三骑径度冲之,阵坚不动,弘范引却。一骑跃马挥刀,直趣弘范,弘范旋辔反迎刺之,应手顿毙马下,其众溃乱,追至城门,斩首万余级,自相蹂藉溺死者过半。宋将张世杰、孙虎臣等率水军于焦山决战,弘范以一军从旁横冲之,宋师遂败。追至圌山之东,夺战舰八十艘,俘馘千数。上其功,改亳州万户,后赐名拔都。

从中书左丞董文炳,由海道会丞相伯颜,进次近郊。宋主上降表,以伯侄为称,往返未决。弘范将命入城,数其大臣之罪,皆屈服,竟取称臣降表来上。

十三年,台州叛,讨平之,诛其为首者而已。十四年,师还,授镇国上将军、江东道宣慰使。

十五年,宋张世杰立广王昺于海上,闽、广响应,俾弘范往平之,授蒙古汉军都元帅。陛辞奏曰:"汉人无统蒙古军者,乞以蒙古信臣为首帅。"帝曰:"汝知而父与察罕之事乎?其破安丰也,汝父欲留兵守之,察罕不从。师既南,安丰复为宋有,进退几失据,汝父深悔恨,良由委任不专故也,岂可使汝复有汝父之悔乎。今付汝大事,能以汝父之心为心,则予汝嘉。"面赐锦衣、玉带,弘范不受,以剑甲为请。帝出武库剑甲,听其自择,且谕之曰:"剑,汝之副也,不用令者,以此处之。"将行,荐李恒为己贰,从之。

至扬州,选将校水陆二万,分道南征,以弟弘正为先锋,戒之曰:"选汝骁勇,非私汝也。军法重,我不敢以私挠公,勉之。"弘正所向克捷。进攻三江寨,寨据隘乘高,不可近,因连兵向之,寨中持满以待。弘范下令下马治朝食,若将持久者。持满者疑不敢动,而他寨不虞也。忽麾军连拔数寨,回捣三江,尽拔之,至漳州,军其东门,命别将攻南门、西门,乃乘虚破其北门,拔之。攻鲍浦寨,又拔之。由是濒海郡邑皆望风降附。获宋丞相文天祥于五坡岭,使之拜,不屈,弘范义之,待以宾礼,送至京师。获宋礼部侍郎邓光荐,命子珪师事之。

十六年正月庚戌,由潮阳港发舶入海,至甲子门,获宋斥候将刘青、顾凯,乃知广王所在。辛酉,次崖山。宋军千余艘碇海中,建楼橹其上,隐然坚壁也,弘范引舟师赴之。崖山东西对峙,其北水浅,舟胶,非潮来不可进,乃由山之东转南入大洋,始得逼其舟,又出奇兵断其汲路,烧其宫室。世杰有甥在弘范军中,三使招之,世杰不从。甲戌,李恒自广州至,授以战舰二,使守北面。

二月癸未，将战，或请先用炮。弘范曰："火起则舟散，不如战也。"明日，四分其军，军其东南北三面，弘范自将一军相去里余。下令曰："宋舟潮至必东遁，急攻之，勿令得去。闻吾乐作，乃战，违令者斩。"先麾北面一军乘潮而战，不克，李恒等顺潮而退。乐作，宋将以为且宴，少懈，弘范舟师犯其前，众继之。豫构战楼于舟尾，以布幙障之，命将士负盾而伏，令之曰："闻金声起战，先金而妄动者死。"飞矢集如蝟，伏盾者不动。舟将接，鸣金撤障，弓弩火石交作，顷刻并破七舟，宋师大溃。宋臣抱其主昺赴水死。获其符玺印章。世杰先遁，李恒追至大洋不及。世杰走交趾，风坏舟，死海陵港。其余将吏皆降。岭海悉平，磨崖山之阳，勒石纪功而还。

十月，入朝。赐宴内殿，慰劳甚厚。未几，瘴疠疾作，帝命尚医诊视，遣近臣临议用药，敕卫士监门止杂人毋扰其病。病甚，沐浴易衣冠，扶掖至中庭，面阙再拜。退坐，命酒作乐，与亲故言别。出所赐剑甲，命付嗣子珪曰："汝父以是立功，汝佩服勿忘也。"语竟，端坐而卒，年四十三。赠银青荣禄大夫、平章政事，谥武略。至大四年，加赠推忠效节翊运功臣、太师、开府仪同三司、上柱国、齐国公，改谥忠武。延祐六年，加保大功臣，加封淮阳王，谥献武。子珪，自有传。

元史卷一五七
列传第四四

刘秉忠 秉恕　　张文谦　郝经

　　刘秉忠,字仲晦,初名侃,因从释氏又名子聪,拜官后始更今名。其先瑞州人也,世仕辽为官族。曾大父仕金,为邢州节度副使,因家焉,故自大父泽而下,遂为邢人。庚辰岁,木华黎取邢州,立都元帅府,以其父润为都统。事定,改署州录事,历钜鹿、内丘两县提领,所至皆有惠爱。

　　秉忠生而风骨秀异,志气英爽不羁。八岁入学,日诵数百言。年十三,为质子于帅府。十七,为邢台节度使府令史,以养其亲。居常郁郁不乐,一日投笔叹曰:"吾家累世衣冠,乃汨没为刀笔吏乎!丈夫不遇于世,当隐居以求志耳。"即弃去,隐武安山中。久之,天宁虚照禅师遣徒招致为僧,以其能文词,使掌书记。后游云中,留居南堂寺。

　　世祖在潜邸,海云禅师被召,过云中,闻其博学多材艺,邀与俱行。既入见,应对称旨,屡承顾问。秉忠于书无所不读,尤邃于《易》及邵氏《经世书》,至于天文、地理、律历、三式六壬遁甲之属,无不精通。论天下事如指诸掌。世祖大爱之,海云南还,秉忠遂留藩邸。后数岁,奔父丧,赐金百两为葬具,仍遣使送至邢州。服除,复被召,奉旨还和林。上书数千百言,其略曰:

　　　　典章、礼乐、法度、三纲五常之教,备于尧、舜,三王因之,五霸败之。汉兴以来至于五代一千三百余年,由此道者,汉文、景、光武，唐太宗、玄宗五君，而玄宗不无疵也。然治乱之道，系乎天而由乎人。天生成吉思皇帝，起一旅降诸国，不数年而取天下。勤劳忧苦，遗大宝于子孙，庶传万祀，永保无疆之福。

愚闻之曰“以马上取天下，不可以马上治。”昔武王兄也，周公弟也。周公思天下善事，夜以继日，每得一事坐以待旦，以匡周室，以保周天下八百余年，周公之力也。君上兄也，大王弟也。思周公之故事而行之，在乎今日。千载一时，不可失也。

君之所任，在内莫大乎相，相以领百官，化万民，在外莫大乎将，将以统三军，安四域。内外相济，国之急务，必先之也。然天下之大，非一人之可及；万事之细，非一心之可察。当择开国功臣之子孙，分为京府州郡监守，督责旧官以遵王法，仍差按察官守，治者升，否者黜。天下不劳力而定也。

天下户过百万，自忽都那演断事之后，差徭甚大，加以军马调发，使臣烦扰，官吏乞取，民不能当，是以逃窜。宜比旧减半，或三分去一，就见在之民以定差税，招逃者复业，再行定夺。官无定次，清洁者无以迁，污滥者无以降。可比附古例，定百官爵禄仪仗，使家足身贵。有犯于民，设条定罪。威福者君之权，奉命者臣之职。今百官自行威福，进退生杀惟意之从，宜从禁治。

天下之民未闻教化，见在囚人宜从赦免，明施教令，使之知畏，则犯者自少也。教令既设，则不宜繁，因大朝旧例，增益民间所宜设者十数条足矣。教令既施，罪不至死者皆提察然后决，犯死刑者覆奏然后听断，不致刑及无辜。

天子以天下为家，兆民为子，国不足取于民，民不足取于国，相须如鱼水。有国家者置府库，设仓廪，亦为助民；民有身者营产业，辟田野，亦为资国用也。今宜打算官民所欠债负，若实为应当差发所借，宜依合罕皇帝圣旨，一本一利，官司归还。凡陪偿无名，虚契所负及还过元本者，并行赦免。

纳粮就远仓，有一废十者，宜从近仓以输为便。当驿路州城，饮食祗待偏重，宜计所费以准差发。关市津梁正税十五分取一，宜从旧制。禁横取，减税法，以利百姓。仓库加耗甚重，宜令权量度均为一法，使锱铢圭撮尺寸皆平，以存信去诈。珍贝金银之所出，淘沙炼石，实不易为。一旦以缠丝缕，饰皮革，涂木石，妆器仗，取一时之华丽，废为尘而无济，甚可惜也。宜从禁治除。除帝胄功臣大官以下章服有制外，无职之人不得僭越。今地广民微，赋敛繁重，民不聊生，何力耕耨以厚产业？宜差劝农官一员，率天下百姓务农桑，营产业，实国之大益。

古者庠序学校未尝废，今郡县虽有学，并非官置。宜从旧制，修建三学，设教授，开选择才，以经义为上，词赋论策次之，兼科举之设，已奉合罕皇帝圣旨，因而言之，易行也。开设学校，宜择开国功臣子孙受教，选达才任用之。

天下莫大于朝省，亲民莫近于县宰。虽朝省有法，县宰宜择，县宰正，民自安矣。关西、河南地广土沃，以军马之所出入，治而未丰。宜设官招抚，不数年民归土辟，以资军马之用，实国之大事。移剌中丞拘榷盐铁诸产、商贾酒醋货殖诸事，以定宣课，虽使从实恢办，不足亦取于民，拖兑不办，已不为轻。奥鲁合蛮奏请于旧额加倍榷之，往往科取民间。科榷并行，民无所措手足。宜从旧例办榷，更或减轻，罢繁碎，止科征，无从献利之徒削民害国。鳏寡孤独废疾者，宜设孤老院，给衣粮以为养。使臣到州郡，宜设馆，不得于官衙民家安下。

孔子为百王师，立万世法，今庙堂虽废，存者尚多，宜令州郡祭祀，释奠如旧仪。近代礼乐器具靡散，宜令刷会，征太常旧人教引后学，使器备人存，渐以修之，实太平之基王道之本。今天下广远，虽成吉思皇帝威福之致，亦天地神明阴所佑也。宜访名儒，循旧礼，尊祭上下神祇，和天地之气，顺时序之行，使神享民依，德极于幽明，天下赖一人之庆。

见行辽历，日月交食颇差，闻司天台改成新历，未见施行。宜因新君即位，颁历改元。令京府州郡置更漏，使民知时。国灭史存,古之常道,宜撰修《金史》,令一代君臣事业不坠于后世,甚有励也。

国家广大如天,万中取一,以养天下名士宿儒之无营运产业者,使不致困穷。或有营运产业者,会前圣旨,种养应输差税,其余大小杂泛并行蠲免,使自给养,实国家养才励人之大也。明君用人,如大匠用材,随其巨细长短,以施规矩绳墨。孔子曰:"君子不可小知而可大受,小人不可大受而可小知。"盖君子所存者大,不能尽小人之事,或有一短;小人所拘者狭,不能同君子之量,或有一长。尽其才而用之,成功之道也。

君子不以言废人,不以人废言,大开言路。所以成天下、安兆民也。天地之大,日月之明,而或有所蔽。且蔽天之明者,云雾也;蔽人之明者,私欲佞说也。常人有之,蔽一心也;人君有之,蔽天下也。常选左右谏臣,使讽谕于未形,忖画于至密也。君子之心,一于理义,怀于忠良;小人之心,一于利欲,怀于谗佞。君子得位,有容于小人;小人得势,必排于君子。明君在上,不可不辨也。孔子曰"远佞人",又曰"恶利口之覆邦家者",此之谓也。

今言利者众,非图以利国害民,实欲残民而自利也。宜将国中人民必用场冶,付各路课税所,以定榷办,其余言利者并行罢去。古者明王不宝远物,所宝惟贤,如使贤者在位,能者在职,此皆一人之睿知,贤王之辅成也。古者治世均民产业,自废井田为阡陌,后世因之不能复。今穷乏者益损,富盛者增加。宜禁行利之人勿恃官势,居官在位者勿侵民利,商贾与民和好交易,不生擅夺欺罔之害,真国家之利也。

笞箠之制,宜会古酌今,均为一法,使无敢过越。禁私置牢狱,淫民无辜,鞭背之刑宜禁治,以彰爱生之德。立朝省以统百官,分有司以御众事,以至京府州郡亲民之职无不备,纪纲正于上,法度行于下,是故天下不劳而治也。今新君即位之后,可立朝省,以为政本。其余百官,不在员多,惟在得人焉耳。

世祖嘉纳焉。又言："邢州旧万余户,兵兴以来,不满数百,凋坏日甚,得良牧守如真定张耕、洺水刘肃者治之,犹可完复。"朝廷即以耕为邢州安抚使,肃为副使。由是流民复业,升邢为顺德府。

癸丑,从世祖征大理。明年,征云南。每赞以天地之好生,王者之神武不杀,故克城之日,不妄戮一人。己未,从伐宋,复以云南所言力赞于上,所至全活不可胜计。

中统元年,世祖即位,问以治天下之大经、养民之良法,秉忠采祖宗旧典,参以古制之宜于今者,条列以闻。于是下诏建元纪岁,立中书省、宣抚司。朝廷旧臣、山林遗逸之士,咸见录用,文物粲然一新。

秉忠虽居左右,而犹不改旧服,时人称之为聪书记。至元元年,翰林学士承旨王鹗奏言:"秉忠久侍藩邸,积有岁年,参帷幄之密谋,定社稷之大计,忠勤劳绩,宜被褒崇。圣明御极,万物惟新,而秉忠犹仍其野服散号,深所未安,宜正其衣冠,崇以显秩。"帝览奏,即日拜光禄大夫,位太保,参预中书省事。诏以翰林侍读学士窦默之女妻之,赐第奉先坊,且以少府宫籍监户给之。秉忠既受命,以天下为己任,事无巨细,凡有关于国家大体者,知无不言,言无不听,帝宠任愈隆。燕闲顾问,辄推荐人物可备器使者,凡所甄拔,后悉为名臣。

初,帝命秉忠相地于桓州东、滦水北,建城郭于龙冈,三年而毕,名曰开平。继升为上都,而以燕为中都。四年,又命秉忠筑中都城,始建宗庙宫室。八年,奏建国号曰大元,而以中都为大都。他如颁章服、举朝仪、给俸禄、定官制,皆自秉忠发之,为一代成宪。

十一年,扈从至上都,其地有南屏山,尝筑精舍居之。秋八月,秉忠无疾端坐而卒,年五十九。帝闻惊悼,谓群臣曰:"秉忠事朕三十余年,小心慎密,不避险艰,言无隐情,其阴阳术数之精,占事知来,若合符契,惟朕知之,他人莫得闻也。"出内府钱具棺敛,遣礼部侍郎赵秉温护其丧还葬大都。十二年,赠太傅,封赵国公,谥文贞。成宗时,赠太师,谥文正。仁宗时,又进封常山王。

秉忠自幼好学，至老不衰，虽位极人臣，而斋居蔬食，终日澹然，不异平昔。自号藏春散人。每以吟咏自适，其诗萧散闲淡，类其为人。有文集十卷。无子，以弟秉恕子兰璋后。

秉恕，字长卿。好读书，年弱冠，受《易》于刘肃，遂明理学。兄秉忠事世祖，以荐士自任，嫌于私亲，独不及秉恕。左右以闻，召见，遂同侍潜邸。世祖尝赐秉忠白金千两，辞曰："臣山野鄙人，侥幸遭际，服器悉出尚方，金无所用。"世祖曰："卿独无亲故遗之邪？"辞不允，乃受而散之，以二百两与秉恕，秉恕曰："兄勤劳有年，宜蒙兹赏，秉恕无功，可冒恩乎？"终不受。

中统元年，擢礼部侍郎、邢州安抚副使。二年，赐金符，迁吏部侍郎。三年，升邢为顺德府，赐金虎符，为顺德安抚使。至元元年，转官法行，改嘉议大夫，历彰德、怀孟、淄莱、顺天、太原五路总管。淄莱府有死囚六人，狱已具。秉恕疑之，详谳得其实，六人赖以不死。他所至皆有惠政。召除礼部尚书。出为淮西宣慰使，会省宣慰司，历湖州、平阳两路总管。平阳岁荒，民艰食，辄开仓以赈之，全活者众。年六十，卒于官。

张文谦，字仲谦，邢州沙河人。幼聪敏，善记诵，与太保刘秉忠同学。世祖居潜邸，受邢州分地，秉忠荐文谦可用。岁丁未，召见，应对称旨，命掌王府书记，日见信任。邢州当要冲，初分二千户为勋臣食邑，岁遣人监领，皆不知抚治，征求百出，民弗堪命。或诉于王府，文谦与秉忠言于世祖曰："今民生困弊，莫邢为甚。盍择人往治之，责其成效，使四方取法，则天下均受赐矣。"于是乃选近侍脱兀脱、尚书刘肃、侍郎李简往。三人至邢，协心为治，洗涤蠹敝，革去贪暴，流亡复归，不期月，户增十倍。由是世祖益重儒士，任之以政，皆自文谦发之。

岁辛亥，宪宗即位。文谦与秉忠数以时务所当先者言于世祖，悉施行之。世祖征大理，国主高祥拒命，杀信使遁去。世祖怒，将屠其城。文谦与秉忠、姚枢谏曰："杀使拒命者高祥尔,非民之罪,请宥之。"由是大理之民赖以全活。己未,世祖帅师伐宋,文谦与秉忠言:"王者之师,有征无战,当一视同仁,不可嗜杀。"世祖曰:"期与卿等守此言。"既入宋境,分命诸将毋妄杀,毋焚人室庐,所获生口悉纵之。

中统元年,世祖即位,立中书省,首命王文统为平章政事,文谦为左丞。建立纲纪,讲明利病,以安国便民为务。诏令一出,天下有太平之望。而文统素忌克,谟谋之际屡相可否,积不能平,文谦遽求出,诏以本官行大名等路宣抚司事。临发,语文统曰:"民困日久,况当大旱,不量减税赋,何以慰来苏之望?"文统曰:"上新即位,国家经费止仰税赋,苟复减损,何以供给?"文谦曰:"百姓足,君孰与不足!俟时和岁丰,取之未晚也。"于是蠲常赋什之四,商酒税什之二。

二年春,来朝,复留居政府。始立左右部,讲行庶务,钜细毕举,文谦之力为多。三年,阿合马领左右部,总司财用,欲专奏请,不关白中书,诏廷臣议之。文谦曰:"分制财用,古有是理。中书不预,无是理也。若中书弗问,天子将亲荏之乎?"帝曰:"仲谦言是也。"

至元元年,诏文谦以中书左丞行省西夏中兴等路。羌俗素鄙野,事无统纪,文谦得蜀士陷于俘虏者五六人,理而出之,使习吏事。旬月间,簿书有品式,子弟亦知读书,俗为一变。浚唐来、汉延二渠,溉田十数万顷,人蒙其利。

三年,还朝。诸势家言有户数千,当役属为私奴者,议久不决。文谦谓以乙未岁户帐为断,奴之未占籍者归之势家可也,其余良民无为奴之理。议遂定,守以为法。五年,淄州妖人胡王惑众,事觉,逮捕百余人。丞相安童以文谦言奏曰:"愚民无知,为所诳诱,诛其首恶足矣。"诏即命文谦往决其狱,惟三人坐弃市,余皆释之。

七年,拜大司农卿,奏立诸道劝农司,巡行劝课,请开籍田,行祭先农先蚕等礼。复与窦默请立国子学。诏以许衡为国子祭酒,选贵胄子弟教育之。时阿合马议拘民间铁,官铸农器,高其价以配民,创立行户部于东平、大名以造钞,及诸路转运司干政害民,文谦悉于帝前极论罢之。十三年,迁御史中丞。阿合马虑宪台发其奸,乃奏罢诸道按察司以撼之,文谦奏复其旧。然自知为奸臣所忌,力求去。会世祖以《大明历》岁久寖差,命许衡等造新历,乃授文谦昭文馆大学士,领太史院以总其事。十九年,拜枢密副使。岁余,以疾薨于位,年六十八。

文谦早从刘秉忠,洞究术数,晚交许衡,尤粹于义理之学。为人刚明简重,凡所陈于上前,莫非尧、舜仁义之道。数忤权幸,而是非得丧,一不以经意。家惟藏书数万卷。尤以引荐人材为己任,时论益以是多之。累赠推诚同德佐运功臣、太师、开府仪同三司、上柱国,追封魏国公,谥忠宣。

长子晏,仕至御史中丞,赠陕西行省平章政事,封魏国公,谥文靖。

郝经,字伯常,其先潞州人,徙泽州之陵川,家世业儒。祖天挺,元裕尝从之学。金末,父思温辟地河南之鲁山。河南乱,居民匿窖中,乱兵以火熏灼之,民多死,经母许亦死。经以蜜和寒菹汁,决母齿饮之,即苏。时经九岁,人皆异之。金亡,徙顺天。家贫,昼则负薪米为养,暮则读书。居五年,为守帅张柔、贾辅所知,延为上客。二家藏书皆万卷,经博览无不通。往来燕、赵间,元裕每语之曰:“子貌类汝祖,才器非常,勉之。”

宪宗二年,世祖以皇弟开邸金莲川,召经,谘以经国安民之道,条上数十事,大悦,遂留王府。是时,连兵于宋,宪宗入蜀,命世祖总统东师,经从至濮。会有得宋国奏议以献,其言谨边防、守冲要,凡七道,遂下诸将议,经曰:“古之一天下者,以德不以力。彼今未有败亡之衅,我乃空国而出,诸侯窥伺于内,小民凋弊于外。经见其危,未见其利也。王不如修德布惠,敦族简贤,绥怀远人,控制诸道,结盟饬备,以待西师,上应天心,下系人望,顺时而动,宋不足图也。”世祖以经儒生,愕然曰:“汝与张拔都议邪?”经对曰:“经少馆张柔家,尝闻其论议。此则经臆说耳,柔不知也。”进七道议七千余言。乃以杨惟中为江淮、荆湖南北等路宣抚使,经为副,将归德军先至江上宣布恩信,纳降附。惟中欲私还汴,经曰:"我与公同受命南征,不闻受命还汴也。"惟中怒,弗听。经率麾下扬旌而南,惟中惧谢,乃与经俱行。

经闻宪宗在蜀师久无功,进《东师议》,其略曰:

经闻图天下之事于未然则易,救天下之事于已然则难。已然之中复有未然者,使往者不失而来者得遂,是尤难也。国家以一旅之众奋起朔漠,斡斗极以图天下,马首所向,无不摧破。灭金源,并西夏,蹂荆襄,克成都,平大理,躏轹诸夷,奄征四海,有天下十八,尽元魏、金源故地而加多,廓然莫与侔大也。惟宋不下,未能混一,连兵构祸逾二十年。何曩时掇取之易,而今日图惟之难也?

夫取天下,有可以力并,有可以术图。并之以力则不可久,久则顿弊而不振;图之以术则不可急,急则侥幸而难成。故自汉唐以来,树立攻取,或五六年,未有逾十年者,是以其力不弊,而卒能保大定功。晋之取吴,隋之取陈,皆经营比㑶十有余年,是以其术得成,而卒能混一。或久或近,要之成功各当其可,不妄为而已。

国家建极开统垂五十年,而一之以兵,遗黎残姓,游气惊魂,虔刘劓盈,殆欲歼尽。自古用兵未有如是之久且多也,其力安得不弊乎!且括兵率赋,朝下令而夕出师,躬擐甲胄,跋履山川,阖国大举,以之伐宋而图混一。以志则锐,以力则强,以土则大,而其术则未尽也。苟于诸国既平之后,息师抚民,致治成化,创法立制,敷布条纲,上下井井,不挠不紊,任老成为辅相,起英特为将帅,选贤能为任使,鸠智计为机衡,平赋以足用,屯农以足食,内治既举,外御亦备。如其不服,姑以文诰,拒而不从,而后伺隙观衅以正天伐。自东海至于襄、邓,重兵数道,联帜接武,以为正兵。自汉中至于大理,轻兵捷出,批亢抵胁,以为奇兵。帅臣得人,师出以律,高拱九重之内,而海外有截矣。

是而不为,乃于间岁遽为大举,上下震动,兵连祸结,底安于
危,是已然而莫可止者也。东师未出,大王仁明,则犹有未然
者,可不议乎!

国家用兵,一以国俗为制,而不师古。不计师之众寡,地之
险易,敌之强弱,必合围把稍,猎取之若禽兽然。聚如丘山,散
如风雨,迅如雷电,捷如鹰鹘,鞭弭所属,指期约日,万里不忒,
得兵家之诡道,而长于用奇。自浍河之战,乘胜下燕、云,遂遗
兵而去,似无意于取者。既破回鹘,灭西夏,乃下兵关陕以败金
师,然后知所以深取之,是长于用奇也。既而为斡腹之举,由
金、房绕出潼关之背以攻汴;为捣虚之计,自西和径入石泉、
威、茂以取蜀;为示远之谋,自临洮、吐番穿彻西南以平大理,
皆用奇也。夫攻其无备,出其不意,而后可以用奇。岂有连百
万之众,首尾万余里,六飞雷动,乘舆亲出,竭天下,倒四海,腾
掷宇宙,轩豁天地,大极于遐徼之土,细穷于委巷之民,撞其钟
而掩其耳,啮其脐而蔽其目,如是用奇乎?是执千金之璧而投
瓦石也。

其初以奇胜也,关陇、江淮之北,平原旷野之多,而吾长于
骑,故所向不能御。兵锋新锐,民物稠夥,拥而挤之,郡邑自溃,
而吾长于攻,故所击无不破。是以用其奇而骤胜。今限以大山
深谷,厄以重险荐阻,迂以危途缭径,我之乘险以用奇则难,彼
之因险以制奇则易。况于客主势悬,蕴蓄情露,无虏掠以为资,
无俘获以备役,以有限之险,虽有奇谋秘略,无所用之。力无所
用与无力同,勇无所施与不勇同,计不能行与无计同。泰山压
卵之势,河海濯燕之举,拥遏顿滞,盘桓而不得进,所谓强弩之
末不能射鲁缟者也。

为今之计,则宜救已然之失,防未然之变而已。西师既构,
猝不可解,如两虎相斗,猝入于岩阻,见之者辟易不暇,又焉能
以理相喻,使之逡巡自退。彼知其危,竭国以并命,我必其取,
无由以自悔,兵连祸结,何时而已。

　　殿下宜遣人禀命于行在所，大军压境，遣使喻宋，示以大信，令降名进币，割地纳质。彼必受命，姑为之和，偃兵息民，以全吾力，而图后举，天地人神之福也。禀命不从，殿下之义尽，而后进吾师，重慎详审，不为躁轻飘忽，为前定之谋，而一之以正大，假西师以为奇而用吾正。比师南辕，先示恩信，申其文移，喻以祸福，使知殿下仁而不杀，非好攻战辟土地，不得已而用兵之意。诚意昭著，恩信流行，然后阅实精勇，别为一军，为帐下之卒，举老成知兵者俾为将帅，更直宿卫，以备不虞。其余师众，各畀侯伯，使吾府大官元臣分师总统，为战攻之卒。其新入部曲瞢不知兵，虽名为兵其实役徒者，使沿边进筑，与敌郡邑犬牙相制，为屯戍之卒。推择单弱，究竟逃匿，编茸部伍，使闻望重臣为之抚育，总押近里故屯，为镇守之卒。使掣肘之计不行，妄意之徒屏息，内外备御无有缺绽，则制节以进。既入其境，敦陈固列，缓为之行。彼善于守而吾不攻，彼恃城壁以不战老吾，吾合长围以不攻困彼。吾用吾之所长，彼不能用其长。选出入便利之地为久驻之基，示必取之势。毋焚庐舍，毋伤人民，开其生路，以携其心，亟肆以疲，多方以误，以弊其力。

　　兵势既振，蕴蓄既见，则以轻兵掠两淮，杜其樵采而遏其粮路，使血脉断绝，各守孤城，示不足取。即进大兵，直抵于江，沿江上下列屯万灶，号令明肃，部曲严整，首尾缔构，各具舟楫，声言径渡。彼必震叠，自起变故。盖彼之精锐尽在两淮，江面阔越，恃其岩阻，兵皆柔脆，用兵以来未尝一战，焉能当我百战之锐。一处崩坏，则望风皆溃，肱髀不续，外内限绝，勇者不能用而怯者不能敌，背者不能返而面者不能御，水陆相挤，必为我乘。是兵家所谓避坚攻瑕，避实击虚者也。

　　如欲存养兵力，渐次以进，以图万全，则先荆后淮，先淮后江。彼之素论，谓"有荆、襄则可以保淮甸，有淮甸则可以保江南"。先是，我尝有荆、襄，有淮甸，有上流，皆自失之。今当从彼所保以为吾攻，命一军出襄、邓，直渡汉水，造舟为梁，水陆济师。以轻兵缀襄阳，绝其粮路，重兵皆趋汉阳，出其不意以伺江隙。不然则重兵临襄阳，轻兵捷出，穿彻均、房，远叩归、峡，以应西师。如交、广、施、黔选锋透出，夔门不守，大势顺流，即并兵大出，摧拉荆、郢，横溃湘、潭，以成掎角。一军出寿春，乘其锐气，并取荆山，驾淮为梁，以通南北。轻兵抄寿春，而重兵支布于钟离、合淝之间，掇拾湖泺，夺取关隘，据濡须，塞皖口，南入舒、和，西及于蕲、黄，徜徉恣肆，以觇江口。乌江、采石广布戍逻，侦江渡之险易，测备御之疏密，徐为之谋，而后进师。所谓溃两淮之腹心，抉长江之襟要也。一军出维扬，连楚蟠亘，蹈跨长淮，邻我强对。通、泰、海门，扬子江面，密彼京畿，必皆备御坚厚，若遽攻击，则必老师费财。当以重兵临维扬，合为长围，示以必取。而以轻常兵出通、泰，直塞海门、瓜步、金山、柴墟河口，游骑上下，吞江吸海，并著威信，迟以月时，以观其变。是所谓图缓持久之势也。三道并出，东西连衡，殿下或处一军为之节制，使我兵力常有余裕。如是则未来之变或可弭，已然之失一日或可救也。

　　议者必曰：三道并进，则兵分势弱，不若并力一向，则莫我当也。曾不知取国之术与争地之术异。并力一向，争地之术也；诸道并进，取国之术也。昔之混一者，皆若是矣。晋取吴，则六道进；隋取陈，则九道进；宋之于南唐，则三面皆进。未闻以一旅之众而能克国者。或者有之，侥幸之举也。岂有堂堂大国，师徒百万，而为侥幸之举乎？况彼渡江立国百有余年，纪纲修明，风俗完厚，君臣辑睦，内无祸衅，东西南北轮广万里，亦未可小。自败盟以来，无日不讨军实而申警之，彷徨百折，当我强对，未尝大败，不可谓弱。岂可蔑视，谓秦无人，直欲一军幸而取胜乎？秦王问王翦以伐荆，翦曰："非六十万不可。"秦王曰："将军老矣。"命李信将二十万往，不克。卒畀翦以兵六十万，而后举楚。盖众有所必用，事势有不可悬料而幸者。故王者之举必万全，其幸举者，崛起无赖之人也。

呜呼！西师之出，已及瓜戍，而犹未即功。国家全盛之力在于东左，若亦直前振迅，锐而图功，一举而下金陵、举临安则可也。如兵力耗弊，役成迁延，进退不可，反为敌人所乘，悔可及乎！固宜重慎详审，图之以术。若前所陈，以全吾力，是所谓坐胜也。虽然，犹有可忧者。国家掇取诸国，飘忽凌厉，本以力胜。今乃无故而为大举，若又措置失宜，无以挫英雄之气，服天下之心，则稔恶怀奸之流，得以窥其隙而投其间，国内空虚，易为摇荡。臣愚所以谆谆于东师，反覆致论，谓不在于已然而在于未然者，此也。

遂会兵渡江，围鄂州。闻宪宗崩，召诸将属议。经复进议曰：

《易》言："知进退存亡而不失其正者，其惟圣人乎！"殿下聪明睿知，足以有临；发强刚毅，足以有断。进退存亡之正，知之久矣。向在沙陀，命经曰："时未可也。"又曰："时之一字，最当整理。"又曰："可行之时，尔自知之。"大哉王言，"时乘六龙"之道，知之久矣。自出师以来，进而不退，经有所未解者，故言于真定，于曹、濮，于唐、邓。亟言不已，未赐开允。乃今事急，故复进狂言。

国家自平金以来，惟务进取。不遵养时晦，老师费财，卒无成功，三十年矣。蒙哥罕立，政当安静以图宁谧，忽无故大举，进而不退，畀王东师，则不当亦进也而遽进。以为有命不敢自逸，至于汝南，既闻凶讣，即当遣使遍告诸帅各以次退，修好于宋，归定大事，不当复进也而遽进。以有师期，会于江滨，遣使喻宋，息兵安民，振旅而归，不当复进也而又进。既不宜渡淮，又岂宜渡江？既不宜妄进，又岂宜攻城？若以机不可失，敌不可纵，亦既渡江，不能中止，便当乘虚取鄂，分兵四出，直造临安，疾雷不及掩耳，则宋亦可图。如其不可，知难而退，不失为金兀术也。师不当进而进，江不当渡而渡，城不当攻而攻，当速退而不退，当速进而不进，役成迁延，盘桓江渚，情见势屈，举天下兵力不能取一城，则我竭彼盈，又何俟乎？且诸军疾疫已

十四、五，又延引月日，冬、春之交，疫必大作，恐欲还不能。

彼既上流无虞，吕文德已并兵拒守，知我国疵，斗气自倍。两淮之兵尽集白鹭，江西之兵尽集隆兴，岭广之兵尽集长沙，闽、越沿海巨舶大舰以次而至，伺隙而进，如遏截于江、黄津渡，邀遮于大城关口，塞汉东之石门，限郢、复之湖泺，则我将安归？无已则突入江浙，捣其心腹。闻临安、海门已具龙舟，则已徒往。还抵金山，并命求出，岂无韩世忠之俦？且鄂与汉阳分据大别，中挟巨浸，号为活城，肉薄骨并而拔之，则彼委破壁孤城而去，溯流而上，则入洞庭，保荆、襄，顺流而下，则精兵健橹突过浒、黄，未易遏也，则亦徒费人命，我安所得哉？区区一城，胜之不武，不胜则大损威望，复何俟乎！

虽然，以王本心，不欲渡江，既渡江不欲攻城，既攻城不欲并命，不焚庐舍，不伤人民，不易其衣冠，不毁其坟墓，三百里外不使侵掠。或劝径趋临安，曰其民人稠夥，若往，虽不杀戮，亦被践蹂，吾所不忍。若天与我，不必杀人；若天弗与，杀人何益，而竟不往。诸将归罪士人，谓不可用，以不杀人故不得城。曰彼守城者只一士人贾制置，汝十万众不能胜，杀人数月不能拔，汝辈之罪也，岂士人之罪乎！益禁杀人。岂然一仁，上通于天。久有归志，不能遂行耳。然今事急，不可不断也。

宋人方惧大敌，自救之师虽则毕集，未暇谋我。第吾国内空虚，塔察国王与李行省肱髀相依，在于背胁；西域诸胡窥觇关陇，隔绝旭烈大王；病民诸奸各持两端，观望所立，莫不觊觎神器，染指垂涎。一有犮焉，或启戎心，先人举事，腹背受敌，大事去矣。且阿里不哥已行赦令，令脱里赤为断事官、行尚书省，据燕都，按图籍，号令诸道，行皇帝事矣。虽大王素有人望，且握重兵；独不见金世宗、海陵之事乎！若彼果决，称受遗诏，便正位号，下诏中原，行赦江上，欲归得乎？

昨奉命与张仲一观新月城，自西南隅，万人敌，上可并行大车，排槎弄楼，缔构重复，必不可攻，只有许和而归耳。断然班师，亟定大计，销祸于未然。先命劲兵把截江面，与宋议和，许割淮南、汉上、梓夔两路，定疆界岁币。置辎重，以轻骑归，渡淮乘驿，直造燕都，则从天而下，彼之奸谋僭志，冰释瓦解。遣一军逆蒙哥罕灵舆，收皇帝玺。遣使召旭烈、阿里不哥、摩哥及诸王驸马，会丧和林。差官于汴京、京兆、成都、西凉、东平、西京、北京，抚慰安辑，召真金太子镇燕都，示以形势。则大宝有归，而社稷安矣。

会宋守帅贾似道亦遣间使请和，乃班师。

明年，世祖即位，以经为翰林侍读学士，佩金虎符，充国信使使宋，告即位，且定和议，仍敕沿边诸将毋钞掠。经入辞，赐蒲萄酒，诏曰：“朕初即位，庶事草创。卿当远行，凡可辅朕者，亟以闻。”经奏便宜十六事，皆立政大要。辞多不载。

时经有重名，平章王文统忌之。既行，文统阴属李璮潜师侵宋，欲假手害经。经至济南，璮以书止经，经以璮书闻于朝而行。宋败璮军于淮安。经至宿州，遣副使刘仁杰、参议高翱请入国日期，不报。遗书宰相及淮帅李庭芝，庭芝复书果疑经，而贾似道方以却敌为功，恐经至谋泄，竟馆经真州。经乃上表宋主曰：“愿附鲁连之义，排难解纷。岂知唐俭之徒，款兵误国。”又数上书宋主及宰执，极陈战和利害，且请入见及归国，皆不报。驿吏棘垣钥户，昼夜守逻，欲以动经，经不屈。经待下素严，又久羁困，下多怨者。经谕曰：“向受命不进，我之罪也。一入宋境，死生进退，听其在彼，我终不能屈身辱命。汝等不幸，宜忍以待之，我观宋祚将不久矣。”居七年，从者怒斗，死者数人，经独与六人处别馆。又九年，丞相伯颜奉诏南伐，帝遣礼部尚书中都海牙及经弟行枢密院都事郝庸入宋，问执行人之罪。宋惧，遣总管段佑以礼送经归。贾似道之谋既泄，寻亦窜死。经归道病，帝敕枢密院及尚医近侍迎劳，所过父老瞻望流涕。明年夏，至阙，锡燕大庭，咨以政事，赏赉有差。秋七月，卒，年五十三。官为护丧还葬。谥文忠。明年，宋平。

经为人尚气节，为学务有用。及被留，思托言垂后，撰《续后汉书》、《易春秋外传》、《太极演》、《原古录》、《通鉴书法》、《玉衡贞观》等书及文集,凡数百卷。其文丰蔚豪宕,善议论。诗多奇崛。拘宋十六年,从者皆通于学。书佐苟宗道,后官至国子祭酒。经还之岁,汴中民射雁金明池,得系帛,书诗云:"霜落风高恣所如,归期回首是春初。上林天子援弓缴,穷海累臣有帛书。"后题曰:"至元五年九月一日放雁,获者勿杀,国信大使郝经书于真州忠勇军营新馆。"其忠诚如此。

　　二弟彝、庸,皆有名。彝字仲常,隐居以寿终;庸字季常,终颍州守。子采麟,亦贤,起家知林州,仕至山南江北道肃政廉访使。